Frankreich zur Zeit Ludwigs XVI.

François Bluche

Frankreich
zur Zeit Ludwigs XVI.

Leben und Kultur am Vorabend
der Revolution

Mit 30 Abbildungen und 1 Karte

Aus dem Französischen übersetzt
und für die deutsche Ausgabe bearbeitet
von Eva Marie Herrmann
unter Mitwirkung von Ulrich Herrmann

Philipp Reclam jun. Stuttgart

Titel der französischen Originalausgabe:
La Vie quotidienne au temps de Louis XVI

Inhalt

Vorbemerkung zur deutschen Ausgabe

Frankreich im Ancien Régime existiert in unserer Vorstellung gewöhnlich nur in plakativen Formeln: ein absolutistisch und zentralistisch regierter und verwalteter Staat; unter Ludwig XVI. mit einem schwachen König an der Spitze; reformunfähig; auf dem unausweichlichen Weg in den Untergang – die Revolution von 1789 und der Sturz der Monarchie als das notwendige Ende dieser Ära. Hatten nicht auch hellsichtige Zeitgenossen schon früh dieses Ende kommen sehen? Der Reformminister Turgot schrieb an den jungen Monarchen: »Sie haben gesagt, Sire, daß es Ihnen an Erfahrung mangelt; Sie haben einen Führer nötig, und dieser Führer muß weitschauend und stark sein. [. . .] Vergessen Sie niemals, daß es die Schwäche war, welche das Haupt Karls I. unter das Beil des Henkers brachte.« Und bereits zehn Jahre früher, 1764, notierte Voltaire: »Überall sehe ich die Saat keimen für eine Revolution, die unfehlbar kommen wird, deren Zeuge ich aber nicht mehr zu sein das Vergnügen haben werde.« Die Revolution, wie sie das Jahr 1789 brachte, konnte Voltaire nicht voraussehen, aber er brachte richtig zum Ausdruck, daß Frankreich – nicht anders als andere europäische Staaten – auf fast allen Gebieten des staatlichen, gesellschaftlichen, kulturellen und intellektuellen Lebens in tiefgreifenden Umwandlungsprozessen steckte, deren politische Konsequenzen unausweichlich sein würden, wenn man auch ihre Konturen noch kaum ahnen konnte.

Es war – wie man im 18. Jahrhundert sagte – eine Zeit der »Gärung«. Sie wird lebendig in dem hier präsentierten Buch von François Bluche, in dem der Verfasser das Panorama einer Lebenswelt entfaltet, deren Eigentümlichkeiten, Facettenreichtum und Widersprüchlichkeiten unter der einfachen Formel einer Gesellschaft auf dem Weg in die Revolution gar nicht verstanden werden können.

Denn: Frankreich unter Ludwig XVI. war eines gewiß nicht – ein durchorganisierter Staat unter einer absolutistischen und dirigistischen Zentralregierung und Zentralverwaltung; eine solche Vorstellung vom Ancien Régime würde eher auf das Preußen Friedrichs des Großen zutreffen. Frankreich war in den beiden letzten Jahrzehnten vor der Revolution auch keineswegs ein Land der wirtschaftlichen Stagnation und des Niedergangs. Und vor allem – Frankreich im Ancien Régime war Europas führendes Land der intellektuellen und philosophischen

Aufklärungsbewegung mit Montesquieu und Voltaire, Diderot und d'Alembert (und ihrer *Encyclopédie*), mit Rousseau und Schriftstellern wie Mably und Raynal und all jenen *philosophes*, die durch ihre staatstheoretischen, politischen, ökonomischen, philanthropischen Reformschriften die Legitimation und die überkommene Form der Staats- und Gesellschaftsordnung in Frage stellten und deren Neubegründung und Umbau propagierten: Natur- und Vertragsrecht, Konstitutionalismus, Gewaltenteilung, Begrenzungen der Staatsgewalt und Sicherung der bürgerlichen Freiheiten. In der Publizistik, in den Salons, in den Freimaurerlogen, vor allem dann in den politisch aktiven gelehrten Gesellschaften (*sociétés de pensée*) der 1780er Jahre wurden die Wege erkundet für die Abschaffung der Privilegien, die Einführung der konstitutionellen Monarchie, die Durchsetzung der Bürger- und Freiheitsrechte. Die Erfahrung kam hinzu, daß man in dieser Hinsicht jenseits des Atlantiks erfolgreich gewesen war: die Erklärung der Menschenrechte und die Verfassung der neuen Vereinigten Staaten (1777) gingen auf naturrechtliches Denken und französische Staatsphilosophie zurück; der Sieg der Amerikaner über ihre Kolonialmacht England war nicht zuletzt dank französischer Waffen und Soldaten zustande gekommen. Junge Adlige des Expeditionskorps und die politisch aufgeklärten Gebildeten Frankreichs waren voller Bewunderung und Begeisterung für die amerikanische Unabhängigkeitsbewegung und deren politisch-soziale Prinzipien. Es lag nahe, die politische Verfassung des eigenen Staates an der seiner Verbündeten zu messen.

Frankreich war aber nicht nur das Land der philosophisch-aufklärerischen Avantgarde in Europa, sondern zugleich ein Land wirtschaftlichen Aufschwungs und technischer Erneuerungen. Nach dem Verlust des ersten Kolonialreiches (besonders Kanadas und Indiens) an die Engländer erholte sich der nun auf die in der Karibik verbliebenen Besitzungen konzentrierte Außenhandel rasch; das Bankwesen in Paris und Lyon (Zentrum des Seidenhandels in Europa) blühte, in den großen Hafenstädten Bordeaux, Nantes und Marseille floß das Kapital in die Intensivierung des Handels, der Industrie und des Schiffbaus. Die Bevölkerungszunahme – in den Jahren 1715 bis 1785 von 18 auf 26 Millionen Einwohner – und der steigende Wohlstand in den Städten sorgte für inländische Kaufkraft; der Warenverkehr in Frankreich wurde durch den Ausbau gepflasterter Chausseen und der Kanäle schneller und sicherer; der Edelmetallgehalt des Livre tournois (seit 1795: Franc) blieb stabil – Frankreich war am Ende der 1780er Jahre nach England die zweitgrößte Handels- und Industrienation in Europa, die volkreichste und wohlhabendste auf dem Kontinent. Nicht zu vergessen auch, daß Wissenschaften und Künste in Blüte standen, daß in den zahlreicher werdenden *Grandes Écoles*, Akademien und Gelehrten Gesellschaften Mathematik und Naturwissenschaften, Botanik und Geographie, Astronomie und Chemie usw. gefördert wurden und daß Frankreich auf den meisten dieser Gebiete die führenden Wissenschaftler des 18. Jahrhunderts hervorbrachte: d'Alembert, Maupertuis, Réaumur, Laplace, Coulomb, Monge, Lavoisier. Auf dem Gebiet der Staats- und Wirtschaftswissenschaften waren die französischen Physiokraten – allen voran Turgot und Quesnay – führend. Alles in allem: In Frankreich waren mehrere Revolutionen vor der politischen von 1789 längst im Gange: ökonomisch, demographisch, intellektuell. Reformorientierte Minister – wie Turgot und Necker – stützten sie, ebenso die aufgeschlossenen Intendanten in den Provinzen.

Zugleich aber steckte Frankreich in einer permanenten Finanzkrise. Allein die enorme Aufrüstung der Marine verschlang ein Drittel der Staatsausgaben. Hinzu kamen die ruinösen Kosten der Überseekriege gegen England. Als die Defizite im Staatshaushalt durch neue Steuern nicht mehr ausgeglichen werden konnten und Turgot – seiner Sparmaßnahmen wegen – entlassen wurde (1776), ging sein Nachfolger, der Genfer Bankier Necker, in großem Stil zur Aufnahme von Anleihen über, die Jahr für Jahr drückendere Zinsen- und Tilgungslasten im Gefolge hatten und 1788 das halbe Staatsbudget verschlangen. So war der Staatsbankrott absehbar.

Diese Finanzkrise war der Kern der *politischen* Krise des ausgehenden Ancien Régime. Der privilegierte Adel und der Klerus verhinderten in einer Koalition mit den Parlamenten – den Gerichtshöfen, die die königlichen Gesetze bzw. Dekrete zustimmend registrieren, aber auch ablehnen konnten – alle Reformen Ludwigs XVI. und seiner Minister. Im Frühjahr 1788 wandten sich die Parlamente mit verfassungsrechtlichen Erklärungen und in offener Rebellion gegen die Krone und leiteten so – ungewollt – den gewaltsamen Umsturz des Ancien Régime in die Wege. Denn eine politische, ökonomische und administrative Reform von Staat und Regierung war in jenen Jahren nicht in Sicht. Sonderinteressen dominierten, Staat und Gesellschaft zerfielen in partikulare, widerstreitende Parteiungen und Gruppierungen. Die Notabelnversammlungen von 1787 und 1788 zeitigten nur negative Ergebnisse: Adel und Klerus widersetzten sich mit Erfolg einer Besteuerung. So wurde die Einberufung der Generalstände auf den Beginn des Jahres 1789 unvermeidlich, damit gesamtstaatliche Handlungsfähigkeit wiederhergestellt und die Legitimationskrise der Monarchie überwunden werden konnte.

Seit 1787 aber hatte sich die wirtschaftliche Lage zugespitzt: Mißernten führten zu Hungersnot und Verelendung, die Getreidepreise stiegen schwindelerregend. In dieser brisanten Situation formierte sich ein neues politisches Bündnis zwischen dem politisch verselbständigten Bürgertum und den reformorientierten Teilen von Adel und Klerus. Hier fanden u. a. Mirabeau, Lafayette, Condorcet, Sieyès, Danton zusammen; hier wurde im Vorfeld der Generalstände im Laufe des Jahres 1788 jene politische Mehrheitsformation geschaffen, die sich dann zur »Assemblée nationale« erklären und den Übergang zur konstitutionellen Monarchie vollziehen sollte.

Das vorliegende Buch handelt davon erklärtermaßen nicht. François Bluche will keine Vorgeschichte der Revolution schreiben, wenngleich er diesen Aspekt an vielen Stellen – etwa bei der Charakterisierung Ludwigs XVI. und seiner Politik, bei der Bewertung der öffentlichen Meinung und der politischen Publizistik – nicht ausblenden kann, da erst die späteren Ereignisse der Revolutionszeit die wirkliche geschichtliche Bedeutung mancher früheren Ereignisse und Strömungen offenbaren. So weit es jedoch möglich war, hat er die letzte Phase des Ancien Régime nicht rückblickend, von ihrem revolutionären Ende her, beschrieben, sondern so, wie die Zeitgenossen sie erlebt haben: aus ihrer eigenen Mitte heraus. Deshalb sollten diese einleitenden Hinweise den politischen Kontext skizzieren, innerhalb dessen sich die dargestellte Lebenswelt entfaltet; sollte – weil dies dem deutschen Leser nicht selbstverständlich vertraut ist – auf die spannungsgeladene Entwicklung des Ancien Régime hingewiesen werden, die zu Macht und Wohlstand, aber auch zu Unregierbarkeit und Staatsbankrott – und schließlich zu den Ereignissen des Jahres 1789 führte.

Tübingen, den 14. Juli 1989   *U. H.*

Vorwort

Die Zeit Ludwigs XVI. scheint für junge Menschen von heute unendlich weit zurückzuliegen. Aber ergeht es ihnen mit der Zeit vor dem Ersten Weltkrieg anders? Die ältere Generation ist sich dagegen bewußt, oder sie macht sich zumindest rasch klar, daß nur fünf oder sechs Generationen sie von dem ersten Flug einer Montgolfière oder den Frisuren *à la Belle-Poule*[1] der Rokoko-Zeit trennen. Wer die französischen Dörfer noch aus der Zeit vor 1914 – oder in manchen Fällen aus der Zeit vor 1939 – gekannt hat, besitzt eine Vorstellung von der Lebensweise und dem Lebensrhythmus des Jahres 1774, dem Jahr des Regierungsantritts Ludwigs XVI. Im übrigen stößt man jeden Tag auf Dinge, die an jene Zeiten erinnern: Stadthäuser, Bauernhöfe, elegante Salonmöbel, bäuerliche Schränke, Tafelsilber, Kaminplatten und Türfassungen. Und diese Zeugnisse einer längst vergangenen Zeit erscheinen uns keineswegs altertümlich, sondern zeigen uns vom einfachsten Gegenstand bis zum Luxusartikel eine hochentwickelte, dynamische, reiche, junge Kultur und Lebensweise.

Allein, um die damalige Zeit richtig verstehen und deuten zu können, muß man verstandes- und gefühlsmäßig unvoreingenommen ans Werk gehen; denn die Regierungszeit Ludwigs XVI. mündete in die Revolution. Gewiß, diese brutale Umwälzung wäre vermeidbar gewesen: der Staat war ohnehin beständig in Reformen begriffen. Wären diese Reformversuche dauerhafter gewesen und von den Zeitgenossen besser verstanden worden, hätten sie auch Früchte getragen. Ebensogut vorstellbar ist auch eine vom König geleitete und in die richtigen Bahnen gelenkte Revolution; denn selbst noch im Jahre 1790 war die Popularität des Königs nahezu ungebrochen. Tatsächlich jedoch konnte die Monarchie die Revolution weder verhindern noch irgendeinen Einfluß auf sie nehmen. Seither belastet und beeinflußt dieses Ereignis unsere Meinungen, Gefühle und Vorstellungen. So wie der Schatten der Bastille auf das Viertel Saint-Antoine fiel, verstellen auch die Ereignisse der Revolution den Blick auf die vorhergegangene Zeit, und zwar sowohl auf ihre positiven wie negativen Aspekte: die Abschaffung der durch Geburt erworbenen Privilegien, die Entstehung des Code civil, die Demokratisierung der Armee, die Versuche zur politischen Bildung des Volkes einerseits, Massaker unter der Bevölkerung, Sondergerichtsbarkeit, religiöse Intoleranz und Vandalismus andererseits. Die Revolution bestimmt immer noch die Urteile über die Regierungszeit Ludwigs XVI. Von den weniger Gebildeten bis hin zu den Autoren der gelehrten Welt – jeder beurteilt in Frankreich die Zeit von 1774 bis 1789 durch die Brille der Jahre von 1789 bis 1799.

Autoren, denen die Revolution ein Ärgernis ist, neigen dazu, die Regierungszeit Ludwigs XVI. allzusehr mit einer Schäferidylle im Stil von Florian oder Fabre d'Églantines[2] zu verwechseln. Sie betonen den friedvollen Charakter der alten Lebensgewohnheiten und erinnern an die dauerhafte Kraft, die der festgefügte Rahmen der Religion dem Lande gab. Sie verherrlichen geradezu die fünfzehn Jahre, die den revolutionären Umwälzungen vorangingen. Unrecht haben sie nicht, wenn sie etwa darauf hinweisen, daß die Zellen der Bastille fast leer waren. Am 14. Juli 1789 saßen in der alten verhaßten Festung nicht mehr als sieben angebliche Opfer der Willkürherrschaft gefangen: zwei Irre, vier Fälscher und ein gefährlicher Verbrecher von adligem Stand, genannt der Comte de Solages.[3] Die gleichen wohlmeinenden Autoren bedecken jedoch die Passivseite dieser Zeit mit dem Mantel des Schweigens: den reaktionären Adel, die Ungleichheiten des Rechts und der Rechtsprechung, mißbräuchliche Verurteilungen zum Bagno, das Weiterbestehen veralteter grundherrlicher Abgaben und die empörenden Ungerechtigkeiten im Steuersystem.

Für die jakobinische Geschichtsschreibung bedeutet die Zeit Ludwigs XVI. dagegen nur Willkürherrschaft, Unterdrückung, Ungerechtigkeit, Verschwendung und Frivolität. Der Prunk von Versailles, die Ausgaben der Königin, das mißbräuchliche Verteilen von Pensionen an die jeweiligen Favoriten, die soziale und steuerliche Ungleichheit, die Nachwirkungen des Feudalsystems, die traurigen Lebensumstände der Allerärmsten, die Unzulänglichkeit der Krankenhäuser und der öffentlichen Fürsorge werden in den düstersten Farben ausgemalt. Diese gestrenge Historikergruppe vergißt hingegen alles, was damals an Fortschrittlichem erreicht worden war: die immer neuen Maßnahmen, Ungleichheiten zu mildern, das Steuersystem zu reformieren, die Armen zu unterstützen, die Krankenhäuser menschlicher zu gestalten, das Unterrichtssystem weiterzuentwickeln und Wissenschaft und Technik zu fördern. Aus fünfzehn entscheidenden Jahren machen diese Historiker einfach nur das Vorzimmer der Revolution.

Zwischen diesen scharf voneinander abgegrenzten Vorstellungen und überspitzten Positionen sollte man nicht um jeden Preis eine Wahl zu treffen versuchen. Das Leben der Menschen ist immer komplexer als Schulmeinungen. Deshalb gibt es auch kein »Goldenes Zeitalter«, sondern immer nur eine Mischung, ein Amalgam, und die »gute alte Zeit« existiert nur in der Rückschau. Man sollte im Gegenteil die tausend Facetten, Nuancen und Zwischentöne bedenken, die zur Darstellung jeder differenzierten Gesellschaft gehören, ganz besonders aber zu derjenigen Frankreichs im Ancien Régime. Die Entdeckungen, Unternehmungen, Reformen, das gesellschaftliche Leben und die Verbreitung der Aufklärung kann man nicht in Erinnerung rufen und dabei diese vielfältigen Vorgänge gewaltsam auf irgendeinen vorgefaßten Zusammenhang zurückführen wollen, etwa unter der Überschrift »Das Ende einer Welt«, »Die unvermeidliche Revolution« oder »Vom Feudalismus zum Kapitalismus«.

Glücklicherweise muß ich hier nicht – wie schon unzählige Autoren vor mir – die Ursachen der Revolution erörtern. Ich sehe meine Aufgabe vielmehr darin, das Leben und die Empfindungen der Franzosen zur Zeit Ludwigs XVI. zu beschreiben, ein Unternehmen sehr viel begrenzterer und bescheidenerer Art. Wenn auch die Revolution hier und dort erwähnt wird, so ist sie doch niemals der Leitfaden meines Buches. Die fünfzehn Jahre, die das Ende der alten Monarchie umfassen, sind in sich reich und fesselnd genug und durchaus nicht nur im Lichte der Revolution von 1789 zu sehen. Der Bezug auf das Jahr 1793 – das Jahr der Hinrichtung Ludwigs XVI. – mag hier also ausgeklammert bleiben; das Ende der Monarchie ist ein anderes Thema.

*

Der Autor dankt seiner Frau und seinem Sohn Frédéric, ebenso den aufopferungsvollen Freunden, deren Hilfe ihm soviel bedeutete: Michel Antoine, Jean de Bodinat, William de Lesseux, Alain Rossel, Jacqueline Sabattier, Étienne Taillemite, Pierre Vallotton, Marc Vigié und vor allem Jean-François Solnon, dem treuen Mitarbeiter, Freund und hervorragenden Schüler.

François Bluche

Erstes Kapitel

Eine führende Nation –
Auf dem Weg in die Moderne

> Damals waren unsere Sitten die sanftesten, das
> gesellschaftliche Leben von höchstem Reiz, und
> alle Stände, welche die Gesellschaft bildeten, er-
> freuten sich der größtmöglichen Freiheiten, die
> ein monarchisches Staatswesen zuläßt.
>
> SÉNAC DE MEILHAN

> Frankreich ist Europas wohlhabendstes und
> volkreichstes Land. ABBÉ DE VÉRI

Die Franzosen haben im Zeitalter der Aufklärung mit ihrer beständigen
Kritik an der Regierung, an den öffentlichen Einrichtungen, an Intendanten, Bischöfen und Richtern ihren Zeitgenossen im Ausland häufig
die Überzeugung vermittelt, daß das Reich Ludwigs XVI. zutiefst
lasterhaft und unrettbar dem Untergang geweiht sei. 1787 schrieb der
preußische Gesandte in Paris an seinen König: »Es ist ebenso unmöglich, daß Frankreich in seine Angelegenheiten Ordnung bringt und in
seine Pläne Konsequenz, wie daß Wasser bergauf fließt.«[1] Zum Glück
begnügten sich einige berühmte Reisende nicht nur damit, Frankreich
aus seinen Schmähschriften kennenzulernen: sie kamen ins Land, um
sich an Ort und Stelle selbst einen Eindruck zu verschaffen und ein
Urteil zu bilden. Dabei entdeckten sie – nolens volens – zu ihrer angenehmen Überraschung das innere, wirkliche Frankreich in seiner ganzen Lebendigkeit. So erging es zum Beispiel dem Bruder von Marie-
Antoinette, Kaiser Joseph II., am Ende seiner Frankreichreise im Jahre
1777. »Er nimmt nun«, notierte der Abbé de Véri, »eine weitaus bessere
Meinung über die französische Nation mit sich nach Hause, als er sie bei
seiner Ankunft mitgebracht hatte. Ich rede dabei nicht von dem anspre-
chenden Äußeren unseres Landes, sondern von seinen gediegenen Vor-
zügen, als da sind: seine Bevölkerung, sein Wohlstand, sein Überfluß,
seine nationale Kraft, das gerechte und ernsthafte Urteilsvermögen seiner Bewohner usw. Er hat erfahren, daß man Frankreich weder nach ein
paar im Ausland reisenden Franzosen beurteilen kann noch aufgrund

einer Anzahl oberflächlicher Broschüren, die unsere Sitten, unsere Charaktereigenschaften und unsere Geistesart übertrieben ausmalen oder kritisieren.«

Wohlstand, Lebensfreude, Streben nach Glück

1774 und auch noch 1789 war Frankreich das Land mit dem größten Wohlstand der Welt. Diese Tatsache wurde allseits anerkannt: von den Staatskanzleien, die Frankreich beneideten; von den Nationalökonomen, die Frankreichs Städte besuchten und seine Provinzen erkundeten; von den Politikern, die den auffallenden Kontrast zwischen diesem real vorhandenen Reichtum und seiner schlechten Verwaltung beklagten. Es kam sogar vor, daß selbst einige Franzosen bemerkten, wie gut es ihnen ging: Am Ende des amerikanischen Unabhängigkeitskrieges (1783) besaß Frankreich nach seinem Sieg über England, so heißt es bei Madame Campan, »ein sicheres Gefühl seiner Stärke und seines Wohlstandes«.

1789 war das Streben nach Glück vielleicht »eine neue Vorstellung in Europa«; in Frankreich war diese Idee fest verwurzelt und weit verbreitet. »Wir sind geboren, um das Glück zu suchen«, schrieb Madame Roland, geborene Manon Phlipon, »ich bedurfte des Glücks«, und: »was mich am meisten beschäftigte, war mein Glück.« Die aufgeklärten Franzosen waren besessen von dieser Idee, die ihr Denken und Handeln bestimmte. Die Idee des Glücks rangierte noch vor Vernunft und Gefühl. Madame de Genlis, eine der klügsten Frauen ihrer Zeit, hat das sehr wohl verstanden. Als sie im Jahre 1787 eine christliche Rechtfertigungsschrift verfaßte, gab sie ihr den wohlüberlegten Titel *La religion considérée comme l'unique base du bonheur et de la véritable philosophie* (»Die Religion als einzige Grundlage des Glücks und der wahren Philosophie«). Für Alexandre de Tilly verlief das Leben in Frankreich in allzu glücklichen und friedlichen Bahnen. Daher – seiner Meinung nach – der Erfolg der revolutionären Umstürze: »Die Franzosen«, so schrieb er scharfsinnig, »waren eines Glückes müde, das sie in seiner Friedlichkeit langweilte.«[2] *La douceur de vivre* – die Annehmlichkeit des Lebens – war nicht nur eine Erscheinung der Salons, sondern traf fast überall auch auf das alltägliche Leben zu. »Von einigen Personen abgesehen, deren Handlungsweise für die Regierung ein Gegenstand besonderen Ärgernisses war«, schrieb der Kanzler Pasquier, »erfreuten sich die übrigen Bürger tatsächlich der vollständigsten Freiheit; man sprach, schrieb und handelte mit der größten Unabhängigkeit, man bot selbst der Obrigkeit die Stirn und war dabei in völliger Sicherheit. Die Presse war von Rechts wegen nicht frei; dennoch wurde alles gedruckt und kühn verbreitet. Die einflußreichsten Persönlichkeiten, ja sogar die Richter, die diese Unordnung hätten unterdrücken sollen, begünstigten sie noch. In ihren Händen fand man die gefährlichsten und für jede Obrigkeit schädlichsten Schriften. [...] Selbst wenn man bestreitet, daß das Freiheit war, so muß man doch zumindest zugeben, daß es sich um einen großen Freiraum handelte.«

Der Franzose in der Provinz, Opfer des unausgewogenen Steuerveranlagungssystems und ängstlich darauf bedacht, äußere Zeichen von Reichtum zu vermeiden (Rousseau hat das sehr gut in seinen *Confessions* geschildert), spielte immer ein wenig den Armen. Deshalb erschien England 1784 bei gleicher Wirtschaftskraft und vergleichbaren Einkommensverhältnissen »hundertmal reicher als Frankreich«[3]. Man nahm jedoch jede Gelegenheit wahr, sich zu amüsieren. Im Süden Frankreichs, der durchaus nicht zu den wohlhabendsten Regionen des Landes gehörte, trat diese Lebensfreude offen zutage. Das Marseille von 1780 erschien einem Seemann als der ideale Aufenthaltsort: »Die Bewohner dort sind von beispielloser Fröhlichkeit; an Festtagen sieht man sie überall tanzen. [...] Das andere Geschlecht ist reizend, und die Leute sind von einer Reinlichkeit, die entzückt.«[4] Bei dem Arzt Darluc hieß es zur selben Zeit in seiner *Histoire naturelle de Provence*, daß die Bevölkerung der kleinen Stadt Callian »Vergnügungen und Tanz liebt« und diesem Zeitvertreib fast das ganze Jahr über an Sonn- und Feiertagen nachgehe. Und weiter heißt es, daß die Leute von Saint-Tropez, die in letzter Zeit durch den Handel reich geworden seien, sich »an Sonn- und Feiertagen« mit Tanz, Spiel und anderen Vergnügungen zerstreuten, ohne dabei Standesunterschiede zu machen.

Natürlich gab es auch hier und da ein paar steife Jansenisten, bissige Philosophen und ewig Unzufriedene. Aber die Gegner des Tanzvergnügens, fast alles Intellektuelle, blieben zumindest bis 1787 eine verschwindende Minderheit. Frankreich war ein fröhliches Land. Im allgemeinen entspricht es nicht der Mentalität dieses Volkes, Haß zu brüten und Rache zu schüren. Es hat keinen Hang zum Tragischen und hängt auch nicht immer wieder vergangenen Sünden nach. Merkwürdig nimmt sich zum Beispiel die ewige Rivalität und »Erbfeindschaft« mit den Engländern aus. Die Schlachten zu Wasser und zu Lande ähnelten eher sportlichen Turnieren. Alles in allem trugen sie dazu bei, die Anglomanie, die Begeisterung für alles Englische, eher zu steigern. 1785 versicherte Goldoni: »Das ist so die Art der Nation: verlieren die Franzosen eine Schlacht, so tröstet sie schon ein Epigramm. Wird ihnen eine neue Steuer auferlegt, so entschädigt sie eine Posse (*vaudeville*). Beschäftigt sie eine ernstzunehmende Angelegenheit, so muntert sie ein Liedchen gleich wieder auf.« Im März 1778 hätte die Pariser Öffentlichkeit Grund genug gehabt, über die noch einmal wiedererwachte Opposition des Parlaments[5] nachzudenken oder den bevorstehenden Kriegseintritt des Landes an der Seite der USA gegen England zu kommentieren. Aber das waren allzu ernste Gegenstände, die nach Langeweile rochen. Man zog es vor zu trällern:

> Nous avons vu périr Lekain,
> Terray, Clugny et Saint-Germain,
> Maurepas fait notre destin!
> Destin funeste,
> Mais il nous reste
> Monsieur Carlin.[6]

»Aufführungen neuer Stücke an den drei Theatern – der Oper, der Comédie-Française und der Comédie-Italienne – und die Ankunft Voltaires in Paris [. . .] waren Anlaß genug, von allen politischen Ereignissen abzulenken. O du leichtfertige, aber liebenswerte und glückliche Nation!«[7] Denn »mit ein wenig Heiterkeit ist alles entschuldigt, überwindet man alles in Frankreich«[8]: im Lande von Beaumarchais – das galt zumindest bis zur *Terreur* (seit 1792) – endete zum Schluß alles mit einem Chanson. Fröhlich oder traurig, ironisch oder rührselig – sie alle kündeten von einem glücklichen Volk.

Gestiegene Lebenserwartung

Frankreich war zur Zeit Ludwigs XVI. nicht nur Europas wohlhabendstes Land, sondern auch »das volkreichste«[9]. 1789 hatte es rund 28 Millionen Einwohner. Seine Hauptstadt war mit 650 000 Einwohnern ganz unbestritten die zweitgrößte Stadt der Welt nach London, das mehr als 800 000 Einwohner zählte. Den Franzosen des 18. Jahrhunderts waren diese Zahlen, die man zwei Jahrhunderte später mühsam errechnet hat, natürlich unbekannt. Sie fanden Paris wunderbar, aber monströs, und schrieben ihm eine Million Einwohner zu. So wie sie diese Zahl zu hoch ansetzten, unterschätzten sie umgekehrt fast immer die allgemeine Bevölkerungszunahme in Frankreich und in Europa. Die

Äußerungen der zeitgenössischen Autoren zu diesem Thema waren völlig willkürlich. Zur Zeit des Siebenjährigen Krieges spielte Voltaire ironisch den Bevölkerungsstatistiker und schrieb, daß im Jahre 2050 im Königreich »nur noch ein Bruchteil von einem Menschen« übrigbleiben würde.[10] Vor lauter Bäumen sah man aber oftmals auch den Wald nicht mehr. In dem *cahier de doléances* von Chalain-le-Comtal kam eine gegen Ende des Jahrhunderts sehr verbreitete Ansicht zum Ausdruck: »Die Entvölkerung auf dem Lande ist so beträchtlich, daß in der Gemeinde nicht mehr die notwendigen Dienstboten und Arbeiter für die Feldarbeit und das Hüten der Tiere zu finden sind.«[11] Besonders auf dem Land blieb die späte Heirat die Regel. Ein den Kirchenbüchern entnommenes Beispiel möge das verdeutlichen. Gérard Michel, Sohn und Enkel von Hufschmieden aus dem Valtin in Lothringen, wurde 1771 geboren. 1789 war er durchaus heiratsfähig, heiratete aber erst 1817 – zur Zeit der Restauration – eine 38jährige Tagelöhnerin aus dem Nachbardorf; er war inzwischen 45 Jahre alt. Die seit dem Mittelalter geltende Übereinkunft zwischen den Empfehlungen der Kirche und den überkommenen Regeln bäuerlicher Wirtschaftsformen erwies sich nun als ein Hindernis für das Bevölkerungswachstum. Im übrigen bemerkte jedermann die wachsende Zahl von Unverheirateten in seiner Umgebung.

Private Stiftungen und die Behörden bemühten sich gemeinsam um eine Steigerung der Geburtenziffern. Marie-Thérèse Delacroix, in den Adelsstand erhobene Witwe, bestimmte 1782 in ihrem Testament, daß »ihr Testamentsvollstrecker drei aus Paris gebürtige Mädchen auswählen und mit Handwerkern, ebenso gebürtig aus Paris, verheiraten solle.« Jede von ihnen bekam eine Aussteuer von 500 Francs.[12] – Nach der Geburt der königlichen Tochter, der Madame royale, im Dezember 1778 »hatte die Königin darum gebeten, daß statt der bei diesem Anlaß herkömmlichen pompösen, aber unnützen Feierlichkeiten hundert arme und tugendhafte Mädchen mit rechtschaffenen Handwerkern verheiratet werden sollten.« Jedes Mädchen empfing aus der Hand ihres Pfarrers eine Aussteuer von 500 Livres als Geschenk des Königspaares. »Und dieses Geld soll zum Kauf des Meisterrechts oder auf andere Weise zur Bestreitung des Lebensunterhalts verwendet werden.«[13] Als im Herbst 1781 der Dauphin, der Kronprinz, geboren wurde, folgten fast alle Städte diesem Beispiel. In Straßburg, wo dieses Ereignis mit der hundertjährigen Wiederkehr der Angliederung an das Königreich zusammenfiel, verheiratete man zwanzig junge Mädchen »auf Kosten des Magistrats der Stadt« und verlieh »ihren Ehemännern das Bürger-

recht«. »Die zehn lutherischen Ehen wurden im Temple Neuf vollzogen, die zehn katholischen im Münster, wo das Tedeum in lateinischer
Sprache gesungen wurde. In der evangelischen Kirche geschah dies«,
wie die protestantische Baronin von Oberkirch diesem Bericht hinzu-
fügt, »selbstverständlich in deutscher Sprache.«[14] Im Einklang mit dem
vom örtlichen Magistrat aufgestellten Programm verheirateten in
Besançon der Intendant Monsieur de Lacoré und seine Frau auf ihre
Kosten »je ein armes Mädchen aus jeder der sieben Pfarrgemeinden von
Besançon mit einem Gatten ihrer Wahl« und gaben ihnen eine Aussteuer. Der Ehegemahl wurde vornehmlich unter den wenig begüterten
Weinbauern gewählt. Jedes junge Mädchen erhielt »eine Wäscheaus-
steuer im Wert von 100 Livres« und eine Mitgift von 300 Livres. Der
Maler Jean-Alexis Cornu hat von einer Ecke der Kathedrale aus die
Hochzeitszeremonie skizziert und zur Erinnerung in einem Aquarell
festgehalten: in der Mitte der Herr Koadjutor, der den ehelichen Segen
erteilt, der Herr Intendant und seine Frau sowie die vierzehn Verlobten,
alle auf Kosten des Spenders gleich gekleidet (»die Kleidung der Männer
war hellbeige, die der Frauen ebenso, nur daß ihr Stoff gestreift war«).
Die Gemahlin des Vertreters des Magistrats trug mit einem kleinen
Gedicht dazu bei, daß dem Fest auch wirklich nichts fehlte:

> Qui donc a formé vos liens?
> C'est le Dauphin qui vient de naître!
> Donnez des enfants à l'amour
> Que vous sentez pour votre maître.[15]

Tatsächlich wuchs die französische Bevölkerung beständig, trotz Kin-
desaussetzungen, beginnender Geburtenkontrolle und grassierender
Epidemien – 1775/76 die Grippe, 1779 die Ruhr, in den Jahren 1781 bis
1785 eine ansteckende Lungenentzündung – und trotz der immer noch
verheerenden Folgen von Tuberkulose und Sumpffieber bei der Landbevölkerung. Der Statistiker Moheau, der Begründer der modernen
Demographie, hat das große Verdienst, in seinem Werk *Recherches et
considérations sur la population de France* (»Untersuchungen und
Betrachtungen über die Bevölkerung Frankreichs«), das er gegen Ende
des Jahres 1777 veröffentlichte, diese Bevölkerungszunahme festgestellt
zu haben; was ihn nicht daran hinderte, eine geburtenfördernde Gesetzgebung zu verlangen, um diese glückliche Entwicklung auf Dauer sicherzustellen.[16]
Das Schreckgespenst der Kindersterblichkeit war immer noch nicht
gebannt. Der Abbé Reyre, einer der großen Erzieher seiner Zeit,

wandte sich mit folgenden Worten an ein kleines Kind: »Den Gefahren entronnen, welche Dich in der Wiege bedrohten, trittst Du nun in einen neuen Lebensabschnitt; jetzt beginnst Du zu leben.«[17] Zumindest in der ersten Hälfte der Regierungszeit Ludwigs XVI. ging die Kindersterblichkeit jedoch etwas zurück und erhöhte statistisch gesehen die Lebenserwartung der Erwachsenen. Die Epidemien der achtziger Jahre konnten die allgemeine Tendenz der gestiegenen Lebenserwartung nicht mehr umkehren. Heute sprechen die Zahlen, die für das Frankreich Ludwigs XVI. errechnet worden sind, ihre eigene Sprache: 16 781 000 Geburten, 14 624 700 Todesfälle, Überschuß: 2 156 300.[18]

Vorbildliche Institutionen

Bis 1778 – in diesem Jahr starben in kurzem Abstand Voltaire und Rousseau – hielt Frankreich noch einen anderen absoluten Rekord: nirgendwo sonst wurde soviel philosophische Literatur hervorgebracht. Die Berühmtheit eines Rousseau, Voltaire, Diderot, Buffon, selbst eines d'Alembert, reichte bis ans andere Ende der Welt. Die Philosophen von Paris glaubten, als beratende Denker (*idéologues*) die aufgeklärten Fürsten leiten zu können: Friedrich II. von Preußen, Katharina II. von Rußland, Gustav von Schweden oder Joseph II. von Österreich. Sie befanden darüber, wer aufgeklärt war und wer nicht. Sie schienen die Lehrmeister Europas zu sein oder waren es gar; und bald überquerte man den Atlantik, um von ihnen Rat und Hilfe zu erbitten. Im Januar 1783 kündigte die *Correspondance littéraire* ein bemerkenswertes Ereignis an, dessen beneidenswerter Held der Abbé de Mably war: »Die Herren Franklin und Adams haben ihn im Namen des Kongresses der Vereinigten Staaten von Amerika darum gebeten, einen Verfassungsentwurf für die neue Republik abzufassen.« Da haben wir den »modernen Solon«[19].

Die Schriftsteller dachten – für wie kosmopolitisch sie sich selbst auch halten mochten – in Wirklichkeit ausgesprochen französisch, die modernen Solons ebenso wie die kleinen Zeitungsschreiber. »Sie bemühen sich um alles weit von uns Entfernte, preisen in den höchsten Tönen, was wir nicht haben, und sie mißbilligen (darin das krasse Gegenteil zu den Gepflogenheiten anderer Nationen) alles, was wir besitzen.«[20] Es bedarf schon der großen und seltenen Intelligenz eines Abbé de Véri – übrigens ein Mann der Aufklärung: offen, liberal und fern jedem Verdacht des Obskurantismus –, um zu begreifen, in wel-

chem Ausmaß Propaganda und utopisches Denken die Idee der Demokratie schönfärberisch anpriesen. »In der mir bekannten Geschichte«,
schreibt der Abbé, »finde ich keine einzige Republik von ein wenig
größeren Ausmaßen, die mir unserer gemäßigten Monarchie (*monarchie modérée*) vorzuziehen wäre. Ich finde in den griechischen, römischen, italienischen, alten und neuen Republiken mehr Quellen für
Despotismus und Ungerechtigkeit gegenüber der großen Mehrzahl der
Menschen als in den gemäßigten Monarchien.«
In den philosophischen Kreisen zur Zeit Ludwigs XV. und Ludwigs XVI. gehörte es zum guten Ton, den aufgeklärten Absolutismus
anderer Monarchen zu bewundern, Frankreich aber zu verachten. In
Wirklichkeit imitierten alle aufgeklärten absolutistischen Monarchen
Europas den preußischen König Friedrich II., dessen Vorbild wie-
derum Ludwig XIV. war. Seither bewunderten die französischen
Schriftsteller – mit dem Umweg über Friedrich den Großen – in aller
Unschuld die von Ludwig XIV. geschaffenen Institutionen. Selbstverständlich war die französische Monarchie nicht zentralistisch, eben weil
sie nicht despotisch war. Die ein wenig übertriebene Einfachheit der
Verwaltungsstrukturen der mittel- und osteuropäischen Staaten war in
Frankreich nicht anzutreffen. Eigentlich überflüssige Gerichte oder
Behörden wurden in Frankreich selten abgeschafft: lieber sah man zu,
wie sie ohne Aufgaben oder an Altersschwäche langsam eingingen. Von
daher waren die Widersprüche innerhalb des Verwaltungssystems zu
erklären: das Nebeneinander von Behörden, die entweder unter königlicher Oberaufsicht standen oder verpachtet waren; der Konkurrenz-
kampf zwischen Beamten, die ihr Amt kauften (*officiers*), und solchen,
die vom König ernannt und nach seinem Belieben wieder abberufen
werden konnten (*commissaires*); der Gegensatz zwischen der gewohnten, traditionellen juristischen Arbeitsweise der vom Finanzrat eingesetzten und kontrollierten Steuerämter einerseits und den kühnen Ver-
waltungsneuerungen der *Ferme générale* (Finanzpachtamt) andererseits.
Die Verwaltung der indirekten Steuern hatte eine Gesellschaft von Kapitalisten gepachtet, die *Compagnie des fermiers généraux* (Gesellschaft
der Generalpächter).[21] Sie war in Frankreich zwar unpopulär, aber von
einer in der Welt einzigartigen Qualität und Effizienz. Lange vor den
vielgepriesenen Reformen Josephs II. in Wien hatten die Herren der
Ferme générale in Paris für ihre Mitarbeiter schon eine Art modernen
Beamtenstatus entwickelt, der sich merkwürdigerweise aber nicht auf
Angestellte im Staatsdienst bezog. Aufstiegsregelungen, Einstellung
neuer Arbeitskräfte, berufsvorbereitende Lehrgänge, Beförderungen,

Bau einer Straße (Gemälde von Joseph Vernet, 1774)

Einstufung der Angestellten, Eignungslisten – alles war in diesem riesigen Apparat von 60000 Menschen vorgesehen, voll entfaltet im Organisationsstatut von 1774. Seit 1768 kamen alle Angestellten der *Ferme* in den Genuß von Pensionen, die ihren Gehältern entsprachen und die zum Teil durch Einbehalt von ihrem früheren Einkommen bezahlt wurden. 1781 hatten die Pariser Angestellten eine moderne genaue Arbeitszeitregelung: vormittags von 9 bis 1 Uhr und nachmittags von 3 bis 7 Uhr.

Manche Einrichtungen der Krone blieben in der ganzen Welt unerreicht. Der vielgepriesene preußische Landrat Friedrichs des Großen war nichts anderes als die deutsche Version des französischen Provinzintendanten (*intendant de province*). Der *lieutenant général de police* von Paris (der Chef der Polizei und Verwaltung)[22], der den größten Teil der städtischen Angelegenheiten verwaltete, war fast ebenso mächtig wie ein Minister. Selbst seine Gegner rühmten sein Wirken, wie zum Beispiel Sébastian Mercier, Autor des berühmten *Tableau de Paris*. Die Kaiserin Maria Theresia erbat vom französischen König eine Beschreibung der Ordnungs- und Verwaltungsbehörden (*police*) von Paris, die sie als vorbildlich organisiert ansah, und empfing allein darüber einen Bericht von 500 Seiten. Der *Guide des amateurs et des étrangers voyageurs à Paris* von Thiéry, eine Art Baedeker am Ende des Ancien Régime, faßte die jüngsten wohltätigen Einrichtungen des Pariser Magistrats mit den folgenden Worten zusammen: »In dieser riesigen Stadt zeugt alles von reger Tätigkeit. [...] Die in der Hauptstadt erbauten Theater künden vom Genie der Architekten und Künstler, welche die Pläne erdachten. Der Wiederaufbau des Justizpalastes verschönert die Stadt. [...] Das Hospital für Elektromedizin; die Taubstummeneinrichtung; das Heim für blinde Kinder; der angeregte Handel; die staatlich geförderten Manufakturen; das Wasser der Seine, das mit Hilfe einer Dampfmaschine auf den Hügel von Chaillot gepumpt wird, dort in riesigen Wasserreservoiren gespeichert und dann mit Hilfe tausender Kanäle in alle Stadtviertel geleitet wird, diese reinigt und bei Feuer rasche Hilfe bringt; [...] die bereits erteilten Aufträge zur Errichtung geräumiger und angenehmer Krankensäle in den verschiedenen Hospitälern; neue Straßendurchbrüche an unzähligen Stellen in der Stadt«; der Bau neuer Markthallen; die Vervielfachung von sinnvoll über die ganze Stadt verteilten Marktplätzen; die Verlegung der Friedhöfe vor die Stadtmauern; »das durch den Abriß der alten Brückenhäuser verschönerte Stadtbild; die vermehrte gesundheitsfördernde Wirkung der von morgens bis abends frei zirkulierenden Luft; [...] eine zur Rechten

der Place Louis XV. geplante Brücke«, welche gleichermaßen beispiel-
haft für die Mildtätigkeit Ludwigs XVI. und die Tüchtigkeit des städtischen *lieutenant de police* ist. Im übrigen »ist die Ruhe der Bürger durch
die tätige und wachsame Verwaltungsarbeit der für die Angelegenheiten
der Bürger in der Stadt zuständigen Justiz- und Verwaltungsbeamten
gewährleistet; Paris ist nachts besser beleuchtet; [. . .] die Straßen werden sauberer und sind weniger von Hindernissen versperrt. Die Boulevards, zum Teil neu bepflanzt, verschönert und mit Sorgfalt unterhalten, werden so zu reizvollen Spazierwegen; an der Seine sind neue
Warmbäder eingerichtet worden, die zu moderaten Preisen besucht
werden können. Andere sind zugunsten der Armen gänzlich kostenlos,
eine wohltuende Hilfe für ihre Gebrechen.« Im Vergleich zu Paris
erschien eine Stadt wie Berlin, mit seinen 150 000 Einwohnern so groß
wie Lyon, wie eine Provinzstadt; sämtliche Einrichtungen Berlins – die
Oper, die Bibliothek, die Sternwarte, der Botanische Garten, das Stati-
stische Bureau, das Collegium medico-chirurgicum, die Bergakademie,
die Akademie der Schönen Künste, die Akademie der Wissenschaften –
waren nichts anderes als Nachahmungen der französischen Vorbilder.

Die Gelehrtenrepublik

»Das Wort ›unmöglich‹ gibt es im Französischen nicht.« Deshalb entwickelten die französischen Philosophen seit der Mitte des 18. Jahrhunderts die Theorie vom unbegrenzten Fortschritt. Sie hatte zwei große
und überzeugte Protagonisten: Turgot, den späteren Minister, und den
Marquis de Condorcet, ständiger Sekretär der Akademie der Wissenschaften, Mitglied der Académie française, der Akademien von Sankt
Petersburg, Bologna, Turin, Padua und Philadelphia. Der Deutung der
Geschichte vom Standpunkt der christlichen Heilsgeschichte aus, wie
sie einst von Bossuet in seinem *Discours sur l'histoire universelle* (1681)
entwickelt worden war, setzte Turgot eine universale Fortschrittstheo-
rie entgegen: »Die gesamte Masse menschlicher Lebewesen«, so heißt es
bei ihm, »bewegt sich, wenn auch in kleinen Schritten, fortwährend auf
eine immer größere Vollkommenheit zu. Dabei macht sie abwechselnd
Zeiten der Ruhe und der Geschäftigkeit durch und wechselt zwischen
Gut und Böse.«[23] Der Sinn der Geschichte liege im Fortschritt der
menschlichen Gattung, der sich vor allem im Fortschritt von Wissenschaft und Technik darstelle. Wissenschaft war der Motor des Fort-
schritts. Seitdem stand Frankreich, als bevorzugtes Land der Aufklä-

rung, ganz selbstverständlich an der Spitze wissenschaftlicher Forschung.

Es besaß dafür den besten damals verfügbaren Rahmen. Er war nicht universitärer Art – obwohl die Fakultäten von Montpellier, Caen und Nancy über die Landesgrenzen hinaus berühmt waren –, sondern »akademisch« in dem Sinne, wie man das Wort in Frankreich versteht. Die Akademie der Wissenschaften, 1666 von Ludwig XIV. und Colbert begründet, hatte in der Welt nur noch in der Royal Society von London und vielleicht dem Istituto di Bologna ihresgleichen. Ihre Aufgabe bestand in der ständigen Anregung und Ordnung neuer wissenschaftlicher Forschungen in den Bereichen angewandter und reiner Wissenschaft. Auf regionaler Ebene besaßen 32 Provinzstädte Akademien. Sie führten in Wissensgebiete ein, stimmten die Forschungsinteressen aufeinander ab und veröffentlichten die Entdeckungen in allgemeinverständlichen Darstellungen. Eine derartige planmäßige Erfassung gab es nur in Frankreich. Der König unterstützte und nutzte die Akademien und tat sein möglichstes zur Förderung der Forscher und aller Wissensdurstigen: »Ich möchte alle großen Talente auszeichnen können, die ihr Zeitalter ehren durch Beiträge zur Beförderung der Zivilisation und zum Wohle der Völker.«[24]

Die Akademie der Wissenschaften hatte ihren Sitz im Louvre, wo sie über vier Säle verfügte. Das vom König verlassene Schloß ähnelte einer riesigen, seltsamen Karawanserei, in der Künstler, privilegierte Handwerker, Herzöge, Höflinge und Hofbeamte untergebracht waren. Hier befanden sich die Amtszimmer der Maison du Roi (Verwaltung der Hofhaltung und des Hofstaates), des Grand Conseil (Staatsrat), das Oberhofgericht, das königliche Jagdamt, das Marineministerium, die Académie française, die Académie des inscriptions et belles lettres (Akademie für Altertumskunde und alte Sprachen) und die Académie de peinture (Malerei). Die Akademie der Wissenschaften tagte zweimal im Jahr öffentlich: »Die eine Versammlung wird nach Martini, die andere nach den Osterferien abgehalten.«[25] Die gewöhnlichen Sitzungen fanden jede Woche mittwochs und samstags statt. Mesmer, der Begründer der Lehre des animalen Magnetismus, hat eine dieser Sitzungen beschrieben.

Die Szene spielt im Februar 1778, und Mesmer wartet darauf, daß seine Lehre durch den geschäftsführenden Direktor der Akademie, den Physiker Jean-Baptiste Le Roy, vorgestellt wird. Er hofft vergeblich. »Die *académiciens* trafen nach und nach ein«, berichtet unser Augenzeuge, »und bildeten mehrere kleine Gruppen, in denen zweifellos ebenso viele gelehrte Fragen behandelt wurden. Ich vermutete, daß aller Wahrscheinlichkeit nach, wäre die Gesellschaft erst einmal zahlreich genug, um als vollständig versammelt zu gelten, sich die bis dahin geteilte Aufmerksamkeit auf einen einzigen Gegenstand richten würde. Ich täuschte mich; jedermann setzte sein Gespräch fort; als dann Monsieur Le Roy das Wort nehmen wollte, bat er vergeblich um Aufmerksamkeit und Ruhe: sie wurde ihm nicht gewährt.« Als der Präsident darauf bestand, etwas vorzulesen, wies ihn ein Akademiemitglied in scharfem Ton an, das betreffende Schriftstück auf dem Schreibtisch niederzulegen, wo jedermann, der sich dafür interessiere, es einsehen könne. Le Roy kündigte darauf »eine zweite Neuheit an, und ein zweiter *académicien* bat ihn höflich, zu einem weniger abgedroschenen Gegenstand überzugehen, mit der keinen Widerspruch duldenden Begründung: er fühle sich gelangweilt.« Eine dritte Neuankündigung wird von einem dritten *académicien* als Scharlatanerie abgetan, »der seine Konversation eigens zu unterbrechen geruhte, um diesen wohlüberlegten Beschluß bekanntzugeben.«[26] Hinlänglich gewarnt, bedeutet Mesmer dem Herrn Präsidenten, er sei damit einverstanden, wenn sein Fall ein anderes Mal verhandelt werde. Die Hochachtung ist ihm abhanden gekommen vor diesem illustren Gremium, das man – wie er bemerkt – besser »nur aus der Ferne« betrachte.

Die naiv altertümlichen Verhaltensweisen ihrer Mitglieder und die Ungeniertheit, mit der manche Sitzungen abliefen, sollten jedoch nicht darüber hinwegtäuschen, daß die Mitglieder der Akademie der Wissenschaften auf allen Wissensgebieten die führenden Entdeckungen machten und daß die Akademie sich den wachsenden Wissensgebieten durch beständige innere Reformen anpaßte. Seit 1716 bildeten ihre Mitglieder sechs Klassen: Geometrie, Astronomie, Mechanik, Anatomie, Chemie und Botanik. Durch die Neuordnung vom 23. April 1785 erweiterten und modernisierten der König und der Baron de Breteuil die ehrwürdige Institution. Dort heißt es, die ehemalige Einteilung umfasse »heute nicht mehr die Gesamtheit der Wissenschaften, mit denen sich die Akademie befasse [...]; Landwirtschaft, Naturgeschichte, Mineralogie, Physik sind offenkundig nicht in das Programm der Institutionen aufgenommen, obwohl diese Wissenschaften nicht weniger als andere die Aufmerksamkeit der Gelehrten und die Förderung der Regierung verdienen.«[27] Man gründete also eine Klasse für Allgemeine Physik und eine weitere für Naturgeschichte und Mineralogie. Die Metallurgie kam als ein neues Gebiet zur Chemie, die Agrikultur zur Botanik. Im Jahre 1785 stand diese Akademie der Wissenschaften beeindruckend da und rechtfertigte ihren weltweiten Ruf. Frankreich war allen anderen Nationen, auch England, auf dem Gebiet der klassischen Mechanik, der Naturwissenschaften und der Chemie überlegen. Auf dem Gebiet der Astronomie und der Mathematik war es seinem Rivalen England hart auf den Fersen. Wirklich überlegen waren die englischen Wissenschaftler in einigen zweitrangigen Disziplinen, etwa der politischen Statistik (*arithmétique politique*), in der sich aber auch Condorcet ehrenhaft behauptete.

Der Schatzmeister der Akademie war Monsieur de Buffon. Er war zugleich Literat, Biologe und Mineraloge, er interessierte sich für die Wahrscheinlichkeitsrechnung, war Intendant des königlichen botanischen Gartens und Mitglied aller großen europäischen Akademien. In die Akademie aufgenommen wurde La Grange, der mit Euler einer der bemerkenswertesten Mathematiker seiner Zeit war, ferner der Geometer Legendre, die Hydrographen Méchain und Borda, der Kartograph Cassini, der Astronom La Lande, der Physiker Coulomb und der Mineraloge Haüy. Auf naturwissenschaftlichem Gebiet sind zu nennen Daubenton, Jussieu, Desfontaines; für die Mathematik La Place; für die Chemie Fourcroy, Berthollet und vor allem Lavoisier.

Ein Charakteristikum dieser Wissenschaftler war ihr jugendliches Alter. Fast ein Viertel der Akademiemitglieder in der Provinz war bei der Aufnahme unter 30 Jahre alt. Für Paris galt möglicherweise das gleiche: Antoine-François de Fourcroy wurde 1755 geboren. Mit 29 Jahren trat er an die Stelle von Macquer und erhielt dessen Lehrstuhl für Chemie an den königlichen Gärten; mit 30 war er Mitglied der Akademie der Wissenschaften. Schlechtes Benehmen der Mitglieder schätzte man übrigens nicht. In jeder Akademie gab es eine gewisse Zahl von Standespersonen – in der Akademie der Wissenschaften von Paris waren das der ehemalige Minister Machault, der Herzog de La Rochefoucauld, der Marschall de Richelieu, Monsieur de Malesherbes und der Comte de Maillebois –, die jenen Akademiemitgliedern, die etwa die Anstandsregeln noch nicht beherrschen sollten, diese umgehend beibrachten. Die Grenze zwischen der eleganten Welt und der Welt der Wissenschaft war noch fließend: damals waren viele Adlige zugleich professionelle Gelehrte, zum Beispiel Condorcet, Buffon oder der Chevalier de Borda. Auch Lavoisier verband als Sohn eines in den Adelsstand erhobenen Bürgerlichen diese beiden Gruppen miteinander.

Bei Lavoisier ist schwer zu entscheiden, welche seiner vielen Seiten bewundernswerter war: die Verschiedenartigkeit und Bedeutung seiner Entdeckungen – Wärmetheorie, Eismaschinen, Untersuchungen über

den Sauerstoff und die Atmung, Forschungen über Krankenhaus-
hygiene, die Klassifikation der Gase, umfangreiche Experimente zur
Zusammensetzung des Wassers im Jahre 1781 – oder seine ungeheure
Arbeitskraft und Leistungsfähigkeit; denn Lavoisier begnügte sich keineswegs damit, Chemiker zu sein: er war zugleich Generalsteuerpächter der Krone und Leiter der staatlichen Salpeter- und Pulverfabriken,
also ein sehr hoher »Beamter«. Seine Freunde schienen jedoch nicht
überrascht zu sein, wenn er an ein und demselben Tag Verwaltungs-
und Forschungsaufgaben wahrnahm und dabei auch noch seinen gesellschaftlichen Verpflichtungen nachkam. Um dieses enorme Pensum zu
schaffen, begann für Lavoisier, wie für viele bedeutende Persönlichkeiten der damaligen Zeit, der Arbeitstag mit Sonnenaufgang. An seinem
Arbeitstisch oder in seinem Laboratorium war er morgens von 6 bis 9
Uhr zu finden. Von dort begab er sich in das Finanzpachtamt (*Ferme
générale*) in der Rue de Grenelle-Saint-Honoré, und zwar »montags um
10 Uhr, dienstags um 9 Uhr und ab Mittag, mittwochs und donnerstags
um 9 Uhr und freitags um 9 Uhr und ab Mittag«. Er gehörte fünf
Ausschüssen des Finanzpachtamtes an; er war Berichterstatter für die
Salz- und Tabaksteuer der Hauptstadt und hatte gleichzeitig den Auftrag, die neuen Grenzen der Steuerbezirke im Stadtgebiet von Paris
festzulegen. Er bewältigte all diese Aufgaben mit der ihm eigenen Intelligenz und Rechtschaffenheit und verfaßte zahlreiche Memoranden
über die Steuergrenzen und über die Tabaksteuer. Wenn dann der Steuerpächter die Amtszimmer der Compagnie verließ, widmete sich der
Forscher zu Hause von 7 bis 10 Uhr abends wieder seinen chemischen
Untersuchungen. Außerdem versammelte er »zweimal pro Woche
Gelehrte verschiedener Fachrichtungen – Chemiker, Physiker, Mathematiker und Philosophen« – zu gemeinsamem Gespräch.[28] Dieser
Erfinder der modernen Chemie hatte wahrlich wenig Ähnlichkeit mit
einem engstirnigen Pedanten.

Die 2500 Mitgliedsplätze in den Akademien, die im Königreich zur
Verfügung standen (ein Platz auf 11 000 Einwohner), reichten jedoch
nicht aus, der großen Zahl befähigter und interessierter Personen einen
Eingang in diese Körperschaften zu verschaffen. Außerdem mochte
sich manch einer befangen fühlen durch das Wort »Akademie« und den
offiziellen Charakter dieser Gesellschaft, deren Schirmherr immerhin
der König selbst war. Private Initiativen führten daher zu einer liebenswürdigen Konkurrenz. Am 10. Dezember 1788 gründeten sechs junge
Leute die Société philomathique de Paris (Gesellschaft der Freunde der
Wißbegierde zu Paris). Es waren der Mathematiker Broval, die beiden

Mediziner Audirac und Petit, der Naturforscher Riche, der Agronom Silvestre und der Geologe Alexandre Brongniart (der später Stellvertreter Cuviers werden sollte). Die Begründer der Gesellschaft wünschten, sich laufend über die neuesten wissenschaftlichen Entdeckungen zu informieren und deren Verbreitung sicherzustellen. Sie planten ein monatlich erscheinendes *Bulletin des sciences*, das allen Wissenschaftszweigen offenstehen sollte, die in der Lage waren, ihren Stoff allgemeinverständlich, aber nicht platt darzustellen. Sie nahmen nur unveröffentlichte Abhandlungen an, sowohl aus dem Gebiet der Theorie als auch aus dem der experimentellen Forschung. Wenn das *Bulletin* auch erst 1791 zum erstenmal erschien, so ließ doch der Erfolg der Unternehmung nicht lange auf sich warten: er erklärte sich durch die Jugendlichkeit seiner Begründer und die lockere Organisationsform dieser wissenschaftlichen Gesellschaft, die sehr viel weniger schwerfällig strukturiert war als eine Akademie.

An der Spitze des technischen Fortschritts

Die Anfänge der industriellen Entwicklung in Paris erwuchsen aus dem Interesse, die neuesten wissenschaftlichen Entdeckungen praktisch umzusetzen und anzuwenden. In den Vorstädten entstanden erste chemische Industrien: Wachs und Kerzen wurden in Châtenay, Dugny und Antony hergestellt; Vitriol in Vanves; Salmiak in Charenton Saint-Maurice. Das erfolgreichste industrielle Unternehmen lag jedoch zwischen Issy und Vaugirard, in Javel. An der Stelle einer ehemaligen Mühle und eines vielbesuchten Ausflugslokals stand seit 1777 »eine Manufaktur, welche die Aufmerksamkeit ausländischer und einheimischer Herren verdient«. Sie wurde »unter der Schirmherrschaft des Comte d'Artois [...] von Kapitalisten gegründet, welchen der Fortschritt der Handwerke und die Förderung des Handels im Königreich am Herzen liegt.« Die Manufaktur hatte zwei sehr tüchtige Direktoren, die Herren Alban und Vallet. Sie hatten zunächst Vitriolöl hergestellt, das der englischen Qualität ebenbürtig war. Danach erweiterten sie ihre Produktion um Salpetersäure, verdünnte Salzsäure, Eisenvitriol, zyprisches und Salzburger Vitriol, Stein-Alaun und Soda. Diese letztere Spezialität erforderte langwierige Forschungsarbeiten und fand den Beifall der Akademie der Wissenschaften. Die Firma Javel produzierte und exportierte Soda zu einem so niedrigen Preis, wie ihn keine andere Manufaktur der Welt bieten konnte. Die Fabrik des Comte d'Artois stellte ferner zwei Sorten Bleiweiß und Kupferacetat her. Die Herren Alban und Vallet lieferten das Gas für den Ballon von Montgolfier und arbeiteten ferner beim Bau seiner Flugmaschine mit. Sie erfanden auch ein Instrument zur Bestimmung der Richtung und der Stärke des Windes, einen *anémomètre*, und wandten eine Entdeckung von Berthollet praktisch an: »das unmittelbare Bleichen roher oder gefärbter Baumwoll- oder anderer Garne mittels eines Gases aus schwefeligen Säuren«. Dank der Verbindung zur Akademie der Wissenschaften – deren förderlichen Einfluß man hier studieren kann – und dank einer ausgezeichneten Unternehmensführung war die Manufaktur von Javel in ihrer Art einmalig auf der Welt und wurde zu einem beachtlichen Faktor des französischen Außenhandels. Als Nebenergebnis der wissenschaftlichen Entdeckungen in Frankreich setzte man sich hier nämlich das Ziel, »nach und nach chemische und pharmazeutische Produkte herzustellen, die der Handel bis zum gegenwärtigen Zeitpunkt nur aus dem Ausland beziehen konnte«.[29]

Gegen Ende des Ancien Régime war Frankreich die zweitgrößte Industrienation der Welt. Es überrundete alle Nationen des Kontinents und verstärkte unablässig seine Bemühungen, den beträchtlichen technischen Vorsprung der Engländer einzuholen. Dieser Aufschwung Frankreichs war großenteils den Bemühungen der Regierung und der Akademien zu verdanken, aber auch der aufgeklärten Einstellung des Volkes, dem überall verbreiteten neuen Interesse an der praktischen Umsetzung von wissenschaftlichen Erkenntnissen, den Entdeckungen auf den Gebieten der Metallverarbeitung und Chemie und schließlich den unermüdlichen Initiativen großer Unternehmer wie Oberkampf oder der Brüder Perier.

Die erste Stelle nahm Frankreich auf den Gebieten der Artillerie, des Schiffbaus und der Luftfahrt ein. Es ist viel zuwenig bekannt, daß der Hauptsieger der Schlachten der Revolutions- und der Kaiserzeit das Geschütz »Gribeauval« war, das nach 25jähriger Entwicklungsarbeit seit 1791 eingesetzt wurde.[30] Bis zu den Zeiten des Ministers Choiseul[31] gab es in Frankreich nur einen einzigen Schiffsingenieur, und in den drei großen Kriegswerften von Brest, Toulon und Rochefort wurden die Baustellen von einfachen Marineoffizieren geleitet, die zwar geschickte Schiffszimmermeister waren, ihre Kenntnisse aber nur aufgrund ihrer bei der Arbeit gewonnenen Erfahrungen besaßen. Im Jahre 1765 wurde in jeden der drei Kriegshäfen eine Gruppe von sieben bis zehn Schiffsbauingenieuren beordert. Es waren sehr gut ausgebildete Männer, die beständigen Kontakt zur Akademie der Wissenschaften hielten oder zur

Académie de marine (Akademie für Schiffahrt), die Ludwig XV. in Brest gegründet hatte. Diese Ingenieure begannen ihre Arbeit damit, die besten Fregatten der Welt zu konstruieren; sodann beschäftigten sie sich mit den größeren Kriegsschiffen (*vaisseaux de haut bord*), verbesserten rasch deren Schwimmeigenschaften und Manövrierfähigkeit und machten sie damit »schneller und seetüchtiger« als die Kriegsschiffe der Engländer.[32]

Die Engländer nahmen die Herausforderung an und belegten viele ihrer Schiffe mit Kupferplatten (Kupfer schützt das Holz gegen Verfaulen, Ungeziefer, Algen und Muscheln): ein auf diese Weise mit Platten belegtes Schiff fuhr dadurch leicht zwei Knoten pro Stunde schneller und mußte nicht so häufig in der Werft überholt werden. Die Franzosen folgten zunächst noch zögernd diesem Beispiel. Im Jahre 1771 gab es erst einige hochmoderne französische Fregatten, wie die »Belle-Poule«, und nur wenige für warme Meere vorgesehene kleinere Schiffe – Schuten (*gabares*) und Fleuten (*flûtes*)[33] mit einer Kupferummantelung. Dieser Rückstand zu Beginn des amerikanischen Unabhängigkeitskrieges war für die französischen Marineoffiziere ein ständiges Ärgernis. Neben der Kritik an dem Admiral d'Estaing[34] war er eines der Hauptgesprächsthemen auf den Offiziersdecks. Aus diesem Grund unterrichtete der Kommandant der »Jason«, Monsieur de la Clocheterie, im Mai 1780 den Comte de Charlus, Sohn des Ministers de Castries, in Seetaktik und Schiffstechnik. Er belehrte ihn »über den großen Vorteil, der darin bestünde, wenn der König alle seine Kriegsschiffe mit Kupferplatten ausrüstete. Es würde nicht mehr als 60000 Livres kosten, um ein Schiff von 74 Kanonen entsprechend auszurüsten.«[35] Mit einem Einsatz von drei Millionen Livres wäre man dann den Engländern in der Schnelligkeit der Schiffe wieder überlegen. Die französischen Ingenieure hatten dies schon seit langem gewußt; es war einzig und allein eine Geldfrage. Gegen Ende des Seekriegs ließ die Regierung Manufakturen errichten, deren spezielle Aufgabe die Herstellung der von der Marine benötigten gewalzten Kupferplatten war. Eine dieser Manufakturen gehörte Monsieur Le Camus de Limare in Romilly-sur-Andelle.[36]

Nachdem diese Schwierigkeiten überwunden waren, wurden die französischen Kriegsschiffe am Vorabend der Revolution zu den gefürchtetsten der Welt. Dafür sorgten nicht nur begabte Ingenieure – der berühmteste war der Baron Sané –, sondern ein wesentlicher Faktor war darüber hinaus die Vereinheitlichung der Normen, die 1780 durch den Marineminister, den Marquis de Castries, angeordnet wurde. Frankreich verfügte nun über zwei Typen von Fregatten mit 20 oder

Kanonengießerei in Douai (Ausschnitt aus einem Gemälde von Johann Ernst Heinsius, 1776)

26 Kanonen, ferner über drei Typen von Linienschiffen (*navires de ligne*) mit jeweils 74, 80 oder 118 Kanonen; insgesamt befanden sich 283 Schiffe auf See und 33 in der Werft. Zur damaligen Zeit galt schon ein 3000-Tonnen-Schiff mit 74 Kanonen als eindrucksvoller Koloß: zu seinem Bau benötigte man nicht weniger als 4000 Baumstämme – für die französischen Marineingenieure jedoch kein Grund, ihre Ziele nicht immer höher zu stecken. Während die Engländer kein Schiff mit mehr als 100 Kanonen ausrüsteten, baute die Marine Ludwigs XVI. die größten Kriegsschiffe der Welt. Am 1. Januar 1789 verfügte sie über sechs Kriegsschiffe mit 118 Kanonen, das siebte, die »États de Bourgogne«, stand kurz vor der Fertigstellung. Diese 5000-Tonnen-Giganten hatten acht Meter Tiefgang, dennoch waren sie seetüchtig und wendig. Noch 1842 galt die »Océan«, die umgetaufte »États de Bourgogne«, als einer der besten Segler der französischen Mittelmeer-flotte! Er sollte erst im Zweiten Kaiserreich unter Napoleon III. (1852–70) außer Dienst gestellt werden.

Die Eroberung des Himmels

Im August 1783 hieß es scherzhaft in der *Correspondance littéraire*[37]: »Noch niemals beschäftigten Seifenblasen eine Kinderschar ernsthafter als nun seit einem Monat der Warmluftballon der Herren Montgolfier die Stadt Paris und den Hof; überall, wo die Gesellschaft sich trifft, in allen Zirkeln, bei allen Soupers, wenn unsere hübschen Frauen Toilette machen, in den *lycées académiques* (Schriftstellerzirkeln) – überall wird nur noch über Experimente, atmosphärische Luft, Leuchtgas, fliegende Wagen und Luftreisen gesprochen. Würde man alle diese Projekte, Hirngespinste und Überspanntheiten zusammenstellen, die wir der neuen Entdeckung verdanken, es käme ein noch verrückteres Buch dabei heraus als das von Cyrano de Bergerac[38].« Am 5. Juni 1783 erhob sich der erste aus Leinwand gefertigte, mit Papier gefütterte und mit einem Hanfnetz überzogene Ballon in den Himmel über Annonay, hergestellt von den beiden Papierfabrikanten Joseph und Étienne Mont-golfier. Dabei wurde die Luft in dem unten offenen Ballon durch ein Strohfeuer erwärmt und brachte so den Ballon zum Steigen. Zweiein-halb Monate später bereitete sich der Physiker Charles darauf vor, seine Flugmaschine vor den Augen der Pariser steigen zu lassen. Er war darauf gekommen, die warme Luft durch Wasserstoff zu ersetzen, den Stoff des Ballons mit Lack undurchlässig zu machen und die Ballonöff-

nung durch ein Ventil zu schließen. Rivarol hat dieses erstaunliche
Experiment beschrieben.
Es ist der 27. August. Die Szene spielt auf dem Marsfeld vor einer
»unermeßlich großen Menschenmenge«. Wenn auch leider ein dichter
Regen fällt, so scheint »der unerschütterliche Pariser, bewaffnet mit
Fernglas und Sonnenschirm«, den Regenguß mit stoischer Ruhe über
sich ergehen zu lassen. Mehr als 6000 Zuschauer haben für ihren Platz
Eintritt bezahlt. In der Mitte des Parks schirmt eine Kette von Schutz-
leuten die Herren Charles, Robert und Montgolfier von der Menge ab.
Der berühmte »aerostatische Ballon«, erdacht von Montgolfier, verbessert von Charles und gebaut von Robert, besteht aus gummiertem Taft.
Er hat einen Durchmesser von nur 12 Fuß. Die Kenner beurteilen ihn
auf Grund seiner elastischen und leichten Konstruktion jedoch »weitaus positiver als die Masse aus Papier und Rauch des Herrn Montgolfier«. Der Ballon ist mit Gas gefüllt, das man durch »Auflösung von
Eisenspänen in Schwefelsäure gewonnen hat«. Vorschriftsmäßig gefüllt, reißt der Ballon heftig an seinen Verankerungen und scheint geradezu »ungeduldig, sich in die Lüfte zu erheben«. Endlich wird er
unter dem Beifall der Zuschauer losgemacht und ist zwei Minuten später ihren Augen entschwunden. Nach einer dreiviertel Stunde vollendet
unser Ballon seinen Flug in Gonesse, sinkt majestätisch nieder, schlägt
noch einige Male auf, bevor er wohlbehalten wieder auf der Erde landet.
Angeblich, so hört man, haben »die Bauern sich mit Heugabeln bewaffnet und ihn nur aus sicherer Entfernung und unter großen Vorsichts-
maßnahmen berührt.« Waren die Leute in Gonesse mißtrauisch, so
blieben sich die Pariser über ihre Gefühle im unklaren. Natürlich war
man in der Hauptstadt immer »auf Neuheiten versessen«, schreibt
Rivarol. Schon deshalb haben sich die Pariser selbstverständlich für
das Experiment begeistert, und demzufolge haben auch nicht nur die
6000 Pariser, die dafür Eintritt bezahlten, in den Himmel geschaut,
sondern »eine Million Augen«. Jedermann interpretierte das Ereignis
nach eigenem Temperament, eigenen Vorstellungen oder Vorurteilen.
»Es herrschte Freude und Überraschung; danach Bewunderung und
Bestürzung; und schließlich Furcht.« Enthusiasten glaubten, daß sie
bald »Luftschiffe und fliegende Menschen« am Himmel sehen würden.
Pseudophilosophen »kamen zu dem Schluß, daß die Religion bei jeder
neuen physikalischen Entdeckung ein Wunder mehr einbüßte; und die
Ballonversuche machten ihrer Meinung nach das Wunder der Himmel-
fahrt Jesu und der Himmelfahrt Marias zunichte.«
Im September 1783 ließ Étienne Montgolfier in Versailles vor den

Augen des Königs und der Königin einen Ballon von 40 000 Kubikfuß steigen. Er trug eine Versuchsgondel, in die einige Tiere gesetzt worden waren. Ganz Frankreich erwartete gespannt das Ergebnis der Unternehmung. Wer in Besançon das lokale Wochenblatt *Affiches et annonces de la Franche-Comté* kaufte, konnte erfahren, welchen Verlauf das Abenteuer genommen hatte. Die braven Tiere hatten die Prüfung wakker überstanden. Nach der Landung »fraß das Schaf ruhig weiter; die Ente jedoch, vor allem aber der Hahn, hatten sich in einer Ecke zusammengekauert; und wenn man auch zu dem Schluß gelangte, daß ihnen kein Leid widerfahren war, so machten sie doch zumindest einen sehr verwunderten Eindruck.«[39] Durch das Vorbild der Tiere kühn geworden, vollführten zwei waghalsige Männer – der Physiker Pilâtre de Rozier und ein Offizier namens Marquis d'Arlandes – am 21. November desselben Jahres den ersten Flug eines Menschen, der sie vom einen Ende der Stadt Paris zum anderen trug. Von nun an vervielfachten und wiederholten sich die Heldentaten. Um sich gegen die Montgolfière von Pilâtre zu behaupten, ließ sich Charles gemeinsam mit einem Gefährten am 1. Dezember von seinem mit Wasserstoff gefüllten Ballon in die Lüfte tragen und landete ohne Schwierigkeiten in Nesle in der Picardie. Im darauffolgenden Jahr gelang es dem Luftschiffer François Blanchard, den Ärmelkanal von Dover nach Calais zu überqueren. 1787 stieg er in Straßburg zum 26. Mal auf.

Derartige Versuche und auf diese Weise unterhaltsam angewandte Wissenschaften mobilisierten die Geister. Seit 1783 war die Physik nicht länger elitäres Beschäftigungsfeld der gebildeten und vornehmen Welt. Von nun an, versichert Rivarol, waren alle Ausdrücke, die mit den Ballons zu tun hatten, der Allgemeinheit geläufig und kamen bisweilen in den einfachsten Gesprächen vor. Der König seinerseits maß dieser Eroberung der Luft höchsten Wert bei. Seit 1783 belohnte er »die Erfindung der Flugmaschinen auf die für ihre Konstrukteure denkbar schmeichelhafteste und ehrenvollste Weise.«[40] Die Brüder Montgolfier wurden in den Adelsstand erhoben und empfingen das Ordensband von Saint-Michel. Pilâtre de Rozier, der 1785 ebenfalls eine Ballonüberquerung des Ärmelkanals versuchte (und dabei umkam), wurde eine Pension von 1000 Livres angewiesen. Der Marquis d'Arlandes erhielt einen hohen militärischen Rang, Charles eine Pension von 2000 Livres, sein Gefährte Robert 1000 Livres.

In der Provinz versuchte man, mit der Entwicklung Schritt zu halten. Am 22. Dezember 1783 stieg in Besançon der erste Ballon in den Himmel, allerdings ohne Menschen und Tiere als Passagiere:

Überquerung des Ärmelkanals durch François Blanchard, 1785
(Ausschnitt aus einem Crayonstich von Bonvalet nach Claude-Louis Desrais)

Du sein d'un cercle de bon ton,
Au son du hautbois militaire,
Il s'élança dans l'atmosphère
Qu'il égaya par sa lumière.[41]

Dieses Schauspiel brachte die Gymnasiasten der Stadt ihrerseits auf Einfälle. Einige Wochen später, am 20. Januar 1784, hatten sie selber einen Ballon gebastelt und ließen ihn aufsteigen. Ihr Papierballon hatte einen Durchmesser von zwölf Fuß und war mit goldenen Sternen, Lilien und den Initialen des Königs geschmückt. Die Verbrennungswärme von Wolle und Stroh trug ihn wie den Warmluftballon der Brüder Montgolfier in die Lüfte. In wenig mehr als einer Minute erreichte er eine Höhe von 300 Metern. Am 26. März, um halb drei nachmittags, wurde auf der Place Granvelle wieder ein Ballon hochgelassen. Er war sechs Fuß hoch, bestand aus lackiertem Taft und trug eine geschmückte Gondel. Gebaut hatte ihn ein Uhrmacher aus Besançon. Zur Verwunderung von 10 000 Zuschauern stieg das Luftschiff in weniger als fünf Minuten auf eine Höhe von 3000 Metern. Es scheint sich fast 24 Stunden in der Luft gehalten zu haben.

Vom Nutzen der Wissenschaft: Wohlfahrt für die Bevölkerung

L'art pour l'art, die Liebe zur Kunst um der Kunst willen, war in Frankreich nichts Ungewöhnliches. Böse Zungen haben die übertriebene Vorliebe der Franzosen für die unnützen Automaten eines Vaucanson[42] zum Beispiel oft spöttisch mit der Begeisterung der Engländer für die Dampfmaschine und die technischen Erfindungen in der Textilindustrie verglichen. Ebenso kann man die närrische Leidenschaft der Franzosen für Warmluftballons belächeln und letztere allenfalls für eine sportliche Spitzenleistung halten. Aber das wäre ungerecht; denn Tatsache ist, daß es vor der Zeit Ludwigs XVI. kaum so viele Bemühungen gab, wissenschaftliche Forschung mit Aufgaben von allgemeinem Interesse zu verbinden und Kulturinstitutionen für das Wohl einer größtmöglichen Zahl von Menschen einzusetzen. Das wurde sowohl in der Provinz als auch in Paris deutlich sichtbar.

Einer der drei wissenschaftlichen Schwerpunkte in den Provinz-Akademien war neben Botanik und Naturkunde die Medizin. Hier handelte es sich jedoch sehr häufig um angewandte Medizin, um klinische Versorgung und Arzneimittelkunde. Die Akademien ließen die städtischen Verwaltungen von ihren Kenntnissen profitieren. Sie beantworteten

unermüdlich deren Anfragen in bezug auf Gewässer, Gewichte und Maße, die öffentliche Hygiene, Stadtplanung, Mühlen und Luftschiff-fahrt. Sie überprüften Maschinen, analysierten chemische Produkte, befürworteten bestimmte Herstellungsverfahren, lehnten andere ab. Die gelehrten Gesellschaften gaben dabei zunehmend mehr die rein wissenschaftliche Beschäftigung auf und ersetzten seit dem Beginn der Regierungszeit Ludwigs XVI. häufig die bis dahin üblichen Preisaufga-ben durch Fragen zu städtischen Problemen: in Lyon waren das zum Beispiel die Arbeitslosigkeit, mögliche Rezepte gegen den wirtschaftli-chen Niedergang der Stadt, die Umstellung der Seidenindustrie; in Metz lauteten die Themen: Ehrenstrafen, uneheliche Kinder, Patriotis-mus, die Juden. (Der Abbé Grégoire[43] gewann zu diesem letzten Thema einen Preis.)
Die Akademie der Wissenschaften in Paris stand mit ihren Kenntnissen nicht weniger zur Verfügung. 1782 beschäftigte sie sich mit der Kata-sterreform. Drei Jahre später zog der König sie über die Situation der Hospitäler zu Rate. 1786 beantwortete sie eine Anfrage des Parlaments der Normandie, indem sie den Gebrauch von Bleiweiß zur Mostkon-servierung verurteilte. Im selben Jahr richtete sie einen Bericht an das Parlament von Bordeaux, in welchem sie zur Aufsicht über die Bäcker Stellung nahm. 1787 bat Ludwig XVI. die Akademie, fünfzehn Memo-randen »über die Entfernung der Schlachtereien in Paris« zu überprü-fen[44] (bis dahin schlachtete man mitten im Quartier Saint-Jacques, wo sich das Blut aus den Schlachtereien üblicherweise mit dem chronischen Schlamm auf den Straßen mischte).
Eine der ganz großen Initiativen des Königreichs im Hinblick auf das Wohlergehen der Menschen blieb jedoch die Gründung der Medizini-schen Akademie – eine weitere vorbildliche Institution, die im Ausland bewundert wurde und um die man Frankreich beneidete. Hier eine Beschreibung aus dem *Almanach royal*: »Die Königlich Medizinische Gesellschaft, durch Beschluß des Staatsrats vom 29. April 1776 gegrün-det und am 1. September 1778 urkundlich bestätigt, ist dazu bestimmt, über alle Gebiete der *praktischen Medizin* mit den besten Medizinern des Königreichs, ja sogar des Auslands einen regelmäßigen Briefwechsel zu unterhalten, und in Fällen von Epidemien und Viehseuchen die betroffenen Gebiete mit ihrer Hilfe zu unterstützen.« Die Mitglieder dieser Akademie bildeten die folgenden fünf Klassen: dreißig ordentli-che Mitglieder (darunter Antoine-Laurent de Jussieu, der berühmte Barthez – Kanzler der Universität von Montpellier und Haupt der vita-listischen Schule – und der Doktor Vicq d'Azyr als ständiger Sekretär);

zwölf freie Mitglieder (darunter Daubenton, aber auch die Minister Amelot, Breteuil, Necker und Vergennes), sechzig assoziierte Mitglieder innerhalb Frankreichs und ebenso viele im Ausland; schließlich eine nicht festgesetzte Zahl von korrespondierenden Mitgliedern. Jeden Dienstag und Freitag tagte die Medizinische Akademie im Audienzsaal des Ministers der Maison du Roi im Louvre. »Der König hat sich zum Schirmherrn dieser Gesellschaft erklärt und ihr sowohl die Überprüfung von Arzneimitteln übertragen, deren Herstellungserlaubnis oder deren Patentierung beantragt worden ist, als auch die Verwaltung aller Mineral- und Heilquellen.«[45] Die Medizin in Frankreich blieb ein liberal organisiertes Fach, keineswegs zu vergleichen mit der schon fast militärischen Organisation der Chirurgie, die dem Ersten Chirurgen des Königs unterstand. Das Netz der assoziierten und korrespondierenden Mitglieder, das ganz Frankreich umspannte, gab der Regierung und den führenden Köpfen der Akademie einzigartige Informations-, Interventions- und Handlungsmittel an die Hand.

Unmittelbar nach ihrer Gründung (wirklich tätig wurde sie erst 1778) begann die Akademie mit einer großangelegten Erhebung, um sich ein Gesamtbild des Gesundheitszustandes aller Franzosen zu verschaffen. Die Ergebnisse dieser Umfrage sollten danach fortlaufend auf den neuesten Stand gebracht werden. Die Akademie wandte sich also an ihre assoziierten und korrespondierenden Mitglieder mit detaillierten systematischen Fragebögen: »Erste Fragenreihe: Wie ist die Lage der Stadt oder des Dorfes, die Beschaffenheit des Bodens, die Qualität der Gewässer, Quellen, Brunnen und Tränken, wie die der Weideflächen; die Dauer von Regen-, Überschwemmungs- und Dürrezeiten; welches Wetter herrschte bei der Heuernte; welches waren die klinischen Befunde bei Epidemien und Tierseuchen, welches die Autopsieergebnisse und angewandten Heilmittel; welche Diät befolgten die Rekonvaleszenten« usw.[46] Da man zu jener Zeit dem Klima große Bedeutung beimaß, folgte dann eine zweite Fragenreihe über meteorologische Beobachtungen.

In den rein auf medizinische Befunde gerichteten Verzeichnissen benutzten die 150 Ärzte, welche die Fragen des Doktors Vicq d'Azyr beantworteten, eine Überfülle von Fachausdrücken (nicht weniger als 420, davon allein 128 Beiworte zu »Fieber«, zum Beispiel »bösartiges Fieber«, »Faulfieber«, »entzündliches Gallenfieber«, »fortgesetzt sich steigerndes Fieber« usw.). Wenn auch das alte medizinische Vokabular zuweilen aus Hippokrates' oder Galenus' Zeiten unverändert übernommen wurde, so zeigten die Antworten der Provinzärzte doch oftmals ein persönliches Forschungsbemühen und ein Interesse am Experiment, deren Modernität erstaunlich war: »die Erfahrung, diese Fackel, welche einen aufmerksamen Arzt auf dem gewundenen und schwierigen Pfad der Praxis weit sicherer erleuchtet und führt als alles gelehrte Räsonnieren und alle sinnreichen Systeme, die in der Studierstube erdacht wurden«, hatte auf diese Weise Monsieur Berthelot, Doktor der Medizin zu Bressuire im Poitou, zu der Überzeugung gebracht, »daß der Aderlaß ganz und gar abzulehnen sei«.[47] Fünfzig Korrespondenten schickten in den darauffolgenden zehn Jahren kontinuierlich ihre Berichte an die Akademie. Sie waren von allen Teilnehmern der Befragung die ernsthaftesten und gehörten auch zu den aufgeklärtesten Mitgliedern ihrer Zunft. Während die Mehrzahl der medizinischen Fakultäten an ihrem ineffektiven Lehrbetrieb festhielt, entstand unter Ludwig XVI. parallel zu den alten erstarrten Universitätsformen mit dieser neugegründeten medizinischen Akademie etwas, das man in der Terminologie des 20. Jahrhunderts als ein gigantisches Fort- und Weiterbildungssystem bezeichnen würde.

Die Fragebögen der Akademie über das Klima fanden erstaunliche Beachtung und riefen eine Flut von Antworten hervor. Und das, obwohl jeder Korrespondent nicht unerhebliche finanzielle und andere Mühen auf sich zu nehmen hatte. Er mußte nicht nur ein in Paris oder London gekauftes Thermometer von Réaumur besitzen, sondern auch ein Barometer gleicher Herkunft, »geeicht nach den Instrumenten des Herrn Messier, Marineastronom zu Paris«.[48] Mit diesen kostspieligen Präzisionsinstrumenten – welche als modernste Neuheit der wissenschaftlichen Technik galten – mußten die Herren dreimal täglich den Luftdruck und die Temperatur im Schatten messen: bei Sonnenaufgang, zwischen zwei und drei Uhr nachmittags, und schließlich noch zwischen neun und zehn Uhr abends. – Das Frankreich Ludwigs XVI. war reif geworden für alle Fortschritte auf medizinischem und naturwissenschaftlichem Gebiet.

Frankreichs Präsenz in Europa

Paris war die Hauptstadt der zivilisierten Welt: königliche Hoheiten, Adlige von hohem Stand und ausländische Künstler strömten hierher. Gluck wurde hier zu einer Weltberühmtheit. 1778 hoffte Mozart in Paris, eher als auf deutschem Boden, sein Glück und sein Auskommen zu finden. Sébastien Mercier nannte Paris das »alleinige Zentrum aller

Künste, Ideen, Gefühle und literarischen Werke«, »einen auf der Welt einmaligen Ort«, »das Vorbild für alle Nationen«. In Paris war die ganze Welt zu Besuch. Im Zentrum eines Europas, das auf der ganzen Erde soviel Aufsehen erregte, »war Paris diejenige Stadt, welche alle Blicke auf sich lenkte.« Und wenn es selbstverständlich die französische Provinz durch sein Vorbild beherrschte, so war »sein Einfluß doch ebenso dominierend in der Schweiz, in Italien, in Deutschland und in Holland.«

Während die Ausländer nach Versailles und Paris zu Besuch kamen, waren die Franzosen in der ganzen Welt zu Hause. Für teures Geld wurden französische Künstler an sämtliche europäischen Fürstenhöfe gerufen. Französische Dienerschaft war hochbegehrt: »der ganz große Luxus« jenseits des Kanals bestand darin, einen französischen Koch zu engagieren.[49] Franzosen kämpften in Amerika für die Entstehung des großen demokratischen Staatswesens der Vereinigten Staaten. Engländer und Franzosen rivalisierten bei den großen Schiffsexpeditionen. Die Weltumseglung von Bougainville und die Entdeckungen südlich des Äquators durch Yves-Joseph de Kerguelen hatten die Marine Ludwigs XV. überall berühmt gemacht.[50] Ausgerechnet in dem Augenblick, als der tapfere Kapitän Cook sich anschickte, die Palme für England zurückzugewinnen, brach der Krieg zwischen Frankreich und England in Nordamerika aus. Die Kapitäne der französischen Linienschiffe und Fregatten besaßen jedoch genug Ehrgefühl und Fairneß, den folgenden, von Sartine[51] gegengezeichneten königlichen Befehl vom 13. April 1778 zu billigen: Cook und seine Schiffe werden darin von allen Kriegshandlungen, in die er aufgrund des bevorstehenden Konflikts verwickelt werden könnte, ausgenommen. »Da die Entdeckungen, auf welche eine solche Expedition Anlaß zu hoffen gibt, für alle Nationen gleichermaßen von Interesse sind, habe ich die Ehre, Sie davon in Kenntnis zu setzen, daß der König folgendes wünscht: Sollte es zum absoluten Bruch zwischen Frankreich und England kommen, soll Kapitän Cook in gleicher Weise behandelt werden, als führte er Schiffe neutraler oder befreundeter Mächte.«[52]

Im Winter 1784/85 bereiteten Ludwig XVI., Marschall de Castries und der Direktor der Marinewerften, der Kommandant Fleurieu, die berühmte Entdeckungsreise von Lapérouse vor.[53] Sie verfolgten dabei natürlich politische und wirtschaftliche Interessen, waren sicherlich aber auch von dem Wunsch bestimmt, damit eine Expedition auszurichten, die den Ruhm der Cookschen Expeditionen noch in den Schatten stellen sollte. Letzterer hatte »die Wilden bedenkenlos übers Ohr gehauen«; die französischen Seefahrer bekamen dagegen friedliebende und bemerkenswert humanitäre Instruktionen (man ist versucht zu sagen: gefährlich human, wenn man an das tragische Ende von Lapérouse denkt) mit auf den Weg: »Falls jemals widrige Umstände, welche die Vorsicht bei einer langen Expedition vorherzusehen gebietet, den Sieur de Lapérouse dazu zwingen sollten, Gebrauch von der Überlegenheit seiner Waffen über die wilden Völker zu machen, um sich trotz ihres Widerstandes die zum Leben notwendigen Dinge beschaffen zu können [...], so soll er Gewalt nur mit der allergrößten Mäßigung anwenden [...] und nur in der äußersten Not die Waffen zu Hilfe nehmen, allein zu seiner Verteidigung und nur in Situationen, wo jegliche Schonung eindeutig die Sicherheit der Schiffe und das Leben der ihm anvertrauten Franzosen in Gefahr bringen würde. [...] Ihre Majestät sähe es *als einen der glücklichsten Erfolge der Expedition an, wenn diese ohne ein Menschenleben zu kosten zum Abschluß gebracht werden könnte.*«[54] Am 1. August 1785 liefen die beiden Schiffe – die »Boussole« (»Kompaß«) und die »Astrolabe« (»Winkelmesser«) – gemeinsam aus. 1787 landeten sie auf Kamtschatka. Dort erfuhr Lapérouse zu seiner großen Freude, daß Ludwig XVI. ihn zum Flottenkommandanten ernannt hatte. Am 26. Januar 1788 liefen sie die Botany Bay an, dann verliert sich ihre Spur. 1791 versuchten d'Entrecasteaux und später Dumont d'Urville das Geheimnis zu lüften. Heute weiß man, daß die Schiffe von Lapérouse im Juni 1788 am Riff von Vanikoro zerschellten und die Schiffbrüchigen von den Eingeborenen umgebracht wurden.

Beinahe täglich wurden die Franzosen über die wissenschaftlichen Expeditionen der beiden großen Seemächte informiert. Weniger bekannt waren ihnen die Forschungsergebnisse der französischen Entdecker zu Lande. Wenn sich in Paris am Jardin du Roi eine Gruppe von gelehrten Zoologen und Botanikern versammelte – zu der Männer wie Buffon, Jussieu und Daubenton gehörten –, so gab es daneben doch auch Naturforscher, die in fernen Ländern Feldforschung betrieben. Einen von ihnen wollen wir begleiten.

Die Holländer gelten gemeinhin als gelassen und beherrscht. In jenen letzten Tagen des Jahres 1781 befanden sie sich jedoch am Kap im Süden Afrikas in heller Aufregung. Jeder wollte den jungen Franzosen François Le Vaillant begleiten, der mitten in den Vorbereitungen für eine Expedition ins Innere des Schwarzen Kontinents steckte. Le Vaillant wollte jedoch als erster Europäer ganz allein auf diesem jungfräulichen Boden forschen, jagen und sammeln. Der kühne Reisende war 28 Jahre alt. Seine Familie stammte aus Lothringen. Seine Kindheit hatte er in

Surinam verbracht, wo sein Vater Konsul gewesen war. Schon sehr jung
hatte er sich die Anfangsgründe der Zoologie beigebracht und dann drei
Jahre lang, von 1777 bis 1780, die zahlreichen Raritätenkabinette und
gelehrten Sammlungen in Paris besucht und erforscht. Schließlich hatte
er genug von ausgestopften Tieren, und da er zu seinem Ärger zahlreiche Fehler in den Büchern von Buffon entdeckt hatte, beschloß er, den
unzähligen Naturforschern, die ihre Wissenschaft in der Abgeschieden-
heit ihrer Studierzimmer betrieben, den Rücken zu kehren und sich mit
der wirklichen Natur zu beschäftigen.

Am 18. Dezember 1781 verließ unser Mann also das Kap in Richtung
Landesinneres: »Mein Troß bestand aus dreißig Ochsen [. . .], drei Pferden für die Jagd, neun Hunden und fünf Hottentotten.«[55] Zum Ziehen
eines einzigen großen vierrädrigen Planwagens wurden zehn Ochsen
gebraucht. Jeder Wagen enthielt zuunterst fünf schwere Kästen. Darüber lag eine gepolsterte Decke, und darauf stand ein zweieinhalb Fuß
auf achtzehn Zoll großer Schubladenschrank, den Le Vaillant selbst
erdacht hatte, »dazu bestimmt, Insekten, Schmetterlinge und alle etwas
empfindlicheren Objekte aufzunehmen«. Der erste Wagen diente als
Waffenarsenal: 500 Pfund Pulver, 2000 Pfund Blei, zwölf Gewehre,
Pistolen, ein Türkensäbel, ein Dolch. Der zweite Wagen war mit allen
nötigen Küchenutensilien ausgestattet. Auch Tabak und Branntwein
führte der Forscher für sich und seine Leute mit sich, sowie »einen
ganzen Haufen billiges Zeug, Glasperlen, Eisen- und Haushaltswaren,
schließlich noch andere Kuriositäten, um damit von Fall zu Fall tau-
schen oder Freunde gewinnen zu können.«

»So war diese Unternehmung«, berichtet der Naturforscher, »ganz
allein auf mich gestellt. Unterstützung und Hilfe war nur von meinem
eigenen Arm zu erwarten, ich war gleichsam in den menschlichen Urzu-
stand zurückversetzt und atmete zum ersten Mal in meinem Leben die
köstliche und reine Luft der Freiheit.« Wie man sieht, überstand die
Sprache Rousseaus bei den Franzosen jeglichen Ortswechsel. Freilich
gehörten die Hottentotten vielleicht zu den einzigen wirklich »guten
Wilden«. Da sie Geselligkeit liebten, vergrößerte sich der Troß immer
mehr. Aus fünf gewitzten Burschen wurden vierzig, nicht gezählt die
Freunde, die einfach so mitliefen, fröhliche Gaffer, angelockt von den
einladenden Düften der Küche oder hypnotisiert durch den wunderba-
ren Anblick eines direkt aus Paris mitgebrachten Reisenecessaires. Wie
in Frankreich, so fand sich auch hier »eine Meute liebenswürdiger
Schmarotzer, die sich ihres Benehmens wenig schämten.« In ganzen
Stämmen folgten sie den Wagen des Reisenden. Der aber konnte nicht

alle bewirten. Verwöhnt wurden nur die echten Begleiter: abends im Lager gab es eine Ration Tabak, und auf einer *guimbarde* – der populären einfachen Maultrommel, die damals jeder französische Schüler selbst fabrizieren konnte – wurden Volksweisen vom Pont-Neuf aufgespielt.

Weniger freundlich waren die Kaffern. Sie hatten Kolonisten massakriert, und diese hatten Gleiches mit Gleichem vergolten. Dennoch setzte François Le Vaillant, der gerade im ungünstigsten Moment eintraf, alles daran, sie für sich zu gewinnen. Entweder hatte er Glück, oder es war sein persönlicher Charme: er erreichte jedenfalls den Austausch von Höflichkeitsbezeugungen mit einem ihrer Könige, dem Fürsten Faroo. Die Hottentotten jedoch, die Rousseau nicht gelesen hatten, weigerten sich, mit den Kaffern zusammenzutreffen, die sie ihrerseits für böse Wilde hielten. Daher mußte Le Vaillant das Land der Kaffern fast ganz allein, ohne seine kostbaren Wagen, durchqueren. Anschließend kehrte er ans Kap zurück, nachdem er auf dem Rückweg seine ethnologischen Kenntnisse noch durch die Begegnung mit Buschmännern vervollständigt hatte. Diese erste Expedition, der mehrere andere folgten, ging im Frühling 1783 zu Ende.

Der junge Naturforscher fühlte sich jedoch in der Atmosphäre von Städten nicht mehr wohl. Auf dem Kap wimmelte es von Soldaten dreier Regimenter Ludwigs XVI. Die Holländer äfften die Extravaganzen der Pariser Mode nach, was selbst den hübschesten Frauen »ein groteskes Aussehen« verlieh. Das französische Militär verbrachte seine Zeit damit, vormittags zu exerzieren und nachmittags Beaumarchais aufzuführen (weibliche Rollen eingeschlossen). Kurzum – all dieses Treiben war Le Vaillant verleidet. Er dachte nur daran, seine Sammlungen zu klassifizieren, Heuschrecken, Spinnen und Geier zu beobachten und seine nächste Expedition vorzubereiten. Diese führte ihn zu den Namas, Koranas, Habobes und Huzuanas. Vom Elefantenfluß bis zum Großen Fischfluß, überall spießte Le Vaillant seltene Insekten und schillernde Schmetterlinge auf. Zugleich glaubte er aufgrund seiner Erfahrungen, einen allgemeinen Grundsatz beweisen zu können, der ihn seit seiner Zeit in Paris beschäftigte, nämlich »daß der Mensch im Naturzustand von sich aus gut sei.«

Zweites Kapitel

Absolutismus unter Ludwig XVI. – die Herrschaft der Schwäche

> Tout va prendre nouvelle forme:
> On ne parle que de réforme.[1]
>
> CHANSONNIER CLAIRAMBAULT

> Es fehlt nicht an ordentlichen Gesetzen, sondern an der nötigen Kraft und Beharrlichkeit zu ihrer Durchführung.
>
> LOMÉNIE DE BRIENNE

> Ich will kein Hehl aus der Schwäche Ludwigs XVI. machen; dieser Fürst besaß jedoch einen scharfen Verstand, der es ihm erlaubt hätte, sich vernünftige Vorschläge zu eigen zu machen, wenn man ihn von der Notwendigkeit einer festen Haltung zu überzeugen versucht hätte, statt die mit ihr verbundenen Schwierigkeiten und Gefahren zu betonen.
>
> PIERRE-VICTOR MALOUET

In jenen Zeiten veränderte sich die Geschichtsschreibung in Chronologien und Chroniken nur wenig, und alte Geschichtshandbücher standen in hohem Kurs. Als Ludwig XVI. den Thron bestieg, wurde im Privat- und im Schulunterricht immer noch das Werk des längst verstorbenen Abbé Le Ragois benutzt, der seinerzeit Günstling der Madame de Maintenon und Erzieher des Duc du Maine gewesen war.[2] Seine *Instruction sur l'histoire de France* aus dem Jahre 1684 war das Werk eines wenig genialen Kopfes, aber pädagogisch gut brauchbar; denn es bestand wie ein Katechismus aus Fragen und Antworten. Demzufolge war es immer wieder neu aufgelegt worden. Zu Ehren des jungen Königs fügte man einen kleinen Vers ein:

> Bienfaisant, sage et juste, à la fleur de son âge,
> Du règne d'un bon roi, quel plus heureux présage?[3]

Leider hat Le Ragois selber Wohltätigkeit, Weisheit und Gerechtigkeit niemals zu den wichtigsten Eigenschaften eines Herrschers gezählt, womit er die allgemeinverbreitete Ansicht der Historiker und ihrer

Leserschaft im Ancien Régime teilte. Persönliches Verdienst, Tapferkeit und Mut, das waren die Qualitäten, die zählten. 18mal erscheinen sie in beinahe synonymen Begriffen im Text. Gleich danach werden 17mal Frömmigkeit und Tugend genannt. An dritter Stelle werden 11mal Vorsicht, politisches Urteilsvermögen und Gerechtigkeit erwähnt. Schließlich nennt Le Ragois, damit das rechte Maß gewahrt bleibt, 7mal Begriffe wie Barmherzigkeit und Freigebigkeit, die dem Begriff der Wohltätigkeit entsprechen.[4] Derselbe Le Ragois verurteilt streng die »Vernachlässigung von Verantwortungsbewußtsein«. Sein Held ist Ludwig XIV.

In den Gymnasien wurde jetzt häufiger als unter der vorhergehenden Regierung Ludwigs XV. Geschichte unterrichtet. Aus den Büchern über die französische Geschichte lernten die Schüler ebenso wie alle anderen Franzosen, die noch etwas anderes lasen als Almanache und Bände der *Bibliothèque bleue*[5], daß die schwachen Könige die schlechten waren (wie etwa Ludwig der Fromme, Karl der Kahle, Karl der Dicke und Karl der Einfältige) und daß starke Könige (wie Ludwig XI., Ludwig XII., Franz I. und Ludwig XIV.) zu den guten gezählt wurden. Der »Beste aller Könige« blieb jedoch Henri IV., dessen Ansehen sich auf körperlichen Mut, kriegerische Tugenden, Geschicklichkeit, Vorsicht und Großmut gründete. Und so träumten die Historiker im besonderen und die Franzosen im allgemeinen von einem starken König. Schließlich verliehen die ersteren damit nur den Vorurteilen und Erwartungen ihrer Umgebung Ausdruck. Wenn die Poeten von 1774 Ludwig XVI. mit Henri IV. verglichen, so irrten sie sich in jeder Beziehung, auch wenn sie dabei durchaus nicht nur an die Güte Heinrichs von Navarra dachten, sondern wie die Historiker Ludwig zwar als großherzig, aber auch als autoritär betrachteten. Dies ließ die folgenden seltsamen Verse entstehen:

> Grâce au bon roi qui règne en France,
> Nous allons voir la poule au pot!
> Cette poule, c'est la finance,
> Que plumera le bon Turgot.[6]

Oder noch merkwürdiger:

> Tout entier sur le trône
> J'ai changé de nom seulement;
> Ventre saint Gris, Henri quatre en personne
> A rétabli son Parlement.[7]

Ludwig XVI. sollte es gelingen, noch bis zum Jahre 1791 eine gewisse Popularität zu bewahren. Aber die aufmerksamen politischen Beobachter und Kommentatoren warteten nicht einmal das Ende des Jahres 1774 ab, um seine Schwäche zu beklagen.

»Der König ist tot! Es lebe der König!«

10. Mai 1774. Im Schloß zu Versailles liegt Ludwig XV. im Sterben, seit zehn Tagen an den Blattern erkrankt. Er hatte seinen Frieden mit der Kirche gemacht. Den Hofleuten erschien er voller Würde, ruhig und bei klarem Bewußtsein. Sicher, außerhalb der Schloßmauern hatten sechzig Jahre Herrschaft seine einstige Popularität schwinden lassen, trotz einer überaus positiven Bilanz seiner Regierungszeit.[8] Seit dem Siebenjährigen Krieg hatte das Volk vergessen, daß Ludwig einst sein Liebling gewesen war: »Louis le Bien-Aimé«. Aber während das Volk seinen Geschäften oder Vergnügungen nachging – sowohl in Versailles wie in Paris waren die Kneipen voller Menschen –, hatte Ludwig mit überraschend christlicher Sanftmut seine königliche Gelassenheit und den überlegenen Gleichmut wiedergefunden, die große Herrscher auszeichnen. In solchen Augenblicken kann man die Kraft ermessen, die alten zivilisierten Dynastien innewohnt, die vollkommene Aneignung überkommener Verhaltensregeln.

Um drei Uhr nachmittags starb Ludwig XV. Sogleich erschien ein Palastdiener am Eingang jenes Salons, der nach seinem ovalen Fenster bis heute Salon de l'oeil-de-boeuf genannt wird. Dort verkündete er die Nachricht: »Le roi est mort!« Der König war tot, aber die Monarchie lebte weiter. Der Minister der Maison du Roi, der Duc de la Vrillière, war zwar kein geistvoller Kopf, aber er wußte, was nun zu tun war; seine Familie – die Dynastie der Phélypeaux de Pontchartrain et Maurepas – nahm seit zwei Jahrhunderten Ministerstellen ein. So ließ er ohne zu zögern dem Dauphin, dem Kronprinzen, der nun König geworden war, »eine Notiz über die dringendsten Gegenstände übermitteln.«[9] Und der junge Prinz, der lange gekniet und soeben bei der Todesnachricht seines Großvaters ohne sich zu schämen schmerzvoll aufgeschrien hatte, fand nun sofort die richtigen Antworten: er werde sich Ludwig nennen, vorläufig alle Ämter unverändert belassen und die Minister in neun Tagen empfangen; er verbiete den Provinzgouverneuren und Intendanten der *généralités* (Verwaltungs- und Steuerbezirke), Versailles oder Paris zu verlassen, ohne ihren Herrscher aufgesucht zu haben.

Darauf begab er sich zusammen mit seiner Familie um Viertel nach fünf zum Schlößchen von Choisy. Einige spärliche Rufe »Vive le Roi!« – »Es lebe der König!« – begleiteten seinen Weg. Dieser linkische junge Mann, so unbeholfen, kurzsichtig und schüchtern er auch war, verfügte instinktmäßig über eine königliche Haltung. Die Bourbonen haben viele Fehler gehabt, aber es hat ihnen niemals an Würde gefehlt.

Die Trümpfe eines jungen Monarchen

In einem Staat, in dem nicht wie in einer Demokratie der Wechsel der Parteien eine Rolle spielt, orientiert sich die öffentliche Meinung an den aufeinanderfolgenden Königen. Ein neuer Herrscher profitierte immer von der ihm zunächst günstig gesonnenen Volksmeinung. Bei Ludwig XVI. zählte zusätzlich auch noch seine Jugend. Aus Anlaß der Thronbesteigung verfaßte das Akademiemitglied Saurin folgende Verse:

> La France a, dans son sein, vingt millions d'enfants.
> Quelle gloire pour toi, si, bientôt, tu peux dire:
> Je les rends tous heureux, et je n'ai que vingt ans![10]

Der König war noch nicht einmal zwanzig Jahre alt und die junge Königin Marie-Antoinette von Lothringen-Habsburg noch nicht neunzehn. Sie waren seit 1770 verheiratet, und Marie-Antoinette war es mit ihrem ganz unbestreitbaren Charme gelungen, nicht nur den Hof von Versailles, sondern auch die Pariser Bevölkerung und die Franzosen in den Provinzen für sich zu gewinnen. Die Angriffe, Verdächtigungen und Verleumdungen sollten erst später kommen. Im übrigen hätte ein Höfling, wenn er es gewollt hätte, nicht mehr als zehn Minuten und jeder gebildete Bürger nicht mehr als zwei Stunden gebraucht, um all jene törichten Legenden über die Herkunft der Königin zu widerlegen. Er hätte nicht bis zu Karl dem Großen zurückgehen müssen. Wirft man einen Blick auf die jeweiligen Großeltern von Marie-Antoinette und Ludwig, so zeigt sich, daß Marie-Antoinette mehr französisches Blut in ihren Adern hatte als ihr Mann. Bei dessen Abstammung überwogen die deutschen und polnischen Teile. Von seinen vier direkten Vorfahren war nur ein einziger Franzose, nämlich Ludwig XV.; die anderen waren Maria Leszczyńska, Friedrich August Kurfürst von Sachsen und König von Polen sowie Marie Josepha, Erzherzogin von Österreich. Ludwig XVI. war also nur zu einem Viertel französischen Geblüts, was aber niemals gegen ihn verwendet wurde. Marie-Antoinette – Tochter von Franz von Lothringen und der Kaiserin Maria Theresia von Habsburg – besaß dagegen zur Hälfte französisches Blut. Sie hatte zwei französische Großeltern, Herzog Leopold von Lothringen und Elisabeth-Charlotte d'Orléans, eine Enkelin Ludwigs XIII. Dennoch werden ihre Feinde sie später »l'Autrichienne«, »die Österreicherin«, schimpfen.

Der König und die Königin erschienen dem Volk wie ein Königspaar aus dem Märchen, zumindest zu Beginn ihrer Regierungszeit. Der *Mercure* berichtete im Januar 1775, daß Ludwig XVI. und Marie-Antoinette eines Tages im Park von Versailles einen Jungen getroffen hätten, der einen Napf und Zinnlöffel trug. »Was trägst du da, mein Kind?« fragte ihn die Königin. – »Madame, das ist die Suppe für meinen Vater und meine Mutter, die dort hinten auf den Feldern arbeiten.« – »Und woraus besteht die Suppe?« – »Aus Wasser und Gemüse.« – »Wie, ohne Fleisch?« – »Oh, Madame! Wir sind schon froh, wenn wir Brot haben.« Darauf schenkte die Königin dem Kind einen Louisdor und machte ihrem Gatten den Vorschlag, dem kleinen Suppenträger zu folgen. Sie sahen die Bauern auf den Knien liegen, und die Königin rief aus: »O sieh, mein Freund, sie beten für uns; welche Freude empfindet man, wenn man Gutes tut; spricht dein Herz nicht auch bei einem solchen Anblick?« – »Leg deine Hand dorthin«, antwortete der König und legte ihre Hand auf sein Herz. – »Oh, wie klopft dein Herz! Ach, wie bist du empfindsam! Mit dir freut sich mein Herz!«[11] Man könnte eine ganze Sammlung solcher märchenhaften Geschichten zusammenstellen, die einer Madame Leprince de Beaumont[12] würdig wären. So veröffentlichten zum Beispiel die *Affiches de Franche-Comté* am 11. Februar 1782 eine Erzählung mit dem Titel *Le prince désiré* (»Der Wunschprinz«), in der mit einigen Wochen Verspätung die Geburt des Kronprinzen begrüßt wurde. Sie beginnt folgendermaßen: »Es waren einmal ein König und eine Königin. Sie waren beide gut, und alle Leute liebten sie. Aber obwohl die Königin über die Maßen schön war und so überaus klug, daß alle von ihr entzückt waren, und obwohl der König, ihr Gemahl, sie zärtlich liebte, so war sie doch nicht glücklich. Seit langer Zeit wünschte sie sich nichts sehnlicher als einen Sohn!«[13]

Das beste Zeichen für die Beliebtheit des Königs war die Tatsache, daß Kinder ihn gern mochten. Die wenigen Kinder, die am Hofe lebten und dafür sorgten, daß das Hofleben nicht nur eine triste Erwachsenenwelt war, wurden vom König sehr verwöhnt. Einmal rief Ludwig XVI. die kleine Adèle d'Osmond (geboren 1781) in seine Loge und bat sie ganz

Ludwig XVI. (Lithographie von Jean-Baptiste Mauzaisse nach einem zeitgenössischen Bildnis, 1822)

ernsthaft darum, ihm kurz das Schauspiel zusammenzufassen, das gerade aufgeführt worden war. Adèle, die spätere Comtesse de Boigne, erzählt: »Ich traf den König oft in den Gärten von Versailles. Ich mochte noch so weit von ihm weg sein, wenn ich ihn entdeckte, lief ich immer zu ihm. Eines Tages aber brach ich mit dieser Gewohnheit. Er ließ mich zu sich rufen, und ich stand tränenüberströmt vor ihm. ›Was hast du denn, meine kleine Adèle?‹ – ›Eure garstigen Wachen wollen

meinen Hund töten, Sire, weil er Eure Hühner jagt.‹ – Der König
tröstete mich: ›Ich verspreche dir, daß das nicht wieder vorkommen
wird.‹ Und tatsächlich wurde Anweisung gegeben, daß der Hund von
Mademoiselle d'Osmond jederzeit auf Wild jagen dürfe.« Ange-
Achille-Charles de Neuilly (geboren 1777) wurde ebenfalls in Versailles
groß, wo sein Vater königlicher Stallmeister war. Beide Majestäten
überhäuften ihn mit Liebkosungen, aber er mochte Ludwig XVI. lieber: »Nur Bonbons und Spielzeug brachten mich dazu, mich von der
Königin küssen zu lassen.« Er durfte im Großen Kanal Fische angeln
und war der glücklichste Junge Frankreichs. Eines Tages schenkte ihm
der König sogar unter etlichen zärtlichen Küssen seine eigene Uhr, »an
der eine große Anzahl Berlocken hing.«
Wie die Kinder, so spürt auch das Volk sofort, wenn es geliebt wird.
Das aber war das absolut Neue und Erstaunliche während dieser Herrschaft, die ein so bitteres Ende nehmen sollte: Seit den Zeiten Ludwigs XII. und Heinrichs IV. war es vielleicht das erstemal, daß ein
Herrscher wieder erkennbar sein Volk liebte. Der Maréchal de Richelieu erreichte ein so hohes Alter, daß er drei Regentschaften miteinander
vergleichen konnte. Er pflegte gern zu sagen: »Jeder der drei Zweige des
Hauses Bourbon hatte eine ausgeprägte und besondere Vorliebe. Der
älteste Zweig liebte die Jagd, die d'Orléans liebten Gemälde und die
Condé den Krieg.« Fragte man ihn darauf: »Und was liebt König Ludwig XVI.?«, so gab er zur Antwort: »Oh, das ist etwas ganz anderes:
er liebt das Volk.«[14] Die Sänger der Chansons sprachen aus, was ein
großer Teil der Öffentlichkeit empfand. Ihre Lieder bezeugen bis heute,
daß auch das Volk seinen König liebte:

> 1774:   Peuples, élevez un temple
>   Et gravez-y ses bienfaits!
>
> 1775:   Nous possédons Louis seizième ...
>   Nous avons le vrai Louis d'or.
>
> 1787:   O mon bon Roi! mon bienfaisant monarque
>   D'abus honteux tu veux nous dégager:
>   Prends l'aviron et conduis seul ta barque,
>   Tous les méchants veulent la submerger.[15]

Und schließlich 1789:

> De Louis, notre grand monarque,
>   Ah! le grand coeur!
> Il veut, il fait et il nous marque
>   Notre bonheur.

Défendons, aimons avec zèle,
Servons l'État,
Qu'à Louis soit toujours fidèle
Le tiers état![16]

Auch der Beginn der Revolution änderte daran nichts. Im Jahre 1790 forderte ein ehemaliger nicht-adliger Oberstleutnant, Antoine-Rigobert de Mopinot, »Ritter von Mopinot« genannt, daß auf der Place des Victoires für den König ein Standbild errichtet werden solle. Er veröffentlichte den »Vorschlag zur Errichtung eines Monumentes in Frankreichs Hauptstadt, um künftigen Geschlechtern die Epoche der glücklichen Revolution zu überliefern, die Frankreich unter der Herrschaft Ludwigs XVI. mit neuem Leben erfüllt hat«. Der Autor rechnete offen mit dem Erfolg der Revolution, die den Ruhm und den Bestand des französischen Thrones für immer sichern würde und der französischen Nation – mit Unterstützung der königlichen Macht! – die Freiheit gäbe, ihre eigenen Gesetze zu befolgen. Wäre es nach ihm gegangen, so hätte man Ludwig XIV. zugunsten seines Nachfahren, des liberalen Königs und Reformers Ludwig XVI., vom Sockel heben müssen.

Die Eroberung der Königin

Der Herrscher des mächtigsten Königreiches Europas war, wie seine Vorgänger auch, ein absoluter Monarch. Das bedeutete, daß seine Macht zwar ungehindert, aber nicht grenzenlos war. Das dem König von Gott gegebene Recht verpflichtete ihn zur Ehrfurcht vor den göttlichen Geboten und vor dem Naturrecht und stattete ihn keineswegs mit unumschränkter Gewalt aus. Die ungeschriebene Verfassung des Landes verpflichtete den König zur Achtung bestimmter Grundrechte (*lois fondamentales*). Das Gesetz stand über dem König, und die überspitzte Formulierung, nicht der französische Monarch, sondern die französische Monarchie sei absolut, war durchaus nicht paradox. Die Souveränität der Krone wurde des weiteren durch althergebrachte nationale Besonderheiten eingeschränkt. Die Provinzialstände, vor allem in der Bretagne und im Languedoc, waren zu einem guten Teil selbst Herr ihres Steuer- und ihres Verwaltungssystems; sie waren partikularistische Systeme, mit denen man rechnen mußte. Die Parlamentsgerichte konnten Einwendungen vorbringen, bevor sie königliche Verordnungen zu Protokoll nahmen, und sie scheuten sich nicht, ihre Meinung zu sagen. Schließlich schützten tausend Zwischeninstanzen (Gelehrte

Gesellschaften, Kaufmannsgilden, juristische Körperschaften, Provinz- und städtische Körperschaften, Zünfte u. a. m.) den einzelnen gegen jeden Versuch administrativer Willkür. Bei der Beschäftigung mit dem Ancien Régime sollten diese Grundzüge des öffentlichen Rechts in Frankreich stets in Erinnerung bleiben. Die theoretischen und praktischen Grenzen, die der absoluten Monarchie gesetzt waren, machten aus ihr eine jener »gemischten« Herrschaftsformen, wie sie von Montesquieu geschätzt wurden und die von Tyrannei weit entfernt waren. Ganz unbestreitbar blieben jedoch die Machtbefugnisse des Herrschers immer noch gewaltig; zum Beispiel konnte der Kriegsminister ohne die Zustimmung des Königs über kein einziges Regiment verfügen.[17]

Diese großen Machtbefugnisse galten jedoch nicht für die Königin. Ludwig war seit 1770 verheiratet. 1774 wurde versichert, daß der König anfing, »die Königin liebzugewinnen«; »seine ehelichen Rechte hatte er jedoch bis dahin noch nicht wahrgenommen.«[18] Zwei weitere Jahre vergingen. Die Chansonsänger sangen dreist:

> Chacun se demande tout bas:
> Le Roi peut-il? ne peut-il pas?
> La triste Reine en désespère.[19]

Die Hofkanzleien waren beunruhigt. Der preußische Gesandte Baron von der Goltz meinte, daß die Vorlieben der beiden jungen Leute zu gegensätzlich seien und daß darin »zweifellos das größte Hindernis für eine gemeinsame Intimität« liege.[20] Am 2. April 1777 präzisierte er: »Das geringe körperliche Interesse, das Seine Majestät bis heute sowohl für seine Gemahlin, als ganz allgemein für alle Frauen an den Tag legt, hängt zweifellos mit der Mißbildung eines intimen Organs zusammen, die nach Meinung der Ärzte mit einem einfachen Eingriff zu beheben ist, wozu sich der König bis jetzt aber nicht entschließen konnte.« Botschafter, Minister, Gesandte füllten ihre Korrespondenz mit dem Klatsch der Bedienten und Kammerdiener, die sie dafür bezahlten, Bettwäsche und Nachtkleider des Königs und der Königin eingehend zu untersuchen. Am 7. September teilte der preußische Gesandte dem Hof in Berlin mit: »Es wäre nicht unmöglich, daß die Königin schwanger wird. Die kleine Schwierigkeit des Königs, die dem entgegenstand, hat sich von selbst ohne irgendeine Operation behoben.« Am 21. Oktober teilte der Graf von Scarnafis dem Turiner Hof mit, die Kammerdiener Ludwigs XVI. hätten folgendes bezeugt: »Wenn er mit der Königin zu Bett geht, führt seine Zuvorkommenheit, die er ihr gegenüber an den

Marie-Antoinette mit ihren Kindern
(Gemälde von Élisabeth Vigée-Lebrun)

Tag legt, neuerdings dazu, daß beide sich nun früher zurückziehen als sonst.« Derselbe Diplomat war dagegen am 20. Dezember wieder völlig ratlos: wie er aus vertraulicher Quelle erfahren habe, solle der König »noch ganz unerfahren darin sein, sich als Mann mit seiner Frau zu betragen«. Erst am 13. Januar 1778 scheint Scarnafis vom Erfolg überzeugt.

Das Haus Savoyen war schlecht informiert. Der König von Spanien kannte die große Neuigkeit schon seit dem Eingang einer Depesche des spanischen Botschafters in Versailles, des Grafen d'Aranda. Sie trug das Datum vom 27. September 1777. Der Graf war Scarnafis um drei Monate voraus. Der Inhalt seiner Depesche beruhte auf einer Indiskretion von Madame Victoire, der Tante des Königs, der Ludwig XVI. seine Zufriedenheit anvertraut hatte. Demnach waren die Eheleute um den 25. August herum zu einem richtigen Paar geworden.[21] Das »historische« Datum dieser kleinen Geschichte läßt sich durch die erste Schwangerschaft von Marie-Antoinette genauer festlegen: ein Brief der Königin von Frankreich an ihre Mutter, die Kaiserin in Wien, führt uns auf den 21. August 1777. Aus dem Text spricht keinerlei Bitterkeit über die sieben verlorenen Jahre. Es heißt darin im Gegenteil: »Ich erlebe das höchste Glück meines ganzen Lebens«.[22] Doch nach und nach sollten beide dieses intimen Glückes überdrüssig werden. Der König hatte andere Sorgen. Er liebte es nicht, abends länger aufzubleiben. Der Kreis von Leuten, mit denen sich Marie-Antoinette umgab, ging ihm auf die Nerven. Es trifft allerdings auch zu, daß die Königin sich zu immer mehr Unbedachtsamkeiten hinreißen ließ und bald genügend Stoff für Pamphlete bot: wichtig war der Königin offenbar nur noch Madame de Polignac »und eine gewisse Zahl junger Leute, die sich größtenteils nicht durch tadellose Sitten empfahlen und deren Gesellschaft sicher nicht der richtige Umgang für eine Königin von Frankreich war.«[23]

Königliche Fluchten

Ludwig XVI. war ein Mensch, der sich in Gesellschaft langweilte. Er fand seine Selbstsicherheit erst in seinen kleinen Privatgemächern wieder. Wie sein Großvater auch, war er manuell sehr geschickt. Er beschäftigte sich nicht nur mit einfachen Metallarbeiten, sondern war durchaus ein Kunstschlosser. Im übrigen verfügte er über eine solide und vielseitige Bildung. 1786 verblüffte er bei der Besichtigung des

Hafendamms von Cherbourg das Marinekorps durch seine Kenntnisse auf geographischem und hydrographischem Gebiet. Der Herausgeber des *Mercure* und bedeutende Journalist am Ende der Regierungszeit Ludwigs XVI., Mallet du Pan[24], hat einen Bericht über die fünftausend Bände in Ludwigs Privatbibliothek überliefert. »Die Bibliothek des Königs besteht aus erlesenen Büchern verschiedener Sachgebiete, alle prächtig gebunden und wohlverwahrt in verglasten Schränken.« Was übrigens nicht bedeutete, daß Ludwig, der sie Stück für Stück zusammengetragen hatte, sie nicht zur Hand nahm und zu seiner Unterrichtung konsultierte. »Zusätzliche Bibliotheksräume befinden sich in den kleinen oberen Appartements und enthalten die Neuerscheinungen. Ich sah dort viele englische Bücher, Reiseberichte, Geschichtsdarstellungen, naturwissenschaftliche Werke, *The English Review*, das *Annual Register* usw. Die schlechte Gegenschrift des Präsidenten Coppay gegen das Buch von Herrn Necker steht gleich neben demselben.« (Das ist ein wichtiges Detail: Bücher in dieser Weise nach ihrer sachlichen Zugehörigkeit nebeneinander aufzustellen war nicht üblich in Bibliotheken, die entweder meterweise eingekauft oder nur unter dekorativen Gesichtspunkten aufgestellt wurden.) »Ferner Sammlungen von Zeitungen aus Leiden, Amsterdam und vom Niederrhein; das *Journal de Paris*, die *Affiches*, die *Gazette de France*, mehrere Jahrgänge der *Statutes at large* des englischen Parlaments. Der König liest viel, und mit Ausnahme der *Encyclopédie* sind alle Bücher seiner Bibliothek durch seine Hände gegangen. Englische Werke zieht er den französischen vor. Die umfangreiche *Histoire universelle anglaise* hat er vollständig gelesen.« Der König besaß weder die intellektuelle Faulheit Ludwigs XIV., der in der Messe lieber seinen Rosenkranz betete, statt der Liturgie zu folgen, noch hatte er die Trägheit Ludwigs XV., dessen Bildung zur Hälfte aus dem bestand, was er sich in Gesellschaft angeeignet hatte. Dieser Ludwig XVI. war ein emsiger Arbeiter.

Aber er war auch ein Jäger. Am 14. Juli 1789 notierte Ludwig XVI. in sein Tagebuch: »Nichts.« Manche lachen bis heute darüber. Wenn man jedoch im königlichen Tagebuch zurückblättert, findet man zum Beispiel am 28. Dezember 1787 den Eintrag: »218 Stück Wild auf der Pirschjagd erlegt«; am 1. Oktober 1786 sind 287 Stück Wild eingetragen. Das »Nichts« des 14. Juli entsprach also nur einem Tag ohne Jagd. Dieses allzuberühmte Tagebuch (344 handgeschriebene Seiten für den Zeitraum von 1766 bis 1792) war weder ein politisches Notizbuch noch eine Sammlung von Eindrücken, sondern lediglich ein Jagdtagebuch – für die Parforcejagd, Beize und Pirschjagd –, wie es seit Jahrhunderten

Fürsten und große Jäger zu führen pflegten. Das Heft sah im übrigen pro Tag nur eine Zeile für Eintragungen vor.

Die Jagd bedeutete für den König mehr als nur Zeitvertreib. Sie war eine Leidenschaft und eine Möglichkeit, sich abzureagieren. Zu Pferde, wenn er einen Hirsch oder ein Reh verfolgte, konnte er alles vergessen: seine Schüchternheit, sein linkisches Wesen, seine Unentschlossenheit, seine Kurzsichtigkeit, seine Ungeschicklichkeiten in der Ehe und seine Schwierigkeiten bei der Führung der Regierungsgeschäfte. Er jagte mit System, aber auch mit wütendem Eifer. Über die jagdliche Leistung hinaus suchte er Erschöpfung und Vergessen. Kam dann der Abend, schrieb er wie ein pedantischer Angestellter seine Tagesliste der Abschüsse ins Buch, in freudiger Erwartung der monatlichen Bilanz und des stolzen Gesamtergebnisses am Jahresende.

Das Tagebuch enthält bemerkenswerte Einträge. So zum Beispiel die Pirschjagd des 31. August 1784: eine Strecke von 460 Stück Wild! Nach alter königlicher Tradition war jedoch die Parforcejagd stets beliebter als der Ausritt mit kleiner Meute. Auch die Schwarzwildjagd auf Wildschweine und Wölfe mit dem dazugehörigen Gerät (*le vautrait*) wurde nicht vernachlässigt: am 3. November 1784, noch ein Rekord, tötete der König drei Wildschweine. Ludwig XVI. zog jedoch die Hirschjagd allem anderen vor. An zwölf Tagen hintereinander hetzte er täglich zwei Hirsche zu Tode (so fünfmal im Jahre 1787). Das Jahr 1787, jenes der berühmten Notabelnversammlung in Paris,[25] fiel für den Jäger sehr viel günstiger aus als für das Staatsoberhaupt: am 15. Februar erlegte Ludwig drei Hirsche, am 12. März hetzte er deren vier zu Tode. Als Kronprinz war er übrigens ein noch besserer Jäger gewesen: am 7. Oktober 1772 hatte er fünf Hirsche erlegt. Man könnte meinen, daß alle Jagden seiner Regierungszeit ein Versuch waren, diese Heldentat noch einmal zu wiederholen. Von daher mag man dieses außerordentliche Blutbad verstehen: von 1774 bis 1787 notierte der König 189851 Stück erlegtes Wild, ohne dabei die 1275 auf der Parforcejagd getöteten Hirsche mitzuzählen. Eine merkwürdige, blutige Statistik, die dieser Jäger und ansonsten so gutmütige Mensch da aufstellte:

Jagdbilanz Ludwigs XVI.

Abwesenheiten vom Hof

Jahr	insgesamt	Parforcejagden	Pirschjagden
1775	189	113	62
1776	169	109	52
1777	166	95	57
1778	172	98	62
1779	173	100	60
1780	171	100	61
1781	179	110	62
1782	165	102	50
1783	164	113	44
1784	145	94	40
1785	169	108	54
1786	170	94	54
1787	152	97	38
1788	180	93	30
1789	84	47	6
Summe	2448	1473	732
jährlicher Durchschnitt	163	98	49

Es versteht sich, daß die Gesamtzahl der Tage, an denen der König das Schloß verließ, höher war als die Summe der Jagdtage. Der König notierte im Jahre 1788, sicher wehmütig: »38 Reisetage ohne Jagden.« Denn die »Reisen«, d. h. die Aufenthalte in anderen Schlössern als Versailles oder Trianon, wurden mit derselben Sorgfalt notiert. Sie erfolgten unregelmäßiger als die Jagden und wurden in der zweiten Hälfte seiner Regierungszeit immer seltener. Von 1774 bis 1781 notierte Ludwig 543 Reisetage. Er war im Durchschnitt 68 Tage des Jahres unterwegs. 1774 erreichte er mit 150 Tagen die größte, 1780 mit 36 die kleinste Zahl an Reisetagen. Zwischen 1782 und 1789 war dagegen die Gesamtzahl aller Reisetage nur noch 395, also im Schnitt 49 Tage pro Jahr, dabei 1787 nur vier, 1789 hingegen 93 Tage als Konsequenz der erzwungenen Rückkehr nach Paris am 6. Oktober.

All diese Berechnungen, all diese zusammenfassenden Register, mit denen der 63. König von Frankreich seine Zeit vertat, offenbaren eine Art von Kindlichkeit, die ihm geblieben war. Die Vorliebe für überflüssige Statistiken ist gewöhnlich eine Marotte Heranwachsender zwischen dem 13. und 15. Lebensjahr. Ludwig XVI. wirkte auf seine Weise wie ein zu groß gewordener, linkischer Junge in der Pubertät. Es mag sein, daß andere Jäger noch genauere Aufstellungen von den von ihnen erlegten Hirschen und Spießern anlegten, aber ganz sicher führten in ganz Frankreich außer Seiner Allerchristlichsten Majestät nur noch Gymnasiasten der letzten Klassen so genau Buch über die Tage, an denen sie Ausgang hatten. Dreimal in der Woche auf die Jagd zu gehen bedeutete für den Herrscher die Flucht vor der Wirklichkeit, der Ausbruch aus dem königlichen Alltag, fast als wäre das luxuriöse Schloß in Versailles ein Gefängnis gewesen. Für das innere Gleichgewicht des Königs und des Staates wäre es im Grunde besser gewesen, Ludwig XVI. hätte dem Wild mehr Schonung erwiesen und wäre statt dessen weniger tugendhaft gewesen. Was dem König fehlte, war eine Mätresse vom Format einer Pompadour oder einer Montespan.[26]

Ludwig XVI. und seine Minister

»Wer in seinen persönlichen Verhältnissen ein guter Mensch ist, kann dennoch ein schlechter Herrscher sein.«[27] Ludwig XVI. wäre ganz sicher ein sehr geschickter Schlosser geworden; die Marineoffiziere, die seit der königlichen Inspektion in Cherbourg die größte Bewunderung für ihn hegten, versicherten, daß der König eine ganz ausgezeichnete Begabung für die Seefahrt gehabt hätte (wahrscheinlich nur durch seine Kurzsichtigkeit behindert; die taktischen Fehler des Admirals d'Estaing beruhten auch auf dieser körperlichen Schwäche). Zum Unglück für die Monarchie konnte der König weder herrschen noch die Regierungsgeschäfte führen. Er war »ordnungsliebend und sparsam«[28], aber sicherlich »geängstigt durch das Gewicht einer Krone«[29]. Er wünschte »Gerechtigkeit [...], Wohlstand und Wohlergehen für sein Volk«, aber er verdarb all diese guten Vorsätze »durch einen ganz entscheidenden Charakterfehler: Er war kein König.«[30] Es fehlte ihm an Entschlossenheit. Er verstand es nicht, wirklich selbständig zu arbeiten.[31] Sein Benehmen änderte sich ständig;[32] »seine Entscheidungen waren wankelmütig.«[33] Er litt an fehlendem Selbstvertrauen und an beinahe krankhafter Schüchternheit. Wurden ihm fremde Damen oder Herren vorgestellt, so brachte dieser König keinen Satz heraus. Auf der Jagd sprach er mit seinen Pikören (den mitreitenden Jägern, die die Hunde führten) und mit den Hunden, jedoch nicht mit seinen Gästen.[34] Er war ein guter Mensch, niemand bestritt das, aber er war schwach, und dies ließ ihn leicht »aufbrausend, launisch, ja sogar barsch und schroff« werden.[35] Demzufolge fand er nur selten den angemessenen Ton, nicht einmal gegenüber seinen direkten Mitarbeitern. Er äußerte »Schroffheiten, die man für Roheiten hätte halten können, und er erteilte seine Anweisungen in so barschem Tone, daß die Minister keinen Widerspruch wagten.«[36] Dieser ewige Zauderer war ein Opfer seiner Launen und vergaß dabei ganz, daß »nichts gefährlicher ist, als ständig selbstherrliche Entscheidungen zu treffen. [...] Eine kluge und aufgeklärte Regierung nimmt niemals andere Aufgaben in Angriff als jene, die sie wirklich vollenden kann und will.«[37] Aber wie sollte der König diesen Grundsatz begreifen? Sein politisches Denken und Streben war beschränkt,[38] auch vom Charakter her war er dazu nicht in der Lage. Er liebte sein Volk heftig und schätzte es dabei doch völlig falsch ein. Sein Schwager, Kaiser Joseph II., soll 1777 in Paris gesagt haben: »Die französische Nation ist eine liebenswerte Nation. Wer sie regiert, kann sie schon mit der Fingerspitze dahin bringen, wohin er will. Unsere Deutschen traktiere ich mit Faustschlägen, und sie bewegen sich doch nicht von der Stelle.«[39] Die Faustschläge, welche Ludwig XVI. zwischen zwei Phasen der Apathie und Lethargie erteilte, richteten hingegen nur Schaden an und verdarben die Lage.

Sein Handeln wurde gerade da von Gefühlen bestimmt, wo sie besonders fehl am Platz waren. Man begriff niemals ganz genau, welche Motive für die Wahl eines Ministers den Ausschlag gegeben hatten. Nachdem der König im August 1774 in einem Gespräch mit Turgot diesem angekündigt hatte, er wolle den Abbé Terray (den bisherigen Generalkontrolleur der Finanzen) im Finanzministerium ablösen, fuhr er fort: »Möchten nicht Sie Generalkontrolleur werden?« »Sire«, antwortete ihm Turgot, »ich gestehe Eurer Majestät, daß ich das Marineministerium vorgezogen hätte [...]; aber in diesem Augenblick gebe ich mich nicht in die Hand des Königs, sondern in die eines hochherzigen Menschen (*honnête homme*)[40].« Darauf ergriff der König Turgots Hände und sagte zu ihm: »Sie sollen nicht enttäuscht werden!« Julie de Lespinasse, die enge Freundin des neuen Ministers, die uns diesen erstaunlichen Dialog überliefert hat, kommentiert mit der ihr eigentümlichen Feinfühligkeit: »Auf diese ihm erwiesene seelische Zuwendung des Königs setzt Monsieur Turgot seine ganze Hoffnung.«[41] Zweifellos begriffen die Zeitgenossen auch nicht immer den tieferen Sinn, wenn jemand in Ungnade fiel. Zu Calonne, einem der Nachfolger Neckers, der am 8. April 1787 entlassen wurde, soll Ludwig XVI. geradeheraus gesagt haben: »Ich bin mit Ihnen als Mensch ebenso zufrieden wie mit Ihrer Amtsführung. Ich trenne mich von Ihnen mit Bedauern; ich glaubte, mich den Umständen fügen zu müssen. Ihre Pläne werden in ganzem Umfang zur Ausführung kommen.«[42] »Sich den Umständen fügen« ist eine Ausdrucksweise, die den wahren Sachverhalt gelinde untertreibt; denn der Monarch hatte sich gegen den Willen und die Machenschaften der Mächtigen nicht durchsetzen können. Man kann es auch mit Malouet sagen: »Die privilegierten Klassen (*classes privilégiées*) besaßen noch zuviel Ansehen, als daß Monsieur de Calonne sie hätte erfolgreich angreifen können, der selber in seiner Person alle jene Mißbräuche zu vereinigen schien, die er mit seinen Reformen abschaffen wollte.«[43]

Bei einem König, der »sich den Umständen fügte«, währten Ministerämter nicht lange. Blieb ein Generalkontrolleur der Finanzen unter Ludwig XV. im Durchschnitt noch vier Jahre im Amt, so hielt er sich jetzt im Schnitt nur noch 18 Monate. Die großen Minister Necker (1777–81) und Calonne (1783–87) vollendeten nicht einmal ihr viertes Amtsjahr; Turgot hatte sein Amt nur 21 Monate inne (vom 24. August 1774 bis zum 12. Mai 1776). Ormesson hielt sich nur sieben Monate, Villedeuil vier, Bouvard de Fourqueux gar nur anderthalb Monate! Um diesen ständigen Wechsel etwas auszugleichen, empfahl es sich, wenigstens für ein stabiles Element in der Regierung zu sorgen. Ludwig XVI. hatte deshalb einen Premierminister, auf den er sich stützen konnte. Anfangs oblag diese Aufgabe offiziell dem 73jährigen Comte de Maurepas, der seit der Verbreitung seiner Verse gegen die Pompadour (1749) in Ungnade gefallen war und im politischen Exil lebte. Er wurde am 20. Mai 1774 an den Hof zurückberufen, und der König wies ihm sogleich das ehemalige Appartement der Comtesse du Barry als Wohnung an, »da dort die Verbindung zu seinen eigenen Wohnräumen schon vorhanden war«.[44] Maurepas war »ein alter Minister, geistreich und witzig«[45], aber auch von großer Leichtfertigkeit.[46] Joseph II. beurteilte ihn als jemanden, der zwar »sein Handwerk versteht. Aber er ist kein Mann von hoher Intelligenz.«[47] Der König jedenfalls schätzte ihn. Eine starke Persönlichkeit hätte ihn auch nur in Verlegenheit gebracht. Maurepas hatte diese bedeutende Stellung bis zu seinem Tod im Jahre 1781 inne, er hat jedoch die Geschicke der Regierung nicht im mindesten bestimmen können: »Seine Amtsführung machte in eben der Weise einen besonnenen Eindruck, wie ein Arzt als fähig gilt, der einem Kran-

ken vorübergehend zu einem gesunden Aussehen verhilft, in Wahrheit
aber die tödliche Krankheit nicht mehr heilen kann.«[48]
Die Regierungstätigkeit von Maurepas konnte wirklich diesen äußeren Anschein erwecken. Aber der Schein trog. Dies wird an folgendem Vorgang deutlich. Unter Maupeou hatten die Parlamentsgerichte
im Jahre 1771 ihre alten Rechte verloren.[49] Mit dieser Justizreform
war unter anderem die Ämterkäuflichkeit unterbunden und eine
Modernisierung der Verwaltung zuwege gebracht worden. Mit der
Rückkehr von Maurepas als Minister setzte die Monarchie auf seine
Veranlassung hin diese bemerkenswerteste aller Reformen des Jahrhunderts mit einem Schlag wieder außer Kraft. Auf diese Weise schuf
sich die Monarchie selbst die Peitsche, mit der sie dann geschlagen
wurde; denn die Dankbarkeit der Parlamentsgerichte bestand künftig
darin, jeden königlichen Erlaß zu kritisieren und Gesetzesvorhaben
mit verzögernden Einwendungen (*remontrances*) zu überhäufen. Am
Ende der Regierungszeit Ludwigs XVI. stellten sie sich schließlich in
offener Revolte gegen den König. Wenn also Maurepas – mit Fénelon
zu sprechen – schon kein guter Mentor war, so hatte Ludwig XVI.
jedenfalls auch nicht die Qualitäten eines Telemach. Wenn der König
dem Rat seines Premierministers folgte, so geschah dies nach dessen
eigenen Worten »»aus langer Gewohnheit und Mittelmäßigkeit und
nicht aufgrund von Charakterstärke und Einsicht«. [. . .] Es hätte
eines kraftvollen Mannes bedurft, der sowohl den König wie seine
Gemahlin, seine Brüder und den ganzen Hof beherrschte, um der
Regierung den entscheidenden Mittelpunkt zu geben, der dringend
nötig gewesen wäre. ›Diese Kraft‹«, so bedauert Maurepas, »»ist mir
weder charakter- noch altersmäßig gegeben, ja nicht einmal mittels des
vollständigen Vertrauens, das der König in mich zu setzen scheint.««[50]
Da fragt man sich, wozu diese Art von Premierminister gut sein
sollte.
Vergennes, der 1781 inoffiziell sein Nachfolger wurde, gelang es
zumindest, »der europäischen Öffentlichkeit die Charakterschwäche
seines Herrn zu verbergen«. Bis zu seinem Tod im Jahre 1787 war
Vergennes »für Ludwig XVI. [. . .] wie ein Mantel von Respekt und
Achtung«[51], der dem König nach Vergennes' Tod genommen schien.
Der Außenminister hatte beim König »persönlichen Kredit«, so daß er
es sich leisten konnte, »als einziger bei Hofe bisweilen den herrischen
und ruinösen Wünschen der Königin und ihres Kreises zu widerstehen«.[52] Dieser Minister verstand es geschickt, seinen Kredit nicht zu
verspielen: er lenkte den König, indem er den Anschein erweckte, die-

ser lenke ihn. Er präsentierte Ludwig zum Beispiel einen einfach und klar abgefaßten Bericht, dessen Leitlinie hinreichend deutlich war, ohne daß sie am Ende noch einmal wiederholt wurde. Statt mit einer wirklichen Schlußfolgerung endete das Memorandum mit einer Frage. Es lag nun am König, ja oder nein zu sagen und den Schlußstein des Gebäudes zu setzen, das ohne ihn gänzlich unvollständig gewesen wäre. »Monsieur de Vergennes rühmte daraufhin auf das lebhafteste die überlegene Intelligenz Seiner Majestät, durch die allein ihm die Erleuchtung gekommen sei.«[53] Zum Schluß glaubte Ludwig XVI. selber, er habe seinem Minister die Außenpolitik beigebracht. Calonne hätte, um seinerseits Chef der Regierung zu werden, ein ähnliches Rezept anwenden müssen.

Jeder einzelne der anderen großen Minister war eine Persönlichkeit. Necker, der vor allem Demagoge war,[54] spielte den Unentbehrlichen und verlor dabei sein Amt gleich zweimal. Malesherbes führte seine Reformen an Ort und Stelle aus: er besuchte persönlich die Staatsgefängnisse, befragte selbst die Gefangenen und ging ungerechten Haftstrafen nach.[55] Ohne diese aufsehenerregenden Reisen wäre das verrufene System der *lettres de cachet*, der geheimen königlichen Haftbefehle, nicht so gemildert worden. Wohlgemerkt bestritt auch Malesherbes nicht die Nützlichkeit dieser direkten Eingriffe durch die »eingeschränkte« Justizgewalt des Monarchen (*justice retenue*); er verlangte lediglich, daß sie nach reichlicher Überlegung angewandt wurden. Der Nachfolger von Vergennes, der Comte de Montmorin, war »in seine Arbeit verliebt«.[56] Der Justizminister Miromesnil, der 1778 in Ungnade fiel, war ein Muster an ministerieller Redlichkeit: er trat sein Amt mit einer Rente von 14 000 Livres an und verließ seinen Posten mit keinem Sou mehr.[57] Einer der erstaunlichsten Minister dieser Regierung war jedoch Turgot.

Turgot war durchaus nicht der Mann, zu dem die Legende ihn gemacht hat; Legenden, die sich seit 1776 bildeten. Er war nicht von bürgerlicher Herkunft, sein Adel reichte bis ins 15. Jahrhundert zurück. Er war kein neuer Sully, der mit beiden Beinen auf dem Boden stand, sondern ein Intellektueller, »mit ewig zerzaustem Haar und scheuem, wenn auch offenem Blick«[58], konsequent bis zum äußersten. Trudaine soll zu Turgot gesagt haben: »Sie riskieren, daß Sie die gegenwärtige Generation Hungers sterben lassen!« Und der Minister soll geantwortet haben: »Um so besser, wenn wir sicher sind, dadurch das Glück der zukünftigen Generationen zu erreichen.«[59] Im Zusammenhang mit einem fieberhaft arbeitenden Ministerium und sich überstürzenden Reformen

könnte man sich Turgot als einen hektischen Arbeiter vorstellen, aber
dem war nicht so. Er war viel zu sehr Literat, »Verwaltungsmaßnahmen
so schnell ausführen zu können, wie es erforderlich ist, wenn die
Schnelligkeit und Genauigkeit dieser Durchführung schon den Haupt-
anteil ihres Wertes und ihrer Wirkung ausmachen.«[60] Er trat auf der
Stelle, dachte zuviel nach, wog das Für und Wider ab, zögerte die
Versendung auch nebensächlicher Texte hinaus. Der Intendant der
Finanzen, Ormesson, überraschte ihn einmal dabei, wie er »ganze Stunden über einem einfachen Protokoll brütete«. Es kam vor, daß er seinem
Mitarbeiter, Monsieur d'Ailly, den Auftrag für den Text einer Depesche erteilte, den er dann, weil er ihn für zu lang und umständlich hielt,
von Ormesson neu formulieren ließ. Da er die zweite Fassung zu knapp
befand, verwarf er schließlich auch diese, »um selbst eine dritte Fassung
zu entwerfen, die seinen Vorstellungen mehr entsprach.«[61]

*Anne-Robert-Jacques
Turgot,
Minister Ludwigs XVI.
(Stich von Marsilly
nach einer Zeichnung
von Panilli)*

Wie Entscheidungen getroffen werden

Die Monarchie der Bourbonen hatte unter Ludwig XIV. und unter Ludwig XV. zu einer Regierungsmischform gefunden, die dem Machtmißbrauch vorbeugen sollte; denn sie bestand weder in der tyrannischen Herrschaft eines einzelnen noch, wie zur Zeit der Régence, in der despotischen Herrschaft von Ratskollegien (*polysynodie*). Die Tätigkeit der einzelnen Minister und der Gremien (*le Conseil*) war aufeinander abgestimmt und befand sich in einem gewissen Gleichgewicht. Es gab nur wenige Regierungsmitglieder: den Kanzler – den der König im Falle von Ungnade, so von 1774 bis 1790, durch einen Großsiegelbewahrer (*garde des sceaux*) ersetzte –, vier oder fünf *secrétaires d'État*, nämlich den Kriegs-, Außen- und Marineminister, den Minister für den königlichen Haushalt (*maison du Roi*) und von 1763 bis 1780 mit Monsieur Bertin einen Minister für eine Art physiokratisch-landwirtschaftlichen Geschäftsbereich. Dazu kam dann noch der Generalkontrolleur der Finanzen (*contrôleur général des finances*). Zu Zeiten Ludwigs XV. standen die *secrétaires d'État* im Rang noch über dem Generalkontrolleur. Dessen Geschäftsbereich – der nach heutigen Begriffen das Finanzministerium, das Wirtschaftsministerium, das Industrie- und Handelsministerium usw. umfaßte – war jedoch so umfangreich, daß er von sechs Finanzintendanten (*intendants des finances*) unterstützt wurde, die etwa heutigen Staatssekretären vergleichbar wären. Einer von ihnen, Trudaine, war zuständig für die Straßen- und Brückenbauverwaltung (*ponts et chaussées*) und leitete damit eine durchaus ministeriumsähnliche Behörde. Der Rat (*le Conseil*) wurde als eine Einheit betrachtet, obwohl er tatsächlich aus mehreren Kollegien bestand. Seine Basis war der *Conseil privé*, ein Ratskollegium, in dem der Kanzler den Vorsitz führte und das sich in der Hauptsache aus 30 Staatsräten und 80 Berichterstattern (*maîtres des requêtes*) zusammensetzte. Neben einer Fülle von Aufgaben war seine Rolle mit der des heutigen französischen Staatsrates und des Kassationsgerichts (Obersten Gerichtshofes) vergleichbar. Darüber standen diejenigen Ratskollegien, die man als *de gouvernement* bezeichnete und denen der König unmittelbar vorsaß: der *Conseil d'en haut* (er trat in der ersten Etage des Schlosses im Ratskabinett zusammen und umfaßte im Jahre 1787 den König und sechs Minister), der sich mit auswärtigen Angelegenheiten befaßte; der *Conseil des dépêches*, der Angelegenheiten der inneren Verwaltung behandelte (der König und neun bedeutende Persönlichkeiten); der königliche Finanzrat (*le Conseil royal des finances*: der König, der Generalkontrolleur der Finanzen und sechs weitere Mitglieder); und schließlich der königliche Rat für Handelsangelegenheiten (*le Conseil royal du commerce*, zwölf Mitglieder) mit wirtschaftlichen und finanzpolitischen Zuständigkeiten. Die Anwesenheit des Königs in allen und die der Minister in beinahe allen Ratsgremien gewährleistete eine aufeinander abgestimmte Arbeitsweise. Der Regierungsapparat scheint uns heute ziemlich schwerfällig; Mitte des 18. Jahrhunderts ließ er sich jedoch noch gut handhaben.

Ludwig XVI., der bei größeren Menschenansammlungen Platzangst bekam, veränderte sehr bald in nachteiliger Weise die Arbeit dieses Regierungsapparates, in einigen Fällen wurde sie sogar zerstört. Wie hätte er auch in dem riesigen Ratssaal von Versailles am Montag die Sitzungen des Conseil privé ertragen können, bei denen im Durchschnitt fast einhundert Personen versammelt waren? Wenn schon Ludwig XIV. diesem Rat nur sehr selten vorgesessen hatte und Ludwig XV. nur zweimal während seiner gesamten Regierungszeit, so beschloß Ludwig XVI. ganz einfach, ihn überhaupt nicht mehr aufzusuchen. Selbst die kleinen Ratskollegien waren ihm unangenehm, trotz der geringen Anzahl von Mitgliedern, die der König doch immerhin alle gut kannte. Das erste Zusammentreten des Conseil d'en haut am 20. Mai 1774 erschien genauen Beobachtern als ein totaler Mißerfolg. Wahrscheinlich gehemmt durch die Anwesenheit der Minister seines Vorgängers, der Herren Maupeou und Terray, »verdarb Ludwig XVI. sein erstes öffentliches Auftreten, das er hätte nutzen müssen, kraftvoll wahrhaft Großes in Angriff zu nehmen.«[62] Die Zeit verging, und nichts wurde besser. Vergennes klagte 1779: »Sogar im Conseil will er nicht sprechen. Man tut dort nichts anderes, als Depeschen vorzulesen.«[63] Unter solchen Umständen unternahm der König verständlicherweise nichts für die Wiederbelebung des Conseil, gegen den er eine Abneigung hatte. Der Conseil d'en haut trat weiterhin mittwochs und sonntags zusammen. Der Conseil des dépêches, der zunehmend größere Wichtigkeit bekam und der im Prinzip jeden Samstag zusammentreten sollte, tat dies schon im Jahre 1787 nicht mehr öfter als zweimal im Monat. Der Conseil royal des finances, der unter Ludwig XV. jeden Dienstag zusammengetreten war, traf sich 1787 kaum noch öfter als »sieben- oder achtmal pro Jahr, hauptsächlich, um das Konto des königlichen Schatzamtes abzuschließen, Antworten auf die Eingaben der Ständeversammlungen zu formulieren oder irgendwelche strittigen Angelegenheiten zu erörtern, die ihrer Wichtigkeit wegen oder aus anderen Gründen notwendigerweise dort verhandelt werden mußten.

Was den Conseil royal du commerce angeht, so tagte er kein einziges Mal. Er diente allein dazu, seinen Mitgliedern zu einem Titel und zu ihren Bezügen zu verhelfen.«[64] Die Verfügung vom 5. Juni 1787, welche die Zusammenlegung des königlichen Finanzrates und des Rates für Handelsangelegenheiten anordnete, sah alle 14 Tage eine Sitzung vor. Tatsächlich jedoch trat der nunmehrige *Conseil royal des finances et du commerce* von Anfang an nur sehr unregelmäßig zusammen. Der Niedergang des Conseil war unaufhaltsam. Nur ein energischer Monarch hätte sich ihm entgegenstellen können.

Bei der bekannten Schüchternheit des Königs hätte man annehmen können, daß er die Aktenarbeit oder *le travail du Roi* vorgezogen hätte. *Travail du Roi* wurden alle Arbeitsgespräche genannt, welche der König allein mit dem jeweiligen Minister eines Geschäftsbereichs führte, um spezielle Angelegenheiten zu regeln. Diese rein fachlichen, langwierigen Unterredungen fanden im allgemeinen gegen sechs Uhr abends im Kabinett des Königs statt. Der jeweilige Minister (*secrétaire d'État*) brachte seine Akten mit. Ludwig XVI. stimmte entweder den vorgeschlagenen Maßnahmen zu – in diesem Fall wurde ein »Bon« am Rand des Textes vermerkt –, lehnte sie ab oder verlangte zusätzliche Änderungen. Der Großsiegelbewahrer (*garde des sceaux*), die Minister und der Generalkontrolleur der Finanzen sprachen so nacheinander vor. Der König arbeitete aber auch in gleicher Weise mit dem Minister für Kirchenangelegenheiten (*ministre de la feuille*), dem Polizeichef von Paris (*lieutenant général de police*) und jedem anderen hohen Behördenchef. Wenn Ludwig XVI. durch den Conseil eingeschüchtert war, so war er tatsächlich auch bald durch *le travail* gelangweilt. Nehmen wir das Beispiel vom 30. März 1777: Vorgesehen war eine Unterredung mit dem Kriegsminister, dem Comte de Saint-Germain, in welcher dieser seinen Stellvertreter, den Prince de Montbarrey, gebührend beim König einführen wollte. *Le travail* begann um sechs Uhr abends, was bedeutete, daß der König – welch hartes Opfer! – seine Jagd abkürzen mußte, und das Gespräch zog sich bis neun Uhr hin.[65] Für einen Jäger, der schon stundenlang dem Wild nachgesetzt hatte, wahrlich eine harte Prüfung seiner Aufmerksamkeit und Konzentrationsfähigkeit.

Die Zeitgenossen versichern jedoch, daß sowohl der König als auch seine Minister in einer noch ziemlich neuen Einrichtung, den Ministerräten (*comités de ministres*), zu gegenseitiger Zufriedenheit zusammenarbeiteten. Diese Ministerräte waren schon zu Zeiten Ludwigs XV. eingerichtet worden und bildeten aufgrund ihrer Größe ein Mittelding zwischen den Ratskollegien und dem *travail du Roi*. Sie tagten mit unterschiedlicher Regelmäßigkeit. Ihr Arbeitsklima war kollegialer und offener als bei dem einfachen *travail* und weniger steif und feierlich als im Conseil. Im allgemeinen waren diese Sitzungen kürzer als die Arbeitsgespräche des *travail* und behandelten Angelegenheiten von allgemeinerer Bedeutung. Zuweilen trafen sich dort die entscheidenden Minister, die auf diese Weise die schweigenden Mitglieder im Conseil umgingen. So fand zum Beispiel am 22. Februar 1779 eine zweistündige Ministersitzung im Arbeitszimmer von Maurepas statt, den die Gicht dort festhielt. Anwesend waren der König, Maurepas, Vergennes und Sartine.[66] Manchmal tagte ein Ministerrat auch ohne die Anwesenheit des Königs. Der aber liebte diese Sitzungen; denn dort langweilte er sich nicht, und die Minister waren glücklich, wenn sie den Monarchen entspannt sahen. Auf diese Weise verloren die Ratssektionen des Conseil vollends an Bedeutung. Der Abbé de Véri erblickte in der Mitgliedschaft zum Conseil d'en haut nur noch »eine Scheinehre, da alle geheimen Angelegenheiten in den Ministerratssitzungen entschieden werden.« Entscheidungen des Conseil wurden zunehmend mehr ohne vorherige Beratung getroffen. Häufig ersparte man sich nun Dekrete oder Erlasse; denn dann bestand auch keine Notwendigkeit, sie vom Parlamentsgericht in Paris zu Protokoll nehmen zu lassen. Der Niedergang des Conseil brachte ein Element von Willkür in die Regierungstätigkeit, da den Ministern der einzelnen Geschäftsbereiche dadurch zuviel Macht zufiel.

Die erste Begeisterung Ludwigs XVI. für Necker veränderte auch hier die alten Strukturen völlig. Wo die Vernunft geboten hätte, die monströse Einrichtung des Generalkontrolleurs der Finanzen aufzuheben und statt dessen die ihm unterstellten Finanzintendanten in zusätzliche Ministerämter umzuwandeln, ließ der König die Etablierung eines genau entgegengesetzten Systems zu. Das begann damit, daß er Necker – der sich als Ausländer nicht Generalkontrolleur, sondern nur Generaldirektor der Finanzen nennen durfte – die Vorrangstellung vor allen anderen Ministern gab. Danach akzeptierte er die von dem Genfer Bankier verlangten tiefgreifenden Änderungen, ohne zu begreifen, daß der »von dem glühenden und geschickt betriebenen Wunsch nach absoluter Herrschaft getriebene Necker«[67] damit das gesamte Regierungssystem seit den Zeiten Ludwigs XIV. zerstörte. 1777 wurden die sechs Finanzintendanten entlassen. Damit waren die Straßen- und Brückenbauverwaltung (*direction des ponts et chaussées*) und andere große, gut eingearbeitete Verwaltungseinrichtungen führerlos gemacht. Zwei Jahre später bemächtigte er sich des physiokratisch-landwirtschaftlichen Geschäftsbereichs von Bertin. 1780 ließ er den Ministerrat dreimal pro Woche tagen und bestellte dorthin einen König, dem die Ereignisse mehr und mehr über den Kopf wuchsen. Als sich im Oktober desselben Jahres die Entlassung von Sartine schon abzeichnete, waren gut Informierte davon überzeugt, daß der Generalkontrolleur im Begriff war, seinem Zuständigkeitsbereich auch noch das Marineministerium einzuverleiben. Als Necker im Mai 1789 endlich aus dem Amt gejagt wurde, befanden sich die zentralen Einrichtungen des Staates in völligem Durcheinander. Frankreich hatte dabei nichts gewonnen, das Staatsdefizit war nicht beseitigt worden; aufgrund der Schwäche und der Dummheit des Königs hatte die selber kranke Finanzverwaltung auf alle anderen Bereiche übergegriffen. Neckers gigantisches Ministerium hatte beinahe alles verschlungen, ein Koloß auf tönernen Füßen, dazu verurteilt, die Flucht nach vorn anzutreten – bis das System zusammenbrach.

Die ausführenden Organe: der service du Roi

Der Dienst für den König hob seine Amtsträger in jedem Fall über andere Menschen hinaus und verhalf einem Bürgerlichen zu höchsten Ehren. Minister Necker zählte viertausend Ämter auf, die zur Nobilitierung führen konnten. Der Staat selbst, und mit ihm die öffentliche Meinung, stellte den höchsten Beamten eines Ministeriums, einen Richter oder Regierungskommissar in der sozialen Rangordnung weit über einen Rentier oder einen Geschäftsmann. Das kommt auch klar und deutlich in einer Verordnung aus dem Jahre 1760 über das Recht zum Wappenführen zum Ausdruck, die unter Ludwig XVI. immer noch in Kraft war, wenn sie auch nicht befolgt wurde, da sich jeder Bürgerliche nach Belieben ein Wappen zulegte. Der Gesetzgeber unterschied hier »noble« Berufe (das heißt mit dem Adelsstand vereinbar) und kaufmännische Tätigkeiten. Unter »noble« Berufe fielen selbstverständlich vor allem die verschiedenen Dienste für den König: Offiziere sowohl der Armee wie der königlichen Garde, Richter und Beamte der *Compagnie des fermiers généraux* – falls sie noch ohne Adelstitel waren –, Schatzmeister und Einnehmer der dem König zustehenden Abgaben (*deniers royaux*), Haupt- und Nebensteuereinnehmer und ihre Kontrolleure, Unterbevollmächtigte der Intendanten und städtische Beamte: sie alle besaßen ohne Unterschied das Privileg, ein Wappen führen zu dürfen, während die Welt der Kaufleute mitleidlos ausgeschlossen wurde. Richter- und Soldatenstand, Inhaber von Verwaltungsämtern, Finanzbeamte und Finanzpächter, Hofbeamte, die zur königlichen Tafel Zutritt hatten, und Schöffen: sie alle waren auf diese Weise vom gewöhnlichen Volk unterschieden; denn trotz der Verschiedenartigkeit ihrer Ämter vereinte sie der Dienst für Seine Majestät, der sie von den anderen Ständen trennte und zum Gegenstand des Neides machte.

Eine so bedeutende Persönlichkeit wie der Maréchal Duc de Croy erwähnte immer wieder die *commis de la guerre* (Garnisonsbeamte), besuchte sie, schmeichelte ihnen, zog sie zu Rate und war voller Bewunderung für ihre Uniform, als der Minister Saint-Germain sie mit der besonderen Montur eines Militärkommissars ausgestattet hatte.[68] Gaudin, der später das Finanzministerium Napoleons I. leitete und der 1775 die Verwaltungslaufbahn eingeschlagen hatte, beschrieb die privilegierte Stellung dieser Staatsbeamten: »Die höchsten Beamten (*les premiers commis*) der verschiedenen Amtsbereiche [. . .] waren von großem Einfluß in allen öffentlichen Angelegenheiten. [. . .] Diese Beamten, die faktisch nicht absetzbar waren, besaßen aufgrund ihrer Erfahrung und ihrer Kenntnisse eine natürliche Autorität, [. . .] und das Amtszimmer eines solchen *premier commis* wurde selbst von den höchsten Mitgliedern der Gesellschaft oftmals häufiger aufgesucht als das Audienzzimmer der Chefs der jeweiligen Geschäftsbereiche, die ihren Titel nur noch ehrenhalber trugen.«[69] Der bürokratische Apparat entwickelte sich – vom Ministerium herunter bis zu den stellvertretenden Unterbevollmächtigten – tagtäglich weiter. Was uns heute kleindimensioniert erscheint, empfanden die Zeitgenossen schon als ein vielarmiges Monster. Der *Almanach royal*, das Verwaltungsjahrbuch für Frankreich, umfaßte im Jahre 1715 312 Seiten, 1787 dagegen schon 720! Der Personalbestand des Staates schwoll mehr und mehr an. Groß- und Kleinbürger träumten gleichermaßen davon, ihre Sprößlinge in einem öffentlichen Amt unterzubringen. Die Sprachgewohnheiten änderten sich entsprechend. 1779 schrieb der Abbé de Véri: »In Pariser Kreisen würde heutzutage fast niemand mehr wagen zu sagen: ›Ich diene dem König‹. Man würde ihn nur für einen hohen Diener in Versailles halten. ›Ich diene dem Staat, ich habe dem Staat gedient‹ – das ist der heute am häufigsten gebräuchliche Ausdruck.«

Im Staatsdienst konnte man jedoch keine Reichtümer sammeln. Als Bertrand de Molleville im Juni 1774 als Intendant der Bretagne in Rennes eintraf, standen ihm nur 25000 Livres zur Verfügung, um die Jahresgehälter der vierzehn Beamten der Intendantur der Bretagne zu bezahlen. Der ranghöchste Beamte bekam 4500 Livres, der erste Sekretär 2600, der Privatsekretär des Intendanten 2000. Dem Intendanten blieben also weniger als 16 000 Livres zur Entlohnung von sechs Beamten mit speziellen Aufgaben, vier Schreibern und eines Bürodieners. Dennoch waren diese Stellen deshalb nicht weniger begehrt: Als der Intendant von Rennes im Jahre 1781 eine Stelle neu besetzen wollte, konnte er unter vierzig jungen Bewerbern auswählen. Es handelte sich dabei zwar nicht um ein käufliches Amt auf Lebenszeit, aber nichts war verlockender als ein Titel; das Recht, einen Degen tragen zu dürfen; die Gewißheit, einen wenn auch noch so bescheidenen Teil der staatlichen Macht in Händen zu halten; und nicht zuletzt die reizvolle Aussicht, nicht wenige Edelleute im Vorzimmer warten lassen zu können.[70]

Aus Mangel an Geld fehlte es der königlichen Verwaltung an Mitarbeitern. Es hätte einer großen Zahl zusätzlicher Beamter bedurft, die damals in Mode kommenden Statistiken aufzustellen. Gegen Ende des Ancien Régime hatten die Behörden Gefallen daran gefunden, *Enquêten* durchzuführen. Hunderte von Verzeichnissen wurden gedruckt, Zahlen addiert (oft ebenso unvollständig wie ungereimt), Papiere angehäuft und noch der überflüssigsten Zählung Bedeutung beigemessen. Daraus resultierte während der ganzen reformfreudigen Regierungszeit Ludwigs XVI. ein ständiger Gegensatz zwischen dem hohen Anspruch der Regierung, mit wissenschaftlich fundierten Statistiken zu arbeiten, und den hastig improvisierten, mechanisch angefertigten summarischen Übersichten, welche die Staatsdiener dann tatsächlich nur zuwege brachten. Der Intendant des Languedoc verlangte beispielsweise zweimal jährlich von seinen leitenden Beamten eine Verbrechensstatistik (*état des crimes*), da er von der fortschreitenden Kriminalität der Menschheit überzeugt war. Der Beamte in Narbonne wußte nicht, wie er mit dieser Aufgabe zu Rande kommen sollte. Er schreibt 1786: »Monseigneur! Ich arbeite den ganzen Tag, obwohl ich krank bin, und die Arbeit ist langwierig. Ich habe daran gedacht, mir vorübergehend einen Sekretär zu nehmen und ihm pro Tag einen kleinen Écu und ein gutes Mittagessen als Entlohnung zu geben. Er arbeitet nur vier oder fünf Stunden pro Tag. Ich muß eigenhändig die große Tabelle, für die ich zuständig bin, von meinem ersten Konzept abschreiben und anschließend diktieren, um davon eine Kopie behalten zu können.«[71]

Wie zur Zeit Ludwigs XV. war ein *maître des requêtes* (Berichterstatter über Eingaben) der Dreh- und Angelpunkt des Verwaltungsapparates. Er arbeitete in den Büros und Kommissionen des Conseil privé oder als Justiz-, Polizei- und Finanzintendant in einem Steuer- und Verwaltungsbezirk Frankreichs (*généralité*). Hervorgegangen aus einem seit den Zeiten Ludwigs XIV. sehr erfolgreichen Korps von Verwaltungsbeamten, besaßen diese Intendanten unter Ludwig XVI. eine außerordentliche Machtfülle. Sie gehörten zum Amtsadel; denn »wenn die Provinzintendanten auch noch dem Hochadel (*grands seigneurs*) angehört hätten«, so sagte Sénac de Meilhan, der einer von ihnen war, »wären sie allzu mächtig gewesen.«[72] Obwohl sie also nur zum Amtsadel gehörten, beherrschten sie nichtsdestoweniger das gesellschaftliche Leben in der Provinz. Der letzte Amtsträger der *généralité* von Alençon namens Jullien war von kolossalem Äußeren und »ein überaus wackerer Mensch«, gleichwohl wie alle seine Amtskollegen auch verhaßt. »Jeden Abend verschlang er eine zehnpfündige Hammelkeule. [...] Er war ein ausgezeichneter Verwaltungsbeamter und unermüdlicher Arbeiter; und obwohl er eigentlich sehr zuvorkommend war – wenn auch durch sein Amt verdorben wie alle anderen auch –, führte er sich auf wie ein römischer Statthalter und tat Gutes nur ungern. Ein schlechter Mensch mit besseren Manieren hätte den Leuten besser gefallen.«[73] Es heißt oft, daß die Intendanten ebenso wie die zentrale Regierungsgewalt gegen Ende des Ancien Régime die Macht verloren hätten, die sie noch bis zur Mitte des Jahrhunderts innehatten.[74] Es stimmt zwar, daß die Regierung bisweilen nur zögernd handelte, daß die örtlichen Parlamentsgerichte eine gewisse Obstruktion betrieben, und daß der Intendant, wenn sich ein Parlamentsgericht mit den Provinzialständen (*états provinciaux*) gegen ihn als den administrativen Vertreter der Krone verbündete, bald in eine mißliche Lage geriet. Aber was die Regierungsgewalt hier an Macht verlor, war ein Gewinn für den Staat, und der Intendant konnte ebenfalls seinen Nutzen daraus ziehen. Es oblag ihm, Erhebungen durchzuführen. Er sollte der Staatsaufsicht über Städte, Gerichte, die grundherrliche Rechtsprechung (*justices seigneuriales*), über Handwerkergilden (*communautés de métiers*) und Bürgervereinigungen (*communautés d'habitants*) mehr Nachdruck verleihen. Ihm waren Aufgaben im Bereich des öffentlichen Gesundheitswesens und der öffentlichen Erziehung übertragen, die zu seinem ohnehin schon außergewöhnlich breit gefächerten Zuständigkeitsbereich hinzukamen. Eine zu Beginn der Revolution aufgestellte Zusammenstellung nennt für den Intendanten des Dauphiné die folgenden Aufgabenbereiche: die Organisation des Personalbereichs der *généralité*; die Überwachung der Steuern (*taille*: Steuer, die von jedermann erhoben wurde, der nicht dem Adel oder der Geistlichkeit angehörte; *vingtièmes*: eine fünfprozentige Einkommenssteuer, die ursprünglich für jedermann galt; *capitation*: eine direkte Sondersteuer, die ursprünglich von Bürgerlichen und Adligen erhoben wurde und deren Höhe sich nach dem gesellschaftlichen Rang richtete; *don gratuit*: die Abgaben der Geistlichen an den König; Gemeindesteuern); Förderung der staatlichen Sozialfürsorge; Verteilung von Unterstützungen; Ankurbelung der Landwirtschaft; Regelung von Fragen der Forstwirtschaft und öffentlicher Einrichtungen; Kontrolle der Gestüte; Überwachung von Seidenraupenzuchtanstalten; Aufbau von Baumschulen; Förderung von Handel und Industrie; Unterhaltung der Straßen und Wege; eine effektivere Feuerbekämpfung; die Einrichtung von Schulen für den Landbau und für Wundärzte; von Zeichenschulen für Handwerker sowie von Hebammenkursen. Nicht erwähnt waren dabei noch Rechtsprechung, Polizei, Stadtentwicklung, Gesundheitswesen, Truppeneinquartierungen, Bürgerwehr, Kontrolle von Brücken- und Wegezöllen, Überwachung von Messen und Märkten, Fragen des Buchhandels, des Schmuggels usw. Der Intendant war eine Art aufgeklärter Despot in seiner Region und zweifellos mächtiger als manch ein Duodezfürst des Heiligen Römischen Reiches. Auf jeden Fall machte ihm niemand den Ruf eines aufgeklärten Mannes streitig, den die Mitgliedschaft in Akademien, Logen und Agronomischen Gesellschaften auch äußerlich unterstrich. Ein Intendant sprach und schrieb gegen Ende des Ancien Régime ganz selbstverständlich im Stil der Präambeln von Erlassen eines Turgot oder Necker: Begriffe wie »Liebe zur Menschheit«, »Freiheitsliebe«, »Vernunft«, »Empfindsamkeit« und »Humanität« flossen ihm leicht aus der Feder. Das Ideal dieses aufgeklärten Verwaltungsbeamten war das öffentliche Wohl, *le bien public*, das ihm über alles ging. Das erklärt auch die Sorgen eines Bertrand de Molleville in einem Klagebrief über die Bevölkerung der Bretagne an seinen Minister Calonne: »Es gibt kein Land, in dem die Bevölkerung weniger geneigt wäre, für das öffentliche Wohl Opfer zu bringen.«[75]

Freilich muß »öffentliches Wohl« hier für die ganze Nation verstanden werden und nicht nur begrenzt auf eine einzige Provinz. In einem Schreiben des Ministeriums hieß es zum Beispiel im Jahre 1788 über die Person des Intendanten von Grenoble, Caze de la Bove: »Er ist ein Ehrenmann (*honnête homme*), sanft aber schwach, mit der Provinz verbunden. Da er seinen Sohn als Rat im Parlamentsgericht sitzen hat, fühlt und handelt er ganz als Bewohner des Dauphiné; denn er möchte gefallen und beliebt sein. Ihre Majestät ist zwar willens, ihn abzuberufen, hat sich zur Zeit aber dazu noch nicht entschließen können.«[76] Wie manche seiner Amtskollegen hatte auch Caze de la Bove sich allzusehr mit den regionalen Interessen seines Verwaltungsbezirks identifiziert; er hatte sich nach den Empfindlichkeiten der lokalen Oberschicht gerichtet, war allzu anpassungsfähig und allzu zurückhaltend gewesen, ging Schwierigkeiten listig aus dem Weg und hatte sich auf diese Weise von seiner eigentlichen Aufgabe als Vertreter der Interessen des Königs entfernt.[77] Die Regierung in Paris legte Aktenvermerke über ihre Beamten an, keine Notizen über persönliche Dinge im Stil einer Polizeiakte, vollgestopft mit indiskretem Klatsch, sondern einige wohlformulierte Sätze, die den Wert eines Mannes in seiner Funktion als Amtsträger charakterisierten. Der König legte keinen Wert darauf, in seinen Provinzen unfähige Intendanten im Amt zu halten, und kein *maître des requêtes* wurde anders als durch Wahl in den Staatsrat berufen. Unter diesen Voraussetzungen blieb das Beamtenkorps die Elite der Staatsdiener.

Reformen und Projekte

1789 – oder auch 1989 – wäre niemals soviel über die Mißstände des Ancien Régime gesprochen worden, wenn dieses sie nicht unter dem Vorwand, sie bessern zu wollen, geradezu mit Vergnügen selbst aufgedeckt und in der Öffentlichkeit ausgebreitet hätte. Diese ständige Neigung, alles zu verbessern, war ein Bestandteil des Alltagslebens schlechthin: fast jeder neue Tag brachte neue Maßnahmen, Projekte und Reformbestrebungen. Der eine Minister wollte mit seiner Intelligenz prahlen; der andere das, was vor ihm versucht worden war, in den Schatten stellen, übertreffen, besser machen, korrigieren oder wieder in Ordnung bringen. Die drei reformfreudigsten Minister waren Turgot, Saint-Germain und Necker.

Der erste wollte in den 21 Monaten seiner Amtszeit sowohl Detailmaßnahmen als auch Strukturreformen gleichermaßen entschlossen angehen. Bei ersteren war ihm auch oft Erfolg beschieden: Das Recht zur Pulverherstellung wurde nicht mehr verpachtet, sondern zugunsten einer staatlichen Pulver- und Salpeterregie abgeschafft und der Leitung von Lavoisier anvertraut; 1775 wurde ein unter einheitlicher Regie stehender Postdienst geschaffen, der unnütze Konkurrenz ausschaltete (damals bekamen die Postkutschen den Namen *turgotines*); die Laufbahn der Generalsteuerpächter wurde reglementiert; vom Staat ernannte Kommissare ersetzten nun bei der Einziehung der *taille* die gewählten Steuereinnehmer.

Die ehrgeizigeren Maßnahmen schlugen dagegen fehl, da sie weder in dafür geeigneten Bereichen ergriffen wurden noch psychologisch ausreichend vorbereitet waren. Das galt sowohl für das großzügige, von den Physiokraten beeinflußte Projekt einer einzigen Steuerabgabe in Form einer Grundsteuer (*subvention territoriale*), als auch für die Abschaffung der unbeliebten Wegefron (*corvée des grands chemins*), die durch eine allgemeine, von allen Untertanen ohne Standesunterschied zu leistende Geldabgabe ersetzt werden sollte. Die Einführung der Gewerbefreiheit scheiterte ebenso wie die Aufhebung des Zunftzwangs. Turgots gefährlichste Reform jedoch, welche die Kette seiner Maßnahmen einleitete, datierte vom September 1774: im Namen der Freiheit wurde der inländische Getreidehandel ohne Preiskontrolle freigegeben. Nun war aber 1774 schon die Ernte schlecht ausgefallen, und der harte Winter 1774/75 behinderte den Transport des Getreides und gefährdete die ohnehin schon problematische Sicherstellung des Saatgutes für das kommende Jahr. Was vorhersehbar gewesen war, trat ein: Am 18. April kam es in Dijon zu einem Aufstand; am 1. Mai brachen in der Île-de-France Gewalttätigkeiten aus, mit denen der sogenannte Mehlkrieg (*guerre des farines*) seinen Anfang nahm; am 3. Mai folgten heftige Unruhen in der Hauptstadt. Am 4. Mai war die Ordnung in Paris wiederhergestellt, Turgot selbst hatte die Truppen zu Hilfe rufen müssen. Ein Jahr später, am 12. Mai 1776, erhielt er sein Entlassungsschreiben, als der König seiner endgültig überdrüssig geworden war. Aber nicht etwa diese Tatsache war für jemanden, der an Vorzeichen glaubte, ein Vorbote des Schicksals, sondern die Niederlage des physiokratischen Ministers ein Jahr zuvor in der *guerre des farines*, als die arme Bevölkerung für einen gerechten Brotpreis auf die Straße gegangen war und revoltiert hatte. Alles entschied sich mit der Erbitterung und den Gewalttätigkeiten dieser kurzen und harten *guerre des farines*, des brutalen Sieges der Tatsachen über die abstrakte Theorie. In einem zivilisierten Land voller Überfluß, dessen Bevölkerung durch alle Schichten hindurch das gemeinsame Bewußtsein nationalen Vorsprungs und nationaler Überlegenheit verband, in einem Land, in dem es seit hundert Jahren zu keiner ernsthaften Revolte mehr gekommen war und in dem die Vorstellung systematischer Klassenkämpfe absurd erschienen wäre, in diesem Land genügte die reformerische Halsstarrigkeit eines abstrakt denkenden Intellektuellen, um gewalttätige Auseinandersetzungen auszulösen. Der weise Maréchal de Croy kommentierte die Ereignisse desillusioniert: »Man hat mit gutem Grund gemeint, daß dies der Krieg der Armen gegen die Reichen war.« Trotzdem hörte für ihn Turgot niemals auf – wie es bei Shakespeare über Brutus heißt –, »ein sehr ehrenwerter Mann zu sein«

und zu bleiben, »der das Beste wollte, aber gefangen blieb in den Grenzen seines Systems.«

Der Comte de Saint-Germain, Kriegsminister in den Jahren 1776/77, war ebenfalls ein Mann, der an Systeme glaubte. Er wollte die französische Armee nach dem Vorbild der preußischen umorganisieren und verstärken. Seine Erlasse folgten so rasch aufeinander, daß Offiziere und Soldaten nur schwer folgen konnten und schließlich völlig desorientiert waren. In dem großen Bündel seiner Reformen fand sich Gutes und Schlechtes. Die Reduzierung der königlichen Hofgarde aus Sparsamkeitsgründen sollte für die Ereignisse von 1789 schwerwiegende Folgen haben. Im übrigen sah es nur so aus, als hätte diese Maßnahme Einsparungen erbracht; der Maréchal de Croy entdeckte dabei ein für die Verwaltungspraxis wesentliches Gesetz: derartige Kürzungen kosteten mehr als Vergrößerungen. Die Abschaffung der Käuflichkeit der Offiziersstellen – schon von den früheren Ministern Louvois und Choiseul geplant – war dagegen eine ausgezeichnete Maßnahme (welche die Marine allerdings schon 107 Jahre zuvor durchgeführt hatte). Auf dem Erfolgskonto von Saint-Germain stand der Wegfall der alljährlich stattfindenden Versammlungen der Bürgerwehren und die Einführung des Divisionssystems im Heer. Zu den Passiva gehörte die von den Preußen übernommene Strenge der Disziplin und der Waffenbedienung.

Wenn es schon im Kriegsministerium nicht an Projekten mangelte, so hielt Necker das Finanzministerium noch mehr in Atem. Alle Erlasse, Verordnungen, Entscheidungen und Vorschriften, die er produzierte, wurden im Namen des öffentlichen Wohls veröffentlicht. Die Zeitgenossen mußten sich an den »übertriebenen Stil der Präambeln seiner Erlasse«[78] erst gewöhnen: diese Appelle an die Öffentlichkeit sollten nach Neckers Auffassung eine Art »republikanischer Impfung« sein, angewandt auf die Monarchie der Bourbonen. Wenn ein Ludwig XVI. das Hôtel-Dieu nach einem Besuch erschüttert unter Tränen verließ – »Das Hôtel-Dieu war in gewisser Weise ein Sterbehaus; [. . .] zwei, drei bis zu vier Kranke mußten sich ein Bett teilen. Ich habe gesehen, wie einer dieser Unglücklichen von seinen Leidensgenossen auf den Boden gestoßen wurde, als er zu atmen aufhörte, vielleicht auch schon vorher«[79] –, so wußte man im Unterschied dazu bei Necker nicht, welche leitenden Ideen er bei der Reform der Hospitäler im Januar 1780 tatsächlich verfolgte. Wahrscheinlich war sein erster Gedanke, den staatlichen Einfluß zu mehren. Der Abbé de Véri, der hier ausnahmsweise einmal Necker unterstützte, analysierte den Ansatzpunkt der Necker-

schen Reformen sehr gut: »Kein Bereich öffentlicher Einrichtungen
wird schlechter verwaltet; [...] Bischöfe, Gouverneure, Generalproku-
ratoren, Bürgermeister schenken diesen Bereichen nur oberflächliche
Beachtung. [...] Die recht umfangreiche barmherzige Hilfe mildtätiger
Seelen kann nicht die Mißstände einer mangelhaften Verwaltung ausgleichen.« Damals wie heute glaubte man offenbar, daß das Wunder-
mittel Verstaatlichung die Mißstände beseitigen könnte. Der zweite
Gesichtspunkt, der Necker leitete, war die Überlegung, daß die allgemeinen Krankenhäuser von größerer politischer Wichtigkeit waren als
die *hôtels-Dieu*, gab doch die Art und Weise ihrer Organisation dem
Staat ein umfassendes Mittel an die Hand zur Unterdrückung von Va-
gabundieren und Bettelei, zur Überwachung der Armen und zu deren
vielleicht möglicher Wiedereingliederung in die Gesellschaft. Humanitäre Motive folgten erst an dritter Stelle. Einige Widerspruchsgeister,
die hartnäckig der intensiv betriebenen Propaganda des Ministers
widerstanden, schienen denn auch im Hinblick auf die Absichten des
Ehepaares Necker ihre Zweifel zu hegen. Respektlos reimte man:

> De ce couple admirez la rare intelligence:
> Dans leur zèle, l'une établit
> Partout des hôpitaux en France;
> L'autre d'habitants les remplit.[80]

Weniger marktschreierisch als der Finanzminister gründeten die Pfarrer
von Saint-André-des-Arts (1779), Saint-Merri (1780) und Saint-Jac-
ques-du-Haut-Pas Gemeindekrankenhäuser, die bescheidener und
menschlicher waren. Im Jahre 1785 richtete der Finanzier Beaujon in Le
Roule ein Hospital ein, dem er in seinem Testament vom 23. Dezember
1786 noch ein zusätzliches Kapital von 250 000 Francs vermachte.[81]
Oftmals war eine Reform auch wirklich das Werk des Königs. Während
die Herren im Parlamentsgericht immer »die Rolle des Inquisitors«[82]
spielten, akzeptierte der König ganz im Sinne von Malesherbes eine
liberalere Buchhandelspolitik. Er befürwortete im Jahre 1777 die Entscheidung über die Sonderrechte zum Schutz von Autoren und Buch-
händlern. 1780 bahnte er eine wichtige Reform des französischen Strafrechts an. Die Verfügung vom 24. August, angeregt durch Beccaria[83],
schaffte den ersten Grad der Folter ab (*question préparatoire*). (Ihr
wurden Kriminelle unterzogen, die eines Verbrechens bezichtigt wurden, »das sicher feststeht, für das beträchtliche Beweise vorliegen und
auf das die Todesstrafe steht. Reichen die Beweise nicht aus, das Todes-
urteil zu fällen, wird die *question préparatoire* angewandt, um die

Jacques Necker, Minister Ludwigs XVI., und seine Frau Suzanne Curchod in ihrem Salon (Holzstich nach einer Zeichnung von Félix Philippoteaux)

Wahrheit zu erfahren.«[84]) »Der König behält sich [im übrigen] das
Recht vor, davon wieder Gebrauch zu machen, wenn es sich erweisen
sollte, daß eine unbedingte Notwendigkeit dafür besteht.«[85] – Während
seiner ganzen Regierungszeit förderte Ludwig XVI. die städtebaulichen
Verbesserungen in Paris. Sébastien Mercier, der wirklich kein Royalist
und mit seiner Kritik schnell bei der Hand war, mußte anerkennen, daß
die königliche Verwaltung »mehr als je zuvor darauf achtet, daß man
nicht mehr sagen kann: in Paris wird alles für die Reichen und nichts für
die kleinen Leute getan.« Und schließlich wären die Protestanten ohne
den frommen Katholiken Ludwig XVI. nicht in den Genuß des Tole-
ranzedikts von 1787 gekommen. Seit 1781 übte der König Kritik an dem
sektiererischen Geist des französischen Klerus. »Es kommt Mir sehr
merkwürdig vor, daß man bei Mir Klagen darüber vorbringt, daß Protestanten Mir ihre Freude darüber bezeugen, wenn die Vorsehung Mir
einen Sohn schenkt oder auch, wenn Ich einen Sieg über die Engländer
erringe«, und der König fügte noch hinzu: »Die beiden Konfessionen
sollten darin miteinander wetteifern, sich durch gute Werke zu erbauen,
und sich nicht durch beleidigende Anschuldigungen – sie mögen
berechtigt sein oder nicht – gegenseitig erzürnen.«[86] Das Toleranzedikt
war eine mutige Tat des Königs, denn die öffentliche Meinung war von
seiner Notwendigkeit oder gar von seiner Rechtmäßigkeit durchaus
nicht überzeugt. Am 19. November 1787 gab Ludwig XVI. vor dem
Parlamentsgericht von Paris folgende Erklärung ab: »Ich werde die
Heilige Religion, in der Gott Mir das Glück erwiesen hat, geboren zu
sein, immer unerschütterlich und uneingeschränkt schützen und erhalten und nicht zulassen, daß sie in Meinem Reich auch nur die geringste
Schwächung erfährt. Ich glaube jedoch, daß gerade die Religion Mir
befiehlt, einen Teil Meiner Untertanen nicht ohne ihre von der Natur
gegebenen Rechte zu belassen und ihnen das, was ihnen als Mitgliedern
der Gesellschaft zusteht, zuzubilligen.«[87] Auf diese Weise wurde das
Edikt, datiert auf den 17. November, bei den Parlamentsräten durchgesetzt. Im Dezember konnte man jedoch noch bei Mallet du Pan lesen:
»Das Edikt zugunsten der Protestanten stößt auf Opposition [...], ein
Beweis dafür, daß die Aufklärung allgemein noch herzlich wenig fortgeschritten ist«; und im darauffolgenden Januar notiert er: »Die allermeisten Einwohner von Paris sind gegen das Toleranzedikt. Von allen
Seiten hört man zu diesem Thema Argumente, die noch aus der Zeit der
Liga[88] stammen könnten. In den Köpfen der Menschen und bei der
Regierung herrscht sogar eine solche Zaghaftigkeit, daß man es schon
für ein großes Zugeständnis und eine große Milde hält, den Calvinisten

ihre Tauf- und Hochzeitszeremonien zuzugestehen.« Es gab tatsächlich Klöster, wo das Sanktissimum öffentlich gezeigt wurde, in der Hoffnung, daß der Herrscher, vom Herrn erleuchtet, doch noch auf sein Vorhaben verzichten würde. Kurz, so schließt Mallet du Pan, »alle alten Ängste und Dummheiten erwachen wieder«; man behandele die Sache, »als wäre die Welt gerade erst erschaffen worden.«

Die Tragik der Reformen des Königs Ludwig XVI. bestand in ihrer Unausgewogenheit. Nachdem Turgot mit drakonischen Maßnahmen den Anfang gemacht hatte, waren seine Nachfolger dazu verurteilt, ihn entweder noch zu überbieten oder selber in den Verdacht reaktionären Immobilismus zu geraten. Der Glaube, daß allein Necker dazu in der Lage sein würde, die Staatsfinanzen wieder in Ordnung zu bringen und damit auch ganz allgemein wieder das Vertrauen in die Monarchie herzustellen, bedeutete für das Überleben des Ancien Régime ein Vabanquespiel, dessen Ausgang ungewiß war. Wenn ein Reformerlaß zufällig einmal akzeptiert schien, wurden in den Parlamentsgerichten schon die Gänsekiele gespitzt, um eiligst die entsprechenden Einwendungen abzufassen; denn – so schrieb der preußische Gesandte in Paris im Jahre 1787 – »das Parlamentsgericht von Paris besteht samt und sonders aus Egoisten und nicht aus wirklichen Patrioten.«[89] Entweder schlief die öffentliche Meinung und nahm gleichgültig hin, was realisiert wurde; oder aber man wetterte gegen die Mißstände und verlangte deren Abschaffung, vorausgesetzt allerdings, es handelte sich um die Mißstände beim Nachbarn. Von demselben preußischen Diplomaten stammte denn auch die sarkastische Bemerkung: »Mir scheint, daß diese Mißstände vielleicht zwei Fünftel der Pariser Bevölkerung am Leben halten.« Und er formulierte mit bemerkenswerter Klarsicht: »Jedermann schreit hier gegen die Mißstände, will aber nicht, daß man an diejenigen, welche ihn und seine Freunde ins Brot setzen, Hand anlegt; auf diese Weise finden sie alle ihr Auskommen.« Was spätere Historiker die Revolte der Privilegierten (*révolte des privilégiés*) genannt haben, bezog sich weder nur auf die Fürsten und Bischöfe, welche die Notabelnversammlung von 1787 zu Fall brachten, noch auf diejenigen, welche das Experiment der Provinzversammlungen, das vielleicht noch etwas hätte bewirken können, in die Sackgasse führten, und auch nicht nur auf den offenen Aufruhr der Parlamentsgerichte (*rébellion parlementaire*) im Jahr 1787 oder den Aufstand des Adels (*révolte nobiliaire*) im Jahr 1788, sondern auf die Reaktionen staatlicher Organe und Körperschaften insgesamt. Man hatte in Frankreich tatenlos zugesehen, wie die Mehrzahl der Stände und gesellschaftlichen Gruppen, der staatlichen Organe und Körperschaften, der Gesellschaften und Vereinigungen, aus denen Frankreich bestand und die seine Besonderheit ausmachten, mehr und mehr sensibilisiert wurden und immer empfindlicher und gereizter reagierten. Alle diese Gruppierungen kultivierten ihren Unabhängigkeitssinn tagtäglich mehr: »Der Klerus, der Adel, das Parlamentsgericht, der dritte Stand – jeder erstrebte für sich und seinesgleichen die Ausweitung seiner Vorrechte und die Unterdrückung aller anderen, die ihn nicht betrafen. Der Provinzadel wollte nicht länger das Joch des Hofadels tragen; die niedere Geistlichkeit wollte an den Würden der hohen teilhaben, die Offiziere und Unteroffiziere der Armee führten in diesem Sinne die gleiche Sprache; und der Hofadel fand es durchaus richtig, daß der König überall der absolute Herr war – nur nicht über ihren Stand.«[90] »Das Volk schrie: Reform!«[91] – interessierte sich aber nicht für diejenigen, welche die Regierung unaufhörlich proklamierte. Bei den Intellektuellen stand die Idee einer radikal neuen Verfassung im Vordergrund: ihr ideologisches Denken machte sie unfähig zu einer gerechten Einschätzung der königlichen Maßnahmen. »Die Gesetzgeber dieses Jahrhunderts«, schrieb Madame Roland mit gesundem Menschenverstand, »streben danach, das allgemeine Wohl (*bien général*) zu schaffen, aus dem dann das Glück jedes einzelnen erwachsen soll; ich fürchte sehr, daß sie den Pflug vor die Ochsen spannen.« Ludwig XVI. wollte das Glück seines Volkes verwirklichen und spannte die Ochsen vor den Pflug. Das hat man ihm bis heute nicht verziehen.

Drittes Kapitel

Das Leben bei Hof und in der Hauptstadt

> In der vornehmen Gesellschaft trifft man keine
> überspannten Persönlichkeiten [...]. Egoismus
> verbirgt sich gewandt hinter noblem Umgangs-
> ton. Ein Mitglied des Amtsadels, ein Bischof, ein
> hoher Offizier oder ein Höfling – jeder scheint
> vom anderen etwas übernommen zu haben: sie
> unterscheiden sich voneinander nur noch in Nu-
> ancen, niemals jedoch durch auffallend hervor-
> tretende Merkmale. Sébastien Mercier

> Alles hatte die Tendenz, sich einander anzuglei-
> chen, die Sitten dem Geld, die Eitelkeiten den
> Sitten! Der sich mehr und mehr verbreitende
> Wohlstand, die mehr und mehr anzutreffende
> Bildung hatten eine charakterliche Laschheit her-
> vorgebracht, die zwar vielerlei Verirrungen zu-
> ließ, nicht aber außergewöhnliche Verbrechen
> oder Laster gemeiner und niedriger Art.
> Comte d'Allonville

Es wäre zwar unmöglich gewesen, Julie de Lespinasse, weil unehelich
geboren, bei Hofe in Versailles vorzustellen, aber sie gefiel in den vornehmsten Kreisen der Pariser Gesellschaft und hatte dort großen
Erfolg. D'Alembert schrieb an sie: »Sie haben die gesellschaftlichen
Konventionen erfüllt, bevor sie sie kannten, was ein sehr selten anzu-
treffendes fein entwickeltes und genaues Taktgefühl sowie ungewöhnliche Kenntnisse des gesellschaftlich Schicklichen voraussetzt. Mit einem
Wort, Sie haben die Sprache der sogenannten ›guten Gesellschaft‹ er-
raten.«[1] Die »gute Gesellschaft« beschränkte sich durchaus nicht mehr
nur auf die zweihundert oder dreihundert Familien des Hofadels, auch
wenn man noch die dreihundert dem Amtsadel zugehörigen Familien
und zweihundert gebildete Familien, die der Finanzwelt angehörten,
hinzuzählte. Die »gute Gesellschaft« stand von nun an auch begabten
Talenten offen; die Zugehörigkeit zu ihr war »nicht mehr abhängig von
Stand und Rang«.[2] Die alte Ausdrucksweise »der Hof und die Stadt«
beschrieb auch zur Zeit Ludwigs XVI. immer noch recht treffend diese
kleine aristokratische, elitäre, egoistische, relativ aufgeklärte und sehr
wenig egalitäre Republik. Ihre Basis, ihr gesellschaftliches Zentrum, ihr

Handlungsfeld und äußerer Schauplatz war Paris. Den Ton gab jedoch bis zum 14. Juli bzw. bis zum 6. Oktober 1789 Versailles an – die Stadt des Königs.

Der Niedergang des Hoflebens in Versailles

Das Hofleben von Versailles war ein anachronistisches Relikt aus der Zeit des Sonnenkönigs. »Das bescheidene Format des letzten Hofes (bevor er die Größe seines Unglücks erreichen sollte) schien sich in den weiträumigen Gemächern Ludwigs XIV. allzu bequem ausgebreitet zu haben«, heißt es bei Chateaubriand.[3] Das Hofleben hatte merklich an Glanz verloren, wenn sogar schon junge Leute wie d'Albon oder La Rochefoucauld-Liancourt dort nichts Besseres zu tun wußten, als sich in gelehrtem Ton über »Ackerbaukultur« oder die Staatsfinanzen zu unterhalten.[4] Der echte Höfling jedoch blieb für diesen Niedergang unempfänglich. Vom normalen Leben abgeschirmt, kultivierte er seine Durchtriebenheiten, Intrigen und Borniertheiten. Alexandre de Tilly war sprachlos über die Verhaltensweisen dieser Menschen, deren Lebensinhalt der Hof war. Er beobachtete dort »die Wendigkeit, mit der sich freche Arroganz urplötzlich in Unterwürfigkeit verwandelte; die Dienstbeflissenheit, Höflichkeit und Beweglichkeit der Mienen, die Uniformität der Attitüden und den Wechsel zwischen abgekarteter Kälte und geheuchelter Wärme.« Die Gedanken eines Höflings kreisten um nichts anderes als eine erhoffte Gunst von oben, oder er war eifersüchtig auf andere, die mehr Glück gehabt hatten als er: »Was andere bekommen und nicht er, erscheint einem Höfling immer wie ein Raub an seinem persönlichen Eigentum – das ist die Regel.«[5] »Ein verweigertes blaues Ordensband oder die Bevorzugung eines Rivalen bei der Vergabe eines Regierungsamtes oder einer Stelle bei Hof waren«, versichert Sénac de Meilhan, »die Hauptgründe dafür, wenn die Mächtigen und der Adel der Monarchie gegenüber abträgliche Gefühle hegten.«[6]
Trotz des Widerwillens von Marie-Antoinette, die die Einfachheit ihrer Mutter und des Hauses Lothringen gewohnt war, bestimmte die Etikette weiterhin das Hofleben. Das *lever* der Königin war dafür ein gutes Beispiel. Während alle Anwesenden ihren Platz einnahmen, standen die Erste Hofdame (*la dame d'honneur*), die für die Beaufsichtigung der königlichen Toilette zuständige Hofdame (*la dame d'atours*), die Erste Kammerfrau und zwei einfache Frauen bereit. Die *dame d'atours* (seit

1781 die Comtesse d'Ossun) überreichte der Königin den Unterrock und zeigte ihr das vorgesehene Kleid. Die Erste Hofdame (seit 1775 die Princesse de Chimay) füllte das Waschwasser ein und überreichte das Hemd. War eine Tante oder Schwägerin der Königin anwesend, durfte diese aufgrund ihrer Geburtsrechte das Hemd anreichen. War jedoch eine Prinzessin von Geblüt aus dem Hause Orléans, Condé oder Conti anwesend, so änderte sich das ganze Zeremoniell: die Erste Hofdame übergab das Hemd der Ersten Kammerfrau (Madame Campan), die es der Prinzessin weitergab, die sodann die Königin damit bekleidete. Nun geschah es einmal an einem kalten Wintertag, daß die unbekleidete Marie-Antoinette gerade das Hemd anziehen wollte, das ihr Madame Campan in Abwesenheit der Ersten Hofdame auseinandergefaltet anreichte, als »die Erste Hofdame eintrat, eilig ihre Handschuhe abstreifte und das Hemd an sich nahm. Da klopfte es, man öffnete: es war die Duchesse d'Orléans; nun streifte sie ihre Handschuhe ab, trat nach vorn, um das Hemd zu nehmen, aber die Erste Hofdame durfte es ihr – laut Etikette – nicht überreichen.« Sie gab es der Vorschrift gemäß an Madame Campan weiter, die es ihrerseits nun der Herzogin überreichte. In dem Augenblick, als alles ordnungsgemäß absolviert war, klopfte es erneut an die Tür: »Diesmal war es die Comtesse de Provence; nun übergab die Duchesse d'Orléans ihr das Hemd, damit sie es der Königin reichte. Während dieser ganzen Zeit wartete die Königin, ›mit über der Brust gekreuzten Armen‹, ergeben und zitternd vor Kälte.«[7]

Diese Komödie war jedoch nichts im Vergleich zu der Grausamkeit einer der Etikette gemäßen Niederkunft: die Königin mußte nämlich in uneingeschränkter Öffentlichkeit entbinden. Am 19. Dezember 1778 wurde bei der Geburt von Madame, der Tochter des Königs, die traditionelle Regel, »ohne Unterschied jedermann eintreten zu lassen, der sich im Augenblick der Niederkunft der Königinnen vorstellte, in so übertriebener Weise befolgt, daß in dem Augenblick, in dem der Geburtshelfer Vermond laut ankündigte: ›Die Königin wird entbinden!‹, die Flut der Neugierigen, die in das Zimmer drängte, derartige Ausmaße annahm, daß der Tumult die Königin beinahe umgebracht hätte.«[8] Zwei kleine Savoyarden kletterten gar auf die Möbel, um alles besser beobachten zu können. Marie-Antoinette ging es so schlecht, daß Ludwig XVI. eilends die Fenster öffnete und die indiskreten Gaffer durch Palastdiener entfernen ließ. – Nach dieser grausamen Erfahrung wurde die alte Vorschrift als Relikt aus weniger zivilisierten Zeiten menschlicher formuliert.

Die Königin war immer bestrebt, sich ins Trianon zurückzuziehen, wo sie ein gewisses Privatleben führen konnte. Damit gelang es ihr zwar, den Menschenscharen bei Hof zu entkommen, sie setzte sich aber um so mehr deren Verleumdungen aus. Nicht nur die Königin entfloh dem großen Schloß, um sich in ihrem künstlich angelegten Weiler im Park des Petit Trianon, dem Hameau[9], aufzuhalten, sondern auch viele Adlige verließen den Hof oder teilten ihre Zeit zumindest so ein, daß sie mehr in Paris als in Versailles leben konnten. Der Dienst bei Hof war so organisiert, daß er vierteljährlich (*quartiers*) oder wochenweise (*semaines*) erfolgte. Dieses seit der Régence eingeführte System erlaubte es, die Anwesenheit in Versailles und das Leben in Paris, das Erscheinen bei Hof und halbjährliche Aufenthalte in den Garnisonsstädten, Missionen in der Provinz und Aufenthalte auf den eigenen Gütern miteinander abwechseln zu lassen. Nur einige hohe Beamte der Krone, wie zum Beispiel der Großjägermeister oder der Oberstallmeister, waren zu ständiger Anwesenheit verpflichtet. Es gab zwar einige passionierte Angehörige des Hofes, die dort auf Dauer lebten; aber die meisten Mitglieder des Versailler Hofadels – Herzöge, hohe Hofbeamte (*titrés*) und Adlige mit oder ohne Wohnrecht im Schloß (*logés* oder nur *présentés*) – wohnten vor allem in Paris. Die alten Höflinge von einst machten der Königin den Vorwurf, daß sie ihre Gunst fast ausschließlich nur noch für die Jugend zu reservieren scheine. Die jungen Mitglieder des Hofadels empfanden dagegen das Schloß als leer und düster. Nur seufzend gingen sie dorthin, berichtet die Comtesse de Genlis, und wiederholten bei jedem, der es hören wollte, daß »nichts so langweilig ist wie Versailles und der Hof«.[10]

Während der Woche sah der Hof nur wenige Besucher, an den Wochenenden dagegen bevölkerten sich das Schloß und die Adelspaläste von Versailles. »Am Samstagabend und am Sonntag«, erzählt Madame de Boigne, »blühte das Hofleben in all seinem gesellschaftlichen Glanz wieder auf. Es wimmelte von Menschen. Alle Minister, alles, was man *les charges* nannte, d. h. die Inhaber hoher Kronämter – wie zum Beispiel der Erste diensttuende Hauptmann der Schloßgarde, der Erste diensttuende Kammerherr, der Oberstallmeister, die Erzieherin der Königlichen Kinder und die Oberhofmeisterin des Hofstaates der Königin –, sie alle gaben am Samstag ein großes Souper und am Sonntag ein Diner. Die Ankömmlinge aus Paris wurden dazu eingeladen. Gastgeber mit eigenen Häusern wetteiferten um die Gunst der Pariser Gäste, die sie einander geradezu entführten.« Die »Sonntagsdamen«, wie man sie nannte, waren nicht etwa nur unbedeutende Vertreterinnen

Das Hameau, das »Dorf der Königin«, im Park des Petit Trianon bei Versailles (Aquarell von Claude-Louis Châtelet, 1786)

des Adelsstandes, sondern einige von ihnen trugen die berühmtesten Namen; unter den Herren befanden sich hohe, ängstlich auf ihre Unabhängigkeit bedachte Persönlichkeiten wie etwa der Maréchal Duc de Croy, der bisweilen erschien, um sich bei den Fürsten, den Ministern oder den ranghöchsten Beamten in Erinnerung zu bringen.

An den anderen Tagen schien das Leben bei Hof stillzustehen; »wenige Leute besuchten Versailles, außer es fanden dort Schauspiele oder Bälle statt.«[11] Im letzteren Fall rollte auf der Straße von Paris nach Versailles ein nicht abreißender Zug von Kutschen. Am 27. Februar 1786 gab die Königin einen Ball. Die Baronin von Oberkirch verließ daher Paris um fünf Uhr nachmittags. Der Baron von Andlau hatte sie freundlicherweise mitsamt ihrer Balltoilette in seinem Wagen mitgenommen. »Ich hatte mich so schön wie möglich gemacht«, erzählt sie, »da dieses Fest herrlich werden sollte.« Prachtvoll geschmückt erschien die strahlend schöne Marie-Antoinette, umgeben von jungen hübschen Damen. Die Baronin blieb bis elf Uhr, um dem Ballgeschehen zuzuschauen, spazierte dann in den Speisesaal und sah später bei einem Glücksspiel zu, bei dem einige Leute unglaubliche Summen verloren. »Um halb vier Uhr morgens kehrten wir nach Paris zurück. Auf der Straße bewegte sich eine Kette von Kutschen, wie auf der Promenade von Longchamp; vor und hinter uns waren so viele Fackeln, daß man von weitem nicht zu sagen gewußt hätte, um was es sich da handelte, am ehesten noch um eine Prozession ihrem Grab entstiegener Gespenster.« Ein eigenartig gewähltes Bild. Die Gespenster spukten eher in Versailles, waren erst einmal die festlichen Lichter wieder verloschen und die Tänzer, Spieler und Bittsteller im Galopp nach Paris zurückgekehrt, wo am nächsten Tag der hektische Großstadtbetrieb oder ihre Arbeit auf sie wartete, mit einem Wort: das Leben.

Das Leben des Hofadels (*noblesse de cour*) war in mancher Hinsicht paradox. Einerseits hatten sich »Etiketten, Ränge und unterschiedliche Gruppierungen« gewohnheitsmäßig weitererhalten, gestützt auf Standesvorurteile, die stark genug waren, auch noch den Erschütterungen der Revolution standzuhalten; noch zur Zeit der *Terreur* beobachtete Mallet du Pan in der Pension Belhomme, die als Gefängnis für die Reichen eingerichtet worden war, das Weiterleben eben dieser Verhaltensmuster. Andererseits verbanden Ton und Stil des Hofes – die Madame Roland als jene Anmut bezeichnet hat, »welche einem Menschen durch den langen Umgang mit der vornehmen Welt und wahrscheinlich auch durch den besseren Teil galanten Betragens vermittelt wird«[12] – etwa hundert Personen zu einer engen Gemeinschaft mit gleichen Voreingenommenheiten und gleicher Sprache.[13] Das *t* in dem Ausdruck »Comment allez-vous?« (»Wie geht es Ihnen?«) wurde von Herzögen nicht ausgesprochen, Castries sprach sich ›Castre‹, Castellane als ›Cass'lan'‹, Talleyrand als ›Tal'ran‹.[14] In diesem geschlossenen Zirkel wurden die Regeln kodifiziert für das, was sich gehörte und schicklich war; »es gab zum Beispiel Regeln für jedes Lebensalter, für jede Position und für die Umgangsformen«[15], die dann bald von dem übrigen minder einflußreichen Teil des Hofes und von Paris übernommen wurden. Trotz seines Niedergangs setzte Versailles immer noch die Maßstäbe für die kultivierte Welt. Der Stil war so wenig geschraubt wie möglich. Wenn der kleine Pariser Bürger noch glaubte, mit den schwerfälligen Anreden »Ihr Herr Gemahl« (*monsieur votre époux*) oder »Ihre Frau Gemahlin« (*madame votre épouse*) den Gipfel der Eleganz erreicht zu haben, so sprachen eine Herzogin oder ein Herzog schon einfach von »meinem Mann« (*mon mari*) und »meiner Frau« (*ma femme*).[16] Paris besaß zwar die geistige Vorherrschaft, Versailles aber bestimmte immer noch die Form.

Der Hofadel lebte – und das war eine weitere Merkwürdigkeit – durchaus nicht immer in Versailles. Wenn Fouquier-Tinville später Madame de Saint-Aignan anklagen wird, »sich an den Verbrechen des Hofes beteiligt zu haben, eine Blutsaugerin des Volkes gewesen zu sein und die Korruption begünstigt zu haben«, so wird sie ihm zur Antwort geben, daß sie und ihr Mann mit 30 000 Livres Rente weit weg von Versailles gelebt hätten, »da ihre Rente sie von den Gunstbeweisen des Königs unabhängig gemacht habe. Man brauche ihren Mann nur anzusehen, um sich davon zu überzeugen, daß er mit den Galanterien des Hofes nichts im Sinn gehabt habe. Das Volk klatschte starken Beifall und rief ihr zu: ›Also gut, du kannst mit deinem Buckligen abziehen.‹ Sie wurde freigesprochen.«[17] Mit 30 000 Livres Rente im Jahr war jemand jedoch noch kein Krösus. Im Jahre 1788 kam der Duc de la Trémoille dank einer gelungenen Vermögensverwaltung auf 278 000 Francs Einnahmen, 260 000 Francs Ausgaben und 18 000 Francs Überschuß. Der Intendant des Duc de Saulx-Tavannes rechnete für das Jahr 1789 mit Einnahmen in Höhe von 152 000 Francs. Die Familie Fitz-James lebte von 200 000 Livres Rente. Die Duchesse de la Trémoille, eine geborene La Tour d'Auvergne und alte Dame von jansenistisch-asketischer Lebensführung, verbrauchte für sich allein immerhin mehr als 45 000 Livres pro Jahr. Sie spendete dem Priorat der Madeleine de Tresnel 3300 Livres für die Miete eines herrschaftlichen Stadthauses in der Rue de Charonne. 25 800 Livres gab sie für die Bewirtung ihrer

Gäste aus; 3200 Livres waren für die Ernährung und 2510 Livres für die Entlohnung ihrer 15 Bediensteten vorgesehen (ein Haushofmeister, ein Kutscher, ein Koch, ein Bratkoch, ein Servierdiener, ein Kammerdiener, drei Lakaien, ein Türsteher, ein Vorreiter, drei Kammerfrauen, eine Kammerzofe).[18]

Übrigens hatten neben der sichtbaren Rangordnung bei Hof auch die feinen Abstufungen in der königlichen Gunst ihre Bedeutung. Die Meinungen eines persönlichen Günstlings des Königs – Noailles oder Polignac – waren von größerem Gewicht als die von nicht zur Familie gehörenden Prinzen; letztere aber gaben wiederum bei der großen Masse der Herzöge den Ton an. Ein Edelmann mit Wohnrecht im Schloß (*logeant*), der beim König gut eingeführt war, stach einen Duc de Croy oder einen Monsieur de Saint-Aignan glatt aus, selbst wenn er keine mit einem Titel verbundenen Privilegien besaß (*non titré*). Vor allem gab es parallel zum Hofadel, der zu den hohen Ämtern zugelassen war, einen Personenkreis von an sich minderer Bedeutung, dessen Mitglieder aber als Vertraute des Königspaares eine über ihrem Rang stehende Position innehatten. Der Comte de Neuilly, Stallmeister Seiner Majestät, hatte jederzeit Gelegenheit, mit dem König zu sprechen. Er benutzte die königlichen Kutschen und verfügte sogar auf seinem Gut in Lothringen über vier Pferde und zwei Reitknechte aus den königlichen Stallungen. Man kann sich kaum vorstellen, in welch hohem Ansehen die Erste Kammerfrau der Königin, Madame Campan, stand; übrigens ebenso wie ihr Mann, Kabinettssekretär der Königin und – wie Alexandre de Tilly urteilte – ein »verwöhnter Subalterner«.

Versailles – ein Taubenschlag

Dreimal wöchentlich fanden in Versailles öffentliche Besuchstage statt, die *jours d'appartements*, an denen wohlgekleidete Damen und Herren (am Schloßeingang konnte man die notwendigen Degen ausleihen) nach Belieben im ganzen Schloß umherspazieren durften. Nur die privaten königlichen Gemächer (*petits appartements*) blieben verschlossen. Es war sogar möglich, für eine Zeitlang im Schloß zu wohnen, ohne einen Adelstitel zu besitzen oder ein Amt innezuhaben. Kannte man beispielsweise, direkt oder auf Umwegen, irgendeinen Amtsträger, der im Schloß über zwei Zimmer verfügte, der sie einem leihweise zur Verfügung stellte, so konnte man sich beinahe schon wie ein Herzog fühlen. So machten es jedenfalls im September 1774 Madame Phlipon, ihre

Tochter Manon (die spätere Madame Roland), ein Geistlicher aus ihrem Bekanntenkreis und eine alte Jungfer mit Adelsambitionen, die sich Mademoiselle d'Hannaches nannte. Die kleine bürgerliche Gesellschaft hatte die Absicht, das Hofleben am Rande der Regierungsgeschäfte zu erleben und sich an diesem Schauspiel zu ergötzen. Eine gewisse Madame Legrand, eine Kammerfrau der Kronprinzessin, überließ ihnen in ihrer dienstfreien Zeit für mehrere Tage ihre beiden Zimmer unter dem Dach des Schlosses. Die Behausung war nicht gerade komfortabel; sie ging auf einen dunklen Flur, der »von den üblen Gerüchen des Aborts« erfüllt war. Der Erzbischof von Paris, Monsignore de Beaumont, der über die benachbarten Zimmer verfügte, war keineswegs besser untergebracht. Derlei Unbequemlichkeiten wurden von den hohen Persönlichkeiten klaglos in Kauf genommen und gehörten zum Alltag des Hofes. Manon, als strenge Republikanerin, kommentierte denn auch bissig, man könne anscheinend Unbequemlichkeiten dieser Art aushalten, »um jeden Morgen beim *lever* der Majestäten besser kriechen zu können«. Sie hätte allerdings auch, wäre sie in ihren Ansichten nicht so rigide gewesen, die Großzügigkeit einer Hausordnung rühmen können, die es völlig unbekannten Menschen möglich machte, acht Tage lang unter demselben Dach mit den Herrschern Frankreichs zu logieren und sich in deren Nähe aufzuhalten. Denn Mutter und Tochter gaben sich keineswegs nur damit zufrieden, als Schaulustige bei den öffentlichen Veranstaltungen wie der offenen Tafel des Königs (*grand couvert*) oder den königlichen Spaziergängen mit dabei zu sein, sondern sie schmuggelten sich buchstäblich überall hinein. Madame Legrand hatte sie einigen Hofbeamten empfohlen, die zur königlichen Tafel Zutritt hatten. Und die alte Mademoiselle d'Hannaches, die bereit war, »jedem, der ihr Widerstand entgegensetzen würde, ihren Namen an den Kopf zu werfen« – in der festen Überzeugung, daß man »von ihrem grotesken Gesicht sechshundert Jahre verbrieften Adels« ablesen könne –, öffnete ihnen alle Türen, ohne daß sie jemals von einem Schloßdiener oder einer Schloßwache angesprochen und nach ihrer Berechtigung gefragt worden wären. Und so schafften es vier *logeants*, die weder von Amts wegen dazu befugt waren noch eine Erlaubnis dafür besaßen, an der kleinen Tafel (*petit couvert*) des Königs teilzunehmen, ihm beim Spiel zuzusehen, seiner Messe und den Audienzen beizuwohnen. Und wenn auch das geistliche Kleid des Abbé Bimont und das steife Benehmen der Mademoiselle d'Hannaches noch einigermaßen unauffällig in das Hofbild passen mochten, so hätte das ehrliche und ungeschminkte Gesicht von Madame Phlipon und die einfache Aufmachung ihrer Tochter die beiden für jeden aufmerksamen Beobachter doch eindeutig als bürgerliche Eindringlinge kenntlich machen müssen.

Hätte eine kleine Schneiderin oder ein bescheidenes Blumenmädchen auf diese Weise erlebt, wie leicht man zu Ludwig XVI. und der Königin gelangen konnte, so wären sie vielleicht restlos überzeugte Royalistinnen geworden. Manon dagegen, als Bürgerliche und gelehrte Frau mit feststehenden politischen Überzeugungen, fand darin nur eine Bestätigung ihres Hasses. Statt die einzelnen Verwaltungsbereiche der großen Hofmaschinerie und die Einfachheit des königlichen Paares zu bewundern, ließ sie es bei ihrem Besuch im Schloß damit bewenden, »die Ungerechtigkeit zu empfinden und fortwährend über die Absurdität des Hofes nachzusinnen.«

Lästige und lächerliche Ehren

Dieser verschriene und moralisch verurteilte Hof war nichtsdestoweniger von großer Attraktivität. Bei Hofe vorgestellt worden zu sein machte einen Menschen zwar noch nicht zum Höfling oder Günstling des Königs, konnte aber das monotone Leben eines Provinzadligen durchaus verändern. Um vorgestellt zu werden – bei den Damen war damit das Programm schon erfüllt –, in eine der königlichen Kutschen steigen und wenigstens einmal Seine Majestät bei der Jagd begleiten zu dürfen, mußte man seit 1759 den Adelsnachweis bis vor das Jahr 1400 erbringen; ausgenommen waren nur die Minister, Kronbeamten, Marschälle von Frankreich und ihre Abkömmlinge. Wer nach Prüfung durch den Hofgenealogen, Monsieur Chérin, die Hürde des Adelsnachweises genommen hatte, wurde von dem Oberstallmeister und dem Ersten Kammerherrn vorgeladen und dem König vorgestellt. Ludwig XVI. begegnete diesen Debütanten wenig liebenswürdig und ging ihnen den ganzen Tag aus dem Weg. Ihr Jagdkostüm bestand aus »grauem Rock, roter Hose und Weste, Kniestulpen, Reitstiefeln, einem Jagdmesser im Gürtel und einem kleinen französischen Hut mit Goldborte.«[19] Zu zwanzig wurden sie in die schweren Karossen, die sogenannten *gondoles*, gezwängt, die eigentlich nur Platz für zwölf Personen boten. Der oberste Pikör verteilte, dem launigen Befehl des Königs folgend, die schwierigsten Pferde an die Marine- und Infanterieoffiziere. Es konnte deshalb vorkommen, daß für einige Debütanten die Jagd mit dem ersten Tier schon beendet war, oder daß sie die Jagdgesellschaft überhaupt erst erreichten, wenn der erste Hirsch schon erlegt war. Am nächsten und manchmal auch am übernächsten Tag bestanden dann die weiteren Ehren bei Hofe darin, den verschiedenen Mitgliedern der königlichen Familie seine Aufwartung zu machen, um ihnen ebenfalls vorgestellt zu werden. Das alles war langweilig und ermüdend; Chateaubriand schrieb: »Ich kehrte nach Paris zurück, voller Freude darüber, von meinen Ehren und meinen Leiden erlöst zu sein.«[20] Kostspielig war die Sache auch noch: mehr als 1100 Livres waren aufzubringen, von denen der Schneider und der Stiefelmacher ein Drittel bekamen. Monsieur de Villeneuve-Bargemon, der im Jahre 1788 zur Vorstellung zugelassen wurde, rechnete vor: »Rock, Weste und Hose für die Vorstellung 240 Livres, grauer Jagdrock 84 Livres, blaue Uniformhose für die Jagd 24 Livres, Uniformstiefel für die Jagd 40 Livres.« Der Rest bestand aus Kosten für die Reise, den Aufenthalt in Versailles, für Mietkutschen, Sänften und Trinkgelder. Villeneuve-Bargemon sandte seinem Vater den Bericht über seine Vorstellung bei Hofe und seine erste Jagd und fügte gewichtig hinzu: »Man wird gut daran tun, eine Kurzfassung dieses Berichtes in unserem Familienarchiv als ehrenvolles Dokument für alle Zeiten aufzubewahren.« Jedermann beglückwünschte ihn und prophezeite ihm und seinem Bruder, der die geistliche Laufbahn eingeschlagen hatte, eine schnellere Karriere. Und das waren keineswegs nur so dahingesprochene Komplimente. Es gab Obristen, die nach solchen Kriterien Beförderungen vornahmen. Umgekehrt herrschte Erbitterung bei denjenigen Adligen, die die ehrenvolle Zulassung bei Hofe nicht erlangen konnten. Alexandre de Tilly sah in dieser *preuve des carrosses*, der abscheulichen »Kutschenprobe«, neben der Begünstigung des Hofadels und der Verordnung von 1781 (die die Herkunft der Leutnants betraf) eine der Ursachen der Revolution. Weder dem König noch dem Hofe nützten diese Eifersüchteleien und Streitigkeiten, die allein aus befriedigter oder enttäuschter Eitelkeit entstanden.

Der Lebensstil der hohen Geistlichkeit

Für einen Landjunker bedeutete es den Höhepunkt seines Lebens, einmal für drei Tage in die Rolle eines hochrangigen Höflings zu schlüpfen. Tatsächlich aber verspürte gegen Ende des Ancien Régime – wie Talleyrand sehr fein bemerkte – jedermann »das Bedürfnis, durch Talente auf sich aufmerksam zu machen, die nicht zu seinem Stand paßten.«[21] Dies traf auch auf zahlreiche Bischöfe zu, deren äußeres Erscheinungsbild sich in dem Bemühen, sich dem Stil von Versailles anzupassen, zuweilen eher kriegerisch oder weltmännisch ausnahm.

Kein Kirchenfürst hielt sich seltener in seiner Diözese auf als Arthur-Richard de Dillon (1721–1806), der seit 1762 Erzbischof von Narbonne war. Die Comtesse de Boigne beteuerte, daß er »alle zwei Jahre für zwei Wochen nach Narbonne kam und bei der Versammlung der Provinzialstände[22] in Montpellier sechs Wochen lang den Vorsitz führte. Während dieser ganzen Zeit wurde er seinen bischöflichen Aufgaben vollkommen gerecht und entfaltete hinreichende Verwaltungsfähigkeiten. [...] War die Sitzungsperiode jedoch beendet, verschloß er noch am selben Tag alle Akten, um bis zur nächsten Ständeversammlung weder auf sie noch auf die Sorgen seiner Diözese auch nur einen Gedanken zu verschwenden.« Den größten Teil seiner Zeit (Talleyrand spricht von mindestens sechs Monaten) verbrachte der Prälat nahe bei Compiègne im Schloß von Haute-Fontaine bei seiner Nichte und Mätresse Madame de Rothe; deren Tochter, Madame de Dillon, war wiederum die Mätresse des Prince de Guéméné (Rohan). Auf diese Weise traf sich in Haute-Fontaine die beste Gesellschaft. Drei Tage in der Woche ging man auf die Jagd. Die Kosten für die zur Treibjagd nötigen Leute teilten sich der Erzbischof, der Duc de Lauzun und der Prince de Guéméné. Bei der Parforcejagd auf Hirsche oder Spießer stand Monsignore de Dillon den anderen in nichts nach, auch nicht, wenn es galt, dem Pferd beide Sporen zu geben und laut zu fluchen. Die Jagd war jedoch nicht die einzige Unterhaltung im Schloß. Madame de Dillon war eine vollendete Musikerin, und Monsieur de Guéméné lud sehr gute Virtuosen nach Haute-Fontaine ein. Man gab dort »ausgezeichnete Konzerte, man spielte Theater, man veranstaltete Pferderennen; kurz, man vergnügte sich auf alle nur erdenkliche Art und Weise.«[23] Die Küche war von ausgesuchter Raffinesse, die Gespräche anregend und freigeistig. Die Gäste dieses Landsitzes mußten wohl oder übel an der Sonntagsmesse teilnehmen, benutzten dabei aber sehr merkwürdige Meßbücher – »Bände mit frivolem, oftmals skandalösem Inhalt«.

Auch andere Prälaten führten ein weltliches Leben, wenn auch nicht so weit von ihrer Kathedrale entfernt. So zum Beispiel der Kardinal de Rohan, Bischof von Straßburg, der in der Halsbandaffäre[24] durch seine Unvorsichtigkeiten das Ansehen der Königsfamilie schwer in Mitleidenschaft gezogen und eine traurige Berühmtheit erlangt hatte. Er residierte doch häufiger in dem weitläufigen Schloß von Saverne

oder in seinem fürstlichen Palais in Straßburg. Dort verfügte er über nicht weniger als 14 Haushofmeister und 25 Kammerdiener.[25]
Der Bischof von Metz, Monsieur de Montmorency-Laval, wohnte häufig vor den Toren der Stadt in Frascati. Auch dieser Bischof war durchaus kein Heiliger. Es war allgemein bekannt, daß er seit vielen Jahren »sehr lebhafte Gefühle« für die Äbtissin des Stiftes von Frascati empfand; die Verbindung wurde jedoch aufgrund ihrer langjährigen Dauer inzwischen allgemein respektiert. Frascati war ein halb kirchlich, halb militärisch geprägtes Haus, wo man mit Rücksicht auf die riesige Garnison von Metz offene Tafel hielt.[26] Denn ein aus einer Familie von Militärs hervorgegangener Prälat war es sich schuldig, alle hochrangigen Offiziere, die in seinem Bistum stationiert waren, bei sich zu empfangen.
Das entgegengesetzte Extrem verkörperte vielleicht der Bischof von Montpellier. Joseph-François de Malide stammte aus sehr niedrigem Adel, brachte es aber fertig, sogar seinen Erzbischof in Verlegenheit zu setzen und einzuschüchtern. Monsignore de Dillon, der in Haute-Fontaine die Crème der Versailler Hofgesellschaft und die höchste Geistlichkeit empfing und bei niemandem in Verlegenheit geriet, verhielt sich für einmal anders, als zufällig und unerwartet der Bischof von Montpellier dort erschien. Da ermahnte Dillon – zu Pferde, während der gute Malide der Jagdgesellschaft in einer Kalesche folgte – die Jäger streng: »Also, meine Herren, heute darf nicht geflucht werden!«[27]
Ein wenig mit de Malide vergleichbar war auch der Bischof von Limoges, Louis-Charles du Plessis d'Argentré. Er reiste nur selten nach Paris. Er war »abwechselnd ernst und heiter, weder pedantisch noch weltmännisch, ein sehr ehrenwerter Mann mit einfachem Charakter, geradem Sinn, recht zurückgezogen lebend.«[28] Er begnügte sich damit, in Paris zum Übernachten bei dem Besitzer eines Badehauses im Faubourg Saint-Germain abzusteigen. Als er dort den unverbesserlichen Wüstling Alexandre de Tilly traf, hörte er sich dessen vertrauliche Bekenntnisse an, lieh ihm ein paar Goldstücke – die er natürlich niemals wiedersah – und versuchte in seiner Arglosigkeit sogar, ihn zum Glauben zu bekehren.
Alexandre-François de Lauzières de Thémines (1742–1829), von einem Montmorency ebensoweit entfernt wie von einem de Malide, verkörperte gegen Ende der Monarchie recht gut den französischen Episkopat. Von altehrwürdigem Adel und mit 28 Jahren bereits Hofprediger, erhielt er 1776 Blois als Bischofssitz. Dessen Ausstattung war zwar nur durchschnittlich (24000 Livres), aber die geringe Entfernung zum Hof

machte ihn zum »angenehmsten Bistum des Königreiches«. Der junge, geistvolle und kenntnisreiche Bischof bemühte sich darum, seine Zeit aufzuteilen zwischen dem Leben in Paris und dem in seiner Diözese, zwischen Aufenthalten in Frankreich und Reisen ins Ausland, seinen intellektuellen Interessen und seinen pastoralen Aufgaben, zwischen weltmännischen Umgangsformen und äußerster Einfachheit. In der vornehmen Welt gern gesehen, zog sich Monsieur de Thémines, sobald es ihm möglich war, nach Paris zurück, wo er sich den Künsten widmete und seine Kenntnisse vertiefte. Wie er schon in seiner Jugend Reisen gemacht hatte, namentlich nach Rom, so besuchte er als Bischof inkognito Spanien und Portugal. Jedoch ließ er sich eine Vernachlässigung seines Bischofsitzes Blois nicht zuschulden kommen. »Er kehrte zu allen großen kirchlichen Festen dorthin zurück und übte sein Amt als Prälat untadelig aus.« Er ließ sein bischöfliches Palais in der Art eines römischen Palastes neu erbauen und einrichten: es enthielt eine Fülle von Bildern, keine Spiegel, einfache und schöne Möbel, eine Bibliothek mit 72000 Bänden, darunter zahlreiche seltene Ausgaben. Hohe Persönlichkeiten auf der Durchreise konnten sicher sein, von dem Bischof wie Fürsten empfangen zu werden. Der Maréchal de Noailles versäumte es niemals, wenn er auf dem Weg nach Bordeaux zu seinem Militärbezirk (*gouvernement*) war, vier Tage bei ihm zu verweilen. Thémines führte bei solchen Gelegenheiten ein großes Haus. Waren jedoch die illustren Besucher wieder abgereist, erloschen die böhmischen Kristallüster, und »das weitläufige bischöfliche Palais wurde nur noch von einer Kerze erhellt«; nirgendwo war mehr ein Kammerdiener zu entdecken, der dem Besucher den Weg zum Bischof gewiesen hätte. Dieser geleitete nachher seinen Gast höchstpersönlich bis zur Loge des Türhüters zurück. Diese strenge Einfachheit war bezeichnend für die Sittenstrenge des Bischofs. Zum gemeinsamen Abendessen lud er nur zwei äußerst strenge Generalvikare und seinen Beichtvater. Er stand in dem Ruf, nur die verdienstvollsten und tugendhaftesten Männer auf kirchliche Pfründen zu setzen. Er bevorzugte fromme und gebildete Pfarrer. Sein Fehler bestand lediglich darin, daß er seine Verachtung für alles Mittelmäßige allzu offen zeigte. Seine Pfarrer hielten ihn im allgemeinen für distanziert und steif, schroff und – außerhalb der seltenen und kurzen Audienzen – für schwer zugänglich. Kurz, sein hochmütiges Wesen entfremdete ihn nach und nach seinem Klerus. Dies hatte zur Folge, daß auch seine Tugenden verborgen blieben; denn der Bischof von Blois kümmerte sich mit unermüdlicher Fürsorge um die Armen. Ohne selbst in Erscheinung zu treten, half er notleidenden Familien und unterstützte in der gleichen anonymen Weise die Hospitäler der Stadt, richtete 41 neue Betten für Kinder und 44 für Frauen ein. Thémines war einer der ersten, die in die Notabelnversammlung[29] berufen wurde, aber er hatte dort auch nicht mehr Erfolg »als irgendein anderer; er vertrat zwar gute Grundsätze«, berichtet Dufort de Cheverny, »aber er berücksichtigte nicht den Geist der Zeit.«

Hofadel und Amtsadel, Financiers und die Intelligenz

Damals wie heute war Paris das Herz Frankreichs. Seinen Pulsschlag bestimmten vier wohl aufeinander abgestimmte gesellschaftliche Gruppen: der Hof- und der Amtsadel, die großen Financiers und die Intelligenz. Sie gaben in der Hauptstadt nicht nur den Ton an, ihnen verdankte Paris auch – um mit der Baronin von Oberkirch zu sprechen – »der Ort in der Welt zu sein, zu dem jeder, der nicht dort weilt, am häufigsten zurückkehrt«. Die Mitglieder des Hofadels brachten dabei vor allem ihre Lebensart ins Spiel, die für ganz Europa vorbildlich war. »Wer vermöchte so zu malen, daß er ein täuschend echtes Bild all jener Personen wiedergeben könnte, die von dem ausgesuchten Zirkel der Madame de Polignac schnell zum Hôtel de Montmorin eilten; von den ach so liebenswerten Coigny zu dem überaus geistreichen Montesquiou; von der wahrhaft entzückenden Gesellschaft der Madame de Bourbon zu der nicht minder empfehlenswerten der Duchesse de Grammont; vom ein wenig zu pedantischen Luxembourg zu den heiteren Abendgesellschaften des guten und herzlichen Berchiny?«[30] Diese Hofadligen waren sorglos und leichtsinnig; sie machten, wie Alexandre de Tilly, leicht in zwei Jahren 40000 Francs Schulden und waren oft wahre Spielteufel: die Baronin von Oberkirch berichtet, daß Monsieur de Castellane mehr als eine Million beim Brelan- und Landsknechtspiel verlor. Sie waren besessen von allem, was ihre persönliche Ehre betraf, und reagierten überaus empfindlich, wenn sie in diesem Punkt verletzt wurden. Sie pflegten sich den Anschein zu geben, als behandelten sie frivole Dinge mit dem größten Ernst, ernste hingegen mit betonter Lässigkeit.

Die hohen Justizbeamten, von denen manche Familien mit den angesehensten bei Hofe verschwägert waren, hatten endgültig jenes gewisse Unterlegenheitsgefühl abgelegt, das sie noch unter Ludwig XV. charakterisierte und das mit ihrer Herkunft, ihrem Beruf und ihrer strengen Kleidung zusammenhing. Ihre vornehmsten Vertreter standen im Rang

eines Herzogs. Monsieur de Nicolay (1747–94), der die Rechnungskammer leitete, war der zehnte Kammerpräsident in seiner Familie, der
neunte in ununterbrochener Folge vom Vater auf den Sohn. Seine Familie hatte dem Königreich Neapel einen Kanzler gestellt, Frankreich
einen Marschall, und sie war zu den Hofehren zugelassen. Der oberste
Parlamentspräsident, Étienne-François d'Aligre, gehörte zu einer
Familie, die im 17. Jahrhundert zwei Großsiegelbewahrer (*gardes des
sceaux*) hervorgebracht hatte. Den Mangel jahrhundertealter Adels-
würde glichen diese hohen Beamten durch ihren Dienst für den König
aus, d. h. durch ihre berufliche Kompetenz und ihre Position, ihre
Heiratsverbindungen und ihren Besitz: von den fünf Attributen, die
den echten Aristokraten definierten, besaßen sie häufig vier. Wer von
ihnen auf hohe Verwaltungsposten übergewechselt war, hatte alle
Merkmale einer *déformation professionelle* abgelegt; und wer weiterhin
als Richter im Pariser Parlamentsgericht tätig war, hatte allenfalls ein
etwas steifes Äußeres bewahrt, das zusammenhing mit seinem Amt als
Richter und mit seiner Aufgabe, Einwendungen (*remontrances*) gegen
königliche Verordnungen zu formulieren, ferner mit seiner zwar
hohen, aber vielleicht allzusehr auf Buchwissen gestützten Bildung und
den jansenistischen Moralvorstellungen, in denen er traditionellerweise
lebte.[31] Der Amtsadel war zwar weniger reich als der Hofadel, aber in
der Regel waren seine Mitglieder bessere Verwalter ihres Vermögens.
Sie waren ebenso gebildet wie der Hofadel, wenn auch weniger welt-
offen. Jeder Tag brachte diese beiden Gruppen jedoch einander näher:
im Jahre 1887 wohnten in den nördlichen Vierteln des damaligen Paris –
vom Faubourg Saint-Honoré bis zur Chaussée d'Antin –, die immer
mehr in Mode kamen und dem noblen Faubourg Saint-Germain Konkurrenz machten, schon 12 von 38 Herzögen, 10 von 47 Gerichtspräsi-
denten und 15 von 34 Staatsräten.[32]
»Financiers traten bei Hofe in Versailles nicht auf«, heißt es bei Sénac de
Meilhan, »aber sie sahen mit Genugtuung, wie sich die höchsten Herren
des Hofes an ihrer Tafel niederließen, sich zu ihren Vergnügungen gesellten und – dank der privaten Atmosphäre – danach strebten,
an ihrem Luxus teilzuhaben.« In neun von zehn Fällen waren diese Finanzleute inzwischen, wie die Mitglieder der Parlamentsgerichte
auch, in den Adelsstand erhoben, auch wenn sie aus weniger guter
Familie stammten. Diese Generalpächter (*fermiers généraux*) und
Generalsteuereinnehmer (*receveurs généraux des finances*) besaßen
jedoch ein Vermögen, das ihnen zuweilen recht schnellen gesellschaftlichen Aufstieg vergessen ließ. Der Steuerpächter Augeard gab in einem

einzigen Jahr 497 000 Francs aus,[33] dreimal mehr als der Duc de Saulx-
Tavannes. Die Finanzwelt stand an der Spitze der regen Entwicklung
von Paris: im Jahre 1787 bewohnten 90 von 100 Generalpächtern und
69 von 100 Steuereinnehmern die vornehmen Viertel im Norden der
Stadt.[34] Wie der Amtsadel gingen auch sie schmeichelhafte Eheverbin-
dungen zum Hof ein, aber – und darin unterschieden sie sich von den
Richtern – es war ihnen nahezu nicht erlaubt, sich im Faubourg Saint-
Germain niederzulassen, und sie hatten es auch nicht leicht, ihre Söhne
in der Armee unterzubringen. Dafür waren sie jedoch um so größere
Mäzene: sie besaßen dazu sowohl die erforderlichen finanziellen Mittel
als auch den nötigen Geschmack.
Die Privilegien der Mitglieder der Parlamentsgerichte datierten schon
aus der Zeit Ludwigs XIV., und die der Financiers waren schon 1695 in
den Bestimmungen über die Erhebungen der *capitation* (der direkten
Sondersteuer für Bürgerliche und Adlige) geregelt worden. Neu war
nun, daß jetzt auch die begabte Intelligenz (*talents*) eine beneidete Stellung in der Gesellschaft einnehmen konnte. (*Les talents* werden dann im
19. Jahrhundert übrigens *les capacités* heißen.) Bei Talleyrands scherz-
hafter Bemerkung »Spiel und Geist hatten alles nivelliert« sollte vor
allem dem zweiten Begriff Beachtung geschenkt werden. Talleyrand hat
auch am besten beschrieben, welche Bedeutung die Einführung begab-
ter Talente in die Gesellschaft hatte und welche Grenzen ihnen dabei
gesetzt waren. Das gesellschaftliche Leben der geistig anspruchsvollen
Zirkel von Paris war ohne sie nicht mehr denkbar, auch wenn sie oftmals die Brüchigkeit dieser Welt noch unterstrichen. So gab die alte
Madame d'Héricourt jede Woche ein Diner für einen sorgfältig ausgewählten Kreis von acht oder zehn Personen. Es waren sowohl hohe
Persönlichkeiten (wie die Herren de Narbonne und de Choiseul, der
Abbé de Périgord) als auch Intellektuelle (Chamfort, Rulhière, der
Abbé Delille, der Abbé Arnaud, Marmontel, der Abbé Bertrand). Die
Zusammenstellung der Gäste aus Mitgliedern des Amtsadels (die Gastgeberin stammte selbst aus einer Richterfamilie), des Hofadels, des Klerus und der Welt des Geistes war beinahe vollkommen ausgewogen.
Madame d'Héricourt liebte die geistvolle Unterhaltung und bot eine
vorzügliche Küche. Die Literaten wußten sich, zumindest bei ihr, zu
benehmen, und Talleyrand kam zu dem Schluß: »Die Fröhlichkeit war
nicht ohne Ambitionen, doch muß ich bemerken, daß es in diesem
Kreis, in dem so viele Personen mit eigensüchtigen Interessen verkehrten, innerhalb von fünf Jahren kein einziges Mal Klatsch oder Zank
gegeben hat.« Der schwedische Gesandte, der Graf von Creutz, ver-

suchte, diese angenehme Gesellschaft in sein Haus zu ziehen. Die Gäste waren zwar unverändert dieselben, dennoch wurde daraus ein Reinfall: »Wir waren drei- oder viermal dort«, erzählte Talleyrand, »jedoch trieb Marmontel mit dem Vorlesen von Tragödien die ganze Abendgesellschaft in die Flucht; ich hielt wacker aus, bis ›Numitor‹.«[35]

Die letzten großen Salons

Nirgendwo ging es einfacher zu als im Gesellschaftszimmer der Julie de Lespinasse im Hôtel d'Hautefort in der Rue de Bellechasse, wo sie jeden Abend von fünf bis neun ihre Gäste empfing. Trotz aller Einfachheit war dieser Salon zwischen 1764 und 1776 einer der gesuchtesten von Paris. Als Madame du Deffand ihre Gesellschafterin Julie als angeblich illoyale Konkurrentin entlassen hatte, taten sich die Freunde von Mademoiselle de Lespinasse zusammen, um für sie eine Wohnung zu mieten und diese angemessen auszustatten. Der Hauptraum, von vier Fenstern erhellt, war nicht übermäßig groß. Darin standen sechs mit leuchtend rotem Damast bezogene Sessel *à la reine*, eine Ottomane, zwei kleine Lehnstühle, ein grünkarierter gepolsterter Lehnsessel, zwei Sekretäre, einer davon ein Zylindersekretär, ein Büchertisch aus Mahagoni, ein kleiner furnierter Schrank, zwei Régence-Kommoden aus Rosenholz sowie Wandschirme. Eine schöne Kaminuhr von Masson zeigte die Minuten und Sekunden an. An den Wänden hingen einige Stiche: von van Loo »Der Gelähmte« und von Greuze[36] »Die Dorfbraut«, sowie zwei Kupferstiche, auf denen die lieben Freunde d'Alembert und Turgot abgebildet waren. Zwei Statuen von Voltaire und eine Büste von d'Alembert zierten die Möbel. Jeden Tag um fünf wurden die Kerzen der großen Leuchter entzündet. In diesen ruhigen Vorabendstunden begann ein geselliges Beisammensein, bei dem ein Fremder zu seinem Entzücken gleichzeitig Suard und d'Alembert, Turgot und Condorcet, die Duchesse de Châtillon, die Duchesse d'Anville und ihren Sohn, den Duc de La Rochefoucauld, den Marquis d'Ussé, den späteren Minister Loménie de Brienne, Marmontel, den Abbé Arnaud, Saint-Lambert, Bernardin de Saint-Pierre, den Chevalier de Chastellux und Monsieur de Malesherbes hätte antreffen können. Mademoiselle de Lespinasse begegnete ihren Gästen in ausgewähltem Ton, sie besaß im Umgang mit ihnen sicheren Geschmack und brachte ihnen eine zartfühlende Freundschaft entgegen. Ihre Fähigkeiten als Gastgeberin eines Salons waren einer Marquise de Lambert oder einer Madame Geoffrin eben-

Salon der Madame Geoffrin (Gemälde von Gabriel Lemonnier)
Unter den Abgebildeten: Buffon, d'Alembert, Diderot, Julie de Lespinasse,
Malesherbes, Marivaux, Marmontel, Montesquieu, Turgot und Rousseau

bürtig; denn es lag ihr fern, selbst zu brillieren. Sie wünschte nicht die Aufmerksamkeit ihrer Gäste auf sich zu ziehen, sondern ihr lag vor allem an deren Wohlbefinden. »Sie wußte«, schrieb der Comte de Guibert, »daß das große Geheimnis zu gefallen darin besteht, sich selbst zu vergessen, um auf andere eingehen zu können – und sie vergaß sich fortwährend. Sie war die Seele des Gesprächs, aber machte sich niemals zu dessen Gegenstand. Ihre große Kunst bestand darin, die Intelligenz ihrer Gesprächspartner zur Geltung zu bringen, und das freute sie mehr, als ihre eigene herauszustellen.«[37] Als Julie 1776 starb, erklärte derselbe Guibert verzweifelt im Namen des Freundeskreises: »Auf uns treffen nun die Worte der Heiligen Schrift zu: der Herr hat den Hirten geschlagen, und die Herde hat sich zerstreut.«

Der Herr hatte im übrigen im selben Jahr noch einige andere schwer getroffen; denn 1776 starb auch der berühmte Prince de Conti, der Erfinder des *thé à l'anglaise* und Präsident eines literarischen Zirkels (der Societé du Temple), und am 1. November mußte Madame Geoffrin, die »Zarin von Paris«, ihren Salon schließen, da sie durch einen Schlaganfall gelähmt wurde. Ihre Tochter, Madame de la Ferté-Imbault, führte einen anti-philosophischen Salon; sie war die Königin eines Phantasieordens, der sich »die Tollköpfe« (*Lanturelus*) nannte. Trotz ihres Alters und ihrer Blindheit führte Madame du Deffand, »unbestritten eine der geistvollsten Frauen dieses Jahrhunderts und lange Zeit auch eine der schönsten«[38], ihren Salon brillant und mit unermüdlicher Energie weiter. Seit der Trennung von Julie de Lespinasse im Jahre 1764 empfing sie vor allem die vornehme Welt, weniger die Literaten. Madame Helvétius, verwitwet seit 1771, hatte ihren Salon nach Auteuil verlegt. Dort verkehrte die Clique der Ideologen: die Intellektuellen waren dort unter sich, und es ging nicht immer ohne schulmeisterliche Haarspaltereien ab – eine Unsitte, die im Salon einer Madame Geoffrin, du Deffand oder einer Mademoiselle de Lespinasse undenkbar gewesen wäre. Nach dem Tod der Marquise du Deffand (1780) und der Madame d'Epinay (1783) war von den bedeutenden Salons nur noch der von Madame Necker übriggeblieben. Die Frau des Bankiers und Ministers – eine Proustsche Madame Verdurin des 18. Jahrhunderts – wurde bis 1786 aufs glücklichste von ihrer Tochter, Germaine de Staël, unterstützt. Sie empfing dienstags ihre vertrauten Freunde und ließ sich freitags Anwärter für ihren Salon vorstellen (*les présentés* – man beachte die Entsprechung zur höfischen Etikette von Versailles), ohne dabei doch jemals die Gewandtheit und Ungezwungenheit einer Madame Geoffrin zu erreichen, die ihre gesellschaftlichen

Anfänge wohlwollend unterstützt hatte. Diese protestantische Lehrerin konnte niemals ihren Hang zur Schulmeisterei ablegen. Allzu viele Schwätzer – wie Raynal und Marmontel – führten in ihrem Salon das große Wort. Es wurde ganz unverblümt über Politik gesprochen; die Ökonomen unterhielten sich in ihrer Fachsprache. Diese »General-stände des französischen Denkens« (»états généraux de la pensée fran-çaise«) bereiteten unübersehbar den Boden für die Generalstände des Jahres 1789 vor.

Wenn auf der einen Seite die bedeutenden Salons immer weniger die Lebendigkeit und Frische wie zu Zeiten Ludwigs XV. besaßen, so ent-standen dafür andererseits gegen Ende des Ancien Régime immer mehr sogenannte *bureaux d'esprit*, in denen, wie Sébastien Mercier ironisch erläuterte, »die Dame des Hauses ihre Neigung zur Literatur zur Schau trägt, sich etwas darauf zugute hält, sich darüber zu verbreiten, und sich einbildet, etwas davon zu verstehen«. In diesen Zirkeln war die Plaude-rei die Hauptbeschäftigung, jenes »delikate Vergnügen, das nur einer außerordentlich kultivierten Gesellschaft zu eigen ist«; Madame de Staël erhob die *causerie* gar in den Rang einer der freien Künste.[39]

Das turbulente Pariser Leben

1774 war Julie de Lespinasse 42 Jahre alt; der Comte de Guibert, ihr leichtsinniger Liebhaber, dagegen erst 30. Hätte sie ihm allzuviel Frei-heit gelassen, so hätte sie ihn bei dem hektischen Leben, das junge ehrgeizige Aufsteiger führen mußten, bald verloren. Band sie ihn dage-gen zu fest an sich, so lief sie Gefahr, daß er die Flucht ergriff. Ihre Lösung des Problems bestand darin, ihn zwar an sich zu binden, aber mit einer sehr großzügig bemessenen langen Leine. Sie schränkte seine Freiheit nur wenig ein und erhielt dafür drei Abende in der Woche geschenkt. Dieses einseitige Arrangement geht aus einem Brief hervor, in dem sie ganz unbefangen, wenn auch nicht ohne einen Hauch von Spott, die Verhaltensregeln für ihn formulierte. Dieser Brief vermittelt zugleich einen sehr guten Eindruck von dem Tages-, ja sogar Wochen-ablauf eines ehrgeizigen jungen Mannes, der in der vornehmen Gesell-schaft dazugehören wollte: »Sie gehen vor elf Uhr aus dem Haus, machen Besuche im Faubourg Saint-Honoré, und speisen dann bei Madame de Boufflers zu Mittag. Bei der Rückkehr aus dem Marais lassen Sie sich bei Madame de V. in die Besucherliste einschreiben; und dann, um sieben Uhr, kommen Sie in die Comédie-Française, um

›Heinrich IV.‹ zu sehen. [. . .] Sagen Sie Ihrem Lakaien, er solle um Viertel nach acht am großen Tor der Cour des Princes sein, und wir werden alle dort herauskommen, ohne uns noch weiter aufzuhalten; danach werden Sie mit Madame de *** zu Abend speisen. So ist Ihr gesamter Tageslauf aufs beste eingerichtet, ändern Sie nichts daran. Und morgen dann, am Sonntag, arbeiten Sie den ganzen Vormittag, ohne auszugehen; bei Madame de *** werden Sie zu Mittag speisen, von wo Sie um fünf Uhr zurückkehren, um wieder zu arbeiten, und kommen um acht Uhr abends zu mir. [. . .] Montag: Mittagessen bei Madame de V. und Abendessen bei Madame de ***. Mittwoch: Mittagessen bei Madame Geoffrin und Abendessen bei Madame de ***. Donnerstag: Mittagessen bei dem Comte de C. und Abendessen mit Madame de ***. Samstag: Mittagessen bei Madame de ***; nach dem Essen Besuch in Versailles; Rückkehr Sonntagabend, den Sie mit mir verbringen.« Mademoiselle de Lespinasse, die hier sorgfältig darauf achtet, daß »der beste Teil« der Zeit zum Vergnügen des Grafen frei blieb, schreibt ihm in diesem Brief einen Arbeitstag und einen Tag Hofleben in Versailles vor: zwei unterschiedliche Mittel, die beide den Bestrebungen des Taktikers und Schriftstellers Guibert dienten, sich sowohl in Paris als auch in Versailles den Ruf eines »Menschen von großen Talenten« zu erhalten.

Im übrigen fehlte es in dieser erstaunlichen Stadt ganz und gar nicht an Vergnügungsmöglichkeiten. »Wenn ich meine *capitation* bezahlt habe«, läßt Mercier einen fiktiven Reichen sagen, »gehören mir die Straßen von Paris, und ich tummle mich darauf nach Belieben, von einem Vergnügen zum anderen.« Dieser Bürger hatte nur die Qual der Wahl: zwischen der Oper, der Comédie-Française, dem Théâtre-Italien, der volkstümlichen Bühne von Nicolet am Boulevard du Temple, der chinesischen *Redoute* (einem öffentlichen Tanzsaal), dem Colisée (einem Vergnügungspalast an den Champs-Elysées) und dem Vaux-Hall (einem Vergnügungsgarten nach Londoner Vorbild); zwischen Spaziergängen auf den Champs-Elysées, im Bois de Boulogne, auf den Boulevards; oder einem Besuch in Kaffeehäusern, Spielhöllen und Bordellen. Für 48 Sous konnte man in die Oper gehen, für 20 Sous in eine klassische Tragödie. Das Mieten einer Kutsche für einen Abend kam auf 30 Sous. Aber schon für vier Sous konnte man sich einen ganzen Nachmittag in ein Lesekabinett mit reicher Auswahl zurückziehen. Die Vergnügungen der Hauptstadt waren also nicht nur für die 30000 reichen Leute von Paris reserviert, sondern auch die übrigen 200000 Einwohner, die nicht mehr als 50 Écus hatten, konnten sich einige davon leisten.

Wer darüber klagte, wie teuer das Leben in Paris sei und welche Ausgaben schon der kürzeste Aufenthalt dort mit sich brachte, dem antwortete Goldoni: »Das ist falsch; niemand hat weniger Geld als ich, und ich genieße Paris, ich amüsiere mich und bin zufrieden. Es gibt Vergnügungen für alle Stände: schränke deine Wünsche ein, richte dich nach deinen Möglichkeiten, und du wirst dich hier wohlfühlen: oder du fühlst dich nirgends wohl.«

Das größte Vergnügen schien das Leben selbst zu sein. Paris war keine Stadt mit dem gemächlichen Rhythmus der Provinzstädte. In der Provinz, heißt es bei Rétif de la Bretonne, »herrscht Apathie, Schläfrigkeit und Freude am beschaulichen Leben; hier hingegen ist alles Geschäftigkeit; man geht nicht, man eilt, man fliegt.«[40] Wollte man seinen Freunden und Bekannten etwas mitteilen und hatte keinen Lakaien zur Verfügung, so verlor man damit doch nicht ganze Tage dank der *petite poste*: »An ein und demselben Tag konnte man einen Brief schreiben und die Antwort darauf erhalten; eine überaus nützliche Einrichtung für Handels- und Geschäftsleute, für Grüße und Einladungen.« Wer nicht wie die Reichen eine Karosse besaß, mietete sich eine Droschke. Bei Goldoni heißt es: »Man beklagt sich hier über die schlechten Fiaker, und man hat ganz recht. [...] Ich hingegen finde sie herrlich, wenn ich sie brauche. Es gibt Sänften und kleine zweirädrige Handkarren; diese kleinen Gefährte kosten sehr viel weniger als die anderen.«

Man konnte seine Zeit damit vertun, irgendeiner hektischen Anwandlung zu folgen, und dann durch intensive konzentrierte Arbeit diesen Verlust wieder wettmachen. Paris war wie geschaffen für schöpferische Arbeit. Es herrschte ein beständiger fruchtbarer Wetteifer. »Ich mache hier«, heißt es bei Rétif, »sehr viel schnellere Fortschritte. [...] Ich habe Konkurrenten, die mich demütigen, solange ich mich ihnen unterlegen fühle. [...] Die Hauptstadt macht in ganz anderer Weise als unsere Provinzstädte Lust darauf, voranzukommen und berühmt zu werden.«[41] Paris war jedoch auch eine Stadt, in der Nonkonformisten nach Herzenslust flanieren konnten. Es kam beispielsweise vor, daß sich der Duc de Croy um vier Uhr morgens erhob, um die Messe in Saint-Sulpice zu hören. Anschließend begab er sich, immer zu Fuß, in die Rue de la Verrerie, wo er die naturgeschichtlichen Vorlesungen von Valmont de Bomare besuchte. Er erfreute sich am schönen Anblick der Seinequais und kehrte um zwei Uhr zu einem äußerst bescheidenen Mittagsmahl nach Hause zurück. Dort war er für ungelegene Besucher nicht zu sprechen und verbrachte den Nachmittag damit, sein Tagebuch zu schreiben, seine Korrespondenz zu erledigen, über seine Ausgaben

Buch zu führen und Memoranden zu den verschiedensten militärischen Gegenständen zu verfassen. Der siebzigjährige Goldoni arbeitete hingegen genauso ruhig am Vormittag von 9 bis 12 (nachdem er zum Frühstück eine »Schokolade für die Gesundheit« in der Rue des Arcis genossen hatte) und ging dann von 12 bis 2 spazieren oder machte Besuche: »Ich bin gern unter Menschen, und so suche ich Gesellschaft. Ich speise sehr häufig zu Mittag in der Stadt.« Dies als Beispiel für zwei Weise, die gegen den Strom schwammen.

Die Tagesabläufe eines Herrn oder einer Dame von Welt unterschieden sich beträchtlich voneinander. Die Herren standen häufig bei Tagesanbruch auf, hatten vielleicht eine Ehrenangelegenheit zu regeln oder mußten sich an ihre Arbeit begeben. Die Kinder des Duc d'Orléans wurden beispielsweise um sieben Uhr geweckt.[42] Um elf Uhr machten die unerschrockensten Damen der Gesellschaft ihre ersten Besuche.[43] »Im allgemeinen liebe ich diese morgendlichen Besuche überhaupt nicht«, schrieb die Baronin von Oberkirch, »man hat keine Zeit, eigenen Beschäftigungen nachzugehen.« Während die Krautjunker in der Provinz noch an der alten Gewohnheit festhielten, um zwölf Uhr zu Mittag zu speisen, verschob sich dieser Zeitpunkt in der feinen Gesellschaft immer weiter in den Nachmittag. Wenn Madame de Genlis die kleinen Prinzen von Orléans um zwei Uhr zu Mittag essen ließ, so speisten deren Eltern keinesfalls früher als Viertel nach zwei, der Duc de Liancourt nicht vor halb drei,[44] bis es schließlich Mode wurde, um drei Uhr nachmittags zu dinieren und die Mahlzeiten rasch zu beenden, »ein Umstand, der von Feinschmeckern und Plauderern bitter beklagt wurde.«[45] In den restlichen Nachmittagsstunden wurden die meisten Besuche gemacht, teils gesellschaftlicher Verpflichtungen wegen, teils aber auch zur Weiterbildung.

Ein Provinzbewohner hätte sich gar nicht vorstellen können, wie viele Gelegenheiten Paris dazu bot, seine Kenntnisse fortzubilden, und in welchem Maße gerade die Pariser Damen darauf versessen waren. 1780 besuchte die junge Madame Roland die Botanikvorlesung von Antoine-Laurent de Jussieu. Im Paris Ludwigs XVI. gab es unzählige naturgeschichtliche Sammlungen, zum Beispiel die der beiden Minister Calonne und Bertin, der Herren Caze de la Bove und Millioti, des Duc de Luynes, des Financiers Boutin und des Duc de Montmorency. Keine konnte es jedoch an Qualität und Reichhaltigkeit mit der Sammlung des Jardin du Roi aufnehmen; er war unerreicht »sowohl in der botanischen Abteilung als auch auf dem Gebiet der Tiere und Mineralien«.[46] Dieses große wissenschaftliche Angebot hatte jedoch einen mißlichen Nachteil: in Adel und Bürgertum gab es plötzlich zunehmend mehr »Blaustrümpfe«. Das waren solche junge Damen, »die mit ihren Studien und Verbindungen zur gelehrten Welt prahlten, die Vorlesungen besuchten, ganze Sammlungen von mechanischen Instrumenten und chemischem Versuchszubehör besaßen nebst Schätzen aus Botanik, Muschelkunde und Optik, mitsamt den Büchern, in denen all das dazugehörige Wissen angehäuft war.« Madame de Genlis, die sich hier über ihre Geschlechtsgenossinnen mit bissiger Ironie mokiert, war selbst eine sehr gelehrte Frau, besaß aber genügend Geschmack, ihr Wissen nicht auf dem Präsentierteller vor sich her zu tragen.

Es gab in Paris zahlreiche Gemäldegalerien: im Palais du Luxembourg[47], die Privatsammlungen des Duc d'Orléans, der Herzöge von Praslin, Brissac, Chabot und Luynes, des Monsieur de la Reynière, des Maréchal de Ségur, des Marquis de Sabran, des Baron de Besenval und des Chevalier Lambert. Die Stadt bot reiche Möglichkeiten zu promenieren, von den der Öffentlichkeit zugänglich gemachten Gärten des Hôtel de Soubise bis zu den Tuilerien, der *promenade à la mode*.

Ins Schauspiel ging man am frühen Abend. Die Vorstellungen wurden zwischen fünf und neun Uhr gegeben; das zweite Stück in der Comédie-Française schloß gegen Viertel nach acht. So konnte man in aller Ruhe um neun oder erst um zehn Uhr zu Abend speisen. Gegen Ende der Regierungszeit Ludwigs XVI. »wurde die Zeit für die Mahlzeit gar nicht mehr festgesetzt; in dem Augenblick, wo man sich zu Tisch setzte und der Haushofmeister erschien, stand die Hausherrin schon wieder auf«, berichtet die Baronin von Oberkirch. Man speiste schneller als früher und um ein Vielfaches schneller als in der Provinz, obwohl der Luxus der Speisen sehr groß und die Tische »üppig gedeckt waren«. Demzufolge waren die Feinschmecker, erbittert über diesen hektischen Rhythmus, der einem »wirklich nicht mehr die Zeit zum Essen und Trinken ließ, [...] auf den Ausweg verfallen, sich besonders liebenswürdig, heiter, ja galant gegenüber den Damen zu verhalten, um sie auf diese Weise von einem frühzeitigen Aufbruch abzuhalten und selbst in aller Ruhe Speise und Trank genießen zu können«; denn die Vorliebe für gutes Essen und die Lust zum Plaudern sind verwandte »freie Künste«. Die Baronin von Oberkirch schildert in ihren Erinnerungen den Gegensatz zwischen den langweiligen Diners – bei denen man Greise, unerfreuliche Zeitgenossen und ermüdende Gespräche über geschäftliche Beziehungen ertragen mußte – und dem unveränderten Charme der abendlichen Soupers in Paris: »Dort allein plaudert man noch miteinander. Man unterhält sich über die flüchtigsten Gegenstände, die bekanntlich am schwierigsten zu behandeln sind; der Geist sprudelt nur so, wie leichter Schaumwein, der keinen Nachgeschmack hinterläßt, dessen Aroma sich jedoch als äußerst angenehm erweist. Hat man einmal von ihm gekostet, erscheint alles übrige fad und reizlos.«

Nach dem Souper boten sich noch mancherlei andere Zerstreuungen an. Die Lebemänner dehnten ihr Souper in Gesellschaft schöner Schauspielerinnen, für die sie sich oftmals ruinierten, bis tief in die Nacht aus. Die zahllosen Spieler gaben sich ihrer kostspieligen Passion hin. Trotz aller Verbote wurde gespielt: in den höchsten Gesellschaftskreisen, bei ausländischen Gesandten, in Spielhöllen, kurz – an jedem nur denkbaren Ort. »Hausherrinnen sollten über die Vorlieben und Abneigungen ihrer Gäste orientiert sein, die Spieler kennen und sie zusammenbringen. [...] Sehr geeignet ist das Lottospiel. [...] Man versammelt viele Leute um denselben Tisch. So kann die Dame des Hauses dort die Honneurs machen, und jedermann ist zufrieden.«[48] Den größten Reiz entfaltete das nächtliche Leben jedoch auf den Bällen. Der sonntags stattfindende Opernball begann um elf Uhr abends mit einem Konzert, und dann wurde von Mitternacht bis zum frühen Morgen getanzt. »Aber«, so versichert Rétif de la Bretonne, »nicht Tanz und Musik machen den Reiz dieser Veranstaltung aus, sondern die Maskierung«; das Inkognito bot hier die Möglichkeit, »die Sitten, Vergnügungen und Intrigen der Pariser kennenzulernen mitsamt den persönlichen Eigenarten der Franzosen.«[49] Obwohl der Opernball auch von französischen und ausländischen Fürsten besucht wurde, stieß er anspruchsvollere Besucher durch sein Menschengedränge eher ab.[50] Es herrschte dort nicht die Leichtigkeit und Anmut der Bälle der vornehmen Welt, wo »einfach und elegant zugleich getanzt wurde, die Damen ganz in Weiß, die Herren ganz in Schwarz und mit dem Federhut auf dem Kopf, mit ebensoviel Eleganz wie Anmut und Vollendung; Bälle, bei denen der Walzer niemals zugelassen worden wäre und die Damen, waren sie erst einmal fünfundzwanzig und die Herren dreißig Jahre alt, dieses geräuschvolle Vergnügen jüngeren Leuten überließen.«[51] Derartige Tagesprogramme entsetzten den Provinzadel. Die Baronin von Oberkirch fragte sich denn auch: »Wie machen das nur die Frauen, für die ein solches Leben der Alltag ist? Sie haben anscheinend weder Kinder großzuziehen, noch brauchen sie sich um Familie und Freunde zu kümmern.«

Die elegante Dame von Welt glaubte es sich schuldig zu sein, einen guten Teil des Tages mit ihrer Toilette zu verbringen. Sie stand zwar nicht früh auf, erhob sich aber anscheinend nur zu dem Zweck, »sich an ihre Toilette zu begeben«. Die erste Zeit des Tages verging damit, »ihre Frisur wieder in Ordnung zu bringen«; dann erschien sie kurz im Négligé, aber das war nur ein Zwischenspiel. Da sie beabsichtigte, Besuche zu machen und auch selbst zu empfangen, war es unerläßlich, »mit einer noch längeren Sitzung als der ersten das Verschönerungswerk fortzusetzen.« Eine kokette und anspruchsvolle Frau begnügte sich keineswegs mehr wie einst damit, sich von ihrer Kammerfrau bedienen zu lassen: sie brauchte nun die Hilfe eines Perückenmachers oder besser noch einer Putzmacherin (*faiseuse de modes*). Die Zeit schritt jedoch voran, und bald war der Augenblick gekommen, Besuche zu machen und sich der vornehmen Welt zu präsentieren; »erneute Sorgfalt und Aufmerksamkeit, erneute Vorbereitungen waren vonnöten.« Die Morgentoilette war alles in allem ja nur eine bescheidene Aufmachung. Nun aber war der Moment für die große Toilette gekommen. Die eleganten *déshabillés* wurden durch eine prächtige Robe ersetzt. Aber welche? Bei der Auswahl empfahl es sich, keineswegs allzu rasch zu verfahren. Die Entscheidung hing von dem Tag und den Umständen ab. War sie getroffen, »überprüfte man hundertmal im Spiegel, ob alles in Ordnung, das Rouge gut aufgelegt und die Frisur nicht in Unordnung geraten war. Der Zeitpunkt der gesellschaftlichen Veranstaltung rückte endlich näher; man verließ das Haus, um sich dorthin zu begeben – und stellte am Ende fest, daß man seiner Eitelkeit zuliebe den halben Tag darauf verwendet hatte, sich ein paar Stunden lang angemessen präsentieren zu können.«[52]

Die Frisur war das i-Tüpfelchen der modischen Aufmachung, die Hauptsorge der Schönen, an der sich das wahre Modebewußtsein zeigte. Wie die Kleider, so unterlagen auch die Frisuren einer unaufhörlichen Veränderung. Einige der bemerkenswertesten mögen hier beschrieben werden:

– 1774. Der Tod Ludwigs XV. und die Hoftrauer ließen, wie es heißt, die Leidenschaft für den *pouf au sentiment* etwas zurückgehen. »Dabei handelte es sich um eine Frisur, in die Bilder von bevorzugten Personen oder Gegenständen eingearbeitet wurden. Etwa das Portrait der Tochter, der Mutter, ein Bild des Kanarienvogels, des Schoßhündchens usw., alles verziert mit den Haaren des Vaters oder eines Freun-

des des Vaters oder eines Herzensfreundes.« Die Baronin von Oberkirch urteilte als gute Protestantin und Provinzlerin mit gesundem
Menschenverstand, eine solche Mode sei von geradezu »unglaublicher
Überspanntheit«.
– 1775. In diesem Jahr hatte sich eine Leidenschaft für Hutfedern durchgesetzt; die eleganten Damen wetteiferten darin, die kunstvollen Aufbauten ihrer Rivalinnen noch zu überbieten. Ein Chansonnier sang:

> La femme aussi de haut plumage
> Se pare au pays des Incas;
> Mais là les beautés sont sauvages
> Et les nôtres ne le sont pas.[53]

Zarte Schleier und Blumen machten den Federn Konkurrenz. Nun
wurden die Frisurenaufbauten so hoch, »daß die Frauen keine Wagen
mehr fanden, die hoch genug gewesen wären, darin Platz zu nehmen;
und man konnte häufig sehen, wie sie den Kopf tief herabbeugten oder
ihn in der Nähe der Türe plazierten. Andere wählten den Ausweg«, so
fügt Madame Campan hinzu, »auf dem Boden der Kutsche niederzu-
knien, um auf diese Weise das lächerliche Gebilde, das sich auf ihrem
Kopf türmte, noch sicherer vor Schaden zu bewahren.«
– 1778. Das heroische Betragen von Monsieur de la Clocheterie und der
Besatzung seiner schönen Fregatte führten zu einer charmanten Über-
schneidung von Schiffbau- und Modekunst: das Takelwerk der eleganten Damen war ganz davon inspiriert. Es gab nun Frisuren *à la Belle-
Poule*.[54]
– 1780. Die Frisurenaufbauten des schönen Geschlechts waren ernsthaft
gefährdet. Grimms *Correspondance littéraire* kündigte den europäischen Fürsten und den aufgeklärten Abonnenten an, daß sich in Paris
eine Revolution vorbereite: aber keineswegs eine politische und soziale,
sondern »eine Revolution im Aufbau der Frisuren: [...] Die langen
Haarnadeln, unabdingbar, um die hohen Haargebilde abzustützen und
seit langer Zeit in Mode, gelten von nun an als gefährlich, denn ziehen
all diese Eisenstangen nicht bei Gewitter den Blitz an?«
– 1781. Die Revolution hatte stattgefunden. Marie-Antoinette hatte
während ihrer Schwangerschaft viel Haar verloren. Natürlich mußte
man diesen Umstand verheimlichen; also legte sich die Königin eine
neue Frisur zu, »genannt *à l'enfant.* Diese niedrige Frisur wurde nach
und nach vom Hof und von den Pariserinnen übernommen«[55], war aber
allzu einfach, sich auf Dauer halten zu können. Die vornehmen Damen
kehrten bald zu der alten übertriebenen Mode zurück.

– 1782. »Ganz närrisch mit ihren Frisuren, erfinden unsere charmanten Damen bei Hofe jeden Tag etwas Neues, womit sie der Natur ins Handwerk pfuschen«[56] – jener Natur immerhin, von der die Mode nicht müde wurde zu behaupten, man finde sie in ihren Werken wieder. Als sich die Baronin von Oberkirch am 6. Juni von Paris nach Versailles begab, probierte sie etwas aus, das zwar hochmodern, aber äußerst hinderlich war: »In flachen, der Kopfform angepaßten Fläschchen, die ein wenig Wasser enthielten, steckten echte Blumen, die auf diese Weise ihr frisches Aussehen behalten sollten.« Man konnte nie sicher sein, ob die Sache gelang; hatte man jedoch Glück, so blühte auf dem Kopf »ein echter Frühling«. Eine Wirkung »ohnegleichen«, die durch den Kontrast zu den schneeweiß gepuderten Haaren (*poudrés à frimas*) noch erhöht wurde.

– 1783. Der Comte de Vaublanc war von seinem Aufenthalt auf den Antillen zurückgekehrt. Er hatte dort die reizende Ungezwungenheit und Natürlichkeit der kreolischen Frauen schätzengelernt. Um so mehr war er über das lächerliche Gebaren der Pariser Damen entsetzt. Mißbilligend beschrieb er die herrschende Mode: »Die eleganten Damen tragen ihre Haare hier sehr toupiert, sehr starr, sehr eingefettet und sehr gepudert«, mit zusätzlichen großen steifen Locken, die fettig und gepudert sind. Das ganze wird gehalten von »langen eisernen Nadeln«, die den Hals der Schönen beschmutzen. Gestützt auf die Bastionen, stehen große Nadeln in die Höhe, die ein Kissen aus schwarzem Taft tragen. Das Kissen trägt seinerseits mit Hilfe Dutzender weiterer Nadeln Blumen, Bänder, falsche Flechten und Korkenzieherlocken. Am Hinterkopf sind andere Haare zu einem riesigen Knoten gewunden, der »das Mobiliar zum Zittern bringt«. Zwischen das Kissen und diese Haare stopft man gewöhnlich »große Schleifen aus Krepp oder Taft«.

– 1784. Zu Beginn dieses Jahres kam es zu einer flüchtigen Modeerscheinung, die der Spott Ludwigs XVI. aber bald wieder zum Verschwinden brachte. Diesmal machten die Damen bei den Herren eine Anleihe und übernahmen den *cadogan*, den im Nacken mit einer Schleife zusammengebundenen Haarzopf, ferner den kleinen Hut und den Federbusch; eine weibliche Note erhielt das Ganze durch seitliche Haarflechten (*cadenettes*). Da Seine Majestät auf den Versuch, die Haartracht der beiden Geschlechter einander anzugleichen, eher entmutigend reagiert hatte, kehrte die elegante Damenwelt bald wieder zu ihren komplizierten Frisurengebilden und Aufbauten zurück. Die Baronin von Oberkirch versuchte am 13. Juni – angesichts ihrer bevorstehenden Vorstellung bei Hof –, ihrer Frisur den letzten Schick zu verleihen. Sie erzählt:

»Ich ließ meine Frisur, der Mode getreu, so hoch türmen wie nur möglich und schmückte sie mit meinen Diamanten und einem Strauß Federn.«

Die bewußte Einfachheit der Königin in der zweiten Hälfte der Regierungszeit – Madame Campan versichert, daß »sich ihr Kopfputz auf einen Hut beschränkte, wobei sie die einfachsten Modelle bevorzugte« – führte keineswegs dazu, daß die modischen Überspanntheiten nachließen. Man darf allerdings nicht vergessen, daß Marie-Antoinette sich mit ihrer Kleidung ihrem reiferen Alter anpassen zu müssen glaubte, denn »Blumen und Putz sind allein der Jugend vorbehalten«[57] – und natürlich jenen ehemals Schönen, die mit aller Gewalt jung bleiben wollten.

Eine neue Wohnlichkeit

»Die Männer herrschen in der Welt – so will es das Gesetz –, das Reich der Frauen ist nur ihr Haus. Sie bestimmen mit ihrem Sinn das Familienleben, und ihr Einfluß läßt in der Familie einfache Gesittung und liebreiche Zuneigung entstehen.«[58] Die Comtesse de Boufflers wollte so gern über ihr Haus bestimmen, daß sie sogar selbst dessen Bau leitete. Die 1779 bei der Grundsteinlegung des Hôtel de Boufflers in die Fundamente eingelassene Kupferplatte hält fest, daß das Haus »von einem jungen Mann namens Alexis-François Bonnet de Boisguillaume für Marie-Charlotte-Hippolyte de Saujon, Comtesse de Boufflers, gebaut worden ist; sie hat dieses bedeutende Unternehmen mit Hilfe der Ratschläge eines ihrer treuesten Freunde, Joseph Berluc de Pérucy, begonnen, und da sie der Klugheit und Redlichkeit ihres Architekten volles Vertrauen schenkt, darf sie hoffen, daß diesem Werk ein glücklicher Erfolg beschieden sein wird.«[59]

Paris war eine einzige riesige Baustelle, vergleichbar nur mit den späteren Baumaßnahmen des Barons Haussmann oder denen der Fünften Republik. Sébastien Mercier bestätigt, daß ein Drittel der Stadt innerhalb von fünfundzwanzig Jahren umgestaltet wurde. Angeregt und beeinflußt durch die Villen Palladios, zeigten die Architekten eine Vorliebe für einfache Bauformen, aber auch für Rotunden, Treppenhäuser, die im italienischen Stil ihr Licht von oben empfingen, kreisförmige Vorbauten und runde Boudoirs. Ledoux, einer der erfolgreichsten von ihnen, hatte sein Büro in der Rue Neuve-d'Orléans zwischen der Porte Saint-Denis und der Porte Saint-Martin. Er war nicht nur Herr über eigene Zeichner, sondern auch über »Bildhauer, Maler und Kunsthand-werker«; er bevorzugte Bildhauer, die im Stile Davids arbeiteten. Er empfahl seinen Kunden ein einfaches, vor allem zweckmäßiges Mobi-liar und zeichnete zuweilen selbst die Entwürfe für die Möbel, die er von dem Sohn Tillard oder einem anderen geschickten Kunstschreiner anfertigen ließ. Ebenso wie David bestimmte Claude-Nicolas Ledoux gegen Ende des Ancien Régime den Stil und die Richtung des Kunst-handwerks (*arts décoratifs*).

Nur noch Prinzen von Geblüt und Herzöge besaßen eine *chambre du dais*, ein Prunkschlafzimmer mit Himmelbett; die übrige vornehme Gesellschaft erlaubte nur noch persönlichen Freunden den Zutritt zum Schlafzimmer. Die Festgalerie (*galerie de fête*) war verschwunden, manchmal nun ersetzt durch eine Kunst- oder Kuriositätengalerie. Es gab zunehmend mehr Speiseräume; der Gipfel der Eleganz bestand darin, gleich deren zwei zu besitzen, von denen der für den Sommer bestimmte kühl und der Sonne abgewandt lag. Jedermann suchte hinfort Bequemlichkeit mit Intimität, Privatleben mit Geselligkeit zu verbinden. Die Hausangestellten erschienen nur noch auf ein Klingelzeichen; man machte keine unangemeldeten Besuche mehr. Der Lebensstil bestimmte auch die Anordnung der Zimmer in den Appartements: das Schlafzimmer war ganz dem Privatleben vorbehal-ten, der Salon der Geselligkeit, das Kabinett der beruflichen Arbeit. Das Boudoir, ein ovaler oder runder, oft mit einem Ruhebett möblier-ter Raum, war zugleich ein kleiner intimer Salon und Reich der Haus-herrin.

Die Anhänger der Tradition setzten den wechselnden Begeisterungen für neue Stilrichtungen vorsichtigen Widerstand entgegen. Sie blieben den von vergoldeten Boiserien eingefaßten chinesischen Lackpaneelen treu, den Grotesken und Arabesken der Rokokozeit, den Wandbespan-nungen aus durchwirkten Stoffen, den dazu passenden Sesselbezügen und den Sesseln im Stil Louis' XV. Wer sich jedoch wirklich zur elegan-ten Welt zählen wollte, übernahm, ohne sich lange zu besinnen, die allgemein herrschende Mode des *retour à l'antique*. Man kehrte zur Antike zurück: die Wandvertäfelungen wurden einfacher, die Orna-mente veränderten ihre Form und wurden pompejanisch, überall erschienen Säulen, zusammen mit Giebeldreiecken, Halbreliefs oder freien Kranzgesimsen. Waffentrophäen tauchten wieder auf, aber nun waren es römische. Die Möbel wurden zwar auch weiterhin noch mit Schildpatt- und Metallintarsien in der Art des großen Kunstschreiners Boulle hergestellt, und auch für gerade Klappsekretäre fanden sich noch

genügend Kunden; die Mode drängte jedoch eher zu Zylindersekretä-
ren, kleinen Möbeln zum Aufbewahren von Briefen und Kostbarkeiten
(*bonheurs-du-jour*) und Lesetischen. Der Eßtisch war eine der Neue-
rungen der Zeit, ebenso wie die Wintergärten und Möbel aus massivem
Mahagoni. Der Frisiertisch war für die schönen Frauen ein willkomme-
nes neues Möbelstück, funktionell und zierlich. Der antikisierende
neue Stil wirkte zwar kühler durch seine strengeren Formen, aber er
verband auf gelungene Weise Bequemlichkeit und Schönheit miteinander.

Gluckisten gegen Piccinisten

Paris, diese friedliche Hauptstadt eines Landes, das seit 60 Jahren keine
fremde Armee mehr betreten hatte, war doch nichtsdestoweniger der
Schauplatz so manchen Bürgerkriegs, der zwar nicht blutig, dafür aber
um so geräuschvoller ausgetragen wurde. Da stritten zum Beispiel die
Bewunderer und Anhänger der Pariser Cafés – zu ihnen gehörte Rameaus Neffe[60] – mit solchen Zeitgenossen, die die Cafés strikt ablehnten: nach Rétif waren diese Örtlichkeiten »voll von Dummen, Spöttern
und Nichtstuern«.[61] Alle zwei Jahre boten die Salons des Louvre Anlaß
zu heftigen Auseinandersetzungen:

> Il est au Louvre un galetas,
> Où, dans un calme solitaire,
> Les chauves-souris et les rats
> Viennent tenir leur cour pleinière.
> C'est là qu'Apollon sur leurs pas,
> Des beaux arts ouvrant la barrière,
> Tous les deux ans tient ses états
> Et vient placer son sanctuaire.[62]

Maler und Bildhauer der königlichen Akademie der Künste stellten dort
ihre Werke aus. »Die außerordentliche Qualität der ausgestellten Bilder
zeugt von der Fruchtbarkeit der Künstler, und der Zustrom der Besucher, die dort einen Monat lang anzutreffen sind, beweist den
Geschmack oder doch zumindest die Neugier des Publikums.« Diese
Kunstwerke wurden jedoch alsbald zum Gegenstand von Auseinandersetzungen zwischen den Zeitungskritikern und diversen Kunstkennern:
»Die periodisch erscheinenden Zeitschriften sprechen über die ausgestellten Werke in anständiger Form, die Neider jedoch mißbilligen sie,
und Böswillige zerreißen sie.«[63]

Die Pariser waren als große Theaterliebhaber kritische Richter. Rétif kritisierte die gigantischen Dimensionen des Opernorchesters. Fast fünfzig Instrumente überdeckten seiner Meinung nach die Stimmen der Sänger und ermüdeten das Publikum.[64] Das neue Théâtre Italien mißfiel im Jahre 1783 dem Offizier der Leibgarde Monsieur Froment de Castille: »Die Loge, in der ich meinen Platz habe, liegt der Bühne gegenüber; man versteht dort nichts; man sitzt so eingezwängt und so beengt wie in einem Schraubstock. Infolge des schlechten Sitzens war ich am Ende der Vorstellung völlig erschöpft. Die Wandelhallen sind auf Kosten der Logen dagegen sehr groß; der Zuschauerraum ist lang und schmal und mit Vergoldungen geschmückt. Von den drei Sälen, die in letzter Zeit in Paris fertiggestellt worden sind, ist der Zuschauerraum der Oper der wohlgelungenste.« Und noch ein weiteres Beispiel mag zeigen, wie schnell die Pariser Öffentlichkeit mit ihrem Urteil fertig war. Die Rede ist von dem herrlichen Théâtre-Français (dem heutigen Odéon), erbaut von Peyre und Charles de Wailly, das am 9. April 1782 in Anwesenheit der Königin eröffnet wurde. Die Baronin von Ober-kirch hat Kritik und Tadel der Öffentlichkeit festgehalten: die Archi-tektur sei schwerfällig, die Logen winzig, der Saal schlecht geschnitten; die weiße Wandfarbe erschlage die Toiletten der Damen; von einigen Plätzen sehe man überhaupt nichts. Die einzige glückliche Neuerung: auch die Zuschauer im Parterre hätten von nun an Sitzplätze.

Das Interesse der Pariser beschränkte sich jedoch durchaus nicht nur auf Äußerlichkeiten. Man stritt auch über Inhalte, und zwar heftig. Waren die Franzosen musikalisch? Bei seinem Aufenthalt in Paris schrieb Mozart am 1. Mai 1778 ganz verärgert über eine Stadt, die ihn mit seinen 22 Jahren noch wie ein siebenjähriges Kind behandelte: »[...] aber so bin ich unter lauter vieher und bestien, was die Musique anbelangt, [...] es giebt ja kein ort in der welt wie Paris.«[65] Julie de Lespinasse war nicht ganz so streng in ihrem Urteil, aber mißbilligte auch ein wenig das französische Publikum: einen Gluck und einen Floquet bewerte es auf derselben Stufe, »es beklatscht das Gute und gleich danach das Mittel-mäßige.« Am 2. August 1774, Ludwig XVI. hatte kaum den Thron bestiegen, begrüßten die Pariser Glucks *Orpheus* mit enthusiastischen Ovationen. Christoph Willibald Gluck war durch Marie-Antoinette nach Frankreich gezogen und von ihr gefördert worden. Er reformierte das in Erstarrung geratene Schema der italienischen Opera seria und machte dabei Anleihen bei der französischen Operntradition. Auch Jean-Jacques Rousseau war »Gluckist«. Die zum engeren Kreis um die Königin gehörenden Damen trugen – nach der Aufführung von *Iphige-*

nie auf Tauris – nur noch eine Frisur *à l'Iphigénie*; die Herren des Hofes strömten in die Proben des Meisters – der mit einer baumwollenen
Mütze dirigierte – und stritten sich darum, wer ihm die Perücke oder
den Pelzrock reichen durfte.[66] Neben solchen übertriebenen und ober-
flächlichen Schwärmereien gab es aber auch die tief empfundene leidenschaftliche Begeisterung der Mademoiselle de Lespinasse. Im Frühling
des Jahres 1774 war ihre große Liebe, der Comte de Mora, gestorben,
und sie brauchte nun die Musik Glucks zur Milderung ihres Schmerzes.
Sie hörte *Orpheus* am 20. September, am 14., 16. und 21. Oktober, und
1775 mindestens noch dreimal. Bei diesen Harmonien war sie auf der
Suche nach »einer Empfindung, die man Schmerz nennen könnte«.
Zehnmal am Tag mußte sie die Arie »Ich habe meine Eurydike verloren« hören, die ihr das Herz zerriß und ihr doch Trost gab. Die Aufführung am 14. Oktober hatte eine überaus wohltuende Wirkung auf sie;
an jenem Abend hatte Glucks Oper die empfindsame Seele der großen
Liebenden »besänftigt und beruhigt«. In ihrem unsäglichen Leid hatte
sie nur drei Tröstungen: Guibert, auf den sie ihre Leidenschaft übertrug; das Opium, das sie unter medizinischen Vorwänden mißbrauchte;
und endlich die Musik. Als Guibert Paris verlassen hatte, kehrte sie zu
Orpheus zurück. »Die Musik«, schrieb sie, »läßt in meinem Blut und
allem, was mich belebt, eine solch angenehme Süße und Empfindung
strömen, daß ich beinahe sagen möchte, sie läßt mich meinen Schmerz
und mein Unglück geradezu genießen.« Als sie am 21. Oktober aus der
Oper nach Hause zurückkehrte, notierte sie noch einmal im Gedanken
an den Grafen: »Diese Musik macht mich wahnsinnig!« Während sehr
viele Franzosen in Gluck nichts weiter als einen gerade modernen
Erfolgskomponisten sahen, ließ das Erlebnis des vollkommenen Ein-
klangs mit Glucks präromantischem Genie eine der intelligentesten und
empfindsamsten Frauen des Jahrhunderts jede Woche Tränen ver-
gießen.
Bald jedoch zettelten der immer zur Polemik aufgelegte Baron d'Holbach, Beaumarchais und die Schriftsteller der Akademie eine Intrige
gegen den Ritter Gluck an. Man beschuldigte ihn, den Geist der italienischen Oper verraten zu haben (was nicht ganz falsch war) und stellte
ihm den Neapolitaner Niccolò Piccini, einen zweitrangigen Komponisten, als Vorbild gegenüber. Die Baronin von Oberkirch kommentierte den Streit auf ihre Weise: »Warum soll man zwei so grundver-
schiedene Männer miteinander vergleichen? Warum soll man den
einen auf Kosten des anderen auf den Schild heben?« 1778 – Mozart
hielt sich in diesem Jahr in Paris auf – brach dann der Krieg zwischen

Christoph Willibald Gluck überreicht Marie-Antoinette die Partitur seiner Oper
»Iphigenie in Aulis«, 1774 (Gemälde von Édouard Hamman)

den streitenden Parteien vollends aus. Den Anlaß bot, berichtet die
Baronin von Oberkirch, ein verletzender Ausspruch des Abbé
Arnaud. Als Piccini aus dem *Roland* von Philippe Quinault eine Oper
gemacht hatte, ließ Arnaud drucken, daß »Gluck einen Orlando, Pic-
cini hingegen einen Orlandino geschaffen hätte. Monsieur de Marmontel, der das Libretto für Herrn Piccini geschrieben hatte, bekam
einen Tobsuchtsanfall, schrie und wütete; und daher die Schlacht.«
Die Königin, Arnaud und Suard gehörten zu den führenden Anhän-
gern von Gluck und verteidigten ihn unter der Parole »Harmonie und
Kraft«. La Harpe und Marmontel kämpften in vorderster Front,
Grimm eher versteckt für die gegnerische Partei unter der Parole
»Melodie und Anmut«. Der grausame Kampf dauerte mehrere Jahre,
und »zahllose Freunde und Liebespaare zerstritten sich aus diesem
Grund«.[67] 1782 kam es zu einem Sieg Glucks, Piccini revanchierte sich
mit *Didon* (1784), bis Gluck schließlich endgültig triumphierte, von der
Nachwelt bestätigt.
Über diesem Opernkrieg sollte an dieser Stelle aber nicht vergessen
werden, daß es neben der königlichen Musikakademie noch zahlreiche
andere Einrichtungen zur Förderung der Musik gab. Die *concerts spiri-*
tuels, Vorläufer der großen Symphonieorchester der Romantik, brachten am 18. Juni 1778 die Symphonie Nr. 31 in D-Dur von Mozart
(KV 297), die sogenannte »Pariser Symphonie«, zur Aufführung. Im
Schloß von Petit-Bourg pflegte die Duchesse de Bourbon ihre Gäste
mit ausgezeichneter Musik zu unterhalten, die ein unsichtbar hinter
Laubwerk verborgenes Orchester jeden Abend nach dem Souper
spielte. Der junge Talleyrand urteilte über die Konzerte in den Häusern des Comte de Rochechouart, der Malerin Madame Vigée-Lebrun
und des Monsieur d'Albaret, sie seien von höchstem Rang. Die besten
Konzerte der Hauptstadt hörte man im Hause des Comte d'Albaret.
Dieser war ein »echter Mäzen«, reich, liebenswürdig, großzügig, gastfreundlich und wohltätig, der alle Armen, vor allem aber die Künstler
hilfreich unterstützte. Dieser Mann, der »verrückt nach Musik« war,[68]
stellte jedoch an seine Musiker auch enorme Ansprüche, wenn sie denn
schon Logis und Honorar von ihm erhielten. Mit zahlreichen Proben
steigerte er die musikalische Qualität der Aufführungen und ließ die
Musiker in einem eigens dafür eingerichteten Raum den ganzen Tag
lang üben.
Ansonsten kündigte die Musikakademie allein für die Monate des Jahres
1778, die Mozart in Paris weilte, viele interessante Werke an: vier
Opern von Gluck (*Iphigenie in Aulis*, *Orpheus*, *Alceste* und *Armida*)

und den *Roland* von Piccini. Der *Devin de village* des gerade verstorbenen Rousseau wurde wiederaufgenommen. Die *Ermelinde* von Phili-
dor, *La fête de Flore* von Trial, *Les trois âges de l'opéra* von Grétry, *La
fête du village* von Gossec kamen zur Aufführung. Diese Komponisten
waren zwar nicht alle Genies; ihre Werke überlebten nicht immer; aber
es gab damals keine andere Stadt Europas – weder London, Neapel,
Prag noch Wien –, die ein ähnlich reiches Opernprogramm hätte bieten
können.

Viertes Kapitel

Modeströmungen und neue Gefühlswelten

Das Wort *civilisation* – dem im Deutschen der Begriff »Kultur« ent-spricht – kam zur Zeit Ludwigs XVI. in Gebrauch. Der Baron d'Hol-bach kannte es in seiner 1770 erschienenen Schrift *Système de la nature* noch nicht, benutzt es dagegen schon häufig in seiner Schrift *Système social* aus dem Jahre 1774. In der Erstauflage seiner *Histoire philosophi-que des Indes* (1770) kam der Abbé Raynal noch ohne weiteres ohne diesen Begriff aus, benutzt ihn hingegen laufend in der revidierten Fas-sung von 1774.[2] Beinahe alle Erscheinungsformen und Begriffe, die wir mit *civilisation* (Kultur) verbinden – etwa Politik, Philosophie, Geschmack, Mode, Geselligkeit, Empfindsamkeit –, entstanden in Paris. Dabei kapselte sich Paris nicht ab, sondern trachtete geradezu danach, als Vorbild vom übrigen Frankreich kopiert zu werden. Denn wenn sich auch jeder Franzose vom anderen unterscheiden wollte, so bestanden doch in Wahrheit große Gemeinsamkeiten. Zu den Mitglie-dern der jeweils gesellschaftlich höher stehenden Schicht bestand zwar ein rivalisierendes Verhältnis, und die Mitglieder der eigenen gesell-schaftlichen Gruppe wurden als Konkurrenten angesehen, jedoch konnte die eine gesellschaftliche Schicht auch zum Vorbild für die andere werden. Wenn die Leute bei Hof im Hinblick auf ihre Vergün-stigungen den Städtern weit überlegen waren, so glichen diese das durch ihren Reichtum und ihre Bildung wieder aus. Die gegenseitige Rivalität war durchaus nicht unfruchtbar, sondern gab der *civilisation* ihren letzten Schliff. Die gleiche Konkurrenz bestand auch zwischen Paris und den Provinzen, den großen und kleinen Städten und selbst zwischen den verschiedenen feinen Abstufungen innerhalb des Adels und des Bürgertums. Sicherlich brachte dieses Verhalten mancherlei Übertreibungen und Lächerlichkeiten hervor, führte aber zu einer fortwährenden Verfeinerung der Sitten. Ein kluger Zeitgenosse bemerkte: aus der Wechselwirkung dieses »gegenseitigen Wetteiferns erwuchs eine alles umfassende Höflichkeit, die ich ›Nationalbildung‹ (*éducation nationale*) nennen möchte.«[3]

Die Leidenschaft für die Antike

Die Bildung eines Menschen beginnt im Elternhaus und mit der mehr oder weniger zugänglichen elterlichen Bibliothek. Manon Phlipon verschlang ihren Plutarch schon mit acht Jahren und wurde zur Republikanerin. Wahrscheinlich entdeckte sie schon hier jene heroische Gesinnung, die sie viel später in ihrem Gefängnis all ihre Kräfte zusammennehmen ließ, um »in stolzer Haltung auf das Schafott zu steigen«.[4] »Die ersten Unterweisungen, die wir in unserer Kindheit empfangen«, heißt es bei Mathon de la Cour, »erfüllen uns mit einer Bewunderung für die republikanischen Tugenden der Alten, die manchmal bis zur Begeisterung geht.« Wer damals noch Latein lernte, benutzte das Buch des Abbé Lhomond *De viris illustribus urbis Romae*. Madame de Genlis war zwar Monarchistin und eine erklärte Feindin der Aufklärer, aber sie impfte ihren jungen Schüler Louis-Philippe d'Orléans (geboren 1773) doch mit einer republikanischen Gesinnung nach antikem Vorbild. Dieser schrieb später über seine Erziehung: »Sie war – wie das Zeitalter – sehr demokratisch und wurde es in dem Maße mehr, [...] wie die Revolution näher rückte. [...] Mir scheint, [...] die Quelle dieser Strömung waren die Einrichtungen der Griechen und Römer und das Studium der alten Autoren, mit denen man die Jugend fütterte.« Das übermäßige Lob der Antike förderte jedoch nicht nur eine heroische und demokratische Gesinnung, sondern führte auch zu einer Verherrlichung heidnischer Tugenden. Der Erzbischof von Lyon, Monsignore de Montazet, prangerte deren Gefahren heftig an, denn »diese Tugenden sind ganz und gar nicht das Werk des Glaubens, der allein durch Barmherzigkeit wirkt.«[5]

Auch die Erwachsenen schwelgten geradezu in der Antike. Nach zehn-jähriger Arbeit, die nicht nur das eigene Vermögen, sondern auch das seines Bruders verschlungen hatte, veröffentlichte im Jahre 1781 der Geistliche Rat am Parlamentsgericht von Paris Abbé Richard de Saint-Non sein nicht weniger als fünf Foliobände umfassendes berühmtes Werk *Voyage pittoresque de Naples et de Sicile*. Im selben Jahr feierte Sylvain Maréchal das Erscheinen seines elfbändigen Werkes *Antiquités d'Herculanum*. Einige Monate später, 1782, ließ der Maler, Kupferste-cher und Antiquitätenhändler Jean Houel den ersten Band seiner *Voyage pittoresque des îles de la Sicile* im Buchhandel erscheinen und veröffentlichte der Comte de Choiseul-Gouffier den ersten Band seines Hauptwerkes *Voyage pittoresque de la Grèce*. Das Werk dieses jungen Diplomaten und Archäologen wurde wie ein Meisterwerk aufgenom-men. Sénac de Meilhan urteilte: »Ich bezweifle, ob man in irgendeinem Jahrhundert einen Mann seines Ranges findet, der ein ähnlich verdienst-volles Werk verfaßt hat.« Alle diese Bücher setzten jedoch trotz ihres Bemühens um pittoreske Schilderungen bei ihrem Leser Bildung und große Aufmerksamkeit voraus. 1787 machte dann ein echter Bestseller, dessen erste Auflage schon nach zwei Monaten vergriffen war, ein brei-tes Publikum mit antiker Gelehrsamkeit vertraut: die *Voyage du jeune Anacharsis en Grèce* des Abbé Barthélemy las sich wirklich wie ein Roman. Begeistert improvisierte Madame de Staël zu Ehren des Autors diesen lebendigen Vierzeiler:

> De cette Athènes qu'on révère
> Vous seul avez su rapporter
> La lyre d'or du vieil Homère:
> Prêtez-la moi pour vous chanter.[6]

Wer keine Bücher las, fand die Antike an öffentlichen und privaten Bauwerken wieder, zum Beispiel an der Kirche Sainte-Geneviève des Architekten Soufflot und an der gegenüberliegenden Juristischen Fakultät. Der Architekt Raymond zeichnete Innenhöfe reicher Privat-häuser, die er den römischen Amphitheatern und großen Thermen nachempfand. Die Fassaden in Paris wurden in dieser Zeit reich geschmückt mit griechischen und römischen Ornamenten: etruski-schen Sphinxen, Medusenhäuptern, Kaiserbüsten und Friesen im Halb-relief (wie etwa das Fries des Bildhauers Roland am Hôtel de Salm, heute Sitz der Ehrenlegion, mit dem Titel »Vorbereitungen zu einem Opfer«). Choiseul-Gouffier ging noch sehr viel weiter: 1787 ließ er an der Stelle des Lustschlößchens von Marbeuf ein Palais in der Form einer

Bau des Hôtel de Salm in Paris (Gemälde eines unbekannten Malers)

Nachbildung des Erechtheion, einem der Tempel auf der Akropolis in Athen, errichten. Der allgegenwärtige klassizistische Geschmack zwang den alten Fragonard, eine Mode zu übernehmen, die seinem Genie gänzlich fremd war: seine beiden Werke »Fontaine d'amour« und »Serment d'amour« (»Liebesbrunnen«, »Liebesschwur«) zeigen ein spätes Bemühen, klassizistische Stilmerkmale zu übernehmen. Mehr als jeder andere Künstler seiner Zeit – es mochte Vien, Hubert Robert, Ledoux oder Belanger sein – war jedoch Jacques-Louis David der Vertreter der klassizistischen Schule schlechthin, in seinem Herzen mehr Römer als Franzose. Zehn Jahre nach seinem Großen Preis von Rom stellte er 1784 den »Schwur der Horatier« (»Serment des Horaces«) aus. Dieses Bild zog die Aufmerksamkeit auf sich, setzte in Erstaunen, machte Sensation. Es scheint, daß sich viele Tage lang eine wahre Prozession von Schaulustigen zu diesem Bild bewegte: »Prinzen und Prinzessinnen stiegen hinauf, es zu betrachten, Kardinäle und Geistliche, Bürger und Arbeiter – alle eilten sie dorthin.«[7] Symbolträchtig trug das nächste, überaus erfolgreiche Bild des zukünftigen Jakobiners, der im Nationalkonvent für die Hinrichtung Ludwigs XVI. stimmen sollte, den Titel »Brutus«. Es wurde 1789 ausgestellt. Für politische oder ideologische Fragen hatten die Bewunderer der »Horatier« jedoch kaum Interesse. Der enorme Erfolg Davids erklärt sich dadurch, daß in seinen Darstellungen »die Sehnsüchte der Zeit Gestalt angenommen hatten.«[8] Die Damen erkoren bald die schöne Helena oder die Sabinerinnen zu modischen Vorbildern. In den klassizistisch einfachen Draperien und Innendekorationen der Salons und in den griechischen Gewändern, die bald von Madame Vigée-Lebrun, ihren Freundinnen und Kundinnen getragen wurden, trat der Einfluß des großen Malers am deutlichsten zutage. Es war ihm gelungen, die letzten Bastionen des Rokoko zu Fall zu bringen.

Auf der Suche nach dem Reiz des Neuen

Wie kann man Perser werden? Eine hochinteressante Frage, die einen Pariser intensiv beschäftigen konnte; denn er träumte von allem Exotischen, und alles Fremde übte auf ihn einen unwiderstehlichen Reiz aus. Die Engländer galten dagegen als Menschen, die allem gleichgültig gegenüberstanden: »Hier ruht John Roastbeef, Stallmeister, der sich aufhing, um sich die Langeweile zu vertreiben.«[9] Die Amerikaner standen in dem Ruf, ein noch phlegmatischeres Temperament zu haben:

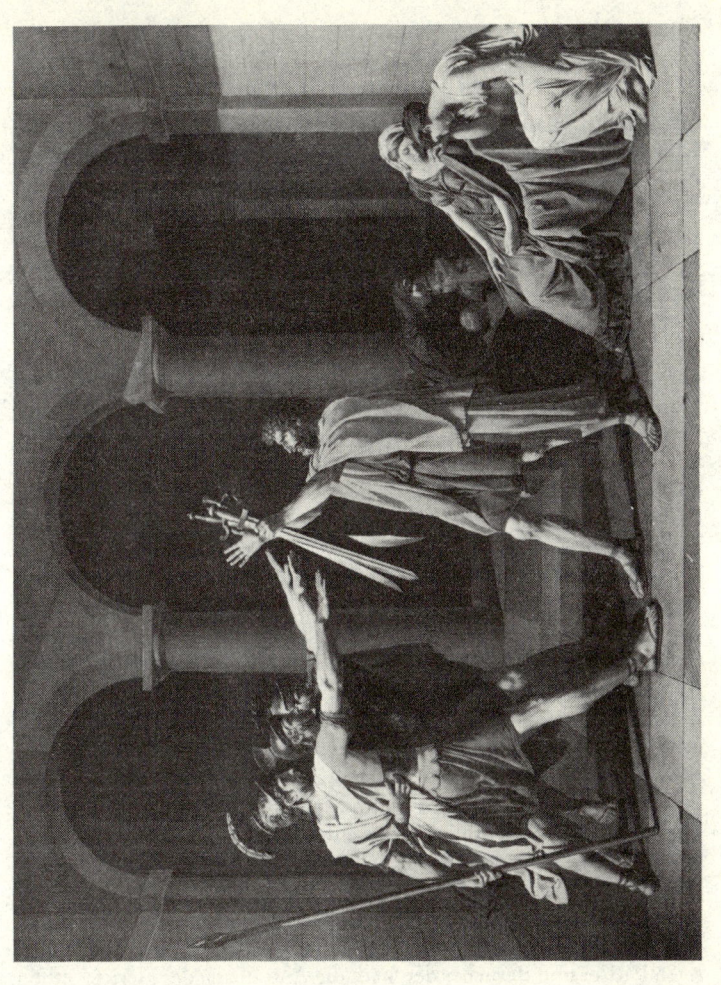

Der Schwur der Horatier (Gemälde von Jacques-Louis David, 1784)

»Herr Doktor Franklin spricht wenig«, notierte ein Zeitgenosse 1778.[10] Der Wilde, den La Fayette aus Amerika mitgebracht hatte und den er in den aristokratischen Salons vorführte, war »ein echtes gezähmtes Tier mit einem Ring durch die Nase, einem Federbusch auf dem Kopf, mit Knochen als Ohrgehänge und tätowierten Beinen und Armen«; er war mit einem fleischfarbenen Trikot bekleidet, trug nur einen Gürtel aus Federn und vollführte den Skalptanz jedesmal, wenn ihn der amerikanische Unabhängigkeitsheld dazu aufforderte.[11]

Jede neue Mode entstand und verging in der Hauptstadt Paris, dort setzte sie sich durch oder war bald wieder verschwunden. Sie mochte dumm oder lächerlich sein oder gerade nur eine Woche dauern – für die Mode war das nicht von Belang. Als endlich ein Thronerbe geboren wurde, scheute man sich nicht, aus diesem Anlaß ungewöhnliche Farben zu propagieren, die in Richtung Grün, Braun und Gelb gingen und liebenswürdig als *caca-dauphin*, *boue de Paris*, *moutarde* oder *merdoie* bezeichnet wurden (»Kronprinzen-K. . . .«, »Pariser Schlamm«, »Senf«, »Sch. . . .«).[12] Die Mode lebte von beständig neuen Einfällen. Ein wirklicher Erfolg wäre ohne einen modischen neuen Einfall nicht denkbar gewesen. »Die Speisen, die Kleider, die Lektüre«, heißt es bei Sébastien Mercier, »müssen den Reiz des Neuen haben. Eine neue Oper, eine neue Schauspielerin oder eine neue Art, sich zu frisieren – das bewegt die Gemüter.« Und nicht ohne moralische Entrüstung stellt unser Autor fest, daß das *Journal des modes* mehr Leser hatte als das *Journal des savants*. Im Juni 1781 drängte alles, was in Paris Rang und Namen hatte, in die Redoute Chinoise, »ein neuartiges Vergnügungslokal, das gerade auf dem Jahrmarkt von Saint-Laurent eröffnet worden war; ein großer Säulensaal, von zwei Galerien begrenzt und auf einem Felsen erbaut.« Der Nestor Frankreichs, Monsieur de Maurepas, Premierminister und wichtigster Berater des Königs, besuchte die Redoute Chinoise an ein und demselben Tag trotz seiner wichtigen Amtsgeschäfte und seiner achtzig Jahre gleich zweimal: nämlich zum Mittagessen und später noch einmal zum Eisessen, nachdem er zwischendurch ein Varieté besucht hatte.[13] Im Juni des Jahres 1783 wollten alle neugierigen Pariser und Besucher der Stadt die Automaten des Herrn Anthon bewundern, eines deutschen Konkurrenten von Vaucanson und seines Zeichens Finanzberater des Kaisers in Wien. Die Hauptattraktion war eine Automatenfigur in türkischem Gewand. Man stellte ein Schachbrett vor ihr auf. Der Türke stützte sich auf seinen rechten Arm, spielte mit der linken Hand, und »der Automat bewegte die Figuren entsprechend den Zügen der spielenden Personen.« Nach jedem Zug setzte er

seinen linken Ellenbogen auf ein rotes Kissen. Um einen Fehler, ein »Schach!« oder das endgültige »Schach und matt!« anzuzeigen, wakkelte er mit dem Kopf. Herr Anthon hielt außerdem für die erlesensten Kenner noch einen Automaten in Reserve, der die Gabe des Sprechens besaß. Mit der Stimme eines ganz kleinen Kindes konnte er sagen: »Papa (oder: Mama), laß uns nach Paris gehen!«[14]
Der Papagei der Duchesse de la Vallière führte dagegen keine so unschuldige Sprache. Da seine Vorbesitzerin mehrere Liebschaften mit Soldaten der königlichen Leibgarde gehabt hatte, fluchte das Federvieh in allen Sprachen, sprach im Soldatenjargon und gab im Salon der Herzogin »die unerhörtesten Schimpfworte von sich«. In den achtziger Jahren des 18. Jahrhunderts entdeckten die vornehmen Damen nämlich ihre Leidenschaft für Haustiere. Die Duchesse de Bourbon beneidete ihre Freundin, die Baronin von Oberkirch, um deren Hund Bijou, ein Tier, das allenthalben zu seinesgleichen auf Besuch geführt wurde und wie die anderen durch »Adoption« in die beste Gesellschaft aufgestiegen war. Wenn auch eine Einladung zu den Gesellschaften der in Auteuil wohnenden Madame Helvétius sehr begehrt war, so beklagten sich doch manche Gäste – fast wie der Hausherr Chrysale aus den *Gelehrten Frauen* von Molière – über das abscheuliche Betragen der Tiermenagerie, deren Herrin die Witwe des Bankiers und Philosophen war. Zwanzig prächtige, aber enervierende Siamkatzen (Aza, Marquise, Musette und andere Übeltäter) zerfetzten regelmäßig die Bezüge der Sessel. Man mußte sie gesehen haben, wie sie – angetan mit pelzverbrämten Roben wie Parlamentsrichter – majestätisch zu ihren flachen Silbertellern stolzierten und etwas Rebhuhnbrust kosteten, bevor sie sich erneut ans Werk machten und einen weiteren Polstersessel beschmutzten und zerrissen.[15]
1784 war eine der großen Attraktionen der Hauptstadt das Speisezimmerbuffet des Duke of Northumberland, das dieser bei dem berühmten Ebenisten Desguerres in Auftrag gegeben hatte. Die Menge drängte sich vor dem Geschäft von Desguerres in der Rue Saint-Honoré. Man mußte eine ganze Weile anstehen, bis man endlich einen Blick in das Schaufenster werfen konnte. Ganz sicher war Paris im 18. Jahrhundert das europäische Zentrum für kunstvoll gefertigte Luxusmöbel. Aber die Schreiner und Kunsttischler des Faubourg Saint-Antoine verkauften aufgrund der enormen Nachfrage auch mittelmäßige Ware zu weit überhöhten Preisen: »Jeder einzelne Hammerschlag ist ein schlauer Anschlag auf die Geldbörse des vertrauensvollen Käufers.«[16] Für den vornehmen Lord hatte man dort den Stil Louis' XV. wiederentdeckt.

Was die Architektur betraf, so war es ein »Muß«, das Hôtel Thélusson, »die Attraktion des Tages«[17], in der Rue de Provence zu besuchen. Das von einem großartigen Säulengang umgebene, als Rotunde gebaute Palais war einer der großen Erfolge von Ledoux. Seine Ausgefallenheit machte einen großen Teil seiner Berühmtheit aus; Sébastien Mercier bemerkte ironisch, daß dieses spiralenförmige Gehäuse augenscheinlich dazu bestimmt sei, eine Schnecke zu beherbergen. Der Marquis de Caraccioli verglich das Portal des Wohnsitzes von Madame Thélusson mit »einem großen Mund, der sich mit großem Prunk öffnet, um eine Sottise herausschlüpfen zu lassen.«[18]

Als Starmodistin stand Mademoiselle Bertin auf dem Höhepunkt ihres Erfolgs. »Sie war mehr denn je in Mode: man riß ihr die Hauben förmlich aus der Hand«, gab Unsummen für ihren kleinen *chapeau bohémien* aus. Der Erfolg der Bertin beeinträchtigte zwar die Umsatzzahlen von Baulard, aber er behauptete sich wacker und war bei ärmellosen Damencapes nach wie vor *en vogue*.[19]

Statt einer Uhr gleich deren zwei zu tragen, das konnte im Jahre 1786 in Paris jeder hergelaufene Geck. Man mußte jedoch schon mindestens fürstlichen Geblüts sein, wie die Duchesse de Bourbon, mitten im Winter das Tragen eines Stohhutes in Mode zu bringen. Ihre Durchlaucht hatte die Erfindung gemacht, einen runden Strohhut mit rosafarbenem Taft abzufüttern und mit einer Rosengirlande zu versehen. Eine große Schleife fiel vom Hut bis auf die Schultern, und die Bänder flatterten auf der Brust: sie hielt sich für eine Schäferin von Florian.[20] Und auch nur ein Fürst von Geblüt wie der Duc d'Orléans konnte sich mitsamt seiner Geliebten, Madame de Buffon, die Tollheit leisten, einen Anjaghirsch durch das Stadttor der Rue d'Antin zu treiben und die Hetzjagd in den Straßen von Paris zu beenden.[21]

Die Vorliebe für alles Wunderbare

Das Ausgefallene und Neue zählte noch nicht viel; nein, die Zeitgenossen Ludwigs XVI. waren auf der Suche nach dem ganz und gar Ungewöhnlichen, Undenkbaren, Unvorstellbaren und Außerordentlichen: nach einer anderen Sprache, einer anderen Welt, anderen Erleuchtungen als denen der Vernunft. »Das Ende dieses so ungläubigen Zeitalters ist geprägt von dieser unglaublichen Vorliebe für alles Wunderbare. [. . .] Niemals zuvor waren Rosenkreuzer, Alchimisten, Propheten und dergleichen so zahlreich und fanden in solchem Ausmaß Gehör. [. . .]

Unsere Nachfahren werden es nur schwer glauben, und sie werden nicht verstehen können, wie Leute, die alles, selbst Gott, in Zweifel zogen, gleichzeitig so uneingeschränkt an Wahrsagerei glauben konnten. So ist das Menschengeschlecht.«[22] Zauberer und Hexenmeister gab es jedoch nicht nur in abgelegenen, von aller Zivilisation weit entfernten Landstrichen; es war kein geringerer als der Marschall von Sachsen, der Ludwig XV. den vorgeblichen »Comte de Saint-Germain« vorgestellt hatte. Mesmer verschaffte sich durch den Minister Maurepas Zugang in die Gesellschaft. Die Duchesse de Bourbon protegierte einen portugiesischen Kabbalisten namens Martinez Pasqualis und später Claude de Saint-Martin. Dieser seltsame Theosoph mit dem Beinamen »le philosophe inconnu«, dessen exzentrisches Gebaren noch durch eine ungewöhnliche Sprache unterstrichen wurde, vertrat eine wunderliche Gnostik. Seine Lehre, die er als Illuminat predigte (*illuminisme*), war durchaus kein sanfter Wahn; sie war eine »der bemerkenswertesten Verbindungen von traditioneller Religion und modernem Glauben«[23] – wobei es zweifelhaft ist, ob seine Anhänger das damals auch verstanden haben.

Dagegen war der schon erwähnte Saint-Germain ein reiner Scharlatan. Er verteilte ein Elixier, das langes Leben versprach, und gab vor, gleichsam als lebendige Reklame, gleich mehrere hundert Jahre alt zu sein. Er machte überall von sich reden. Sein Geheimnis weckte Neugier. Der *Mercure de France* vom Februar 1775 erzählt in diesem Zusammenhang eine spaßige Anekdote: Eine Dame der Gesellschaft hat sich ein kleines Fläschchen mit dem Lebenselixier verschafft. Sie verschließt es nun »mit größter Sorgfalt in Anwesenheit ihrer Kammerfrauen und erklärt ihnen fälschlicherweise – sei es, weil sie ihnen gegenüber ihre schwache Seite verbergen will, sei es, weil sie fürchtet, ihre Neugierde zu wecken –, daß dies ein Mittel gegen Durchfall sei.« Noch am selben Abend bekommt jedoch eine der Kammerfrauen solche Leibschmerzen, daß sie auf die Idee kommt, das Mittel auszuprobieren. Nachdem sie erst daran geschnuppert, dann davon gekostet hat, trinkt sie schließlich – wie es heißt – das ganze Fläschchen leer. Wie es so üblich ist, will sie natürlich ihre Missetat verheimlichen und füllt das Fläschchen mit Wasser wieder auf, bevor sie sich zum Schlafen niederlegt. Am nächsten Morgen spielen sich dann zwei komische Szenen ab: die vornehme Dame erkennt ihre Kammerfrau nicht wieder und diese nicht ihr eigenes Spiegelbild. Dem Vernehmen nach sah die Kammerfrau, die in Wirklichkeit 45 Jahre alt war, »kaum älter aus als sechzehn«. Und der *Mercure de France* schließt mit trockenem Humor: »Man hat dieses Phänomen bisher noch nicht erklären können. Ganz Frankreich spricht jedenfalls von einem Wunder!«[24]

Der nur allzu berühmte Cagliostro, einer der Mitverantwortlichen in der Halsbandaffäre, war ein Schüler dieses Saint-Germain. Er hieß im übrigen gar nicht wirklich Cagliostro, sondern Joseph Balsamo. 1743 als Sohn eines Buchhändlers in Palermo geboren, entschloß er sich zu einem Wanderleben, zuerst als »Zauberer und Schatzgräber«[25], dann als Alchimist, Arzt, Astrologe und Urkundenfälscher. 1780 ließ er sich in Straßburg nieder. Im Bischöflichen Palais bekam er sofort eine gehobene Stellung. Die Baronin von Oberkirch vernahm verblüfft, wie der Türsteher des Kardinals de Rohan feierlich »Seine Exzellenz Monsieur le Comte de Cagliostro« ankündigte. Wer darüber sein Erstaunen äußerte, dem gab der Kardinal zur Antwort: »Monsieur de Cagliostro ist ein Gelehrter, den man nicht wie einen gewöhnlichen Menschen behandeln darf.« Unter dem Vorwand, den Stein der Weisen zu suchen, richtete sich unser Scharlatan bald darauf zwei alchimistische Laboratorien ein, eines im Schloß von Saverne, das andere im Pariser Stadtpalais des Kardinals. Inzwischen festigte sich im Elsaß sein Ruf. Noch kühner als Saint-Germain versicherte Balsamo, schon seit mehreren tausend Jahren auf dieser Erde zu weilen, Jesus Christus persönlich gekannt und von den Priestern der Isis uralte Geheimnisse erfahren zu haben. Die Armen behandelte er unentgeltlich und verteilte Almosen an sie. Seinen Lebensunterhalt verdiente er damit, Reiche von ihren eingebildeten und natürlich unheilbaren Krankheiten zu kurieren. Er verkaufte ein Lebenselixier, das ewige Jugend versprach. Um die Gemüter ordentlich in Erstaunen zu versetzen, schlief er nur im Sessel und aß ausschließlich Käse.[26] In ernsten Fällen habe der Quacksalber, so wird berichtet, seine Augen zum Himmel erhoben und folgendermaßen gebetet: »Großer Gott, geschmäht von Rousseau und Voltaire, der du im Comte de Cagliostro einen treuen Diener besitzt, verlasse diesen Cagliostro jetzt nicht!«[27] Dieses Gebet wurde – jedenfalls nach Aussage des Wundertäters – immer erhört. Als er 1785 schließlich in Paris eintraf, war sein Erfolg noch größer. Der Hof, die Freimaurer, aber auch Leichtgläubige aller Art rühmten einhellig sein Wissen und seine Heilungskräfte. Die Halsbandaffäre führte dann jedoch dazu, daß er nach kurzer Inhaftierung in der Bastille des Landes verwiesen wurde.

Joseph Balsamo hatte während seiner zeitweiligen Mitgliedschaft im Orden der Barmherzigen Brüder, der besonders Kranke pflegte, einige medizinische Kenntnisse erworben; er blieb zeitlebens ein Empirist, dessen Wirken auf Erfahrung beruhte, aber nicht wissenschaftlich fundiert war. Dies galt jedoch nicht mehr für Mesmer. Dieser Friedrich Anton Mesmer, der – wie der *Mercure* ankündigte – »Epilepsie durch magnetische Kraft heilen kann«[28], hatte Theologie und Medizin studiert und in Wien promoviert. In Österreich hatten es jedoch die Propheten schwer, und deshalb wandte sich Mesmer Anfang 1778 nach Frankreich, nachdem er im Jahr zuvor eine Blinde mit Namen Mademoiselle Paradis für vierzehn Tage sehend gemacht hatte. Durch Weiterempfehlung gelangte auch er zunächst nach Straßburg, wo die Baronin von Oberkirch der Bewunderung voll war für »die durch seine magnetische Wanne (*baquet magnétique*) bewirkten Verzückungen«. Diese kluge und verständige Frau, die für Cagliostro nur sarkastische Bemerkungen und Verachtung übrig hatte, war sofort von Mesmer eingenommen und hielt ihm zeitlebens die Treue.

Die Lehren des Doktor Mesmer und sein Heilverfahren bildeten ein unglaublich verwickeltes Durcheinander von Wissenschaft und Scharlatanerie, praktizierter Geschicklichkeit und Hirngespinsten. Die Grundlage seiner Theorien formulierte er folgendermaßen: Der animale Magnetismus (*magnétisme animal*) stellt die Verbindung her zwischen den beiden traditionellen Wissenschaften Astronomie und Medizin. »Es handelt sich dabei weniger um eine neue Entdeckung als vielmehr um die Anwendung lange beobachteter Tatsachen auf Bedürfnisse, die zu allen Zeiten empfunden wurden. Mit dem Ausdruck ›animaler Magnetismus‹ bezeichne ich also einen jener allgemeinen Naturvorgänge, der sich in seiner Wirkung auf unsere Nerven richtet und uns ein universelles Mittel an die Hand gibt, Menschen zu heilen und vor Krankheit zu bewahren.«[29] Alle Menschen stünden unter dem Einfluß der Gestirne, die mit einer geheimnisvollen Kraft, einem »Fluidum« auf sie wirkten, das dem Magnetismus ziemlich vergleichbar sei.

Am 29. August 1778 wurde in der Akademie der Wissenschaften ein Text Mesmers über den berühmten »animalen Magnetismus« verlesen. Noch in derselben Sitzung beschloß man, »sich nicht damit zu befassen«. Die Königlich Medizinische Gesellschaft beschloß am 18. September 1780, nach Anhörung eines Memorandums des Doktors Deslon (Leibarzt des Comte d'Artois und an den Heilkuren Mesmers beteiligt),

die Thesen Mesmers abzulehnen und Deslon als Mitglied zu streichen.[30] Schließlich erschien 1784 der Bericht der königlichen Unter-
suchungskommission über den »animalen Magnetismus«, ihr gehörten der berühmte Doktor Guillotin sowie Lavoisier, Franklin und Bailly an. Bailly, Verfasser des Berichts, beschreibt dort wie für unsere
Zwecke geschaffen eine öffentliche magnetische Behandlung: »ein mit
Wasser gefüllter Bottich (*baquet*), aus dem mehrere gebogene und
bewegliche eiserne Stangen herausragen, die man sich direkt auf den
erkrankten Körperteil hält; Seile, die ein jeder um sich schlingt; eine
Kette, die man miteinander bildet, indem man sich bei den Händen hält
und den Daumen zwischen Zeigefinger und Daumen seines Nachbarn
legt. Solcherart den gefaßten Daumen pressend, pflanzt sich der Druck,
den man von links erhält, nach rechts fort und macht die Runde. In einer
Ecke des Saales ist ein Klavier aufgestellt; darauf werden verschiedene
Weisen in unterschiedlichem Tempo gespielt, und bisweilen begleiten
die Anwesenden mit ihrer Stimme das Instrument. Alle Magnetiseure
tragen einen zehn bis zwölf Zoll langen eisernen Stab in der Hand.«
Der Bottich enthielt – die Herren Kommissare hatten sich davon überzeugt – keinerlei physikalisch wirkende Substanz, die in der Lage
gewesen wäre, Magnetisierung oder Elektrizität zu erzeugen. Die um
den Bottich versammelten Kranken schienen die magnetische Wirkung
direkt aus dem Stab und dem Finger zu empfangen, den der Magneti-
seur vor ihrem Gesicht hin und her bewegte. Magnetisiert erschienen
sie besonders »durch das Auflegen der Hände, durch den Fingerdruck
auf die seitliche und hintere Bauchgegend und den Unterleib; eine Ver-
fahrensweise, die oft lange dauerte, bisweilen sogar mehrere Stunden
fortgesetzt wurde.« Manche Kranke zeigten keinerlei Reaktion,
andere husteten und spuckten; einige, besonders die Frauen, fielen in
Krämpfe. Die Kommissare kamen zu dem Schluß: »Die Berührung,
die Einbildungskraft und der Nachahmungstrieb sind die wahren Ursachen jener Wirkungen, die man der neuen Wirkkraft zuschreibt, die
auch unter dem Namen ›animaler Magnetismus‹ bekannt ist. [...] Vor
allem die Einbildungskraft muß als die erste der drei Ursachen genannt
werden.«[31]

Ein derartig reservierter Bericht kühlte die Gemüter vielleicht ein wenig
ab, reichte aber keineswegs aus, die Begeisterung für Mesmer und seine
Methode zu dämpfen. Der Kommandant der Artillerieschule von La
Fère, der Marquis de Puységur, stellte in Fortführung von Mesmers
Überlegungen eine »Theorie des Somnambulismus« auf, die vielleicht
sein einziger positiver Beitrag zur Wissenschaft wurde ... Sein gräf-

Behandlung mit Mesmers »animalem Magnetismus«
(zeitgenössischer Kupferstich)

licher Bruder wurde 1785 mit einer Mission in Santo Domingo betraut und hielt dort mit Kolonisten und Angehörigen seiner Mannschaft Hypnose-Sitzungen ab.[32] Im übrigen hatten einige Mitglieder der besten Gesellschaft mit Mesmer einen Vertrag abgeschlossen, um sich – unter Beachtung seines Monopols – in allen Lehrgrundsätzen des Meisters unterweisen zu lassen. So verpflichtete sich der Marquis de Jaucourt, Ritter des Heiliggeist- und Sankt-Michaels-Ordens, am 5. April 1787 auf seine Ehre, »in welchem Erdteil auch immer er sich befinden möge, niemals ohne die förmliche Einwilligung des Doktors Mesmer irgendeine Einrichtung auf direkte oder indirekte Weise zu gründen, zu autorisieren oder zu fördern, in der Kranke mit der Methode des animalen Magnetismus behandelt würden oder in der diese Methode gelehrt werde.«[33]

Im Frühling desselben Jahres kostete ein Abonnement für eine einmonatige Behandlung mit der magnetischen Wanne neun Louisdor (das entspräche heute etwa 2000 Mark). »Die Rue Coq-Héron und die Rue Vivienne, in denen Mesmer wohnte und arbeitete, waren stets von zahlreichen Wagen blockiert.«[34] Wer sich nicht wie die Reichen die Heilkuren des Meisters leisten konnte, trug gläubig und zuversichtlich das Geheimnis des angeblichen Wundermittels in einer Abschrift nach Hause: »Man nehme 2 Unzen in Königswasser aufgelösten und durch Verdunstung wieder trocken gewordenen Goldstaubes; 1 Gros Borax, 15 Gramm pulverisierten Magnetstein; 2 Drittel Quentchen Eisenspäne; 1 Unze Kolophonium. Diese verschiedenen Substanzen werden pulverisiert, fein zerrieben und vermischt; das Ganze wird in ein Glas gegeben und sieben bis acht Minuten lang unter Strom gesetzt. Man lasse die Elektrizität von selbst vergehen und schließe alsdann das Pulver in ein Säckchen ein, das von Zeit zu Zeit unter einen Konduktor gehalten werden soll. Wird dieses Säckchen in der Tasche desjenigen plaziert, der das Verfahren anwenden will, so vermittelt es diesem Gesundheit, und denjenigen, die man einige Minuten lang damit berührt, die verschiedenartigsten Empfindungen.«[35] Jede Mode wurde jedoch, besonders in Paris, auch schnell wieder unmodern. So mußte auch der Tag kommen, wo die Begeisterung für den Magnetismus verraucht war. Enttäuscht reiste der gekränkte Doktor Mesmer ab, um hinfort Engländer, Italiener, ja sogar seine österreichischen Landsleute in das Geheimnis seiner magnetischen Kuren einzuweihen.

Nach den Flugversuchen von Charles und Robert glaubte man 1783 in Frankreich, daß andere Erfindungen dieser Art den Sieg des Menschen über die Natur vervollständigen würden. Als die Pariser von einer

Maschine hörten, mit der man angeblich über das Wasser gehen konnte, schluckten sie diese Nachricht, ohne mit der Wimper zu zucken. Das *Journal de Paris*, das »jeden Tag die neuesten und die sichersten Nachrichten« verbreitete, hatte in der Tat einen Brief aus Lyon abgedruckt, in dem von der Entdeckung eines Uhrmachers berichtet wurde. Es handelte sich dabei um merkwürdige elastische Stiefel, die es ihrem Träger erlaubten, trockenen Fußes das Wasser zu überqueren. Die Erfindung war anscheinend gerade technisch ausgereift, und ihr Urheber erklärte sich bereit, innerhalb einer Stunde die Seine fünfzigmal zu überqueren, geradeso wie man Steine auf dem Wasser hüpfen läßt. Der Tag der Vorführung wurde angekündigt und eine Subskriptionsliste eröffnet, in der sich Interessenten mit Spenden eintragen konnten, um für die Kosten und Mühen des Ingenieurs aufzukommen. Am angekündigten Tag ward jedoch kein Fremder mit seinen Wunderstiefeln gesehen; es erschien nur ein Mann aus Lyon, der sich diesen Scherz erlaubt und »sich über die Leichtgläubigkeit der Pariser lustig gemacht hatte«.[36] Diese waren jedoch durchaus entschuldbar, denn: »Montgolfier und Charles hatten alles in den Bereich des Möglichen gerückt.«[37]

Naturerlebnis und Landpartien

Als Ludwig XVI. den Thron bestieg, beherrschten die Physiokraten schon seit fünfzehn Jahren die Wirtschaftspolitik des Landes. Für einen der ihren, Bertin, war ein fünfter Staatssekretärposten geschaffen worden, der mit dem Amt eines Landwirtschaftsministers vergleichbar war. Man verteilte in reichem Maße Propagandadrucke, auf denen der Kronprinz bei der Feldarbeit zu sehen war (»le Dauphin labourant«):

O terre! ouvre ton sein,
L'utile agriculture,
L'objet de nos dédains,
S'ennoblit en ce jour.

L'humanité sourit
Et toute la Nature
En voyant travailler
L'objet de notre amour.[38]

Die Rückkehr zum Landleben war etwas Alltägliches geworden. 1779 stellte ein scharfsinniger Zeitgenosse fest, daß Ausdrücke wie »seine Kohlköpfe anpflanzen« oder »in seinem Dorf Gemüse anbauen« keineswegs mehr verächtlich gemeint waren. »Heute steht der Edelmann, der sein Land bebaut, ebenso in Ehren wie der Edelmann, der in den Krieg zieht.«[39] Die Städter schmeichelten sich einer mehr ästhetischen, ganz subjektiven Sicht des Landlebens. Pariser, die den Gedanken, in einer Provinzstadt »exiliert« zu sein, mit Entsetzen von sich gewiesen hätten, liebten das Leben auf dem Land oder gaben dies zumindest vor. »Das Land ist nicht die Provinz«, schrieb Julie de Lespinasse. »Ich würde mich lieber in einem Dorf und in Gesellschaft von Bauern aufhalten als in der feinen Gesellschaft der Stadt Montauban.« Die Mode, zur Sommerfrische in ein Thermalbad zu reisen, war keineswegs nur die Folge medizinischer Erkenntnisse. Im Jahre 1787 entdeckten die Badegäste von Bagnères-de-Luchon – alles Mitglieder der höchsten Gesellschaftskreise – die Freuden langer Fußmärsche, da sie mit der Einfachheit ihrer Zimmer und der schlichten Kost allein anscheinend noch nicht zufrieden waren. Nach beendigter Mittagsruhe unternahmen die vornehmen Kurgäste bis halb neun abends gruppenweise Spaziergänge, während der Duc de La Rochefoucauld auf der Suche nach Mineralien die Bergpfade hinaufkletterte.[40] Die Liebe zur Natur war vielleicht schon der Anlaß für den ländlichen Aufenthalt gewesen, oder umgekehrt: das Leben auf dem Lande war eine Hinführung zur Natur und zum Naturgefühl.

Von allen schönen Seelen nahm man selbstverständlich an, daß sie die Freuden des Landlebens schätzten, so auch bei den späteren Girondisten Pache und Buzot.[41] Die Einsamkeit fern der Städte galt noch immer als das sicherste Heilmittel für Menschen, »die großes Leid erfahren haben«. Das empfand und verkündete selbst ein so sittenloser Mensch wie Alexandre de Tilly. Dabei handelte es sich nicht mehr darum, für irgendeine Schäferidylle zu schwärmen, sondern über das Erlebnis der Landschaft hinaus das Wesen der Natur selbst zu erkennen, in der Erwartung, daß sich mit diesem Naturerlebnis die Ahnung von der Existenz des Höchsten Wesens einstellte. »Die frische Luft erfrischt die Seele und läßt, von uns unbemerkt, Tröstungen wie Tau in unsere Seele sinken. Eine Folge neuer Eindrücke schiebt sich vor die Wunde und läßt sie beinahe oder ganz verheilen. Der ländliche Friede läßt den Schmerz vergehen; der Unglückliche, der in den Städten nicht weinen konnte, vergießt nun süße Tränen und verliert alle Niedergeschlagenheit; einsam und andächtig in die Betrachtung des Himmels versunken, erkennt er darin eine Zuflucht vor dem Schicksal oder vor den Menschen; er erhebt seine Gedanken zu Dem, ohne dessen Billigung nichts geschehen kann.«

Je mehr sich die Städte bevölkerten und Paris an Größe zunahm, desto stärker wuchs auch die Suche nach einem Mittel gegen dieses Übel. »Ich nähere mich dem Naturzustand«, beteuerte Mademoiselle de Lespinasse, obwohl die Sorge um ihren berühmten Salon sie in der Hauptstadt festhielt. Mit dem Besuch von Botanikvorlesungen entkam man jedoch dem Großstadtleben nicht, und der Jardin du Roi bot trotz aller dort versammelten Wunder doch nur einen sehr künstlichen Ersatz für die Natur. Nichts ging über das planlose und unsystematische Sammeln von Pflanzen, die praktische Botanik »eines müßigen und trägen Einsiedlers«; dabei brauchte man bei diesem freischweifenden, der Betrachtung gewidmeten Spaziergang nichts weiter – so Jean-Jacques – als einen Stechlöffel und ein Vergrößerungsglas. Der einsame Spaziergänger schweift »von einem Gegenstand zum anderen, mustert jede Blume mit Anteilnahme und Neugierde.« Der über fünfundsechzigjährige Rousseau, der schon lange seine Herbarien weggegeben hatte, wurde »von neuem von dieser Leidenschaft« für die Botanik überfallen und war fest entschlossen, eine Pflanzensammlung anzulegen, die bald reichhaltiger sein sollte als die erste. Er begnügte sich »einstweilen ganz bescheiden mit Sternkraut, Kerbel, Borretsch und Kreuzkraut.« Beim Sammeln geriet er sachte von einem Zustand der Ruhe in den der Träumerei; seine Träumereien verloren sich in Betrachtungen, häufiger aber gingen seine Betrachtungen in Träumereien über und verloren sich »in einem entzückenden Taumel, [...] der jeden anderen Genuß übertrifft.«[42] Sein berühmter Müßiggang war voller Aktivität, sein unbekümmertes Sich-Treibenlassen wohlüberlegt. Geduld bei der Suche und die Beobachtung des Details machen die Qualität eines Botanisierers aus und lassen ihn »all diese Schätze der Natur« ganz erkennen, für die die große Masse im allgemeinen nur »dumme und stumpfsinnige Bewunderung« empfindet.[43]

Stark geprägt von Jean-Jacques, scheint Manon Phlipon von Jugend an die meditativen Gewohnheiten Rousseaus nachgeahmt zu haben. Die ländliche Natur entsprach ihrem »nachdenklichen, sanften und schwermütigen Wesen«, den Entwicklungen ihres »empfindsamen Herzens«. So bestürmte sie ihre Eltern, als diese mit ihr wieder einmal am Samstagabend die Pläne für den Sonntag schmiedeten, doch einen Familienausflug aufs Land zu machen, am liebsten nach Meudon. Denn im Bois de Boulogne seien die Bäume allzu gleichförmig aufgereiht, Bellevue sehe aus wie eine Theaterkulisse, und Saint-Cloud mit seinen geharkten Alleen erschien der jungen, romantischen Pariserin als verfälschte Natur. Meudon dagegen sei ein wunderbarer Fleck »mit seinen urwüchsigen Wäldern, seinen einsamen Teichen, seinen Tannenalleen, seinem Hochwald« und seiner Einsamkeit. So standen also das Ehepaar Phlipon und seine Tochter an jedem Sonntag im Sommer morgens um fünf Uhr auf, legten einfache und leichte Kleidung an; Mutter und Tochter trugen geblümte Gewänder. Am Pont Royal bestieg die Familie ein schnelles Seineschiff, das sie in der Nähe der Glashütte von Bellevue absetzte. Vor dem dichten schwarzen Rauch ergriff man die Flucht und erreichte über einen steilen Pfad die Straße nach Meudon. Nach zwei Dritteln des Anstiegs zeigte sich rechter Hand ein Häuschen, ein kleiner Bauernhof, der von einer guten alten Milchbäuerin bewohnt wurde, Besitzerin zweier Kühe und einiger Hühner. Bei ihr bestellte man für den Abend ein rustikales Mahl, das aus Schwarzbrot und einem Napf voll frisch gemolkener Milch bestand. Nach der langen Morgenwanderung fand das Mittagessen für gewöhnlich um zwölf Uhr bei einem der Parkwächter statt. Als dieser Ort sich als der Zivilisation entschieden zu nahe erwies, suchte die Familie abenteuerlustig ein neues Ziel. Auf diese Weise entdeckte sie Ville-Bonne, wo ein alter Brunnenmeister wohnte, der mit der Aufsicht über die Kanäle des Parks betraut war, ein alter Mann mit viel gesundem Menschenverstand und von glücklicher Natur – eine Gestalt Vergils. Der Brunnenmeister empfing die Familie Phlipon in einem quadratisch angelegten Garten: geschmückt mit einem Wasserbecken mit lebhaft fließendem Wasser, einer Taxushecke, einer Bank aus Stein und Rabatten, in denen Blumen und Gemüse traulich beieinander standen. »Wir bitten um ein Mittagessen und bekommen in einer hübschen, von Geißblatt überwachsenen Laube hinter dem Haus frische Eier, Gemüse und Salat aufgetischt.« Niemals hatte Manon angenehmer gespeist als hier; ihr ging das Herz auf bei dem Anblick dieser entzückenden Natur und der bukolischen Einfachheit des Hauswesens. Am Nachmittag folgte dann der zweite Teil des schönen Ausflugs, nur unterbrochen von dem Imbiß bei der alten Milchbäuerin.

Ein anderesmal, als zur Freude aller zwei freie Tage hintereinander lagen, mietete sich die Familie, statt noch am selben Abend nach Paris zurückzukehren, im Gasthof »Reine de France« ein, um dort zu Abend zu speisen und zu nächtigen. Das junge Mädchen, das von zu Hause ein Buch von Jean-Baptiste Rousseau – dem »Pindar der Regénce-Zeit« – mitgebracht hatte, zog ihrer Lektüre jedoch oft die Betrachtung der »schweigenden Wälder« vor. »Ich bewunderte die Natur«, schrieb sie später, »und pries die Vorsehung, deren Wohltaten ich verspürte; die

Glut des Gefühls ließ mir Tränen in die Augen steigen, und mein Herz verspürte die Wunder eines irdischen Paradieses.«[44] Wer es sich leisten konnte, gab ein Bild seines privaten irdischen Paradieses bei einem Landschaftsmaler in Auftrag.

Gärten im englisch-chinesischen Stil

Die regelmäßig angelegten Parkanlagen *à la française* aus der Zeit Ludwigs XIV., die kunstvoll angelegten Nutzgärten eines La Quintinie waren bei Naturliebhabern aus der Mode gekommen. Sie wünschten sich nun englische Gärten, die zwar »englisch« genannt wurden, aber eigentlich eher englisch-chinesische Parks waren und durchaus keine neue Erfindung. Schon im Jahre 1730 hatte der Engländer William Kent die erste Parklandschaft dieser Art entworfen, indem er rigoros mit den Gestaltungsprinzipien von Le Nôtre brach. Zwanzig Jahre später schwärmten Holländer und Engländer – die ersteren etwas maßvoller als die letzteren – nur noch begeistert von einer verbesserten, stark von der chinesischen Gartenbaukunst inspirierten Parkanlage. Es handelte sich um den 1756 im Auftrag der Prinzessin von Wales angelegten Park des Gartenarchitekten William Chambers. Während des Siebenjährigen Krieges war die Überfahrt über den Ärmelkanal unmöglich gewesen, aber seit 1763 »hatten die vornehmen Leute Frankreichs damit begonnen, England zu bereisen, und die Vorliebe für diese neue Geschmacksrichtung mit zurückgebracht.«[45] Die Romanheldin Julie aus Rousseaus *Nouvelle Héloïse* war sogar schon 1761 in den Genuß eines englischen Parks gekommen, in welchem Rousseau »der Natur ihre Freiheit« zurückgegeben hatte. Drei Jahre nach Beendigung des Siebenjährigen Krieges leitete der Marquis de Girardin eine Truppe schottischer Gärtner an, um den Park von Ermenonville in einen englischen Landschaftspark umzugestalten (wo Rousseau im Juli 1778 starb).

Als Ludwig XVI. den Thron bestieg, war man geradezu besessen von dieser neuen Mode. Marie-Antoinette faßte sogleich den Plan, am Petit Trianon einen englischen Garten anzulegen.[46] 1775 beauftragte der König Hubert Robert damit, das Wäldchen am Apollo-Becken dem neuen Stil gemäß umzuwandeln. Ein wenig später besichtigte der Maréchal de Croy in Attichy die neuentstandenen Gärten des Duc de la Trémoille. Der Architekt, Monsieur de Catuelan, hatte unter Ausnutzung des abfallenden Geländes und zahlreicher natürlicher Quellen eine erstaunliche Parkanlage geschaffen. Es gab dort in Hülle und Fülle

»tiefe murmelnde Quellen, Bäder, eine der Blumengöttin Flora gewid-
mete Laube, ein sich dahinschlängelndes Flüßchen, einen wilden Wasserfall, einen (mit Hilfe eines verborgenen Saughebers) schwitzenden
oder tropfenweise Wasser ausscheidenden Felsen.« Hier rann und rie-
selte alles oder drehte sich im Kreise: die Quellen, die Bächlein und
Spazierpfade, »inmitten von allerlei seltenen und ausgewählten Büschen
und Bäumen«.

Erneut unterbrach ein Krieg den kulturellen Austausch, verhinderte
aber nicht, daß weiterhin zu diesem Thema publiziert wurde. In seinem
erfolgreichen Buch *Jardins* von 1781 warf der Abbé Delille seinem Konkurrenten, dem Pater Rapin, vor, sein Augenmerk nur auf »die mecha-
nische Seite der Gartenbaukunst« zu lenken und dabei außer acht zu
lassen, »daß unsere Empfindungen und Gefühle beim Anblick länd-
licher Szenen und kunstvoll vervollkommneter Schönheiten der Natur
die Quelle unseres Vergnügens sind.«[47] Als Delille verkündete: »Ich
treffe keineswegs eine Entscheidung zwischen Kent und Le Nôtre«[48],
war das sicher eine fromme Lüge. Als schließlich im Jahre 1783 der
Friedensvertrag zwischen Frankreich und England unterzeichnet
wurde, rückte auch der englisch-chinesische Garten wieder ins Blick-
feld. Der englische Stil wurde von höchster Stelle favorisiert, der Comte
d'Artois und der Duc de Chartres bekannten sich mit Begeisterung zu
dieser Mode. Der Architekt François-Joseph Belanger hatte mit dem
Schlößchen Bagatelle für den Bruder des Königs einen »entzückenden
Aufenthaltsort«[49] geschaffen. Die Baronin von Oberkirch lustwandelte
dort am 15. Juni 1784 in Begleitung der Duchesse de Bourbon. Sie
erzählt: »Bagatelle ist ein zauberhafter Ort. Der hübsche, als Schloß
dienende Pavillon ist umgeben von vollendet entworfenen Gärten *à
l'anglaise*. Es gibt dort einen Fluß, der mit Hilfe einer Dampfmaschine
mit Wasser versorgt wird, [...] und viele Brücken, die darüber führen;
Glorietten, strohgedeckte Hütten, mit einem Wort: alles, was man sich
in dieser Art nur vorstellen kann.« In Monceau hatte der Duc de Chartres mehr die chinesische Seite seines englischen Parks betont. Gleich
am Eingang durchschritt man »eine Art chinesisches Tor«. Es gab einen
Prinzenpavillon, einen Gelben und einen Blauen Pavillon und schließlich noch »einen kleinen chinesischen Pavillon, der mit arabeskenbe-
malten Spiegeln ausgeschmückt war«. Der Park vereinte tausend unterhaltsame Dinge, die teils bäuerlich-ländlicher, teils künstlich-raffinier-
ter Art waren: das Haus des Müllers (»eine entzückende Milchwirtschaft«), eine Grotte, Felsen, die Ruinen eines Marstempels, eine hol-
ländische Windmühle, einen Bauernhof, einen Eiskeller, eine Pyramide

im antikisierenden Stil, zwei künstlich in Ruinen verwandelte Monumente, von denen eines noch ein kleines Zimmer *à la chinoise* enthielt.[50] Thiéry widmete in seinem *Guide des amateurs* neun engbedruckte Seiten den Sehenswürdigkeiten von Monceau.

Wer am Hof und in Paris auf sich hielt, folgte diesen Beispielen mit Begeisterung. Der Bankier Laborde hatte ebenfalls von Belanger in Méréville-en-Beauce einen »großen Landschaftsgarten« gestalten lassen, »der durch die Fülle seiner Attraktionen, das Grandiose und Einzigartige seiner Einfälle«, seine Grotten, seine rustikale Brücke und seinen großen Wasserfall bemerkenswert war.[51] Außer ein paar hoffnungslos altmodischen Zeitgenossen – Überbleibseln vom Hofe Ludwigs XV. wie etwa der Maréchal de Biron, der unerschütterlich an den symmetrisch aufgereihten Bäumen, Wasserbecken, kunstvoll angelegten Blumenrabatten und Rasenflächen festhielt – war alle Welt hingerissen von den neuen Gärten. Im übrigen wurden seit 1769 die ins Französische übertragenen Werke des Dichters Edward Young gelesen und vorgetragen, des »Hohenpriesters der Einsamkeit und der Finsternis« und Autors der *Nachtgedanken*. Das Wort »romantisch« wurde ein Bestandteil der Alltagssprache, nachdem man es zunächst auf den »natürlichen Garten« angewandt hatte als den »Ort melancholischer Träumerei«[52], Symbol für Ruhe und Entspannung und Heilmittel gegen die hektische Nervosität von Versailles und Paris.

Am Vorabend der Revolution waren Parkanlagen im englisch-chinesischen Stil kein strittiges Thema mehr. Man hatte im Gegenteil eine Liste der gelungensten Anlagen zusammengestellt. Für den zweifellos schönsten hielten die Franzosen den englischen Park des Schlosses von Harcourt, vier Meilen südlich von Caen. Der Engländer Arthur Young, Namensvetter des Dichters der *Nachtgedanken*, Agronom und Kenner auf diesem Gebiet, verlieh den ersten Preis eher dem Park von Ermenonville. Harcourt kam in seinen Augen erst an zweiter Stelle, und der Park von Mortefontaine sei entschieden überbewertet: »eine Gartenanlage mit gewundenen Alleen und im Übermaß geschmückt mit Tempeln, Bänken, Grotten, Säulen, Ruinen und ich weiß nicht was noch allem.« Die Franzosen waren nämlich – und Monsieur Le Peletier de Morfontaine war dafür ein lebendes Beispiel – nicht immer vor Übertreibungen und Geschmacksverirrungen sicher. So hatte auch der Comte du Barry (Schwager der Favoritin) in seinem Garten in Toulouse die Ablehnung von Le Nôtres Gartenkunst bis zur Karikatur, ja bis zur »Verrücktheit« auf die Spitze getrieben. Auf einem Morgen Land waren versammelt: »Hügel aus richtiger Erde, Gebirge aus Pappe, Felsen aus

Leinwand; Abbés, Kühe, Esel und steinerne Altäre; vornehme Damen und Schmiede, Papageien und Verliebte aus Holz; Windmühlen und Einsiedeleien, Läden und Dörfer; es fehlte dort nichts, außer – die Natur.«[53] In der Regel hatte sich jedoch der Sinn der Franzosen für Maß und Proportionen erhalten und zu liebenswürdigen Zwischenlösungen gefunden. Häufig war ein Schloß, wie auch das Trianon, von kunstvoll angelegten Blumenrabatten umgeben, bevor sich daran ein englischer Garten anschloß. Auf diese Weise bildeten die Beete »einen Übergang zwischen Architektur und Natur«.[54] Anderswo (Young versichert im Brustton der Überzeugung: überall) beeinträchtigte ein fast unmittelbar am Schloß liegender Gemüsegarten die Schönheit der Anlage oder behinderte den Zugang zu den modernen englischen Gärten. Und da warf man den Engländern vor, die Heimat des Nützlichkeitsdenkens zu sein!

Andere Erscheinungsformen der Anglomanie

Die Mode der englischen Gärten war jedoch nur ein Teilaspekt der Vorliebe für alles Englische überhaupt. »In den wohlhabenden Kreisen der französischen Gesellschaft zur Zeit Ludwigs XVI. war die Anglomanie eine allgemein verbreitete Erscheinung.«[55] Sie hatte schon zu Zeiten Ludwigs XV. geblüht, der sich darüber beunruhigt gezeigt hatte. »Seit mehreren Jahren«, hieß es 1776 in der *Correspondance littéraire*, »sah man zwischen Frankreich und England die vollkommenste Eintracht und das rührendste Einvernehmen herrschen; niemals hat es zwischen zwei benachbarten und miteinander rivalisierenden Nationen einen fester etablierten Austausch von Lächerlichkeiten, Moden und Geschmacksrichtungen gegeben.« Kaum war 1783 der Friede geschlossen, »wimmelte es in Paris von Engländern«[56], die von der Königin, dem Hof und der Stadt bewundert wurden. In Niort diskutierten die Schüler der Oratorianer »über Sitten und Charakter der Engländer«,[57] statt bei ihren öffentlichen Redeübungen die antiken Schriftsteller zu rühmen. Derweil tranken ihre Väter und Onkel englisches Bier und traten aus reinem Nachahmungstrieb in Freimaurerlogen ein. Noch 1783, als der Comte d'Artois die ehemalige königliche Baumschule im Faubourg du Roule anmietete, träumte er zusammen mit seinem Architekten Belanger davon, vor den Toren von Paris eine Stadt im kleinen, »la Nouvelle Londres« zu errichten. In dieser Modellstadt sollten die Häuser nebeneinander aufgereiht stehen, »gebaut in der Art der englischen, ohne alle Ornamente, gut belüftet und bequem gelegen.«[58] Als im Jahre 1786 der Wirtschaftsvertrag zwischen beiden Ländern geschlossen wurde, erlebte der englische Einfluß seinen Höhepunkt. Man wollte jetzt »um jeden Preis Engländer sein.«[59] Die Mode entwickelte sich zu einem Kult für alles Englische, aus Nachahmung wurde sklavische Abhängigkeit.

Während der ersten zwölf Regierungsjahre Ludwigs XVI. wurden englische Säbel, Kutschen, Gartenbaukunst und Reiseerzählungen in Frankreich eingeführt – aber auch Romanhelden: Rousseaus Julie verdankt vieles der Seele von Richardsons Romanheldin Clarissa, der Valmont von Laclos trägt viele Züge von Clarissas Verführer Lovelace. Aus England kamen neue hygienische Erkenntnisse und neue Bequemlichkeiten. Seit dem Beginn der Regierung Ludwigs XVI. wurden in Versailles die Nachtstühle (*chaises*) zugunsten englischer Toiletten (*lieux à l'anglaise*) abgeschafft. In seinem Buch *Voyage philosophique d'Angleterre fait en 1783* behauptete Monsieur de la Coste, daß es in London fast kein Haus mehr ohne fließendes Wasser gebe. England schenkte den Franzosen auch einige unschuldige Leidenschaften: den Tee (bei der Familie La Rochefoucauld in Liancourt wurde das Frühstück mit Tee serviert)[60], den Gehrock (*redingote* für *riding coat*) oder das Whistspiel, welches das alte L'hombre-Spiel ablöste.[61] Die Baronin von Oberkirch kommentierte im Jahre 1786: »Man versucht, unsere Mode und unsere Gewohnheiten auszumerzen, damit wir unseren Nachbarn ähnlicher werden.« Das ehrwürdige *Cabinet des modes* verwandelte sich in ein *Magasin des modes françaises et anglaises*. Jockeys und Pferderennen, ebenfalls von jenseits des Kanals importiert, standen im Mittelpunkt des Interesses. Die Duchesse de Bourbon nahm am 5. Februar die Baronin von Oberkirch mit zu »Astley, einem berühmten englischen Reitlehrer. Dort herrschte ein Gedränge zum Ersticken.« Bei der Familie Argenson in deren Schloß Des Ormes zeigte jedes Zimmer »einen sehr ausgeprägten Geschmack für englische Möbel und Mode«.[62] Der berühmte französische Kunsttischler Georges Jacob übernahm von Chippendale die Verwendung von Mahagoniholz und die neue Stuhlform mit durchbrochener Rückenlehne.

Im Mai 1786 publizierte Meister in der *Correspondance littéraire* einen wirklich alarmierenden Bericht. Die französische Handelsbilanz werde durch die Einfuhr von englischen Pferden, englischen Kutschen, Schmuckstücken, Stoffen und Möbeln ernsthaft belastet. Es würden nur noch englische Bücher ins Französische übersetzt. Die einzige Fremdsprache, die man den Kindern beibringe, sei das Englische. Das

alles könne man zwar noch für Nebensächlichkeiten ansehen, jedoch
seien hinfort auch »die Galanterie der Franzosen, ihr Sinn für Geselligkeit und ihr Geschmack in modischen Dingen« ernsthaft in Gefahr. Die
Frauen folgten mit Begeisterung einer Mode, die ausnahmsweise einen
einfachen Stil bevorzugte. Sie trugen »Bluse und Hut« oder gefielen sich
darin, aus der Mode gekommene Männerkleidung zu tragen: »Gehröcke mit dreifachem Kragen, [...] Schuhe mit flachen Absätzen«.[63]
Die Männer ihrerseits, zumindest die jungen und eleganten, ersetzten
den bis dahin üblichen schönen Anzug im französischen Stil durch
Frack und Weste. An erster Stelle stand nun Bequemlichkeit, dann erst
ein würdiges Äußeres. Die äußere Angleichung von Männern und
Frauen in ihrer Kleidung war jedoch nur eine Vorspiegelung falscher
Tatsachen: ein Club nach englischem Vorbild gestattete nämlich nur
Männern den Zutritt. In diesen modischen Zirkeln herrschte »eine einigermaßen freundliche Gleichberechtigung, jedoch ohne gegenseitiges
Vertrauen, ohne geistige Lebendigkeit, ohne persönliches Interesse
aneinander.«[64] Die Kleidung diente dort allein dem korrekten Erscheinungsbild; denn die Höflichkeit – als einzige unerläßliche und wirklich
verbindliche Benehmensregel – zeichnete sich dadurch aus, niemandem
zu nahe zu treten. Tatsächlich war eine Geselligkeit, in der es weder
gesellschaftlichen Zwang noch gegenseitiges Wetteifern, weder weibliche Verführungskünste noch Taktieren und auch keine schlichte Herz-
lichkeit gab, der Tod jeden echten und fruchtbaren Gesellschaftslebens.
In wenigen Monaten beschleunigte die blinde Begeisterung für die englischen Clubs den Niedergang einer der bemerkenswertesten Schöpfun-
gen menschlicher Kultur – des Pariser Salons.
Indessen bereitete die Überschwemmung mit englischen Ausdrücken
(*Vaux-Hall, club, gentleman, pamphlet, roastbeef, punch, whisky,
humour, spleen*) den Hof und die Stadt auf einen sehr viel besorgniserre-
genderen Angriff vor: die neu entstandene politische Englandbegeiste-
rung. Seit Montesquieu und Voltaire hatte diese Verlockung immer nur
in den Bereich der Utopie gehört. »Alle Engländer sagen, daß kein
einziger Franzose ihre Verfassung verstanden hat, daß Montesquieu
und alle diejenigen, die behaupten, etwas davon zu verstehen, in Wirklichkeit kein Wort begreifen.«[65] Die neue Mode, nun auch im Bereich
des politischen Denkens für alles Englische zu schwärmen – in das sich
zu allem Überfluß auch noch Amerikabegeisterung mischte –, war
vor allem bei den Adligen weit verbreitet und unverändert realitätsfern.
Die jungen Intellektuellen übernahmen die magischen Begriffe: Verfassung, Oberhaus, Unterhaus, nationale Grundrechte, Gewaltenteilung,

Magna Charta, Habeas Corpus-Akte.[66] Madame Campan machte die
Beobachtung, daß dieser unaufhörlich benutzte Jargon, dessen genaue
Bedeutung nur selten begriffen wurde, zu den Grundlagen einer sich
neu formierenden Partei gehörte. Als große Bewunderer der Englischen
Revolution von 1688/89 trieben die Angehörigen dieser Partei ihre
Anglomanie so weit, daß diese einer der Beweggründe für die Revolu-
tion des Jahrhunderts werden sollte.

Die neue Empfindsamkeit

Es ist nicht sicher, ob der Franzose des Jahres 1780 in seinem innersten
Wesen wirklich gefühlvoller war als sein Vater oder Großvater; sicher
aber zeigte er seine Gefühle nun mit sehr viel weniger Zurückhaltung
und Scheu vor anderen Menschen. Denn auch hier spielte die Mode eine
nicht zu unterschätzende Rolle. Es gehörte zum guten Ton, als emp-
findsamer Mensch zu gelten. Eine ergreifend gesungene Arie, ein lei-
denschaftlich vorgetragenes Gedicht ließ Ströme von Tränen fließen.
Am 25. Februar 1786 nahm die Baronin von Oberkirch in privatem
Kreis an einer Lesung teil. Der Chevalier de Florian trug aus seinem
Theaterstück *Le bon fils* vor, »einem sehr interessanten und reizvollen
Stück. Wir weinten alle.«
Die bürgerlichen Kaufleute mochten mehr an die Vermehrung ihres
Vermögens denken, in den Zirkeln der Intellektuellen und in der vornehmen Gesellschaft herrschte jedoch ein edler Wettstreit, seinen Herzensregungen Ausdruck zu verleihen. Die Familie Phlipon-Roland de
la Platière und mit ihr die ganze Gruppe der künftigen Girondisten
rühmten sich einhellig feinfühliger Empfindsamkeit. Madame Phlipon,
die Mutter der Heldin, besaß ein »empfindsames Herz« und soviel
Geschmack, es an Manon weiter zu vererben: »Solange ich in einem
friedlichen und auf mich selbst zurückgezogenen Zustand verblieb, ver-
deckte meine natürliche Empfindsamkeit meine anderen Eigenschaften
so sehr, daß sie allein hervortrat oder doch alle anderen beherrschte.«
Diese Veranlagung trat voll zutage, als Madame Phlipon starb; denn die
völlig verstörte Manon war »in Gefahr, aus Kummer über den Tod ihrer
Mutter ihr Leben zu verlieren.«[67] Als sei es vorherbestimmt, schienen
alle Girondisten ihrer Ratgeberin in ihrer Empfindsamkeit zu ähneln.
Louvet de Couvray, der Autor der *Amours du chevalier de Faublas*, war
ein »empfindsamer Mensch«. »Empfindsam« war auch die Seele von
Brissot. Guadet seinerseits wurde als »allzu empfindsam« dargestellt,

»um längere Zeit ohne Ermüdung kämpfen zu können.« Madame Roland liebte Buzot, dieses »empfindsame, feurige, schwermütige und untätige Wesen«. Sie blieb jedoch ihrem Mann, Roland de la Platière, treu, der von ihr als »über die Maßen leidenschaftlich, sehr empfindsam«, ja sogar als »außerordentlich empfindsam« beschrieben wird.

Es gab auch äußere Zeichen, an denen man damals tiefe Gefühle erkennen konnte. In einem Medaillon, einem Armband oder einem Anhänger bewahrte man die Haare der Mutter, einer Schwester oder eines Kindes auf. Im November 1787 war Babeuf voller Verzweiflung über den plötzlichen Tod seiner kleinen vierjährigen Sophie: »Ich habe alles verloren, ja, absolut alles. Oh, welch ein Schmerz! Meine Tochter, mein süßes Kind, meine liebe Tochter, mein Idol, mein ein und alles, [...] du bist nicht mehr, [...] du, von der Natur mit ihren schönsten Gaben beschenkt! [...] O ihr Götter, [...] kann man diesen Gedanken ertragen? Dein Bild, deine Züge, dein Schatten folgen mir überallhin, weil du selbst mir auf Schritt und Tritt folgtest, weil ich beständig mit dir beschäftigt war! Du bedeutetest mir mehr als alles andere, weil du mein Leben warst, meine ganze Liebe, mein Abgott!« Um sich nicht endgültig von seinem kleinen Idol trennen zu müssen, ließ der verzweifelte Vater das Herz des Kindes vor der Beerdigung herausnehmen. Es heißt, er habe ein Stück davon verzehrt; unwahrscheinlich ist es nicht. Das restliche Herz trug er in einem Anhänger auf seiner Brust.[68]

Es war keineswegs selten, daß Teile der irdischen Überreste geliebter Menschen auf diese Weise zum Andenken aufbewahrt wurden. So war es auch üblich, sich in Zeiten großer Leidenschaft für alle Fälle einen kleinen Vorrat amouröser Reliquien zuzulegen. Eine Geliebte von Alexandre de Tilly, Madame de ***, hatte ihm in den schönsten Tagen ihrer Liebe ein aus ihren Haaren geflochtenes Armband geschenkt: »Eine schöne Perle schmückte die Schließe, auf welche zwei Zahlen zusammen mit den englischen Worten ›For ever‹ eingraviert worden waren; denn wie sagte schon Diderot: ›Die Leidenschaft glaubt alles ewig, die menschliche Natur jedoch will, daß alles endet.‹« In diesem Fall endete alles schlecht. Sophie, die neue Geliebte des jungen Lebemanns, verlangte dieses Armband als Opfer, verärgert darüber, daß er es immer noch getreulich trug. Der Graf war so schwach, es ihr zu schenken. Aber der Tag kam, wo besagte Sophie das Armband mit der Widmung »For ever« auf einem Toilettentisch liegen ließ. Madame de *** fand es dort. »Das Armband sehen, es wiedererkennen und wie vom Blitz getroffen sein war eins.« Daher gab Tilly allen Liebenden den Rat, inskünftig mehr Vorsicht und Takt walten zu lassen.

Vorromantische Liebe

Die Liebe hat zu allen Zeiten aus Widersprüchen bestanden. Alexandre de Tilly verurteilte Laclos und war der Meinung, daß die *Liaisons dangereuses* es verdient hätten, »von der Hand des öffentlichen Scharfrichters den Flammen überantwortet zu werden«. Man durfte zwar ein ausschweifendes Leben führen, mußte ja aber deshalb nicht gleich den Versuch machen, dafür Anhänger zu rekrutieren. Genauso dachte auch Florian, »leichtfertig in seinem Leben und tugendhaft in seinen Büchern«.[69] Dagegen betrieben Marmontel noch zu seinen Lebzeiten und der jüngere Crébillon mit seinem postum erschienenen Werk *Les égarements du cœur et de l'esprit* (die »Irrwege des Herzens und des Verstandes« wurden im Jahre 1782 zum zehnten Male aufgelegt!) übereinstimmend die Anleitung zur Libertinage. Ihre Texte sind nicht ohne Reiz. Crébillon, der über den Bereich dieser unbedeutenden literarischen Gattung nicht hinauskam, galt im 18. Jahrhundert doch immerhin als ein Autor, »der das Seelenleben eines Stutzers und die Seele des schönen Geschlechts am besten darstellte«[70]. »Junge unerfahrene Provinzler«, schrieb der Comte d'Allonville, »suchten hier die Vorbilder für das, was sie für höfisches Benehmen und höfische Sitte hielten. Sie wollten dieses Benehmen und diese Sitten in ihre Garnisonstädte übertragen; gaben sich lasterhafter, als sie in Wirklichkeit waren; und setzten ihren Ehrgeiz darein, als üble Verführer zu gelten – und leider gaben sie dabei so lächerliche Figuren ab, daß sich die Leute bei Hofe darin nicht nur nicht wiedererkannt, sondern höchlich darüber lustig gemacht hätten.« Der Graf kehrte hier allzusehr den Moralprediger heraus. Die Sitten bei Hof waren bekanntlich keineswegs unschuldig, und die Stadt stand diesem Beispiel – wieder einmal! – in nichts nach. Man muß sich einmal klarmachen, daß ein Monsieur Séguier – der nicht nur ein maßgebliches Mitglied der konservativen Richtung an der Académie française war, sondern auch Oberster Staatsanwalt am Pariser Parlamentsgericht, wo er Sitte und Anstand verteidigte – »kein Hehl daraus macht, von Zeit zu Zeit leichten Mädchen einen Besuch abzustatten, wobei er sogar seine Kutsche vor ihrer Türe warten läßt.«[71] Dieses Detail steht in dem Bericht eines in Paris akkreditierten ausländischen Diplomaten. Eine Häufung derartiger Unvorsichtigkeiten und Vorkommnisse trug mit dazu bei, daß die Franzosen in ganz Europa entsprechend beurteilt wurden. Der Ruf der Franzosen stand fest – und er war kein guter!

Jean Paul teilt in seinem Roman *Hesperus, oder fünfundvierzig Hunds-*

posttage (1794) ein Rezept für die Liebe *à la française* mit: »Nimm ein wenig Eis – ein wenig Herz – ein wenig Witz – ein wenig Papier – ein wenig Zeit – ein wenig Weihrauch – und gieß es zusammen und tu es in zwei Personen von Stande: so hast du eine rechte gute *französische fontenellische Liebe*.«[72] Diese Liebe *à la française* war ein Erbe der Régence-Zeit, neuerdings jedoch überholt. An ihre Stelle trat die junge, romantische, leidenschaftliche Liebe, welche das folgende Beispiel besser als jede Abhandlung beschreibt. Von ihrem 34. bis zu ihrem 44. Lebensjahr liebte Julie de Lespinasse leidenschaftlich und starb an dieser Liebe! Ihre beiden Geliebten – Gonzalva de Mora von 1766 bis 1772, der Comte de Guibert 1774/75 – schwärmten einhellig von ihr als einer »Tochter der Sonne«. Sie hinterließ der Nachwelt 180 Liebesbriefe, die der Herausgeber Sainte-Beuve eine ins Leben versetzte *Nouvelle Héloïse* genannt hat. Dort konnte man zum Beispiel lesen: »Meine Seele ist nur für das Maßlose geschaffen«; »Ich liebe Sie bis zum Wahnsinn«; »Lieben und Geliebtwerden ist himmlisches Glück, wer das erlebt und verloren hat, dem bleibt nur noch der Tod«; »O mein Gott! Wie sehr ist Leidenschaft meine Natur, und die Vernunft mir fremd!« Und an anderer Stelle: »Mein Freund, ich leide, ich liebe Sie, und ich erwarte Sie«; »Mein Freund, ich liebe Sie so, wie man lieben muß, maßlos, wahnsinnig, bis zur Verzückung und Verzweiflung«; »Sie lieben, Sie sehen – oder aufhören zu existieren«; »Ich brauche jemanden, der mir hilft, der mich von dem Unglück befreit, das mich umbringt«. Diese leidenschaftlichen Sätze galten dem jungen Guibert, dessen Geliebte sie seit dem 10. Februar 1774 war. Monsieur de Mora, der nach Spanien zurückgekehrt war, starb aber erst am 27. Mai desselben Jahres. Julie übertrug vieles von ihrer unheilbaren Leidenschaft für den spanischen Edelmann auf ihre neue Liebe, den leichtsinnigen Guibert, der davon zu profitieren wußte. In die Ernsthaftigkeit ihrer letzten Liebe – sie war 42, ihr junger Liebhaber 30 Jahre alt – mischten sich tausend Gewissensbisse und quälende Reue. Guibert hingegen war zwar gerührt und stolz, der Gegenstand dieser glühenden Leidenschaft zu sein, fühlte sich aber zuerst einmal in seiner Eitelkeit geschmeichelt und vergaß auch nicht, an seine Zukunft zu denken. 1775 heiratete er die junge Mademoiselle de Courcelles. Er überließ die »alte« Lespinasse ihrem Schicksal und sah zu, wie sie sich in Krankheit, Verzweiflung, Einsamkeit, mit dem übermäßigen Genuß von Opium und in der panischen Angst vor dem Tod verzehrte.

Jeder einzelne dieser Briefe wäre einer aufmerksamen Betrachtung wert. Die ersten 20 schreibt eine nach Liebe dürstende Frau, die anderen

eine geängstigte, später verzweifelte Geliebte. Sehr rasch zeichnen sich
die großen Themen einer zunächst noch disziplinierten, bald aber unge-
zügelten Leidenschaft ab. Julies Gefühle finden schmerzlichen Ausdruck in Worten wie *aimer* (›lieben‹, 114mal in 27 Briefen), *souffrir*
(›leiden‹, 44mal), *sentir* (›fühlen‹, 37mal) und *mourir* (›sterben‹, 27mal).
Danach folgen in abnehmender Häufigkeit *craindre* (›fürchten‹), *vivre*
(›leben‹), *plaire* (›gefallen‹), *désirer* (›wünschen‹), *espérer* (›hoffen‹),
jouir (›genießen‹), *troubler* (›verwirren‹). Besonders häufig werden
Ausdrücke aus dem Bereich der Empfindsamkeit gewählt: *sentir* (›fühlen‹, 37mal), *sentiment* (›Gefühl‹, 26mal), *sensible* (›empfindsam‹,
23mal), *sensibilité* (›Empfindsamkeit‹, 15mal). Aber wenn auch die
Liebe natürlich alle Briefe beherrscht, das Wort *amour* selbst taucht
beinahe gar nicht auf: *aimer* (›lieben‹, 114mal), *amitié* (›Freundschaft‹,
49mal), *ami* (›Freund‹, 46mal), *aimable* (›liebenswert‹, 18mal), *amour*
(›Liebe‹, einmal). Manche große Liebende, die zu dieser präromanti-
schen Generation gehörte, bewahrte den Sinn für Nuancen und ein
gewisses Schamgefühl. Dieselbe vulkanische Julie, der die Vernunft
fremd war, brachte ihre Gefühle in ihren ersten großen Liebesbriefen
noch eher in verwischten Farben, im Stil einer zarten Ton-in-Ton-
Malerei zum Ausdruck; nur zweimal spricht sie von ihren Tränen.
Sie fand ihr lebhaftes Temperament jedoch wieder, als sie verächtlich
über das traurige Ende von Eheschließungen schrieb: »Wahrhaftig, die
Ehe bringt alles Große und Glanzvolle zum Verlöschen.« Das Unglück
von Guibert war demzufolge besiegelt!

Vernunftehen

Vernunft- oder Neigungsehe, das war die Alternative. Selten kam man
um diese Entscheidung herum, höchstens in idealen Verhältnissen. So
gründete in pädagogischen Schriften die Ehe weder auf der Vernunft
noch auf der Liebe, sondern auf der verdienstvollen Tugend. In der
École des jeunes demoiselles des Abbé Reyre kündigte Madame de ***
ihrer Tochter Émilie an, daß der Marquis de Trimond eine gewisse
Demoiselle de Barilliers heiraten werde. Der Marquis hat eine Rente
von 30 000 Livres, seine Braut jedoch nur eine Aussteuer von 30 000
Livres; noch dazu ist sie nicht die Allerschönste. Der überaus moralische Kommentar des Abbé Reyre, der hier die Feder seiner Madame
de *** führt, lautet: »Im Hinblick auf das Vermögen sind die beiden
Eheleute zwar ungleich, aber hinsichtlich ihrer persönlichen Verdienste

könnten sie nicht besser zusammenpassen; und das ist der einzige Grund, der die Wahl des Herrn Marquis bestimmt hat.«

Jenseits des Kanals waren – wie es in einem zeitgenössischen Bericht heißt – »drei Viertel aller Ehen Neigungsehen, und man hat die Erfahrung gemacht, daß die meisten sehr gut verlaufen.«[73] In Frankreich scheint das noch nicht der Fall gewesen zu sein. »Verheiratung und Vernunft fügten hier im 18. Jahrhundert sehr viel eher ein Paar zusammen als Liebe und Heirat.«[74] Selbst in einfachen Verhältnissen spielten wirtschaftliche Interessen sowie herkömmliche Regeln und Bräuche eine Rolle und begünstigten die Vernunftehe: später Zeitpunkt der Eheschließung (*mariage tardif*), die Verbindung zweier Stückchen Land, die Mitgliedschaft in einer Handwerkerzunft, eine Geschäftsübernahme, die Erlangung der Meisterwürde usw. Vom Herzog bis zum Jagdaufseher, für alle Stände galt: die Eltern entschieden; und ihre Entscheidung war, wenn auch nicht immer rational, so doch ihrer Meinung nach immer vernünftig begründet.

Gelegentlich wurde ein heranwachsendes Mädchen verheiratet, das von seinen Eltern, kaum hatten sie einen passenden Schwiegersohn entdeckt, von einem Tag zum anderen aus der Klosterschule genommen wurde. Der erste Brief in den *Liaisons dangereuses* ist in diesem Punkt kaum übertrieben. Die junge Cécile Volanges, die sich hier ausspricht, hat ihre Mutter sehr oft sagen hören, »ein Fräulein müsse im Kloster bleiben, bis sie sich verheirate«. Heute nun hat man sie aus dem Pensionat geholt. Als sie einen »Herrn in Schwarz« bei ihrer Mutter stehen sieht und dieser vor Cécile niederkniet (um an ihren Füßen Maß zu nehmen, denn es handelt sich um einen Schuhmacher der eleganten Welt), beginnt sie zu zittern und stößt einen durchdringenden Schrei aus; denn sie ist überzeugt, daß es sich um einen allzukühnen Annäherungsversuch eines bereits akzeptierten Bewerbers handelt.

Im katholischen Frankreich galt und gilt die Ehe als unauflösliches Sakrament. Dennoch bestand ein erstaunlicher Gegensatz zwischen dieser allseits anerkannten unumstößlichen Regel und der Eile, mit der man oft die Präliminarien für diesen lebenslangen Bund hinter sich brachte. »Es hätte nicht viel gefehlt, und ich hätte den Doktor Gardanne geheiratet«, heißt es in den Lebenserinnerungen von Manon Phlipon. »Eine unserer Verwandten hatte auf diese Heirat gedrängt.« Man arrangierte einen Spaziergang im Garten des Palais du Luxembourg; man gab vor, noch schnell einen improvisierten Besuch bei einer gewissen Mademoiselle de la Barre zu machen, und diese Person »bot einen Imbiß an, bei dem ganz zufällig ihr Arzt und Landsmann auf einen Besuch erschien.« Unter Vorspiegelung größter Gleichgültigkeit wollten sich hier beide Parteien einen ersten Eindruck verschaffen. Scheinbar aus dem Stegreif hielt Doktor Gardanne – wobei er sich mit Bonbons und eingemachtem Obst vollstopfte – eine klingende Lobrede auf die Sanftmut. Dabei schien er, »mit seinen drei Hämmerchen, seiner Doktormiene, seinem südlichen Akzent, seinen sehr dicht beieinander liegenden schwarzen Augenbrauen«, sehr viel eher dazu geeignet, »ein Fieber abzuwenden als hervorzurufen«. Manon wagte ein Lächeln. Mit schüchterner Stimme warf sie ein, daß die Männer sicher deshalb so sehr die Sanftmut liebten, »weil es für sie höchst nötig sei, daß man sie bei ihnen stets übe«. Nachdem diese Sätze gewechselt waren, schien für die Heiratsvermittlerinnen alles geregelt. Kaum nach Hause zurückgekehrt, fragte man das junge Mädchen, wie es den Doktor gefunden habe. »Mama, das kann ich so schnell nicht wissen.« Sie empfindet für Gardanne weder eine besondere Vorliebe noch ausgesprochene Abneigung. Sie will nur nichts überstürzen. Im übrigen hat der Arzt ja bis jetzt noch

Madame Roland
(Gemälde von
Johann Ernst Heinsius,
1792)

nicht einmal seinen Antrag gemacht. »O Mama, mir eilt es nicht mit
dem Heiraten.« Also beendet Madame Phlipon – und zwar so, als ob sie
tatsächlich ein großes Zugeständnis an den freien Willen ihrer Tochter
mache – das Gespräch mit den Worten: »Für den Moment verlange ich
keine Antwort; du wirst darüber nachdenken und mir das Ergebnis
binnen zwei Tagen mitteilen.« Hätte Manon ja gesagt oder hätte sie
weniger liberal denkende Eltern gehabt, wäre der Ehevertrag eine
Woche später geschlossen worden »und die feierliche Hochzeit unmittelbar anschließend erfolgt: das war ehernes Gesetz.«[75]
In den *Amours du chevalier de Faublas* (einem Erfolgsroman von Louvet de Couvray, der auf den Picaro-Roman zurückging, aber schon ein
Vorläufer der romantischen Fortsetzungsromane war) vollziehen die
jungen Helden, die sich allein von der Liebe leiten lassen, schließlich
ohne ihr Wissen die Vernunftehe, die ihre Eltern einst für sie erträumt
haben. Ein liebenswürdiges Verfahren, das es dem Autor erlaubt, auf
dem Weg zu diesem Ziel die üblichen Vernunftehen in seiner Umgebung anzuprangern. Auf die Schnelle geschlossen, berücksichtigten sie
keine Altersunterschiede und sprachen allen Gefühlen Hohn: »Ein junges Mädchen, das sich selbst noch nicht kennt, fällt mit fünfzehn Jahren
in die Hände eines Mannes, der ihm unbekannt ist.« Die Eltern des
Mädchens haben die noble Gesinnung und den Reichtum des »Mannes
von Stand« angepriesen, den sie für die Tochter ausgesucht haben. Aber
»allzubald ernüchtert, erwarten die Jungvermählte da, wo sie angenehme Anlagen und glänzende Eigenschaften zu finden glaubte, nur
Lächerlichkeiten und Laster.« Also steckt sie bald zurück und macht
auf ihre Kosten die Erfahrung, wie schwer das Joch einer unauflöslichen
Ehe sein kann. Es gibt zwei Möglichkeiten für ihr künftiges trauriges
Los. Entweder »erhebt der gebieterische Meister, dem sie sich gegeben
hat, noch manchmal Ansprüche auf seine ehelichen Rechte und unter-
wirft sie den abstoßenden Bemühungen um ihre Gunst, die von Gewohnheit und Zwang diktiert werden«; in diesem Fall wird die junge
Frau »als unglückliches Opfer« das entsetzliche Gefühl haben, sich
ohne Liebe prostituieren zu müssen. Oder der Gatte ist ein flatterhafter
Ehemann; dann steht ihr bevor, lange Zeit vernachlässigt und schließlich vollkommen verlassen zu werden. Auf diese Weise ist die Ärmste
dazu verurteilt, entweder den gefahrenreichen Weg des Ehebruchs zu
wählen oder sich mit dem unverdient zölibatären Zustand, der einer
vorzeitigen Witwenschaft gleichkommt, abzufinden. »So sieht das
Schicksal der Frauen in eben jenem Frankreich aus, das sie – wie es heißt
– angeblich beherrschen!«

Die Herrschaft der Männer zeigte sich gewöhnlich schon in der brutalen Inbesitznahme der Frau in der Hochzeitsnacht. Manon Phlipon heiratete mit 25 Jahren nicht den Doktor Gardanne, sondern einen Bräutigam ihrer Wahl: Roland de la Platière. Manon besaß zwar ein empfindsames Gemüt und »rasch erregbare Sinne«, wußte jedoch trotz aller Bildung nur sehr wenig über die konkreten Fakten der Liebe. »Die Ereignisse meiner Hochzeitsnacht«, schrieb sie, »erschienen mir ebenso überraschend wie unerfreulich.« Wenngleich geübt in stoischem Gleichmut, erlebte sie diese erste Probe des Ehelebens als sehr schmerzlich, da sie – wie sie berichtet – stärker gewappnet war »gegen vorhersehbares Unheil als gegen ein Unglück, das in Erwartung des Gegenteils unvermutet hereinbricht.«[76]

Liebesehen

Eine Liebesheirat kam nur in Romanen vor und paßte allenfalls zu Kleinbürgern und Schäfern – so jedenfalls die weitverbreitete Meinung seit den Zeiten Ludwigs XIV. Dennoch waren seit dem Erscheinen der *Nouvelle Héloïse* erste Auflösungserscheinungen der Vernunftehe zu beobachten. Natürlich war eine Liebesverbindung noch keine Ehe, aber die aufgeklärten Philosophen vermochten Vernunft und Liebe voneinander zu unterscheiden. Ein Diderot, wie sein Freund Naigeon mechanistisch und deterministisch denkend, machte doch diesem letzteren den Vorwurf, die Liebe allein durch physische Ursachen erklären zu wollen, als handle es sich dabei um die Flugbahnen der Kometen. Der Grund war leicht erklärt: für Diderot zählte seit 1755 bis zu seinem Tod im Jahre 1784 seine Liebe zu Sophie Volland höher als alle Theorie.[77] Die oft sehr armselig lebenden Schriftsteller – die Einkünfte eines Voltaire oder eines Beaumarchais stellten außergewöhnliche Ausnahmen dar – waren fast ausnahmslos Befürworter einer von Gefühl und Neigung bestimmten Ehe. Sie wirkten als deren Propagandisten. Mit ihren Texten wollten sie dem Leser vor Augen führen, daß die Liebesheirat im Frankreich Ludwigs XVI. nicht immer nur in den Bereich von Märchen oder Träumen gehören mußte.

Die folgende Anekdote, die der *Mercure de France* im September 1775 abdruckte, ist zwar allzu erbaulich und literarisch erzählt, als daß sie ganz überzeugen könnte. Aber hören wir: Seit vier Jahren schon liebt Mademoiselle Anne Pedretty heimlich einen jungen Mann ohne Vermögen mit Namen Jean Biny. Da die Eltern mit ihrer Tochter andere

Absichten haben, wissen sie auch nichts von dieser Romanze. Sie haben beschlossen, Anne »mit Monsieur P. Blanc zu verehelichen, gegen den die Tochter eine starke Abneigung hegte«. Der Tag der Hochzeit kommt. Statt auf die Frage des Pfarrers ihr Einverständnis zu erklären, verkündet die Braut: »Gewiß wünsche ich, verheiratet zu werden. Aber ich erkläre hiermit, daß Monsieur Blanc nicht der Gatte ist, den ich mir erwählt habe. Schon seit langem habe ich Monsieur Jean Biny mein Herz und mein Wort gegeben; er ist anwesend und Zeuge dieses Schwurs, den ich hier ablege, niemals einem anderen anzugehören.« Die Überraschung war bitter, aber nach einer Weile – so wird berichtet – überwog doch die Bewunderung; denn die Geschichte geht folgendermaßen weiter: Monsieur Blanc überläßt nicht nur edelmütig seinem Rivalen den Platz, sondern macht ihm sogar eine Schenkung, damit er von den Schwiegereltern akzeptiert werden kann! Diese sind »gerührt von einem so ungewöhnlichen Gefühl« und schließen sich der Wahl ihrer Tochter an, worauf »der Pfarrer (der offensichtlich das Aufgebot und alle Bestimmungen des Konzils von Trient vergessen hat), zu Tränen gerührt, dem liebenden Paar den kirchlichen Segen erteilt.«[78] Wenn die Geschichte wirklich so passierte, verdiente sie zu Recht, in der Öffentlichkeit bekannt gemacht zu werden; sie mag erfunden oder stark geschönt sein: jedenfalls ist sie sehr aufschlußreich für eine bemerkenswerte Entwicklung der Empfindsamkeit, lautet doch die Botschaft an die Abonnenten des *Mercure*: Lieber Leserfreund, die Ehe aus Neigung, diese seltene Erscheinung, ist rührender und moralisch höher zu bewerten als alle tagtäglich geschlossenen Verbindungen, deren einzige schlechte Rechtfertigung – die Vernunft ist.

Selbst in vornehmen Kreisen war Zuneigung in der Ehe nicht mehr unbekannt. Der erste Minister seiner Majestät, Monsieur Maurepas, und seine Frau erhielten den Beinamen »Philemon und Baucis, die am innigsten verbundenen Eheleute, die es gibt.«[79] Der Ire Andrews glaubte in seinen *Bemerkungen über französische und englische Damen* (1783) feststellen zu dürfen, daß die meisten der dem französischen Landadel zugehörigen Offiziere in ihren Garnisonstädten Liebesheiraten eingingen. »Diese Verbindungen«, heißt es bei ihm, »die aufgrund beiderseitiger Zuneigung zustande kommen, [. . .] sind die allerglücklichsten.«[80]

Dennoch mußte der verliebte Lapérouse elf Jahre kämpfen, bis er sich endlich gegen die verschworene Gemeinschaft seiner Vorgesetzten und seines alten Vaters durchsetzen konnte, die sein Heiratsprojekt hintertrieben. »Meine Geschichte ist ein Roman«, schrieb der Seefahrer an den Marineminister Maréchal de Castries. Wie in dem Roman *Paul et Virginie* spielte auch diese Romanze – richtiger: ihr Anfang – auf den Maskarenischen Inseln im Indischen Ozean. Genau im Jahre 1772, eineinhalb Jahre nach der Rückkehr von Bernardin de Saint-Pierre, dem Verfasser von *Paul et Virginie*, in sein Vaterland und in die Hauptstadt Paris, wurde der einunddreißigjährige Jean-François de Galaup de Lapérouse, ein Edelmann aus Albi und Leutnant zur See, in Port-Bourbon von Abraham Broudou empfangen. Letzterer war ein ehemaliger Schiffseigner aus Nantes, gegenwärtig Magazinverwalter der Marine und Vorsteher des Hospitals. Alsbald verliebte sich Lapérouse unsterblich »in ein außerordentlich hübsches und liebenswürdiges Fräulein«, Éléonore, die zweitälteste Tochter seines Gastgebers. Das junge Mädchen war siebzehn Jahre alt. Sie war keine Kreolin, denn ihre Eltern wohnten erst seit 1768 in der Kolonie. Sie hatte eine ausgezeichnete Erziehung genossen, war aber eine Bürgerliche; daher der hartnäckige Widerstand des alten Monsieur de Galaup und des Kommandanten de Ternay, der direkter Vorgesetzter des Leutnants Lapérouse war. Das Ergebnis: 1776 sandte Monsieur de Galaup von Albi aus eine väterliche Vollmacht an den Chevalier de Ternay, damit dieser ein wachsames Auge habe – auf einen immerhin fünfunddreißig Jahre alten Offizier!

Im Dezember reiste Lapérouse wieder nach Frankreich zurück; einige Tage später folgte ihm die schöne Éléonore, der er seine Treue gelobt hatte. Nun begann wirklich die Zeit, in der sich ihre Liebe bewähren mußte, eine Zeit harter Prüfungen, die durch ihren langen Briefwechsel manchmal gemildert, häufig aber auch noch schmerzlich gesteigert wurde. Die Liebenden konnten sich in Nantes, Brest und Paris treffen, sie wurden jedoch durch den Krieg in Amerika getrennt. Leidenschaft und Treue des Leutnants gerieten dort ins Wanken, während die Gefühle Éléonores durch die Trennung um so leidenschaftlicher entfacht wurden. Nach dem Friedensschluß (1783) erklärte sich Lapérouse auf Drängen seiner Mutter beinahe damit einverstanden, den Bruch mit Éléonore zugunsten einer Vernunftehe zu vollziehen. Er war anscheinend bereit, eine gewisse Demoiselle de Vésian zu ehelichen, »ohne jemals die Ehre gehabt zu haben, sie zu sehen«. Da empfängt er, gerade noch rechtzeitig, einen tränenreichen, herzbewegenden Brief Éléonores. Ihre Worte lassen ihn wieder zu sich kommen, und er schreibt an seine Mutter: »Ich kann nur Éléonore gehören!« Beinahe heimlich heiraten sie in der Kirche Sainte-Marguerite im Faubourg Saint-Antoine. Am 12. August 1783 teilt er seinem Minister die vollendete Tatsache mit: »Meine Geschichte ist ein Roman.«[81] Lapérouse wollte sich selbst wohl einreden, eine echte Liebesheirat geschlossen zu haben. Was er dabei vergaß – oder vergessen wollte –, war die Tatsache, daß zehn Jahre leidvoller Widrigkeiten nicht mehr viel von seinen ersten leidenschaftlichen Gefühlen übriggelassen hatten.

Fünftes Kapitel

Die Religion des Höchsten Wesens

> Ja, meine Tochter, es gibt – vor allem unter den
> jungen Leuten – eine große Zahl Ungläubiger,
> und zwar nur deshalb, weil es gerade Mode ist:
> aus Eitelkeit und Nachahmungstrieb.
>
> Abbé Reyre

> Wenn die Unverständlichkeit der geoffenbarten
> Mysterien meinen Verstand erschreckte, so führ-
> ten mir doch die Wunder der Natur sinnfällig
> ihren Schöpfer und die Existenz einer sittlichen
> neben der materiellen Ordnung vor Augen.
>
> Pierre-Victor Malouet[1]

> Man muß zugeben, daß die katholische Religion
> sich kaum dazu eignet, von einem Menschen, der
> ihre Glaubensinhalte der Prüfung durch die Ver-
> nunft unterzieht, mit dem Maßstab des gesunden
> Menschenverstandes und aufgeklärten Wissens
> beurteilt zu werden; dagegen vermag diese Reli-
> gion die Einbildungskraft durch das Große und
> Schreckliche sehr wohl zu fesseln, während sie
> gleichzeitig die Sinne mit geheimnisvollen, ab-
> wechselnd wohltuenden und schwermütigen Ze-
> remonien beschäftigt. Madame Roland

Im Jahre 1787 schrieb der Pfarrer Beucher aus der Gemeinde Brûlon in
der Provinz Maine: »Heutzutage haben die Großen und Mächtigen
dieses Landes absolut keine Religion mehr; man findet diese nur noch
bei Leuten zweiter Garnitur und den Landbewohnern. [. . .] Deus
misereatur nostri (Der Herr erbarme sich unser).«[2] Das Urteil dieses
Pfarrers war durchaus zutreffend. Die Aufklärung hatte weniger zerset-
zend gewirkt als erwartet. Den stärksten Widerhall hatten Atheismus
und Materialismus, alles in allem genommen, zur Zeit Ludwigs XV.
gefunden. La Mettrie, der Autor der beiden Bücher *L'homme-machine*
(»Der Mensch eine Maschine«) und *L'homme-plante* (»Der Mensch
eine Pflanze«), den Voltaire »den Hof-Atheisten des preußischen
Königs« genannt hatte, starb 1751; Helvétius 1771. Er hinterließ allerdings eine ausgesprochen atheistische Abhandlung unter dem Titel *Le*

vrai sens du système de la nature (»Die wahre Bedeutung des Systems der Natur«), die im Jahre 1774 erschien. Ein anderer Atheist, der Baron d'Holbach, der auch noch unter Ludwig XVI. in Paris einen Salon führte, veröffentlichte in den Jahren 1767 und 1770 seine radikalen Schriften *Le christianisme dévoilé* (»Das entschleierte Christentum«) und *Le système de la nature* (»System der Natur«). Alle diese bis in den Titel hinein provozierenden Werke fanden jedoch kein großes Publikum. Die Gruppe der Aufklärer, ohnehin nicht sehr zahlreich, war sich untereinander uneins. Turgot zum Beispiel verbarg seinen Atheismus. Buffon legte sich niemals in irgendeiner extrem dogmatischen Richtung fest. Er respektierte die Glaubensüberzeugungen seiner Landsleute. »Er kam regelmäßig seinen christlichen Pflichten nach« und gab seinen Bediensteten ein Beispiel als praktizierender Christ; immerhin weiß ein Chateaubriand ihm Dank dafür, »die trockene Philosophie mit den Schicklichkeiten der Religion« verbunden zu haben.[3] Selbst der Unglaube hatte noch seine Abstufungen. Am 24. August eines jeden Jahres legte sich Voltaire in Erinnerung an die Bartholomäusnacht einen Tag lang zu Bett, weil ihn religiöse Probleme bedrängten.[4] Es ist im übrigen bekannt, daß Diderot – der Autor von *Rameaus Neffe* – spöttisch hervorstieß: »Oh, seid mir bloß still von diesem Frömmler!«, als man ihm von einigen Bemerkungen Voltaires berichtete, mit denen dieser sich für das Höchste Wesen ausgesprochen hatte.[5]

Auf die Bevölkerung hatte die Philosophie der Aufklärung bisher keineswegs mit der Gewalt einer alles überschwemmenden Sturzflut gewirkt; im Gegenteil – um im Bilde zu bleiben –, sie ebbte im Laufe der Zeit sogar ab. Als Ludwig XVI. den Thron bestieg, hatten die maßlosen Angriffe der Atheisten gegen den geoffenbarten Glauben als Gegenreaktion eine neue religiöse Empfindsamkeit entstehen lassen. Der Publizist Meister analysierte dieses Phänomen sehr treffend im April 1776 in seiner *Correspondance littéraire*: »Es war zu bemerken, daß man das Heilige Jahr in Paris mit einer solchen Frömmigkeit und einer solchen Gewissenhaftigkeit gefeiert hatte, daß man sich auch in weniger verdorbenen Zeiten als den unsrigen darüber hätte verwundern können. Sollte dieser religiöse Überschwang etwa darauf hinweisen, daß die Philosophie der Aufklärung durchaus noch nicht so viele Fortschritte gemacht hat, wie ihre Anhänger sich schmeicheln? Vielleicht. Möglich wäre es aber auch, daß die Frömmigkeit bei diesen Beweisen des Glaubenseifers eine geringere Rolle gespielt hat als vielmehr die Stimmung, die seit einiger Zeit gegen die Gruppe der Aufklärer um sich greift, welche bekanntlich keine anderen Götter gelten lassen als die Freiheit und den

materiellen Reingewinn. [. . .] Es wäre zu komisch, sollte die Philosophie auf diese Weise unwillentlich mit dazu beigetragen haben, den
Glauben in diesem Jahrhundert neu zu festigen. – Dieses Heilige Jahr
hat, wie einer unserer Aufklärer bemerkte, die Herrschaft der Vernunft
um mehr als zwanzig Jahre zurückgeworfen.«

Eine Religion, die zu Herzen geht

Ist der Glaube mit der Vernunft vereinbar? Die Philosophen bestritten
dies seit fünfzig Jahren. Demzufolge veröffentlichte der Klerus
Abhandlungen und Leitfäden *De la foi des humbles* (»Über den Glauben der Demütigen«), um seinerseits gegen die Argumente der Rationa-
listen Einwendungen zu erheben. 1777 und 1778 wurde *La religion du
cœur* (»Die Religion des Herzens«) des Chevalier de Lasne d'Aiguebelle
aus dem Jahre 1768 wieder neu aufgelegt. 1783 veröffentlichte Pons-
Augustin Alletz *L'art de toucher le cœur dans le ministère de la chaire*
(»Die Kunst, im Predigtamt die Herzen zu rühren«). Denn die besten
Verfechter der Sache des Christentums vertraten schon lange vor Chateaubriand und seinem *Génie du christianisme* (»Der Genius des Christentums«, 1802) die These, der christliche Glaube sei wahr, weil er die
Herzen anrühre. Dieses Argument war schlagend und sorgte selbst bei
den Autoren der *Encyclopédie* für Aufregung. Ein d'Alembert blieb bei
den schönsten katholischen Zeremonien völlig gefühllos, sein Mither-
ausgeber Diderot mißbilligte hingegen »jene absurden Rigoristen«, die
weder durch die Schwermut einer Karfreitagsmesse noch durch die
Majestät einer Allerheiligenprozession innerlich bewegt wurden.[6]
Fronleichnam war im 18. Jahrhundert das beliebteste kirchliche Fest.
Es hatte seit den Bestimmungen des Konzils von Trient über die Trans-
substantiation nicht nur eine lange Tradition, sondern man konnte mit
ihm auch eine zeitgemäße Neigung – die Liebe zur Natur – verbinden.
Die Prozession fand »zur Zeit der Frühlingsblüte« statt, wenn – wie es
bei Chateaubriand heißt – »Wälder und Felder von neuem Leben über-
quellen«. In feierlicher, aber ungezwungener Frömmigkeit vereinte dieses Fest die unterschiedlichsten Schichten der Gesellschaft: »Die im
Herzen Demütigen, die Armen, die Kinder« (letztere als privilegierte
Fürsprecher im Sinne der Seligpreisungen) gingen dem Allerheiligsten
voraus, während »die Richter, Soldaten und Mächtigen« ihm folgten.
Mit Sonnenaufgang – wenn die Witterung es nicht schon am Vorabend
erlaubt hatte – wurden die Häuser auf dem Lande mit grünen Zweigen

geschmückt, in der Stadt mit Wandbehängen oder Teppichen. Blumen-
teppiche bedeckten die Straßen. Feierlich läuteten alle Glocken. Dann
»setzte sich alles in Bewegung, und die prachtvolle Prozession nahm
ihren Lauf.« An der Spitze die Zünfte und Bruderschaften, die Armen
und die Kinder, eine ganze Reihe einfachen Volks, die Heiligenbilder
und Reliquien trugen. Danach folgte ein großes Kreuz und zwei Reihen
schweigsamer Mönche. »Die weltliche Geistlichkeit ging hinter diesen
Einsiedlern; manchmal setzten in römischen Purpur gekleidete Prälaten
die fromme Reihe fort.« Endlich kam das Allerheiligste: der ranghöchste Geistliche, ein Bischof oder Prälat, trug – geschützt von einem
Baldachin – die Monstranz. Die freudige Feierlichkeit der Prozession
war sicher auch den religiösen Herzensregungen (*élans du cœur*) förderlich. Vor allem die Jugend war zahlreich vertreten. Die jungen Leute
trugen Körbe voller Blumen und Gefäße mit Duftwasser. Die Chorknaben schwenkten ihre Weihrauchgefäße. Wenn der Baldachin die Kirche
verließ, schallten Gesang, Glockengeläut und Musketensalven vielstim-
mig zusammen. Bald bewegte sich die Prozession unter lautem Jubel,
dann wieder in schweigender Andacht, und es waren allein die auf dem
Pflaster widerhallenden Schritte zu hören. Die Prozession hielt immer
wieder vor Straßenaltären inne, die mit ausgespannten Stoffbahnen oder
Bögen aus grünem Laubwerk überwölbt waren. Alle Bewohner der
Stadt oder des Dorfes, die an dem festlichen Umzug nicht teilnehmen
konnten, weil sie zu alt, zu klein oder krank waren, schauten neugierig
von den Fenstern aus zu.[7]
In Schlettstadt im Unterelsaß, wo die Prozessionen auch noch am Vorabend der Revolution ihren alten Glanz bewahrt hatten, versetzte nicht
nur das Fronleichnamsfest die ganze Stadt in Bewegung, sondern von
hoher Bedeutung waren für die Bevölkerung der Stadt auch die Feste
Christi Himmelfahrt, Mariä Himmelfahrt und die Bittprozessionen
(*rogations*) an den drei Tagen vor Himmelfahrt. Am Vorabend eines
jeden Festes wurden die Straßen gefegt, die städtischen Bediensteten
deckten die Wasserrinnen mit Holzplanken ab und reparierten das Pflaster. Jedermann richtete seine Festtagskleidung her, war doch »das Fest
zugleich religiöse Zeremonie und öffentliches Vergnügen«. In den Klöstern wurden Allerheiligenfiguren und Fahnen hervorgeholt, die weltlichen Geistlichen legten ihre schönsten Ornate bereit. Ein großer Teil
der Leute, die zur Vorbereitung und Durchführung der Prozession
beitrugen, bekam übrigens von der Stadt eine Belohnung. 1788 erhielten der Kirchendiener, der Träger des großen Kreuzes, der Organist
und sein Balgentreter, die vier Schullehrer, die sieben Musiker, die drei

Boten, der öffentliche Ausrufer, die beiden Kirchturmwachen, die zehn Arbeiter, zwei Fuhrleute und zwölf Chorknaben jeweils zehn Sous. Der Kirchenvorsteher hatte ein Anrecht auf dreißig Sous, bestimmt »sowohl für ihn selber als auch für das Läutenlassen der Glocken«. Die restlichen zwölf Chorknaben bekamen jeweils nur vier Sous.[8]

Die Jugend, die bei den Prozessionen eine so große Rolle spielte, mußte von den Schulvorstehern und Pfarrern streng unter Kontrolle gehalten werden; denn es war gar nicht so einfach, sie über längere Zeit dazu zu bringen, andächtig und still auszuharren. 1788 heißt es in der Neuauflage der *Règles de la bienséance et de la civilité chrétienne* (»Regeln christlicher Wohlanständigkeit und Höflichkeit«) von Jean-Baptiste de la Salle: »Bei Prozessionen, die außerhalb der Kirche stattfinden, sollen es die Kinder unterlassen, deren Ordnung und Ablauf zu stören, indem sie kommen und gehen, wie sie wollen, die Geistlichen in ihrem Gang behindern, oder höher, schneller oder langsamer singen als die Vorsänger; ferner widerspricht es dem Respekt, den man den heiligen Zeremonien schuldet, von einer Seite zur anderen zu schauen, zu den Fenstern hinaufzusehen, im Vorüberziehen Leuten etwas zuzurufen, zu schwatzen, zu lachen, zu rennen« usw. Die großen Prozessionen am Ende des Ancien Régime waren vielleicht allzustark durch das offizielle kirchliche Zeremoniell bestimmt; daß sie dennoch im Leben des Volkes ein so lebendiger Bestandteil geblieben waren, verdankten sie wahrscheinlich der großen Zahl ihrer jugendlichen Teilnehmer und der Tatsache, daß sie einen immer willkommenen Anlaß zu volkstümlichen Festen boten.

Wie man sich in der Messe benimmt

In der oben erwähnten Neuauflage des klassischen Werkes von Jean-Baptiste de la Salle aus dem Jahre 1788 fügten die Herausgeber ein in den Ausgaben von 1774 und 1782 nicht enthaltenes zehntes Kapitel hinzu, das die Überschrift trägt: »Vom schuldigen Benehmen der Kinder in den Kirchen«. Es handelt sich um ein einfaches, schlichtes Dokument, das die kindlichen Streiche während der Messe in Erinnerung ruft; es ist aber vor allem ein Zeugnis für ein in seinem Innern streng katholisch gebliebenes Frankreich, in dem auch im Jahre 1788 ein volkstümliches Christentum immer noch tief verankert war.

Wovon ist da die Rede? Es dürfen nur solche Kinder zur Messe gebracht werden, die sich dort schon anständig aufführen können; denn bei den

Neugeborenen besteht die Gefahr, daß sie »durch ihr Schreien den Gottesdienst stören« und die Mütter allzusehr ablenken. Die Kinder sollen sauber gekleidet erscheinen, so als wolle man »sie in Gesellschaft vorführen«. Beim Betreten der Kirche soll die leichtsinnige Jugend weder am Glockenseil ziehen noch das Weihwasser dazu benutzen, Gesichter und Kleider der Nachbarn zu bespritzen. Auch sollen die Kinder sich nicht gewaltsam durch die Menge drängeln. Andächtiges Schweigen ist zu wahren, Fragen dürfen nur »im Zusammenhang mit dem Gottesdienst« gestellt werden. Nach einem Kniefall (auf beide Knie!) und einem kurzen Gebet sollen die Kinder einen Platz einnehmen, »von dem aus sie die Zeremonien gut verfolgen und das Wort Gottes deutlich hören können«. Es ist unbedingt verboten zu lachen, Grüppchen zu bilden, zu schwatzen, in die Sakristeien einzudringen und die Meßgewänder zu berühren. Die älteren Kinder sollen in ihrem Stundenbuch den Tagestext verfolgen, den ihre Eltern ihnen zur Aufmerksamkeit empfohlen haben; auch sollen sie sich um »eine andächtige und gesammelte Haltung« bemühen und diese während des Gottesdienstes auch bewahren. Während der stillen Messe dürfen sie nur stehen oder knien, niemals aber sitzen. Es mag vorkommen, daß Kinder im Laufe der Messe einschlafen; in diesem Fall wecke man sie sanft wieder auf. Auf gar keinen Fall ist es während der Messe »zu dulden, daß die Kinder etwas essen; das ist eine der gröbsten Unehrerbietigkeiten.« Die Predigt soll mit der ganzen wünschenswerten Aufmerksamkeit angehört werden: die Kinder sollen dabei weder einschlafen noch den Prediger anstarren; sie sollen weder etwas anderes lesen noch ausspucken, husten oder sich schneuzen und noch weniger aufstehen oder auf die Stühle klettern, um »Zuhörer zu betrachten«. Alle Kinder, besonders aber die Chorknaben, sollen es vermeiden, sich ohne Grund in den Beichtstühlen aufzuhalten oder sich zu Füßen des Altars »miteinander zu unterhalten oder zu lachen«. In einem solchen Fall müssen sie streng gerügt werden, und man erinnere sie des öfteren an die Worte des Apostels Paulus (1. Kor. 3,17): »Wenn jemand den Tempel Gottes verdirbt, den wird Gott verderben.« Schließlich mögen Große und Kleine sich merken, »daß es sich nicht gehört, die Kirche zu verlassen, bevor nicht der Pfarrer, der die Messe zelebriert hat, in die Sakristei zurückgekehrt ist; und bei einem Vespergottesdienst nicht eher, als bis der Gottesdienst wirklich zu Ende ist.«

Natürlich war es ebenso geboten, die Kirchengebäude auch außerhalb der Zeremonien mit dem einem Gotteshaus schuldigen Respekt zu behandeln; etwas, das anscheinend viele Christenmenschen nicht wußten oder vergessen hatten. Am 27. Oktober 1774 erinnerte eine Verordnung des Probstes von Charonne die Bürger des Städtchens aus zwingenden Gründen an »die Erlasse, Verlautbarungen, Verfügungen, Verordnungen und Vorschriften, Ehrfurcht und Anstand betreffend, die in den Kirchen beachtet werden müssen«. Den Bürgern wurde ausdrücklich und unter Androhung von zwanzig Livres Strafe untersagt, »einen Hund in die Kirche mitzubringen oder mitnehmen zu lassen«.[9]

Ein französischer Heiliger in Rom

Im 17. Jahrhundert gehörten die Heiligen beinahe selbstverständlich zum Alltagsleben. Saint-Cyran, Madame Acarie (Marie de l'Incarnation), Vinzenz von Paul, Louise de Marillac, Blaise Pascal, Bérulle, Jeanne de Chantal, Jean Eudes, Franz von Sales – um nur diese zu nennen – wirkten durch Gebete und durch fromme Werke und prägten auf diese Weise in hohem Maße den spirituellen Reichtum der Gegenreformation. Das 18. Jahrhundert lebte von der im 17. Jahrhundert erreichten Frömmigkeit. Der einzige große Heilige des Jahrhunderts erscheint damals wie heute wie ein auf die Spitze getriebener Anachronismus: Zu einer Zeit, da das hygienische Bewußtsein der Menschen große Fortschritte gemacht hatte, lebte er schmutzig und ungepflegt; und inmitten aller Eitelkeiten des Jahrhunderts bestimmte Demut sein Leben. Er war weder Bischof noch Priester, weder Pariser noch Adliger, sondern stammte aus bäuerlichen Verhältnissen in der Diözese Boulogne und wuchs in der einfachen und kindlich-naiven Atmosphäre eines volkstümlichen Katholizismus heran.

1777 durchstreifte der französische Maler André Bley auf der Suche nach einem Modell für ein Bild mit einem religiösen Thema die Straßen Roms. Er traf, so erzählt er, »einen jungen Mann mit dem Äußeren eines Bettlers und einem kleinen roten Bart. Ich beobachtete diesen Mann und dachte, daß sein Kopf ein gutes Modell für den Christus abgäbe, den ich zu malen hatte.«[10] Der arme junge Mann wehrte zunächst bescheiden ab, erklärte sich dann aber bereit, drei Stunden lang als Modell zu dienen: »Also gehen wir, es sei zum Ruhme Gottes.« Denn dieser Mann war keineswegs ein normaler Bettler, die römischen Armen nannten ihn »den Herrn«. Seine feingliedrigen Hände ohne alle Schwielen überraschten bei einem vor Schmutz starrenden Individuum, das buchstäblich von Ungeziefer aufgefressen wurde. Nicht weniger erstaunte, daß seine Lumpen Tunika und Skapulier eines Trappisten-

Novizen waren; und noch seltsamer mutete es an, wenn er den Herum-
treibern in den Armenhäusern versicherte: »Auch die Armen müssen,
wie alle andern, ihr Fleisch kasteien und bezwingen.« Einige ihm wohl-
wollende Priester, so der Abbé Mancini und der Abbé Marconi, wußten, daß er Franzose war und sich seit 1770 auf einer freiwilligen Pilger-
schaft befand. In seinem Reisesack trug er *Die Nachfolge Christi* des
Thomas von Kempen, das Neue Testament und ein vierbändiges Brevier. Diese kleine Handbibliothek war sicherlich nicht die eines Mannes
der Aufklärung. Der römische Bettler hatte sich übrigens während eines
nicht zu Ende geführten Aufenthaltes in einem geistlichen Seminar niemals an philosophisch-logisches Denken gewöhnen können. Er hatte
eine Denk- und Lebensweise gewählt, die derjenigen eines Voltaire
diametral entgegengesetzt war. Und zwar deshalb, »weil er in sich ganz
deutlich eine Eingebung verspürt hatte, die ihm ans Herz gerührt und
ihn dazu getrieben hatte, sein Heimatland, sein Zuhause, seine Eltern
und alle Bequemlichkeiten des Lebens aufzugeben und statt dessen den
Weg der Selbstverleugnung, der vollständigen Abkehr von allen Dingen
dieser Welt, der Armut und der Buße zu wählen.« Das Ergebnis dieses
Entschlusses waren achttausend zu Fuß zurückgelegte Meilen, das Sammeln und Weiterverteilen von Almosen, Pilgerfahrten und Gebete –
von Paray-le-Monial bis Loreto, von Loreto bis Assisi, von Assisi bis
Rom, das er – als Hauptstadt des Katholizismus – besonders bevorzugte
und wo er auch sterben sollte.
In Rom nächtigte er in Asylen, schlief auf dem Palatin oder den Stufen
von Santa Maria Maggiore, oder er quartierte sich unter einer bestimmten Arkade des Kolosseums ein. Nach 1779 wohnte er regelmäßig in der
Nähe von San Martino ai Monti im Evangelischen Hospiz. Er verbrachte seine Tage beinahe vollständig in den Kirchen und Kapellen der
Stadt. Morgens folgte er andächtig mehreren Messen, nachmittags
besuchte er den Vespergottesdienst, suchte immer wieder den sakra-
mentalen Segen. Dazwischen nahm er am sogenannten Vierzigstündi-
gen Gebet (*dévotion des quarante heures*) und an einer anderen frommen Andachtsübung teil, der Anbetung des allerheiligsten Altarsakra-
mentes (*adoration du saint-sacrement*). Er war sehr sonderbar gekleidet; allein schon daran hätte man ihn erkennen können. Aber die Römer
– Geistliche und Laien gleichermaßen – beobachteten und bewunderten
vor allem die Art und Weise seines Betens: er kniete mit zurückgeworfe-
nem Kopf, die Hände über der Brust gekreuzt, in ekstatischer Starre,
den Blick unbeweglich auf die Monstranz oder das Tabernakel gerichtet. Seine Frömmigkeit war »still und andächtig«. Glaubte er sich

jedoch vor einem Altar allein, drückte sein Gebet aus, was sein Herz bewegte: Seufzer, Schluchzer, Bruchstücke des Miserere und Schreie unterstrichen sein Gebet. In den letzten Jahren und Monaten seines kurzen Lebens wurde er für die Römer »der französische Heilige«. Er gilt heute als der vorletzte große Heilige – vor dem Curé d'Ars[11] – der tridentinischen Kirche.

Am 16. April 1783, dem Mittwoch vor Ostern, starb er in Rom. Er wurde nur fünfunddreißig Jahre alt, erschöpft durch viele im Gebet durchwachte Nächte, verzehrt von einem in Askese verbrachten Leben. Bald sprach es sich herum, daß sein Name Benoît-Joseph Labre gewesen war. Madame Elisabeth, die Schwester Ludwigs XVI., rief ihn im Gebet als Fürsprecher an. Die aufgeklärte Welt war jedoch nicht bereit, ihn als Vorbild anzuerkennen. Alles, was der französische Botschafter in Rom, der Kardinal de Bernis, zu diesem Thema zu sagen hatte, ist in seinem Brief vom 30. April 1783 an den Minister Vergennes nachzulesen: »Beim Tode des französischen Bettlers erklärte ganz Rom ausnahmslos, daß dieser Arme, von dem in der Tat viel Gutes berichtet wird, ein Heiliger war [. . .] und eine große Zahl von Wundern bewirkte, was zu überprüfen bleibt. [. . .] Zu seinen Lebzeiten – während der neun Jahre, die er in Rom verbracht hat – war niemals von ihm die Rede; nun, da er tot ist, verbreitet sich das Gerücht von seiner Heiligkeit wie ein Lauffeuer überall in der Stadt; ein Umstand, der beweisen könnte, daß die hier herrschende Partei (nämlich die der Jesuiten) auf den frommen Bettler ein Auge geworfen haben soll, um aus seinem Tod ihren Vorstellungen gemäß ihren Nutzen zu ziehen.« Besser informiert und weniger engstirnig antwortete der Minister: »Daß ein unbekannter und als Einsiedler lebender Mensch bei seinem Tode solches Aufsehen erregt, ist ein recht bemerkenswerter Umstand, der es verdient, genauer untersucht zu werden.« Noch am 6. Juni desselben Jahres begann tatsächlich ein Untersuchungsverfahren: es war der erste Schritt zu der am 8. Dezember 1881 erfolgten Heiligsprechung des »Heiligen Armen Jesu Christi« (»Saint pauvre de Jésus-Christ«).

Mißbräuche im volkstümlichen Katholizismus

Der Kreis derer, die zu Anhängern des aufgeklärten Denkens geworden waren, hielt sich in Grenzen. Das Volk war traditionsbewußt. Die Landbevölkerung besuchte am Sonntag weiterhin die Messe; in besonders frommen Landstrichen begleiteten die Männer ihre Frauen sogar zum Vespergottesdienst. Mochte man auch im Hinblick auf Ball- oder Gasthausbesuche den Geboten des Herrn Pfarrers nicht immer folgen, so hielt man sich doch streng an die kirchlichen Fasten- und Abstinenzzeiten. In dieser Hinsicht trennten die französischen Bauern wirklich Welten von den leichtsinnigen Parisern. Am 7. April 1788 beklagte sich der Direktor der Oper bei dem Intendanten Papillon de la Ferté über das skandalöse, noch dazu ruinöse Bankett – es hatte 1954 Francs gekostet – und das dabei stattfindende »sehr derbe Treiben«, das sechzig Lebemänner, Schauspielerinnen und Tänzerinnen in der heiligen Karwoche im Rapée veranstaltet hätten.[12] Dagegen unterstreicht Richard-Lenoir in seinen Lebenserinnerungen: »Um nichts in der Welt hätte man bei uns auf dem Lande am Aschermittwoch oder in der Karwoche Fleisch gegessen.«

Es erschien den Gläubigen zwar durchaus Rechtens, sich über die Last der Abgaben an die Kirche (*la dîme*) zu beklagen, über den schlechten Gebrauch, der davon gemacht wurde, und über die ungerechte Festsetzung dieser Abgaben in unterschiedlicher Höhe, die zwischen acht und zwei Prozent schwankte. All diese Klagen waren in den Beschwerdeheften (*cahiers de doléance*) von 1789 gang und gäbe. Die Gemeinde von Bully, die den Chorherren von Lyon ihre Abgaben entrichten mußte, beklagte sich beispielsweise darüber, jede zwölfte Weizengarbe (und nicht jede einundzwanzigste) und jede zwölfte Butte Wein (und nicht jede dreißigste) abführen zu müssen.[13] Diese Beschwerden bedeuteten aber nicht etwa eine Revolte gegen Gott. Manchmal beschuldigte man die Kirche, häufiger jedoch seinen Gemeindepfarrer, was aber keineswegs bedeutete, auch seinen Glaubensüberzeugungen abzuschwören. Übte ein Pfarrer sein kirchliches Amt in gütiger und redlicher Weise aus, so akzeptierten seine Pfarrkinder alles, was ihnen zugemutet wurde, selbst das geheime Einverständnis zwischen Schloß und Pfarrhaus, in dem sich die Verbindung von Thron und Altar am Ort manifestierte. In der Gemeinde Nuillé-sur-Vicoin in der Provinz Maine findet man im Beschwerdeheft von 1789 statt der üblichen Beschwerden sogar ein Lob. Enthusiastisch wird dort die Großzügigkeit und Uneigennützigkeit der Herrschaft und der Pfarrei gepriesen, die schon seit zehn Jahren gemeinsam in der Armenunterstützung und in der Fürsorge tätig seien: »Wir bitten und beauftragen unsere Herren Deputierten, die vorliegende Erklärung an der dafür zuständigen Stelle schriftlich niederzulegen, als ein Zeugnis unserer Dankbarkeit gegenüber unseren Wohltätern, das wir bis zu den Stufen des Throns tragen möchten.« 1779 hatte eine Ruhrepidemie diesen Landstrich schwer heimgesucht.

Damals ließ die Herrschaft gemeinsam mit der Pfarrei die Kranken auf eigene Kosten pflegen. Beide hatten auch dafür gesorgt, daß sie für die Bedürftigsten der Gemeinde von den Behörden einen Zuschuß von 1200 Livres bekamen. Ferner hatten sie »mit ihrem Geld und ihrem Kredit geholfen«, bis zum Jahre 1788 das schuldige Steueraufkommen zu bezahlen. »Ihrer großzügigen Hilfe« – so heißt es in dem Beschwerdeheft – »verdanken die meisten Menschen in unserer Gemeinde ihr Leben.«[14]

Umgekehrt regte sich der Volkszorn, wenn die Kirche ihre Rechte mißbrauchte. 1780 lag beispielsweise das normannische Dorf Notre-Dame-du-Vaudreuil im Streit mit der Pfarrei; es ging dabei um den Wiederaufbau einer Mauer des Pfarrhauses. In dieser gespannten Atmosphäre kam es am Sonntag, den 27. August, zu folgendem Vorfall: Fünf Gemeindemitglieder nahmen es sich heraus, nachdem sie lange genug im Wirtshaus gesessen hatten, den Kirchenmann zu beleidigen, als dieser nach dem Vespergottesdienst die Kirche verließ. Frech riefen sie ihm zu: »Diese feige Memme, die uns nicht die Absolution geben will, nur weil wir saufen!« Und: »Würde das Heil der Seelen von den Pfarrern abhängen, so würden sie alle verdammt!« Dieser bäuerliche Antiklerikalismus – übrigens von unguten Erinnerungen an den Religionsunterricht geprägt – hatte dennoch nichts Irreligiöses an sich. Deshalb schenkten die nachsichtigen Richter des örtlichen Amtsgerichts den Schreihälsen auch nach vier Monaten die Freiheit wieder.[15] 1787 hatte der Pfarrer des kleinen Städtchens Ollières in der Provence seine Hand auf die Einkünfte der kirchlichen Bruderschaften gelegt. Die Kirchenvorsteher legten Protest ein, die Ratsherren unterstützten sie, und schließlich verbündete sich das ganze Dorf gegen diesen unklugen und tyrannischen Pfarrer, der die örtlichen Bräuche mit Füßen getreten hatte.[16]

Seit dem frühen 18. Jahrhundert mißbilligte der jansenistische Klerus[17] die Mißbräuche, die in der volkstümlichen Religion um sich gegriffen hatten: die Vielzahl der Feste, in denen sich Profanes und Heiliges unstatthaft mischte; der theatralische Charakter allzu vieler Prozessionen, die zu reinen Spektakeln geworden waren; der Aberglaube, der sich mit manchen Reliquien verband; und schließlich die moralischen Verirrungen mancher Bruderschaften. Später wollten diese Bischöfe dann im Namen der Aufklärung bestimmte irrationale Bräuche, etwa die *charivaris*[18], abschaffen, ferner der Unabhängigkeit der Bruderschaften ein Ende setzen und die übermäßig vielen Kirchenfeste auf ein vernünftiges Maß einschränken, da sie allzu viele arbeitsfreie Tage im

Gefolge hatten. Pfarrämter und königliche Gerichte verbündeten sich hier miteinander; denn es lag in ihrem gemeinsamen Interesse, gegen diese Ausschreitungen vorzugehen, die man der kirchlichen Ordnung, der öffentlichen Ruhe und der Arbeit für abträglich hielt. Mit einem Wort: unter Ludwig XVI. hatten sich alle miteinander verbündet, um Glück und Heil des einfachen Kirchenvolkes durchzusetzen – auch gegen dessen Willen . . .

Die Patronatsfeste der Gemeinden hatten im Laufe der Zeit in der Tat einen sehr weltlichen Charakter angenommen, etwa die *bravade* in Draguignan, Saint-Tropez und anderen provençalischen Städten. Es handelte sich dabei um einen Umzug der Jugend in Uniform und mit Waffen, bei dem die Büste des Stadtheiligen unter Abgabe zahlreicher Flintenschüsse umhergetragen wurde. In ein und derselben Stadt fanden oftmals zwei oder drei Feste dieser Art im Jahr statt; dazu gehörten zum Beispiel auch die berühmten *romérages* in der Provence, bei denen sich große Menschenmengen drängten. Daneben gab es aber noch viele kleinere Feste, und das hieß immer: arbeitsfreie Tage. Das Jahr hatte auf diese Weise nur noch 260 Arbeitstage, zum großen Schaden für die gewerbliche Produktion und die Einkünfte der Handwerkerfamilien. Die Gastwirte waren natürlich gegenteiliger Meinung und »fromme« Verteidiger dieser Feste: »Es sind die Gastwirte und kleinen Krämer in den Marktflecken, die die Bauern aufhetzen.«[19] All diese liebenswerten und recht ungezwungen gehandhabten Bräuche – die provençalischen *romérages* zum Beispiel bestanden vor allem aus einer Folge vergnügter Schmausereien im Freien – traf nun der Zorn der kirchlichen und weltlichen Obrigkeiten. 1780 reduzierten die Bischöfe der Provinz Tours die Feiertage auf 23 im Jahr. 1782 verbot der Erzbischof von Toulouse die abendlichen Sakramentsandachten, denn: »Unter dem versammelten Volk, das daran teilnehmen möchte, kommt es im Schutze der Dunkelheit zu skandalösen Unehrerbietigkeiten.«[20] Mittels strenger Vorschriften setzten die provençalischen Bischöfe den Fehden zwischen den Büßerbruderschaften (*confréries de pénitents*) ein Ende. Auf die Beschwerden der Pfarrer hin vervielfachte das zuständige Parlamentsgericht die Verbote der für mißbräuchlich gehaltenen Kirchengemeindefeste. In einem Erlaß vom 4. Mai 1781 untersagte dieser Gerichtshof beispielsweise die alten, bis dahin im Herzogtum La Rochefoucauld üblichen Volksfeste: »Folglich soll es jedermann, welchen Standes oder Ranges er auch sein mag, verboten sein, sich am Ostertag in der Gemeinde Rouillac, am Pfingsttag in der Gemeinde Cettrefoin und am Weihnachtstag und den beiden darauffolgenden Feiertagen in den

Gemeinden Genac und Saint-Cybardeau zu versammeln oder – unter
welchem Vorwand auch immer – zusammenzurotten, um entweder
irgendwelche Personen ins Wasser zu werfen, Boule zu spielen, zu
trommeln und zu tanzen oder Leuten auf der Straße Geld abzuknöp-
fen.«[21]

Zum Ausgleich versuchte die aufgeklärte Geistlichkeit, dem Patronatsfest – in jedem Ort, ja sogar in jeder Diözese von nun an nur noch ein
einziges – wieder einen frommen Charakter zu verleihen, das Roga-
tionsfest (das öffentliche Gebet um Segen für die Feldfrüchte, drei Tage
vor Himmelfahrt) wieder christlich zu gestalten, vermehrte Sakramentsandachten abzuhalten und ganz allgemein die Herz-Jesu-Ver-
ehrung durchzusetzen. Diese Idolisierung des Herzens Jesu (*cordola-
trie*), die sowohl von den Jansenisten als auch von den Aufklärern strikt
abgelehnt, aber zum Beispiel von dem Bischof von Lodève, Monsignore
de Fumel, glühend befürwortet wurde, geriet zu einem wirklich volkstümlichen Erfolg. Der Herz-Jesu-Kult wurde zu einem festen Bestandteil der Andachtspraxis und gab einer empfindsamen Frömmigkeit
Nahrung. Dabei war gar nicht sicher, ob der Herz-Jesu-Kult auf längere Zeit Bestand haben würde; denn das Heilige Herz wurde hier
hypostasiert, es gewann eine eigene Wesenhaftigkeit und wurde zu
einer Art neuer Inkarnation Gottes, losgelöst von der Person Christi.
Damit aber trat der Herz-Jesu-Kult in die Nachbarschaft von Deismus
und Atheismus, die beide einen Angriff auf die Person Christi darstell-
ten – der Deismus, weil er sie außer acht ließ, und der Atheismus, weil er
sie verleumdete.

Das französische Volk vermißte seine traditionellen Feste. Der Bischof
von Cahors, Monsignore de Nicolay, mußte trotz aller seiner Verdienste im Juli 1789 zusehen, wie die aufgebrachte Menge sein bischöfliches
Palais plünderte. Er wurde gezwungen, »der Wiedereinrichtung des
alten Kirchenkalenders mit den alten Feiertagen und dem Läuten der
Kirchenglocken bei Sturm seine Zustimmung zu geben.«[22] Die einfache
Bevölkerung duldete die Abschaffung ihrer volkstümlichen christlichen
Bräuche oder die Verlegung ihrer Friedhöfe vor die Mauern der Städte
nicht. Weder die Landbevölkerung noch die Städter billigten in ihrer
großen Mehrheit die neu eingeführten Einschränkungen der Heiligen-
verehrung. Vielleicht zerstörte sich der Katholizismus am Ende selbst
dadurch, daß er das Volk auf diese Weise zwingen wollte und dabei
dessen tiefste Empfindungen verletzte.[23] Selbst wenn man seine
Gewohnheiten respektierte, scheint das Volk nur zögernd alle Initiativen der Geistlichkeit befolgt zu haben. Und wenn die Volksmissionen

auch Erfolg haben mochten – in Niort fanden 1774 und 1775 drei-
wöchige Missionswochen statt, die großen Zulauf hatten; an jedem Tag
wurden vier Stunden lang Beichten abgehört –[24], so sahen doch manche
Pfarrer darin nur noch ein wirkungsloses Mittel, das weder Nutzen
noch Schaden brachte.

Der Einfluß des Deismus

Die »aufgeklärten« Zeitgenossen hatten andere Probleme. Das letzte
Gebet von Manon Phlipon, der späteren Madame Roland, war ein thei-
stisches: »Nature, ouvre ton sein! [. . .] Dieu juste, reçois-moi!«
(»Natur, öffne deinen Schoß! Gerechter Gott, nimm mich auf!«) Im
Laufe ihres Lebens war sie als ganz junges Mädchen zuerst glühende
Katholikin gewesen, mit vierzehn Jahren Agnostikerin, darauf Janseni-
stin, später Anhängerin der Lehren von Descartes, dann Deistin und
schließlich Skeptikerin geworden. In ihren Lebenserinnerungen, die sie
einige Monate vor ihrer Hinrichtung im Jahre 1793 im Gefängnis
schrieb, benutzte sie einen dem Zeitalter der Aufklärung entsprechenden religiös gefärbten Stil, der von volkstümlichen Glaubensüberzeugungen weit entfernt war. Bei 60 Nennungen des Namens Gottes beziehen sich nur 8 auf die biblische Offenbarung, nämlich »Herr« (*Seigneur*
– 5mal), »Schöpfer« (*Créateur*), »Jesus Christus« und »Fleckenloses
Lamm« (*Agneau sans tache*) – letzteres ironisch gebraucht. Die übrigen
Erwähnungen gehören zum Vokabular der Deisten. Statt »Gott« zu
sagen, zieht sie es vor, von »Himmel« (*Ciel* – 10mal), »Vorsehung«
(*Providence* – 7mal), »Gottheit« (*Divinité* – 5mal), »Ursprung« (*Prin-
cipe* – 3mal), »Geist« (*Intelligence* – 2mal), »Ewigkeit« (*Éternité*),
»Güte« (*Bonté*), dem »mächtigen Vergelter« (*puissant Rémunérateur*),
»Urgrund« (*Cause première*), »Weltseele« (*Ame du monde*) und dem
»Urheber meines Lebens« (*Auteur de mon existence*) zu sprechen. Sie
sagt: »Du, der Du mich in diese Welt gestellt hast.« In drei Fällen
spricht sie von dem »Höchsten Wesen« (*Être suprême*). Unter der fieberhaft schreibenden Feder der einstigen Ratgeberin der Girondisten
sind diese merkwürdig anmutenden Begriffe nicht ohne Schönheit.
Dabei kommen sie übrigens manchmal echten Gebeten sehr nahe:
»Gottheit, Höchstes Wesen, Weltseele, Ursprung dessen, was ich als
groß, gut und glücklich empfinde, Du, an dessen Existenz ich glaube,
denn ich muß aus etwas Besserem hervorgegangen sein als dem, was mir
vor Augen liegt – ich werde mich wieder mit Deinem Sein vereinen!«

Diese Religiosität trägt schon Züge der Romantik und ist von Jesus Christus und dem Gott Abrahams, Isaaks und Jakobs weit entfernt. Sie ist in dieser Form keineswegs ein Einzelfall. In den Lebenserinnerungen des Comte Alexandre de Tilly wird Gott einmal »Höchster Weltenrichter«, dann wieder »Höchstes Wesen« genannt. Einmal heißt es: »der sein Spiel mit unseren Absichten treibt und unsere Hoffnungen durcheinanderwirft«, und ein anderes Mal: »der, dessen allmächtige Hand die Wellen erhebt, um sie dann aufs neue in die Tiefe der Abgründe zu schleudern«. Denn bei allen endlosen Umschreibungen kehrten Deismus und Theismus doch häufig zu den biblischen Bildern zurück.

Selbst frommere Naturen als eine Madame Roland oder ein Alexandre de Tilly übernahmen das zeitgenössische Vokabular. Der Begriff »Höchstes Wesen« war vor 1789, wie es in einer Untersuchung über Niort heißt, einfach nur der zeitgemäße Ausdruck für Gott und bedeutete keineswegs eine Glaubensänderung. Er fand sogar Eingang in die Predigten geachteter Pfarrer, und manche Mönche »erhoben sich im Gebet zu Ihm«.[25] An anderer Stelle brachte es Abbé Reyre, der fromme Autor der weitverbreiteten Schrift *Mentor des enfants* (»Ratgeber für Kinder«), durchaus fertig, das deistische Vokabular naiv mit dem biblischen zu vermischen. Da heißt es zum Beispiel: Die Eltern »nehmen hienieden den Platz jenes Höchsten Wesens ein, das unser oberster Vater ist.« Man könnte beinahe sagen, daß die Kirche es damals als geradezu unschicklich empfand, von Jesus Christus zu sprechen. Chateaubriand berichtet: »Der Pfarrer auf der Kanzel vermied den Namen Jesu Christi und sprach nur noch von dem ›Législateur des chrétiens‹ (›Gesetzgeber der Christen‹).«[26] Im kirchlichen Beschwerdeheft von Bouzonville in Lothringen wird der Name Christi durch die nichtssagende Umschreibung »der Religionsschöpfer selbst« ersetzt.[27]

Natürlich war die Gestalt Jesu Christi bei den Aufklärern schon seit fünfzig Jahren die Zielscheibe ihrer Kritik, sein Verschwinden aus der Sprache – wahrscheinlich unvermeidlich nach den außerordentlichen inneren Spannungen des 17. Jahrhunderts – war hingegen erst jetzt ein allgemein zu beobachtender Vorgang. Die wenigen noch übrig gebliebenen Vertreter spiritueller Frömmigkeit hatten anscheinend vergessen, wie die Botschaft des Evangeliums lautet: »Ich bin der Weg und die Wahrheit und das Leben; niemand kommt zum Vater denn durch mich« (Joh. 14,6). Benoît Labre, der »Heilige Arme Jesu Christi«, sprach in seinem geistlichen Testament vom 2. Oktober 1769 zwölfmal von Gott; dabei nennt er ihn fünfmal Gott, viermal den Guten Gott und je einmal den Herrn, den Allmächtigen und die Vorsehung.[28] Er verwendet aber kein einziges Mal den Namen Jesu – eine seltsame Auslassung und ein merkwürdiges Schamgefühl bei diesem glühenden Eiferer des Herz-Jesu-Kultes!

In Frankreich gab es vor 1789 keine Dechristianisierung im Sinne religiöser Indifferenz, der Rückkehr zum Heidentum oder des Triumphs der aufgeklärten Philosophie. Die Bewohner des ländlichen Frankreich blieben gläubige und praktizierende Katholiken. Aber ohne daß man sich dessen bewußt wurde, fand durch die begrifflichen Veränderungen der Glaubenslehre in Frankreich eine sprachliche Dechristianisierung statt; denn das »Höchste Wesen«, der »Erbauer des Universums« und selbst das »Herz Jesu« (als Wesenheit) sind in der Bibel unbekannt. Das Reich Ludwigs XVI. konnte immer noch als fromm gelten, aber es handelte sich dabei um eine vorromantische Frömmigkeit, in die sich allerlei Elemente des Deismus, der Gnosis, des Rousseauismus, des Pantheismus und des Platonismus eingeschlichen und miteinander vermischt hatten. Dagegen war der Jesus Christus der alten dogmatischen Theologie (»wahrer Gott und wahrer Mensch«) praktisch aus dem alltäglichen Katholizismus verschwunden. -

An die Stelle des Evangeliums war das Denken Rousseaus getreten, das »mit weitem Abstand die zweite Hälfte des 18. Jahrhunderts beherrschte.«[29] Rousseau vertrat einen gefühlsbetonten Theismus. Nachdem er zuvor den alten Deismus in der Gestalt des savoyardischen Vikars im *Émile* neu gesehen und weiterentwickelt hatte, transformierte er ihn nun unmerklich in eine Religion der Natur. »Ich finde keine würdigere Form, die Gottheit zu verehren«, schrieb Jean-Jacques in den *Confessions*, »als jene schweigende Bewunderung, welche die Betrachtung seiner Werke hervorruft.« »Die Wunder der Natur«, heißt es bei Malouet in noch gesteigerter Form, »führten mir sinnfällig ihren Schöpfer vor Augen.« Selbst der fromme Chevalier d'Aiguebelle folgte diesem Beispiel: »Wenn man das Wunderbare liebt, gibt es etwas, das unserer Bewunderung würdiger wäre als die Werke des Herrn, in denen seine Macht, Güte und Weisheit so sichtbar ihren Ausdruck finden?«[30]

Die allgemein verbreitete Liebe zur Natur war Rousseaus beste Verbündete. Den tieferen Grund für seinen Erfolg kannten die Zeitgenossen des Genfers damals jedoch noch nicht: er führte in Frankreich die verführerische, blasse, noch unbekannte Richtung des liberalen Protestantismus ein. Dabei versöhnte er Sokrates und das christliche Erbe miteinander und stützte sich auf ein aus zwei Inhalten bestehendes vereinfachtes Dogma, »das Höchste Wesen und die Unsterblichkeit der Seele«.[31]

Sein »Trugbild des Christentums«, wie Chateaubriand es nannte, war in
Wirklichkeit – auch wenn es Rousseau den Ruf des begnadeten Genies
einbrachte – nicht mehr als nur noch »ein Schatten von Religion. Er
glaubte an etwas, das nicht Christus, aber dennoch das Evangelium
war.«[32]

Der Einzug der Aufklärung in die Klöster

Ludwig XV. hatte im Jahre 1766 eine Reformkommission (*commission
des réguliers*) eingesetzt, die eine Bestandsaufnahme der geistlichen
Orden vornehmen und feststellen sollte, wie weit die Ordensregeln
noch befolgt wurden oder nicht. Der Erzbischof von Cambrai, Monsignore de Choiseul-Stainville, beklagte vor dieser Kommission »eine
Art von Ansteckung«, die sich in Frankreich bei allen Ständen durch
einen gewissen philosophischen Geist bemerkbar mache, der auch
Eingang in die Klöster gefunden habe.[33] Die Mönche hätten sich von
der Welt außerhalb ihrer Mauern anstecken lassen und stellten nun,
»statt friedlich ihren Pflichten nachzukommen, plötzlich deren Berechtigung in Frage.« Die für das Klosterleben unerläßliche Disziplin
beklagten sie nun als schweres Joch und machten ihre Klagen auch
noch öffentlich.
Diese Schilderung ist durchaus nicht übertrieben. Die Versuchung,
welche das Denken der aufgeklärten Philosophen für die Klosterbrüder
darstellte, konnte in extremen Fällen zu sonderbaren Erscheinungen
führen. So entwickelte Pater Léger-Marie Deschamps (gestorben 1774),
der der benediktinischen Glaubenskongregation der Mauriner in Mon-
treuil-Bellay angehörte, in seinen *Lettres sur l'sprit du siècle* (»Briefe
über den Geist unseres Jahrhunderts«, 1769) eine auf die Gleichheit aller
Menschen gerichtete Utopie, die vollständig auf der Idee des Glücks
aufgebaut war. In seinen *Observations métaphysiques* und seinen
Observations morales (»Metaphysische und moralische Beobachtungen«), deren unveröffentlichte Manuskripte erst im Jahre 1939 wieder-
aufgetaucht sind, entwirft er ein Dreistufensystem, das seiner Meinung
nach die Menschheit durchläuft: Auf der ersten Stufe befindet sie sich
im Naturzustand (*l'état de nature*), auf der zweiten wird sie durch den
Willen und die Gesetze eines Herrschers gelenkt und unterdrückt (*l'état
des lois*), auf der dritten wäre dann endlich die Gleichheit aller Menschen erreicht, wenn sowohl persönlicher Besitz als auch die Gesetze
und die Religion abgeschafft sein würden. Diese dritte Stufe nennt er

l'état des mœurs oder auch *l'état d'égalité*, also den Zustand der Gleich-heit. Für Deschamps ist es durchaus nicht mehr sicher, ob die Mensch-heit auf Dauer einer Geistlichkeit, einer Moral, vielleicht sogar eines Gottes bedarf. Derartige abwegige Spekulationen konnte damals ein gebildeter und philanthropischer Mönch ungestraft anstellen, der im übrigen – weit davon entfernt, aus dem Orden auszutreten – die Ordensregeln getreulich befolgte.[34] Solche Erscheinungsformen geisti-ger Verwahrlosung hätten allein schon den Josephinismus der Reform-kommission unter Loménie de Brienne rechtfertigen können.[35] Tat-sächlich richtete Brienne seine Angriffe jedoch nicht gegen das Philoso-phieren in den Klöstern, sondern gegen deren Nutzlosigkeit, wenn die Häuser mit weniger als acht Ordensleuten zu klein waren oder wenn sie allzugeringe Einkünfte hatten; denn in den 458 von der Kommission aufgehobenen Klöstern herrschten keineswegs auch die größten Miß-stände. Die Mitglieder der *commission des réguliers* waren sehr stolz darauf, das Edikt vom März 1768 veranlaßt zu haben. Es bestimmte, daß junge Männer nicht mehr, wie seit dem 16. Jahrhundert üblich, vom 16. Lebensjahr an als Novizen ins Kloster eintreten durften, sondern erst mit dem 21.; für junge Mädchen wurde das Eintrittsalter von 16 auf 18 Jahre heraufgesetzt.

Wie es so geht, waren diese einschneidenden Maßnahmen nicht nur von Vorteil. Zehn Jahre nach dem Edikt von 1768 beklagte der Dominika-nerpater Lambert den Rückgang von Eintritten ins Kloster. »Nie zuvor«, heißt es da, »waren die Menschen weiter von einer religiösen Berufung entfernt. Nie zuvor herrschte größerer Mangel an Ordensleu-ten in den Klöstern. Alle Ordensgemeinschaften klagen über eine zunehmende Zahl von Austritten. Sie sind durch ihre tagtäglichen Ver-luste geschwächt und erholen sich nicht mehr davon. Sie siechen dahin und sind von einem schleichenden Tod bedroht.«[36] Im Jahre 1785 gab es in Niort nur noch 18 Benediktiner (1727 waren es noch 28 gewesen) und 16 Ursulinerinnen (statt wie 1727 noch 23); ihr Pensionat stand fast leer. Ebenfalls im Jahre 1785 waren in Niort nur noch fünf Franziskaner strenger Observanz (*cordeliers*) ansässig. Sie waren zweifellos sehr bemüht, kümmerten sich um die Seelenführung der Gläubigen und predigten reichlich, aber sie aßen auch gut, kauften teure Möbel und lebten ganz und gar nicht mehr in Armut. 1788 hatten sie die *Gazette de France*, das *Cabinet littéraire*, das *Journal de Genève* und das *Journal politique* abonniert. Man konnte ihnen zwar ihren übertriebenen Hang zum Weltlichen zum Vorwurf machen, aber ganz gewiß nicht eine feindliche Haltung gegenüber Bildung und Aufklärung.[37] So war es

nicht ungewöhnlich, wenn »die reichen und müßigen Klöster gegen
Ende des 18. Jahrhunderts unter ihrem Dach eine Art monastischer
Version der Salons beherbergten«[38]; und von diesen Klöstern waren
viele dem Bannstrahl der Reformkommission entkommen. Kein geistlicher Orden konnte sich den Einflüssen des Jahrhunderts ganz entziehen. In die Benediktinerkongregation von Saint-Vanne hatten sich – wie
es heißt – »Anhänger des Freimaurerordens aller Grade und Ränge
unter verschiedenen Namen der ›Brüder der Glückseligkeit‹ (*cousins de
félicité*) eingenistet.« »Selbst der Orden der Kartäuser, der« – wie
Brienne versichert – »seit seiner Gründung am wenigsten degeneriert
war und von allen Orden noch das meiste Erbauliche zu bieten« hatte,
besaß seine Rebellen: die Pater Dupuy, de Launay und Pradier beschul-
digten ihre Oberen der Tyrannei und »ungerechten Versklavung«.
Der Bischof von Rodez beklagte sich über Angehörige der örtlichen
Kartause, die durch »die Nähe der Stadt liederlich geworden sind und
die Gastfreundschaft allzu weit treiben, wenn sie, ohne daß eine Notwendigkeit dafür besteht, Gastmähler veranstalten.« Auch sie konnten
den ansteckenden geistigen Strömungen der Zeit nicht widerstehen.[39]
Selbst in Saint-Denis-d'Orques in der Provinz Maine, wo die Kartäuser
gegen Ende des Ancien Régime zu einer strengen Disziplin zurückge-
funden hatten (Leben in der Zelle, abgeschlossene Gärten, nur zwei
Spaziergänge im Monat, eine einzige Mahlzeit pro Tag um halb elf) und
wo ein Mönch öffentlich gezüchtigt worden war, nur weil er von einem
Bauern ein Glas Wasser angenommen hatte – selbst dort konnte sich die
Klosterbibliothek der modernen Literatur nicht verschließen, »ein-
schließlich der sorgfältig gebundenen mehrbändigen Ausgaben von
Voltaire und Rousseau«.[40]
In manchen Fällen hatten die Maßnahmen des Jahres 1768 »wie ein
elektrischer Schlag auf die Ordensgeistlichen gewirkt, die für einen
Augenblick in sprachloses Staunen versetzt waren.«[41] Die kontemplati-
ven Orden gewannen manchmal dadurch; die Karmeliter konnten zum
Beispiel in Niort neue Mitglieder werben. Während sie 1727 nur
17 Mönche zählten, waren sie 1785 wieder auf 23 angewachsen.[42] Die
Bettelorden fanden zu ihrer eigentlichen Berufung und Wirksamkeit
zurück. Die Kapuziner zum Beispiel waren zunächst schwer durch
Verluste betroffen worden: zwischen 1768 und 1778 verloren sie 1205
Ordensmitglieder, nahmen dagegen nur 446 Novizen auf. Dies bedeutete einen Verlust von 759 Mönchen in zehn Jahren.[43] Aber sie konnten
diese Verluste wieder ausgleichen, und am Vorabend der Revolution
lebten sie in Niort in ebenso asketischer und fröhlicher Armut wie die

Franziskaner in verschwenderischem Wohlleben. In Schlettstadt waren die 25 Kapuziner – 21 Pater und vier Brüder – wirkliche Bettelmönche, die in der Stadt von einem frommen Dritten Orden[44] unterstützt wurden. Sie waren nicht nur voller Eifer und für die Allgemeinheit von großem Nutzen, sondern blieben sogar der Mitternachtsmesse treu. Im Jahre 1789 gab es in Frankreich 31000 Mönche und 27000 Nonnen. Wer möchte mit Gewißheit sagen, wo sich die Spreu vom Weizen schied?

Macht der Kirche – Schwächen des Klerus

Der Einfluß einiger Elemente aufgeklärten Denkens auf den christlichen Glauben und der schlechte Ruf einiger Klöster waren – im Hinblick auf die langen Zeiträume, in denen die Kirchengeschichte abläuft – nur Erscheinungen und Krisen auf der Oberfläche. Die katholische Kirche Frankreichs verkörperte in geradezu exemplarischer Weise Dauerhaftigkeit und Kontinuität. Ihre 16 Kirchenprovinzen und 136 Diözesen wurden nicht von der Kurie in Rom erfunden, sondern waren in den meisten Fällen das direkte Erbe der Grenzziehungen, die noch das antike kaiserliche Rom vorgenommen hatte. Die Kirche hatte außerdem – als wolle sie die römische Tradition fortschreiben – »ihr Recht auf ihren Grundbesitz durch Grenzmauern, Kreuze und Kultstätten befestigt und damit – man könnte fast sagen: für alle Ewigkeit – diejenigen Gebietsgrenzen festgelegt, die zu drei Vierteln bis heute den Grenzen französischer Gemeinden entsprechen.«[45] So gelten bis heute historisch gewordene Regelungen, die in der Verwaltungsordnung während des Ancien Régime festgeschrieben wurden. Zwischen der französischen Monarchie und der Kirche herrschte mehr als nur die Einheit von Thron und Altar; sie bildeten eine Symbiose.
Die Grundlage der Herrschaft Ludwigs XVI. war, wie bei seinen Vorgängern auch, das Gottesgnadentum (Röm. 13: »Denn es ist keine Obrigkeit ohne von Gott«). Die Könige Frankreichs besaßen, wie es hieß, »ihre Macht nur von Gott und durch ihr Schwert«[46]; sie nahmen bei ihrer Krönung das Schwert selber vom Altar, um damit anzuzeigen, daß auch die Gewalt des Schwertes ohne einen Mittler unmittelbar von Gott auf sie kam. Man darf auf keinen Fall die Bedeutung der Krönung unterschätzen. Ludwigs Krönung in Reims im Jahr 1775 hatte sowohl sakralen als auch volkstümlichen Charakter. Wenn die Krönung auch natürlich nicht als »achtes Sakrament« gelten konnte, so machte sie

doch für jeden Franzosen die Theorie des Gottesgnadentums sinnfällig. Im Grunde überzeugte der Krönungsakt das einfache Volk anschaulich von dem, was Bossuet – übrigens in sehr unvorsichtiger Weise – die Geistlichkeit gelehrt hatte: daß nämlich absolute Monarchie und Gottesgnadentum hinfort untrennbar miteinander verbunden seien, auch wenn sich die alten Gesetzgeber darob im Grabe umdrehen sollten. Bossuet hat zwar niemals den Monarchen als Person vergöttlichen wollen, war aber nicht weit davon entfernt, die Institution der Monarchie als göttlich zu verehren.

Als Gegenleistung verpflichtete sich der König, die drei fundamentalen Gesetze der ungeschriebenen französischen Verfassung zu respektieren: erstens den katholischen Glauben zu bewahren, zweitens die Unveräußerlichkeit der Krongebiete zu garantieren, und drittens die Souveränität des Königs von Frankreich gegenüber dem Papst und dem Kaiser zu verteidigen. Damit begründete dieses letzte Gesetz gleichzeitig die Freiheit und Unabhängigkeit der französischen Kirche. Die Kirche war ein wirklicher Staat im Staate. Sie hatte nicht nur riesige Besitztümer (in der Auvergne gehörten ihr elf Prozent des gesamten Landbesitzes) mit den entsprechenden Einkünften, sondern sie erhielt noch zusätzlich die Kirchenabgaben (*la dîme*), die auf 175 Millionen Francs geschätzt worden sind,[47] von denen sie nur einen Bruchteil – im Jahre 1787 zum Beispiel 3,4 Millionen Francs –[48] an den Staat abführte. Die Kirche hatte ihre eigene Finanzverwaltung und ihr eigenes Disziplinarwesen, ihre eigenen Kirchenversammlungen und ihre eigenen »Minister«, die am Ende des Ancien Régime den Klerus beherrschten; so zum Beispiel der Abbé de Périgord (Talleyrand) als Generalbevollmächtigter des Klerus und der Bischof von Autun, Marbeuf, zu dessen Aufgabenbereich die *feuille des bénéfices* (Liste der freien Pfründen) und somit die Bestellung neuer Bischöfe gehörte.

Alle fünf Jahre (1775, 1780 und 1785) trat statutengemäß die Versammlung des gallikanischen Klerus zusammen. Sie bestimmte die vom ersten Stand global an den Staat zu zahlende Steuer (*don gratuit*). Diese Generalversammlung regelte alle kirchlichen Angelegenheiten Frankreichs. Wenn sie tagte, schienen alle Prälaten plötzlich einheitlicher Gesinnung zu sein. »Wenn die finanziellen Interessen des Klerus angegriffen wurden«, bemerkte Talleyrand, »war der Widerstand einhellig, allerdings mit unterschiedlichen Mitteln. Die frömmsten Bischöfe fürchteten, daß den Armen von dem ihnen Zustehenden etwas abgezogen würde; der Hochadel entsetzte sich grundsätzlich über jede Art von Neuerung; die unverhohlen Ehrgeizigen behaupteten, daß der Klerus, da er die aufgeklärteste Körperschaft des Königreichs sei, an der Spitze aller Verwaltungseinrichtungen stehen müsse. Um dabei dem Staat nicht zur Last zu fallen, müsse er mit Hilfe der Besitztümer, mit denen die Frömmigkeit unserer Väter den Klerus versehen hätte, für die unerläßlichen Repräsentationskosten in den großen Bistümern aufkommen. So machte der Klerus des 18. Jahrhunderts in seinen weltlichen Verwaltungsangelegenheiten keinerlei Zugeständnisse an den Geist der Zeit.«

Die *Nouvelles ecclésiastiques*, ein streng jansenistisches Blatt, beschuldigte 1786 die Prälaten, sich in »die Wonnen und Machenschaften des Ehrgeizes« gestürzt zu haben.[49] Tatsächlich blühte im Episkopat durchaus ein gepflegter Ehrgeiz; vor vulgärem Karrierismus jedoch bewahrte ihn seine aristokratische Herkunft. Dieser Ehrgeiz trat »in verschiedenster Gestalt auf, bei den einen religiös oder humanistisch, bei den anderen patriotisch oder aufgeklärt-philosophisch gefärbt.«[50] Loménie de Brienne etwa, der Erzbischof von Toulouse und spätere Minister, entwickelte seinen Ehrgeiz auf philosophischem und politischem Gebiet. Morellet hatte ihn einst dabei beobachtet, wie er beim Studium an der Sorbonne »die Theologie wie ein Irländer bearbeitete, um Bischof zu werden, und die Lebenserinnerungen des Kardinals de Retz studierte, um Staatsmann werden zu können.«[51] In Toulouse, einer mit 90 000 Livres dotierten Diözese, führte sich Brienne – wie viele seiner bischöflichen Amtsbrüder – als aufgeklärter absolutistischer Herrscher in seinem Reiche auf. Sicherlich vor allem Politiker und Staatsmann, vergaß er aber doch nicht, sich um die Verwaltung seiner Diözese zu kümmern; er war für sein Amt zweifellos ein wenig zu sehr Aufklärer und Philosoph, aber er blieb dabei doch immer auch ein Mann der Kirche.

Was bei uns heute Anstoß erregen würde, setzte zur damaligen Zeit niemanden in Erstaunen. Die Kirche war der erste Stand, ihre Privilegien waren groß und ihr Reichtum offenkundig; und wenn der König ihr darüber hinaus auch noch eine derartige Autonomie zugestand, so doch auch deshalb, weil sie die staatliche Verwaltung von einem bemerkenswerten Teil ihrer Aufgaben entlastete. Sie war erstens für den Bereich der öffentlichen Fürsorge zuständig, mit allen damit verbundenen Schwierigkeiten, die der Staat, als er später die Aufgaben der Kirche in diesem Bereich übernehmen wollte, genausowenig meisterte wie sie. Sie kontrollierte zweitens beinahe vollständig das Schul- und Unterrichtswesen, und zwar ganz unbestritten mit Erfolg; denn »wahrscheinlich besuchte während der Regierungszeit Ludwigs XVI. jeder zweite kleine Franzose eine Schule«.[52] Wer sich um seine Pfarrer, um die

Krankenhausverwalter und um die Schulmeister kümmerte, der konnte
wohl auch Geschmack an anderen wichtigen Gebieten öffentlicher
Tätigkeit finden wie der Industrie, der Landwirtschaft, der Statistik und
dem Gesundheitswesen; Brienne war einer der Initiatoren des berühmten Erlasses von 1776 über die Abschaffung der innerstädtischen Friedhöfe und der Kirchennekropolen. Hatte schließlich nicht auch der heilige Augustinus Verwaltungsaufgaben zu meistern gehabt?

Im Vergleich zum Beginn des Jahrhunderts machte die Kirche unter
Ludwig XVI. immerhin den Versuch einer inneren Neuorganisation.
Man ernannte keine Zwanzigjährigen mehr zu Bischöfen; das durchschnittliche Ernennungsalter lag jetzt bei vierzig Jahren; nicht alle Prälaten gehörten dem Hofadel an, und die Vetternwirtschaft nahm ein
wenig ab. Fast alle anderen fest eingefahrenen Übel bestanden jedoch
auch weiterhin. Von 160 000 Mitgliedern des Klerus – genauer: von
122 000 männlichen Klerikern – waren 95 000 Pfründeninhaber, das
heißt, sie hatten das Recht, »einen Teil der Einkünfte aus den für Gott
bestimmten Gütern [. . .] wegen irgendeines geistlichen Amtes für sich
einzubehalten.«[53] Es gab mehr Pfründeninhaber als kirchliche Verwen-
dungen für sie. Die Folge war eine skandalöse Anhäufung von Pfründen. Der Abbé de Véri zum Beispiel bekleidete als Weltgeistlicher ein
Kanonikat, war aber auch Nutznießer von Ordenspfründen aus einem
Priorat und zwei Abteien.[54] Jede Pfarrstelle »unterlag dem Vorschlags-
recht eines Patrons, was sowohl ein Kloster als auch ein weltlicher
Grundherr sein konnte. »In der Diözese Coutances gab es 489 Pfarreien, von denen 215 weltlichen Herren unterstanden.«[55] Manche Pfarrer bestritten ihren Lebensunterhalt nicht aus dem Kirchenzehnten
(*la dîme*), zu dem noch als Nebeneinkünfte Gebühren für kirchliche
Amtshandlungen kamen, sondern sie bezogen ein festes Einkommen
(*portion congrue*) von ihrem Zehntherren. Im Jahre 1768 belief es sich
auf 500 Livres, 1786 waren es 700 Livres pro Jahr.[56] Diese dauernden
Mißstände nahmen, je nach den Umständen, immer noch zu. Verloren
die Pfründen eines Chorherren zu einem bestimmten Zeitpunkt an
Wert, so erfolgte prompt die Suche nach zusätzlichen ergiebigen Ein-
nahmequellen.

Das größte Übel des Systems war der reaktionäre Adel mit seiner halb
bewußten, halb unbewußten Fortschrittsfeindlichkeit. Die Bischöfe
zur Zeit Ludwigs XVI. waren fast ausschließlich adliger Herkunft.
Während Ludwig XIV. noch 19 Bürgerliche zu Bischöfen hatte weihen
lassen und Ludwig XV. immerhin noch zehn, empfing unter der letzten
Regierung des Ancien Régime von 68 neugewählten Bischöfen nur noch

ein einziger von bürgerlicher Herkunft – Jean-René Asseline – den Purpur, und auch das erst im Jahre 1789, als die Revolution schon begonnen hatte.[57] Umgekehrt waren Adel und liberales Bürgertum weniger häufig als früher im Diözesanklerus vertreten. Es gab mehrere Diözesen (z. B. Bayonne, Boulogne, Coutances und Vannes), in denen in den letzten Jahren vor 1789 jeder zweite neuordinierte Priester von bäuerlicher Herkunft war.[58] Das galt zwar nicht allgemein, war jedoch ein Symptom für eine unmittelbar bevorstehende Krise innerhalb des Klerus. Als am 5. Mai 1789 zum erstenmal wieder seit 1614 in Versailles die Generalstände zusammentraten, vertrat der Klerus, als erster Stand, darin durchaus keine einheitlichen Interessen mehr.

Vielleicht war es 1789 für die Zeitgenossen unmöglich, über die Kirche Frankreichs ein gerechtes Gesamturteil zu fällen. Ihre schockierenden Seiten wurden damals aus dem Zusammenhang gerissen, entstellt und kolportiert. Als erster Stand mit den höchsten Privilegien des Reiches ausgestattet, wurde der Klerus nun noch härterer Kritik ausgesetzt als der Adel. Innerhalb des Klerus erschienen die Einzelfälle nun maßlos aufgebauscht: man verunglimpfte den Reichtum und das sorglose Leben von 600 Stiftsdamen und vergaß dabei die 27000 Nonnen, die ihr Leben in frommer Zurückgezogenheit oder mit barmherzigen Werken verbracht hatten. Auch später hörte man nicht auf, die abgedroschensten Witze über das müßige Leben und die dicken Bäuche der 6800 Chorherren im Königreich zu reißen, ohne dabei zu bedenken, daß viele von ihnen nur geringe Einkünfte hatten, daß die Residenzpflicht inskünftig wieder streng beachtet werden sollte, und daß die Pfründeninhaber mit neuem Eifer ihr geistliches Amt versahen. (Die nächtliche Messe dauerte mehr als drei Stunden; sie war in der kalten Kirche ein anstrengender Dienst, dem kaum noch Schlaf folgen konnte: »Im Morgengrauen kamen die Chorherren wieder zusammen, um die Laudes zu psalmodieren, darauf folgte das erste Stundengebet und die Lesung des Martyrologiums.«[59] In dieser Weise ging es den Tag über weiter; jeweils im Abstand von drei Stunden versammelten sie sich erneut zum Gebet.) 1789 sah man jedoch nur noch die Schwächen des Episkopats, nicht aber die seit zwanzig Jahren verwirklichten Verbesserungen und Bemühungen um eine innere Erneuerung der Kirche.

In den Priesterseminaren, von denen es gemäß dem Beschluß des Tridentinischen Konzils in jeder Diözese eines gab, war sowohl die Zahl der Plätze als auch die Höhe der Stipendien für mittellose Kleriker angehoben worden. Monsignore Émery, der 1782 zum Generalsuperior der Compagnie des prêtres de Saint-Sulpice gewählt worden war, reformierte nicht nur das Pariser Stammhaus dieser Gesellschaft, sondern auch die 22 ihm angeschlossenen Provinzseminare. Die Mitgliederversammlung im Mai 1789 erkannte denn auch an, daß »im Hinblick auf die Frömmigkeit, die regelmäßige Pflichterfüllung und den Glaubenseifer in den letzten Jahren ein fühlbar neuer Geist eingekehrt sei.«[60] Um 1780 kümmerten sich fast überall in Frankreich wieder die zuständigen Bischöfe um die großen Priesterseminare. Der Erzbischof von Lyon verlangte von seinen Seminaristen ein Studium von zwei Jahren Philosophie und von vier Jahren Theologie. Fähige Professoren wurden eingestellt. Sie lehrten nicht nur die Heilige Schrift, sondern auch Hebräisch, Dogmatik, Polemik, kanonisches Recht, Liturgie und Seelsorge. Das Priesterseminar hatte eine dreifache Aufgabe zu erfüllen: es gab dem Seminaristen erstens die Möglichkeit, sich in dieser Zeit noch einmal seiner inneren Berufung zu vergewissern; er mußte zweitens in die Theologie eingeführt und drittens mit seinen künftigen Amtsaufgaben vertraut gemacht werden. Die Reformbemühungen kamen zwar ziemlich spät, sie verdienen jedoch deshalb nicht weniger Aufmerksamkeit. Viele der Neuansätze waren von den Kirchenreformen Josephs II. von Österreich beeinflußt. Sie waren jedenfalls ein Zeichen dafür, daß der französische Klerus durchaus noch über Kräfte der Erneuerung verfügte, und man kann nur bei einer einseitig negativen Sicht von einer schweren Krise der katholischen Kirche sprechen.

Evangelium und Politik

Am 22. Januar 1789 erschien in Nancy ein Flugblatt mit dem Titel »An die Herren Pfarrer Lothringens«. Der Text umfaßte zwar nur vier Seiten, aber der Inhalt war um so leidenschaftlicher: »Als Pfarrer haben wir *Rechte*. In den vergangenen zwölf Jahrhunderten hat sich vielleicht noch nie eine so günstige Gelegenheit geboten, diese Rechte zur Geltung zu bringen, unsere *patriotischen Gefühle* zu befördern und damit das *heilige Amt* zu ehren, dessen wesentlicher Bestandteil wir seiner Natur nach sind. Laßt uns diese Gelegenheit ergreifen!«[61] Zu einem Zeitpunkt, wo die Mehrzahl der Franzosen die überkommenen Vorstellungen von Pflichterfüllung in Frage stellte, und wo andere ihre vor kurzem erworbenen Privilegien mit unantastbaren Rechten gleichsetzten, nimmt es nicht weiter wunder, wenn auch Kirchenmänner in diesem Konzert der Ansprüche ihren Platz einnehmen wollten. Der Autor des Briefes war ein einfacher Dorfpfarrer aus Emberménil, kaum drei

Abbé Grégoire (zeitgenössische Zeichnung)

Meilen von Lunéville entfernt; er hieß Henri-Baptiste Grégoire und wurde später *évêque constitutionnel* von Blois.[62] Freimütig gesonnen, gebildet und tolerant, hatte dieser Geistliche im Jahr zuvor einen *Essai sur la régénération physique, morale et politique des juifs* (»Versuch über die physische, moralische und politische Wiedergeburt der Juden«) veröffentlicht, der von der Akademie von Metz preisgekrönt worden war. 1787, nach der politisch ungeschickten Nichtberufung der Pfarrer in die

Provinzialversammlung[63], hatte Grégoire einen Verband der lothringi-
schen Pfarrer ins Leben gerufen. Es geschah also 1789 nicht zum erstenmal, daß die Pfarrer sich zusammenschlossen; aber in der Tat: »Vielleicht hatte sich niemals zuvor eine so günstige Gelegenheit geboten«
wie jetzt bei der Einberufung der Generalstände.

Seit den Regierungszeiten von Stanislaus (1738–66), dem abgesetzten
König von Polen und Schwiegervater Ludwigs XV., über das Herzogtum Lothringen hatten die in dieser Provinz sehr mächtigen Jesuiten
den Kampf gegen den jansenistischen Geist verstärkt aufgenommen und
die königlichen Volksmissionen (*missions royales*) vervielfacht. Die
Mehrheit der Gläubigen hatte sich durch den neuen milden Stil der
Jesuiten gewinnen lassen: mit großem Pomp und Feierlichkeit durchgeführte Prozessionen, besondere Altäre zur Aufstellung des Allerheiligsten, Weckung neuer Empfindsamkeit, eine weniger strenge Sitten-
lehre. Aber viele Pfarrer blieben doch gallikanisch[64] gesonnen und entweder ganz oder halbwegs überzeugte Jansenisten[65]. Viele von ihnen
dachten immer noch über die alten presbyterianischen Thesen von
Edmond Richer[66] (gestorben 1631) nach. Dieser Theologe hatte die
Superiorität des Papstes über die Konzilien nicht anerkannt und wollte
die Pfarrer – die er in der Tradition der Jünger Jesu stehend sah – als
»durch göttliches Recht« eingesetzt verstanden wissen, ebenso natürlich die Bischöfe, die er für die direkten Nachfolger der Apostel Jesu
hielt. Immer wenn die Jesuiten vor 1768 ihren Einfluß allzustark geltend machten oder wenn ein Bischof von Lothringen allzu »fürstliche
Ambitionen« zeigte, fühlten sich die Pfarrer einmal mehr in ihren presbyterianischen Anschauungen bestärkt. Diese Tendenz bedeutete:
strenge Moralvorstellungen nach dem Vorbild von Port-Royal; Proteste dagegen, daß Bürgerlichen das Bischofsamt verwehrt wurde; das
Bestreiten gewisser ultramontaner und für abwegig gehaltener Dogmen. Das ging so weit, daß sich der Bischof von Toul im Jahre 1773
dazu gezwungen sah, Ludwig XV. eine Verfügung abzuringen, mit der
die Versammlungen von Pfarrern untersagt wurden. Ludwig XVI. veröffentlichte dann infolge der Unruhe unter den Pfarrern der jungen
Diözese Nancy am 9. März 1782 eine Erklärung, worin den französischen Pfarrern verboten wurde, »miteinander Versammlungen irgend-
welcher Art abzuhalten, gemeinsame Beschlüsse zu fassen, Vertreter
und Abgeordnete zu ernennen, ohne dafür von der Regierung ausdrücklich autorisiert worden zu sein.«[67]

Bei all dem Aufsehen, das dieser Vorgang erregte, sollte man jedoch
zunächst nicht vergessen, daß diese politisch engagierten Pfarrer erstens

keine Not litten – die Pfarrer Lothringens noch am wenigsten – und sich zweitens in der Regel mit großer Aufmerksamkeit um die Probleme ihrer Gemeinden kümmerten. Wenn der Abbé Grégoire für die Gemeindepfarrer verlangte, sie sollten gleichsam die Ecksteine im Gebäude der Kirche sein, so sah er sich selbst – ganz wie sein älterer Nachbar, der protestantische Pastor Johann Friedrich Oberlin in Bande-la-Roche – als Vorbild seiner Schäflein, als Ratgeber in wirtschaftlichen und sozialen Fragen, als Erzieher und Hygieniker, ohne dabei jedoch das geistliche Wohlergehen seiner Gemeindeglieder zu vernachlässigen. Über sich selbst sagte er später: »Vikar und Pfarrer aus Neigung, faßte ich den Plan, bei der Landbevölkerung aufgeklärte Frömmigkeit, reine Gesittung und geistige Kultur soweit wie möglich zu entwickeln. Dabei wollte ich sie nicht etwa ihren bäuerlichen Arbeiten entfremden, sondern sie sogar darin bestärken, an dieser Art von Beschäftigung festzuhalten. [. . .] Ich besaß eine ausschließlich für die Landbevölkerung bestimmte Bibliothek; darin fanden sich sowohl eine wohlüberlegte Auswahl von Erbauungsschriften als auch Werke über Landwirtschaft, Hygiene und handwerkliche Fertigkeiten.«[68]
Das hinderte den Abbé Grégoire aber keineswegs daran, in seiner Privatbibliothek auch immer wieder die Schriften des heiligen Paulus und des heiligen Augustinus und die Werke von Pascal, Antoine Arnauld (genannt »le grand Arnauld«), Bossuet und des Benediktiners Dom Calmet zu lesen; denn er war kein Freund der aufgeklärten Philosophen: er verabscheute Voltaire und Condorcet, Bayle und Diderot. Wie viele seiner Amtsbrüder hielt sich auch der Abbé Grégoire an die vom Jansenismus beeinflußte gallikanisch-augustinische Tradition. Das zeigt übrigens, daß die Monarchie und der führende Klerus, hätten sie ihn nicht mit Hilfe der Jesuiten auf so brutale Weise zerschlagen, den Jansenismus als ein solides Bollwerk gegen die Philosophie der Aufklärer hätten nutzen können. Der Abbé Grégoire war nicht nur ein Bewunderer von Port-Royal und ein überzeugter Antipelagianer[69], sondern auch stolz auf seine bürgerliche Herkunft: »Was mich betrifft, so bin ich wie Chevert, Andrea del Sarto, Thomas Holiday, Lambert de Mulhouse, Dorfling usw. der geborene Plebejer, dessen Bürgerlichkeit wahrscheinlich bis auf Adam zurückgeht; und ich werde niemals meine Neigungen oder Interessen von denen des Volkes trennen.« Er fährt dann in seinen Überlegungen fort, indem er die lange zurückliegenden Ereignisse der Liga[70] noch einmal in Erinnerung ruft: Muß die Kirche des ausgehenden 18. Jahrhunderts sich nicht, wie zu Zeiten der Guise, mit dem Volk gegen jene Könige verbünden, die von aristokratischen

und leichtfertigen Bischöfen von der wahren Religion abgebracht werden? Das Volk verstand zwar sicher nichts von derlei anachronistischen Aussöhnungen zwischen dem Wortführer der Jansenisten, Antoine Arnauld, und dem Führer der Liga, dem Duc de Guise, aber es war schon immer feinfühlig genug zu begreifen, wenn es um die Unterstützung seiner Interessen ging, besonders hier, als die fortschrittlich gesinnten Pfarrer die Sache des Volkes stürmisch und hochherzig zum Gegenstand ihres Kreuzzugs machten.

Die Rolle der Pfarrgemeinden in der Kommunalverwaltung

Wie es im bildlichen Sprachgebrauch und in den Schäferspielen die gute Ordnung will, folgen die Schäflein ihrem Hirten. Die Kirchengemeindeversammlung (*assemblée paroissiale*) war in Frankreich auf dem Lande oftmals identisch mit der Einwohnerversammlung der weltlichen Gemeinde (*communauté des habitants*). Im Juni 1787 gingen aus diesen Einwohnerversammlungen die Gemeinderäte (*municipalités*) hervor. Noch bis zur Mitte des 19. Jahrhunderts spielten die Kirchengemeindeversammlungen in der Kommunalverwaltung eine Rolle. Sie wählten zum Beispiel den Kantor sowie den Schulmeister. Auch sonst war der Einfluß der Kirchengemeinde – als organisatorischer Rahmen der Religion – jederzeit und überall spürbar. Die Kirchengemeinde eines Dorfes oder einer Stadt brachte sich bei den Menschen beständig in Erinnerung, und zwar ohne dabei einen Unterschied zwischen Frommen und Ungläubigen zu machen. Vom Angelusläuten im Morgengrauen bis zum Angelusläuten am Abend bestimmte die Kirche den Rhythmus zwischen Arbeits- und Ruhezeiten; sie bestimmte, wann gegessen und wann gebetet werden sollte. »Mit dem Klang der frommen Kirchenglocken war auch die Erinnerung an Gott gegenwärtig«, heißt es bei Chateaubriand.[71]
So wie die Kirchenglocken den Tagesrhythmus der Gemeinde bestimmten, war die katholisch-gallikanische Kirche auch immer noch Verwaltungsinstanz für die verschiedenen Lebensabschnitte der Menschen. Wollte ein Einwohner von Paris seinen Wohnsitz angeben, so nannte er Straße und Kirchengemeinde (davon gab es insgesamt 51), niemals das Stadtviertel, und alle Amtspersonen oder halbamtlich Bedienstete – Pfarrer, Notare, Gerichtsschreiber, Gerichtsdiener – hielten es bis zur Revolution genauso. Die vom König im Jahre 1702 festgelegten 20 Pariser Stadtviertel hatten sich verwaltungstechnisch

gegenüber den Kirchengemeindesprengeln nicht durchsetzen können. Heutzutage wendet man sich, wenn man eine Geburtsurkunde braucht, ans Bürgermeisteramt; 1780 mußte man sich in einem solchen Fall an seine Kirchengemeinde wenden. Das galt natürlich auch für einen Trau- oder Totenschein und die Bescheinigung, am österlichen Abendmahl teilgenommen zu haben; letztere war für den Eintritt in ein öffentliches Amt unerläßlich. Bevor man in irgendein Amt oder in irgendeine öffentliche Tätigkeit berufen werden konnte, mußte ein Bewerber nicht nur den Pfarrer darum bitten, ihm seine katholische Rechtgläubigkeit zu attestieren, sondern er mußte außerdem noch zwei angesehene Gemeindeglieder finden, die ihm ein sittlich einwandfreies und unbescholtenes Leben bescheinigten. Bis in die großen Städte hinein bestimmten die Pfarrer und die Gemeindeältesten das Alltagsleben; denn es war damals genauso selbstverständlich, persönliche Papiere bei seinem Pfarrer zu beantragen, wie heute bei der Gemeindeverwaltung oder der Polizei. Selbst die Aufklärer kamen nicht auf den Gedanken, über diesen Sachverhalt nachzudenken – allzusehr bestimmten Gewohnheit und Routine solche vertrauten Handlungsweisen. Das Ancien Régime hat selbständig geführte Verwaltungseinrichtungen wie die Kirche oder wie das den staatlichen Interessen gleichgerichtete Finanzpachtamt (*ferme générale*) immer zugelassen. Die Kirchengemeinden entlasteten den Staat von bürokratischen Aufgaben.

Vor 1792 gab es kein Standesamt. Demzufolge hielt die Kirche die Lebensdaten der Menschen in ihren Kirchenbüchern fest: Geburt (Taufe), Hochzeit, Tod (Begräbnis). Für die Mehrzahl der Franzosen, vor allem für die kleinen Leute, war die Kirchengemeinde auch verantwortlich für den Religionsunterricht, und es war eher ungewöhnlich, wenn – wie etwa in Schlettstadt – Mönche den wesentlichen Teil der religiösen Unterweisung übernommen hatten.[72] Der Elementarunterricht wurde damals ebenfalls noch von der Kirchengemeinde sichergestellt; seit dem Erlaß von 1698 mußte es in jeder Gemeinde eine Elementarschule geben. Manche Gemeinden unterhielten zugunsten mittelloser Kinder Armenschulen, in denen ihnen Lesen, Schreiben und Rechnen beigebracht wurde. In Paris wurden diese Armenschulen übrigens mit Hilfe von Vermächtnissen unterhalten, die nicht selten aus dem Kleinbürgertum stammten. In der Schulordnung der Kirchengemeinde von Saint-Étienne-du-Mont in Paris werden die folgenden genauen Angaben gemacht: »Die Schülerzahl soll 60 sein, alles Arme, die gegenwärtig länger als ein Jahr zur Gemeinde gehören. Es soll niemand aufgenommen werden, der nicht das achte Lebensjahr vollendet hat. Die ältesten Kinder, die Vollwaisen und von ihren Eltern verlassene Kinder sollen bevorzugt aufgenommen werden und von diesen wiederum die bedürftigsten.«

Die Kirche hatte überall – in jedem Lebensalter und in allen sozialen Schichten – ihre Hand mit im Spiel. Wenn auch nur einige angesehene Gemeindemitglieder den Kirchenvorstand bildeten, die Aufsicht über die frommen Bruderschaften hatten und für die Gemeindefürsorge verantwortlich waren, so gründeten doch unabhängig davon zahlreiche Gemeindeglieder fromme und wohltätige Vereine. Ohne die *confréries de pénitents* böte die Provence heute nicht ihr traditionelles Bild. In Sennely-en-Sologne, das im Jahre 1789 gerade 112 Haushaltungen zählte, gab es nicht weniger als drei aktive Bruderschaften: die Bruderschaft des Allerheiligsten, die Bruderschaft der Jungfrau Maria und die Bruderschaft von Allerseelen.[73] Allein im Elsaß zählte man etwa hundert Rosenkranz-Bruderschaften; in Schlettstadt gehörten von den 8500 Kirchengemeindemitgliedern, die die Stadt im Jahr 1784 zählte, über vierhundert zur Maria-Reit, einer altehrwürdigen Marien-Bruderschaft aus dem 15. Jahrhundert.[74]

Trotz aller staatlichen Bemühungen um möglichst umfassende Kontrolle boten die Kirchengemeinden und ihre Filialen immer noch Fürsorgeeinrichtungen an, welche die Armen ohne Scheu in Anspruch nehmen konnten und in denen sie mit wirklicher christlicher Nächstenliebe aufgenommen wurden. Verglichen mit den moderneren und »philanthropischen« Methoden der staatlichen Kranken- und Fürsorgeeinrichtungen waren die altbewährten Verfahrensweisen der kirchlichen Fürsorge sehr viel liberaler. Für jedermann war die Kirchengemeinde immer noch ein bequemes und zuverlässiges Fürsorgeinstrument. Auch noch gegen Ende des Ancien Régime legten die Verfasser von Testamenten in Paris – zumindest wenn sie trotz aller modischen Verfallserscheinungen den Traditionen des 17. Jahrhunderts treu geblieben waren – eine rührende Anhänglichkeit gegenüber ihrer Pfarrgemeinde an den Tag, und zwar Angehörige aus allen gesellschaftlichen Schichten. Der Kirchengemeinde vertraute man wie selbstverständlich die Durchführung von Seelenmessen und anderen frommen Gelübden an, ferner die Verwaltung von Nachlässen für barmherzige Zwecke, Gaben für die Armen (verschämte, kranke und in Schuldhaft befindliche Arme) oder Spenden für die Armenküchen (*marmites populaires*).

»Hier ist das Haus Gottes, hier ist die Pforte zum Himmel.«[75] Diese zur Zeit Ludwigs XVI. in das Kirchenportal von Crannes-en-Champagne gemeißelte Devise sollte symbolisch in Erinnerung rufen, daß die Kirche durchaus nicht den Vorrang ihrer geistlichen Aufgabe vergessen hatte. Von der Taufe bis zur letzten Ölung kümmerte sie sich um die große Mehrheit der Bevölkerung. Am Anfang stand die Taufe, ein in zweifacher Hinsicht wirksames Sakrament, denn mit der Aufnahme in die Kirche war man auch in die bürgerliche Gemeinde aufgenommen. Konzilien, Bischöfe und Priester legten den Katholiken dringend ans Herz, ihre neugeborenen Kinder, wenn nicht schon am ersten Tag nach der Geburt, so doch mindestens in den beiden darauffolgenden taufen zu lassen. Das Volk befolgte diese Regel äußerst gewissenhaft. In adligen und reichen Familien ging man dagegen einen Kompromiß ein. Häufig gab man sich damit zufrieden, das Kind gleich bei der Geburt nottaufen zu lassen, die eigentliche Taufzeremonie aber um einige Jahre hinauszuschieben. Der spätere König Louis-Philippe etwa wurde 1773 geboren, aber erst im Jahre 1788 getauft. In den großen Kirchengemeinden überließ der Pfarrer, wenn es sich nicht gerade um Sprößlinge aus vornehmen Häusern handelte, den Vikaren die Aufgabe, das Taufsakrament zu spenden.

Manon Phlipon notiert in ihren Erinnerungen: »Ich hatte die Firmung mit der inneren Sammlung eines Menschen empfangen, der die Bedeutung seiner Handlungen abwägt und über seine Pflichten nachdenkt.«[76] Aber zu eben dieser Zeit, in den sechziger Jahren des 18. Jahrhunderts, wurde das Sakrament der Firmung in der Diözese Mans schon nicht mehr gewährt, in Blois kam es gegen 1780 außer Gebrauch. Es gibt für diese Entwicklung – die keineswegs nur bischöflicher Bequemlichkeit zuzuschreiben ist, denn das Sakrament der Firmung konnte nur von Bischöfen gewährt werden – auch eine theologische Erklärung: seit der Mitte des Jahrhunderts gehörte die Erneuerung des Taufversprechens, die das Wesentliche der Firmung bzw. der Konfirmation bei den Protestanten ausmacht, mit zur Erstkommunion.

Sobald ein Kind das vernunftfähige Alter erreicht hatte, wurde ihm das Bußsakrament erteilt. Angeleitet durch ihre fromme Mutter, wurde Manon Phlipon seit ihrem siebten Lebensjahr zwei- oder dreimal im Jahr zur Beichte geführt, ein Ritual, dessen Resultat eine überaus ängstliche Frömmigkeit war. »Mich erfüllte«, so schreibt sie, »tiefe Demut und eine unaussprechliche Furchtsamkeit; ich betrachtete die Männer mit einer Art Entsetzen, das wuchs, wenn manche sich mir gegenüber freundlich zeigten; ich wachte mit übertriebener Gewissenhaftigkeit über meine Gedanken; die geringste Phantasie, die selbst undeutlich in mir aufstieg, erschien mir als Verbrechen.«[77] Dazu muß man wissen, daß damals weder die kirchlichen noch die jansenistischen *pénitentiels*, die theologischen Handbücher über die Beichtpraxis, Spaß verstanden. Jedes Kind lernte, sobald es vernünftig genug dazu erschien, daß es »Todsünden« begehen konnte, die es den Stand der Gnade verlieren ließen, das heißt auf ewig zur Hölle verdammten. In der Ausgabe des »La Salle« von 1788 findet sich ein »Bekenntnis von zehn Glaubensartikeln, die ein Christ zu kennen und zu glauben gehalten ist.« Der siebte Glaubensartikel ist dort folgendermaßen formuliert: »Ich glaube, daß es genügt, eine einzige Todsünde begangen zu haben und in diesem Stand zu sterben, um verdammt zu sein.« Diese panische Angst vor der Sünde hatte zuweilen den gegenteiligen Effekt: Als Manon Phlipon mit vierzehn Jahren ihren katholischen Glauben verlor, war ihr größter Einwand gegen ihn die Grausamkeit der Verdammnis.

Die große Mehrheit der Frauen hielt jedoch treu an diesen Überzeugungen fest und pflegte zu beichten, bis hin zur letzten Beichte auf dem Sterbebett. Die Männer gingen nicht ganz so vertraut mit der Beichte um, waren aber mindestens vor jedem österlichen Abendmahl dazu verpflichtet. Sie alle verharrten in der ein wenig sonderbaren Logik des nach-tridentinischen Katholizismus; denn die Kirche gewährte damals mehr Absolutionen, als sie Hostien verteilte. Ein Umstand, der für die große Bedeutung des Bußsakramentes spricht. In einer so frommen Stadt wie Schlettstadt – einer Hochburg der Gegenreformation – wurden die Beichtstühle in den Klöstern überaus stark besucht. In der Pfarrei selbst hörten der Pfarrer und seine drei Vikare an hohen Feiertagen (Weihnachten, Ostern, Pfingsten, Allerheiligen, Mariä Himmelfahrt, am Patronatsfest, an Peter und Paul sowie an Johanni) von sechs Uhr morgens an die Beichte. Durch das Bußsakrament war der Gläubige sowohl an die Kirche im allgemeinen als auch an den örtlichen Klerus im besonderen gebunden. »Durch die Beichte«, berichtet der Abbé Grégoire, »entstehen in der katholischen Religion direktere Beziehungen zwischen den Pfarrern und den Gläubigen; deshalb war das Vertrauen, das meine Pfarrkinder in mich setzten, im allgemeinen so groß, daß sie, hätte ich ihren spontanen Bekenntnissen nicht die nötigen Grenzen gesetzt, diese sehr oft überschritten hätten.«[78]

Die erste Kommunion empfing man zwischen dem 10. und 15. Lebensjahr, im allgemeinen etwa mit 14 Jahren. »Man packte mir ein hübsches

Bündel auf«, schrieb Alexandre de Tilly, als er sich an sein 13. Lebensjahr erinnerte. »Man hielt mich dazu an, mich einem Priester zu Füßen zu werfen, ihm alle meine jugendlichen Dummheiten und alle Gedanken zu erzählen, von denen ich gar nicht sicher war, sie wirklich gedacht zu haben, und mich an dem heiligen Tisch von meinen Befleckungen zu reinigen.« Manon hatte bei dieser Gelegenheit nicht soviel lässige Unbefangenheit gezeigt. Um sich mit der wünschenswerten inneren Sammlung auf die erste Kommunion vorzubereiten, war sie freiwillig zu den Nonnen der Ordensgemeinschaft von Notre-Dame (Augustinerinnen) im Faubourg Saint-Marcel gegangen. Sie betrachtete die Erstkommunion als ein überaus wichtiges Ereignis in ihrem Leben, das von großem Einfluß für ihr ewiges Heil sein würde. Sie unterwarf sich »allen in den Klöstern gebräuchlichen Mitteln – Sichzurückziehen, Beten, Schweigen, Andachthalten.« Voll glühender Einbildungskraft, mit bewegtem Herzen und »von himmlischer Liebe erfüllt«, war sie, als der große Tag kam, innerlich so erschüttert, daß sie nicht ohne die Hilfe einer Nonne, die sie unterfaßte, zum Altar gehen konnte.[79] Besorgt darum, diese ersten inbrünstigen Glaubensgefühle zu bewahren, schrieb die katholische Kirche den Gläubigen die Verpflichtung vor, einmal im Jahr zur Kommunion zu gehen. Die Jansenisten nahmen vier- oder fünfmal im Jahr an einer Eucharistiefeier teil. Und selbst in Schlettstadt, das noch unter dem Einfluß der Jesuiten stand, die häufige Kommunionen befürwortet hatten, nahmen auch die eifrigsten Gläubigen nicht mehr als einmal im Monat am Abendmahl teil.

Am Ende eines christlichen Lebens schrieb die katholische Kirche die Erteilung der »letzten Sakramente« vor, kurz »die Sakramente« genannt: Sie bestanden und bestehen bis heute in der Beichte, einer letzten Kommunion (die in diesem Fall »letzte Wegzehrung« – *viaticum* – genannt wird) und schließlich in der letzten Ölung, ein Brauch, der sich vom Jakobusbrief (Jak. 5,14) herleitet und der von dem Konzil von Trient heftig gegen die gegenteilige Ansicht der Protestanten verteidigt worden war. Starke Geister verweigerten sich bisweilen diesen kirchlichen Maßnahmen. Wenige Stunden vor seinem Tod erhielt Voltaire den Besuch zweier Kleriker, des Pfarrers von Saint-Sulpice und des Abbé Gauthier. Er tat anfangs so, als erkenne er sie nicht, dann sagte er zu seinem Freund Villette: »›Versichern Sie diese Herren meiner Hochachtung.‹ Als sich, auf Bitten von Monsieur de Villette, der Pfarrer von Saint-Sulpice dem Kopfende seines Bettes näherte, umfaßte der Sterbende mit seinem Arm dessen Haupt, als wolle er ihn umarmen. In dieser Haltung richtete der Pfarrer einige Ermahnungen an ihn und beschwor ihn zum Schluß, in seinen letzten Augenblicken doch noch ein Zeugnis für die Wahrheit abzulegen und wenigstens durch irgendein Zeichen zu verstehen zu geben, daß er die Göttlichkeit Jesu Christi anerkenne. Bei diesen Worten schienen sich die Augen des Sterbenden ein wenig zu beleben; er schob den Pfarrer sanft zurück und sprach mit noch vernehmbarer Stimme: ›Ach! Lassen Sie mich in Ruhe sterben‹.«[80] – Andere aus dem Kreis der Aufklärer nahmen aus Höflichkeit die Dienste der Kirche in Anspruch. So zum Beispiel Madame d'Épinay, deren Hellsichtigkeit und Mut Melchior Grimm bewunderte: »Ohne an andere Katechismen als den des gesunden Menschenverstandes zu glauben, unterließ sie es doch nie, wenn gesellschaftliche Schicklichkeit oder die Bedenken ihrer Familie es erforderlich zu machen schienen, die Sakramente mit dem denkbar feinsten Anstand zu empfangen, wie unerquicklich ihr diese traurige Zeremonie auch sein mochte«, und dabei die Überlegung anzustellen, »daß ebensoviel geistige Kraft dazu gehöre, diese zu empfangen, wie sie abzulehnen.«[81] Diese berühmten Nonkonformisten bildeten jedoch eine Ausnahme. Für die Mehrheit der Bevölkerung – vor allem in ihren einfachsten Schichten – war es undenkbar, daß jemand ohne den Beistand eines Priesters und ohne den Empfang der letzten Sakramente starb. »Kommt und seht«, schrieb Chateaubriand, »das ergreifendste Schauspiel, das die Erde zu bieten hat; kommt und seht einen Gläubigen sterben. [. . .] Ein an seinem Kopfende sitzender Priester tröstet ihn. Dieser heilige Diener spricht mit dem Sterbenden über die Unsterblichkeit seiner Seele; und jene ergreifende Szene, welche die gesamte Antike nur ein einziges Mal bei dem ersten ihrer sterbenden Philosophen aufzuweisen hat, erneuert sich Tag für Tag an dem bescheidenen Krankenlager noch des ärmsten der Christen, der sein Leben aushaucht.«[82]

Den Tod annehmen oder fürchten

Von Diderot ist der schreckliche Ausspruch bekannt: »Nehmt einem Christen die Furcht vor der Hölle, und ihr nehmt ihm seinen Glauben.« Es war kein Zufall, wenn die Schriftsteller der Aufklärung das Jenseits zur Zielscheibe ihrer Angriffe gemacht hatten; die Katholiken waren seitdem zum Gegenangriff übergegangen. 1778 erschienen auf dem Buchmarkt die wenig kunstvollen, aber zu Herzen gehenden Predigten von Jean-Baptiste Surian, des 1754 verstorbenen Bischofs von Vence, darin unter anderem eine Predigt mit dem Titel *Du petit nombre des élus*

(»Von der kleinen Zahl der Auserwählten«), in der der Autor mit der
Aussicht auf das Jüngste Gericht droht und dabei Angst und Schrecken
vor der ewigen Verdammnis als Mittel einsetzt.

Nur ein Teil der katholischen Priester nahm diese Position ein, der
andere suchte die Beschreibungen der Hölle zu mildern und die Furcht
vor ihr zu beschwichtigen. In seinem *Manuel des âmes intérieures*
(»Handbuch der Seelenführung«) nahm einer der Hauptvertreter dieser
ein wenig blassen Spiritualität, der lothringische Jesuit Jean-Nicolas
Grou (1731–1803), dem Tod beinahe seinen ganzen Stachel. Im Innersten seiner Seele habe der Mensch (damit meinte er natürlich die geistige
Elite der Christen, die Meditations- und Gebetserfahrung besaß) »im
Hinblick auf den Tod nichts anderes zu befolgen, als gar nicht mehr an
seine Seele zu denken und sich gänzlich Gott zu überlassen.« Wenn
andere dennoch weiterhin die Furcht vor dem Tode predigten, so doch
nur zum Besten der gewöhnlichen Sterblichen und »um sie zu einem
anständigen Lebenswandel anzuhalten.«[83] Der Ehrwürdige Vater vergaß bei seiner Argumentation nur, daß die gewöhnlichen Sterblichen
gelernt hatten, Gut und Böse abzuwägen und gegeneinander aufzurech-
nen, und kaum darauf vorbereitet waren, mystische Seelenbetrachtun-
gen anzustellen. Die kleine Gruppe der Gebildeten im Königreich
folgte dagegen in ihren Vorstellungen vom Tod den populärwissen-
schaftlichen Autoren und Medizinern, da der Einfluß der großen Aufklärer begrenzt war. Wie heißt es bei Buffon über das Alter und den
Tod? »Der Tod ist [. . .] keine so schreckliche Sache, wie wir ihn uns
vorstellen, wir beurteilen ihn schlecht aus der Ferne. [. . .] Welchen
Grund hat man anzunehmen, daß die Trennung von Seele und Körper
sich nur mit äußerstem Schmerz vollziehen könnte?«[84] Ist nicht auch
umgekehrt die Seele einst ganz unmerklich in den Körper des Kindes
gelangt?

Der katholische Tod war dabei, seine christlichen Attribute zu verlieren. Der philosophische Tod konnte allerdings auch keine sichere
Gewähr dafür bieten, mit dem inneren Gleichmut eines Sokrates sterben zu können, selbst wenn er unbeabsichtigt zu einem erhebenden
Augenblick geriet. Die Atheisten pflegten sich nicht in die Frage nach
dem Jenseits zu vertiefen. Nachdem sie sich über die abergläubischen
Vorstellungen (*superstitions*) lustig gemacht hatten, waren die scharfsin-
nigsten von ihnen über das ewige Menschheitsproblem gestolpert, ob
der Tod des Menschen seine vollständige Vernichtung bedeute oder ob
nicht doch noch irgend etwas von ihm übrigbleibe? Wenn d'Alembert
sich an die Manen seiner verstorbenen alten Freundin Julie de Lespi-

nasse wandte – »Erfreue Dich endlich [. . .], erfreue Dich ohne mich jener Ruhe, die weder meine Liebe noch meine Fürsorge Dir zu Deinen Lebzeiten gewähren konnten«[85] –, schien er damit nicht doch irgendeinen Ort der Schatten zu beschwören, wo die unsterblichen Seelen – also doch unsterblich? – friedlich und ohne die Grenzen von Raum und Zeit weilten? Der Atheist d'Alembert entwickelte jedenfalls unter der Gewalt seines Schmerzes mystische Gefühle.

Anders als bei ihm wurde für die einundzwanzigjährige Atheistin Manon Phlipon der Tod zu einem dramatischen Ereignis. Am Sterbebett ihrer Mutter entwickelt sie eine unbeschreibliche Aktivität, während ihre Umgebung vor Schmerz erstarrt. Sie gibt laut Anweisungen, gestikuliert, ihr Schmerz ist maßlos und tritt in einer Weise zutage, die den hysterischen Verhaltensweisen des 19. Jahrhunderts ähnelt. Als ihre Mutter tatsächlich stirbt, verliert Manon die Besinnung: »Der Leuchter entglitt mir, und ich fiel in Ohnmacht; man trug mich hinaus.« Im benachbarten Zimmer kämpft sie mit ihren Angehörigen leidenschaftlich darum, wieder in das Sterbezimmer zurückgelassen zu werden. »Ich flehte, wurde zornig, [. . .] und schließlich erzwang ich in einem Anfall von Erregung den Zutritt zum Zimmer.« Sie stürzt sich auf das Bett der Toten: »Ich hob ihre Arme, ich konnte es nicht glauben, ich öffnete und schloß ihr die Augen, die mich nie mehr sehen würden; [. . .] ich rief sie an, ich warf mich leidenschaftlich auf ihr Bett, ich legte meine Lippen auf die ihren; ich öffnete sie, versuchte den Tod einzuatmen, hoffte ihn über meinen Atem herbeizuzwingen und noch in derselben Stunde zu sterben.«[86] Auch schon im Jahre 1775, also lange vor der eigentlichen Romantik, konnte der Überschwang der Gefühle solche Formen annehmen!

Die letzten frommen Testamente

Zur Zeit Ludwigs XIV. war ein französisches Testament ein notariell festgehaltenes Gebet. Unter Ludwig XVI. nahmen die einst so langen, schönen und frommen Passagen zunehmend ab. Die Gründe dafür waren unterschiedlich: eine natürliche Scheu, die aufgeklärte Einstellung der Notariatsbeamten (*officiers* und *clercs*), größeres Vertrauen zu den Angehörigen im Hinblick auf die tatsächliche Vollstreckung des letzten Willens, und schließlich entsprachen sie einfach nicht mehr dem zeitgenössischen Geschmack. In Paris wurden testamentarisch zunehmend weniger Messen für das Seelenheil des Verstorbenen verfügt.

Zwischen 1720 und 1770 wurden diese Verfügungen weniger, von 1770 bis 1790 verschwanden sie völlig.[87] Bei einer Untersuchung über die Verhältnisse in der Provence wurde festgestellt, daß sich der vor dem Tode niedergeschriebene letzte Wille zwischen 1710 und 1780 stilistisch derartig veränderte, daß man auf den ersten Blick meinen könnte, es hätte überhaupt keine Religion mehr gegeben; tatsächlich aber hatte sich wahrscheinlich nur der äußere Stil der Religiosität geändert und den alten barocken Gefühlsüberschwang abgelegt.[88]

Wer fest im Glauben stand, den fochten die Schwankungen des Geschmacks nicht an. Sogar in der Provence, wo die Glaubensbekundungen verstummt oder doch sehr zurückhaltend geworden waren, konnte man gegen Ende des 18. Jahrhunderts noch feierliche, von der Sprache des Glaubens beseelte Testamente finden. Es waren zwar nicht mehr wie noch 1670 wirkliche Gebete, sie enthielten aber doch kurzgefaßte theologische Passagen, die vom Geist der Aufklärung weit entfernt waren. Jacques Garnier, ein Bürger aus Aix-en-Provence, traf im Jahre 1785 seine letzten Verfügungen. Ursprünglich überzeugter Jansenist, war er 1754 während einer schweren Krankheit zum offiziellen römischen Glauben zurückgekehrt. Dreißig Jahre waren seither vergangen, aber um jedem Mißverständnis vorzubeugen und sein Gewissen zu beruhigen, beginnt Garnier sein Testament mit einem Akt der Unterwerfung unter die römische Kirche. Er schreibt: »Als Christ danke ich Gott vor allem, daß Er mich im Schoße der *wahren*, der katholischen, apostolischen und römischen Kirche zur Welt kommen ließ, außerhalb deren es kein Heil gibt; ich erkläre hiermit, daß ich in Verbundenheit und Unterwerfung unter eben diese Kirche leben und sterben will, indem ich alles als wahr und gültig anerkenne, was sie als wahr und gültig anerkennt, und alles verdamme, was sie verdammt.«[89]

Am 3. März 1789 faßte dagegen ein »unbußfertiger«, seinen Glaubensüberzeugungen treu gebliebener Jansenist sein Testament in etwas anderer Form ab. Lazare de Boissely, ein Bürger aus Marseille, beginnt folgendermaßen: »Als Christ und Katholik, nachdem ich meine Seele Gott anbefohlen habe, den ich anflehe, mich in die Zahl Seiner Auserwählten aufzunehmen [. . .]«; er erklärt mit diesen wenigen Worten bestimmt, wenn auch nicht herausfordernd, seine jansenistische Position. Anschließend bezeugen 45 Artikel seine wohltätige Frömmigkeit: er stiftet Messen, spendet an Spitäler, für in Schuldhaft sitzende und verschämte Arme, für Waisenkinder und Kinder von Seeleuten, an verschiedene geistliche Orden, an Kollegien der Oratorianer, der Schwe-

stern der Barmherzigen Jungfrau, der Dominikaner und der Franziskaner strenger Observanz. Zwei in seinem Testament aufgezählte Gegenstände seiner Hinterlassenschaft sind für seine religiösen Überzeugungen sehr aufschlußreich: zum einen ein unter Glas aufbewahrtes großes
Folioblatt mit dem Text der Verurteilung des spanischen Theologen
Molinos durch die Inquisition;[90] und zum anderen ein Bild in der zweiten Etage seines Hauses, das »ein Skelett darstellt, auf Holz gemalt und
in einem schwarzen Rahmen« – eine barocke Darstellung, die an die
stets gegenwärtige schmerzliche Nähe des Todes gemahnen sollte.
Unser Jansenist wählte den Friedhof des Hôpital général de la Charité
zu seiner Grabstätte, da dessen Grund und Boden dem Spital von seinen
Eltern testamentarisch vermacht worden war. Er tat dies »unter der
ausdrücklichen Bedingung, daß man dort in der Mitte des Friedhofs
seinen Körper beerdige in einer 6 Fuß tiefen, 5 Fuß breiten und 8 Fuß
langen Grube, über die ein kalter Stein mit den gleichen Maßen gelegt
werden solle. Auf diesem solle sein Name und Vorname mit den darüber eingravierten Worten stehen: ›Orate pro eo.‹«[91]

Sechstes Kapitel
Lehrjahre

Seit ich Mutter bin, habe ich mein Glück in die Erziehung meiner Kinder gesetzt.

MADAME D'ÉPINAY

Die Lern- und Wißbegierde ist allgemein weiter verbreitet als je zuvor.

JACQUES-HENRI MEISTER

In jedes Lebensalter tritt der Mensch als Novize ein.

CHAMFORT[1]

Frankreich stand zur Zeit Ludwigs XVI. mit seiner Einwohnerzahl an der Spitze aller europäischen Länder. Geburtenkontrolle kannte man nur in den oberen Schichten der Gesellschaft; in herzöglichen Häusern waren gewisse Verhütungsmethoden seit hundert Jahren bekannt.[2] »Die finsteren Geheimnisse«, wie sie von Demographen und Beichtvätern in einhelliger Entrüstung genannt wurden, verbreiteten sich natürlich in Versailles und in Paris bei den Mitgliedern des reichen Adels und bei einigen Bürgerlichen. Die bäuerliche Welt jedoch – mit Ausnahme des französischen Nordens und der stadtnahen Gebiete – blieb weiterhin unaufgeklärt, oder jedenfalls beinahe. Geheimnisse dieser Art pflegt man nur heimlich weiterzugeben; sie verbreiten sich nicht allzu schnell. In den Provinzstädten entdeckte man erst verspätet, was in der Hauptstadt Paris längst praktiziert wurde. Im Languedoc, in dem es noch von Kindern wimmelte, war die Geburtenkontrolle beinahe unbekannt, und in Städten wie Montpellier oder Toulouse setzte sie sich erst langsam durch. Die große Mehrheit der französischen Bevölkerung lebte damals entweder auf dem Lande, in kleinen Dörfern oder zurückgezogen in kleinen Städtchen und Marktflecken, und sie entsprach auf gar keine Weise dem Bild, das Schriftsteller wie der jüngere Crébillon oder der Marquis de Sade von ihr entworfen haben. Dieses Frankreich war »sittenstreng, England dagegen leichtfertig.«[3] Geführt und kontrolliert von seinem katholischen Klerus, respektierte es noch immer die Gebote Gottes und der Kirche.

Der ehrwürdige Pater Feline hätte sich zu seinen Lebzeiten wohl nicht vorstellen können, daß sein Werk einmal die Aufmerksamkeit der Demographen des 20. Jahrhunderts auf sich ziehen würde. Er hinterließ über das heikle Thema des ehelichen Zusammenlebens einen sehr aufschlußreichen *Catéchisme des gens mariés* (»Katechismus für Eheleute«, Caen 1782). Dieser Ratgeber war für ein sehr breites Publikum bestimmt und enthielt neben den moraltheologischen Auslegungen des siebten und zehnten Gebotes Verhaltensregeln für das Eheleben, so wie sie damals von den meisten Beichtvätern gefordert wurden.

Der Autor erinnert daran, daß die Ehe ein achtenswertes Sakrament ist. Die Eheleute müssen demzufolge »das Gefäß ihres Körpers in Ehren halten« und um jeden Preis vermeiden, »das eheliche Bett zu beflecken«. Wesentliches Ziel und höchste Pflicht der Ehe ist »die Zeugung von Kindern«. Was einem solchen Gebot schädlich sein könnte, muß ferngehalten werden: der übermäßige Genuß von Likör und Kaffee, der »allzuoft wiederholte« eheliche Akt (ein Fehlverhalten, wie es dort heißt, das besonders bei allzu jungen Paaren anzutreffen sei), gewisse intime Berührungen (die angeblich der Fruchtbarkeit schadeten) und schließlich »die Änderung der von der Natur gewollten Position«. Sodann verurteilt Pater Feline, ohne darauf jedoch genauer einzugehen, gewisse »frevlerische« Techniken, weil auch sie gegen »die Stimme der Natur« verstoßen und um so verwerflicher sind, wenn sie »bewußt und ausdrücklich angewandt werden«. Die schlimmste Sünde ist die Onanie (im weiteren Sinne), und auch hier verzichtet der Katechismus auf eine nähere Beschreibung. Die Schwäche solcher Werke bestand zu allen Zeiten darin, etwas nur anzudeuten – es sei gut oder böse –, statt sich um eine klare Erklärung zu bemühen, wie das folgende Beispiel zeigt.

»FRAGE. Ich verstehe noch nicht, was Sie sagen wollen. – ANTWORT. Fragen Sie die Beichtväter um Rat; bitten Sie sie, Ihnen das Verbrechen des schändlichen Onan zu erklären, und worin dasjenige der Eheleute besteht, die es ihm gleichtun. Ich kann Ihnen hier nur soviel sagen, als daß es ein sehr großes und unter Eheleuten sehr verbreitetes Vergehen ist.« Pater Feline beteuert dann weiter, daß es eine sehr schwere Sünde sei, die die Verdammung nicht weniger Christen zur Folge haben werde, da einfache Leute darin ein Mittel sähen, ihren Nachwuchs in Grenzen zu halten, und ausschweifende Menschen auf diese Weise ihr Vergnügen noch erhöhten. »Diese unglückselige Neigung haben Reiche und Arme gemeinsam; ihre Motive sind zwar unterschiedlich, ihr Verbrechen ist jedoch dasselbe.«

Anschließend zählt das Werk alles auf, was Eheleuten erlaubt oder verboten ist. Da die Fortpflanzung als oberstes Gebot gilt, ist der eheliche Beischlaf jederzeit erlaubt. Der »eheliche Akt« wird, im Gegensatz zu gewissen Verboten im Alten Testament, weder während der monatlichen Unpäßlichkeit der Frau verboten noch während ihrer Schwangerschaft oder solange sie Wöchnerin ist bzw. stillt. In allen Punkten glaubte sich Feline dabei unterstützt von der Meinung der Mediziner. Der »Akt« ist also auch unter den erwähnten Bedingungen erlaubt; er empfiehlt sich immer »bei der ersten Äußerung dieses Bedürfnisses von der einen oder anderen Seite, sei es, daß es sich mit lebhafter Stimme oder durch Zeichen«, »durch Werben« oder »durch Zärtlichkeiten« kundtut. Der Akt kann am Abschluß von »vorbereitenden Handlungen« vollzogen werden, sofern diese sich mit der gebotenen Züchtigkeit vereinbaren lassen. Außerhalb dieses Rahmens verbietet die Kirche jedoch jede Abweichung. Ein vom Autor äußerst schamhaft formuliertes Beispiel ist typisch für die Art dieser Verbote: »FRAGE. Können die Eheleute nach dem ehelichen Akt das fortsetzen, womit sie zuvor begonnen hatten, um sich darauf vorzubereiten? – ANTWORT. Nein. Danach ist ihnen nur noch erlaubt, das zu tun, was sie jederzeit tun dürfen, nämlich sich gegenseitig Zeichen ihrer *Freundschaft* zu erweisen.«

Die Lehre Rousseaus – Nimbus und Obsession

Das 18. Jahrhundert war das Jahrhundert der Pädagogik. Die fähigsten Köpfe dachten über pädagogische Probleme und Fragestellungen nach. Die Beschäftigung damit war ein europäisches Phänomen mit fast zwanghaften Zügen. 1782 erschien der berühmte Erziehungsroman der Comtesse de Genlis[4] *Adèle et Théodore, ou Lettres sur l'éducation, contenant tous les principes relatifs aux trois différents plans d'éducation des princes, des jeunes personnes et des hommes* (»Adelheid und Theodor, oder Briefe über die Erziehung«). 1225 Seiten in drei Bänden! Und dennoch war die erste Ausgabe »in weniger als acht Tagen vergriffen«, zum erklärten Zorn der »sogenannten Philosophen«, wie die Autorin anmerkt. Im selben Jahr noch erschien eine zweite französische Ausgabe und im darauffolgenden Jahr Übersetzungen ins Englische, Niederländische und Deutsche. Gleichwohl wurde im Januar 1783 – zum

großen Ärger von Madame de Genlis, deren Interessen bei den Preis-
richtern der Académie française von ihrem Vetter, dem Comte de Tres-
san, wahrgenommen worden waren – ihre Konkurrentin Madame
d'Épinay für ihre *Conversations d'Émilie* mit dem 1782 gestifteten Prix
Monthyon ausgezeichnet. Der große Meister jedoch, zu dem man
stand, den man plagiierte, kritisierte, oder dem man bedingungslos
folgte – war Jean-Jacques Rousseau, der allgegenwärtige Pädagoge.
Neben seinem verführerischen Stil hatte er noch den pikanten Reiz
aufzuweisen, Ausländer und Protestant zu sein und seine eigenen vier
Kinder ins Findelhaus gegeben zu haben. Seine Erziehungsbibel war der
im Jahr 1762 erschienene langatmige und gelehrte Roman *Émile ou de
l'éducation*. Ebenso selbstverständlich, wie man die Kenntnis der
Gesetze bei jedermann voraussetzte, war es für die gebildeten Zeitgenossen Ludwigs XVI. undenkbar, den *Émile* nicht zu kennen; das war
einfach so. Hatte jemand dieses Meisterwerk selbst nicht gelesen, so
hatte er zwangsläufig doch zumindest von irgendeinem Vorgesetzten,
Beichtvater, Verwandten, Nachbarn oder Freund davon reden hören.
Und der Erfolg des Werkes nahm immer noch zu und verbreitete Rousseaus Lehren, seine Anweisungen und Vorurteile vom Hof his hin ins
Kleinbürgertum.

Es wurde geradezu unabdingbar, seinen Kindern die Brust zu geben.
Madame d'Osmond stillte ihre Tochter Adèle »mitten in Versailles«.[5]
Der Comte de Neuilly, 1777 geboren, wurde »nach den Erziehungsme-
thoden von Jean-Jacques aufgezogen und jeden Morgen in ein eiskaltes
Bad gesteckt; das war so Mode. [. . .] Meine Mutter entwöhnte mich
erst mit 28 Monaten.« Rousseaus Erziehungslehre verwandelte sich in
ein System mit Absolutheitsanspruch. In den Kreisen, die sich zu den
erklärten Anhängern der Aufklärung rechneten, hatte die pädagogische
Begeisterung die Annahme und Durchsetzung von unerschütterlichen
Erziehungsprinzipien zur Folge. Es handelte sich nämlich nicht darum,
die Erziehung und Ausbildung eines Kindes dem Klima, der gesellschaftlichen Schicht, seinem Temperament, seinem Alter und seiner
körperlichen Verfassung anzupassen, nein, sie mußte sich ausschließlich nach den Vorstellungen des Genfers richten. Étienne-Denis Pasquier, geboren 1767, der einer Familie von Parlamentsräten angehörte
und im 19. Jahrhundert Kanzler von Frankreich wurde, vergaß sein
ganzes Leben lang nicht die spartanische Behandlung, die ihm seine
Eltern hatten angedeihen lassen und die er dem Einfluß Rousseaus verdankte: »Unter dem Vorwand, mich gegen die Unbilden der Witterung
abzuhärten, führte man mich zwei strenge Winter lang (ich war damals

im vierten und fünften Lebensjahr) leicht bekleidet in die Tuilerien; dort sollte ich mich, so wurde beteuert, durch körperliche Übungen warm machen; man hieß mich laufen, aber die Kälte nahm mir die Kraft dazu; das Ergebnis dieses Verfahrens war, daß aus mir eines der gesundheitlich schwächsten Wesen wurde, die man sich vorstellen kann.«

Über den Hof und die Stadt hinaus verbreiteten sich die Lektionen des *Émile* bald in der Provinz. Ein Kleinbürger und Anhänger Rousseaus wie Babeuf konnte seine kleine Sophie nun nicht mehr einfach ohne große Umstände großziehen, wie es noch seine bescheidenen Eltern mit ihm gemacht hatten. Nein, das Kind galt dem Republikaner Rousseau als König, und so mußte das Kleinkind Sophie nun in den ihm gebührenden Mittelpunkt des allgemeinen Interesses rücken. Die Auffassungen berühmter Erzieher wurden eingeholt. Bücher wurden studiert auf der Suche nach unfehlbaren Erziehungsrezepten. »Alle meine Gedanken«, so schreibt der spätere Kommunist Babeuf, »all meine Zeit und Aufmerksamkeit hatten sich dem lieben Wesen zugewandt, das meine Seele bezauberte. Nichts konnte mich davon ablenken. Ich gab mich nicht mehr allein mit den Büchern zufrieden, die ich zur Hand hatte, und auch nicht mit den besonderen Kenntnissen, die ich mir über die Erziehung der Kinder im ersten Lebensalter angeeignet hatte; nein, ich wollte mir persönlich bei solchen Leuten Rat holen, die in dem Rufe standen, diese Art von lobenswerten Studien auf hervorragende und erfolgreiche Weise betrieben zu haben. Hätte er noch gelebt, ich glaube, ich hätte den Autor des ›Émile‹ selbst um Rat gefragt.«[6]

Während sich die einfachen Leute bis in die kleinsten Details hinein über die Kindererziehung Gedanken machten, mußten sich dagegen die Kinder der Vornehmen mit körperlicher Arbeit vertraut machen. Es ist bekannt, daß Ludwig XVI. »als Kronprinz zu seinem Vergnügen in seinem Zimmer mauerte und Kacheln verlegte. Diese Vorliebe ersetzte er dann als König durch die Schlosserei«[7] und bald unter dem Einfluß von Vaucanson und La Salle durch eine Vorliebe für feinmechanische und kunstschlosserische Arbeiten. Vor allem Jean-Jacques hatte das Erlernen eines »mechanischen« Handwerks gepredigt, das er als unerläßliche Ergänzung zur Beschäftigung mit den Naturwissenschaften ansah. Aus Nachahmungstrieb mußten nun die Kinder aufgeklärter – oder soll man sagen modeabhängiger – Eltern wohl oder übel dem Vorbild des Königs oder den Lehren Rousseaus folgen. Auch der spätere König Louis-Philippe konnte dem nicht entgehen: Obwohl seine Erzieherin, Madame de Genlis, Rousseau kritisierte, »befolgte sie doch sein System; also war es vonnöten, mich ans Hobeln zu

*Der Dauphin, der spätere König Ludwig XVI., bei der Feldarbeit
(Aquatinta von François-Marie-Antoine Boizot, 1769)*

stellen und mich, ganz wie Émile, zum Tischler und Drechsler auszubilden.«

Der Autor des *Émile* hegte die Überzeugung, daß die Erziehung durch einen Privatlehrer einer männlichen Haltung förderlich sei. Tatsächlich führte sie aber zu einer Betonung der weiblichen Seite. Rousseau vergaß nämlich, daß es schon großer Einkünfte bedurfte, um sich die Dienste eines Hauslehrers leisten zu können, selbst wenn man in der Provinz schon für 300 Francs pro Jahr einen Hauslehrer von vornehmer Herkunft finden konnte. Es kam selten vor, daß der Familienvater genug Muße oder genügend Interesse aufbrachte, die Erziehung seiner Kinder selbst zu leiten. Sollte ein Kind nun aber doch privat erzogen werden, so fiel diese Aufgabe in der Regel der Mutter, der Großmutter oder irgendeiner Tante zu. Auf diesem Felde triumphierte die Frau. Und zwar schon von der Wiege an, wenn der Mensch seine allerersten Entwicklungen durchläuft: »Diese allererste Erziehung«, schrieb Madame de Genlis, »die als eine rein körperliche angesehen wird, ist immer den Frauen, Müttern, Ammen oder Gouvernanten überlassen worden.« Aber obwohl die Eltern so klug geworden seien, »das Alter, in dem mit dem Unterricht begonnen werden kann, von Tag zu Tag weiter hinauszuschieben« – Madame de Genlis befolgt Rousseaus Lehre in allen Punkten –, so stelle sich dieser Augenblick eines Tages doch ein. Das bedeute dann aber nicht einen erzieherischen Ausgleich durch die Männer. Denn für eine gute und nutzbringende Erziehung des Kindes seien die Bemühungen dreier Personen vonnöten: es bedürfe zwar »eines Hauslehrers, der guten Unterricht erteilt, und eines Vaters, der diese Bemühungen mit seiner Autorität unterstützt, dann aber einer Mutter, welche dieselben ins Liebenswerte wandelt und sie mit den ihr zur Verfügung stehenden Mitteln in Wort und Tat wiederholt und vertieft.« Eine unabdingbare Voraussetzung für dieses pädagogische System und die Ausbildung der Kinder war also die von ihrer Aufgabe erfüllte Mutter. »Gemeinsam mit einem Putzdämchen oder einem gezierten Frauenzimmer kann auch der verständigste Vater und der gelehrteste Hauslehrer der Gesellschaft nur Dumme oder Stutzer geben; eine geistreiche Frau, eine geschickte Mutter wird hingegen noch die Kinder eines Dummkopfs und die Zöglinge eines Pedanten mit der Kraft ihrer Seele und ihres Geistes prägen.«[8] Die Königin Marie-Antoinette scheute sich nicht, das Grab Rousseaus in Ermenonville zu besuchen, und sie beschäftigte sich »höchstpersönlich mit der Erziehung ihrer Tochter; jeden Morgen wohnte sie dem Unterricht bei und war, was ihre kleinen Fehler betraf, sehr streng.«[9]

Im 18. Jahrhundert und besonders zur Zeit Ludwigs XVI. nahm die Zahl der unehelich geborenen, verlassenen oder ausgesetzten Kinder in den Städten beträchtlich zu. Zwischen 1782 und 1786 waren 19 Prozent aller getauften Säuglinge in Bordeaux solche Findelkinder.[10] Städter, aber auch Landbewohner legten häufig ihr Kind heimlich vor der Türe einer Entbindungsstation oder eines Spitals ab. Provinzbewohner machten zuweilen eine weite Reise, um ein Neugeborenes in das Findelhaus von Paris zu bringen. Diese Erscheinung war keineswegs nur auf Frankreich beschränkt, sondern in vielen europäischen Städten zu beobachten. Die Kirche mißbilligte selbstverständlich diese Flucht vor der elterlichen Verantwortung. Der fromme Chevalier d'Aiguebelle schrieb: »Man betrachtet mit wahrem Entsetzen das Verbrechen dieser Rabenmütter, die die unglückliche Frucht einer sündigen Leidenschaft preisgeben, um ihre Schande zu verbergen.«[11] Kirche und Staat bemühten sich jedoch gemeinsam darum, daß die größtmögliche Zahl empfangener Kinder geboren werden konnte, wobei ihre Motive unterschiedlich waren; denn die Kirche stützte sich auf das biblische Gebot der Achtung vor dem Leben, der Staat eher auf die bevölkerungspolitischen Ideen der Physiokraten. Ein Gesetz, das noch aus der Zeit Heinrichs II. stammte, verpflichtete jedes schwangere Mädchen dazu, der Obrigkeit seine Schwangerschaft zu melden. 1785 wurde im Amtsbezirk von Charonne die Erklärung der sechsunddreißigjährigen Demoiselle Agathe Derassoux verzeichnet, daß sie in der siebten Woche schwanger sei von »Sieur Estard, ihrem Herrn« und Pfarrer der Gemeinde. Diese arme Köchin, gegenwärtig ohne Stellung, verpflichtete sich dazu, die Behörden darüber zu informieren, »was aus dem Kind, das sie zur Welt bringen würde, geworden sei.«[12] In Bordeaux sahen die Schöffen einen Teil des städtischen Etats für »Nahrung und Versorgung armer Schwangerer oder an der Lustseuche erkrankter Mädchen vor, die ihren Zustand bei der Polizei erklärt hatten.« Mit dem Geld sollten die Kosten für die Hebamme, den Arzt und für ein kleines Fest beim ersten Kirchgang der Wöchnerin gedeckt werden. War hingegen der Verführer bekannt und zahlungsfähig, wurde er unter Androhung eines Haftbefehls gezwungen, für diese Ausgaben aufzukommen. Abtreibung und Kindstötung, die von den Gerichten sehr hart geahndet wurden, waren für die Kirche eine unendlich schwerere Sünde als Ehebruch oder Kindesaussetzung. Das ist auch der Grund dafür, daß in den Dörfern die Frauen häufig Brechmittel oder Aderlässe am Fuß ablehnten, weil

sie fürchteten, damit eine Fehlgeburt auszulösen. Die Menschen der damaligen Zeit verstanden daher eine Kindesaussetzung als den zwar ungeschickten, aber ehrlichen Versuch, ein menschliches Leben zu erhalten.

War dieses zarte Leben erst einmal zur Welt gekommen, begann seine
eigentliche Gefährdung. Die Reanimationsmethoden – Mund-zu-
Mund-Beatmung, Insufflation in die Nase, Massieren der linken
Brust –, die von den Ärzten in den Städten mit Erfolg angewendet
wurden, waren bei den Hebammen auf dem Lande oft unbekannt.
Selbst in der Stadt und in bürgerlichen Häusern kam es häufig im
Anschluß an die Entbindung zu Unglücksfällen. Manon Phlipon
berichtet in ihren Lebenserinnerungen, daß sie als zweites Kind ihrer
Eltern geboren wurde, und fährt fort: »Mein Vater und meine Mutter
hatten deren sieben (Kinder), aber alle starben infolge ungücklicher
Umstände bei der Geburt oder als Säuglinge.«[13] In Lyon betrug die
Lebenserwartung eines Neugeborenen 20 Jahre; jedes zweite Kind
starb, bevor es dieses Alter erreicht hatte.[14]

Das von Rousseau gepriesene Stillen des Kindes setzte sich in allen
städtischen Schichten durch. Es war vor allem auf dem Lande gebräuch-
lich, wo aber der Mangel an Ernährungshygiene und die Unkenntnis
der einfachsten Grundsätze der Kinderaufzucht die gute Wirkung des
Stillens wieder aufhoben. Viele Säuglinge wurden zum Schlafen in dasselbe Bett mit ihren Eltern gelegt und starben, weil sie aus Versehen
erstickt wurden. In einigen Diözesen wurde diese elterliche Nachlässigkeit als so schwere Sünde angesehen, daß sie »zu den dem Urteil des
Bischofs vorbehaltenen Fällen«[15] gehörte. In der Stadt war das Stillen
durch die Mutter ein Luxus, den sich beinahe nur der Adel oder das
reiche Bürgertum leisten konnten. 1778 charakterisierte der Polizeichef
von Lyon die Lage der Arbeiter folgendermaßen: »einem natürlichen
Triebe folgend verheiratet, abgestumpft durch die Art und das Übermaß ihrer Arbeit, und durch Unkenntnis und Not verdummt, sehen sie
nur allzuhäufig in ihrer Frau nichts weiter als eine Sklavin, und in dem
Kind, das sie zur Welt bringt, einen unbequemen Gast. [...] Gewohnheit und Not sprechen ihr Urteil« über das Kind: es wird zu einer
Amme gegeben.[16]

Das wäre nicht ganz so schlimm gewesen, hätte man die Säuglinge aus
den Städten guten Ammen anvertraut; in Lyon war dies jedoch nur in
einem von sechs Fällen der Fall.[17] Denn nur die Reichen konnten die
Ratschläge des Abbé Le More befolgen, nach dessen Vorstellungen eine
gute Amme folgendermaßen auszusehen hatte: sie durfte nicht rot-

haarig sein, mußte eine gesunde Hautfarbe haben, ihr Atem und ihr Schweiß sollten angenehm riechen, ihre Zähne sollten schön, ihr Zahnfleisch kräftig rot sein, ihre Milch reichfließend, weiß, geruchlos, nicht zu wäßrig und nicht zu dickflüssig sein, und falls das Kind groß sei, so solle auch die Amme entsprechend kräftig gewählt werden.[18] Die Armen hatten keine Wahl; sie waren schon froh, wenn sie überhaupt die Pension für den Säugling zahlen konnten. In Paris gab es unter den in Schuldhaft sitzenden Gefangenen eine gewisse Anzahl »armer Gefangener, die deshalb im Gefängnis saßen, weil sie die Kosten für die bei einer Amme verbrachten Monate ihrer Kinder nicht hatten aufbringen können.«[19] Die Aufnahme von Säuglingen aus der Stadt bedeutete für die Bewohner armer Landstriche wie etwa des Forez, des Vivarais oder von Savoyen eine willkommene Verdienstmöglichkeit; denn diese Gegenden waren »durch die Rauheit des Klimas, die Beschaffenheit des Bodens und durch ansteckende Krankheiten entvölkert, und Geld und Lebensunterhalt waren dort schwerer zu erlangen.« Es kam vor, daß die Nachbarn einen Säugling ganz allein in einer zugigen Hütte fanden, in der Tür und Fenster offenstanden, »zusammengeschnürt in einer stinkenden Wiege, durchdringend schreiend, mit seinen Tränen den Durst stillend und nur mit einer Tasse sauren Weins und einem Stück Schwarzbrot versehen.«[20] Die Sterblichkeit war jedenfalls sehr hoch, vor allem bei solchen Kindern, die von Spitälern an Ammen gegeben wurden. Diese Säuglinge wurden mit noch weniger Sorgfalt behandelt, denn die Ammen verdienten noch weniger mit ihnen. Vier Fünftel aller Säuglinge städtischer Herkunft, die im Bordelais starben, waren Findelkinder.[21]

Hatte ein Kind erst einmal das fünfte Lebensjahr erreicht, sahen seine Überlebenschancen schon sehr viel besser aus. Man riet den Müttern, ihre Kinder von jetzt an nicht mehr im Ehebett schlafen zu lassen »aus Besorgnis, ihre Phantasie zu verderben, die nun so empfänglich für Verführungen sei.«[22] Mit fünf Jahren sollten die Kinder auch nicht mehr länger den Domestiken überlassen werden, falls man denn diese Unvorsichtigkeit begangen hatte; denn diese »konnten ihnen, da sie aus dem einfachen Volk stammten, nur niedrige Gefühle einflößen.«[23] Nun war auch das Alter gekommen, in welchem den Kindern die wichtigsten Höflichkeitsregeln beigebracht und ihr Gefühl für Familienzusammengehörigkeit entwickelt werden sollte. Die verschiedenen Neuauflagen des Anstandsbuches von Jean-Baptiste de la Salle schrieben zum Beispiel vor: »Die Kinder dürfen abends nicht schlafen gehen, ohne sich zuvor von ihrem Vater und ihrer Mutter verabschiedet und ihnen eine

gute Nacht gewünscht zu haben.« In den guten und christlich einge-
stellten Familien, vor allem solchen, die zum Mittelstand gehörten
(obwohl auch der Adel nach und nach die mögliche Innigkeit und
Natürlichkeit der Beziehungen zwischen Eltern und Kindern entdeckte), wurden solche Anweisungen getreulich befolgt. Als Goethe im
Jahre 1792 bei einer Bauernfamilie in der Champagne einquartiert war,
entzückte ihn übrigens gerade dieses abendliche Ritual: »Die Nacht war
herangekommen, die Kinder sollten zu Bette gehen; sie näherten sich
Vater und Mutter ehrfurchtsvoll, verneigten sich, küßten ihnen die
Hand und sagten ›Bon soir Papa, bon soir Maman‹, mit wünschenswer-
ter Anmut.«[24]

Der Umgang von Eltern und Kindern miteinander wurde zunehmend
vertrauter, selbst in manchen Familien des Hochadels. Talleyrand war
zur Zeit Ludwigs XV. genauso zu einer Amme gegeben worden wie ein
ganz gewöhnliches Findelkind (»ich war acht Jahre alt, und noch hatte
das väterliche Auge nicht auf mir geruht«). Ein Vierteljahrhundert später berichtet die Baronin von Rumerskirch ihrer Mutter, Madame de
Martange, ausführlich und in allen Einzelheiten über den Keuchhusten,
den ihre Kinder gerade überstanden haben: »Dank der Güte des Höchsten Wesens sind sie mir alle drei wiedergegeben.«[25] Man sagte nun
»Papa« und »Mama«, sogar in Kreisen des Hofadels, und es hieß nicht
mehr ausschließlich nur »mein Herr Vater«. Die Eltern erwiderten mit
»mein liebes Kind« und nicht mehr mit »mein Herr«. Nun wurden
Kosenamen für die Kinder beliebt wie *Coco* und *Minette*, die ihren
Trägern bisweilen noch bis ins hohe Alter von achtzig Jahren in die
Zeiten von Napoleon III. erhalten blieben. Wenn die jeweilige soziale
Schicht auch an ihrer unterschiedlichen Kleidung zu erkennen war –
die Kinder der Reichen trugen gesucht altmodische Kragen im Stil Ludwigs XIII. –, so trugen doch alle Kinder gleichermaßen lange Hosen,
offenkundig »vor der Ära der Sansculotten« als Zeichen einer unbestreitbaren und sehr realen Demokratisierung des Familienlebens.[26]

Mit sieben Jahren hatten Jungen und Mädchen dann das Alter der Vernunft (*l'âge de raison*) erreicht. Sie waren nun nicht nur reif für den
Religionsunterricht, sondern auch für die Schule.

Die Elementarschulen

Der Abbé Grégoire, ein Mann der Kirche, aber auch ein überzeugter Anhänger der Aufklärung, scheint im Jahre 1790 großen Anstoß daran genommen zu haben, daß es in Frankreich noch so viele Menschen ohne Schulbildung gab.[27] Ihm war immerhin bekannt, daß der Elementarunterricht damals ständig weiterentwickelt wurde, und zwar – merkwürdig genug – auch gegen die Auffassungen von Aufklärern. Ein Voltaire schrieb zum Beispiel an La Chalotais: »Ich danke Ihnen, daß Sie den Landarbeitern das Lernen verbieten. Als Landmann wende ich mich mit der Bitte an Sie, mir Handlanger zu verschaffen und keine tonsurierten Kleriker.« Und Rousseau behauptete: »Der Arme braucht keinen Unterricht.«[28] Turgot und Condorcet waren beinahe die einzigen Aufklärer, die für die allgemeine Schulbildung eintraten.

Dagegen war die Kirche eine Vorkämpferin gegen die Bildungsfeindlichkeit. Eines der großen Themen der Altarbilder in den Kirchen ist die Unterrichtung der Jungfrau Maria durch die heilige Anna. Diese Szene wurde oft dargestellt und nahm gewöhnlich den Ehrenplatz ein, das heißt die Seite des Chors, wo das Evangelium verlesen wurde. Maria wird dort mit den Zügen eines zehnjährigen Kindes dargestellt und lernt unter der Anleitung ihrer Mutter, die Bibel zu lesen. Die Szene symbolisiert die Heilsgeschichte, sie spiegelt aber auch eine kulturelle Entwicklung wider, wenn sie hier durch die Vermittlerrolle der Mutter den hohen Wert des Unterrichts preist, von dem künftig auch die kleinen Mädchen nicht mehr ausgeschlossen bleiben sollten. Der königliche Erlaß von 1698 hatte die Bischöfe dazu angehalten, in jeder Kirchengemeinde eine Elementarschule einzurichten, und die von Jean-Baptiste de la Salle gegründete Congrégation des frères des écoles chrétiennes (Kongregation der Brüder christlicher Schulen) wandte ihren ganzen Eifer auf, um diesen Wunsch Ludwigs XIV. zu verwirklichen. Es war zum Beispiel dieser Orden, der in dem Pariser Stadtviertel Gros-Caillou die Armenschulen (écoles de charité) unterhielt.

Wenn eine Dorfgemeinschaft beschloß, eine Schule zu gründen, so geschah das fast immer auf Anregung des Bischofs oder zumindest des Pfarrers. Gab es keinen weltlichen Schulmeister, so versah, wie etwa in der Gegend von Saint-Calais, oft »eine Schwester des Pfarrers oder ein Vikar diesen Dienst.« Auf dem Lande in der Nähe der Stadt Bergues in Nordfrankreich unterrichteten »die Lehrerinnen unter Anleitung des Pfarrers«; die Schulentwicklung war in diesem Landstrich ganz besonders weit fortgeschritten, da es dort sogar schon eine gewisse Anzahl von reinen Mädchenklassen gab.[29]

Émile Souvestre, der das Ancien Régime aus unzähligen, von ihm in direkten Gesprächen mit Zeitzeugen gesammelten Berichten kannte, schildert in seinen *Souvenirs* den typischen bretonischen Schulmeister, so wie er sich vor der Revolution darstellte: »Dieser erteilte seine Stunden keineswegs in einem Klassenzimmer. Der Lehrer suchte seine Schüler einzeln auf, indem er von einer Hütte zur anderen ging. Mal fand er seine Schüler im Stall oder gerade damit beschäftigt, den nachwachsenden Stechginster auszustechen; mal fand er sie auf der Wiese, wo sie mähten oder das Vieh hüteten. Gerade dort, wo Lehrer und Schüler sich trafen, ließen sie sich auf einem steinernen Futtertrog oder in einem saftig grünen Graben nieder; die Bücher wurden geöffnet, und der Unterricht begann. Hatte es gerade zum Essen geläutet, so nahm der Herr Magister bei den Männern am Tisch Platz. [. . .] So verbrachte er den ganzen Tag damit, die einsam liegenden Bauernhöfe aufzusuchen, und an jedem letzten Sonntag des Monats empfing der Schulmeister von jeder Familie fünf Sous.«[30] Diese beschwerliche Kollekte war überall dort nötig, wo entweder in armen Gemeinden eine für den Unterhalt des Schulmeisters bestimmte Zusatzsteuer zur *taille* nicht erhoben werden konnte – wozu sie der Erlaß von 1698 autorisiert hatte –, oder wo weder eine ortsansässige Herrschaft noch die Kirche und auch kein wohlhabender Bürger eine Schule gegründet hatte und unterhielt. Ein Dorfschulmeister galt als anerkannte Persönlichkeit, war aber zugleich ein armer Schlucker. Selbst wenn er nicht sehr gebildet war (seine »Bibliothek« bestand oft nur aus der Bibel, einem ABC-Buch, einem Rechenbuch und zwei oder drei Erbauungsbüchern), so verschafften ihm seine wenigen Kenntnisse doch ein gewisses Ansehen. Er konnte die Dorfbewohner beraten, als öffentlicher Schreiber (*écrivain public*) fungieren, dem Gemeinderat als Amtsschreiber und der Kirche als Kantor dienen. Gehörte er gar einer Schulmeisterdynastie an, so war sein Ansehen noch größer. Manche Schulmeister, meist ehemalige Seeleute oder Schankwirte, hatten allerdings gar kein Interesse daran, ihr Ansehen zu heben. Andere wurden von ihren Vorgesetzten geschätzt, wie etwa jener Lehrer aus Montmorot in der Franche-Comté, der 1793 folgendermaßen beurteilt wurde: »Jean-Joseph Malpas, wohnhaft in Montmorot, 53 Jahre alt. Er ist seit 35 Jahren als Schulmeister im Dienst. Er schreibt recht gut, aber ohne Orthographie. Als guter Rechenlehrer versteht er sich ein wenig auf Landvermessung.«[31]

Es fehlte nicht an zeitgenössischer Kritik an der schlechten Ausbildung

*In einer Schule (Ausschnitt aus einem Stich
von Jean-Jacques de Boissieu, um 1780)*

und Bezahlung der Schulmeister. Ein Gerichtsbeamter aus Saint-Calais schrieb in seinem Bericht an den Abbé Grégoire mit einiger Verachtung: »Wenn eine Schule vorhanden ist, so ist es gleichwohl selten, daß man dort rechnen lernt. [. . .] Schreiben wird nicht immer gelehrt.« Ein anderer an derselben Umfrage teilnehmender Gewährsmann aus Lyon war der Ansicht, daß die Schulmeister der Umgebung selten in der Lage seien, »die beiden ersten arithmetischen Regeln« zu unterrichten.[32] Für die aufgeklärten Städter war ein solcher Dorfschulmeister nichts weiter als ein ungehobelter Bauer. Die relative Häufigkeit eigenhändiger Unterschriften in den alten Zivilstandsregistern stellt ihnen jedoch nachträglich ein gutes Zeugnis aus. Im Jahre 1788 konnte die französische Bevölkerung nördlich der Linie Saint-Malo – Genf lesen und schreiben; und anderswo machte man große Anstrengungen, diesen Rückstand aufzuholen. Zur Zeit Ludwigs XVI. besaßen die auf dem Lande wohnenden Notabeln in der Normandie alle eine Schulbildung. Beinahe alle Bauern mit eigenem Landbesitz oder Verwalter landwirtschaftlicher Anwesen konnten lesen und schreiben, ebenso drei Viertel aller Kaufleute und Handwerker sowie jeder zweite Leineweber. Allein die Tagelöhner waren im Rückstand, von ihnen konnte noch nicht einmal jeder zweite lesen. In den letzten Jahren des Ancien Régime schritt jedoch die Alphabetisierung weiter fort. 1788 unterschrieben in ganz Frankreich 47 von 100 Franzosen und 27 von 100 Französinnen (gegen 29 bzw. 14 von 100 im Jahre 1688) eigenhändig ihre Heiratsverträge.[33]

Nur wenige Dorfschulkinder – abgesehen von einigen glänzend begabten Stipendiaten – besuchten anschließend in der Stadt eine Lateinschule. Ihre Eltern waren im übrigen davon in der Regel nicht sonderlich begeistert. Ein Pfarrer aus dem Périgord schrieb zu diesem Thema an den Abbé Grégoire: »Ehemals ließen viele, sogar von den reichen Bauern, ihre Kinder nicht studieren, weil es für sie entweder zu teuer war oder weil sie die traurige Erfahrung gemacht hatten, daß diese Kinder nicht länger ihrem Stand angehören wollten [. . .] und sich dann nicht mehr zur Arbeit geschaffen fühlten, sondern zum Nichtstun.«[34] Die Regierung unter Ludwig XVI. hat das Verdienst, eine Art Gewerbe- und höherer Volksschule eingeführt zu haben, die für Kinder, welche nur die Pfarrschulen (*petites écoles*) absolviert und nur entsprechend geringe Vorkenntnisse hatten, leichter zugänglich war. In der staatlichen Gobelinmanufaktur bestand eine Schule für Malerei. In den *lettres patentes* – Patentbriefen des Königs, die Privilegien erteilten – vom 19. Dezember 1776 wurde der unentgeltlichen Zeichenschule für

Handwerker, die seit 1767 bestand, der Hörsaal der Confrérie de Saint-Côme[35] zur Verfügung gestellt; wie es hieß, sollte damit der »wahrhaft patriotische Eifer« der Pariser Zünfte unterstützt werden.[36] Die Provinzstädte besaßen häufig ähnliche Schulen. Das erste Konservatorium, die École royale de chant et de déclamation, wurde im Januar 1784 in Paris gegründet. Danach folgte eine Sprachenschule, später die berühmte von Lenoir gegründete Bäckereifachschule.

Vor allem aber machte man damals noch keinen Unterschied zwischen der Erziehung des Menschen und seiner praktischen Ausbildung. Die bestehende Kluft zwischen Stadt- und Landbevölkerung ebenso wie die Standesunterschiede wurden ein Stück weit dadurch ausgeglichen, daß in allen Schulen die gleichen Regeln kindlicher Höflichkeit und anständigen Benehmens als unerläßliche Ergänzung des praktischen Wissens vermittelt wurden.

Schickliches Betragen in der Öffentlichkeit

Jean-Baptiste de la Salle starb 1719; sein berühmtes Anstandsbüchlein *Les règles de la bienséance et de la civilité chrétienne* wurde jedoch immer wieder neu aufgelegt und verbreitet, namentlich 1774, 1782 und 1788. Adlige Höflichkeitsformen wurden darin, zumindest in ihren großen Linien, zum Vorbild erhoben und jedermann zugänglich gemacht. Freilich wußten Standespersonen meistens schon instinktiv, oder weil sie von klein auf dazu erzogen worden waren, was weniger Glückliche nun beim Umblättern der Seiten des »La Salle« erlernten. Körperlich anständiges Betragen zum Beispiel war eine Forderung, die für jedermann – und zwar unabhängig von seinem Stand – zu gelten hatte. Es ist recht aufschlußreich, sich die entsprechenden Regeln des »La Salle« einmal vor Augen zu führen. Es heißt dort: »Die Körperhaltung eines Menschen sollte immer etwas Ernstes und Würdevolles ausstrahlen.« Sie darf weder krumm noch gebeugt sein. Es gehört sich weder, »affektiert den Kopf hoch zu tragen«, noch sich an eine Mauer oder ein Möbelstück anzulehnen, »den Körper zu verrenken« oder sich zu dehnen und zu strecken. Es ist geradezu eine Kunst, sich schicklich hinzusetzen: man soll in ganzer Körpergröße aufgerichtet sitzen, ohne dabei die Beine von sich zu strecken oder sie zu spreizen und ohne »sich allzufest gegen die Rückenlehne des Stuhles anzulehnen«. »Sich den Kopf in Gesellschaft zu kratzen [. . .] ist einer wohlgeborenen Person unwürdig«, aber alle Leser des Buches – sie mochten jung oder alt,

Rentier, Handwerker, Städter oder Landmann sein – errieten natürlich, daß dies für alle galt; denn es heißt weiter, daß diese unpassende Geste »auch der Effekt großer Nachlässigkeit und Unsauberkeit ist«. Die Sauberkeit gebietet und »Sittsamkeit und Anstand verlangen, daß man in seinen Ohren nicht viel Schmutz aufkommen läßt«, und demzufolge wird der Gebrauch des entsprechenden Instruments – eines *cure-oreille* – empfohlen. Was die Nase betrifft, so darf sie um so weniger vernachlässigt werden, als sie »die Ehre und die Schönheit des Gesichts« ausmacht; sie soll sehr sauber gehalten werden. Der Mund ebenso, bei dem es angezeigt ist, »ihn jeden Morgen zu waschen« – aber auf seinem Zimmer: weder bei Tisch noch in der Öffentlichkeit. Während der Mahlzeiten verbietet es die Schicklichkeit, seine Zähne zu reinigen und sich dabei »seiner Nägel, seiner Finger oder eines Messers zu bedienen«; es gehört sich, hierzu entweder einen Zahnstocher oder ein grobes Leintuch zu benutzen. »Man sollte nicht die Gewohnheit annehmen, allzuhäufig und ohne Notwendigkeit auszuspucken«; denn diese Handlungsweise ist unanständig und ekelerregend und stört die übrigen Anwesenden auf unangenehme Weise. »Befindet man sich in Gesellschaft von Standespersonen, an einem sauberen, gepflegten Ort, so verlangt es der Anstand, will man in sein Schnupftuch spucken, sich dabei ein wenig zur Seite zu wenden und es alsbald wieder in seine Tasche zu stecken, ohne es noch weiter anzuschauen.« Das diesbezügliche Kapitel mit praktischen Verhaltensregeln ist sehr ausführlich gehalten und wurde mit jeder Neuausgabe weiter verbessert. Hier wurde ein wahrer Kreuzzug gegen schlechtes Benehmen und mangelnde Sauberkeit geführt – und er scheint dringend nötig gewesen zu sein; denn die einfachen Leute hatten meist noch gar kein Hygienebewußtsein. Tabakkauer und Raucher taten sich schwer, nicht auszuspucken. Mitglieder des Adels – darüber machte sich La Bruyère schon damals lustig – hatten manchmal noch nicht ihre schlechte Angewohnheit aufgegeben, in hohem Bogen majestätisch und gezielt auszuspucken. 1787 konnte man bei Arthur Young lesen: »Ich sah einen adligen Herrn, der so dicht neben den Rock einer Herzogin spuckte, daß mich sein ungeniertes Benehmen in sprachloses Staunen versetzte.« In sämtlichen Ausgaben der *Règles de bienséance* von La Salle hielten es die Herausgeber immer wieder für nötig, den Leser daran zu erinnern, welch ganz besondere Unanständigkeit darin bestand, in den Kirchen als den »Häusern Gottes« auszuspucken. Ebenso galt es als äußerst unschicklich, »aus dem Fenster zu spucken, ins Feuer, auf glimmende Scheite, in den Kamin oder sogar gegen die Wand, oder auf eine andere Stelle, die man dann wegen des Auswurfs nicht mehr begehen kann.« Es war wirklich an alles gedacht, auch daran, daß, wenn es denn schon dazu gekommen war, man das Corpus delicti mit dem Fuß bedecken sollte; ein Grund mehr, in Gesellschaft darauf zu achten, niemals zu weit zu spucken, damit man immer unauffällig ein wenig vorangehen und darauftreten konnte.

Zu einem anderen heiklen Thema gab La Salle folgende Ratschläge: »Was die natürlichen Bedürfnisse angeht, so ist es – selbst bei Kindern – schicklich, diese nur an Orten zu verrichten, die sich den Blicken anderer entziehen.« Kinder und Erwachsene werden sodann darüber belehrt, daß »es sehr unhöflich ist, Winde aus seinem Körper entweichen zu lassen«, und der Text von 1788 ergänzt: »es sei oben oder unten und selbst wenn es auch ohne jedes Geräusch geschieht.« Derartig genaue Angaben zeigen, daß künftig die Hygiene ebenso ein Gesichtspunkt der Verbesserung war wie die Regeln für anständiges Betragen. Obwohl man sich in Frankreich in dieser Zeit bemühte, immer mehr Toiletten nach englischem Vorbild (*les lieux à l'anglaise*) einzuführen, widmete La Salle einen ausführlichen Abschnitt der Kunst, auf schickliche Art seinen Nachttopf zu entleeren, zu transportieren, unterzubringen und sauberzuhalten. Jeder saubere und zivilisierte Mensch sollte begreifen, daß man, »sobald man morgens aufsteht, Sorge trägt, seinen Nachttopf zu leeren oder leeren zu lassen und sich dabei wohl hütet, ihn aus dem Fenster oder auf die Straße zu leeren; denn das ist gegen jeden Anstand und verstößt gegen das Gesetz.« Zur Verhinderung unangenehmer Gerüche wird die aufmerksame Pflege des Nachttopfes empfohlen: das Gerät soll täglich ausgespült und ausgewaschen werden. Endlich verbietet es das Schamgefühl, sich beim Transport des Gefäßes überraschen zu lassen; man wähle also sorgfältig den Zeitpunkt für diesen Gang.

Einfach und unmißverständlich waren die Tischregeln. Zusammengefaßt liefen sie darauf hinaus, jeden direkten Kontakt zwischen den Speisen und den Händen zu vermeiden. 1782 schrieb das Anstandsbuch genau vor: »Bei Tisch soll man sich einer Serviette, eines Tellers, eines Messers, eines Löffels, einer Gabel und eines Bechers bedienen; es verstößt ganz und gar gegen den Anstand, beim Essen auf einen dieser Gegenstände zu verzichten.«

Schon zu Lebzeiten des Autors hatte das Anstandsbuch von La Salle den allergrößten Erfolg, und selbst 1880 wird es in dem historischen Wörterbuch von Bouillet ein »immer noch klassisches Werk« genannt. Aufgrund der anhaltenden Nachfrage wurde der »La Salle« zu einem immer wieder neu aufgelegten Bestseller. Er wandte sich an ein breites Publikum und traf genau die Bedürfnisse des Bürgertums im 18. Jahrhundert, und zwar der Angehörigen aller Schichten, es mochten Leser aus dem Großbürgertum, dem mittleren und dem Kleinbürgertum oder auch einfache Leute sein. Der großen Leserschaft in den einfachen Kreisen – die besonders häufig auch in den Priesterseminaren vertreten war – vermittelte der La Salle keineswegs gesellschaftliche Illusionen; denn die soziale Ungleichheit war eine unübersehbare Tatsache. Der Leser wurde demgemäß daran erinnert, daß »es gegen die gute Ordnung ist, wenn ein Bürger einen Degen trägt, es sei denn, er befindet sich auf Reisen oder auf dem Lande; ein Kind darf ihn jedoch tragen, vorausgesetzt, es ist von Adel.« Mit gleicher Bestimmtheit wurden alle Vergnügungen untersagt, die zugleich den Geboten der Kirche und den Regeln des Anstands widersprachen. Für die Reichen waren damit »Bälle, Tanzereien und Komödien« gemeint, bei Handwerkern und armen Leuten dachte man dabei eher an »Spektakel wie Marktschreier, Possenreißer, Seiltänzer, Puppenspieler und andere ähnliche Albernheiten«. Selbstverständlich bestimmten die gesellschaftlichen Unterschiede auch die äußere Form und den Ton von Briefen. La Salle merkt dazu in der Ausgabe von 1788 an, daß man sich in einem Brief an einen gesellschaftlich Höherstehenden »respektvoller Ausdrucksweise zu bedienen habe«. Korrespondierte man mit seinesgleichen, empfahl es sich, »eine höfliche, aber herzliche Ausdrucksweise zu wählen«. Wandte man sich hingegen an einen gesellschaftlich niedriger Stehenden, so hatte man »immer den Ton des gesellschaftlich höher Stehenden zu wahren, ohne dabei jedoch Hochmut zu bekunden.« Den Befolgern aller dieser Anleitungen wurden wahre Kunststücke an geistiger und stilistischer Beweglichkeit abverlangt.

Die gesellschaftliche Ungleichheit prägte und bestimmte die höflichen Umgangsformen, die deshalb nicht nur sehr vielschichtig waren, sondern zugleich auch sehr anpassungsfähig sein mußten. In der Ausgabe von 1774 heißt es: »Ein im gesellschaftlichen Rang niedriger Stehender ist gehalten, einem im Rang aufgrund seiner Geburt, seiner Stellung oder seiner Verdienste höher Stehenden Ergebenheit und sehr viel mehr

Hochachtung zu bekunden als ein anderer, der diesem gänzlich ebenbürtig ist. Ein Bauer etwa muß nach außen hin seinem Herrn mehr
Ehren erweisen als ein Handwerker, der nicht von ihm abhängig ist;
und dieser Handwerker wiederum muß diesem Herrn sehr viel mehr
Respekt erweisen als ein anderer Edelmann, der diesem einen Besuch
abstatten würde.«

Diese aristokratischen Höflichkeitsformen, die den gesellschaftlichen
Rang und Stand berücksichtigten und das Benehmen danach ausrichte-
ten, hatten nicht das alleinige Ziel, die sozialen Verhaltensweisen miteinander zu harmonisieren, sondern sie wollten auch zur Kultivierung
jedes einzelnen Menschen beitragen. Sie förderten damit aufs ganze
gesehen in hervorragender Weise soziale Aufstiegsmöglichkeiten. In
der letzten Ausgabe der *Règles de la bienséance* im Ancien Régime –
1788 – war die pädagogische Ausrichtung am ausgeprägtesten. Dort
fand man nun am Ende des Buches »die Leitsätze für den rechtschaffenen Mann« (*honnête homme*[37]), »zehn Glaubensartikel«, »Glaubens-
zeugnisse«, eine »Kurzfassung der französischen Grammatik« und eine
aufschlußreiche »Anleitung zum Briefschreiben«. In dieser Anleitung
führen ein Dutzend wohlformulierter Briefmuster den reich gewordenen Fabrikanten oder den gesellschaftlich aufgestiegenen Landmann in
die brieflichen Gepflogenheiten der guten Gesellschaft ein. Auch hier
gelingt es La Salle wieder, seine Regeln allgemeinverständlich darzustellen, ohne dabei in Platitüden zu verfallen. Er diktiert dem unbeholfenen
Benutzer Dankes- und Grußworte, Anerkennungs-, Glückwunsch-
und Empfehlungsschreiben und Genesungswünsche. Es gibt einen
»Brief, in dem man wegen eines begangenen Fehlers um Verzeihung
bittet«, und einen Brief, »in dem man sich wegen eines langen Schweigens beklagt« (nicht zu verwechseln mit jenem Brief, »in dem man sich
über zu lange Abwesenheit beklagt«). Drei Texte haben schließlich
unterschiedlich formulierte Neujahrswünsche zum Inhalt: der erste
wird aus einfacher Höflichkeit geschrieben, der zweite »aus Dankbarkeit gegenüber einem Gönner«, den dritten schreibt ein Sohn an seinen
Vater. Dieser Brief ist ganz erfüllt von Ehrerbietung; keine Rede davon,
»Papa« zu schreiben oder gar seinen Erzeuger zu duzen. Man beginnt
mit der Anrede »Mein geliebter und verehrter Vater« und man schließt
mit den Worten »Ihr sehr ergebener . . .«.

So verstanden, sind diese rechtschaffenen Anleitungen zu schicklichem
Betragen die beste Hinführung zu jener wahren Höflichkeit, die aus
dem Herzen kommt, zu jener Herzensbildung, die nach den Worten
des Chevalier d'Aiguebelle »eine der süßesten Annehmlichkeiten ist,

die uns in geselliger Runde bei der wechselseitigen Mitteilung von Empfindungen verbindet.«[38] Jede Gesellschaft ist nicht zuletzt durch ihre inneren Unterschiede charakterisiert. Gute Sitten und höfliche Umgangsformen können jedoch diese Unterschiede verwischen, sie sind dem gesellschaftlichen Austausch förderlich und vereinfachen gesellschaftliche Aufstiegsprozesse. Alles in allem trugen sie zur zivilisatorischen Vervollkommnung einer Nation bei, die zum damaligen Zeitpunkt ohnehin schon – oder muß man sagen: noch – überhaupt von allen die zivilisierteste war.

Unterrichtspläne für Knaben und Mädchen

Im Jahre 1786 erschienen zwei erfolgreiche Werke des Abbé Reyre. *Le Mentor des enfants* betraf vor allem die Knaben. Das zweite Buch trug den Titel *L'école des jeunes demoiselles ou Lettres d'une mère vertueuse à sa fille* (»Die Schule junger Mädchen, oder Briefe einer tugendhaften Mutter an ihre Tochter«). Angekündigt als »geeignet, Geist und Herz der jungen Mädchen zu bilden«, wurde das Buch dieser Aufgabe so sehr gerecht, daß es noch bis 1862 immer wieder neu aufgelegt wurde.
Für Jungen und Mädchen galt in beiden Werken gleichermaßen, daß sie sich gründliche Kenntnisse ihrer katholischen Religion anzueignen hatten. Dafür sorgte der Katechismus; der Abbé Reyre wünschte darüber hinaus aber auch eine gewisse Bibelkenntnis. Die Mutter der jungen Émilie legte ihrer Tochter in ihren Briefen die Lektüre des Alten Testaments ans Herz: »Es findet sich manches Lehrreiche und manches Unterhaltsame in dieser biblischen Geschichte.« Noch wichtiger sind für sie die Evangelien: »Dort wirst Du einen Gott erkennen, der unsere Menschengestalt angenommen hat und dreiunddreißig Jahre auf Erden weilte, um unser Vorbild und Meister zu werden.« Nach den für Jungen und Mädchen gleichen religiösen Unterweisungen folgen jedoch deutlich voneinander unterschiedene Unterrichtspläne, zumindest was die Bedeutung und Reihenfolge der einzelnen Fächer angeht. Unmittelbar im Anschluß an den Religionsunterricht ist für die Jungen das so umstrittene Studium der lateinischen Sprache vorgesehen, das mit der Vertreibung der Jesuiten (1763) durchaus nicht überall aufgegeben worden war; es gehörte im Gegenteil zum guten Ton, sich zu seinem Verteidiger und Befürworter zu machen. Seit das Lateinische »der Schlüssel zu den Wissenschaften« war, konnte man ohne seine Kenntnis kein Gelehrter werden. Wer die Sprache Ciceros nicht beherrschte, mußte

auch darauf verzichten, »den geistlichen Stand anzunehmen, in den Richterstand einzutreten oder ein Medizinstudium zu absolvieren«. Das Französische erscheint hier als Unterrichtsfach erst nach dem Lateinischen, ist aber ebenfalls von großer Bedeutung. Weiter heißt es: »Nicht weniger notwendig als das Studium des Lateinischen und Französischen ist auch die Geographie.« Außerdem sollen die Jungen »mindestens über oberflächliche Kenntnisse in der Mythologie verfügen« und feste Grundkenntnisse in der Chronologie historischer Ereignisse erwerben. Von den Naturwissenschaften ist keine Rede, ebensowenig von den lebenden Sprachen, aber die Geschichte soll in großem Umfang unterrichtet werden; denn kein anderes Fach, heißt es im *Mentor*, »kann mehr dazu beitragen, euren Geist zu formen und euer Herz zu bilden.« Bis auf diesen letzten Absatz handelt es sich also um einen sehr konventionellen Lehrplan für die Knaben.

Den Mädchen kann nur bei den Nonnen eine gute Ausbildung zuteil werden. In den Provinzklöstern war jeder jungen Pensionärin eine Nonne zugeteilt – »Tante« genannt –, die mit ihrer pädagogischen Führung betraut war. Die *École des jeunes demoiselles* ist eine Art Roman mit drei handelnden Personen: Madame de ***, ihre Tochter Émilie (will man Rousseaus *Émile* widerlegen, so ist es nicht mehr als angemessen, eine Émilie zur Heldin des eigenen Buches zu machen!) und Schwester Rosalie, die »Tante« der Schülerin. Schwester Rosalie nimmt eine Position ein, die auf halbem Weg zwischen Obskurantismus und den Übertreibungen der Aufklärung steht. In der Mädchenerziehung befürwortet sie einen vernünftigen Mittelweg. »Einstmals«, versichert sie, »brachte man den jungen Mädchen gar nichts bei; heutzutage möchte man ihnen am liebsten alles beibringen. Man gibt sich nicht mehr damit zufrieden, ihnen etwas Geschichte und Literatur zu vermitteln, sondern man nimmt sich nicht weniger vor, als sie in die Geheimnisse der Chemie einzuführen, ihnen die Mysterien der Physik auseinanderzusetzen«, um aus ihnen Philosophinnen und gelehrte Frauen machen zu wollen. Für Schwester Rosalie hingegen besteht das Wesentliche der Erziehung in der Religion, dann folgt die Geschichte und endlich noch die Literatur.

Wenn die Eltern über die materiellen Mittel verfügten, konnten sie die Klostererziehung ihrer Töchter in Teilen selbst bestimmen. So läßt zum Beispiel Madame de *** ihrer Tochter einen Schreiblehrer geben, seit sie deren ersten Brief erhalten und sich über ihre miserable Handschrift und die fehlerhafte Rechtschreibung entsetzt hat. Nachdem das Unterrichtsprogramm Religion – Geschichte – Französisch in Gang gesetzt ist, läßt Émilies Mutter ihr zusätzlich Geographiestunden geben. Das Rechnen scheint erst für das Ende der Pensionatszeit vorgesehen. Die in dem entsprechenden Lehrbuch von Rollin gelernten vier Grundrechnungsarten sollten das junge Mädchen darauf vorbereiten, Abrechnungen erstellen und die Preise von Wäsche und anderen für den Haushalt benötigten Dingen abschätzen zu können. Einstweilen wünscht sich Émilie, für den Zeitvertreib eine Kunstfertigkeit zu erlernen, und zwar Tanzen. Ihre Mama gibt dazu – der wohlbekannten Gefahren des Tanzens wegen – nur zögernd und unter drei Bedingungen ihre Zustimmung: Die Stunden dürfen erstens nur den Zweck haben, Émilies Körperhaltung und Gang zu verbessern. Ihr dürfen zweitens nur »anständige« Tänze beigebracht werden, nicht aber die moderneren und schon gar nicht die abscheuliche Allemande. Und schließlich muß sie drittens aufrichtig versprechen, keinen schlechten Gebrauch von ihren neuerworbenen Fertigkeiten zu machen »und niemals jene gefährlichen Bälle zu besuchen, welche uns die Kirche verbietet und an denen man nicht teilnehmen kann, ohne sich der Gefahr auszusetzen, Gott zu beleidigen.« Madame de *** selber schlägt dagegen ihrer Tochter vor, das Musizieren zu erlernen, da von dieser Kunst keine Gefahr drohe. Hier aber schaltet sich Schwester Rosalie ein, um ihren Standpunkt unmißverständlich klarzumachen. Sie ist der Ansicht, daß es sich nicht schickt, gleichzeitig bei mehr als vier Lehrern Stunden zu nehmen. Aber wenn Émilie erst einmal Fortschritte gemacht habe, könne man ja den Orthographielehrer entlassen und später auch mit den Geographie- und Tanzstunden aufhören.

Das Erlernen der Grundfächer und einiger zum Zeitvertreib geeigneter Künste reichten jedoch keineswegs für eine wirklich gute Mädchenerziehung aus. Émilie wird also vor dem gefährlichen Vorurteil gewarnt, »das junge Mädchen häufig glauben läßt, daß Reichtum und Herkunft von Arbeit entbinden«. Um zu beweisen, daß diese Mahnung bei ihr schon längst auf fruchtbaren Boden gefallen ist, kündigt die Pensionärin ihrer Mutter alsbald die Ankunft einer in Filetspitze gearbeiteten Geldbörse an sowie die Übersendung bestickter Manschetten, die für ihren Bruder, einen Offizier, bestimmt sind. Mit diesen Handarbeiten darf sie sich aber noch nicht zufriedengeben. Sie muß sich mit genügendem Geschick und mit Geduld auf die Kanevas-Stickerei verstehen, damit sie in der Lage ist, »damit eine Wohnung ausstatten zu können«. Ist die Stickerei ein Luxus, so sind Nähen und Stricken für barmherzige Werke unbedingt notwendig. Madame de *** arbeitet in einer von den Damen der Gesellschaft für wohltätige Zwecke eingerichteten Nähstube. Dort trifft man sich jeden Tag, um »gemeinsam zu arbeiten und Strümpfe, Hemden und alles das herzustellen, was verschämten armen Familien nützlich sein kann.« Émilie lernt also nähen und stricken. Sie will sich der späteren Aufnahme in den »Kreis der frommen Damen« würdig erweisen, mit dem die Mutter zusammenarbeitet.

Zur Zufriedenheit von Schwester Rosalie und Madame de *** ist damit die Elementarbildung der jungen Émilie abgeschlossen. Wie bei den traditionellen Regeln für das Klosterleben bildete auch sie ein harmonisches Ganzes aus Gebet, Unterricht und manueller Arbeit.

Lebendige Kollegien

Jedes Jahr nahmen etwa hundert Kollegien, zu denen noch Akademien, Pensionate und andere vergleichbare Einrichtungen kamen, an die 13 000 neue Schüler auf.[39] Diese erhielten eine klassische Ausbildung (mit oder ohne Latein) und einen ersten Hochschulunterricht. Manche Kleinstädte hatten vorerst nur Elementarschulen, kaum höher im Niveau als die Dorfschulen, die sich auf »die Kunst zu lesen, zu schreiben, zu rechnen und auf den Religionsunterricht« beschränkten. Andere besaßen »ein für den Lateinunterricht gegründetes Kolleg«, in dessen Lehrplan mitunter moderne Fächer nicht aufgenommen wurden; »standen also Mathematik, Geschichte, Physik, Geographie usw. auf dem Lehrplan, so waren diese Vorzüge nur dem Willen des gerade amtierenden Schulvorstehers oder Superiors zu verdanken.«[40]

Wer den seit 1763 aufgehobenen Jesuitenkollegien nachtrauerte, sah mit Bedauern, wie der Lateinunterricht langsam abnahm, und leitete daraus den bevorstehenden allgemeinen Verfall des Unterrichtsniveaus ab. Die Oratorianer, Benediktiner, Schulbrüder (*Frères de la doctrine chrétienne*) und Laienschulmeister, welche die Jesuiten ersetzt hatten, wirkten jedoch energisch gegen diesen Niedergang. Der Eintritt in Kollegien ohne Lateinunterricht wurde jedenfalls leichter und für alle möglich. Die Lateinkollegien waren im übrigen nicht notwendigerweise aufklärungsfeindlich. Man lese einmal die *Affiches du Poitou* vom 26. Februar 1784, wo über ein von Schülern durchgeführtes Experiment mit einem Heißluftballon berichtet wird, um einen Eindruck davon zu bekommen, in welch hohem Ansehen das Oratorianer-Kolleg von Niort immer noch stand. Dort wurden übrigens alle Naturwissenschaften – Physik, Chemie und Biologie – unterrichtet, und die Leibeserziehung nahm in den Stundenplänen einen wichtigen Platz ein.

Versetzte man sich noch einmal in das Jahr 1780 zurück auf den Pausen-
hof des Kollegs von Schlettstadt, würde man zu seiner großen Verwunderung die Kinder lateinisch miteinander sprechen hören. Sie befolgten
damit nur die Kollegienregeln, die noch ganz in der Tradition der Jesuiten standen. Nach vierjährigen Bemühungen hatten die Rekollekten[41]
in Schlettstadt ein *collège de grammaire* eröffnet, eine Grammatik-
schule, die sich auf die unteren vier Klassen Sexta, Quinta, Quarta und
Tertia beschränkte. Das Schuljahr dauerte vom 3. November bis zum
14. September. Zu Weihnachten gab es vier Ferientage, zwei an Fast-
nacht, sechs an Ostern und drei an Pfingsten. Der Unterricht begann
morgens um halb acht und wurde um zehn Uhr für eine Messe unterbrochen. Nach der Mittagspause begann er wieder um halb zwei und
dauerte bis vier Uhr. Im Winter waren die Dienstag- und Donnerstag-
nachmittage frei. Von Mai bis Juli hatten die Schüler auch den Donners-
tagmorgen schulfrei; im August und September dann alle Dienstage und
alle Donnerstage. Jeder Klassenlehrer (*régent*) gab seinen Schülern tägliche Lektionen zum Auswendiglernen auf; dazu kamen noch die Übersetzungen aus dem Lateinischen, die montags auf dem Programm standen, der Aufsatz am Freitag und das Wiederholungsexamen am Sams-
tagmorgen. Der Pater Superior stand in eigener Person allen am Ende
des Semesters abgehaltenen Prüfungen vor. Vom 15. August bis zu den
großen Ferien hatten die Schüler Versetzungsprüfungen zu absolvieren
und ihre Arbeiten für die Verleihung der Jahrespreise zu schreiben.
Neben der Auszeichnung für »gutes Betragen« gab es auch Belobigun-
gen für die Besten im Religionsunterricht, in Grammatik, Aufsatz und
Geschichte. Die Preisverleihung fand in feierlichem Rahmen statt; die
Stadt stiftete Buchpreise, und die älteren Schüler führten ein Theaterstück auf. Die religiöse Erziehung wurde jedoch noch wichtiger genommen als der eigentliche Unterricht. Jede Stunde begann und endete mit
einem Gebet. Jeder Schüler hatte am Samstagabend die Marienlitanei zu
beten und sonntags dem Hochamt und dem Nachmittagsgottesdienst
beizuwohnen, ferner an Kirchenfesten und Prozessionen teilzunehmen. Nach zwei Jahren mußte er sich im Straßburger Katechismus
gründlich auskennen und am Ende seiner Schulzeit den Katechismus
des heiligen Petrus Canisius beherrschen.[42]
Manche Kollegien hatten ein bemerkenswertes und sehr gut besetztes
Lehrerkollegium. Kurz vor Ausbruch der Revolution besuchten das
Collège des quatre nations – unbestritten das vornehmste von ganz
Paris – auch zahlreiche externe Zöglinge.[43] Läßt man sie jedoch einmal beiseite und geht nur von der von der Stiftung Mazarin vorgese-

henen Zahl der Internatsschüler aus, so beschäftigte dieses Kolleg genau 37 Personen, um 36 Pensionäre zu betreuen. Dem Lehrerkollegium stand ein *grand maître* als Schuldirektor vor, der ein Gehalt von 2000 Francs bezog. Er war Doktor der Sorbonne und gehörte zu den Honoratioren der Stadt. Bis 1785 hatte Ambroise Riballier dieses Amt inne; er mußte sich den sarkastischen Spott eines Voltaire gefallen lassen, weil er den *Bélisaire* von Marmontel scharf kritisiert hatte. Der Bibliothekar als zweiter Mann in der Hierarchie des Kollegs war ebenfalls Doktor der Sorbonne. Er verdiente 1800 Francs. Mit gleichen Bezügen folgten der *procureur* (wir würden heute »Verwaltungsdirektor« sagen). Als nächster in der Hierarchie folgte der stellvertretende Direktor mit dem Spitznamen »der Hofhund«; er wachte über die Schuldisziplin und erstattete dem *grand maître* jeden Abend Bericht, denn dieses scheinbar so liberal gesonnene 18. Jahrhundert war zugleich auch die Zeit der Verschärfung der Schuldisziplin. Zehn weitere Lehrer (mit einem Gehalt von 600 bis 1100 Francs), ein Kaplan, vier Hilfslehrer (mit 600 Francs Gehalt), ein stellvertretender Bibliothekar und siebzehn Bedienstete vervollständigten das Personal. Zur Ausstattung eines Pensionärs in diesem Kolleg gehörten zwei neue Anzüge, zwei Gehröcke, zwölf Hemden, ebenso viele Kragen, Nachtmützen, Taschentücher, Handtücher und Sockenpaare. Der Stundenplan dieses sehr aristokratischen Collège Mazarin entsprach dem Tagesablauf in einer Kaserne: Wecken um halb sechs; eine Viertelstunde für Waschen und Anziehen; um Viertel vor sechs hatte jeder bei der Arbeit zu sein; Frühstück um Viertel nach sieben, Mittagessen um Viertel vor zwölf, Abendessen um sieben Uhr; um neun Uhr abends wurden die Pensionäre in ihre Zimmer eingeschlossen. Die Disziplin war beinahe militärisch. Ein kräftiger Bursche, der in der Bibliothek den Boden zu bohnern hatte, versah auch das Amt des *correcteur* (Stockmeisters) und gab den Schülern die Rute, wenn der *grand maître* oder der stellvertretende Direktor diese Strafe verhängt hatte.

Das Aufblühen der Grandes Écoles

Die Universitäten zeichneten sich – wie schon erwähnt – kaum durch besondere Verdienste aus. In den meisten medizinischen Fakultäten wurde ein im Verhältnis zu den Erkenntnissen der Königlich Medizinischen Gesellschaft völlig überholtes Wissen gelehrt. Die Kurse der juristischen Fakultäten standen in dem Ruf, »wertlos und ungenau zu sein oder nur selten stattzufinden«. Die von den Universitäten Orléans, Reims und Orange verliehenen Diplome waren ohne jeden Wert.[44] Straßburg bildete mit seinen 500 Studenten und seiner europäischen Ausstrahlung eine rühmliche Ausnahme. Die ausländischen immatrikulierten Studenten blieben im allgemeinen für mehrere Jahre in der elsässischen Hauptstadt und erwarben dort ihre Diplome. Sie waren froh darüber, hier ihre Kurse »je nach Wunsch in lateinischer, französischer oder deutscher Sprache« absolvieren zu können. Die öffentlichen Vorlesungen wurden in lateinischer Sprache gehalten, Privatstunden in der von dem Studenten gewünschten. 1778 zählten zu den angesehensten Professoren Reisseissen für öffentliches Recht, Spielmann für Botanische Chemie, Lobstein für Anatomie, Brackenhoffer für Mathematik (»der seinen Lehrstuhl mit allseitiger Wertschätzung versah«) und Koch, der den Lehrstuhl für Geschichte innehatte. Ein polnischer Student erwähnt in den Erinnerungen an seine Universitätszeit die beiden Namen Koch und Reisseissen: »Sie liebten mich wie Väter«, heißt es da, »und ich selbst sah sie als solche an.«[45] 1770 und 1771 war Goethe hier Student der Rechte gewesen und hatte »ein kleines, aber wohlgelegenes und anmutiges Quartier an der Sommerseite des Fischmarkts« bewohnt. Dort nahm er in einer Pension seine Mahlzeiten ein, deren Tischgesellschaft er als »sehr angenehm und unterhaltend« beschreibt.[46]

Zu den Besonderheiten der Regierungszeit Ludwigs XVI. gehörten jedoch die Eliteschulen – die *Grandes Écoles* –, die zwar zum Teil schon seit zwanzig oder dreißig Jahren bestanden, nun aber weiterentwickelt und verbessert, zum Teil neu gegründet wurden. Die Ausbildung derjenigen, die den technischen Waffengattungen der Armee (den *corps savants*) angehörten, wurde weiterhin durch Schuleinrichtungen mit sehr hohem Niveau gewährleistet. Die 1756 gegründete Artillerieschule von La Fère bildete Offiziere aus, die zugleich über ausgezeichnete theoretische Kenntnisse und praktische Erfahrungen verfügten. Das gleiche galt für die Absolventen der zwischen 1748 und 1751 entstandenen Ingenieurschule (*École du génie*) von Mézières. Bis 1784 unterstanden die Zöglinge dem strengen Regiment von Gaspard Monge, »dem genialen Könner auf allen Gebieten des naturwissenschaftlichen Unterrichts«. Der spätere Mitbegründer der *École polytechnique* (1794 als Ausbildungsstätte für Militäringenieure ins Leben gerufen) lehrte nicht nur Mathematik – während seiner Zeit in Mézières entwickelte er die beschreibende Geometrie –, sondern auch Physik, Stereometrie und sogar Forstwirtschaft. Nur nach erfolgreicher Aufnahmeprüfung konnte ein Schüler in die École du génie eintreten, wobei der Abbé Bossut, als offizieller Prüfer, nur einen von sechs Kandidaten aufnahm. Von diesem wurde nicht nur verlangt, drei mathematische Abhandlungen in- und auswendig zu kennen, sondern auch das Handbuch der Hydraulik von Bossut, mit anderen Worten insgesamt an die dreitausend Seiten dichtgedrängten Text.[47] Im Jahre 1776 gründete der Comte de Saint-Germain dreizehn Militärakademien (La Flèche, Tournon, Effiat, Vendôme, Brienne – die bald der junge Bonaparte besuchen sollte –, Pont-à-Mousson, Dôle, Auxerre, Sorèze, Tiron, Rebaix, Pontlevoy und Beaumont), deren Aufgabe darin bestand, die Söhne des Adels auf den Militärdienst vorzubereiten. Die Schüler mußten »über gute Kenntnisse in Latein, Deutsch und Französisch verfügen, ferner in Geschichte, Geographie, Mathematik, Zeichnen, Musik und im Umgang mit Waffen ausgebildet sein und tanzen gelernt haben.«[48] Waren keine Aufnahmeprüfungen vorgesehen, wurden die Leistungen der Schüler streng kontrolliert, und sie mußten sich öffentlichen Prüfungen von hohem Schwierigkeitsgrad unterziehen. Hier als Beispiel eine Aufgabe, die in Effiat gestellt wurde: »Erklären und beweisen Sie die folgenden Formeln mit den algebraischen Kurven:

Kreisgleichungen: $y^2 = 2ax - x^2$

Parabelgleichungen: $y^2 = px$

Kurvenasymptoten: Formel: $\dfrac{ydx}{dy} - x$

Formel für die Bogenlänge: $\Sigma \sqrt{(dx^2 + dy^2)} + c.$«[49]

Die Methode, Schüler ständig strengen Anforderungen zu unterwerfen, wurde nun ebenfalls in den nicht-militärischen Eliteschulen angewandt. Die *École des ponts et chaussées* (Brücken- und Straßenbau), die seit ihrer Gründung im Jahre 1747 von dem berühmten Perronet – dem Erbauer der Brücken Pont Louis XVI und Pont de Neuilly – geleitet wurde, nahm Schüler immer nur auf Empfehlung auf. Es gab also keine Aufnahmeprüfung, aber nachdem während der Amtszeit Turgots die schulinternen Reformen im Jahre 1775 abgeschlossen waren, hatten die Schüler nicht weniger als 16 Prüfungen im Jahr zu absolvieren: in Mathematik, Architektur, Zeichnen, Kalligraphie, im Zuschnitt von Steinen, in Stilkunde, Grundrißzeichnen, Feldmessung und Gebäudevermessung. »Die Prüfung begnügt sich nicht damit, eine Lehrzeit abzuschließen, vielmehr ist sie eines von deren ständigen Elementen.«[50] Im Gegensatz zur École des ponts et chaussées konnte kein Kandidat

Schüler der Königlichen Bergakademie (*École royale des mines*) werden – der großen nicht-militärischen Neugründung unter Ludwig XVI. –, der sich nicht erfolgreich einem Aufnahmeexamen unterzogen hatte. Die Anfänge der École royale des mines waren bescheiden. 1778 wurde im Hôtel des Monnaies (Münze) für das Akademiemitglied Georges Sage ein Lehrstuhl für metallurgische Chemie eingerichtet. Der Generalkontrolleur der Finanzen, Joly de Fleury, ernannte ihn 1783 zum Direktor einer Bergbauakademie und stellte ihm einen zweiten Professor, Guillot du Hamel, den Erfinder der »unterirdischen Geometrie« (Markscheidewesen), zur Seite. Die Vorlesungen fanden täglich statt und waren für die Öffentlichkeit zugänglich. Zu den Laboratorien waren zwar nur Schüler zugelassen, aber die Sammlungen der Schule konnten von jedermann besucht werden. Wie übrigens auch der königliche botanische Garten, der Jardin du Roi, dessen gelehrte Sammlungen die unersättliche Neugier des gebildeten Publikums für alles, was mit Naturgeschichte zusammenhing, zufriedenstellte.

Jede dieser *Grandes Écoles* hatte ihre Besonderheiten, aber allen gemeinsam war das strenge Auswahlsystem, das Elitebewußtsein, der Wetteifer der Schüler untereinander, die Liebe zur Wissenschaft und zu ihren praktischen Anwendungsmöglichkeiten. Alle waren offen für den Geist der Aufklärung; in der École des ponts et chaussées, die sich seit ihren Anfängen einen familiären und korporativen Charakter bewahrt hatte, gab es kaum einen Schüler, der nicht Freimaurer gewesen wäre.

Lehr- und Wanderjahre

In den Handwerksberufen erwarben die Lehrlinge durch ihre praktische Arbeit unter der strengen Anleitung eines Meisters die gewünschten Spezialkenntnisse. In Lyon dauerte eine solche Lehrzeit vier Jahre. Jeder zweite Lehrling arbeitete in der Seidenindustrie, das Durchschnittsalter zu Beginn der Lehrzeit war fast 18 Jahre. Um Geselle werden zu können, mußte man eine bescheidene Gebühr entrichten, die zwischen 6 und 20 Francs betrug. Ein Lehrling verdiente nicht nur nichts, sondern die meisten Handwerksmeister verlangten – obwohl es offiziell verboten war – von den Eltern des jungen Mannes sogar ein Lehrgeld, bevor sie ihn als Lehrling einstellten. 1786 forderten die Schuhmacher ungefähr 50 Livres, die Konditormeister 170, die Sattler 340 und die Kerzenmacher 310 Livres.[51] Das Erlernen eines Handwerks verlangte also finanziellen Einsatz, Anstrengung und Ausdauer – und vor allem praktische Erfahrung. Kein theoretischer Unterricht konnte das ersetzen.

Diese goldene Handwerksregel traf damals auch auf alle anderen Berufsstände zu. Wenn sich auch nur wenige Privilegierte die große Europareise leisten konnten, wie zum Beispiel der Prince de Lambesc[52], oder einen langen Englandaufenthalt nach dem Vorbild von François de La Rochefoucauld, so gehörten doch die *compléments d'éducation*, von Goethe die »Lehr- und Wanderjahre« genannt, zu jeder Berufsausbildung. Das Unglück eines Comte de Mortsauf, der aus der Emigration verbittert zurückkehrt und nicht mehr in seine Zeit paßt, hängt damit zusammen, daß er – wie es Balzac in seinem Roman *Le lys dans la vallée* beschreibt – seinen gesellschaftlichen Verhältnissen und seinem Heimatlande entrissen wurde, bevor er seine Ausbildung hätte vollenden können und müssen. Denn die im Ancien Régime allgemein übliche und überall praktizierte Ausbildung vollzog sich in aufeinanderfolgenden und sich gegenseitig ergänzenden Etappen: bei den Berichterstattern im Staatsrat ebenso wie bei den einfachsten Handwerkern, bei den königlichen Pagen und Seekadetten ebenso wie bei den Kaufmannsgehilfen und beim Generalsteuereinnehmer ebenso wie bei jedem Schreiber der Gewässer- und Forstverwaltung. Die Familie sorgte für eine erste Orientierung. Die Schul- und Studienzeit war ein weiterer, verhältnismäßig kleiner Bestandteil der Ausbildung, und danach hatte der Heranwachsende seine Pflichten verantwortlich zu übernehmen; er wurde buchstäblich ins Wasser geworfen. Das Ende seiner Lehrjahre bestand schon in der Ausübung seines Berufes. Dort lernte er, unter der Anleitung der Fachleute in seiner Umgebung, die für seinen Beruf entscheidenden Dinge selbst zu entdecken.

Nachdem der spätere Kanzler Pasquier seine Schulzeit in Juilly beendet hatte – einem Kollegium der Oratorianer, das sich bei den Familien der Parlamentsgerichtsräte großer Beliebtheit erfreute –, studierte er, wie er selber berichtet, die Rechte »ohne großen Eifer. Wie allen jungen Leuten zu jener Zeit erschienen mir Reiten, Fechten und Tanzen als der beste Zeitvertreib.« Das in unseren Augen Erstaunliche ist die Tatsache, daß eine »so unvollständige Ausbildung« so viele bemerkenswerte Männer hervorbringen konnte. Das gesamte höhere französische Marinekorps ging aus Offiziersanwärtern hervor, die in jugendlichem Leichtsinn ihre Zeit lieber damit verbrachten, die braven Bürger von Toulon zu verschrecken, als ihre Kenntnisse in Mathematik zu vertiefen. Das Berufsleben begann jedoch »auch sehr viel früher als heute, man war bei Laufbahnbeginn sehr viel jünger; mit fünfzehn trat man in die Armee ein, mit vierzehn in die Marine«, mit zwanzig als Jurist in die Parlamentsgerichte und andere niedere und hohe Gerichtshöfe. »In der eigentlichen Verwaltung«, fügt Étienne Pasquier hinzu,»das heißt in den Büros aller Finanzverwaltungen, war für das Eintrittsalter überhaupt keine Regel vorgeschrieben, es lag aber im allgemeinen sehr früh.« Die tatsächliche Ausbildung ergab sich aufgrund des Zusammenwirkens des sozialen Milieus, der Familie und des gewählten Berufs. Mit siebzehn Jahren wurde Pasquier in die Welt der Parlamentsgerichtsmitglieder eingeführt. Er schätzte ihre würdevolle Eleganz, ihre Bildung und ihre geistige Aufgeschlossenheit. Mehr als dreißig Salons standen ihm nun auf einmal offen. »Seit ich dort zugelassen worden war, fühlte ich meine Unbildung und empfand den lebhaften Wunsch, diesem Zustand abzuhelfen«, schreibt Pasquier. Er stürzte sich also auf die Bücher und besuchte die Vorlesungen und Vorträge einer 1787 gegründeten privaten gelehrten Gesellschaft, des Lycée. Vor allem aber vervollkommnete sich der junge Richter während dieses »Noviziats« in einer »zweiten Erziehung durch die Gesellschaft«, die er hauptsächlich im väterlichen Haus empfing. »Dort gab es keinen Tag, an dem sich nicht während oder nach dem Mittagessen ein Gespräch zwischen meinem Vater und einigen seiner Freunde oder Kollegen entspann, über die Angelegenheiten, die vormittags im Palais, bei den Gerichtssitzungen oder intern in der *Grand'chambre* (der Ersten Kammer) verhandelt worden waren.« Was machte es also aus, wenn seine juristische Ausbildung anfänglich wenig fundiert war? Nach dieser nicht nur angenehmen, sondern auch lebendigen und konkreten Methode vervollkommnete der zukünftige Kanzler seine ursprünglich allzu oberflächliche Ausbildung jeden Tag ein Stückchen mehr: erst als Student, dann als Advokat, schließlich als Richter.

Wenn es stimmt, was Chamfort behauptet – »daß der Mensch in jedes Lebensalter als Novize eintritt« –, so eignete sich dafür nichts besser als diese Art des lebenslangen Lernens.

Siebtes Kapitel

Siegreiches Militär

> Unsere Soldaten zu Lande und zu Wasser legen
> gegenwärtig einen solchen Feuereifer und
> Kampfeswillen an den Tag, daß es für jeden
> echten Patrioten eine Freude ist.
>
> Der englische Kapitän mit Namen Farmer, der
> beim Brand der »Quebec« umgekommen ist,
> hatte die Nationalflagge annageln lassen, um sei-
> nen Willen zu bekunden, daß sie in gar keinem
> Fall gesenkt würde. Als einige Damen einen Ma-
> trosen der französischen Fregatte fragten, ob dies
> wahr sei, bestätigte er es. »Und die eure«, spra-
> chen sie, »war sie auch angenagelt?« – »Ja«, gab er
> zur Antwort, »mit unserer Ehre.«
>
> ABBÉ DE VÉRI

Die Anfänge der Regierungszeit Ludwigs XVI. waren für die Armee
nicht besonders günstig. Glaubt man einer Äußerung des Abbé de Véri
aus dem Jahre 1776, so war der Pazifismus in Frankreich eine beherr-
schende Kraft, denn die öffentliche Meinung hatte sich seit einem Vierteljahrhundert in dieser Hinsicht sehr verändert. »In meiner Jugend [er
wurde 1724 geboren] habe ich beobachtet, daß das Wort ›König‹ bei den
alten Soldaten genauso wirkte wie das Wort ›Gott‹ auf die frommsten
Gemüter.« Zu jener Zeit ging es noch nicht darum, die Ordnung in
Frage zu stellen; als Soldat stürzte man sich »blindwütig, mit einer Art
von Befriedigung, in die Gefahren.« »Heute«, fährt der Abbé in seinen
Erinnerungen fort, »will sich der Soldat über die Absichten des Königs
ein Urteil bilden.« Die Philosophie der Aufklärung hatte auch in der
Armee Wirkung gezeigt. Der Beruf des Soldaten war eher »zu einem
Mittel geworden, seinen Lebensunterhalt zu bestreiten, als daß er zur
Erlangung von Ruhm und Ehre gedient hätte.« Das französische Volk
schien jeden Wunsch zu mißbilligen, einen Krieg zu führen. Voltaire
hatte übrigens soeben den Aufstand Pennsylvaniens gegen die englische
Krone verurteilt. Unter anderem ließ sich dieser ausgeprägte Pazifismus
auf die Fehler und Mißerfolge des Siebenjährigen Krieges (zwischen
England und Frankreich, 1756–63) zurückführen und war so gesehen
ein »Antimilitarismus aus Enttäuschung«[1]. Es hing nun ganz von den
Militärs ab, sich beim Volk wieder Ansehen zu verschaffen.

An einem Tag des Jahres 1783, erzählt Chateaubriand, »war ich auf meinem Spaziergang bis ans äußerste Ende des Hafens gelangt, dort, wo er sich zum freien Meer hin öffnet. Es war warm, ich streckte mich am Strand aus und schlief ein. Plötzlich wurde ich durch prachtvollen Lärm geweckt; [. . .] ein Kanonenschuß nach dem anderen; die Reede war mit Schiffen übersät: nach der Unterzeichnung des Friedensvertrages kehrte das große französische Schiffsgeschwader aus Amerika zurück. Die Schiffe manövrierten unter Segel. [. . .] Ganz Brest lief zusammen. Schaluppen machten sich von der Flotte los und legten an der Mole an. Sie waren voller Offiziere, die Gesichter sonnenverbrannt, mit jenem merkwürdigen Gesichtsausdruck, den man aus einem anderen Erdteil mit nach Hause bringt und der jenes undefinierbare Etwas an Freude, Stolz und Kühnheit spiegelt, wie ihn Männer zeigen, die gerade die Ehre der Nationalflagge wiederhergestellt haben.«[2] Nicht nur in den Kriegshäfen wurde begeistert geflaggt, und nicht nur Chateaubriand rühmte »dieses so verdienstvolle, so ruhmreiche Marinekorps, diese Kameraden eines Suffren, eines La Motte-Picquet, eines Du Couëdic.«[3] Ganz Frankreich folgte dieser Begeisterung, die Bevölkerung von Paris voneweg und die Aufklärer als letzte hinterdrein.

Der amerikanische Unabhängigkeitskrieg hatte in der Tat alle Gefühle und vorgefaßten Meinungen durcheinandergebracht. Schon vom ersten Kriegsjahr an hatte Véri das Schießen gerechtfertigt. Am 4. März 1778 hält er in seinem Tagebuch fest: »Unsere Soldaten zu Lande und zu Wasser legen gegenwärtig einen solchen Feuereifer und Kampfeswillen an den Tag, daß es für jeden echten Patrioten eine Freude ist.« Frankreich hatte sich mit seiner militärischen Rolle von ehedem wieder ausgesöhnt. Die Einnahme Grenadas in der Karibik durch den Admiral d'Estaing (der zugegebenermaßen außerhalb der Marine sehr geschickt darin war, für sein Ansehen zu sorgen), löste eine unerhörte Begeisterung im Volk aus; alle kleinen Theater von Paris, von den Boulevards bis zum Bois de Boulogne, feierten das Ereignis. Mitten in einem »Vortrag über den Luxus«, mit dem der Abbé Genty 1783 den Rhetorikpreis der Akademie von Besançon davontrug – er war im übrigen Mitglied der Landwirtschaftlichen Gesellschaft und Philosophielehrer am Collège Royal von Orléans –, ließ er sich von seinen Gefühlen mitreißen: »O La Fayette«, rief er aus, »du junger Held, dir bringe ich meine Huldigung dar. [. . .] Du tröstest uns über das Unglück, mit so vielen verderbten und niederträchtigen Menschen zusammenleben zu müssen;

du rufst unseren gerührten Herzen die Erinnerung an jene fernen Zeiten zurück, als man noch an die Tugend glaubte!« Die »patriotischen Energien« waren also durchaus nicht so verkümmert, wie es den Anschein gehabt hatte: »Dieses göttliche Feuer, das in unseren Herzen die Liebe zu großen Gegenständen entflammt, ist durchaus noch nicht erloschen.« Dieses göttliche Feuer – fuhr er fort – erfüllt einen Vergennes und einen d'Estaing, einen Bouillé, einen Suffren und einen Rochambeau.[4]

Trotz der Übellaunigkeit Voltaires wagten es die Aufklärer nicht, die Sache der Aufständischen allzusehr zu mißbilligen. Armee und Marine waren glücklich über ihre Siege. Und »die Nation fühlte sich mit der Armee verbunden, wenn diese ihre Aufgabe erfüllte, nämlich zu siegen.«[5] Übrigens blieb der »wahre Patriotismus«, was auch immer einige wenige Ideologen darüber denken mochten, immer identisch mit der Loyalität gegenüber der Krone. Louis-Philippe schildert in seinen Lebenserinnerungen anschaulich, wie sehr Begriffe wie Ehre und Treue bis zum Ende der alten Monarchie lebendige Werte geblieben waren. Jeder Mann, der die Uniform trug, Offizier, Unteroffizier oder gemeiner Soldat, »schwor feierlich auf seine Regimentsfahne, sie niemals aufzugeben, sie bis zum letzten Blutstropfen zu verteidigen und zu verhindern, daß sie in die Hände eines Feindes des Königs falle.« Besonders die französische Marine hat mit dazu beigetragen, daß patriotische Gesinnungen wieder aufleben konnten.

Die Marine – »eines der drei vornehmsten Korps von Frankreich«

Anfang des Jahres 1779 streifte ein junger Mann neugierig über die Quais von Toulon. Später wird er schreiben: »Wer die beiden großen Häfen Brest und Toulon gesehen hat, der kann sich einen Begriff von der Macht und dem Reichtum Frankreichs machen.« Er war siebzehn Jahre alt und hatte noch nie zuvor das Meer oder ein Kriegsschiff gesehen. Nachdem er das bewundernswerte Schauspiel lange genug genossen hat, entschließt er sich, den Kapitän eines Kriegsschiffes anzusprechen und um Rat zu fragen; denn er ist hierhergekommen, um sich als Seekadett aufnehmen zu lassen, und weiß nicht, an wen er sich wenden soll. »Potz Blitz, mein Freund«, antwortet der Offizier, »du siehst mir wie ein ordentlicher Bursche aus, deine Art gefällt mir. Komm, ich bringe dich zu d'Alphérant, das ist dein Vorgesetzter.« Als sein junger

Gesprächspartner sich in vielen Entschuldigungen wegen der Mühe, die er ihm mache, ergeht, beruhigt er ihn: »Potz Blitz, mein Freund, ich gebe dir nur die Hilfe weiter, die ich erfuhr, als ich selber als Kadettenanwärter hier ankam. « So kommen die beiden schließlich – begleitet von einem »Potz Blitz« nach dem anderen – bei Monsieur d'Alphérant an, dem für die Seekadetten zuständigen Brigadier. Dieser nimmt den ihm überreichten Zulassungsbrief als Seekadett, den der junge Mann mitbringt, in Empfang, verlangt jedoch auch den Adelsnachweis. Der Neuankömmling, dem diese Formalität nicht bekannt ist, kommt sich »ganz dumm« vor. Es wird ihm jedoch gestattet, während er noch auf den Nachweis wartet, seine neue Uniform schon anzuziehen: »ein rotgefütterter königsblauer Uniformrock mit roter Weste, Hose und roten Strümpfen, ein mit Goldgarn abgestepptes Degengehänge aus Elchleder, dazu ein Überzieher, eine Achselschnur in Gold und blauer Seide und ein goldbetreßter Hut mit weißem Federbusch.«[6]

Dieser Marinekadett wurde 1761 auf einem Gutshof namens Le Buchot in der Nähe von Château-Chinon als sechstes Kind eines Adligen aus dem Nivernais geboren. Er hieß Jean-Jacques de Cotignon, träumte schon lange davon, in den Militärdienst einzutreten, und hatte am Kolleg von Nevers redlich studiert. Obwohl die Familie Cotignon auf dem Lande lebte, verfügte sie über Beziehungen, vor allem zu der Familie Damas-Cruz. Dennoch hatte Jean-Jacques nacheinander zwei Gelegenheiten verpaßt, Page zu werden – bei dem Comte d'Artois und bei dem Duc de Penthièvre. Er wollte gerade als Freiwilliger ins Regiment »Limousin« eintreten, als eine unerwartete Begegnung Ende des Jahres 1778 plötzlich seinem Schicksal eine ganz andere Wendung gab. Cotignon widerfuhr die Ehre, bei Madame de Trélague (einer Verwandten, die in der Nähe von Autun ein Schloß besaß) der liebenswürdigen Comtesse de Vergennes, der Frau des Außenministers, vorgestellt zu werden. Als er ihr von seinem Wunsch erzählte, bald in die Armee des Königs einzutreten, rief Madame de Vergennes aus: »Und warum haben Sie sich für die Infanterie entschieden, wo man niemals über den Grad eines Hauptmanns hinauskommt? Sie scheinen mir voller Aktivität, und dieser Dienst paßt nicht zu Ihnen. Wenn Sie es wünschen, werde ich für Sie bei Hof um einen Platz in einem der drei vornehmsten Korps von Frankreich nachsuchen, der Artillerie, dem Geniekorps (Ingenieurtruppen) oder der Marine. Wählen Sie!« Cotignon entschied sich für die Marine. Die Comtesse de Vergennes hielt ihr Versprechen. Die Eltern des jungen Mannes besaßen auch die Mittel, die vorgeschriebene Pension von 600 Livres zu bezahlen. Sie setzten ihren Sprößling in die Kutsche nach Avignon, damit er von dort über Aix und Marseille den Hafen von Toulon und seine Kadettenanstalt erreichte.

Eine Marineakademie unter Ludwig XVI.

Die Kadettenanstalten von Brest, Toulon und Rochefort entsprachen im 18. Jahrhundert Marineakademien. Für den Eintritt wurde der Adelsnachweis verlangt, was man in Toulon ziemlich streng handhabte – vielleicht in Analogie zu Malta –, an der Atlantikküste schon etwas großzügiger. Die adlige Herkunft der Kadetten sorgte für das erste Gemeinschaftsgefühl des Korps. Das zweite entsprang der Komplizenschaft bei gemeinsam ausgeheckten wilden Streichen, und das dritte verbindende Element war seit den Reformen von Choiseul im Jahre 1765 der gemeinsame wissenschaftliche Wetteifer. Denn zur Überraschung manch eines Kadettenanwärters nahm in den drei Anstalten die geistige Arbeit nun einen guten Teil der Zeit in Anspruch. »Ich hatte das eine Kolleg verlassen, um in ein anderes einzutreten«, heißt es bei Cotignon. Vormittags und nachmittags besuchten Anwärter und nicht auf See befindliche Kadetten die Kurse. Auf dem Lehrprogramm standen Schiffbau, Manövrierkunst, Artilleriewesen, Taktik, Zeichnen, Fechten und Tanzen. Die Fächer wurden von Lehrern unterrichtet, die zu Recht kurz zuvor zu Professoren ernannt worden waren. Das wichtigste Fach war die Mathematik; denn damals kamen sehr viele Schüler aus Lateinschulen und beherrschten noch nicht einmal die einfache Arithmetik. Die Schulmeister von Nevers zum Beispiel hatten Cotignon noch nicht einmal die vier Grundrechnungsarten beigebracht.

Nun aber galt es, wollte man Seekadett werden, die zwei Bände des mathematischen Lehrbuchs von Étienne de Bezout, Mitglied der Akademie der Wissenschaften, durchzuarbeiten. Dieses in hohem Maße pädagogisch abgefaßte Lehrbuch mit dem Titel »Mathematik für den Gebrauch von Seekadetten und Marineangehörigen«, das beim Leser »keine anderen Kenntnisse als die der Zahlen und einiger geläufiger mathematischer Vorstellungen« voraussetzte, sollte den Benutzer zu den kompliziertesten astronomischen Berechnungen befähigen und ihn in die Berechnung der Längengrade mit Hilfe der Monddistanzen einführen. Bezout selbst war ein braver Mann, aber überaus gefürchtet, wenn er zum Jahresexamen in der Kadettenanstalt eintraf. Im ersten Jahr verleibte sich Cotignon mit Hilfe seines Freundes La Bussière, der

von einer Militärschule kam, den Inhalt des ersten Bandes dieses Mathe-
matikbuches ein. Im darauffolgenden Jahr wurde er beim entscheidenden Examen von Monsieur de Bezout am ersten Tag geprüft. »Ich hatte
das Glück, alle seine Fragen gut beantworten zu können, außer einer
über das Quadrat der Hypotenuse, ohne jedoch dabei ins Stocken zu
geraten, denn ich kam mit Ehren davon.« Nach bestandenem Examen
wurde er zum Seekadetten ernannt, was die provenzalische Bevölkerung an seiner neuen, nun ganz goldenen Achselschnur erkennen
konnte.

Aber wenn auch der Schulunterricht die Hauptsache war, so machte er
doch nicht das ganze Leben der jungen Kadettenanwärter aus. Vom
ersten Tag der Ankunft an hatten sie Mutproben zu bestehen; denn zu
jener Zeit »konnte man kein guter Marineoffizier sein, wenn man nicht
auch schwimmen konnte und einige Degenstiche ausgeteilt oder empfangen hatte.« Der Neuankömmling wurde also ins Wasser geworfen,
aufgefangen, dann wieder losgelassen und bekam eine gehörige Portion
Salzwasser zu schlucken; schließlich wurde er gezwungen, vom Ober-
deck eines alten Dreimasters zu springen, der normalerweise als Zielscheibe für Schießübungen diente. Bewies der Kandidat Unerschrok-
kenheit, so dehnte man die Mutprobe nicht zu lange aus. »Man versuchte, ohne Grund mit mir Händel anzufangen, dem ich aber keine
große Beachtung schenkte«, erzählt Cotignon, »denn es lohnte sich
nicht darum.« Mehrmals duellierte er sich aus nichtigen Gründen, entweder aus gekränkter persönlicher Ehre oder um – namentlich bei den
Offizieren der Infanterie – den Korpsgeist der Marineangehörigen unter
Beweis zu stellen.

Viel Zeit beanspruchten alle Arten von Vergnügungen. Sie konnten
unschuldiger Art sein und in der Öffentlichkeit stattfinden wie etwa die
Fangspiele (*parties de barre*), an denen sich Kavalleristen, Dragoner,
eingeladene Gäste, selbst die Infanteristen beteiligten und die »der ganzen Stadt großes Vergnügen machten«; sogar die Damen liefen mit den
Herren Offizieren um die Wette. Es konnte sich aber auch um Vergnügungen handeln, die weit weniger für die Augen der Öffentlichkeit
geeignet waren. »Viele Leute waren der Meinung, daß die Pagen die
jungen Soldaten an Eulenspiegeleien, Skandalen usw. übertrafen. Aber
nur deshalb, weil sie keine Seekadetten kannten, im Vergleich zu denen
die Pagen ausgesprochene Nullen waren. Die Provenzalen, die Bretonen und die Bewohner von Rochefort können das bestätigen.« Cotignon und seine Kumpanen gingen zum Beispiel oft auf die Stadtmauer,
um zwischen elf Uhr und Mitternacht Alarm zu blasen und die Bürger

aufzuwecken. Zuvor hatten sie falsche Patrouillen auf den Straßen organisiert und Bürodiener, Sekretäre oder Kaufmannssöhne, von denen es
in der Stadt nur so wimmelte, festgehalten, um sie zu verprügeln. Damit
noch nicht zufrieden, sannen sie auf neue Untaten: »Wir zerbrachen
Fensterscheiben, mauerten Türen und Kaufläden zu, stahlen Post- und
Reisewagen, die wir im Hafen abstellten, und bauten an deren Stelle
Boote auf, die wir zuvor aus dem Hafen in die Stadt gezogen hatten.«
Da den Seekadetten die Jagd verboten war, verschafften sie sich dieses
Vergnügen natürlich so oft wie möglich, fanden aber im übrigen wenig
Wild in dieser Region der Provence, »in der auf einen Baumpieper
hundert Jäger kommen.« Endlich bestand Cotignons Privatvergnügen
darin, die Frau eines Marinekommissars zu verführen – als Militär war
man es sich schließlich schuldig, die Bürohengste mit Verachtung zu
strafen. Jener hatte die Unvorsichtigkeit besessen, ihn zu sich nach
Hause einzuladen. Dieser Verwaltungsbeamte machte auf ihn den Eindruck eines Greises: »Er war um die fünfzig und ich zwanzig; er war
mißgestaltet und ich wohlgebaut; den Rest mag sich jeder denken.«
All diese Eskapaden hinderten die Kadetten aber nicht daran, ihr Studienpensum zu absolvieren und ihren Beruf zu erlernen. Kaum hatte
der Chevalier de Cotignon sein Examen bestanden, träumte er nur noch
von Einschiffung und Seeschlachten, um so mehr, als Frankreich im
Krieg stand und er junge Kameraden »ruhmreich aus den gerade bestandenen Schlachten« zurückkehren sah. Es gab auch Marineoffiziere, die
gar nicht erst abgewartet hatten, bis es zum Krieg in Amerika gekommen war, und schon vorher ausgezogen waren, um sich unter der Fahne
des Königs zu schlagen.

Die Verteidigung von Mahé

Tatsächlich herrschte seit 1765 ein neuer Geist bei den jungen Marineoffizieren. Neben dem Bestreben, nationale Vergeltung zu üben, entwickelten sie nun den Ehrgeiz, ihre Kenntnisse zu vertiefen, Beobachtungen anzustellen, sich in Seemanövern zu erproben, Neues zu entdecken, ja sogar sich Kämpfen auszusetzen. Erst unter dem Ministerium von de Castries (1780–87) war es soweit, daß sich wenigstens die
Hälfte aller Marineoffiziere ständig auf See befand. Es nimmt daher
auch nicht wunder, wenn die Freiwilligen alle ihnen zur Verfügung
stehenden Mittel einsetzten – einschließlich Intrigen und Empfehlungen –, ihr Ziel zu erreichen: den Dienst auf See. War es denn nicht

immer noch besser, einen kleinen Siebenhunderttonnen-Dreimaster zu
befehligen, der nur mit ein paar Kanonen bestückt war, oder sogar nur
einen schäbigen Dreihunderttonnen-Leichter, als in Rochefort, Brest
oder Toulon zu versauern? Es ist kein Zufall, wenn man später die
Kommandanten dieser kleinen Schiffe der Friedenszeit an der Spitze der
großen Kriegsschiffe oder Flottenverbände im amerikanischen Unabhängigkeitskrieg wiederfinden wird.

Solange noch offiziell Frieden herrschte, bot sich besonders der Indi-
sche Ozean als ein wunderbares Feld für die Unternehmungslust der
Marineangehörigen an; natürlich nur der Offiziere, denn die Matrosen
– »jene Männer, die man ohnehin nur mit groben Flüchen zum Gehor-
chen bringt« – wurden nicht um ihre Meinung gefragt. Für sie bedeuteten die vier Monate, die sie von Port-Louis in der Bretagne bis Port-
Louis auf der Insel Mauritius ohne eine einzige Zwischenlandung auf
See verbringen mußten, wahrhaftig keine Vergnügungsfahrt. Von den
Maskarenen[7] aus, die selbst schon so unendlich weit entfernt schienen –
Paul et Virginie und ihr Autor Bernardin de Saint-Pierre hatten das
ihren empfindsamen Lesern anschaulich geschildert –, führten mehrere
Seewege nach Ostindien. Erst dort, und wirklich erst dort, begannen
die wahren Abenteuer. In Friedenszeiten und auf diesen weit entfernten
Meeren stand es den Kapitänen der Kriegsmarine frei, sich über die
traditionellen Vorurteile des Marinekorps gegenüber der Handelsmarine hinwegzusetzen; zuweilen machten sie gemeinsame Sache mit den
Kommandanten der Ostindischen Handelsgesellschaft oder sogar mit
den Kapitänen einfacher Handelsschiffe. Vor allem aber bot sich immer
wieder eine Gelegenheit, den französischen Handelsschiffen zu Hilfe
zu kommen und nötigenfalls französische Niederlassungen zu verteidigen. Den Engländern mußte die französische Präsenz vor Augen
geführt, dem indischen Volksstamm der Marathen die militärische
Stärke demonstriert werden – auch wenn man sich dabei gewisser Tricks
bedienen mußte.

Anfang des Jahres 1775 kämpfte Jean-François de Galaup de Lapérouse
vor der Westküste Indiens an Bord des königlichen Dreimasters »Seine«
gegen Wind und Wellen. Er war vierunddreißig Jahre alt und hatte zehn
Dienstjahre als Leutnant zur See hinter sich. Nun führte er das Kommando über hundert Männer auf einem kleinen Schiff, das zwar nicht
sehr beeindruckend war, aber eine Kupferummantelung besaß, gut im
Wind lag und noch bei schwacher Brise sechs Knoten machen konnte.
Alles hing davon ab, kühn und entschlossen zu manövrieren. Am
5. Januar 1775 hatte Lapérouse in einer zweistündigen Kanonade einer

Piratenflottille der Marathen dermaßen zugesetzt, daß diese den Kampf abgebrochen hatten.

Nun ist es Ende Februar. Die »Seine« trifft vor der Handelsniederlassung von Mahé ein, einem Küstenort an der Südwestküste Indiens, den die französischen Seeleute zu ihrer Überraschung von dem Prinzen Chiriquel und einem Heer von zehntausend Indern belagert vorfinden. Was ist zu tun? Die ganze Garnison von Mahé zählt nur 60 Europäer und 200 farbige Soldaten. Ihr Kommandant, Monsieur de Repentigny, muß halbseitig gelähmt das Zimmer hüten. Mit einem einzigen, strategisch wohlüberlegten Angriff könnten die Belagerer den Ort einnehmen; denn Mahé ist, wie Lapérouse berichtet, »kaum mehr befestigt als das Dorf Charonne; ein einfacher Bambuszaun bildet die Umfriedung, ein verfallendes Fort und ein paar kleine Geschütze sind alles, was an der Küste Malabars unsere militärische Macht vorstellt.«[8]

Kaum an Land, befestigt Lapérouse die kleine Verschanzung, welche den die beiden feindlichen Lager trennenden Fluß beherrscht. Dort stationiert er unauffällig 140 farbige Soldaten, 40 Matrosen und zwei Kartätschen. Noch am selben Abend wehrt das wiederhergestellte kleine Fort unter schweren Verlusten den Angriff von 600 Feinden ab. »Von da an erkannte ich«, schreibt der spätere Entdeckungsreisende, »daß unser kleines Fort das alleinige Angriffsziel des Prinzen Chiriquel sein würde; Mahé lag dahinter und blieb vollkommen unbehelligt.« Nun hieß es, so schnell wie möglich die Verteidigung auszubauen, noch weitere sechs Kanonen aufzustellen und einen Verstärkungstrupp Matrosen zu stationieren. »Kaum waren wir soweit, als auch schon eine Stunde vor Tagesanbruch die gesamte Armee Chiriquels auftauchte, um mit dem Sturmangriff zu beginnen. Zum zweitenmal schlugen unsere Kartätschen sie in die Flucht. Monsieur du Drésil erlaubte zwei Dritteln der Männer einen Ausfall aus der Garnison, um die Flüchtenden zu verfolgen. Sie brachten eine große Zahl von ihnen um; die Matrosen schnitten ihnen mindestens hundert Ohren ab und nagelten sie auf die Palisaden.« Die Eingeborenenarmee hatte fast vierhundert Soldaten verloren, die Franzosen acht Männer.

Mit fünfhundert militärisch sehr ungleich ausgebildeten Männern hielt Lapérouse während der beiden folgenden Monate mehr als neuntausend Inder in Schach. Aber die »Seine«, zusammen mit dem kleinen Fort am Fluß der Hauptstützpunkt der Verteidiger, »ließ viel Wasser ein und war nicht mehr in der Lage, einem kräftigen Wind standzuhalten«; hinzu kam, daß die Reede vor Mahé von Mai an ohnehin nicht mehr zu benutzen gewesen wäre. Zum Glück konnte am 25. April im Namen von Monsieur Law, dem Gouverneur von Französisch-Indien, mit dem mächtigen eingeborenen Führer Haïder Ali ein Friedensvertrag abgeschlossen werden. Mit dem stolzen Gefühl, Mahé die Besetzung, Plünderung und Brandschatzung erspart zu haben, konnte Lapérouse drei Tage später in See stechen und Kurs auf Mauritius nehmen. Mit knapper Not kam er dort an, obwohl das Schiff mit Wasser so voll gelaufen war, daß es fast sank; Tag und Nacht hatte die Mannschaft mit zwei Pumpen dagegen angekämpft.

Der Korpsgeist der Marineoffiziere

Auch schon vor den eindrucksvollen Siegen im amerikanischen Unabhängigkeitskrieg pflegten die Marineoffiziere immer ein wenig verächtlich auf die Kameraden der Landtruppen herabzusehen, nun aber machten sie aus ihrem Stolz kein Hehl mehr. Februar 1783: Der Präliminarfriede ist unterzeichnet; in einem Gasthaus in Vienne im Dauphiné speisen drei auf Landurlaub befindliche Seekadetten zu Abend. Die fünfzig anderen Tischgenossen, darunter Leibgardisten, Infanterieoffiziere und Dragoner, unterhalten sich über den Krieg und natürlich über die Kriegsmarine. Ein unbesonnener Gardist erklärt lauthals, daß die meisten französischen Marinesoldaten im Krieg nichts getaugt hätten und Hundsfötter gewesen seien. Sogleich schlägt der Chevalier de Cotignon dem Herausforderer eine Flasche auf den Kopf, schüttelt ihn heftig durch und fordert ihn zum Duell. Aber während Cotignon noch seine Pistolen holt, ergreift der Offizier der königlichen Garde die Flucht und verbarrikadiert sich feige in seinem Zimmer. Auf diese Weise entgeht er zwar dem Duell, nicht aber den »hundert Tritten in den Hintern«, die ihm Monsieur de la Bussière, der Freund Cotignons, statt dessen verabreicht.[9]

Der wirklich vorhandene oder vorgebliche Stolz der französischen Marineangehörigen war keine Frage der Geburt: auch die einfachen Matrosen Ludwigs XVI. ließen keine Gelegenheit aus, sich mit an Bord befindlichen Soldaten anderer Waffengattungen zu schlagen, und an Land prügelten sie sich ohnehin mit jedem, der es haben wollte. Die Offiziere der königlichen Kriegsmarine entstammten zwar einer gesellschaftlich höheren Schicht als ihre britischen Gegner, waren aber keineswegs vornehmer als die Offiziere der Kavallerie, der Dragoner oder der Infanterie. Es ist zwar erstaunlich, beim Offizierskorps der großen Kriegsschiffe auf einen Rohan zu stoßen oder unter den Kadetten von

Toulon Malteserritter und Angehörige des höchsten provenzalischen Adels zu finden, aber schon in Brest und Rochefort gab es dafür weniger Beispiele. Ganz sicher aber pflegten die französischen Marineangehörigen einen selbstbezogenen Korpsgeist ohne alle anderen gesellschaftlichen Rücksichtnahmen. Der Sohn des Marschalls de Castries, der Comte de Charlus, hat dafür einen überzeugenden Bericht hinterlassen. 1780 überquerte Charlus den Atlantik an Bord eines Schiffes, das Monsieur de la Clocheterie, der unvergessene Held der »Belle-Poule« (1778), kommandierte. Charlus war ein bei Hof in hohen Gunsten stehender Angehöriger des Hochadels, der 1778 bei seiner Heirat mit Mademoiselle de Guines vom König 300 000 Livres bewilligt bekommen hatte.[10] Monsieur de la Clocheterie war im Gegensatz dazu der typische Vertreter eines dem Bürgerstand recht nahe stehenden Marineoffiziers von der Westküste,[11] zu dessen Stab vermutlich vor allem Vertreter des niederen Adels gehörten. Aber weit davon entfernt, sich durch die Anwesenheit von Mitgliedern des Hofadels, die sich noch dazu besonderer königlicher Gunst erfreuten, einschüchtern zu lassen, taten sich die Marineoffiziere anscheinend erst recht keinen Zwang an und brachten freimütig ihre Vorurteile und Ansichten vor. Charlus berichtet, daß sie dabei »den ihnen eigenen Stolz, Hochmut und unerträglichen Widerspruchsgeist« an den Tag legten. Sie ließen es sich auch nicht nehmen, den Admiral d'Estaing zu kritisieren und überhaupt alles, »was nicht als Kadettenanwärter angefangen hat.«[12]

Das Überlegenheitsgefühl der Marineoffiziere war auch keine Geldfrage. Die Brüder Laborde bildeten da als begünstigte Söhne des steinreichen Hofbankiers eher einen Sonderfall.[13] Man mußte kein vermögender Mann sein, aber ganz ohne Geld konnte man in Verlegenheit geraten; deshalb verbot das Reglement vom Januar 1786 über die Behandlung der Offiziere auf See die Essenseinladungen der Generäle und Fregattenkapitäne – die sogenannten *tables* – als zu kostspielig für die Einladenden. Zur selben Zeit faßte unser Freund Cotignon seine Meinung über die Marine zusammen: Das Marinekorps »wird sehr schlecht bezahlt in Anbetracht der Anstrengungen und Mühen auf See, der Gefahren, denen man von einer Minute zur anderen ausgesetzt ist, und angesichts der gesellschaftlichen Entbehrungen, die man auf sich nehmen muß.« Die Infanterieoffiziere behaupten immer, daß man bei der Marine große Ersparnisse machen könne, da Kost und Logis an Bord vom König bezahlt werden. Sie vergessen dabei, daß man auf See einer umfangreicheren persönlichen Ausstattung bedarf, daß Ratten, Ungeziefer und Schlangen den Vorrat an mitgeführten Hemden und

Antoine de Sartine, Marineminister Ludwigs XVI. (zeitgenössischer Stich)

Kleidungsstücken zerfetzen und daß man, »kommt man von einer Kampagne zurück, froh ist, wenn man überhaupt noch ein Hemd zum Anziehen hat.« Ihnen ist anscheinend unbekannt, daß man an Bord Schiffsangehörige wie den Koch oder Proviantmeister bezahlen muß, die man an Land nicht braucht. Sie machen sich die Mühsal der langen Schiffsreisen nicht klar, während sie ihre Zeit in der Komödie verbringen, »neben einer hübschen Frau, die manchmal die unsrige ist.« Nach drei Monaten Regimentszugehörigkeit verdiente ein Unterleutnant bei der Infanterie bereits 700 Francs; Cotignon, der seit neun Jahren Seekadett war, erhielt noch immer nicht mehr als 500. »Die Ehre, in der Marine zu dienen«, so schreibt er, »bezahlen wir wahrlich teuer.«

Der Korpsgeist bildete sich in den Kadettenanstalten der drei Kriegshäfen und schmiedete die Kadettenanwärter fest zusammen, obwohl
sie aus den verschiedensten Provinzen stammten – die meisten aus der
Bretagne, die übrigen aus der Provence, der Normandie, der Picardie,
der Gascogne und dem Dauphiné – und mit ganz unterschiedlicher
Vorbildung in die Kadettenanstalten eintraten (sehr viele kamen aus
dem Oratorianer-Kolleg von Juilly). Die königliche Kriegsmarine war
jedoch in sich sehr viel weniger homogen, als ihre Mitglieder behaupteten oder annahmen. Zunächst einmal darf nicht vergessen werden, daß
es neben den Schiffsbesatzungen noch eine zweite Gruppe von Marineangehörigen gab, und zwar sämtliche Angehörige der Marineverwal-
tung wie Schreiber, Kommissare, Intendanten usw. Bis 1776 waren sie
die uneingeschränkten Herrscher über Häfen und Finanzen, und da es
ihre Aufgabe war, alles eingehenden Prüfungen zu unterziehen, konnten sie – wenn sie wollten – die Schiffsoffiziere mit ihrer Kleinlichkeit
schikanieren. In den Arsenalen, und noch mehr in den Niederlassungen
der Kolonien, herrschte ein beständiger Streit zwischen Militärs und
Verwaltungsleuten, zwischen *épée* und *plume*. Er wurde in beiden
Lagern mit um so größerer Erbitterung geführt, wenn solche Streitigkeiten vom Vater auf den Sohn vererbt worden waren; wenn nämlich der Sohn – wie damals häufig üblich – das Amt des Vaters übernommen hatte. *Plume* war jedoch nicht gleichbedeutend mit bürgerlichem
Stand, sondern die Verwaltungsbeamten gehörten eher dem Amtsadel (*noblesse de robe*) an. Die Häfen, Marineschulen, Kolonialnieder-
lassungen und Konsulate boten zwar viele Laufbahnen an, die für den
beruflichen und gesellschaftlichen Aufstieg von Neulingen sehr günstig
waren, aber man konnte auch Marineintendanten finden, die Brüder
oder Vettern von Seeoffizieren waren.

Es gab ferner – erwünscht, toleriert oder schlecht gelitten – jene Konkurrenten, die man fälschlicherweise einfach die »blauen Offiziere«
nannte, obwohl tatsächlich nur wenige von ihnen eine blaue Uniform
trugen. Seit den Zeiten des Siebenjährigen Krieges hatte es sich auf den
Schiffen der königlichen Marine eingebürgert, auch Offiziere einzustel-
len, die eigentlich von außerhalb kamen, etwa von der Handelsmarine
oder von der Ostindischen Handelskompanie. Dies geschah mit Hilfe
eines zeitlich begrenzten Befähigungsnachweises, den der Minister in
eine endgültige Ernennung umwandeln konnte. Diese Neulinge waren
nicht alle bürgerlicher Herkunft. Ihr beruflicher Aufstieg erfolgte
jedoch langsam, und sie erreichten fast nie mehr als einen mittleren
militärischen Rang, den eines Fregattenleutnants oder eines *capitaine de*

brûlot[14], der nur einen Rang höher stand als ein Fähnrich zur See. Wie überall gab es auch bei der Marine aufgeblasene Typen, die diese »Eindringlinge« verachteten; im allgemeinen wurden sie aber von den »echten« Marineoffizieren geschätzt. In einer 1786 von dem Marquis de Castries erlassenen Verordnung wurde der Rang eines Unterleutnants zur See (*sous-lieutenant de vaisseau*) eingeführt. Der neue Rang lag damit ganz auf der Linie dieses zweigleisigen Rekrutierungsverfahrens. Die Seekadetten (*gardes*), die nun wieder schlicht Schüler (*élèves*) genannt wurden, protestierten schon aus Prinzip dagegen. Tatsächlich jedoch erfuhren sie keinen Nachteil, da sie ihren Laufbahnvorteil von mehreren Jahren behielten. Nach der neuen Verordnung konnten diese Unterleutnants, die häufig aus der Handelsmarine kamen, weiterhin bei dieser fahren, ohne dabei die Aussicht zu verlieren, in der königlichen Kriegsmarine im Rang aufzusteigen. Im Grunde waren sie jederzeit aktivierbare Reserveoffiziere. Manche ärgerten sich natürlich über die damit eingeführte Demokratisierung, alle beklagten jedoch, daß auf diese Weise ein auf zwei Wegen mögliches Rekrutierungsverfahren festgeschrieben wurde, das bis zu diesem Zeitpunkt nur ausnahmsweise praktiziert worden war. Diese Mischung weckte nicht nur Empfindlichkeiten, sondern sie veränderte auch die bisherigen Gewohnheiten. Bisher hatte man den Führungsstab eines Linienschiffes oder einer Fregatte häufig dadurch zusammengestellt, daß man Jahrgangskameraden oder aus der selben Provinz stammende Landsleute, Vettern, Neffen, angeheiratete Verwandte oder Freunde ausgewählt hatte. Nun aber spielte der Zufall eine Rolle, und es kam – aufgrund allzu verschiedenartig zusammengesetzter Mannschaften – zu Mißverständnissen, falschen Überlegenheitsgefühlen und Verbitterungen jener, die sich geringgeschätzt fühlten. Die vormals existierende Harmonie in den Besatzungen war zerstört. Nach wie vor fühlten sich die Offiziere des *grand corps*, d. h. die Absolventen der Marineakademien, Außenseitern wie den Hafenbeamten oder Marineartilleristen haushoch überlegen.

All diese mehr oder weniger guten Gründe, die die ehemaligen Seekadetten veranlaßten, Übellaunigkeit oder Selbstgefälligkeit an den Tag zu legen, waren ein Fall unter vielen und symptomatisch für die überall in Frankreich zu beobachtende neue Empfindlichkeit der Körperschaften. Im übrigen akzeptierte ein Marineoffizier die Anstellung eines tapferen *capitaine de brûlot* noch eher als die Übernahme eines Militärs der Landstreitkräfte, der im Laufe seiner Karriere und aufgrund königlicher Gunst in die Marine übergewechselt war wie etwa Bougainville oder d'Estaing. Ersterer konnte die Hoffnungen, die man aufgrund seiner Weltumseglung in ihn gesetzt hatte, im Seekrieg nicht einlösen. Letzterer war ein schlechter Seetaktiker, dessen Eitelkeit und körperlicher Mut sich die Waage hielten; das gesamte Marinekorps haßte ihn; das Ministerium schätzte jedoch – zumindest zu Beginn des amerikanischen Unabhängigkeitskrieges – sein globales Strategiekonzept, das er aufgrund seiner ursprünglichen militärischen Ausbildung entwickelt hatte.[15] Wenn auf den Offiziersdecks soviel über d'Estaing und Bougainville hergezogen wurde, so sicher auch deshalb, weil man ihnen ihre Stellungen neidete. 1787 führte die Armee in ihren Offiziersrollen 784 Offiziere im Generalsrang, die Marine wies dagegen nur 60 entsprechende Stellen aus. Sie hatte vier Vizeadmiräle (darunter den allseits anerkannten Suffren und den sehr umstrittenen d'Estaing), 19 Generalleutnants (darunter den Duc d'Orléans, aber auch Guichen, La Jonquière, La Touche-Tréville, den Comte de Grasse, La Motte-Picquet) und 37 Geschwaderkommandanten (*chefs d'escadre*), von denen Bougainville dem Dienstalter nach an dritthöchster Stelle stand.[16] Der Zugang zu den wenigen Spitzenpositionen in dieser Hierarchie war demzufolge nicht leicht möglich, ein Umstand, den ausnahmslos alle in der Marine beklagten; dabei hob dieser Unterschied den besonderen Rang der Marine gegenüber den Landstreitkräften noch einmal mehr hervor.

Die Aufgaben der Marine

Choiseul hatte den Wiederaufschwung der Marine in die Wege geleitet. Unter Ludwig XVI. und seinen großen Ministern – Sartine von 1774 bis 1780, der Maréchal de Castries von 1780 bis 1787 – erreichten die Stärke und Schlagkraft der französischen Marine ihren Höhepunkt: »Wir sind den Engländern ebenbürtig!« schrieb der Admiral d'Estaing im Juni 1779.[17] Ludwig XVI. lag von allen französischen Königen seemännisches Denken am meisten. Er besaß die Klugheit, Sartine als Marineminister einzusetzen, und dieser bewies großes Geschick darin, das Interesse des Monarchen auf alles zu lenken, was mit seinem Ressort zusammenhing. Er hatte zum Beispiel für den persönlichen Gebrauch des Königs das Modell eines Kriegsschiffes anfertigen lassen. Ludwig XVI. wollte alle ausgefallenen Fachausdrücke kennenlernen: Kreuzbramsegel, Gei-Taue, Takelwerk, Stagtaljen usw.[18] Aber Sartine besorgte nicht nur Spielzeug für den König. Malouet, der Intendant des

Hafens von Toulon, urteilte über ihn: »Niemals zuvor ließ ein Minister so viele Kriegsschiffe bauen und die Häfen besser ausstatten. Er ließ große Geschwader ausrüsten und erteilte den fähigsten Offizieren das Oberkommando.« Frankreich besaß plötzlich achtzig Kriegsschiffe statt der bisherigen zehn. Sartines Nachfolger de Castries baute das Ausbildungswesen der Marine noch weiter aus und sorgte für eine strenge Disziplin. Er vervielfachte die waffenmäßige Ausstattung der Schiffe und steigerte die ohnehin schon erstaunliche Zahl von Schiffs- neubauten. Um die Bedeutung dieser Politik noch zu unterstreichen, besuchte der König im Jahre 1786 höchstpersönlich den Hafen von Cherbourg, um den Fortschritt der Arbeiten an dem großen Hafen- damm zu besichtigen. Es war die einzige offizielle Reise in die Provinz, die der Monarch jemals unternahm!

Während der fünf Jahre des Kriegs gegen England (1778–82) bewährte sich die königliche Kriegsmarine in hohem Maße. Sie suchte zwar auch nicht öfter als der Gegner die frontale Auseinandersetzung, aber der Sieg des Comte de Grasse in der Bucht von Chesapeake über Graves und Hood im Jahre 1781 entschied – zusammen mit den Erfolgen von Rochambeau und La Fayette in Yorktown – über die Zukunft der ame- rikanischen Unabhängigkeit; der Vergeltungsschlag Rodneys über de Grasse im April 1782 bei Dominica reichte nicht mehr aus, diese Ten- denz noch einmal umzukehren. Aber auch in der Verteidigung voll- brachte Frankreich erstaunliche Großtaten. Am 18. Dezember 1779 schlugen sich die Franzosen unter der Führung von La Motte-Picquet vor der Küste von Fort Royal (heute Fort-de-France auf Martinique). Bei Beginn der Schlacht kamen 15 Engländer auf nur einen Franzosen, später war das Verhältnis dann immerhin 15 zu 3. La Motte-Picquet setzte ein englisches Geschwader außer Gefecht und rettete einen Geleitzug von 30 Schiffen. Denn dieser weit von Frankreich entfernte Kriegsschauplatz verlangte unablässig neue und schwierig zu bewälti- gende Nachschubtransporte, Geleitzüge und die Aufrechterhaltung der Verbindungen zwischen Frankreich und den Kolonien, von einer Kolo- nie zur anderen, zwischen den Antillen und dem amerikanischen Konti- nent. Die Armee von Rochambeau mußte an Ort und Stelle transpor- tiert und das dem Kongreß der jungen Republik versprochene Gold wohlbehalten in die Neue Welt gebracht werden. Dabei konnte man nicht immer die Unterstützungsaktionen bei Landeunternehmen von Seeangriffen unterscheiden, die eher einem Kaperkrieg ähnelten und in dem angriffslustige Kommandanten wie La Touche-Tréville und La Motte-Picquet wahre Wunder vollbrachten.

Einweihung eines Teils der Hafenbefestigungen von Cherbourg im Beisein Ludwigs XVI., 1786 (lavierte Kreide- und Federzeichnung von Pierre Ozanne)

Die militärischen Operationen von Lapérouse in der Hudson Bay verfolgten mehrere Zwecke und waren außergewöhnlich erfolgreich. Von nun an hatte die französische Marine mit ihrer Schlagkraft und ihren vielfältig begabten Männern ihr altes Ansehen wiedererlangt. Am 1. August 1782 – also dreieinhalb Monate nach der Niederlage des Comte de Grasse gegen Rodney – segelte der Kapitän zur See Jean-François de Galaup, Comte de Lapérouse, an Bord der »Sceptre«, einem mit 74 Kanonen bestückten Linienschiff, sowie den unter seinem Befehl stehenden Fregatten »Astrée« und »Engageante« in die Hudson Bay ein. Eine Woche später war das Fort Prince of Wales genommen, am 24. August fiel auch das Fort York. Im September war der Auftrag erfolgreich zu Ende gebracht. Lapérouse und eine der Fregatten kehrten zu den Antillen zurück, die »Astrée« traf im Oktober schwer mit Kriegsbeute beladen wieder in Brest ein. Der Ablenkungsangriff war ein voller Erfolg gewesen. Die Zerstörung ihrer Niederlassungen und der Raub ihrer Pelze kostete die Hudson-Bay-Company 11 Millionen. Die psychologische Wirkung dieses Angriffs in England war beträchtlich: England wurde ein Monopol streitig gemacht; es wurde auf bis zu diesem Zeitpunkt für völlig sicher gehaltenen Seewegen angegriffen; die Franzosen hatten sich zu ebenso guten Seefahrern und Entdeckern wie zu gefährlichen militärischen Gegnern entwickelt. Denn es war seit den Zeiten Ludwigs XIV. das erstemal, daß sich die französische Marine so weit in den Norden vorgewagt hatte. Lapérouse, der auch eine Gruppe von Ingenieuren und Forschern an Bord hatte, brachte eine Menge neuer geographischer, ethnologischer (die Eskimos seien weder wirklich »gute Wilde« noch Kannibalen . . .) und kartographischer Erkenntnisse mit nach Hause zurück. Schon 1783 veröffentlichte das französische Hydrographische Institut von diesem Teil der Erde verbesserte Seekarten.

Die in Kriegszeiten durchgeführte erfolgreiche Mission eröffnete neue seemännische Aufgaben für die Friedenszeit. Sie brachten vor allem für die jungen Marineoffiziere den Vorteil einer beständigen praktischen Ausbildung mit sich. Ein gelehrter Mathematiker wie Bezout wäre absolut unfähig gewesen, ein Schiff zu lenken, »es aus dem Hafen herauszubringen, ja überhaupt in See zu stechen, [. . .] denn die praktische Erfahrung, die Taktik, das Manövrieren usw. können nur auf See erlernt werden.«[19] Fregatten, Korvetten, Dreimaster und Leichter fuhren häufiger zur See als die großen Linienschiffe. Die Offiziere des Marinekorps litten jedoch nicht an Unterbeschäftigung. Zunächst einmal mußten die Soldaten Rochambeaus aus Amerika wieder in die Heimat zurücktransportiert werden. Puzzolanerde[20] mußte aus Italien für den Ausbau der Häfen und Holz aus dem Baltikum für die Werften herangeschafft werden. Sie mußten ferner die Verbindungen zu den Kolonien sicherstellen, in Neufundland – wie 1788 geschehen – die französischen Kabeljaufänger schützen, den Maltesern gegen nordafrikanische Freibeuter zu Hilfe kommen und gegen den Schwarzhandel vorgehen. Übungsfahrten, Manöver, Sondermissionen und Demonstrationen ihrer militärischen Präsenz hinderten die Königliche Marine jedoch nicht daran, auch wissenschaftliche See-Expeditionen zu unternehmen. Die Logbücher wurden schematisiert, Uhren und Meßinstrumente immer weiter technisch verbessert, die Seekarten beständig korrigiert; auf der Suche nach neuen Ländern, neuen Seewegen und neuen Absatzmärkten waren die französischen Fregatten auf allen vier Weltmeeren unterwegs. Bis zur Revolution »blieb die französische Marine ein erstklassiges Instrument.«[21]

Das Leben der Mannschaften an Bord

Matrosen wie Offiziere gewannen Geschmack daran, zu siegen, und ein Kapuzinerpater des Geschwaders Ternay machte sich 1780 kein Gewissen daraus, den Soldaten zu verkünden: »Ihr habt einen ausgezeichneten Kapitän. Tut Buße, Gott verzeiht euch all eure Sünden. Gebt euren Feinden kein Pardon!«[22] Ein bestimmt auftretender, mutiger Kommandant konnte von seiner Besatzung alles verlangen. Im Jahre 1779 stach La Motte-Picquet, der nach zehnwöchiger Seereise gerade auf Martinique angekommen war, ohne Erholungspause sofort wieder in See, um Grenada anzugreifen. Einige Monate später bat La Motte-Picquet seinen Minister Sartine um die Erlaubnis, über seine Kriegsbeute frei verfügen zu dürfen und damit seine Matrosen zu belohnen: »Ich habe 700 Helden an Bord meiner Schiffe, die keine Hosen zum Anziehen mehr haben. Erlauben Sie, daß ich sie ihnen gebe, sie haben sie sich wohlverdient.«[23] Der Bedarf an Männern vervielfachte sich durch den Unabhängigkeitskrieg, und es kam oft vor, daß sich irgendwelche bretonischen Bauern plötzlich in Seeleute verwandeln mußten oder daß Betrunkene mit Gewalt angeheuert wurden. Insgesamt jedoch hatte Frankreich ein gutes Rekrutierungssystem. Während die englische Marine sich immer noch des traurigen Verfahrens bediente, die Männer zum Dienst zu pressen, wurde in Frankreich nach der von Colbert eingerichteten Methode des *système des classes* verfahren, das heißt

sämtliche Seeleute waren in verschiedene Klassen oder Gruppen eingeteilt, vier am Atlantik und Ärmelkanal, drei am Mittelmeer. Abwechselnd wurde eine der Klassen für den Dienst bei der Kriegsmarine einge-
zogen, die anderen durften derweil bei der Handelsschiffahrt anheuern.
Das System war damit ein direkter Vorläufer der Registrierung der
Seeleute beim Seemannsamt (*l'inscription maritime*). Es waren demzufolge vor allem die Küstenbewohner, häufig Fischer oder Matrosen der
Handelsmarine, welche die Besatzung der Kriegsschiffe stellten. Cotignon, der die Kadettenanstalt in Toulon besucht hatte, schätzte die
maßvollen Provenzalen und ihre Begeisterung fürs Schwimmen und
Tauchen. Anfangs sah er in den bretonischen Seeleuten nur Saufbolde,
die sich jeden Sonntag betranken und roh und allzu streitsüchtig waren.
Später machte er die Erfahrung, daß diese Kerle von der Atlantikküste
zwar »halsstarrig wie Maulesel«, aber »ausgezeichnete Matrosen und
hervorragende Kämpfer waren.«
Der Comte de Charlus war bekanntlich kein Freund der Marineoffiziere und gedachte sie mit der folgenden Beschreibung von Mann-
schaftsmahlzeiten, wie er sie 1780 beobachtet hatte, schlechtzumachen:
»All die armseligen, schlecht gekleideten Matrosen versammelten sich
auf dem hinteren Halbdeck, ließen sich in der Mitte auf dem Boden
nieder und aßen aus Futtertrögen ähnlich denen der Pferde. Morgens
bekamen sie reichlich harten, manchmal ungenießbaren Schiffszwie-
back mit ein wenig Wein, mittags annähernd das selbe frugale Mahl,
wobei ihrem Zwieback ein Stück Fleisch in Aspik hinzugefügt wurde.
Abends um fünf gab es einen Eintopf, mal mit Saubohnen, mal mit
Sauerkraut gekocht.«[24] Trotz seiner Vorurteile ein zuverlässiger Zeuge,
wußte der Graf dabei nur nicht, daß eine solche Kost – eine tägliche
Fleischration, zweimal am Tag Wein, Gemüse zur Verhinderung von
Skorbut – im Gegensatz zu seiner schlechten Meinung zur damaligen
Zeit bei keiner anderen Marine der Welt zu finden war. Noch zur Zeit
Ludwigs XV. hatten die Matrosen weitaus mehr Saubohnen und von
Würmern angefressene weiße Bohnen zu essen bekommen als Sauer-
kraut. Ganz zu schweigen von den englischen Schiffsmannschaften:
1778 erkrankten zwar auch immer noch Franzosen an Skorbut, die
Krankheit wütete unter den Männern des Admirals Byron jedoch un-
beschreiblich schlimmer. Man darf nämlich nicht vergessen, daß der
Minister Sartine, der es als ehemaliger *lieutenant-générale de police* von
Paris (1759–74) gewohnt war, weitsichtig über die körperliche Gesundheit zu wachen, auch bei seiner Marine »wie ein Arzt« streng darauf achtete. Schon 1778 ließ er durch seinen ranghöchsten Mediziner

einen Hygieneplan erstellen, der sich mit der Ernährung und Vorrats-
haltung auf den Schiffen beschäftigte, mit dem Ziel, bei den Mannschaften den Skorbut zu verhindern. In diesem Ernährungsplan wurde zu
»Zitronen, Essig, Sauerkraut, Sauerampfer usw.« geraten.[25] Sartine
stellte damals fest, daß von 23 000 Seeleuten nur 60 an Skorbut erkrankt
waren.

Die Matrosen hielten die Unbequemlichkeiten eines sehr harten Lebens
noch besser aus, wenn es der Admiralität und den Schiffskommandan-
ten gelang, Schiffsmannschaften zusammenzustellen, die landsmann-
schaftlich zueinander paßten. Ein Schiffskapitän aus bretonischem Adel
stellte sich, wenn eben möglich, einen ebenfalls bretonischen Offiziers-
stab und eine bretonische Besatzung zusammen; im Extremfall konnte
er sogar Männer aus seinem eigenen Dorf an Bord haben. Auch wenn
diese außergewöhnlichen, Disziplin und Treue garantierenden Voraussetzungen nicht gegeben waren, herrschten gute Beziehungen zwischen
Offizieren und Mannschaften; sie waren jedenfalls nicht mit den englischen Verhältnissen zu vergleichen. Obwohl die französischen Offiziere meistens von höherem Adel waren als die englischen, legten sie
doch gegenüber ihren Mannschaften keinerlei Überheblichkeit an den
Tag; das sparten sie sich auf für die Infanterie und für die Bürokraten in
den Arsenalen. Monsieur de Flotte, der im Dezember 1782 den Auftrag
erhielt, am Mittelmeer eine Gruppe von Seekadetten auszubilden, ließ
diese gemeinsam mit den Matrosen »Bock laufen«. Dabei wurde der
Baum eines Leesegels, nachdem er ordentlich mit Talg eingeschmiert
worden war, 20 Fuß weit aus dem Schanzkleid der Back (dem vorder-
sten Aufbau des Oberdecks) herausgeschoben. An seinem Ende hatte
man einen Pflock mit einem Hut befestigt. Er gehörte demjenigen, der
geschickt genug war, ihn zu erlangen. »Der Kapitän pflegte einen Preis
auszusetzen, der gewöhnlich in einem Schaf, in Geflügel, altem Wein
oder sogar einem Louisdor bestand. Also zog man sich splitternackt
aus, denn bei hundert Versuchen, die einer machte, fiel er auch hundertmal ins Wasser.«[26]

Bei einer Marine, die ständig auf allen Weltmeeren unterwegs war, bot
sich natürlich auch häufig Gelegenheit für einen Brauch, der so alt ist
wie die Seefahrt selbst: die berühmte Äquatortaufe. »Selbst der König
wäre nicht weniger verschont geblieben als irgendein anderer.«[27] Jeder, der zum erstenmal den Äquator passierte, mußte an die Matrosen
einen Zoll bezahlen, andernfalls wurde er mit Wasser übergossen. Am
12. Mai 1787 erreichte die Fregatte »Astrée« den Äquator. »Da es
Brauch ist, daß der *Bonhomme Tropique* jedermann tauft, der zum

erstenmal die Grenze seines Herrschaftsgebietes passiert, so erschien er beim Morgengrauen oben im Mastkorb und nannte all jene bei Namen, welche die Taufe empfangen und sich darauf vorbereiten sollten.« Um neun Uhr wurde ein mit Wasser gefüllter Zuber auf dem vorderen Deck aufgestellt. Die Täuflinge wurden nun aufgefordert, sich nacheinander auf ein darüber gelegtes Brett zu setzen. Bezahlten sie ihre Passage großzügig, kamen sie ohne großes Bespritztwerden davon; »wer schlecht bezahlte, dem zog man das Brett unterm Hintern weg, und er fiel ins Wasser.« In Cotignons Bericht traf dieses Los einen knauserigen Schriftsteller, der für Zeitschriften schrieb und sich weigerte, die verlangten sechs Francs Zoll zu bezahlen. Auf den Schiffen der königlichen Kriegsmarine war die Äquatortaufe mit Maskerade und Ins-Wasser-Werfen immer wieder ein beliebter Spaß. Cotignon war für seinen Teil schon bei der vierten Taufe angelangt, wobei er – ungläubig wie er war – die kirchliche Taufe mitgezählt hatte. Er war jedenfalls der Meinung, daß der alte Brauch der Äquatortaufe beibehalten werden sollte; denn »für die Mannschaft bedeutet er eine Abwechslung und läßt sie einen vergnüglichen Tag verbringen. [. . .] Man sollte so oft wie möglich die Gelegenheit nutzen, ihnen einen Spaß zu machen, der sie für ihre Mühen und für ihre Bereitschaft entschädigt, jederzeit ihr Leben zu opfern; es gibt wirklich keinen härteren und keinen gefährlicheren Beruf als den des Matrosen; Mittelmäßigkeit kann man sich dabei nicht erlauben.«

Das Leben in den Garnisonstädten

Mittelmäßigkeit war dagegen ein Attribut der Landstreitkräfte, fast als wäre sie der Preis für einen allzulangen Frieden gewesen. Der Krieg in Amerika und Indien hatte zwar die gesamten Seestreitkräfte mobilisiert, aber nur einen Bruchteil des Heeres, in dem überdies zahlreiche Freiwillige Dienst taten. Die französische Armee bot seither zwei Gesichter. Jenseits des Atlantiks bewunderten die Aufständischen die Qualität einer erstklassigen Kampftruppe; in Frankreich selbst beobachteten Reisende in Dutzenden von Garnisonstädten nur die schlaffe Außenansicht eben derselben Armee. Mehr noch als die Militärs selbst waren die politischen Ereignisse für diesen Gegensatz verantwortlich. Als es zum Beispiel hieß, eine Landung in England unter dem Kommando von Jourda de Vaux und Langeron stehe unmittelbar bevor, war ganz Saint-Malo auf den Beinen. Die Kriegsbegeisterung hatte alle erfaßt, von den

Bewohnern der Stadt bis zu den Offizieren des Expeditionskorps, die so froh darüber waren, daß sie im Galopp durch die Straßen stürmten. Selbst die eigens aus Paris angereisten Prostituierten waren von dem allgemeinen Enthusiasmus angesteckt.[28] Aber diese seltenen Begeisterungsaufschwünge verschwanden ebenso rasch wie die Projekte, die ihr Anlaß gewesen waren. Soldatsein bei der königlichen Leibgarde oder in einer der fünf Waffengattungen der regulären Truppen (Infanterie, Kavallerie, Dragoner, Artillerie, Genietruppen) war zur Zeit Ludwigs XVI. der Versuch, sich im Frieden einzurichten; das bedeutete in der praktischen Konsequenz: das Leben in der Garnisonstadt.

Dabei waren nicht alle tödlich langweilig. Die Urteile konnten ganz verschieden ausfallen: Saarlouis war »unerfreulich, ohne gesellschaftliches Leben, ohne Vergnügungsmöglichkeiten«; Toul war nicht besser; Calais »ein scheußlicher Wohnort«; aber »Thionville war eine Stadt, die alles Nötige zu bieten hatte«; und in Verdun zu leben war ein Vergnügen, denn »diese Stadt bietet zahlreiche gesellige Möglichkeiten, und die Angehörigen des Militärs werden fast überall hin eingeladen.« Der Urheber dieses ausgewogenen Urteils war Tillette de Mautort. Er stammte aus der Picardie und war Angehöriger jenes zahlreich vertretenen niederen Provinzadels, der kaum über den Rang eines Hauptmanns und Ritters des Ordens Saint-Louis hinauskam. Er gehörte 1781 mit zu jenen, die hofften, daß der von nun an erforderliche Adelsnachweis für mindestens vier Generationen, den jeder Offiziersanwärter erbringen mußte, das Problem der Laufbahnblockaden beheben würde. Die Angehörigen des Hofadels konnten dagegen schon mit 23 Oberstleutnant und mit 30 Oberst auf Lebenszeit werden und hatten demzufolge die meisten der 784 Offiziersstellen im Generalsrang inne, über welche die Armee im Jahre 1787 verfügte. Obwohl also immer schon privilegiert, war der Hofadel doch ewig unzufrieden und beklagte sich ständig. Es war allerdings seit einiger Zeit für seine Mitglieder nicht mehr möglich, noch kaum den Kinderschuhen entwachsen schon in den Rang eines Obersten aufzusteigen – die Minister hatten nach und nach dafür gesorgt, daß diesem Mißbrauch ein Riegel vorgeschoben wurde –, und sie durften ferner nicht mehr ununterbrochen am Hof oder in Paris weilen, sondern mußten sich halbjahresweise bei ihrem Regiment aufhalten. Keine der zeitgenössischen Lebenserinnerungen läßt denn auch die Gelegenheit aus, diese Zustände zu beklagen und zu kritisieren – als bestünde die Berufserfüllung eines Offiziers nicht im Krieg, sondern in einem Leben in Versailles.

So fragte sich zum Beispiel der ehemalige Page der Königin Alexandre de Tilly, wie ein Mensch wohl in Falaise seine Tage verbringen sollte? Einer Garnisonstadt, in der es »dann und wann Dragoner gab, die man plagen konnte; Offiziere, die nicht alle die ausgesuchteste Freundlichkeit gegenüber Neuankömmlingen an den Tag legten; ehemalige Legionäre, die auf subalternen Posten alt geworden waren und die eine einzige Bemerkung schon einschüchtern und eine ein wenig zu gewagte Toilette schockieren konnte; es gab dort ferner militärische Vorschriften, die bis in die kleinsten Einzelheiten zu erlernen waren, eine ziemlich häßliche kleine Stadt, einige leidlich gut bewachte hübsche Frauen – und ein paar andere, bei denen dies überflüssig war . . . – und endlich Männer, die zum Ergötzen der Pariser aussahen wie Wesen aus einer anderen Welt.« Ein anderer Adliger, Louis de Caumont, schildert den Gegensatz, der zwischen der Freude über die erste Epaulette – man wurde Offizier – und der Verdrießlichkeit herrschte, welche die Garnisonstadt ausströmte. »Bald kommt der Augenblick, wo drei Viertel des Tages ausgefüllt sind mit den trockensten Studien, den penibelsten Details, ermüdender Monotonie, Wachgängen und Exerzierübungen. Die meiste Zeit sind fade Zerstreuungen, ein Gang ins Kaffeehaus, ein Spaziergang auf den Befestigungsmauern oder eine schlechte Theatervorstellung schon alles, was an Vergnügungen geboten wird.«[29] Monsieur de Seignelay, Oberst des Infanterieregiments »Champagne« – eines der fünf ältesten Infanterieregimenter Frankreichs –, befand sich 1775 in Thionville in Garnison. Ihm fielen die »Exerzierübungen und militärischen Dienstvorschriften« auf die Nerven, und er bereitete seinen Offizieren das Vergnügen, seine Frau mitzubringen, um mit ihnen die vier Monate seines Aufenthaltes dort zu verbringen.[30] Aus Dankbarkeit dafür legten die Offiziere Geld zusammen, mobilisierten die ortsansässigen Artilleristen und veranstalteten für Madame de Seignelay ein viertausend Francs teures Feuerwerk, dessen Vorbereitung einen ganzen Monat erfordert hatte.

Um die Langeweile zu vertreiben, besuchte man das Theater – das ein wenig mehr Abwechslung bot als der Wirtshausbesuch oder das Billardspiel – und konnte es sich oft nicht verkneifen, dort aus dem Stegreif selbst eine Rolle zu spielen. Allein im Jahre 1780 war der Schauplatz dreier Garnisonskandale ein Theater. In Clermont pfiffen die Offiziere des Regiments »Royal-Roussillon« einen Schauspieler auf offener Bühne aus, für den aber die bürgerlichen Zuschauer im Parterre Partei ergriffen, die daraufhin von den Offizieren mit blankem Degen angegriffen wurden. Auch im Theater von Amiens griffen Leibgardisten unter dem Vorwand, man habe einen Spiegel in ihrer Loge zerschlagen, die Zivilisten unter den Zuschauern an. In Rouen ließ der stellvertretende Standortkommandant, der diesmal auf der Seite des Publikums stand, den Theaterdirektor durch einen Grenadier festnehmen. Manche der Offiziere führten sich wie Gecken auf, nur eben in Uniform – was ein gewisses persönliches Vermögen voraussetzte, da der Sold nach wie vor mager war. Sie waren, so beschrieb sie ein Zeitgenosse im Jahre 1788, wie »hübsche Puppen, wohlfrisiert, gepudert und parfümiert, die es beim Tanzen mit einem Vestris [einem berühmten Tänzer der Zeit] hätten aufnehmen können. In die Sonne gingen sie nur mit einem Sonnenschirm, und bekamen sie einmal nasse Füße, so hatten sie gleich einen Schnupfen.«[31] Manche frönten zu ihrer Zerstreuung der Spielleidenschaft, einer in Frankreich weit verbreiteten Unsitte, und wieder andere fanden ihr Vergnügen beim Duell, einem spezifisch militärischen Übel.

Im letzteren Fall ging der Hofadel mit schlechtem Beispiel voran, denn 1778 duellierte sich der Comte d'Artois mit dem Duc de Bourbon.[32] Die Zivilbevölkerung war in dem Glauben, daß die Duelle zurückgingen: »In diesem Zeitalter der Aufklärung und Philosophie«, hieß es bei Louvet, »hat sich die Roheit der Gemüter sehr gemildert.« Die Militärs jedoch, die sich sogar noch im Salon de l'œil-de-bœuf im Schloß von Versailles gegenseitig forderten, schlugen sich mit Säbeln wie Reiter in der Schlacht[33] und schossen mit Pistolen wie Wegelagerer;[34] sie schlugen sich bei jeder Gelegenheit und kümmerten sich nicht im mindesten um die ohnehin lax gehandhabten Verbote. »Frankreich ist die Heimat der Duelle. [. . .] Hat Ihr Oberst Sie in seiner militärischen Begeisterung auf dem Exerzierplatz allzuscharf angepackt, so äußern Sie sich dazu nicht, solange Sie beim Regiment sind, aber sorgen Sie dafür, ihn in Paris wiederzutreffen, und – töten Sie ihn! Es kann sein, daß er es aus Gründen des militärischen Gehorsams ablehnt, sich mit Ihnen zu schlagen; und Sie werden, wenn er Anklage gegen Sie erhebt, für zwanzig Jahre und einen Tag hinter Gitter wandern. Aber das macht nichts, er hat seine Ehre verloren und Sie, Sie werden ruhmbedeckt in Ihrem Turm sitzen und dort an höchst ehrenwerter Langeweile eingehen.« Mit einem Wort: Alexandre de Tilly, von dem dieser Ratschlag stammt, setzte als selbstverständlich voraus, daß eine ausgezeichnete Abwechslung beim Militär immer noch darin bestand, sich mit Edelleuten seines Ranges und Grades mit dem Degen zu schlagen, statt einen Vorgesetzten zu provozieren oder ausgefallene Waffen auszuprobieren.

Im November 1777 erhob der König zwei bürgerliche Offiziere in den Adelsstand, »die einer ebenso alten wie ehrwürdigen Familie« entstammten. Der ältere von beiden, Alexandre-Claude-Charles-René Hureau de Senarmont, Ritter des Ordens Saint-Louis, hatte als Infanteriehauptmann im Regiment »Aunis«[35] gedient. Der jüngere, Alexandre-François Hureau de Senarmont, war zu diesem Zeitpunkt Hauptmann Erster Klasse (*capitaine en premier*[36]) im Artillerieregiment »Straßburg«. Einer ihrer Brüder, Alexandre-Jean-Jacques Hureau du Rozel, war 1758 als Leutnant der Artillerie gestorben. Die beiden Brüder Senarmont – der eine bei der Infanterie, der andere bei einer technischen Waffengattung – waren also bis zu diesem Zeitpunkt Bürgerliche. Sie gehörten jedoch zu jener gesellschaftlichen Gruppe mit adligem Lebensstil, die in der Armee häufig schon wie wirkliche Adlige angesehen wurden. (Die Verordnung von 1758, die bestimmte, daß die für Adlige üblichen Dienstgrade wirklich auch nur ihnen zugebilligt wurden, verlangte keine tatsächlichen Adelsnachweise, sondern nur irgendwelche Zeugnisse, die ihnen ihren offenkundigen Adel noch einmal bescheinigten.) Ihr Vater, Claude-Alexandre, war 1735 im Kampf gefallen; auch er war Ritter des Ordens Saint-Louis gewesen (was übrigens zeigt, wie dieser Orden – das rote Bändchen, das dem der Ehrenlegion vorausging – mit zu den Voraussetzungen für die Aufnahme in den Adelsstand gehörte). Schließlich war auch noch ihr Großonkel mütterlicherseits, ein Leutnant der Infanterie, bei der Belagerung der belgischen Stadt Ath im Jahre 1697 ums Leben gekommen.[37] Männer wie die Mitglieder dieser Familie Hureau, deren Berufung zum Militär schon Familientradition war, nahmen eine Sonderstellung ein. Sie unterschieden sich etwa gleich weit von den Offizieren, die von der Pike auf gedient hatten – den sogenannten *officiers de fortune*, einfachen Bürgerlichen, die mühsam aus der für ihren Stand vorgesehenen militärischen Laufbahn ausgeschert waren –, und von den durchschnittlichen Landjunkern, die nur langsam in der militärischen Hierarchie aufstiegen. Sie stellten unter Ludwig XIV. und unter Ludwig XV. eine bedeutende Gruppe dar und bildeten eine wesentliche moralische Kraft der Armee, tauchten aber als solche in den Statistiken nicht auf, da sie je nach der Einschätzung der Statistiker entweder zu den Adligen oder zu den Bürgerlichen gezählt wurden. Ein guter Kenner der Armee des Ancien Régime hat die Ansicht vertreten – und dabei stützte er sich auf Beispiele wie das der Familie Hureau –, daß nur die Hälfte aller Offiziere wirklich adlig war und daß man bei den Adelsnachweisen der übrigen nicht allzuweit hätte nachforschen dürfen. Bei den technischen Waffengattungen war noch größere Nachsicht zu beobachten. Um sich bei der École du génie (Ingenieurschule) in Mézières (gegründet 1748–51) bewerben zu können, verlangte die Verordnung von 1762 eine Geburtsurkunde und »einen genauen und ausführlichen Bericht über den gegenwärtigen Stand« der Familie des jungen Mannes und über deren eventuelle Ämter. In dem Bericht sollte genau aufgeführt werden, ob Verwandte gedient hatten und in welchem Korps. Sicher gab man – bei gleichen Verdiensten – üblicherweise einem adligen Bewerber gegenüber einem bürgerlichen den Vorzug; jedoch wurde letzterer niemals von vornherein ausgeschlossen, besonders dann nicht, wenn er oder seine Familienangehörigen schon in der königlichen Armee gedient hatten. Auf diese Weise wurden zwischen 1748 und 1777 in der École du génie 57 Prozent Adlige aufgenommen, die restlichen 43 Prozent der Schüler waren Bürgerliche.[38]

Die Kriegsminister Saint-Germain und später der Maréchal de Ségur setzten sich über all diese althergebrachten Gewohnheiten, bei denen jede gesellschaftliche Gruppe auf ihre Kosten kam und die somit ein wichtiger Faktor gegenseitiger Verständigung waren, völlig hinweg; der erstere, weil er die Klasse der Landjunker begünstigen wollte, aus der er selbst stammte; der zweite, weil er – wie sein Sohn später behauptete – zugunsten der ihn unterstützenden Partei entschied.[39] Im Mai 1777 verkündete der Comte de Saint-Germain einen seiner 98 Reformerlasse, auf die er es in den 18 Monaten seiner Amtszeit brachte:[40] er verschärfte die Aufnahmebedingungen von Mézières. Von nun an war jeder Bewerber »gehalten, zuvörderst nachzuweisen, [...] daß er von adliger Geburt oder Sohn eines höherrangigen Offiziers sei; nämlich eines Obersten, eines Oberstleutnants, eines Majors oder aber wenigstens eines Hauptmanns und Ritters des Ordens Saint-Louis.«[41] Diese Politik bedeutete jedoch nicht, daß die adlige Herkunft allein schon für die Aufnahme ausreichte; denn die Aufnahmeprüfungen von Mézières zwangen die Adligen, die in das königliche Ingenieurkorps eintreten wollten, sich zuvor umfassende mathematische Kenntnisse anzueignen. Diese Aufnahmeprüfungen, bei denen der Mathematiker Gaspard Monge die Kandidaten prüfte, wiesen schon voraus auf die Schwierigkeiten der späteren Eingangsprüfungen der 1794 gegründeten École polytechnique, deren Mitbegründer Monge war. In Frankreich war jedoch der von seiner militärischen Berufung überzeugte und engagierte Bürgerliche schon immer ein Element der Erneuerung in der Armee

gewesen. Dies wurde nun aufgrund der neuen Verordnung in gefährlicher Weise unterbunden. Der berühmt-berüchtigte königliche Erlaß
vom 22. Mai 1781 führte dann diese Art von Laufbahnbeschränkung
überall verbindlich ein.

Zur damaligen Zeit entgingen diese Dinge noch weitgehend der Aufmerksamkeit der Öffentlichkeit. Auch 1789 regte sich noch kaum
jemand darüber auf,[42] und wenn eine Madame Campan später schrieb:
»Die Ungerechtigkeit und Unsinnigkeit dieses Gesetzes war ohne
Zweifel mit ein Grund für die Revolution«, so mochte das für sie im
nachhinein so scheinen. Der Erlaß von 1781 verlangte den Adelsnachweis über vier Generationen, um in den Rang eines Leutnants bei der
Infanterie, der Kavallerie oder bei den Dragonern aufsteigen zu können. Der Bewerber mußte mit seinen Urkunden in der Hand den Adel
seines Urgroßvaters väterlicherseits durch den Genealogen Chérin
bestätigen lassen. Der Text des Erlasses sah allerdings für die Söhne der
Ritter des Ordens Saint-Louis eine Ausnahme vor. Anfangs betraf die
neue Verordnung auch weder die technischen Waffengattungen noch
ausländische Infanterieregimenter oder Grenadierkompanien, bei denen sich für die *officiers de fortune* parallel zu den anderen militärischen
Laufbahnen die Möglichkeit einer weniger anspruchsvollen Karriere
bot. Aber trotz der im Sinne der Tradition vorgesehenen erfreulichen
Ausnahme für die Söhne von Rittern des Ordens Saint-Louis schlug der
Erlaß vom Mai 1781 bei den Betroffenen wie eine Bombe ein. Noch
dazu waren die technischen Waffengattungen bald danach von den selben Restriktionen betroffen. In Mézières sank die Zahl bürgerlicher Schüler um die Hälfte: zwischen 1778 und 1791 wurden dort
75 Prozent Adlige für das Ingenieurkorps zugelassen und nur noch
25 Prozent Bürgerliche.[43] Zehn aufgenommenen Bürgerlichen kam
dabei die Tatsache zugute, daß ihre Väter Ritter des Ordens Saint-Louis
waren; die übrigen 17 konnten auf andere Weise durch die Maschen
schlüpfen.

Man kann annehmen, daß auch in das Offizierskorps der Infanterie
unter der Hand Nicht-Adlige aufgenommen wurden. Zwischen 1781
und 1789 wurden 3000 *sous-lieutenants* (Leutnante) ernannt.[44] Zieht
man von dieser Zahl 1050 *élèves du Roi* ab – das heißt Absolventen von
Militär- oder Pagenschulen, die schon vorher den Adelsnachweis hatten
erbringen müssen – sowie 500 Söhne von Rittern des Ordens Saint-
Louis – die den Adelsnachweis ja bekanntlich nicht erbringen mußten –,
so bliebe noch herauszufinden, unter welchen Bedingungen die restlichen 1400 in diesem Zeitraum Offiziere werden konnten. Man kann

dazu folgende Überlegungen und Berechnungen anstellen: Die Hofgenealogen Chérin und Berthier haben in diesem Zeitraum 2000 Adelsnachweise ausgestellt, jedoch betreffen sie sehr häufig Kinder so niedrigen Alters, daß diese kaum vor Ausbruch der Revolution in der Lage
gewesen sein können, schon in den Militärdienst einzutreten.[45] Nimmt
man also an, daß die Hälfte – etwa 1000 – der von Chérin und Berthier
ausgestellten Adelszeugnisse zum Eintritt in die Offizierslaufbahn ver-
holfen haben, so wären von den oben genannten 1400 Offizieren etwa
400 Bürgerliche gewesen. Berücksichtigt man nun des weiteren, daß
von den 500 Söhnen von Rittern des Ordens Saint-Louis wahrscheinlich
nur 300 wirklich Adlige waren und die restlichen 200 ebenfalls Bürgerliche, die sich nur als Adlige ausgaben, dann hätten es alles in allem
600 Bürgerliche geschafft, den bürgerfeindlichen Erlaß von 1781 zu
unterlaufen, also 20 Prozent der neuernannten jungen Offiziere.
So schuf diese ungeschickte Maßnahme keine Abhilfe bei den Mißständen, über die sich der verarmte Adel beschwert hatte, vergiftete aber
die Beziehungen des Adels zu einer bestimmten Schicht des Bürgertums und bewirkte vor allem, daß jungen vielversprechenden Unteroffizieren (*bas officiers*) jede Hoffnung auf einen angemessenen Aufstieg in die Offizierslaufbahn genommen wurde. Manche von ihnen
stiegen später, begünstigt durch die revolutionären Ereignisse, zu
Generälen auf.

Soldaten des Königs

Frankreich besaß unter Ludwig XVI. ein Heer von einigen tausend
tüchtigen und tapferen Männern. Sie schlugen sich in Übersee, in Indien
unter Bussy und in Amerika unter Rochambeau. Frankreichs Bataillone
verfügten bald über die besten Soldaten der Welt. Ihre soldatische Ausbildung erfuhren sie jedoch vor allem in der Praxis, das heißt im Krieg.
Als der Comte de Charlus im April 1780 in Crozon auf sein Regiment
traf, das für die Armee Rochambeaus bestimmt war, hielt er es nicht nur
für schlecht ausgerüstet (»den Soldaten fehlte es an allem: sie besaßen
keine Strümpfe und weder Schuhe noch Hemden«[46]), sondern auch für
undiszipliniert. Nach einigen Monaten Kriegseinsatz waren diese Män-
gel jedoch überwunden. Wer angesichts der Erfolge nun darauf hinweist, daß die Kolonialtruppen und das Amerikakorps nur einen
Bruchteil der insgesamt 200000 Mann starken französischen Armee
ausmachten,[47] dem wird man antworten dürfen, daß der zahlenmäßige

Vergleich hier nicht unbedingt angemessen ist; was zählt, ist allein die Leistung.

Wenn Leben vor Ehre geht, dann war der lange Friede von 1763 bis 1792 für die Soldaten ein Glücksfall. Diese Friedensjahre boten außerdem Gelegenheit für gelungene Reformen, die zwischen 1775 und 1788 immer rascher aufeinanderfolgten. Das Rekrutierungssystem wurde verbessert. Die Auswüchse des alten Anwerbungssystems gehörten überwiegend der Vergangenheit an. Die Werbung für den Soldatenstand geschah nun häufig in Form öffentlicher »Bekanntmachungen für die edle Jugend« (»Avis à la belle jeunesse«), da immer mehr junge Männer lesen konnten. Das änderte jedoch nichts daran, daß immer noch Rekrutenanwerber durchs Land zogen. Sie ließen auf den Plätzen der Städte und Marktflecken die Trommel schlagen, salutierten und boten »im Namen des Königs« eine Prämie für jeden, der sich verpflichtete. »›Bares Geld im Beutel‹, fügten sie hinzu, ließen dabei die mit Talern gefüllten Geldsäckchen klappern und riefen: ›Wer will einen davon?‹«[48] Jeder Werber, der sich unerlaubter Methoden bediente, wurde von den Militärbehörden streng bestraft. Im Juni 1788 gehörten zu einer vorschriftsmäßigen Rekrutierung eine lesbare und ordnungsgemäß unterschriebene Verpflichtung, eine kurze Beschreibung des Rekruten, Mitteilungen über seine familiäre Herkunft, das Gesundheitszeugnis eines Wundarztes und die Bestätigung des Vertragsverhältnisses. Ein »ansehnlicher Soldat« sollte wenigstens fünf Fuß messen; er mußte zwar nicht unbedingt lesen können, aber ohne Kenntnisse in Lesen, Schreiben und Rechnen bestand für ihn keine Aussicht, jemals Unteroffizier werden zu können. Zu den Regimentern gehörten auch die Söhne von Soldaten, die sogenannten *enfants de troupes*. Sie wurden sehr jung in das Regiment aufgenommen, empfingen einen geringen Sold und konnten sich mit sechzehn Jahren definitiv dienstverpflichten. Mit einem solchen System konnte man leicht an neue Rekruten kommen. Um Mißbräuche zu verhindern, begrenzte daher eine Verordnung von 1788 die Zahl dieser Kinder auf 16 pro Regiment. Zum Glück hatten einige reiche Herren noch zusätzliche Einrichtungen für Soldatenkinder geschaffen: seit dem Jahr 1786 unterhielt der Duc de Liancourt unweit seines Schlosses eine »Schule für die Kinder der Armee«, in der er hundert Söhne von Kriegsinvaliden unterrichten ließ.[49]

Der schwache Punkt des französischen Rekrutierungssystems war die Tatsache, daß es zu wenige Freiwillige gab. Um pro Jahr einige tausend zusätzliche Rekruten zu bekommen, versetzte man 600 000 junge Leute, vor allem auf dem Land, in Aufregung, die bei dem Gedanken zitterten, bei der Auslosung der Dienstpflichtigen Pech zu haben und sich für die nächsten sechs Jahre bei der Armee als Soldaten wiederzufinden, wonach ihnen überhaupt nicht der Sinn gestanden hatte. Die naive Seite dieses Rekrutierungssystems zeigt sich daran, daß man von den Rekruten verlangte, sich ganz allein auf den Weg zu dem Ort zu machen, an dem ihr Regiment stationiert war. Hilfreich waren dabei die Marschquartiere, wo sie bei Privatleuten nächtigen konnten; für ihre Verpflegung wurden ihnen pro zurückgelegter Meile drei Sous vergütet.

Das Leben in den Kasernen war hinsichtlich seiner Organisation, der Hygiene und der Bequemlichkeit erheblich verbessert worden. Wenn in Rennes auch noch zwei Kommandos in einer Kirche und einem Kreuzgang zusammengepfercht wurden, so setzten die schönen Kasernen von Arras und Douai Reisende in Erstaunen. In Nancy besaß eine Kaserne einen überdachten Hof, der die Exerzierenden vor Wind und Wetter schützte. Fast überall erhielten die Quartiere der Kavallerie neue Reitbahnen. Der Sold lag zwischen sechs uns acht Sous pro Tag. Waren Essen und Tabak bezahlt, so blieben dem Soldaten noch zwei Sous,[50] wahrscheinlich sogar etwas mehr in Städten wie Thionville, in denen Gemüse und Fleisch preiswert zu haben waren.[51] Man war bestrebt, die äußeren Lebensbedingungen der Infanteristen nach und nach denen der Kavalleristen anzugleichen. Statt wie bisher drei sollten künftig nur noch zwei Soldaten in einem Bett schlafen. Eine fortschrittlichere Ernährung und Hygiene trugen dazu bei – so stellte man 1780 und 1781 fest –, bei den Soldaten die Auswirkungen der großen Epidemien zu mildern.[52] Es scheint, daß die Sterblichkeitsrate in den französischen Militärkrankenhäusern zweimal niedriger war als zum Beispiel in Edinburgh.[53] Auf Desertion stand in Friedenszeiten nur noch Zuchthaus, während sie vor 1775 mit dem Tod durch Erschießen geahndet worden war. Drei- bis viertausend Desertionen pro Jahr scheinen damals keine beunruhigend hohe Zahl gewesen zu sein.

Auf das äußere Erscheinungsbild des Soldaten wurde fortan äußerste Sorgfalt gelegt. Sein Haar wurde »mit Kleister oder Wasser« in Form gebracht und gepudert. Ein Infanterist mußte 1776 seine Haare ordentlich zusammengebunden und in einem Haarbeutel, dem sogenannten *crapaud*, tragen. Der Ehrgeiz seines stolzen Rivalen, des Kavalleristen, bestand darin, sein im Nacken zusammengebundenes Haar nötigenfalls noch künstlich zu verlängern. Dabei benutzte er entweder falsche Haare oder eine mit Kleie gefüllte Aalhaut. Die Uniform wurde peinlich genau in Ordnung gehalten. Sie war schmal, beinahe zu knapp geschnitten und wirkte nahezu preußisch. Es gab manche Regimenter, bei denen die Soldaten beständig damit beschäftigt waren, ihre Kleidung zu reinigen und ihre Wäsche zu bleichen. Schließlich kam es so weit, daß die Kommandanten nicht mehr wegen der soldatischen Fähigkeiten ihrer Männer gelobt wurden, sondern dafür, wie ansehnlich sich ihre »hübschen Soldaten« in der Parade ausnahmen.[54]

Diese neuen Gewohnheiten schlossen jedoch Strenge nicht aus. Der Comte de Saint-Germain hatte in Frankreich nach preußischem Vorbild die Prügelstrafe mit dem flachen Säbel eingeführt. Damals zirkulierte ein Flugblatt mit der Überschrift »Gesuch der französischen Soldaten an die Königin«, in dem es hieß: »Unser ersticktes Seufzen ist nicht länger zurückzuhalten; wir murren nicht, sondern wagen es, uns zu beschweren.«[55] Die Disziplin war sehr viel strenger als noch in der Armee Ludwigs XV. Nicht selten wurde in den Kasernen sechsmal täglich zum Appell geblasen. Die Exerzierübungen waren vervielfacht worden, und man hielt häufig Manöver ab. Aber auch wenn man all diese Tätigkeiten zusammenrechnete, blieben die beschäftigungslosen Zeiten doch das Hauptproblem in jeder Garnison. Es gibt eine ebenso einfache wie aufschlußreiche Rechnung: nimmt man zu den sieben Stunden Schlaf noch drei weitere für Pausen und Mahlzeiten hinzu und weitere vier für Exerzierübungen, so blieben zehn Stunden pro Tag übrig, die nicht ausgefüllt waren. Die fehlende Beschäftigung und das Gefühl der Nutzlosigkeit in einer bewaffneten Truppe, die keine wirklichen Aufgaben hatte, waren damals nicht nur literarische Themen, sondern die von den Soldaten erlebte Realität. Ungefähr um das Jahr 1777, als die Härte der Reformmaßnahmen schon wieder etwas abgemildert worden war, kam es in den Garnisonen zum erstenmal (zumindest bei den einfachen Soldaten) zu Fällen von Selbstmord.[56]

Was war gegen den Trübsinn zu tun; wie konnte man die Langeweile vertreiben? Der Autor des *Soldat citoyen* (»Der Bürgersoldat«), Joseph Servan de Gerbey, empfahl 1781 die Umwandlung des Militärdienstes in einen Zivildienst, der sich bei unzähligen öffentlichen Aufgaben nützlich machen könnte.[57] Im Jahre 1788 machte der Kriegsminister de Brienne dem Verwaltungsintendanten von Tours den Vorschlag, dem Regiment »Anjou« große Gärten zur Verfügung zu stellen, um den unbeschäftigten Soldaten mit Gemüseanbau eine sinnvolle Arbeit zu verschaffen.[58] Der Friede untergrub jedoch weiterhin die Moral der Truppe und hatte, so gesehen, eine verheerende Wirkung. Als die französischen Soldaten 1792 endlich wieder in den Kampf ziehen konnten, beflügelte sie dabei – neben ihren patriotischen Gefühlen – auch der freudige Gedanke, der Nation endlich wieder von Nutzen sein zu können, und – nicht zu vergessen – die Hoffnung auf bis dahin eher ungewisse Beförderungen. Neben den höheren Gefühlen behaupten auch immer die bescheideneren Alltagssorgen der Menschen ihren Platz.

Das Schicksal der ehemaligen Soldaten

Es gab etwa 30 000 wirkliche Invaliden, Überlebende der Kriege Ludwigs XV. und Verwundete aus den militärischen Unternehmungen Ludwigs XVI. in Übersee. Das königliche Hôtel des Invalides in Paris reichte trotz seiner außergewöhnlichen Größe keineswegs aus, sie alle aufzunehmen. Eine der interessantesten Reformen Ludwigs XVI. bestand daher in der Einrichtung sogenannter *compagnies détachées*, Kompanien aus invaliden Unteroffizieren, Kanonieren und Füsilieren, die in verschiedene Festungen und Provinzstädte abkommandiert wurden. Die armen Kerle hatten auf diese Weise das Gefühl, Frankreich immer noch dienen zu können. Das war jedenfalls besser, als mit halbem Sold untätig sein Leben zu fristen.

Es blieb noch das Versorgungsproblem der einfachen Soldaten. Erstaunlicherweise hatten sie sich – wie auch immer ihr persönliches Schicksal verlaufen war – den Stolz darauf bewahrt, unter der Fahne des Königs gedient zu haben. Selbst wenn ihnen das Leben im Felde und in den Kasernen zu ihren Dienstzeiten allzu streng oder monoton vorgekommen war, selbst wenn sie den Dienst bei der aktiven Armee nicht verlängert hatten (er betrug im Durchschnitt acht Jahre), so schienen sie nachträglich doch eine Art Heimweh für das Leben beim Militär entwickelt zu haben, ein Gefühl, das sowohl von den einzelnen Soldaten als auch von ihnen gemeinsam als Gruppe empfunden wurde. In Saint-Étienne hatte sich sogar eine Vereinigung ehemaliger Soldaten gebildet, die Bruderschaft Saint-Louis, die bis 1787 aktiv bestand. Sie nahm keine Deserteure auf, sonst aber jeden, der seinen Entlassungsschein vorweisen, drei Francs Beitrittsgebühr und einen Jahresbeitrag von zwölf Sous zahlen konnte. Unteroffiziere wurden zwar nicht abgewiesen, aber die Mehrheit der sechzig Mitglieder waren einfache Soldaten ohne militärischen Rang.

Die Soldatenbruderschaft war ähnlich organisiert wie eine Handwerkerzunft. Sie wurde von vier gewählten Vorstehern (*marguilliers*) und vier gewählten Aufsichtsführenden (*surveillants*) geleitet. Letztere kümmerten sich vor allem um Fürsorge- und Unterstützungsmaßnahmen, denn die ehemaligen Soldaten waren arm. Zu Zeiten des Kriegsministers Choiseul musterte die Armee pro Jahr etwa 6000 Männer aus, aber immer nur einer von zwölf entlassenen Soldaten konnte auf eine Pension in Höhe des halben Soldes hoffen, und selbst das bedeutete schon einen großen Fortschritt. Um in den Genuß dieses halben Soldes zu kommen – er betrug pro Tag drei Sous und vier Deniers, ein Handlanger verdiente dagegen etwa zwanzig Sous –, mußte ein Soldat sechzehn Jahre gedient haben. Nach ihrem Abschied wurden einige Glückliche Jagd- oder Steueraufseher oder gingen zur berittenen Polizei (*maréchaussée*). Die übrigen fristeten mühsam ihr Leben, immer auf der Suche nach kleinen Gelegenheitsarbeiten. Alle lebten sie mehr schlecht als recht. Die Mitgliedsbeiträge und der Erlös aus Sammlungen und Spenden wurden von der Soldatenbruderschaft in Saint-Étienne als Rücklage für die Unterstützung der Ärmsten genutzt. Wie die Diakone der Urkirche besuchten auch die *surveillants* die kranken Mitglieder ihrer Bruderschaft.

Eine Genugtuung für diese armen, häufig invaliden Männer waren ihre immer wieder stattfindenden Militärparaden. Denn noch der allerärmste Soldat hatte nicht nur ein Anrecht, auf Staatskosten beigesetzt zu werden, sondern er wurde auch mit militärähnlichen Ehren zu Grabe getragen. Ferner war jedes Jahr am 25. August – *la Saint-Louis* – der große Festtag der Soldaten. Alle Mitglieder der Bruderschaft legten ihre Uniform an, die ehemaligen Füsiliere und Grenadiere gruppierten sich kompanieweise und trugen stolz ihre Waffen. Am Vorabend hatten die Soldaten vor den staunenden Zuschauern eine Exerzierübung abgehalten und am Vespergottesdienst teilgenommen, dann waren sie in einer Prozession durch die Stadt gezogen und hatten Böllerschüsse abgegeben. War dann der große Tag selbst gekommen, ließen die Mitglieder der Bruderschaft morgens um neun Uhr ihre Fahne durch den Pfarrer von Notre-Dame weihen, absolvierten noch einmal eine Exerzierübung, zogen durch die Stadt und nahmen anschließend an einem feierlichen Hochamt teil. Am Nachmittag folgte wieder ein Vespergottesdienst, der Sakramentssegen und ein Seelenamt für die Verstorbenen. Unterbrochen wurden die kirchlichen Handlungen jeweils von militärischen Demonstrationen wie Schaukämpfen, dem Exerzieren mit Waffen und dem Abfeuern von Böllern. Zu allen Zeiten und in allen Ländern war es der Traum des Soldaten, die Zivilbevölkerung zu beeindrucken, und die naiv-unschuldige Freude daran mag einer der psychologischen Gründe für die Kraft und Kampfbereitschaft von Armeen sein.

Achtes Kapitel

Städtebilder

> Wenn die Bewohner von Saint-Malo abends alle
> mit demselben Schlüssel in ihrer Stadt einge-
> schlossen wurden, so bildeten sie eine einzige Fa-
> milie. Die Lebensgewohnheiten waren so un-
> schuldig, daß junge Frauen, die sich Bänder und
> Musseline aus Paris kommen ließen, als mondän
> galten und von ihren erschreckten Geschlechts-
> genossinnen gemieden wurden.
>
> CHATEAUBRIAND

> Sobald auf dem Lande ein Mann zuviel ist, geht
> er in die Stadt und wird Arbeiter, Handwerker,
> Fabrikant oder Händler.   MESSANCE

Schon Tocqueville hat festgestellt, daß »in Frankreich, vor allen anderen Ländern Europas, die Hauptstadt bereits das größte Übergewicht
über die Provinzen erlangt hatte und alle Macht für sich in Anspruch
nahm.«[1] Er wollte damit jedoch nicht sagen, daß die Bedeutung der
Provinzstädte zu unterschätzen sei. In Paris wurden zwar die neuen
Ansichten und Ideen geboren, es bedurfte jedoch der Provinz, sie aufzunehmen, weiterzuverbreiten und populär zu machen. Kluge Reisende – wie Kaiser Joseph II. von Österreich oder der englische Agronom Arthur Young – haben ihr Urteil über Frankreich niemals nur auf
ihre in Versailles und Paris gewonnenen Eindrücke gestützt, sondern,
um wirklich den Pulsschlag des Reiches spüren zu können, ganz Frankreich bereist und zahlreiche Provinzstädte besucht. Es gab kein anderes
Mittel für eine fundierte Urteilsbildung. Auch zwei Jahrhunderte später
wollen wir uns in diesem Kapitel an diese Regel halten.

Unbequemes Reisen

Das Straßennetz zur Zeit Ludwigs XVI. war den Bemühungen seines
Vorgängers zu danken und entsprach in etwa den späteren Eisenbahn-
linien: alle Verkehrsverbindungen gingen von Paris aus und führten
dorthin zurück. Der *Almanach royal* des Jahres 1787 gab die genauen
Fahrpläne und Fahrpreise für Personen- und Gepäckbeförderung an.

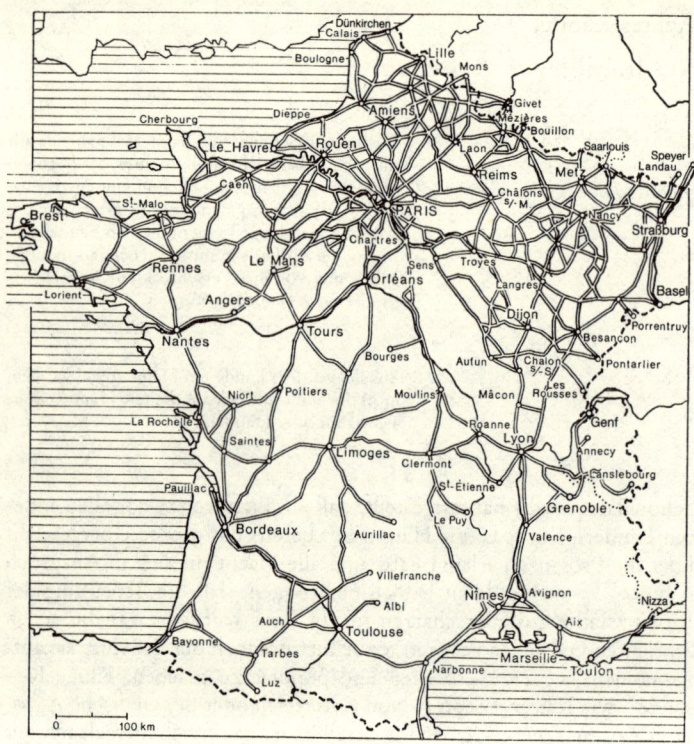

Poststraßen in Frankreich Ende des 18. Jahrhunderts

Für eine zurückgelegte Meile zahlte der Reisende in der Schnellpost (*diligence*) 16 Sous, in normalen Postkutschen (*cabriolet* oder *carosse*) 10 Sous und auf einfachen gedeckten Fuhrwerken (*paniers* oder *fourgons*) 6 Sous. Gepäckstücke kosteten bis zu 10 Meilen 6 Deniers pro Pfund, von 10 bis 15 Meilen 9 Deniers, und alle weiteren 5 Meilen kosteten jeweils 3 Deniers zusätzlich. Es wurden jedoch Sondertarife angeboten »für den Transport von Gepäckstücken, indem pro kleine Tagesreise abgerechnet wurde, und für den Transport von Geld.«[2]
Die Schnellpost von Amiens verließ Paris jeden Dienstag um zwölf Uhr mittags, Mittwoch morgens um acht Uhr erreichte sie ihr Reiseziel; pro Woche waren zwei Hin- und Rückreisen möglich. Von Paris nach

Bordeaux mußte man mit der Schnellpost fünfeinhalb Tage rechnen; sie verkehrte in jeder Richtung viermal pro Woche. Im Winter wurde zusätzlich noch ein langsames Fuhrwerk eingesetzt, das für die Hin- und Rückreise einen ganzen Monat benötigte. Die normale Postkutsche nach Clermont-Ferrand fuhr jeden Donnerstag um fünf Uhr morgens in Paris ab und brauchte für die Strecke eine Woche. Die Schnellpost nach Rouen verließ die Hauptstadt täglich um zwölf Uhr mittags und traf am nächsten Tag um neun Uhr morgens dort ein. Die Hauptverbindungen nach Paris waren also sichergestellt, wenngleich unterschiedlich schnell und unterschiedlich häufig. Viele kleine Städte besaßen Anschlußverbindungen mit der Normal- oder Schnellpost.

Der Staat hatte zwar die »königlichen Postdienste« verpachtet, sich jedoch die Kontrolle über die Preise vorbehalten, um Auswüchse zu verhindern. Ein Ratsbeschluß vom 8. Oktober 1785 setzte zum Beispiel die Kosten für die Reise mit der Schnellpost von Paris nach Lyon fest. Danach kostete ein Platz im Innern der Kutsche einschließlich Verpflegung 114 Francs; ein Sitz auf dem Wagendeck ohne Verpflegung dagegen nur 50 Francs. Jeder Reisende durfte seinen Gepäcksack, sofern dieser nicht mehr als 10 Pfund wog, umsonst mitnehmen.[3]

Seit dem Regierungsantritt Ludwigs XVI. war ein eindeutiger Fortschritt zu bemerken, zumindest was die Reisegeschwindigkeiten betraf. Noch 1775 schüttelte die sechsspännige Postkutsche von Angers nach Paris einen Reisenden siebeneinhalb Tage lang durch. Die Reise kostete ihn einschließlich Verpflegung 54 Francs.[4] Zwölf Jahre später gab es zwischen den beiden Städten wöchentlich zwei Schnellpostverbindungen, und es verkehrte zusätzlich ein gedecktes Fuhrwerk. Bestieg man am Mittwochabend um neun Uhr in der Rue Notre-Dame-des-Victoires die Schnellpost, so konnte man schon am Samstagabend gegen sechs Uhr in Angers sein.[5] Es ist allerdings unsicher, ob die Bequemlichkeit beim Reisen im gleichen Verhältnis zunahm. Die Schnellpost Rouen – Paris, mit der Richard-Lenoir im Jahre 1784 die Reise unternahm, hinterließ bei ihm jedenfalls eine denkbar schlechte Erinnerung. »Ein schwerer Kasten«, so schreibt er, »war mit starken Riemen aus ungarischem Leder auf primitive Weise am Rahmen des Fahrgestells aufgehängt. Das Gewicht der Gepäckstücke und das Stoßen und Schütteln auf den sehr schlechten Straßen leierte das Leder bei dieser mühseligen Fahrerei mehr und mehr aus. Mehrmals am Tag mußten die Reisenden aussteigen; mit Hilfe einer Wagenwinde wurde der Kasten angehoben, und die Riemen mußten wieder angezogen werden. Diese Operation dauerte oft eine halbe Stunde und wurde fünf- bis sechsmal wiederholt«; auf diese Weise war man 48 Stunden unterwegs. Im Jahre 1787 brauchte man für dieselbe Strecke nur noch 21 Stunden.[6]

Die Baronin von Oberkirch begleitete den inkognito reisenden Kaiser Joseph II. und seine Gemahlin durch Frankreich. Da der Kaiser sich über alles informieren wollte, speisten und nächtigten sie in einfachen Gasthäusern. Die Baronin spricht sich sehr zurückhaltend über die unterwegs gebotenen Mahlzeiten und Bequemlichkeiten aus. In der Bretagne etwa wurde ihr nur in Rennes »ein ausgezeichnetes Abendessen« geboten. Überall sonst war sie unzufrieden: »In diesem Land gibt es alles zu essen, aber es ist so schlecht zubereitet, und alles ist so schmutzig, daß man kaum etwas essen mag.« »Die Widerwärtigkeiten«, die sie in der Normandie beklagt, waren anscheinend mit den Zuständen in der Bretagne vergleichbar. »Dieses Vagabundenleben wäre angenehm gewesen«, schreibt sie in Rouen, »hätte man nur die Gewähr gehabt, jeden Abend ein gutes Bett vorzufinden.«

Im Süden Frankreichs ließ es sich auch nicht komfortabler reisen. Der Chevalier de Fonville, im Dienst der Steuerverwaltung und von Amts wegen in den achtziger Jahren viel in der Provence und im Languedoc unterwegs, erzählt, daß er die Herbergen – schmutzige Orte, in denen zweifelhafte Leute verkehrten – gemieden und »einfach in den Schlössern und Pfarrhäusern um Gastfreundschaft« gebeten habe.[7] Die Stadt, die den Reisenden nach all den Unannehmlichkeiten auf holprigen Straßen gastfreundlich aufnahm, sorgte rasch für die notwendige Entspannung, an der es dem Pariser oder dem Höfling aus Versailles sonst mangelte. Er mußte sich nur noch einfangen lassen vom Charme einer gemächlicheren Lebensweise und, weder von oben herab noch mit innerer Reserve, mit Interesse am Leben der Provinzbewohner teilnehmen.

Der Lebensrhythmus in der Provinz

Bis in das Jahr 1788 hinein war das Leben in der Provinz ruhig und friedlich. Schon eine Meile von Versailles entfernt oder zwei Meilen von Paris begann die Provinz. Von daher schien Marseille wirklich am Ende der Welt zu liegen und war Rennes ein »abgelegener Ort«.[8] Das hinderte aber die großen Provinzstädte nicht daran, alles, was in der Hauptstadt vor sich ging, mit Interesse zu verfolgen. Aix-en-Provence, das der Präsident de Brosses »die schönste Stadt Frankreichs nach Paris«

nannte,[9] war nicht nur Sitz des Militärgouverneurs und des Verwaltungsintendanten, sondern auch der hohen Gerichtshöfe. Hinzu kamen ein zahlreich vertretener Adel und englische Reisende, die gemeinsam für ein reges gesellschaftliches Leben in der Stadt sorgten. Zeugnis davon geben auch die *Affiches de Provence*, in deren Anzeigen beständig nach Hauslehrern, Köchen, Kutschern, Zimmermädchen und Lakaien gesucht wurde. Prächtige Sänften wurden dort feilgeboten und Kutschen »mit Spiegeln und Scheiben aus böhmischem Glas, monochromen Malereien, vergoldeten Leisten und Verzierungen«. Die elegante Welt kaufte Spitzen und Halstücher aus Indien, Hemden aus holländischem Leinen und Kleider mit Borten und Spitzen. Die Schönen trugen im Jahre 1777 ebenso hochaufgetürmte Frisuren wie die Damen in Paris: Hauben *à hérisson* (Igel), helmartige Hüte *à la Pallas* (Athene), »mit einem Kranz aus Olivenzweigen, geschmückt mit weißen Federn und gekrönt von einem täuschend echten schwarzen Adler« mit Flügeln aus Gaze.[10] Im übrigen verstärkten nach und nach auch noch die gelehrten Gesellschaften, Akademien und Logen den Einfluß der Hauptstadt.

Die großen Städte bewahrten jedoch eine provinzielle Solidität, die von den wechselnden Moden nur oberflächlich verdeckt wurde. Lebensgewohnheiten und Mentalitäten verbanden die Bewohner einer Stadt fest miteinander, und zwar unabhängig von ihrer Einwohnerzahl oder Größe. Überall hatte die Geselligkeit nicht nur einen stetigeren Charakter als in Paris, sondern sie war auch herzlicher und anspruchsvoller. In Paris konnte es jemandem durchaus gelingen, als echter Einsiedler am Ufer der Seine zu leben; in der Provinz hingegen war es unmöglich, seine Mitmenschen zu vernachlässigen. »Man kommt nicht umhin«, heißt es im »La Salle«, »von Zeit zu Zeit Besuche zu machen und selbst zu empfangen, will man als achtbarer Mensch in der Gesellschaft leben; es ist dies eine Verpflichtung, die der Anstand gebietet.« In den Provinzstädten war die Gewohnheit, sich gegenseitig Besuche zu machen, ganz besonders verbreitet. Sehr beliebt war dafür der Neujahrstag, trotz aller spöttischen Bemerkungen einiger aufgeklärter Journalisten. Einer kommentierte zum Beispiel: »Für diesen Tag scheint man sich eine merkwürdige Anstandsregel ausgedacht zu haben, nämlich überall auf den Straßen blindlings mit Leuten Begrüßungen und herzliche Umarmungen auszutauschen, ganz gleich, ob man sie nun schätzt oder verachtet.« In den *Affiches de Provence* wurde folgender ironischer Text veröffentlicht: »Eine Dame, die im Begriff steht, ihren Wohnsitz in Aix zu nehmen, hat sich an mehrere Einwohner mit der Frage gewandt, was in dieser Stadt bei Neuankömmlingen üblich sei: ob man selbst den ersten Besuch mache oder darauf warte, ihn zu empfangen. Sie erhielt daraufhin nur widersprüchliche Antworten. Sie möchte nun gern wissen, wie sie es damit halten soll, und bittet die Leser, diese Frage mit Hilfe unserer Zeitung zu entscheiden.«[11] Da die Leser der *Affiches* die Frage mit vornehmem Schweigen beantworteten, werden die Neuankömmlinge in der Stadt wohl auch weiterhin als erste ihre Anstandsbesuche abgestattet haben ...

Im französischen Süden hingen Geselligkeit und Frömmigkeit eng zusammen und ließen eine Fülle von Bruderschaften entstehen. In Bargemon gab es zwölf davon; die beiden wichtigsten waren die Confrérie du Saint-Sacrement (Abendmahlsbruderschaft) und die Confrérie du Rosaire (Rosenkranzbruderschaft). In Vence waren vierzehn Bruderschaften ansässig, sieben von ihnen besaßen ihre eigene Kapelle in der Kathedrale.[12] Denn die Provinz war nicht anfällig für den Bazillus der Aufklärung. Die Frau eines Richters aus Le Mans, Madame de Chassillé, legte ihrem Enkel, dem jungen Tilly, immer wieder ans Herz: »Was Monsieur de Voltaire angeht, so wähle lieber den Tod als die Lektüre seiner Werke!« In den Augen der alten Dame waren sogar noch Corneille und Racine gefährlich. Dennoch war sie keine dumme Frau. Alexandre de Tilly spricht ihr in seinen Lebenserinnerungen einen überlegenen Verstand zu, der jedoch »von provinzieller Frömmigkeit« – er nennt sie Bigotterie – getrübt gewesen sei.

Volksvergnügungen

Es gab keine Stadt, in der man nicht gern Feste feierte; in der Naivität ihrer Vergnügungen standen die Städter den Dorfbewohnern in nichts nach. Wurde ein Volksfest begangen, dann begeisterten sich die einfachen Leute von Paris genauso über »Feuerwerksraketen, üppiges Essen und Trinken, die grelle Musik der Musikanten auf den Gauklerbühnen, die festlichen Illuminationen« und das Glockengeläut wie ihre Landsleute in der Provinz.[13] Als der Bruder des Königs, der Comte de Provence, am 30. Juni 1777 in Aix einzog, bedeutete dieser Tag einen Höhepunkt für die Handwerksgilden. Achtzig Kaufleute, angeführt von ihren gewählten Repräsentanten, ritten in Uniform als Ehrengarde für den Prinzen vorneweg, die Spezereiwarenhändler bildeten eine Kompanie zu Fuß. Zwölf Trommler und acht Tänzer gingen der Kutsche von Monsieur unmittelbar voran.[14] In Draguignan feierte man jedes Jahr laut und fröhlich den Schutzpatron der Stadt. Bei der gesamten Bevölkerung herrschte der gleiche Jubel. Die kirchliche Prozession wurde völlig in den Schatten gestellt von der *bravade*, der sie unter ständigen Salvenschüssen begleitenden militärischen Eskorte. Das Bild des Drachens, von dem der heilige Hermentaire einst die Bewohner befreit haben soll, wurde in der ganzen Stadt herumgetragen; im Anschluß daran fanden ein großes Festessen und ein Feuerwerk statt.[15]

Neben katholischen, nationalen, königlichen und städtischen Festen boten sich noch vielerlei andere Gelegenheiten zum Feiern. So organisierten etwa die Notabeln von Aubenas ein Fest zu Ehren von Charles de Vogüé, dem Grundherrn der Stadt, den der König gerade mit dem Heilig-Geist-Orden ausgezeichnet hatte. Am 26. Februar 1778 drangen um vier Uhr nachmittags zwei- bis dreihundert Leute in das Schloß ein, um die Marquise zu beglückwünschen, während sich gleichzeitig auf dem Platz davor eine Kompanie Bürgerlicher in Grenadieruniform mit Trommeln und Trompeten aufstellte. Bei Sonnenuntergang zogen alle gemeinsam in festlichem Zug zum Rathaus, die Grenadiere mit ihrem Fanfarenkorps vorneweg, gefolgt von der Familie Vogüé, den Gästen und den übrigen Bürgern in Uniform. Die Menge stand Spalier; alle Fenster zur Hauptstraße waren illuminiert. Zweihundert Lampions beleuchteten einen Triumphbogen mit der Inschrift »À l'immortalité!« (»Für die Unsterblichkeit!«). Im Rathaus fand, von Kanonenschüssen untermalt, ein »sehr fröhliches« Bankett für zweihundert Personen statt. Man trank auf den Helden des Festes. Gedichte wurden zu seinem Lobpreis verlesen, und der anschließende Ball dauerte »mit anhaltender Begeisterung« bis acht Uhr morgens.[16] Alle Bewohner der Stadt hatten ihren Teil zu diesem Fest beigetragen: die Adligen hatten für die Kosten zusammengelegt, die Bürger sich als Soldaten verkleidet und das einfache Volk »den öffentlichen Jubel« beigesteuert.

Die Städte boten neben diesen großen Festen die üblichen Vergnügungen: sonntags ging man zum Tanz, fast täglich in die Kneipe. Dort wurde getrunken, diskutiert und die Welt verbessert, auch gespielt; denn die Kneipe war gelegentlich auch eine geheime Spielhölle. Um die Gelegenheiten zu Unfrieden und nächtlichem Lärm einzuschränken, versuchten die Behörden, die Öffnungszeiten der Schenken zu kontrollieren. In Grasse schrieb eine Verordnung aus dem Jahre 1788 Gastwirten und Kneipenbesitzern vor, im Winter abends um neun Uhr und im Sommer um zehn Uhr zu schließen.[17] Die Kneipen blieben jedoch »bevorzugte Orte der Kriminalität«[18], auch wenn ein in ihren Mauern begonnener Streit – wie in Falaise geschehen – oft erst auf offener Straße

sein Ende fand. An jenem 1. Februar 1783, einem Samstag, hatte sich
Thomas Bisson, ein Dragoner auf Urlaub, in die Stadt begeben, um die
Klinge seines Säbels auswechseln zu lassen. Ein gewisser Briant, Kavallerist im Garderegiment »Roussillon«, erledigte den Auftrag. Um sich
bei ihm zu bedanken, lud Bisson ihn in das Gasthaus »Aux trois rois«
ein, wo sie in Gesellschaft eines dritten Burschen, des Soldaten Cardou-
ville, zahlreiche Schnäpse tranken. Bald aber beobachteten die anderen
Gäste (ein Straßenarbeiter, ein Perückenmachergeselle und ein Lehrling), wie ein Streit ausbrach. Der Kavallerist wollte seine Klinge wie-
derhaben, da er sich für schlecht bezahlt hielt, und der Dragoner weigerte sich. Daraufhin verließen die drei Soldaten das Lokal, in das Briant
aber schon nach kurzer Zeit mit blutigen Händen zurückkehrte, während der von einem Säbelhieb tödlich in die Lunge getroffene Bisson
nun Zeit hatte, seinen Rausch für immer auszuschlafen.[19]
Adlige und Bürgerliche konnten wählen zwischen seriösen Lesekabi-
netten, den Versuchungen des Glücksspiels und dem ungezwungenen
Treiben in den Ausflugslokalen. Aber alle begeisterten sich für das
Theater. Nie zuvor wurden so viele und so schöne Theater gebaut: 1774
bis 1776 in Rouen, 1778 in Amiens, 1782 in Vienne, 1785 in Montpellier, 1786 in Nîmes. Die bedeutendsten Theaterbauten waren die von
Besançon – 1775 von Ledoux errichtet – und von Bordeaux, ein Meisterwerk des Architekten Victor Louis, das in den Jahren 1774 bis 1780
entstand. Nie zuvor auch hatte sich das französische Publikum in diesem Ausmaß für Theateraufführungen begeistert. Zur selben Zeit, als in
Paris der Krieg zwischen den Anhängern Glucks und Piccinis herrschte,
standen sich in Aix die *desbruyériens* und die *cressentins* – Anhänger
zweier rivalisierender Schauspielerinnen – feindlich gegenüber.[20] Und
der Prince de Ligne gab zu: »Vielleicht bin ich der unschuldige Anlaß
der Massaker von Lyon, weil ich dort Collot d'Herbois, einen schlechten Schauspieler, auspfeifen ließ, der einen guten mit Namen Chevalier
unterdrückte, welcher unter meinem Schutz stand.«[21]
In Niort hatte es der reiche Bürger und Forstmeister Antoine Piet-
Berton geschafft, sogar den Adel aus seiner vornehmen Zurückhaltung
zu locken und ihn mitsamt den übrigen Mitgliedern der guten Gesellschaft auf seinen Festen zu versammeln, und zwar dank der Qualität der
Unterhaltung, die ihnen dort geboten wurde. Er hatte sich den vergnüglichen Titel »König des Schlaraffenlandes, Oberintendant der Freuden
und Organisator von Festen auf Cythera« zugelegt. Zusammen mit
seiner Frau, der »liebenswürdigen *Javotte*« (»Plaudertasche«), veranstaltete er in den Jahren 1775 bis 1785 in der Stadt festliche Abende »der

galantesten, einfallsreichsten und glänzendsten Art, die in der Provinz nicht ihresgleichen hatten.« Dichter besangen dort die Grazien. Dutzende von Tänzern führten Ballette auf. Schäferinnen und »Inder aus Tahiti« schienen einzig zum Vergnügen der Zuschauer wie aus dem Boden gezaubert. Jedes Fest endete mit einem Feuerwerk. Wenn dieser geborene Organisator zu ganz großen Festen in seinen Park in das einige Meilen von Niort entfernte »La Charrière« einlud, drängten sich dort bis zu 6000 Gäste.[22] Neben solchen Menschenmassen nahm sich die Volksmenge geradezu spärlich aus, die sich jeden Tag in Niort beim großen *Jeu de paume* traf, um dort zu spielen, zuzuschauen, die Offiziere der Garnison zu treffen und zu jeder Tageszeit erfrischende Getränke zu sich zu nehmen.

Städtische Verwaltungseinrichtungen

Die Wirtschaftskraft und Einwohnerzahl einer Stadt sind für uns heute für ihre Beurteilung maßgebend. Diese moderne Betrachtungsweise gab es auch schon zur Zeit Ludwigs XVI. für Städte wie Lyon, das mit 140000 Einwohnern ein bedeutender Handelsplatz und ein großes Industriezentrum war, oder für Bordeaux, das mit 110000 Einwohnern damals als »großes Emporium[23] und wirkliche Drehscheibe des internationalen Großhandels« galt,[24] sowie für Marseille und Rouen, die mit 110000 bzw. 80000 Einwohnern bedeutende und rege Hafenstädte waren. Es gab daneben aber auch Städte mit geringerer Einwohnerzahl, die aufgrund ihrer verwaltungstechnischen Bedeutung den erwähnten Großstädten durchaus vergleichbar waren. Das galt zum Beispiel für Châlons-sur-Marne, das nicht nur Bischofssitz und Sitz des Provinzintendanten war, sondern wo sich auch die Finanzverwaltung, ein Steuergericht (*élection*), ein Oberforstmeisteramt (*grande maîtrise des eaux et forêts*), ein Oberlandesgericht (*présidial*) und ein Amtsgericht (*bailliage*) sowie eine Landpolizeidirektion (*prévôté générale de maréchaussée*) befanden. Die um die Mitte des Jahrhunderts gegründete örtliche Lesegesellschaft war durch königliches Dekret vom 16. März 1775 in den Rang einer Akademie der Wissenschaften, Künste, Dichtung und Rhetorik erhoben worden.[25] Und schließlich besaß die Stadt ein Gymnasium und eine Freimaurerloge.
Im Ancien Régime besaßen Städte wie Toulouse, Dijon, Rennes oder Grenoble größte Bedeutung. Sie waren nicht nur Sitz eines Parlamentsgerichts, sondern auch einer Rechnungskammer (*chambre des comptes*),

eines Obersteuergerichts (*cour des aides*) und, während der zeitweiligen
Aufhebung der Parlamentsgerichte unter Ludwig XV., eines *Conseil
supérieur* (d. h. eines Obersten Gerichtshofs, der anders als ein Parlamentsgericht keine politischen Befugnisse mehr besaß). Waren diese
Städte zugleich auch noch Provinzhauptstädte, erhöhte sich ihr Ansehen noch einmal, und die in ihnen versammelten Verwaltungseinrichtungen schienen geradezu lawinenartig anzuwachsen. Rouen war zum
Beispiel Sitz eines Parlamentsgerichts, eines Rechnungshofes, einer
Finanzverwaltung, eines Oberlandesgerichts und eines Erzbistums.
Hier residierten der Provinzgouverneur, sein Polizeichef und der Ver-
waltungsintendant dieses Steuerbezirks. Es gab außerdem ein Steuergericht, eine Münze (*Hôtel des monnaies*), ein Admiralitätsgericht (*table
de marbre*) und eine Forstverwaltung. Die Stadt entsandte ferner Abgeordnete in die nationale Handelskammer nach Marseille. Als Städte
zweiter Ordnung galten diejenigen, denen höhere Gerichtshöfe fehlten,
die aber dafür eine Finanzverwaltung oder ein Oberlandesgericht besaßen. In Burgund waren dies Autun, Auxerre, Bourg-en-Bresse, Cha-
lon-sur-Saône, Châtillon, Mâcon und Semur. In diesen mittelgroßen
Städten befanden sich neben den Oberlandesgerichten noch andere Einrichtungen: Auxerre besaß einen Bischofssitz, ein Steuergericht, eine
Akademie und eine Militärschule; Chalon und Mâcon einen Bischofssitz, ein Steuergericht und eine Forstverwaltung.
Den untersten Rang nahmen jene Dutzende von kleinen Städten ein,
deren Einwohnerzahl zwischen 1000 und 10 000 lag und die unter dem
Oberbegriff *bailliage* (etwa: Amtsbezirk) im Jahre 1789 die Wahlbe-
zirke der Generalstände bildeten. Jede einzelne von ihnen war ein lokaler oder regionaler Handelsplatz, wo an Jahrmarkt- oder Markttagen
reges Leben herrschte. Mehr jedoch als der Handel prägten die Verwaltungseinrichtungen das Bild eines Ortes und bestimmten letztlich, ob
ein Ort eine Stadt oder nur ein einfacher Marktflecken war. Schon das
unterste Gericht und die kleinste Verwaltungseinrichtung trugen dazu
bei, eine Ortschaft in den Rang einer Stadt zu erheben und die Einwohnerzahl anwachsen zu lassen; denn die umliegenden Landbewohner
wurden – für begrenzte Zeit oder für immer – von der Stadt angezogen.
Jedes Gericht hatte seine Richter, seinen Gerichtsschreiber, seine
Gerichtsdiener, seine Advokaten, seine Staatsanwälte und Kanzlisten.
Diese kleine Welt unterhielt natürlich auch das entsprechende Personal.
Hinzu kamen die streitenden Parteien. Sie reisten in die Stadt, um dort
einige Zeit zu verbringen, galt es doch, die Richter günstig zu stimmen, die eigenen Anwälte anzuspornen und die Staatsanwälte zu

*Lyon (Ausschnitt aus einer aquarellierten Zeichnung
von Jean-Jacques de Boissieu, 1785)*

bezahlen. Aus alldem zogen die Kaufleute und Gastwirte des Ortes tüchtig Profit. Beschloß dann der König noch, die Stadt zum Standort eines Regiments zu machen, so verdoppelte sich ihre Bedeutung. Die Gasthäuser vervielfachten sich, die Geschäfte wurden größer. Gab es bis dahin noch keine Freimaurerloge, wurde spätestens jetzt eine gegründet. Man brauchte jetzt einen Club, ein oder mehrere Lesekabinette, ein größeres Angebot an Musik, Theater, Bällen und Landpartien. Man darf das Leben in der Provinz, so wie es sich 1788 darstellte, keineswegs nur nach Beschreibungen des 19. Jahrhunderts beurteilen. Das Leben des Städtchens Valognes in der Normandie etwa war zur Zeit Ludwigs XVI. angeregt und lebendig und unterschied sich beträchtlich von dem Bild wohlanständiger Lethargie, das Barbey d'Aurevilly in dem berühmten Prolog seines Romans *Le Chevalier des Touches* (1864) davon entworfen hat.

Eine Sitzungsperiode der Provinzialstände

In allen Provinzen mit Provinzialständen (*pays d'état*) waren diese das Herzstück der regionalen Verwaltung und ihrer Institutionen. Sie gaben Städten wie Montpellier oder Rennes das Gesicht von Hauptstädten. Montpellier hatte für die Sitzungen der Provinzialstände im Rathaus einen eigens dafür vorgesehenen prächtigen Saal, mit großen Fenstern und ausgeschmückt mit Gobelins. Der Erzbischof von Narbonne hatte kraft seines Amtes den Vorsitz und präsidierte unter einem mit seinem Wappen geschmückten Baldachin. Zu seiner Rechten saßen die 22 Bischöfe, zu seiner Linken die 24 Barone des Languedoc. Ein großer Tisch mit blauer Decke trennte sie von den Vertretern des dritten Standes. An diesem Tisch saßen die Bevollmächtigten des Königs (*les commissaires*) – der Provinzgouverneur und der Provinzintendant – sowie die gewählten Vertreter der Gemeinden und die Finanz- und Verwaltungsbeamten der Provinzialstände (*officiers*).
Der Gouverneur eröffnete die Sitzungsperiode. Darauf folgte der Intendant, der dem Erzbischof den Brief des Königs überreichte, worin die Einberufung der Stände angeordnet worden war. Anschließend tauschten der Präsident, der Gouverneur und der Intendant feierliche Ansprachen aus. Endlich zog sich der Gouverneur als Vertreter der regionalen Militärbehörde zurück und ließ die beiden Parteien – hier den Intendanten und Vertreter des Königs, dort die versammelten Stände als mächtiges Kollektiv – miteinander allein.

Inzwischen herrschte in der Stadt reges Leben. Schon seit mehreren Wochen entfalteten die städtischen Behörden, die Gastwirte und Kaufleute ihre Aktivitäten, stand doch eine einträgliche Sitzungsperiode mit vielen noblen Gästen bevor. Die Bevölkerung der Stadt freute sich; denn wenn die Provinzialstände tagten, war das auch immer Anlaß für zahlreiche Feste. Das erste hatte religiösen Charakter; es war die Heilig-geistmesse, bei der Gott um die geistliche Erleuchtung für die Ständevertreter gebeten wurde. Diese zogen, jeder eine Kerze tragend, in feierlicher Prozession in die Kirche ein. Im Laufe des feierlichen Gottesdienstes, der vom Bischof von Montpellier zelebriert wurde, begaben sich die Prälaten und alle Würdenträger nach vorn an den Altar, um das Evangelium zu küssen. Anschließend folgte eine Prozession, in der das Allerheiligste durch die Stadt getragen wurde und an der die Mitglieder der Ständeversammlung, das Domkapitel, die örtliche Geistlichkeit, die Ratsherren, die Dienerschaft des Bischofs und die städtischen Bediensteten teilnahmen, gefolgt oder angeführt von der Garde des Gouverneurs und den Reitern der Landpolizei.

Die ersten Sitzungen der Provinzialstände – in gewisser Weise Vorläufer des modernen Parlamentarismus – vergingen damit, die Befugnisse jedes einzelnen zu überprüfen. Das war ein schwieriges Geschäft, vor allem was den dritten Stand anging; denn die Ernennungs- oder Wahlmethoden waren unterschiedlich. Die bürgerlichen Abgeordneten, fast alles Juristen, scheuten dabei durchaus nicht Streit und Auseinandersetzungen. Nachdem diese Präliminarien abgeschlossen waren, schritt man zur Kernfrage, nämlich der Erörterung des *don gratuit*, d. h. der freiwilligen Abgabe der Kirche an den König. Diese alte Form der Abgabe symbolisierte die Steuerhoheit der Stände; allerdings eine relative Hoheit, die sich nur auf die Aufteilung des Steueraufkommens bezog. Der nun folgende künstlich hochgespielte Kuhhandel war eine richtige Komödie. Der Intendant schlug den Betrag des *don gratuit* und der *capitation*, einer direkten Sondersteuer, vor. Der Präsident der Versammlung äußerte daraufhin seine Vorbehalte. Zwei Tage vergingen. Endlich bewilligten die Stände – unter gewissen formalen Bedingungen – die vom König verlangten Summen. Tradition und Würde der Ständeversammlung blieben auf diese Weise gewahrt. In den folgenden Tagen und Wochen – eine Sitzungsperiode dauerte, von Pausen, Festen und Feierlichkeiten unterbrochen, sechs bis zwölf Wochen, in denen so manche schöne Rede gehalten wurde ... – nahmen die Deputierten dann ihre Verwaltungsarbeit auf, deren technische Seite von der Intendantur vorbereitet worden war. Man arbeitete in Kommissionen. Die

Tatsache, daß die personelle Zusammensetzung der Ständeversammlung sich über Jahre hinweg kaum änderte, führte dazu, daß ihre Vertreter diese Arbeit mit Interesse und Sachkunde erledigten, was wiederum die Zusammenarbeit zwischen den staatlichen, vom König eingesetzten Institutionen und den Provinzialbehörden verbesserte. Die Ständeversammlung mußte die jeweiligen Abgaben der einzelnen Diözesen, die insgesamt den *don gratuit* ergaben, im einzelnen bestimmen. Sie mußte ferner die Steuerbemessungsgrundlage der Provinz- und Diözesansteuern festlegen. Die Aufgaben, die auf finanz-, wirtschafts- und verwaltungstechnischem Gebiet zu lösen waren, ergänzten einander oder überschnitten sich auch. Die Provinz unterhielt ein Beamtenkorps, das vor allem aus Ingenieuren bestand. Die Ständeversammlung bewilligte Anleihen und Subventionen für öffentliche Arbeiten. Die Abrechnungen der Schatzmeister, Sonderzuwendungen, Pensionen und Almosen wurden überprüft. Ferner mußten Streitigkeiten zwischen Gemeinden geregelt werden. Alles dies führte zu zahlreichen Auseinandersetzungen mit dem Intendanten als dem bevollmächtigten Repräsentanten der Krone.

Arbeitssitzungen und gesellschaftliche Ereignisse wechselten einander ab; man feilschte und schloß Kompromisse, stellte Gesuche und Anträge – die Session nahm ihren Lauf. Schließlich kam die letzte Sitzung, in der der *octroi* bewilligt wurde. Der *octroi* war eine vom Staat verlangte Zusatzsteuer, die für die Unterhaltung befestigter Plätze und anderer Ausgaben benötigt wurde. Sein Betrag kam noch zum *don gratuit* und zur *capitation* hinzu. Auch hier handelte es sich nicht etwa darum, ihn zu verweigern oder eine bedeutende Senkung durchzusetzen! War der *octroi* erst einmal – leichten oder schweren Herzens – bewilligt, herrschte allgemeine Zufriedenheit. Musikanten betraten den Saal und stimmten ein Tedeum an. Der Erzbischof spendete der Versammlung seinen Segen und erklärte die Sitzungsperiode für beendet. Im Festzug überbrachten die drei Stände dem Gouverneur ihre Beschlüsse. Noch einige Ansprachen, ein letzter Umzug vor der Heimreise – und die Sitzungsperiode der Provinzialstände des Languedoc war für diesmal beendet.[26]

Soziale Abstufungen

In seinem Buch *Les contemporaines par gradation* von 1783 macht sich Rétif de la Bretonne den Spaß, eine Rangordnung der Frauen von der Herzogin bis zur Gauklerin zu entwerfen, wobei er deren Ansehen in der Öffentlichkeit zum Maßstab nimmt. Das Amtsbürgertum gliedert er in zwei Stufen: die obere ist dem Richterstand (*judicature*) vorbehalten, die untere den Angehörigen der ausführenden Organe (*pratique*). Nach Rétif gehören zu den Damen des Richterstandes die Frau des Polizeichefs (*lieutenant général*), des Staatsanwalts in erster Instanz (*avocat du Roi*), des Unterintendanten eines Steuerbezirks (*subdélégué*), eines Untersteuerrats (*élu*), des für die Salzspeicher zuständigen Beamten und schließlich die Frauen der Mitglieder der Hohen Gerichtshöfe. Zu den *femmes de pratique* zählen, wiederum nach seinem subtilen Abstufungssystem, die Frau eines Justizamtmannes, eines Kanzlisten, eines Polizeikommissars, eines Notars, eines Advokaten, eines Anwalts und endlich die Frau eines Gerichtsdieners.[27] Die übrigen Einstufungen bei Rétif sind reine Phantasie, da der Schriftsteller wenig Ahnung von den feinen Unterschieden innerhalb der guten Gesellschaft hatte. Diese Hierarchien traten zwar innerhalb des Pariser Bürgertums, wo sich alles mehr und mehr einander anglich und die soziale Mobilität fließender wurde, nicht so deutlich zutage, sie hatten jedoch in den Provinzstädten ihren Sinn bewahrt. Das Amt eines Bürgermeisters oder eines Schöffen hob seinen Amtsinhaber über die große Masse der Beamten und Kaufleute hinaus. Im übrigen erfreute sich sowohl in der Provinz wie in Paris der Rentier, der sich aus dem Geschäftsleben zurückgezogen hatte, eines größeren Ansehens als der Kaufmann, der noch mitten darin stand.

Am Vorabend der Revolution rangierten diese Bürger ohne Berufsstand in der gesellschaftlichen Hierarchie von Lyon unmittelbar nach dem Adel und vor den Kaufleuten. Danach folgten Bedienstete und Angehörige freier Berufe, dann die Handwerker; diese wiederum standen über den in der Seidenindustrie beschäftigten Arbeitern, welche ihrerseits natürlich einen sehr viel höheren Rang einnahmen als die einfachen Tagelöhner.[28] Gesellschaftliche Eitelkeit und Snobismus hatten sich in alle Schichten eingeschlichen. Dabei übertrafen die einfachsten Landjunker und ihre eingebildeten Frauen darin alle übrigen, indem sie versuchten, mit ihrem angeblichen Adel Eindruck zu schinden; wenn der Ausdruck »reaktionärer Adel« irgendwo zutraf, dann wirklich hier. Ähnlich wie sie trugen die Juristen eine eingebildete Überlegenheit zur

Schau. Wie die Krautjunker spielten sie sich aber nur so auf, um hinter dieser Fassade ihre finanziellen Sorgen und Geldnöte zu verbergen. Denn es wimmelte von Advokaten ohne Klienten. Der Anwaltsstand war voll von überflüssigen Verteidigern, deren Lebenszweck vor allem darin bestand, die Welt zu verbessern. In einer Provinz wie der Franche-Comté kam auf 1400 Einwohner ein Advokat. In Besançon gab es 127, in Vesoul 40, in Lons-le-Saunier 28, in Dôle und Arbois jeweils 24, in Salins und Saint-Claude jeweils 23.[29] Noch der kleinste Winkeladvokat hielt sich für eine bedeutende Persönlichkeit. Es ist bemerkenswert, mit welcher Verachtung für das einfache Volk im Jahre 1787 zum Beispiel ein *licencié ès lois* (Lizentiat der Rechte) es fertigbrachte, vor dem Amtsgericht von Falaise Klage gegen zwei Brüder zu erheben, die er beschuldigte, ihn beleidigt zu haben. »Es handle sich um Leute ohne Grundsätze, ohne Taktgefühl und ohne jegliche Erziehung; es seien Leute der niedrigsten Schicht.«[30] Selbst innerhalb des einfachen Volkes wurde auf Unterschiede Wert gelegt, gab es soziale Hierarchien. Jean-Pierre Simard, ein Hutmachergeselle aus Lyon, der im Jahre 1778 nach einer tätlichen Auseinandersetzung zwischen Arbeitern vernommen wurde, begründete sein Verhalten damit, die Verteidigung sei sein gutes Recht gewesen. Er wehre sich dagegen, mit den vom Lande zugewanderten Arbeitern, welche in die Stadt eindrängen und in den Kneipen Unruhe stifteten, verwechselt zu werden. »Was ihn betreffe, so sei er verheiratet und seit mehreren Jahren ansässig, er sei ein friedliebender Bürger, und es sei seine Sache nicht, mit anderen fremden Gesellen und Burschen herumzuziehen, die sich Dinge erlaubten und Freiheiten herausnähmen, die für ihn nicht in Frage kämen.«[31]

Die städtische Elite

Der Provinzadel, der über ein bescheidenes Vermögen verfügte, kam dank einer in der Nähe liegenden Stadt gar nicht erst in die Versuchung, nach Paris zu ziehen. Die Stadt bot den jungen Adligen gute Schulen, in denen die aristokratischen Tugenden – trotz wachsender sozialer Öffnung – noch mit der antiken *virtus* verwechselt wurden; in Vendôme unterhielten die Oratorianer noch im Jahre 1782 einen *féodiste*, einen Professor für Feudalrecht.[32] In der Stadt bestand für die jungen Mädchen die Möglichkeit, eine Klosterschule zu besuchen; künftige Stiftsfräulein konnten in ein Stift eintreten. Jäger pflegten sich zwischen zwei Treibjagden in der Stadt aufzuhalten, Prozeßführende zwischen zwei Vergleichen. Der Marquis de Vogüé mußte von Amts wegen die Hälfte des Jahres im Elsaß verbringen, lebte drei Monate in Paris, verbrachte aber die drei Herbstmonate in Aubenas.[33] Die reichsten Aristokraten besaßen ein eigenes Stadtpalais; die anderen begnügten sich damit, ein Haus oder eine möblierte Wohnung anzumieten. Die Wintersaison, die ein Landjunker einige Meilen von seinem Schloß entfernt in der Stadt verbrachte, verwandelte ihn in einen »Provinzadligen« und erlaubte es ihm, für eine gewisse Zeit aus seinem Dorf herauszukommen; zuweilen bot sich ihm sogar ein glänzendes gesellschaftliches Leben.

Die hohen Würdenträger der Stadt gaben dabei den Ton an. Der Gouverneur, der Intendant und der Bischof hielten im allgemeinen offene Tafel. Die beiden ersteren empfingen alle, die zur guten Gesellschaft gehörten, luden zu Bällen, Abendgesellschaften, Festbeleuchtungen und Feuerwerken ein. Im Hause des Gouverneurs nahmen die Generäle und Obersten den ehrenvollsten Platz ein, im Hause des Intendanten führten die Herren Parlamentspräsidenten das gewichtige Wort. Es bestand jedoch kein gesellschaftlicher Graben zwischen dem Schwert- und dem Amtsadel. In dem gleichen Maße, wie sich die Mitglieder des Adels als ein gemeinsamer Stand fühlten, galt dieses Zusammengehörigkeitsgefühl für alle Mitglieder der guten Gesellschaft. Allzu viele untereinander geschlossene Ehen, abgebrochene Karrieren, Solidaritätsgefühle, gemeinsame Interessen, Empfindungen und Voreingenommenheiten verbanden Militär und Richterstand miteinander, so daß die Unterschiede zwischen ihnen nur noch Nuancen ausmachten.

Der Provinzintendant war im übrigen in Konfliktfällen der traditionelle Vermittler. Aus dem Richterstand hervorgegangen, umgab er sich mit geradezu höfischem Luxus und war bemüht, die kleinen Landadligen für sich zu gewinnen und bei den Parlamentsmitgliedern Anwandlungen von Protest im Keime zu ersticken. Auf diese Weise hatte er eine soziale und eine gesellschaftliche Aufgabe, die von seinem administrativen politischen Aufgabenbereich nicht zu trennen war.

Zwischen dem Adel, der in der Provinz auffällig zu erkennen war – Türstürze, Kaminplatten, Silber und Silbergeschirr, die Türen von Kutschen und Sänften waren mit den entsprechenden Wappen versehen –, und dem eigentlichen Bürgerstand gab es im Ancien Régime eine Zwischenschicht von Privilegierten, die im adligen Stil lebten (*vivant noblement*). Sie ahmten die adlige Lebensweise nach und versuchten, im zweiten Stand Fuß zu fassen. Jeder mit einem Orden dekorierte Bürger-

liche – etwa ein *capitaine chevalier* des Ordens Saint-Louis – ließ sich
»Monsieur le chevalier« nennen und spielte den Adligen. Mit Hilfe von
wappengeschmückten Briefumschlägen versuchte jeder Emporkömm-
ling den Anschein zu erwecken, er sei von Adel, und vergaß dabei, daß
man noch seinen Vater gekannt hatte, der »Uhrmacher, Steinmetz oder
Hutmacher« gewesen war.[34] In jeder Stadt mit einem Parlamentssitz,
von Paris bis Douai oder Besançon, existierte eine »Gesellschaft der
Sekretäre des Königs« (*secrétaires du Roi*), die ein wenig dem Club des
Monsieur Jourdain ähnelte – der Hauptfigur aus Molières Stück *Der
Bürger als Edelmann* – und eine Vereinigung snobistischer Bürger war.
Das Amt eines *secrétaire du Roi* war nämlich eine Sinekure, die den
reichen Bürger, der sie gekauft hatte, nach zwanzig Jahren in den Adelsstand erhob. Man nannte dieses Amt deshalb auch scherzhaft eine
savonnette à vilain, da es den häßlichen Makel der bürgerlichen Herkunft wie ein Stückchen Seife abwaschen konnte. Bis zur Revolution
blieb der *secrétaire du Roi* ein gesuchtes Amt. Keines war besser dazu
geeignet, den Aufstieg einer Familie zu begünstigen, eine bürgerliche
Vergangenheit – in der man sich allzusehr den Handelsgeschäften
gewidmet hatte – mit dem Mantel des Schweigens zu bedecken und als
Sprungbrett zu dienen, bevor man die nächste Stufe in Angriff nahm:
etwa den Kauf eines Amtes als Parlamentsrat in Bordeaux oder das Amt
eines Rechnungsrevisors am Rechnungshof von Montpellier.
Unter Ludwig XIV. hatte es ebenfalls viele städtische Ämter gegeben,
die die Nobilitierung bedeuteten. Künftig aber zählten fast nur noch
Ämter wie das eines Ratsherrn von Toulouse oder eines Schöffen an
einem Gericht in Lyon oder Paris. Ein Beispiel aus der Hauptstadt
zeigt, wie so etwas vor sich ging.

Eine dynamische Familie von Kolonialwarenhändlern

Die Kaufmannschaft von Paris wurde von den sechs Gilden (*les Six-
Corps*) der Tuchhändler, Wirkwarenhändler, Kolonialwarenhändler,
Kurzwarenhändler, Pelzhändler und Goldschmiede beherrscht. Hinzu
kamen noch die Wein- und Buchhändler als, wenn man so will, siebte
und achte Gilde. Offensichtlich waren sie die Aristokratie der Handels-
welt, wenn auch ihre Mitglieder keineswegs alle große Handelsherren
waren: In der bunt zusammengewürfelten Gilde der Kurzwarenhändler
(*merciers*) waren sowohl große Geschäftsleute als auch kleine Ladeninhaber zu finden. Die Six-Corps standen in großem Ansehen. Sie bil-

deten eine vom König anerkannte Vereinigung, die als ständiges Sprachrohr des Großhandels fungierte. Die Beamten der Six-Corps (*gardes*) erlangten mühelos ein städtisches Amt, wurden *quartiniers* – das heißt sie führten die polizeiliche Aufsicht über ein Stadtviertel – und vor allem anschließend Stadträte oder Schöffen (*échevins*). Wurden in der handelsgerichtlichen Rechtsprechung (*juridiction consulaire*), einer Vorläuferin des heutigen Handelsgerichts, führende Stellen besetzt, wählte man sie unter diesen *gardes*. Endlich sahen es auch die Kirchengemeinden gern, wenn ein Mitglied der Six-Corps bei ihnen Kirchenvorsteher wurde.

Die Pfarrgemeinde Saint-Eustache war eine ihrer Hochburgen. Hier starb am 6. April 1781 in der Rue des Fossés-Montmartre der Sieur Jean Pochet, ein reicher Pariser Kolonialwarenhändler. Seine Geschichte verdient erzählt zu werden; denn diese eindrucksvolle Persönlichkeit war allein aufgrund ihres Fleißes und ihres ausgebildeten Geschäftssinnes an die Spitze der Kaufmannschaft gelangt. Jean Pochet stammte aus sehr bescheidenen bürgerlichen Verhältnissen – sein Vater war königlicher Gerichtsdiener in Faremoutiers im Brie gewesen –, und er hatte im Jahre 1740, nachdem er alle Schulden seiner Eltern bezahlt hatte, genau 6 Francs, 13 Sous und 8 Deniers geerbt. Dennoch wurde er aus eigener Kraft Kolonialwarenhändler, nachdem er die Kosten für seine Aufnahme in die Gilde bezahlt hatte und in der Rue Montmartre ein Geschäft eröffnete. Seine Heirat im Jahre 1731 mit Marie-Anne Nesme, der Tochter und Enkelin von Wirkwarenhändlern, hatte zwar seine neuerrungene Mitgliedschaft zu den Six-Corps festigen können, er hatte aber immer noch kein großes Vermögen angesammelt; die Mitgift des Fräulein Nesme war nicht höher als 6000 Livres gewesen. Dennoch hinterließ Jean Pochet bei seinem Tod ein Barvermögen von 65000 Livres. Die in seinem Nachlaßinventar aufgeführten Waren geben Aufschluß über seine Qualität als Händler und Importeur. Pochet war wirklich nicht vergleichbar mit den einfachen Krämern seines Viertels, sein Geschäft floß über von »Waren aus Indien«: Ballen von Seiden- und Baumwollgarnen, Satin aus Indien, Porzellan aus China, Damast, Tee, Gummiarabikum usw. Die Erhöhung seines Umsatzes und sein wachsendes Ansehen hatten es Pochet erlaubt, seine fünf Kinder gut zu versorgen. Drei seiner Töchter hatten Eheverträge innerhalb der Gilde geschlossen, indem sie die Herren Amelin, Lesguillez und Piébot ehelichten, ihres Zeichens Kolonialwarenhändler und Bürger von Paris. Die vierte Tochter heiratete einen fähigen Kopf, Louis-Silvain Bourgeois, einen erfahrenen Architekten.

Das Vermögen wuchs jedoch, und mit ihm das Ansehen der Familie, dank des fünften Erben, des Sohnes, Teilhabers und Nachfolgers Jean-Baptiste-André Pochet (1737–1802). Seit 1754 half er im väterlichen Handelsgeschäft mit und trug dazu bei, es zu einem großen Handelsunternehmen auszubauen. 1765 wurde er als Teilhaber in das Geschäft übernommen. Der Gesellschaftervertrag sah ein Gesamtkapital von 300 000 Livres vor, das durch die gelagerten Waren garantiert war. Durch die Assoziierung bekam der Vater künftig drei Viertel, der Sohn ein Viertel des Gewinns, denn die Firma hieß nun »Pochet und Sohn«. Von den 300 000 Francs Gesamtvermögen wurden 40 000 Francs als Anteil des Sohnes Jean-Baptiste-André bestimmt. Sie stellten einen Teil seines Erbes dar, waren aber vor allem das Entgelt für »Arbeit, Mühe und Sorgfalt«, die er aufgewendet hatte, seitdem er seinem Vater half. Außerdem übernahm der Vater Pochet alle Haushaltskosten, die Hausmiete und die Kosten für die Angestellten; ferner für seinen Sohn Wohnung, Essen, Wäsche, Licht und Heizung, und zwar »solange er bei Gesundheit ist, wie auch im Falle von Krankheit, ohne dafür einen Pensionspreis zahlen zu müssen« – alles als Gegenleistung für »Arbeit, Mühe und Sorgfalt« des Sohnes zum Wohle der Firma. Zwei Jahre später, 1767, heiratete der Sohn – natürlich eine Frau aus der Zunft: Marie-Constance Douaud, die Tochter eines Pariser Kolonialwarenhändlers und Enkelin eines Kunstmalers. Ihre Mitgift betrug 50 000 Livres. Die Familie Pochet war nun endgültig auf der Sonnenseite des mittleren Bürgertums angekommen.

Auch wenn Jean-Baptiste-André Pochet ein geschickter Händler war, vermied er doch die Fehler, die Madame Roland der Pariser Kaufmannschaft zuschrieb: er scheint keineswegs seinen ganzen Ehrgeiz ausschließlich auf den »Besitz von Gold gerichtet und nur den Gedanken gehabt zu haben, es berechnend und listig zu vermehren«. Im Gegenteil, er legte wirkliche intellektuelle Neugier an den Tag, erfüllt von dem Wunsch, sich geistig über seinen Stand hinaus fortzubilden. In seiner Bibliothek befanden sich die Werke von Demosthenes, Vergil, Cervantes, Montaigne, Bossuet, La Fontaine, Le Sage, Marivaux, Fontenelle, Rousseau, Marmontel, Raynal, eine »Geschichte Roms«, Bourdaloue, Massillon, »Der junge Anacharsis«, die *Mémoires pour servir à l'histoire de Madame de Maintenon*, geschichtliche Werke, Reiseberichte, naturgeschichtliche, mathematische und philosophische Werke, Theaterstücke und Romane – nicht zu vergessen Studien- und Andachtsbücher. Alles in allem 739 Bände! Was seinen gesellschaftlichen Ehrgeiz betraf, so wurde dieser recht bald befriedigt. Nachdem er zunächst

Port Saint-Paul in Paris (aquarellierte Federzeichnung von Louis-Nicolas de Lespinasse, 1782)

Stadtrat geworden war, ernannte man ihn 1779 zum Schöffen von Paris.
Dies war ein sehr begehrtes Amt, denn es gab insgesamt nur vier. Pro
Jahr bestimmte der König zwei Schöffen; war der Amtseid geschworen,
war der neue Schöffe damit automatisch in den Adelsstand erhoben.
Darauf verheiratete der »Edle Herr Jean-Baptiste-André Pochet,
Schöffe von Paris und Handelsherr« – den Kaufmann »Sieur Pochet«
gab es nun nicht mehr – seine Tochter mit einem Edelmann, dem Offizier Anne-Marie-Louis de Vougny de Boquestant, der später im Kaiserreich Baron wurde.[35]
Normalerweise pflegte in der Welt der Kaufleute alles seinen gewohnten Gang zu gehen, und man blieb unter sich. Es konnte aber auch
bürgerliche Aufsteiger geben wie die Familie Pochet, denen der Sprung
in den anderen Stand gelang.

Die reichen Bürger von Saint-Malo

Trotz seiner geringen Einwohnerzahl – 12 000 Menschen im Jahre 1789
– war Saint-Malo immer noch der fünftgrößte Marinehafen Frankreichs
und eine reiche Kaufmannsstadt. Der Reichtum konzentrierte sich in
den Händen weniger; denn 40 Prozent des direkten Steueraufkommens
(*capitation*) wurde von nur etwa 20 großen Familien aufgebracht, davon
wiederum ein Fünftel allein von der Familie Magon.[36] Die Reichsten
gehörten aber keineswegs alle als Schiffsausrüster oder Handelsherren,
Reeder oder Schiffsmakler dem bürgerlichen Unternehmertum an. Die
Mehrzahl der großen Steuerzahler waren Rentiers oder Leute, die sich
aus dem aktiven Wirtschaftsleben zurückgezogen hatten. Robert de
Lamennais, der Vater des romantischen Schriftstellers, war zum Beispiel einer dieser Handelsherren, die ihre Geschäfte aufgegeben hatten.
Mehr als zwei Drittel von ihnen waren adlig. Diese in üppigem Wohlstand und adligem Stil lebenden Bürger stammten von Bretonen ab, die
einst aktiver gewesen waren und ihre großen Vermögen zur Zeit Ludwigs XIV. erworben hatten. Denn diese Stadt, erbaut auf »einem Felsen
halb so groß wie die Tuilerien«[37], war zu Beginn des Jahrhunderts der
viertgrößte französische Hafen gewesen und hatte mehr als 20 000 Einwohner ernährt. Damals wurden ihre unternehmungsfreudigsten Bürger reich durch Seeräuberei, Schmuggel und den Großhandel mit Indien. Sie nutzten auch die von der Regierung gebotenen leichten Möglichkeiten, in den Adelsstand zu gelangen, indem sie die Ämter der königlichen Sekretäre kauften, ohne dabei auf Geld sehen zu müssen.

Die Hälfte dieser Dynastien, etwa zwanzig, blieben der Stadt treu. Sie monopolisierten die Pfründen des Domkapitels, das Bürgermeister- und das Schöffenamt, die Verwaltung der Spitäler und schließlich die reichen Gilden wie zum Beispiel die von Saint-Jean. Nicht alle Mitglieder dieses städtischen Patriziats beschränkten sich jedoch auf den goldenen Müßiggang. Am Vorabend der Revolution war einer der bedeutendsten Handelsherren am Ort Erasme Magon de la Lande, dessen Familie immerhin schon seit vier Generationen zum Adel gehörte, und ein anderer Magon, Sieur Goëtizac, war zum Vertreter der Kaufmannschaft gewählt worden. In Saint-Malo war der Traum des Abbé Coyer von einem »gewerbetreibenden Adel« (*noblesse commerçante*), teilweise Wirklichkeit geworden. Um so mehr achteten diese Nachfahren in den Adelsstand erhobener Bürgerlicher auf standesgemäße Heiraten: nur in einem von dreizehn Fällen heirateten sie unter ihrem Stand. Sie überließen den erst neuerdings zu Reichtum gekommenen Familien die Gewinne aus dem amerikanischen Unabhängigkeitskrieg. 1784 gründeten sie eine überaus vornehme Freimaurerloge als Konkurrenz zu der schon bestehenden Loge »Triple Essence« (»Dreifache Wesenheit«), die hinfort als zu gewöhnlich angesehen wurde. Der gesellschaftliche Aufstieg ging weiter durch vermehrte Heiraten mit dem alten Adel, bis er schließlich mit dem Ausbruch der Revolution und den durch sie erzwungenen Entscheidungen seinen Höhepunkt erreicht hatte. Man überließ es den jüngsten Emporkömmlingen unter den Bürgerlichen, sich der Revolutionsbewegung anzuschließen; selber emigrierte man nach Jersey, konspirierte mit Monsieur de la Rouerie oder stieg aufs Schafott wie Magon, Limoëlan, Grout de Lamotte oder Locquet de Grandville.

Akademiemitglieder in der Provinz

Wenn die französische Revolution von 1789 sehr weitgehend ein Phänomen städtischen Ursprungs war, so bildeten die Logen, die gelehrten Gesellschaften und vor allem die Akademien zweifellos das unschuldige Versuchslabor. Sie waren gleichsam die »Generalstände wissenschaftlicher Neugierde«, denn der Klerus, der Adel und der dritte Stand arbeiteten und wetteiferten hier einträchtig miteinander. Etwa dreißig Akademien – von denen vier unter Ludwig XVI. gegründet wurden: Agen 1776, Grenoble 1780, Valence und Orléans 1784 – garantierten die Verbreitung der Ideen der Aufklärung, die auf diese Weise von Paris in die Provinzen gelangten. Zu Beginn der Regierungszeit Ludwigs XVI. hegte man oft Pläne für einen nationalen Zusammenschluß der verschiedenen Akademien. In ihnen waren Persönlichkeiten sehr unterschiedlichen Formats anzutreffen: große Gelehrte wie der Chemiker Guyton de Morveau in Dijon, Beamte wie der Manufakturinspekteur Roland de la Platière in Villefranche, und sogar einige Männer aus der Welt des Handels. Die Mehrheit der Mitglieder stellten allerdings der Klerus, die Ärzte und Advokaten, es »triumphierten die drei schwarzen Roben«[38].

Am 4. Mai 1786 berief der Präsident der Akademie von Béziers, Monsieur d'Orbcastel, die Mitglieder zu einer außerordentlichen Versammlung ein. Der Ort ihrer donnerstäglichen Zusammenkünfte sollte gewechselt werden und diese Veränderung ihre Zustimmung finden. Vor allem aber sollten die Herren die durch den Tod des Intendanten des Languedoc, Monsieur de Saint-Priest, vakant gewordene Stelle des Ehrenmitglieds ihrer Akademie mit einer sowohl einflußreichen als auch aufgeklärten Persönlichkeit neu besetzen. Es war jedoch gar nicht sicher, ob die Beschlußfähigkeit erreicht werden konnte. Um drei Uhr verließen die Abbés Barbier und Bouillet die Versammlung, um am Vespergottesdienst teilnehmen zu können; kurze Zeit später verschwand auch Monsieur Amilhon, und sein Fortgehen hätte den Wahlvorgang unterbrochen, wäre nicht in diesem Augenblick der ständige Sekretär der Akademie, Monsieur Bouillet, zurückgekehrt.

Oft war die Tagesordnung dieser Versammlungen vielfältig und lehrreich: »Monsieur d'Orbcastel eröffnete die Sitzung mit einer Rede über die bildenden Künste und Handwerke, der Abbé Bouillet hielt eine Laudatio auf Monsieur de Boussanelle, der Abbé Barbier verlas eine Abhandlung über den Gebrauch der Taschenuhren, und Monsieur de Ledrier teilte seine Beobachtungen über schickliches Benehmen mit. Schließlich beschloß Monsieur Eustache die Sitzung mit einer auszugsweisen Lesung seiner von der Königlich Chirurgischen Gesellschaft zu Paris preisgekrönten Abhandlung über Entbindungen.«[39]

Die wissenschaftlichen Gesellschaften standen nicht nur in ständigem Austausch miteinander, ihre Mitglieder erfuhren auch vielfache Anregungen durch Besuch und persönliche Briefwechsel. Jean-François Séguier, Sohn eines Landgerichtsrats, war Akademiemitglied in Nîmes und nicht nur Jurist, sondern zugleich auch Botaniker, Mineraliensammler, Altertumsforscher und begeisterte sich für die Medizin. »Er widmete sich der Altertumskunde und dem Studium der verschiedensten antiken Monumente mit so großer Hingabe, als sei dieses Gebiet das einzige gewesen, das er mit Leidenschaft betrieben hat«, hieß es in seinem Nachruf. Er entzifferte die geheimnisvolle Inschrift der *Maison carrée* in Nîmes. Man kam von weit her, um seine Sammlungen zu besehen und seine Bibliothek zu konsultieren. Er stand mit nicht weniger als 300 Personen im Briefwechsel und empfing in den zehn Jahren von 1773 bis 1783 1383 Besucher, die ihn gern kennenlernen und seinen Rat erbitten wollten. Die Akademie von Nîmes erbte seine reichen Sammlungen.[40]

Die vollständige oder teilweise Muße, mit der man sich in der Provinz dem Schreiben, den Künsten und den angewandten Wissenschaften widmen konnte, setzte eine finanzielle Unabhängigkeit voraus, die im allgemeinen entweder durch kirchliche Pfründen oder irgendein stattliches persönliches Vermögen gewährleistet war. Der Reichtum beispielsweise eines Charles-Antoine du Fauré, Marquis de Satillieu, wirkte geradezu erschlagend auf die kleinen Landjunker. Sein regelmäßiges Einkommen betrug 20 000 Francs. Du Fauré war ein liberaler Adliger aus dem Vivarais, Offizier des Geniekorps[41] und Mitglied der jüngst gegründeten Akademie von Valence.[42]

Die Handwerker

Die Welt der Handwerker war dagegen sehr viel bescheidener und handfester, wenn auch nicht weniger wichtig. In Lyon war ihre Zahl mit mehr als einem Drittel aller Steuerzahler größer als die der Arbeiter in der Seidenindustrie.[43] In Bordeaux gab es »ebenso zahlreiche wie verschiedenartige Handwerke«, wobei die Küfer den ersten Platz einnahmen, gefolgt von den Schuhmachern, Schneidern, Schiffszimmerleuten, Perückenmachern und Steinmetzen.[44] Jeder zweite Handwerker in Lyon begnügte sich anstelle einer Wohnung mit einem einzigen großen Raum, sparte hingegen weniger an der Kleidung. Er besaß fünf oder sechs schwarze, graue oder farbige Anzüge, an denen große Messingknöpfe glänzten. Gelangte er zu Wohlstand, kaufte er sich Knopfgarnituren aus Gold oder Silber.

Die 1787 geänderte Zunftsatzung der Lyoner Hutmachermeister und -händler setzte die Lehrzeit von fünf auf vier Jahre herab und verlangte anschließend zwei in Lyon zu verbringende Gesellenjahre. Das war die Mindestzeit für die Erlangung des Meisterbriefs. Die Gesamtkosten bis dahin beliefen sich auf 260 Francs. Die Söhne von Meistern hatten dabei einige Vorteile, aber die Zunft im ganzen war nicht als eine strenge

Oligarchie der Meister und ihrer Söhne organisiert. In der *Fabrique* –
d. h. in der Seidenindustrie – hatte es ein junger unverheirateter, mit
Unterkunft und Lohn gut versorgter Geselle nicht immer eilig, seinen
Meisterbrief zu erlangen. Im übrigen gab es »keinen Bruch, sondern im
Gegenteil Kontinuität zwischen dem Gesellen- und Meisterstand«, da
beide von der ökonomischen Macht der reichen Handelsherren vollkommen abhängig waren.[45] 1787 machten daher die Meister nur 17
Prozent der Seidenarbeiter aus. Sie waren die einzigen, die es zu
bescheidenem Wohlstand bringen konnten. Ein Lyoner Seidenmeister
konnte sich im Jahre 1787 für 16 Sous und 9 Deniers – das waren 60
Prozent seines Einkommens – täglich ein sehr reichhaltiges Essen leisten: 1250 g Brot, 300 g Fleisch, mindestens eine halbe Flasche Wein,
Salz und Pfeffer, Essig und Öl, Obst, Gemüse und ein Stück Käse. Die
anderen Ausgaben waren für Miete, Heizung, Licht und Bekleidung
vorgesehen; und schließlich noch »für die verschiedenen durch die Kinder verursachten Kosten wie Entbindung, Amme und Erziehung«.[46]
Jedes Handwerk bildete eine Zunft oder eine Gilde, die teilweise von
den bürgerlichen Behörden überwacht und kontrolliert wurden. Sie
konnten sich auch zu einer Bruderschaft zusammengeschlossen haben,
bei der die kirchlichen Autoritäten ihren Einfluß geltend zu machen
versuchten. Seit der Mitte des Jahrhunderts hatten die Bruderschaften
nämlich ihre Bemühungen um eine berufliche Solidarität verstärkt und
ein System gegenseitiger Hilfen entwickelt. Letzteres schloß die traditionelle Frömmigkeit nicht aus, die von der Kirche gegen Tendenzen
der Verweltlichung unterstützt wurde. Die Bruderschaft Saint-Joseph
zum Beispiel, in der sich alle Bauhandwerke von Saint-Zacharie de
Provence zusammengeschlossen hatten, legte im Jahre 1788 ihre neue
Satzung dem Bischof von Marseille zur Genehmigung vor. Die Bruderschaft wurde von zwei Kirchenvorstehern, auch Prioren genannt, geleitet und verwaltet. Sie waren gehalten, bei außergewöhnlichen Ausgaben
den Herrn Pfarrer und sechs Älteste der Bruderschaft zu Rate zu ziehen. Diese Prioren besaßen den Schlüssel zum Opferstock, führten die
Rechnungsbücher, bestimmten die Gebühren für Messen und waren
zuständig für den Altarschmuck und die Altarkerzen. Mit ihren Fahnen
und Fackeln nahmen sie den ihnen gebührenden Platz bei den traditionellen Prozessionen ein. Sie begleiteten den Priester auf seinem Weg zu
einem Mitbruder, wenn er diesem das *viaticum* – die letzte Wegzehrung
– brachte, und sie nahmen selbstverständlich an dessen Beerdigung teil.
Ebenso gehörte es zu ihren Aufgaben, bei der Erteilung der österlichen
Krankenkommunion mitzuwirken, die am Donnerstag nach Ostern

Schneiderwerkstatt (Ausschnitt aus einem Stich
von Berthaut nach François-Alexandre Garsault)

vorgenommen wurde. In den Statuten waren jährlich zwei Feste vorgesehen: am 19. März fand eine feierliche Prozession zu Ehren des heiligen Joseph statt, und am vierten Sonntag im Januar feierte man die
»Hochzeit des heiligen Joseph«. Künftig sollten diese Feste nicht mehr
Anlaß zu Schlemmereien sein, und der Bischof verpflichtete die Bruderschaft, diese Feste immer nur sonntags zu feiern, »um die Arbeitsleute
nicht von ihrer Arbeit abzuhalten und sowohl die Öffentlichkeit als
auch ihre Familien um deren Früchte zu bringen.«[47]

Gesellen und Arbeiter

Handlanger und Tagelöhner waren von allen Arbeitern in den Städten
die ärmsten. Auch wenn sie in den Städten besser bezahlt wurden als auf
dem Land – sie verdienten 1788 in Bordeaux 30 Sous pro Tag, 20 Sous in
Pau oder La Rochelle –,[48] so war ihr Los doch beklagenswert. Im Jahre
1787 besaßen 49 Prozent der Tagelöhner in Lyon zum Zeitpunkt ihrer
Eheschließung noch keine 100 Francs.[49] Ihre Heiratsverträge fielen
kurz und traurig aus; die aufgeführten Trauzeugen waren meist nur
Arbeitskollegen, während bei den Handwerkern bisweilen die ganze
Zunft zusammengerufen wurde. 1777 notierte Roland de la Platière:
»Die Handlanger brauchen zu ihrem Lebensunterhalt heute das Dop-
pelte, sie verdienen hingegen nicht mehr als vor fünfzig Jahren, als die
Lebensmittel um die Hälfte billiger waren.«[50] Die Aussage mag viel-
leicht ein wenig übertrieben klingen – der Ehemann von Madame
Roland war schließlich Schriftsteller –, entspricht aber sicher im
wesentlichen den Tatsachen.
Einem Handwerksgesellen ging es häufig auch nicht sehr viel besser.
1786 verdiente in Lyon ein guter Seidenarbeiter, der jedes Jahr seine 748
Ellen englischen Seidentafts webte, damit im Stücklohn nicht mehr als
374 Francs. Da das Pfund Brot damals zwei Sous kostete, durfte dieser
Weber zu Hause nicht allzu viele hungrige Mäuler zu stopfen haben.
Sein Leben war hart. Am 7. August 1786 trat er mit seinen Genossen in
den Streik. Kämpferisch sangen sie: »Il n'y aura pas de navette sans les
deux sols« – »Ohne die zwei Sous kein Weberschiffchen!«[51] Der Lyoner Seidenarbeiter (*le canut*) arbeitete immer noch im Stil eines Hand-
werkers: er kam und ging, wie es ihm beliebte; er bestimmte selber
seinen Arbeitsrhythmus, ja fast seine Arbeitszeit.
Er kannte aber auch noch andere als kämpferische Streiklieder. Für
seine Liebste sang er:

Fanchon, du haut de ta banquette,
Écoute la voix de l'amour,
Car, tout en passant la navette,
Je pensons à toi chaque jour.
Oui, je t'aimons,
je te l' disons,
J' souhaitons bien que t'en fasses de même.
Ah! quand on s'aime
C'est si canant.[52]

Und hatte er dann seine Fanchon geheiratet, so kam zu seinem bescheidenen Lohn noch ein zweiter dazu.

Ein Manufakturarbeiter war nicht so unabhängig. Er wurde beobachtet, in Arbeitsgruppen eingeteilt, kontrolliert und überwacht. Es ist durchaus kein Zufall, wenn bei der königlichen Saline von Arc-et-Senans, die der Architekt Ledoux erbaute, das Direktionsgebäude im Zentrum der Anlage steht. Es sollte »die Verwaltungsaufgaben der Direktion in sich vereinen, d. h. die polizeiliche Überwachung des Lebenswandels, die wirtschaftliche Kontrolle und Überprüfung der Haushaltsführung, und schließlich die religiöse Ermutigung zu Gehorsam und Fleiß.«[53] Schon die *Encyclopédie* erläuterte: »In einer großen Manufaktur geschieht alles auf den Glockenschlag.« Die Vorgesetzten dort zeichneten sich nicht durch die den Handwerksmeistern eigene gutmütige Autorität aus. Ihre Aufgabe bestand nicht darin, die Arbeiter durch ihr Vorbild anzuleiten und ihnen etwas beizubringen, sondern vielmehr in deren Überwachung und Kontrolle. Hatten die Arbeiter dann zu allem Überfluß noch das zweifelhafte Privileg, für den König arbeiten zu müssen, so durften sie sich nicht auflehnen, sondern bestenfalls demütige Bittschriften verfassen. Am 12. Februar 1777 machten die Arbeiter der königlichen Pariser Teppichmanufaktur »La Savonnerie« in dieser Weise eine Eingabe an den Direktor der königlichen Bauverwaltung, um ihm »untertänigst darzulegen, daß der bescheidene Lohn für ihre Arbeit in einem Zeitraum von 60 Jahren niemals erhöht worden sei, daß sie aber nichtsdestoweniger in dieser Zeit die Teuerung der Lebensmittel hätten ertragen müssen, welche augenblicklich um ein Dreifaches höher liege.«[54] Eine momentane Wirtschaftskrise konnte an einem einzigen Ort Hunderte von Arbeitern brotlos machen. Der Stellvertreter des Staatsanwalts in Abbeville in der Picardie schrieb am 4. Dezember 1788 an den Generalstaatsanwalt des Parlamentsgerichts: »Blühende Tuch- und Kammgarnmanufakturen – wie die von van Robais – haben in der Stadt Abbeville und ihrer Umgebung zwölf- bis

*Textilmanufaktur von Jouy (Ausschnitt aus einem Zeugdruck
nach einer Zeichnung von Jean-Baptiste Huet, um 1783)*

fünfzehntausend Menschen Arbeit und Brot gegeben. Der Wirtschaftsvertrag mit England (1786) hat den gesamten Betrieb zum Erliegen
gebracht. Die beklagenswerten Menschen, ohne Arbeit und Lohn,
machen der öffentlichen Fürsorge große Sorge, denn sie kann in Anbetracht der völligen Mittellosigkeit der Arbeiter keine ausreichende Hilfe
bieten. Sie haben kein Brot, keine Kleidung, kein Feuerholz, und sie
leiden nicht nur unter quälendem Hunger, sondern auch unter einem
besonders strengen Winter.«[55]

Die Unsicherheit des Arbeitsplatzes und die schwindende Kaufkraft des Geldes ließen die Arbeiter zu Gegenmaßnahmen greifen. Bei Sébastien Mercier ist zu lesen: »Man hört nichts als Klagen bei den Handwerksmeistern, die von ihren Gesellen verlassen werden. Diese haben sich miteinander verbündet, um den Lohnherren ihren Willen aufzuzwingen. Unverschämte Reden, beleidigende Briefe, sie erlauben sich alles. [...] Alle Druckereibesitzer werden bestätigen, daß die Arbeiter ihnen Vorschriften machen und sich gegenseitig anstacheln, alle Grenzen des Gehorsams zu überschreiten. [...] Der Handwerksbursche behauptet, er sei seinem Herrn gleich und der Lohn seine einzige Bindung an ihn.«

Es gab noch keine Gewerkschaften. Bei diesen Gesellenbünden handelte es sich gewissermaßen um deren Vorläufer, die von den sie überwachenden Behörden für äußerst verdächtig gehalten wurden. Die Verpflichtung zur Geheimhaltung, auch wenn sie nur bedingt eingehalten wurde, festigte den Zusammenhalt dieser Bünde. Sie »bildeten einzigartige, geheimnisumwitterte Gemeinschaften«[56], deren harmlose Rituale die Kirche für parodistisch hielt und daher anstößig fand, und die die Freimaurer abstießen, weil sie es für unter ihrer Würde erachteten, Arbeiter aufzunehmen.

Die Gesellenbünde festigten ihre Gepflogenheiten bei ihrer traditionellen Wanderschaft durch ganz Frankreich. Sie verbesserten dadurch nicht nur ihre handwerklichen Kenntnisse und Fertigkeiten, sondern wurden auch beruflich beweglich, was ihnen die schwierige Arbeitsplatzsuche erheblich erleichterte. Innerhalb eines einzigen Jahres (1782/1783) zogen durch Nevers 145 Gesellen, die hauptsächlich dem Metall- und Textilgewerbe angehörten.[57] Die Gesellenbünde (*les Devoirs*) standen miteinander in Konkurrenz, und nicht selten kam es zu Auseinandersetzungen. Im Languedoc führte die Wirtschaftskrise gegen Ende des Ancien Régime zu einer zunehmenden Verschärfung der Konflikte. Man ging »von den bisher bei den Mitgliedern der verschiedenen *Devoirs* üblichen gegenseitigen Herausforderungen bei zufälligen Begegnungen nun mehr und mehr zu Gewalttätigkeiten über.« In der kleinen Stadt Gignac am Hérault gab es zwischen den Mitgliedern zweier unterschiedlicher Gesellenbünde – den *gavots* und den *dévorants* – regelrechte Feldschlachten.[58]

Natürlich bestand das Ziel dieser Gesellenbünde nicht darin, Streitigkeiten der Arbeiter untereinander zu fördern, sondern sich gegen gewisse Mißbräuche der Manufakturbesitzer und Kaufleute zu schützen. In den Papiermühlen des Dauphiné kam es seit 1776 fortwährend zu Unruhen. Der aufsichtführende Inspekteur der Manufaktur Dubu beklagte sich 1777 über diese »faulen und saufenden« Arbeiter, die sich zu »Koalitionen« zusammentäten, den Meistern Geldbußen auferlegten und bestimmte Fabrikherren in Acht und Bann erklärten. Sie verlangten von ihren Arbeitgebern bei großen Festen regelrechte Bankette: »Am 1. Januar ein Hokkohuhn (*coq d'Inde*), am Fastnachtsdienstag Schweineohren, am Gründonnerstag Schinken und am Karfreitag Karpfen.«[59] Die Arbeiter der Manufaktur Mongolfier scheinen besonders aufmüpfig gewesen zu sein. Im Jahre 1778 bedurfte es eines eigenen Ratsbeschlusses, in der Fabrik die Ordnung wiederherzustellen. 1781 untersagte eine Art Streikkomitee jegliche Arbeit in den Papiermühlen von Rives und Voiron. 1787 schrieb der Inspekteur Sieur Goy: »Diese Arbeiter, die von den Unternehmern ernährt werden, sind von einer Unbotmäßigkeit und üben eine Tyrannei aus, die man sich kaum vorstellen kann.« Man muß aber hinzufügen, daß sie auch sehr schlecht bezahlt wurden. Pro Jahr gab es nur 250 Arbeitstage, und in der Papierindustrie verdiente ein Sortierer (*saleran*) nur 18 bis 19 Sous pro Tag, ein erster Arbeiter (*gouverneur*) 8 bis 9 Sous, ein Papierleger (*coucheur*) niemals mehr als 7 Sous, und der Arbeiter, der die frischgepreßten Papierbogen aufnahm (*leveur*), brachte es gerade auf 5 bis 6 Sous. »Die Löhne der Frauen lagen selbstverständlich noch klar darunter.«[60] Für den Lebensunterhalt war doppelter Lohn nötig und möglichst noch ein Gemüsegarten, eine Kuh und ein Schwein.

Eine andere Möglichkeit des Überlebens bestand in der schon erwähnten Wanderschaft durch Frankreich. Die Voraussetzung dafür war allerdings, die Routen und Gebräuche zu kennen; denn durchaus nicht in allen Städten waren die Gesellenbünde vertreten. In Aix und Marseille gut organisiert, scheinen sie zum Beispiel in Toulon und im übrigen Teil der östlichen Provence unbekannt gewesen zu sein. Hatten sie aber erst einmal an einem Ort Fuß gefaßt, wurde ein Arbeitsuchender immer von dieser Solidargemeinschaft unterstützt. 1788 hielt sich ein Tischlergeselle vorübergehend in Blois auf, fand dort aber keine Arbeit und überlebte nur dank der Möglichkeit, bei der Herbergsmutter des Gesellenbundes, der *mère des compagnons*, Schulden machen zu können. Er schrieb kein korrektes Schriftfranzösisch an seine Liebste, sondern berichtete in einer einfachen phonetischen Umschrift: »Depuis ce tan-là, jé tou jour été sent travaillier, don je ne sé pas quan je pouré travaillier. Il me te est reste douvrage, il est toujours, en matandan je suis chés la mère des companio don el me don aboir et à mangé. Je suis déjas redevable.« – »Seit damals bin ich immer ohne Arbeit gewesen, und ich weiß nicht, wann ich wieder arbeiten kann. Es war an sich noch Arbeit da, ist es auch immer noch, und so wohne ich, solange ich darauf warte, bei der Herbergsmutter, die mich mit Essen und Trinken versorgt. Ich bin ihr schon etwas schuldig.«[61]

Rétif de la Bretonne, zwar ein politischer Schwärmer, aber nicht ohne gesunden Menschenverstand, traf wahrscheinlich den Kern der Sache, als er über die Ursachen und Grenzen der damaligen Arbeiterrevolte schrieb: »Seit einiger Zeit lassen die Arbeiter in der Hauptstadt nicht mehr mit sich reden; *denn sie haben in unseren Büchern eine Wahrheit gelesen, die für sie zu mächtig ist,* nämlich: daß der Arbeiter ein kostbarer Mensch sei.«[62] Rétif erzählt aber auch die Geschichte jenes glücklichen Arbeiters, der in seinem Innern alles gefunden hatte, dessen er zu seinem Glück bedurfte. Der Schriftsteller traf eines Tages in der Rue de la Jussienne in Paris einen Priester mit seinem Meßdiener, der einem Sterbenden die letzte Ölung spenden wollte. Neugierig – und übrigens dem Brauch der Zeit entsprechend – stieg der Schriftsteller mit dem Geistlichen die Treppe zur Wohnung hinauf. Er fand sich in der bescheidenen Behausung eines Brennholzsägers wieder und wurde Zeuge des folgenden merkwürdigen Gesprächs: »Mein Bruder«, sprach der Priester, »dein Leben war untadelig und mühselig, hoffe auf die Güte Gottes. Dein Los war nichts als Mühe und Plage. Dir wird in deinem künftigen Leben das Heil beschieden sein, hast du doch dein Unglück mit soviel Ergebenheit getragen.« – »Ich«, unterbrach ihn der Sterbende, »ich war doch der glücklichste aller Erdenbürger. Ich hatte die beste Frau, gute Kinder, Arbeit und Gesundheit. Ich bin sehr glücklich gewesen.«[63]

Der Drang in die Stadt

Einem frisch aus einem Dorf in die Stadt gezogenen jungen Mann lachte das Glück wahrscheinlich verhältnismäßig selten. »Sobald auf dem Lande ein Mann zuviel ist«, behauptete der Statistiker Messance, »zieht er in die Stadt und wird Arbeiter, Handwerker, Fabrikant oder Händler.« Auf diese Weise siedelten sich zur Zeit Ludwigs XVI. Jahr für Jahr 1500 bis 2000 Zuwanderer in Lyon an. Am Vorabend der Revolution wohnten 16 Prozent aller Franzosen in Städten.[64] Von 100 Seidenarbeitern, die in Lyon heirateten, stammten 37 ursprünglich nicht von dort.

In Bordeaux hatte seit 1782 »der Drang in die Stadt eine dynamische Entwicklung genommen.«[65] Die Leute vom Land kamen in die Stadt, um hier zu entbinden, uneheliche Kinder unterzubringen, ins Krankenhaus zu gehen und als Hauspersonal oder als Arbeiter eine Anstellung zu suchen. Die Stadt stand in dem Ruf, daß man dort Arbeit finden konnte und ordentlich dafür bezahlt wurde.

Ein Zuwanderer war nicht notwendigerweise auch ein Habenichts. Er konnte ein unternehmungsfreudiger Dorfbewohner sein, der sein Glück versuchen wollte. Richard-Lenoir[66] erzählt, wie er mit siebzehn Jahren nach Rouen kam, um dort sein Glück zu machen. Er hatte nicht daran gedacht, sich beim Grundherrn und beim Pfarrer seiner Gemeinde die üblichen Empfehlungsschreiben zu besorgen, was ihn aber nicht daran hinderte, auch ohne sie bei den Kaufleuten der Rue de la Grosse-Horloge von Tür zu Tür zu gehen und ihnen seine Dienste anzubieten. Schließlich traf er auf einen gewissen Sieur Guillaume Hermel, einen Baumwollwarenhändler, auf den er einen guten Eindruck machte und der ihn einstellte. Der junge Mann erhielt jährlich 120 Francs dafür, »den Laden zu öffnen und zu schließen, im Haus und draußen zu fegen, die Waren zu verpacken und zusammenzulegen, Einkäufe zu machen – sowohl für das Geschäft als auch für die Herrschaft –, das Pferd und den Einspänner zu pflegen« usw. Zwischen seinen Aufgaben im Geschäft und als Hausdiener wurde überhaupt nicht unterschieden. Man erwartete von ihm nicht nur die Überprüfung bestimmter Rechnungen im Laden, sondern gleichermaßen, »daß er in der Küche aushalf und bei Tisch bediente, falls Gäste eingeladen waren.« Seine Ungeschicklichkeit entschuldigte er damit, daß er ja das Handelsgeschäft und nicht die Hausarbeit erlernen wolle. Gelang es einem Angestellten, interessante Aufgaben an sich zu ziehen, erhielt er gutes Essen, und die Abzüge für seinen Lebensunterhalt wurden herabgesetzt; dank eines Lohnvorschusses konnte Richard sich bald in einen »prächtigen himmelblauen Gehrock« kleiden.

Die große Mehrzahl der neuen Stadtbewohner besaß natürlich weder die Gewandtheit des späteren Handelsherrn Richard, noch hatte sie soviel Glück. Die Bauernburschen aus dem Lyonnais, dem Bugey und dem Dauphiné, die zu Fuß, ihr Bündel auf dem Rücken, nach Lyon kamen, wurden vor allem Tagelöhner und heirateten Mädchen vom Lande. In der Regel hatten sie keine Schulbildung. Einige brachten es unter den Tagelöhnern etwas weiter und wurden mit Getreide bezahlte Schnitter in der Landwirtschaft (*affaneurs*) oder Lastträger (*crocheteurs*). Wer mehr Glück hatte, bekam Arbeit in der Seidenindustrie.

Urteilt man nur nach den Unterschriften unter den Heiratsverträgen, so suchten die Begabtesten unter ihnen jedoch keine Anstellung bei einer Manufaktur, sondern verdingten sich als Diener bei dem ortsansässigen Adel oder Bürgertum. Trotz ihrer bescheidenen Löhne hatten diese Diener bald zweimal mehr Ersparnisse zusammengebracht als ihre Landsleute, die als Handlanger arbeiteten. Die Stadt, die große Menschenverschlingerin, nahm alle unter ihre Fittiche, aber sie konnte sie nicht vor dem Heimweh nach den heimatlichen Bergen bewahren.

Neuntes Kapitel

Das Leben in der Provinz

Von der lehnsherrlichen Gewalt war nichts geblieben als das beinahe bedeutungslose Wort.

CHANCELIER PASQUIER[1]

Ein einziger und wirklicher Tyrann: der Fiskus.

BESCHWERDEHEFT VON MONTOUSSE, 1789

1789 war Frankreich zwar noch ein Agrarstaat, aber keineswegs mehr
ein durchweg bäuerlich geprägtes Land. Insofern geben die Beschwerdehefte (*cahiers de doléances*)[2], die ja vor allem von Dorfbewohnern
verfaßt wurden, ein einseitiges Bild wieder. Sie sind als Zeugnisse für
einen außergewöhnlichen Augenblick in der Geschichte, in dem es
ungewöhnlich gärte und brodelte, sehr aufschlußreich, sagen aber
weniger aus über die in Jahrhunderten gewachsene vielschichtige Wirklichkeit. Es gab Beschwerdehefte, in denen Dutzende von stereotypen
Forderungen wiederholt wurden, die in den Dörfern von den Städten
übernommen worden waren: so etwa die Vereinheitlichung der Maße
und Gewichte; die Abschaffung nobilitierender Ämter und der Ämterkäuflichkeit; die einheitliche Einführung von *pays d'états* (Provinzen
mit eigener Ständeversammlung, die das Recht der Steuerbewilligung
hatte, in denen die Verwaltungstätigkeit der Intendanten eingeschränkt
war und von denen es in ganz Frankreich bisher nur sieben gab); die
Berufung vom Volk gewählter Minister usw. In anderen Beschwerdeheften wurden undurchführbare, manchmal geradezu alberne Wünsche
geäußert. Die Gemeinde Avez-le-Coin im Forez – ein Gebiet im Massif
central – wünschte zum Beispiel, »daß die Ziegen im Königreich ausge-
rottet werden, da sie in der Hauptsache schädlich für das Wachstum der
Wälder« seien. Die Einwohner von Chalmazel verlangten, »daß man
versucht, den für den Staat, die Einheit der Familien und das Scham-
und Keuschheitsgefühl der Frauen so verhängnisvollen liederlichen
Zölibat abzuschaffen.«[3] Neben utopischen oder abstrakten Vorstellungen trat aber auch hier und da alte Bauernweisheit zutage, rührende
Bescheidenheit, wenn es beispielsweise hieß: »Die Einwohner von
Allieu sind zu arm und ihre Ausdrucksmöglichkeiten zu gering, um sich
über die großen Verwaltungsdinge zu äußern, die der Prüfung der Her-

ren in den Generalständen anvertraut sind.«[4] Oder es wurden konkrete Wünsche geäußert, etwa gemeinsame Anstrengungen zu machen für die Wiederaufforstung des Landes, den Bau einer Brücke oder die Anlage eines neuen Weges. Manchmal wurden die Lebensumstände einer Dorfgemeinschaft auch wirklich beschrieben und ihre Probleme in allen Einzelheiten erläutert.

Ein armes Gebirgsdorf im Forez: Chalmazel

Das Beschwerdeheft von Chalmazel, einer Gemeinde mit 78 Haushaltungen, beginnt mit sehr allgemeinen Feststellungen; man möchte die Welt reformieren, wohlverstanden zunächst das Königreich, anschließend das heimatliche Forez; danach werden die Klagen der Gemeinde und ihre spezielle Notlage vorgebracht. Das Dorf liegt dreieinhalb Meilen von Boën und sechs Meilen von Montbrison entfernt hoch oben im Gebirge. Abseits aller Straßen, ist das Dorf für mehrere Monate im Jahr durch Schnee von der Außenwelt abgeschnitten. Bei einem derart rauhen Klima und einem undankbaren Boden können die Einwohner nur auf sehr magere Erträge hoffen. Auf manchen Äckern geschieht die Feldarbeit mit dem Spaten. Selbst in den besten Erntejahren bringen die Felder nicht mehr als die Hälfte des benötigten Getreides hervor. Der Gemeinde fehlt es an »Weizen, Wein, Öl, Wolle, Hanf und jeder Art von Früchten; man ist gezwungen, sie zu kaufen, und man kann sie nur auf dem Pferderücken herbeischaffen.«[5] Holzwirtschaft und Viehzucht sind die einzigen Verdienstmöglichkeiten. Zieht man alle Unkosten ab, so verkauft die Gemeinde für 400 Francs pro Jahr Holz und Milchprodukte und muß für die gleiche Summe Getreide und andere Lebensmittel einkaufen. Da es an Wegen und vor allem an leicht zugänglichen Absatzmöglichkeiten mangelt, »verdirbt das Holz an Ort und Stelle.« Für ein paar Sous Verdienst muß ein Holzfäller einen halben Tag lang im Wald arbeiten. Er hat dann soviel geschlagen, wie ein Pferd tragen kann; und um das Holz in Boën zu verkaufen, benötigt er für den Hin- und Rückweg noch einmal anderthalb Tage. Die Transportschwierigkeiten schränken demzufolge auch die Milchwirtschaft ein. Drei oder vier Händler kaufen den gesamten Käse von Chalmazel auf, dazu noch einen großen Teil aller Käseprodukte, die in den Bergen der Auvergne produziert werden. Da es keine befahrbaren Wege gibt, muß auch der Käse auf Pferderücken nach Montbrison geschafft werden. Ein kräftiges Pferd kann siebzig Käse tragen, für den Weg benötigt man jedoch zwei Tage. Im Winter ziehen die Käsehändler alle gemeinsam zu Tal und übernehmen mit ihrem Pferd abwechselnd die Spitze des Zuges, um den mühsamen Weg durch den hohen Schnee zu bahnen.

Die Häuser der Bewohner leiden unter den rauhen Witterungsverhältnissen, denn es fehlt an den benötigten Baumaterialien. Die Häuser sind zwar aus Stein gebaut, aber bei den armen Dorfbewohnern sind die Steine nur mit dem am Ort herstellbaren Mörtel gefügt und überstehen Sturm, Frost und Tauwetter nur schlecht. Alle zehn Jahre müssen die Mauern ausgebessert werden; man läuft sonst Gefahr, daß alles einstürzt. Die etwas wohlhabenderen Dorfbewohner verputzen häufig die Wind und Wetter am stärksten ausgesetzten Außenwände und wünschen sich Dachziegel, wenn schon nicht für das ganze Dach, so doch wenigstens für jenen Teil, unter dem sich die Wohnräume befinden. Aber Kalk und Dachziegel kann man nur fünf Meilen entfernt kaufen. Eine Ladung Kalk oder 50 Dachziegel herbeischaffen zu lassen kostet mindestens fünf oder sechs Francs.

Natürlich kann man nicht die örtliche Obrigkeit für die Unbilden der Witterung, Schnee, Wind und Stürme verantwortlich machen. Das wissen auch die Leute von Chalmazel und sprechen im Vorwort ihres Beschwerdeheftes ausdrücklich von »der Tugend des Fürsten«, aber sie beklagen sich, wie die übrigen 22 Millionen Landbewohner auch, über das Steuersystem. Dabei konnten sie in ihrem verlassenen Gebirgsdorf nicht wissen, was damals selbst die Wirtschaftsfachleute nicht wußten: daß nämlich die Franzosen insgesamt, besonders aber die Landbevölkerung, weniger Steuern zahlten als die Engländer.[6] Wenn über das Steuersystem geklagt wird, so nennt das Beschwerdeheft von Chalmazel nicht den Kirchenzehnten (*la dîme*), von dem in anderen *cahiers de doléances* ständig die Rede ist, und auch die »grundherrlichen Abgaben« werden nur kurz erwähnt. Nein, die Einwohner von Chalmazel klagen – wie der dritte Stand überall auf dem Land – über die Vielfalt der Steuerbelastungen, ihre Willkür und ihre ungleiche Verteilung. Es heißt dort, daß die Steuern für den König, würde man alle Einzelsteuern zusammenrechnen (die Jahressteuer, *la taille principale*; die direkte Sondersteuer, *la capitation*; die zusätzliche Jahressteuer, *l'accessoire de la taille*; die Abgabe eines Zwanzigstels des Einkommens, *le vingtième*; die Ablösungssumme für Straßen- und Wegefron, *le rachat de corvée des chemins*: in dieser weglosen Einöde geradezu ein Hohn!), einen Gesamtbetrag von 11 885 Francs pro Jahr ausmachen, das sind 152 Francs pro Familie. Diese Zahlen mögen übertrieben sein; tatsächlich sind jedoch viele Bewohner von Chalmazel gezwungen, auf irgendeine

Art zusätzlich Geld zu verdienen. »Die einzige Verdienstmöglichkeit, die sich für die männlichen Bewohner bietet«, schließt das Beschwerdeheft, »besteht darin, das Dorf zu verlassen und in dem harten, mühseligen Beruf des Schnittholzsägers seine Gesundheit zu ruinieren und die Lebenstage zu verkürzen.« Mit anderen Worten: die Männer mußten sich auf den Baustellen des Forez oder der umliegenden Provinzen als Sägearbeiter verdingen. »Nach Ablauf von neun Monaten sieht man nur jene Männer zurückkehren, deren große Familie ihre Anwesenheit wenigstens zeitweilig verlangt.« Sie bringen ein paar Francs mit zurück, die oft dringend gebraucht werden, um inzwischen erfolgte Pfändungen wieder aufheben zu können. Die Abwesenheit vieler Männer, die im Forez übrigens nichts Ungewöhnliches war, prägte den gesamten Ablauf des Dorflebens. Fremde sahen mit Überraschung und Anteilnahme, daß die Aufzucht und Pflege der Rinder »dem weiblichen Geschlecht überlassen wird, dessen schwache Arme eine so mühselige Aufgabe nur halbwegs bewältigen können.«[7]

Die tatsächliche Belastung durch die Grundherrschaft

Man darf die Lage der Landbevölkerung nicht allein nach den in den Beschwerdeheften aufgeführten Aussagen beurteilen. Obwohl die Auvergne eine sehr viel ärmere Provinz war als die Bourgogne, wurden dort doch sehr viel weniger Proteste laut. Am Vorabend der Revolution befanden sich gerade diejenigen Provinzen in Aufruhr – das Artois, die Île-de-France, Lothringen, das Mâconnais –, die zu den reichsten in Frankreich gehörten, das damals seinerseits als das wohlhabendste Land der Welt galt. Wenn man sich in Chalmazel mit seinen Klagen hauptsächlich auf das königliche Steuersystem beschränkte, so beweist das vor allem die politische Rückständigkeit seiner Bewohner. Seit 1670 war es nicht mehr zu Erhebungen gegen den Staat gekommen. Was die Leute nun am meisten erboste, waren der Kirchenzehnte und die Rechte der Grundherren, und zwar gerade in den reicheren Provinzen und gerade auch dann, wenn die Belastungen verhältnismäßig gering waren. »Die Revolution, deren ureigenes Ziel darin bestand, die noch übrig gebliebenen mittelalterlichen Institutionen abzuschaffen, brach nicht in denjenigen Landstrichen aus, in denen sich das alte Feudalsystem am besten erhalten hatte und wo das Volk seine Härte und Unerbittlichkeit am meisten zu spüren bekam, sondern ganz im Gegenteil dort, wo sich die Grundherrschaft am wenigsten streng zeigte; dergestalt, daß man ihr Joch gerade dort am unerträglichsten empfand, wo es in Wahrheit am wenigsten schwer zu tragen war.«[8] Mit den grundherrlichen Abgaben verhielt es sich wie mit der Armut auch: war man erst einmal vom Gewicht ihrer Last überzeugt, wurden sie zu einem Stein des Anstoßes (heutzutage nennt man so etwas »Bewußtwerdung«), auch wenn sie offenkundig gar nicht so schwer waren. Natürlich spielten fast überall auch formale Ungeschicklichkeiten eine Rolle. Bei Arthur Young findet sich folgender einleuchtender Kommentar über die grundherrlichen Abgaben im Berry: »Das Schlechte bei diesen Rechten ist vor allem die Art und Weise, in der sie eingefordert und durchgesetzt werden.« Der Verwalter eines großen Grundherrn konnte ein Vierteljahrhundert lang das Leben und die Atmosphäre eines Dorfes vergiften. Im Beschwerdeheft von Cordelle-en-Forez – ein Dorf, wo Geistlichkeit und Adel ein Viertel des gesamten Bodens besaßen – heißt es bitter: »Seit mehr als zwanzig Jahren führen wir gegen den Duc d'Arcour [Harcourt] einen Prozeß, bei dem es darum geht, nur die Hälfte der an den Grundherrn zu entrichtenden Gebühr (*demi-lod*) zu zahlen, wenn es sich um ein Erbe aus einer Seitenlinie handelt; dagegen die ganze Gebühr (*lod*) zu entrichten, wenn es die direkte Erbschaft vom Vater auf den Sohn betrifft. Wir haben alle zusammengelegt, damit dieser unglückselige Prozeß endlich zu einem Ende kommt.«[9] Die französischen Bauern stellten nicht das Recht des Grundherrn auf seinen Erbanteil (*la réserve*) in Frage, den der Grundherr selbst übernehmen oder weiter verpachten konnte, sondern sie setzten sich gegen die Randerscheinungen der Grundherrschaft zur Wehr: die Rechtsprechung durch den Grundherrn, die regelmäßig an ihn zu entrichtenden Abgaben in Form von Naturalien oder Geld (*redevances seigneuriales*), der Zwang zur Benutzung von Mühlen, Keltern und anderen Anlagen des Grundherrn (*banalités*) usw. Dort, wo der Lehnszins ohne Murren gezahlt wurde, lehnte man sich auf gegen grundherrliche Richter, das Recht des Grundherrn auf eine gewisse Anteilsgebühr beim Verkauf von Land (*le droit de lods et ventes*) – übrigens ein Vorläufer der heutigen Grundbucheintragungen –, die Erhebung der Ernteanteilgebühr vor Einbringung der Ernte (*le champart*) und die unbegrenzten Jagdrechte des Grundherrn.

Selbst dort, wo das Verhältnis zwischen dem Grundherrn und den Bauern sehr angespannt war, ist in den Beschwerdeheften doch nur vom Mißbrauch des Reichtums oder von den anachronistischen Verpflichtungen gegenüber dem Grundherrn die Rede. Schon lange gab es in Frankreich keine Feudalherrschaft im mittelalterlichen Sinne mehr.

»Von der lehnsherrlichen Gewalt«, versichert der Kanzler Pasquier, »war nichts geblieben als das beinahe bedeutungslose Wort; sie war im Laufe der Zeit mit der der Krone verschmolzen. Es gab sehr wohl noch Rechte finanzieller Art, die mit zu den Ländereien des Lehnsbesitzes gehörten; aber der Lehnsbesitz war ein Besitztum wie jedes andere auch, das sowohl Bürgerlichen wie auch Adligen gehören konnte; die persönliche Gewalt der Lehnsherren über ihre Lehnsmänner existierte nur mehr in Romanen. Eine Art persönlicher Verpflichtung des Grundherrn gegenüber seinen Vasallen war beinahe alles, was von der ehemaligen Feudalgewalt übriggeblieben war.« Eine solche Fürsorgepflicht setzte natürlich die persönliche Anwesenheit des Grundherrn auf seinen Gütern voraus. Die Landflucht des Adels hatte zu dieser Zeit tatsächlich aufgehört. In den Jahren 1776 oder 1786 war nichts weniger zutreffend als das traurige Bild, das der Marquis de Mirabeau – der Ökonom und Physiokrat, nicht zu verwechseln mit dem Comte de Mirabeau[10] – in seinem Werk *L'Ami des hommes, ou Traité sur la population* noch 1756 vom Innern Frankreichs und seinen vom Adel beinahe gänzlich verlassenen Landstrichen entworfen hatte. Prosper de Barante[11] hat nicht unrecht, wenn er in einer späteren historischen Analyse ausdrücklich darauf hinweist, über welchen lokalen Einfluß zum Beispiel die im Poitou ansässigen Landedelleute verfügten. »Die Edelleute«, schreibt er, »lebten hier ohne Prunk, ja sogar mit äußerster Einfachheit. Hatten ihr gesellschaftlicher Rang oder ihr Geschick sie gezwungen, für eine kurze Weile ihre heimatliche Provinz zu verlassen, so brachten sie doch nicht den Pariser Ton und die Pariser Sitten mit zurück in das Bocage[12].« Selbst wenn diese Schilderung geschmeichelt ist, hilft sie das Zusammengehörigkeitsgefühl verstehen, das sich während des Aufstandes in der Vendée in Komplizenschaft verwandeln sollte.[13]

Der Grundherr war übrigens – es muß noch einmal betont werden – durchaus nicht immer ein Adliger. Ein Bürger konnte durch die Zahlung einer Sondersteuer das Recht auf ein freies Lehnsgut erwerben. Solche Bürgerlichen und vorgeblichen Adligen, die bisweilen eine geradezu »kapitalistische« Gesinnung an den Tag legten, wurden von der Landbevölkerung allerdings weniger toleriert als die Vertreter der alteingesessenen Familien. Den traditionellen Adel und die zu Grundherren avancierten Neureichen verband jedoch hinfort das gemeinsame Interesse an einer zeitgemäßen Gestaltung des grundherrschaftlichen Systems, zumindest an einer effektiveren und ertragreicheren Bewirtschaftung der Landgüter. Ihre Politik – später generell als *réaction seigneuriale* bezeichnet – verfolgte damals zwei Ziele: die Aufwertung und

Beanspruchung unzulänglich definierter grundherrlicher Rechte sowie die Aneignung von Weideland, Wäldern, Teichen und Allmenden, die sie ihrem Grundbesitz einverleibten.

Ein Experte des Lehnsrechts

In den Beschwerdeheften von 1789 werden immer wieder Klagen über die Wahrnehmung grundherrlicher Rechte laut, die erst durch das Wiederauffinden in alten Archiven und Plänen zutage gekommen seien. Diese Revision der lehnsherrlichen Kataster (*terriers*) erfolgte zwar einseitig, aber keineswegs willkürlich, denn man benötigte dazu eine staatliche Autorisierung. Die heikle Arbeit erforderte einen Experten, einen Lehnsrechtskundigen – *commissaire à terriers* oder *feudiste* genannt –, der »zugleich Historiker, Paläograph, Geometer und selbstverständlich Jurist« sein mußte.[14] Man kann noch hinzufügen: ein gewandter und standfester Mann mit diplomatischem Geschick. Die meisten von ihnen waren Praktiker, die ihre Erfahrungen und Kenntnisse im Laufe ihrer Tätigkeit gesammelt hatten. So auch der berühmte Babeuf.

François-Noël Babeuf entstammte einer rechtschaffenen, armen Familie – er selbst sprach von sich als von jemandem, der »im Schlamm« geboren worden sei –,[15] war also von niedriger Herkunft. Als ältestes von dreizehn Kindern eines ehemaligen Soldaten, der Aufseher (*gabelou*) der königlichen Güter geworden war, wurde er von seinem Vater unterrichtet und sehr früh an die Arbeit gestellt. Der Junge träumte von nichts anderem als von einer »Schreiberstelle«. Er machte zwar Fehler in der Rechtschreibung, aber er hatte eine schöne Handschrift. Mit achtzehn Jahren trat er in der Nähe von Abbeville in der Picardie in die Kanzlei des Maître Hullin ein, der ein Spezialist für Lehnsrecht war. Babeuf, voller Tatendrang und ehrgeizig, wollte selbständig arbeiten und erklärte kurzerhand und naiv, er sei »von Kopf bis Fuß ein Spezialist für das Lehnsrecht«. Er arbeitete hart und studierte nebenbei die Lehns- und Domänenverträge. 1779 dachte er keineswegs an die Neuordnung der Gesellschaft, sondern hatte vor allem materielle Sorgen: er mußte seinen Vater um eine neue Hose bitten und ein geschlagenes Jahr auf die Auszahlung seines ersten Gehalts – drei Livres pro Monat – warten. Es war eine harte Lehrzeit. Die Angestellten eines *feudiste* verdienten nur wenig, ausgebildete Experten waren jedoch gesucht und wurden gut bezahlt. 1781 hatte sich Babeuf – er war gerade zwanzig Jahre alt – schon im Schloß von Daméry niedergelassen. Er heiratete und eröffnete eine Kanzlei in Roye. Obwohl ganz ohne »Vermögen, Familienhintergrund, Protektion und Kenntnisse«, wurde der junge *commissaire à terriers* alsbald mit Aufträgen überhäuft. Er mußte bald ein ganzes Haus mieten und mehrere Angestellte beschäftigen. Er war durchaus kein unglücklicher Mann; seine Frau, die er bewundernd mit Thérèse Levasseur, der Gattin Rousseaus, verglich, schenkte ihm eine kleine Tochter. Noch schämte er sich nicht seines Berufes; einen angesehenen Kollegen aus Noyon nannte er »sein väterliches Vorbild«.

Nach einigen Jahren glaubte Babeuf jedoch, die dunklen Punkte im Charakter der Reichen entdeckt zu haben. Die Tugenden waren für ihn dagegen eher bei Menschen jener »leidgeprüften Klassen« (*classes infortunées*) zu finden, »deren natürliche Einfachheit noch nicht durch unsere Verderbtheit Schaden genommen hat.« Von nun an veröffentlichte er Denkschriften über ein »immerwährendes lehnsherrliches Kataster«, das die Rechte der Armen garantieren sollte. Im September 1787 kam es zu einem Zerwürfnis mit dem Comte de Castéja, der die Absicht gehabt hatte, ihn im Zimmer der Bediensteten speisen zu lassen. Im folgenden Jahr sorgte ein ernsterer Streit mit dem Marquis de Soyecourt dafür, daß seine Arbeit drastisch eingeschränkt wurde; er war ruiniert. Seit achtzehn Monaten schon hatte Babeuf mehr und mehr dazu geneigt, sich – ohne dazu bevollmächtigt zu sein – an die Stelle seiner Auftraggeber zu setzen. Er schützte die Interessen der Abgabepflichtigen, was aller Ehren wert war, und er tadelte die Entscheidungen der Justizbeamten, was gänzlich außerhalb seiner Kompetenz lag. Im Grunde wollte er nicht nur die Kataster reformieren, sondern ein wenig die ganze Welt. »Dann kam«, so berichtet er, »die Einberufung der Generalstände. Während das Beschwerdeheft von Roye vorbereitet wurde, hatte ich die Absicht, einige Artikel beizusteuern. [...] Was, glaubt man, schlug ich in meiner Eigenschaft als *feudiste* für den Anfang wohl vor? Die Abschaffung der Lehnsgüter, den Rückkauf der mit dem jährlich zu zahlenden Lehnszins belegten Ländereien und die Aufhebung des Erbrechts der Erstgeborenen.« Als begeisterter Anhänger Rousseaus wurde Babeuf später zu einem überzeugten Kommunisten und gab sich – in Anlehnung an die Gracchen und deren Neuverteilung des in adligem Besitz befindlichen Ackerlandes an die Armen in Rom – das Pseudonym »Gracchus«.

Wenn ein Bauer um sein Recht prozessierte, so begab er sich in einen ungleichen Kampf mit den Grundherren oder reichen Landwirten. Noch der kleinste Lehnsrechtskundige und der ungeschickteste Steuereinnehmer verfügten über gewisse Rechtskenntnisse. Frankreich, »das Land der Gesetze«, hatte damals ein überaus kompliziertes Rechtssystem. Im Norden galt das Gewohnheitsrecht (*droit coutumier*), im Süden römisches Recht. Nicht genug damit, daß die Rechtsprechung von Provinz zu Provinz, ja von einem Amtsbezirk zum anderen verschieden war, die Grenze verlief manchmal sogar mitten durch ein Dorf. Bei dem kleinen Marktflecken Sennely, der gegen Ende des Ancien Régime 112 Haushaltungen zählte, gehörte der eine Teil des Ortes zum Gerichtsbezirk des Ordenskapitels von Saint-Aignan, in dem nach dem Gewohnheitsrecht von Orléans geurteilt wurde, während der übrige Teil des Ortes zum Gerichtsbezirk des Herzogtums Sully gehörte, in dem das Gewohnheitsrecht von Blois galt.[16] Hatte eine Gemeinde durch Umlage endlich soviel Geld zusammengebracht, einen Bevollmächtigten und einen Advokaten bezahlen zu können und gegen ihren Grundherrn zu klagen, mußte sie bald die schmerzliche Erfahrung machen, daß die Richter parteiisch waren. Arthur Young bemerkte dazu: »Die Gerichtsurteile fallen für die Pächter sehr streng aus, und der Grundherr wird von den Richtern begünstigt.« Die Richter, oft selbst Grundherren, waren zugleich parteiische und richtende Instanz. Von der offiziellen Justiz unterstützt, fühlten sich nun viele Grundherren ermutigt, die Vergrößerung ihres Landbesitzes zu betreiben. Alle Mittel schienen ihnen recht, Flurbereinigungen durchzuführen. Schrittweise machte man sich Heideland und Hanfäcker zu eigen, wurden Sumpfgebiete trockengelegt, künstliche Grünlandflächen angelegt, wurden die Felder – wie bei den englischen Landbesitzern – systematisch eingefriedet (*clôture*), wobei man die ehemalige bannherrliche Mühle für die Bewässerung benutzte. Unter dem Vorwand der Flurbereinigung oder Landeinfriedung nahmen die Grundherren jeden Tag ein Stückchen mehr von der ehemaligen Allmende – Heideland, Wälder oder Lichtungen – in Besitz. Die Herren verboten den jahrhundertealten Brauch der *vaine pâture*, das heißt den Dorfbewohnern wurde das Weiderecht auf brachliegenden Feldern untersagt. Unter dem Vorwand der Modernisierung – der Anwendung neuer wissenschaftlicher Methoden auf Ackerbau und Viehzucht – entzog man den armen Dorfbewohnern die bis dahin bestehende Möglichkeit, ihre ohnehin armseligen Einkünfte durch die Viehhaltung etwas aufzubessern. Da sie selbst kein Weideland besaßen, waren sie auf die Nutzung ihres Weiderechts angewiesen; entzog man es ihnen, wurde die Not um so größer.

Die Verbesserungsvorschläge der aufgeklärten Physiokraten und die von den englischen Nationalökonomen gepredigten Reformmaßnahmen stießen bei der Landbevölkerung auf hartnäckigen Widerstand. In der Bourgogne etwa kam es zu Dutzenden von Aufständen und Revolten gegen die Einfriedung der Felder, die Trockenlegung der Teiche und die Aneignung der Allmenden durch die Grundherren. In den Beschwerdeheften von 1789 wird immer wieder Klage geführt über die übermäßig betriebenen Flurbereinigungen. Da ist zu lesen: »Man soll die weitere Ausdehnung ohnehin schon allzu großer Ländereien durch das Verbot, die kleinen angrenzenden Landstücke noch hinzuzufügen, einschränken; denn diese Zusammenlegungen fügen der Landschaft beträchtlichen Schaden zu. Durch die Zerstörung mehrerer Gehöfte und kleiner Pachthöfe sind Einödgebiete an die Stelle ehemals freundlicher und gut bewirtschafteter Landwirtschaften getreten.«[17] Auf diese Weise wurden die Reichen, namentlich die Großgrundbesitzer, ebenso angegriffen wie der Adel. In Frankreich war der Landbesitz damals in unzählige kleine Besitztümer aufgeteilt. In der Auvergne zum Beispiel besaßen mindestens 95 Prozent aller Dorfbewohner ihr eigenes kleines Stückchen Land, die einzelnen Parzellen waren jedoch für die Sicherstellung des Lebensunterhalts meist ganz unzureichend. Um sein Leben mehr schlecht als recht fristen zu können, brauchte man in der Auvergne mindestens drei Hektar Land, 70 Prozent der Äcker waren aber nicht größer als ein Hektar. Da im Erbfall der Landbesitz zu gleichen Teilen an alle Erbberechtigten verteilt wurde (Realteilung), war das Land in unzählige Parzellen zerstückelt, und dies um so mehr, als die Bevölkerung ständig zunahm. Unter diesen ohnehin schwierigen Lebensbedingungen auf dem Lande wurde nun das traditionelle Weidenutzungsrecht in Frage gestellt. (Die Empörung der Bauern ist deshalb kein Wunder, die dann kurz nach Ausbruch der Revolution in Paris auf dem Lande in das merkwürdige Phänomen der *Grande Peur* umschlug.[18]) Gewalttätigkeiten der Bauern und Strafmaßnahmen der Herren wechselten einander ab; Aktionen und Gegenreaktionen nahmen auf beiden Seiten unkontrollierte Formen an; die schonungslosen Methoden moderner Agrarwirtschaft zerstörten ein vordem bestehendes sehr empfindliches Gleichgewicht sozialer Beziehungen; die soziale und politische Explosion war die Folge.

Die alte christliche Nächstenliebe, zu Beginn des Jahrhunderts Wohltätigkeit und nun von den Aufklärern Philanthropie genannt, gehörte zur
Pflicht des Grundherrn; denn ein Grundherr hatte nicht nur Rechte.
Hätte seine Stellung nicht auch Pflichten enthalten, warum hätten sich
die Dorfbewohner sonst so häufig über die Abwesenheit mancher Herren beklagen sollen? Der Dichter Colardeau, der als Gast auf dem
Schloß der Madame de la Vieuville weilte, schlug dieser im August 1774
vor, das traditionelle Fest des Heiligen Ludwig in ein Hilfsprogramm
umzuwandeln, mit dem den armen Leuten mehr geholfen sei. Er ließ
Brot, Wein und Kinderkleidung an die armen Bauern verteilen. »Man
muß den reichen Leuten beibringen«, schrieb er, »die armen Leute zur
Hälfte mit in ihre Vergnügungen einzubeziehen.«

Besaß ein Dorf keinen eigenen Wundarzt, wurde es von Zeit zu Zeit von
den Grauen Schwestern besucht. Diese waren, wie Chateaubriand
beschreibt, »voller Milde, jedoch nicht ohne eine gewisse Festigkeit«.
Sie verstanden sich besonders gut darauf, »durch Stürze gebrochene
Glieder wieder zu heilen« und bei passender Gelegenheit »dem Ernäh-
rer der Familie ein Wort Gottes ins Ohr zu flüstern«.[19] Sehr häufig
jedoch war die medizinische Betreuung Aufgabe einer dafür geschickten wohltätigen Dame der Gesellschaft. In Thézée, das in der Nähe von
Villefranche-en-Beaujolais liegt, hatte Madame Roland die Rolle des
»Dorfarztes« inne. In Genlis schaffte Stéphanie-Félicité du Crest de
Saint-Aubin im Jahre 1761 für die Schloßbibliothek den volksmedizini-
schen Ratgeber des Schweizer Arztes André Tissot *L'Avis au peuple sur
sa santé* an. Die Comtesse de Genlis praktizierte also, ihren »Tissot in
der Hand« und assistiert von dem Dorfbader, Monsieur Racine, der
sich bei ihr Rat zu holen pflegte. Gemeinsam machten sie ihre Kranken-
besuche. Brechmittel, die er überall verordnen wollte, waren für den
Bader das Mittel der Wahl. Madame de Genlis mußte ihn immer wieder
mäßigen und verschrieb statt dessen einfache Kräutertees oder Fleisch-
brühen, die sie vom Schloß holen ließ. Rasch hatte sie die Technik des
Aderlasses erlernt. Um den einfachen Bauern die Angst vor dem Aderlaß zu nehmen, gab sie ihnen anfangs nach erfolgter Operation jedesmal
dreißig Sous, was die Nachfrage nach Aderlässen auf wundersame
Weise vermehrte. Deshalb beschloß sie, nur noch auf Verordnung des
Baders von La Fère, Monsieur Millet, der beinahe alle zehn Tage nach
Genlis kam, Aderlässe vorzunehmen.

Eine Comtesse de Genlis konnte sich mitsamt ihrem Bader jedoch bei weitem nicht mit einer Madame la Princesse de Chalais messen. Die Großmutter von Talleyrand herrschte – ohne dabei tyrannisch zu sein – uneingeschränkt über den niedrigen Landadel und die Bauern ihrer Umgebung. Jeden Sonntag hielt sie für die Bevölkerung eine medizinische Sprechstunde ab, der sie mit Würde, Güte und Sachverstand vorsaß. Nach der Messe, bei der die Prinzessin von einem ganzen Hofstaat von Adligen aus der Nachbarschaft umgeben war, begab man sich, wie Talleyrand beschreibt, »in einen weiträumigen Saal des Schlosses, der die *apothicairerie* genannt wurde. Dort standen in Regalen, fein säuberlich aufgereiht, große Tiegel mit den verschiedensten Salben, deren Rezepte man von alters her im Schloß besaß; sie wurden jedes Jahr von dem Dorfbader und dem Dorfpfarrer gemeinsam sorgfältig hergestellt.« In diesem Apothekensaal befanden sich auch Dosen mit Medikamenten, Gefäße mit eingedickten Säften, Heiltränken, Scharpie – eine Art Watte – und Verbandzeug. Die Patienten mußten in einem Vorzimmer warten und wurden nacheinander von einer Kammerfrau hereingeführt. Madame de Chalais, eine geborene Mortemart, pflegte in einem samtbezogenen Sessel hinter einem schwarzen Lacktisch Platz zu nehmen. Zwei Ordensschwestern befragten jeden Kranken nach seinen Beschwerden oder seiner Verletzung und nannten die für seine Heilung geeignete Salbe. Daraufhin schaltete sich die Prinzessin ein, um die Stelle zu bezeichnen, wo sich das Heilmittel befand, das daraufhin von einem Mitglied ihres Hofstaates geholt wurde. Ein zweiter brachte die Scharpie herbei, die der kleine Talleyrand seiner Großmutter überreichen durfte. Diese schnitt selbst die zusammengefalteten Verbandsstücke zurecht. »Der Kranke nahm einige Kräuter für seinen Kräutertee, Wein und Arzneimittel für die Medizin mit nach Hause und immer einige freundliche und tröstliche Worte, die ihn am meisten stärkten.« Alt und Jung, Adlige und Nonnen spielten ihre Rolle bei dem wohltätigen Schauspiel. Man versteht, daß sogar »die Revolution es nicht fertigbrachte, den ehemaligen Herrensitzen ihren Zauber zu nehmen«, wenn dort, wie in Chalais, die Pflicht des Grundherrn, Sorge für die von ihm Abhängigen zu tragen, mit soviel Noblesse und Fürsorglichkeit erfüllt wurde.

Der Maréchal de Mailly d'Haucourt ließ 1779 von den Pfarrern der sieben Gemeinden seiner Grafschaft eine Armenkartei anlegen. Auf die Vorlage eines Ausweises hin sollte jeder Bedürftige ein Anrecht auf Getreidezuteilung haben. Ferner hatte derselbe wohltätige Mailly d'Haucourt einen geschickten Wundarzt angestellt, dem er ein Gehalt von 400 Livres auszahlte; darüber hinaus bekam er Lebensmittel zugeteilt und durfte im Schloß des Grafen in Louvrechy wohnen. Der Wundarzt war wie ein Arzt der königlichen Armee gekleidet und hatte die Aufgabe, die Armen unentgeltlich zu behandeln, die Frauen zu entbinden und die älteren Frauen in Geburtshilfe zu unterrichten.[20] Diese Form des Patriarchalismus widersprach keineswegs dem Geist der Aufklärung.

Gesundheitspflege, Hygiene und Aberglaube

Die volkstümliche Medizin hatte sicher ihre Verdienste. Hinzu kam nun aber ein insgesamt besser entwickeltes Gesundheitswesen, das von den Behörden gefördert und von der Medizinischen Akademie unterstützt wurde. Die Bemühungen galten einem größeren Hygienebewußtsein bei der Bevölkerung, einer verstärkten Ausbildung von Wundärzten, der Verbesserung ihres Kenntnisstandes – womit gleichzeitig die Arbeit der nur über ihr Erfahrungswissen verfügenden Quacksalber eingeschränkt werden sollte – und endlich der Ausbildung professioneller Hebammen. 1772 beschrieb ein Arzt aus Lyon, Doktor Gilibert, humorvoll den Eindruck, den er von der Einstellung der Landbevölkerung gegenüber den Ärzten gewonnen hatte: »In einem nur eine Meile von einer Stadt entfernten Dorf unterscheiden die Bauern drei Arten von Medizinern: der große Arzt ist ein Doktor der Medizin, der eigentliche Arzt ist der Dorfchirurg, und wer sich auf Zauberei versteht, gilt als der Arzt Gottes.« Zwei oder drei Meilen von der Stadt entfernt kannte man dann nur noch den Wundarzt, und in den Bergen konnte es vorkommen, daß selbst ein Bader unbekannt war. »Jeder Weiler besaß sein Orakel, eine Person, die ganz allein über Leben und Tod der armen Kranken entschied.«[21] Diese Darstellung ist wahrscheinlich etwas übertrieben, und man muß außerdem berücksichtigen, daß es damals große regionale Unterschiede gab. Außerdem verbesserte sich die Situation von Jahr zu Jahr. Im Anjou gab es zum Beispiel in Montjean, einem Ort mit 420 Haushaltungen, einen Arzt; ebenso in Saint-Remy-en-Mauges, einem Marktflecken mit 200 Haushaltungen, und sogar in Montfaucon, einem einfachen Dorf mit 110 Haushaltungen.[22] Im großen und ganzen galt jedoch, daß der moderne Arzt – Doktor der Medizin, möglicherweise korrespondierendes Mitglied einer Akademie und Anhänger der Aufklärung, der die rückständigen Landbewohner verachtete – ein Mann der Stadt war. Er wagte sich hauptsächlich nur dann aufs Land, »wenn dort ernste Epidemien gras-

sierten«: Grippe (1775/76), Ruhr (1779), Frieselfieber (eine Bläschen-Hautkrankheit, 1782), Lungenentzündung (1781–85). Er mußte dann völlig überlastet seine Beobachtungen und Besuche »im Laufschritt« absolvieren, wobei er wußte, daß nach seinem Weggang kein medizinisch Verläßlicher die weitere Pflege seiner Kranken garantierte. Selbst wenn die medizinische Versorgung unentgeltlich war, lehnten die Bauern hartnäckig die Heilmethoden der studierten Mediziner ab. In Montignac etwa gelang es dem Doktor Laservolle zwar, seine Kranken von einem bestimmten Abführmittel zu überzeugen, aber seine verordneten Brechmittel lehnten sie ab. Um jeden Konflikt zu vermeiden, hatte er den Ausweg gefunden, von Zeit zu Zeit die Einnahme von *thériaque* zu verschreiben, einem Universalmittel, mit dem man damals Mensch und Tier kurierte und das sich aus sechzig verschiedenen Bestandteilen, hauptsächlich aber aus Otternpulver, zusammensetzte.[23]
In Orten, wohin sich ein studierter Arzt kaum noch verirrte, gab es immerhin Wundärzte und Hebammen. Der Dorfarzt war häufig ein Bader mit nur geringen Kenntnissen, manchmal ein skrupelloser Quacksalber. Man fand jedoch zunehmend auch sogenannte *maîtres en chirurgie*, die in der Lage waren, einfache medizinische Heilverfahren anzuwenden. Den Bauern galten sie als absolut gleichrangig mit den studierten Medizinern von der Universität. Als Richard-Lenoir im Alter von acht Jahren an starken Schmerzen in den Knien litt, ließ man den von jedermann als Arzt bezeichneten Bader kommen. Dieser kundige Mann sprach zunächst von Rheumatismus und äußerte den Verdacht, daß die feuchten Zimmer daran schuld seien. Dann aber fand er die Ursache des Übels heraus: das Kind und sein Bruder teilten dasselbe Bett mit der Großmutter und steckten sich dadurch mit ihren Krankheiten an. Von dem Augenblick an, wo beide Kinder im Pferdestall untergebracht wurden, ließen die Schmerzen nach – außer bei Wetterwechseln (was beinahe vermuten läßt, daß sie sehr wohl an Rheumatismus litten). Daß die Zahl der diplomierten Wundärzte nicht größer war, lag auch an der Konkurrenz einfacher Heilkundiger, der *rebouteux*, die zum Beispiel Glieder einrenken konnten. Um seinen Lebensunterhalt zu verdienen, brauchte man natürlich Patienten. Nun waren diese aber sehr knauserig; und so behandelte zum Beispiel der ortsansässige Wundarzt von Sennely nur die vornehmen Bürger und half ihren Frauen bei der Entbindung. Von den Bauern wurde er nur gerufen, wenn jemand im Sterben lag, oder bei sehr schwierigen Entbindungen, da die örtliche Hebamme nichts weiter als eine ältere Frau mit etwas praktischer Erfahrung war.

Trotz all dieser Unzulänglichkeiten machte die medizinische Versorgung der Bevölkerung in Frankreich insgesamt gesehen große Fortschritte. Im Jahre 1788 kamen in den Amtsbezirken Cholet und Beaupréau im Anjou auf 80 Gemeinden 47 Wundärzte. Trémentines besaß zwei vereidigte Wundärzte, die das Angebot machten, die Armen zu behandeln, wenn man ihnen die Arznei dafür unentgeltlich zur Verfügung stellte. Die beiden Wundärzte von Vezin standen in dem Ruf, »sehr aufgeklärt« zu sein; und die beiden aus Pommeraye – sie arbeiteten augenscheinlich gern zu zweit – waren zuvor Schiffsärzte gewesen, »erfahren sowohl bis Amerika als auch in der Behandlung von Schwarzen«. Bei den Hebammen lag dagegen noch manches im argen. In Tillères wandte man sich bei Entbindungen lieber an die örtlichen Wundärzte. Die Bewohner von Nuaille hatten allen Grund zur Klage: sie hatten »weder eine Hebamme noch einen Wundarzt«, und viele starben, »weil sie nicht das Geld hatten, sie zu bezahlen«. Im Durchschnitt wurden jedoch diese Einzelfälle wieder ausgeglichen; denn in den 80 Gemeinden gab es insgesamt 80 Hebammen. 38 von ihnen wurden als ausgebildet bezeichnet oder hatten wenigstens Kurse besucht; das berufliche Ansehen der anderen war unterschiedlich. Die Hebamme von Montfaucon galt zum Beispiel als erfahren, die von Saint-Laurent-du-Mottay als geschickt. In Saint-Georges-du-Puy-de-la-Garde gab es hingegen nur wackere Frauen, die sich ihr Wissen selbst beigebracht hatten; sie scheinen aber nicht allzu ungeschickt gewesen zu sein. In La Plaine vertraute die Dorfgemeinschaft dagegen allein auf Gott: »Keine Hebamme. Ältere Frauen ohne Kenntnisse (die Vorsehung bestimmt beinahe alles)!«[24]

Die Ortsansässigkeit von Wundärzten hinderte jedoch Quacksalber nicht daran, ihr Geschäft ebenfalls erfolgreich zu betreiben. Die Einwohner von Tillères beklagten sich darüber, daß es in ihrer Gemeinde allzu viele »Scharlatane gibt, die das allzeit leichtgläubige Volk betrügen.«[25] Im Médoc hatten die normalen Wundärzte keinen großen Zulauf, dafür war dieser Landstrich – neben seinen Weinen – berühmt für seine Wahrsager (*devins*). Diese nutzten den Aberglauben der Landbevölkerung aus und »hatten sogar Heilige erfunden, an die man sich bei diesem oder jenem Leiden mit seinen Gebeten wenden« sollte.[26] Im Périgord wie auch in anderen ländlichen Gegenden verkauften Hausierer – »ein Haufen Trunkenbolde« – neben Heiligenbildern und Rosenkränzen auch »Reliquien, die alle Leiden heilen«. Denn der Aberglaube bei Krankenheilungen ging mit dem einfachen christlichen Volksglauben häufig Hand in Hand. Trotz aller Aufklärungsbemühungen des Ortsbischofs wurden in mehreren Gemeinden im Bordelais die neugeborenen Kinder immer noch der Göttin Venus geweiht – und zwar äußerlich zeremoniell »christlich«. In diesen Gemeinden befand sich hinter dem Altar in der Kirche eine Öffnung im Boden, die man *veirine de Vénus* nannte. Die Frauen legten mit ihren Säuglingen Wege von bis zu zehn Meilen zurück, um dort die guten Mächte zu beschwören. Der Pfarrer der Gemeinde, in der sich die Kultstätte befand, führte zu diesem Zweck einer Art religiöser Zeremonie aus: »über dem Kopf des Kindes murmelte er das Evangelium« und trug das Kind – den Weihwasserwedel in der Hand – zu der Kultstätte der Venus, »über der er das Kind bis zu neunmal hin und her bewegte.« Dafür ließ er sich dann mit einem großen Écu bezahlen. Die Menschen waren in dem festen Glauben, daß diese nachdrückliche Behandlung den kränklichen Säuglingen Gesundheit schenkte und die kräftigen Kinder vor Krankheiten bewahrte. In dieser Region Frankreichs galt auch noch üblicherweise die Überzeugung, daß der Pfarrer mit umgelegter Stola Gewitter abwenden, vor tollwütigen Hunden bewahren oder den Teufel austreiben konnte. In Nordfrankreich glaubte man ebenso wie im Süden noch an den Werwolf, an Gespenster, Hexerei und Sühneopferzeremonien. Auf dem Lande, in der Nähe von Saint-Calais (in der damaligen Provinz Maine) fürchteten Groß und Klein die Irrlichter, die Mensch und Tier böse Streiche spielten; am Karfreitag brachte man Kinder und junge Haustiere ins Freie, damit sie kräftig wurden; nach den Prozessionen legte man die Kinder nackt auf die für das Allerheiligste an den Wegen aufgebauten Altäre. Überall verdienten Hexen und Hexenmeister Geld damit, Tier und Mensch zu verhexen. Wollte man sich ihrer Zauberkünste erwehren, half nur eines: man mußte einen noch geschickteren und mächtigeren Hexenmeister finden. In diesem Landstrich zählten Religion und Aberglaube weniger als die uralten atavistischen Bräuche. »Die seit unvordenklichen Zeiten bestehenden Vorstellungen über die schwarze Magie lebten hier mit unveränderter Kraft fort.«

Die Vielfalt regionaler Besonderheiten

Innerhalb des Königreichs Frankreich traf man auf ganz unterschiedliche Verhältnisse. Es gab Provinzen, in denen nach römischem Recht (*droit romain*) Recht gesprochen wurde, und solche, in denen dies nach altem Gewohnheitsrecht (*droit coutumier*) geschah. Es gab *pays d'élection* (Steuerbezirke, in denen die Intendanten alle Befugnisse der

Verwaltung und Besteuerung hatten) und *pays d'états*, in denen die Verwaltungstätigkeit und das Besteuerungsrecht der Intendanten durch Ständeversammlungen eingeschränkt war. Es gab Provinzen, in denen der Staat mit seinen Staatssalinen das Salzmonopol hatte (*pays de salines*), Provinzen mit hoher Salzsteuer (*provinces de grandes gabelles*), und solche, in denen der Salzverkauf nicht ausschließliches Staatsmonopol war (*provinces de petites gabelles*); in manchen Provinzen wurde überhaupt keine Salzsteuer erhoben (*pays exempts de gabelle*), und wieder andere hatten das Recht zur Besteuerung von Salz vom Staat zurückgekauft (*pays rédimés*). Bezüglich der Zollgrenzen gab es einerseits die von Colbert 1664 durchgesetzte Zollunion von zwölf nordfranzösischen Provinzen (bekannt unter dem Namen *provinces des cinq grosses fermes*), daneben die jeweiligen Zollgrenzen der einzelnen Provinzen mit ihren unterschiedlichen Zolltarifen. Die Provinzgrenzen entsprachen weder den Verwaltungsgrenzen der Intendanturbezirke noch dem Zuständigkeitsbereich der Parlamentsgerichte. Letzterer wiederum war unabhängig von dem der Oberrechnungskammern (*chambres des comptes*) und der Obersteuergerichte (*cours des aides*). Es wundert nicht, wenn unter solchen Umständen die korrekte Beherrschung des Lateinischen und des Französischen, vor allem aber auch des eigenen regionalen Dialekts verlorenging.

Sich in diesem verwirrenden Mosaik verschiedener Zuständigkeitsbereiche zurechtzufinden war äußerst schwierig; einen Gesamtüberblick über die verschiedenen Verwaltungssysteme Frankreichs hatten ihre damaligen Benutzer ohnehin nicht. Sie nahmen allerdings eine andere Trennung Frankreichs vor: eine unsichtbare Grenzlinie verlief etwa von Saint-Malo bis Genf, die tatsächlich sehr viel einschneidender war als alle anderen systembedingten Grenzziehungen innerhalb des Landes und das Reich in zwei verschiedene Frankreich trennte. Der Nordosten war reich, die Bewohner hatten Schulbildung und waren aufgeklärt. Die flache Landschaft, die offenen Felder, der fruchtbare Lehmboden des Pariser Beckens, die Erfahrungen der Agronomen, die Nähe zur Hauptstadt und die fähigen Dorfhandwerker waren für die Entwicklung der Landwirtschaft sehr günstig. Die Weizenernten waren gut, das Straßennetz erlaubte raschen Absatz. Die Nordfranzosen waren besser ernährt, und Fleischkost war ihnen nicht unbekannt. Sie waren von größerem Wuchs und stellten mehr Soldaten als der Süden. Natürlich zahlten sie auch mehr Steuern. Alles befand sich hier auf einem höheren Entwicklungsstand – sogar die Kriminalität.

Weniger günstig war die Lage in der südlichen Bretagne, im Südwesten, in Mittelfrankreich und im armen Süden, in dem nur wenig angebaut wurde. Es gab allerdings einige bemerkenswerte Ausnahmen. In der Gegend um Toulouse konnten die Bauern durch Maisanbau ihre Lage verbessern, im allgemeinen herrschten im Süden jedoch Roggenanbau und Kastanienkulturen vor. Die Zustände waren allenthalben rückständig: die Schulbildung war rudimentär; man sprach Dialekt oder Mundart; man benutzte noch altertümliche Pflüge und Ochsengespanne; Halb- und Teilpacht waren üblich, bei denen der Pachtzins in einem Teil der Ernte bestand (*le métayage*).

Nachdem die Historiker diese gewaltigen Unterschiede innerhalb Frankreichs entdeckt hatten, stellten sich bei genaueren Nachforschungen die regionalen Verschiedenheiten als noch vielfältiger heraus. Im Jura zum Beispiel »sprachen zwei Dörfer, die zu derselben Kirchengemeinde gehörten und nur eine halbe Stunde voneinander entfernt lagen, zwei verschiedene Dialekte, und die Bewohner verstreut liegender Gehöfte, die zu einem Kirchspiel gehörten, zeigten noch weitere unterschiedliche mundartliche Eigentümlichkeiten.«[27] In der Diözese Embrun gab es von einer Nachbargemeinde zur anderen Unterschiede in der Sprache, in den Bräuchen und in der Tracht; »jedes Tal besaß dort seine eigene Sprache und seine unterschiedlichen Sitten und Gebräuche.« Man hat dem englischen Reisenden Arthur Young allzurasch seine krassen Schwarzweißurteile über die französischen Provinzen zum Vorwurf gemacht; aber er hatte eigentlich ganz recht: in Frankreich war nichts gleichförmig, weder der Wohlstand noch die Armut, nicht einmal der Mittelstand. Wer um jeden Preis das Leben der Bauern über einen Kamm scheren wollte, der mußte in den Teil Europas gehen, in dem noch Leibeigenschaft herrschte – nicht aber in das Frankreich Ludwigs XVI.

Selbst in Landstrichen, die als reich galten, waren die Lebensbedingungen noch sehr unterschiedlich. Hier ein Beispiel, wie man auf dem Bauernhof der Familie Richard in einem Dorf in der Normandie zu essen pflegte: Herrschaft und Dienerschaft – »das ganze Haus« – fanden sich jeden Tag zu drei einfachen Mahlzeiten zusammen. Um sechs Uhr morgens gab es eine *caudé* genannte Suppe von entrahmter Milch, die man von April bis Oktober aufbewahrte; mit Wasser verlängert und mit Salz gewürzt, »wurde der *caudé* über das sehr klein geschnittene Brot gegossen«. Montags, mittwochs, freitags und samstags aß man zu Mittag flache Buchweizenkuchen und Schwarzbrot, das man mit einem leichten Apfelwein tränkte; dienstags und donnerstags gab es Kohl und Speck. Letzterer wurde aber nur in sehr kleinen Mengen gereicht.

»Jeder der an beiden Tischseiten aufgereiht stehenden Tischgenossen bekam ein kleines Stück gesalzenen Speck zu seinem Brot und aß es ohne Teller aus der Hand.« Sonntags gab es eine fette Suppe und Rind- oder Hammelfleisch. Zum Abendbrot aß man gewöhnlich eine Buch- weizengrütze, immer begleitet von ein wenig Apfelwein.[28] Der Pfarrer von Nouans in der Provinz Maine beschreibt dagegen um 1780 einen wahren Überfluß an Lebensmitteln: »Die Nahrung der Bewohner, selbst der am wenigsten wohlhabenden«, so heißt es bei ihm, »war nahrhaft und reichlich.«[29] Der Apfelwein – richtigen Wein trank man nur in der Wirtschaft – wurde nicht rationiert. Das Brot bestand zu zwei Dritteln aus Weizen und zu einem Drittel aus Gerste. Der Tisch wurde mit einem Tischtuch gedeckt. Man benutzte Löffel und Gabel. Die Bauernhöfe hatten einen großen Verbrauch an »Speck, Eiern, Butter und Apfelwein«. Zum Frühstück gab es Butter, Käse und häufig frische oder getrocknete Früchte. »Beim Mittag- und Abendessen folgte nach der Suppe ein Gang mit Fleisch, Eiern oder Gemüsen.« Die üppigen Mahlzeiten schienen in diesem liebenswerten Land kein Ende nehmen zu wollen, wo man höflich auf die Zuspätkommenden wartete, bis man sein Brot in die Suppe tunkte.

Die gleichen Gegensätze entdeckt man auch in Südfrankreich. In der Nähe von Saint-Sever war es ein großer Unterschied, ob man sich in der reichen Chalosse, dem Vorland der Pyrenäen, oder in den nördlich davon gelegenen Landes befand. In der Chalosse – so berichtete 1784 ein Mediziner – ist die Nahrung des Volkes »gesund, das Brot wird aus Weizen, Mais oder einer Mischung von Weizen und Roggen gebacken; ferner besteht die Nahrung aus Gemüsen, Früchten und gutem Wasser; der Wein dort ist stark und alkoholhaltig.« In jedem Bauernhof wurden Speck und Schinken als Vorrat eingepökelt, die restlichen Bestandteile der Schweine und eine stattliche Anzahl von Gänsen in Fett eingelegt. Das Land strotzte von Gesundheit; die Bewohner sind »im allgemeinen gut gewachsen, stark, fleißig, gesund und widerstandsfähig.«[30] In den Landes bildeten dagegen Roggen und Hirse das Hauptnahrungsmittel der Bauern. Aus dem Roggen wurde Brot gebacken, aus der Hirse stellte man einen flachen Kuchen her, den *escaotou*, den man als Teig- einlage in Kohl- oder andere Gemüsebrühen gab. Dazu kam noch Pökelfleisch, ein wenig Milch und Honig. Insgesamt stellte dies eine Ernährung dar, die nach Meinung des Doktor Dufour ausgesprochen »kraftlos und wenig nahrhaft« und demzufolge verantwortlich zu machen war für körperliche Mißbildungen und Degenerierungserschei- nungen bei den Bewohnern dieses Landstrichs.

Bauernhof (Gemälde von Nicolas-Bernard Lepicié, 1784)

Hätte man vermutet, daß das Armagnac sich so sehr von dem benachbarten Languedoc unterschied? Die dortigen Bewohner jedenfalls behaupteten: »Im Languedoc arbeitet ein Landwirt mit Mauleseln und Pferden; er besitzt zwar noch Ochsen, wird aber, was seine Arbeitsweise angeht, weniger mit ihnen identifiziert. Die Erde ihrer Felder ist leicht und locker; die unsrige ist tonig und schwer zu bearbeiten. Dem hiesigen Bauern geht die Arbeit langsam von der Hand; er lebt von Suppe und Brot; trinkt er Wein, so allenfalls nur sechs Monate im Jahr. Die Bewohner des Languedoc ernähren sich besser; sie trinken immer guten Wein und niemals Wasser; sie sind besser gekleidet und leben in besseren Häusern.«[31]

Dörfliche Solidarität

Der Lebenszweck des Staates schien darin zu bestehen, seine Kompetenzen unaufhörlich zu erweitern. Er bemühte sich demzufolge um eine immer stärkere Kontrolle des platten Landes. Seit 120 Jahren hatte er die *communautés d'habitants* ermutigt und geschützt. Diese Gemeindeversammlungen verkörperten eine Art dörflicher Selbstverwaltung, die unter anderem die gemeindeeigenen Ländereien verwalteten, Steuern einzogen und bestimmte Verwaltungsaufgaben übernommen hatten. Für die Regierung bedeuteten sie eine Ersparnis, konnte sie doch den Gemeinden gleich zwei lästige Aufgaben überlassen: nämlich die Verteilung der verabscheuten Steuern und die Vorbereitung des unpopulären Losverfahrens bei der Rekrutierung der Soldaten. Es war jedoch üblich geblieben, daß der Provinzintendant den *communautés* Anweisungen erteilte. Die Dorfbewohner wählten zwar ihren Schulzen (*le syndic*) selber, aber ernannt wurde er offiziell vom Intendanten. Dieser schaltete sich auch bei unklaren Streitsachen ein, die Gemeindebesitz betrafen, und strebte nach immer mehr Bevormundung. Es gilt jedoch auch hier zu unterscheiden zwischen dem äußeren Anschein und den tatsächlichen Verhältnissen. Da im Bereich von Institutionen nichts ganz genau festgelegt war, konnten die *communautés* gewinnen oder verlieren. Sie gewannen auf jeden Fall an innerem Zusammenhalt; sie waren bei Auseinandersetzungen mit der Grundherrschaft in der Lage, ihre Sache geschlossen und stark zu vertreten. Im westlichen Languedoc war ein »politischer Rat« (*conseil politique*) entstanden, in dem die Notabeln das Sagen hatten. Er entschied über Angelegenheiten von allgemeinem Interesse und kontrollierte die Amtsführung der örtlichen Ratsherren (*consuls*). Überall dort, wo die *communautés d'habitants* bestanden – von der nordwestlichen Normandie (*pays de Caux*) über die Umgebung von Paris bis hin zum Jura –, besaßen diese bäuerlichen Gemeindeversammlungen wirkliche Züge einer Demokratie im kleinen.

Das Gefühl der Solidarität wurde durch solche gemeinsamen »amtlichen« Aktivitäten natürlich ebenso gefördert wie durch das tägliche Miteinander und vor allem den dorfeigenen Dialekt. Der Abbé Grégoire beklagte, daß ein Drittel der Einwohner Frankreichs (er sprach von der Bretagne und allen Gebieten südlich der Loire) der französischen Sprache überhaupt nicht mächtig war oder sie nur sehr fehlerhaft sprach. Auf jeden Fall waren im Süden Frankreichs Provinzen wie die Saintonge (die Gegend nördlich von Bordeaux), wo Französisch gesprochen wurde, eine Seltenheit. Südlich davon in der Gascogne lernten die Kinder an erster Stelle ihre heimische Mundart. In der Diözese Embrun sprachen die Leute auf dem Lande zwar Mundart, verstanden aber auch Französisch; die Einwohner von Limagne verstanden dagegen außer ihrem Dialekt überhaupt nichts. Die Pfarrer der Bretagne, des Limousin, der Auvergne, des Haut Dauphiné und der Haute Provence mußten in der jeweiligen Mundart predigen, um überhaupt verstanden zu werden, ebenso wie die meisten Pfarrer im Périgord, einer Provinz, die nicht weniger als drei verschiedene Mundarten zählte. Der Dialekt unterschied die Dorfbewohner von den Städtern – diesen wirklichkeitsfremden, liederlichen und verderbten Menschen von einem anderen Stern, die man niemals begreifen würde! Die Nachbarschaft der großen Städte führte zunächst zu einer Veränderung der im Dorf gesprochenen Sprache, in die sich zahlreiche französische Wörter einschleichen konnten. Danach folgte der zweite Schritt: die Korrumpierung der Sitten. Das reine Mundartsprechen schien im Gegensatz dazu jene Tugenden zu verbriefen, die man damals mit dem ländlichen Leben verband und wie sie in der Darstellungsweise eines Greuze zum Ausdruck kamen, wenn er die heile ländliche Welt in Bildern mit den Titeln »Der väterliche Segen«, »Die Bibellektüre«, »Der Dorfbräutigam«, »Der Rosenkranzspender«, »Der Dreikönigskuchen« usw. propagierte. Anscheinend war die in der Gegend um Agen gebräuchliche Mundart von »einem gewissen Einfallsreichtum, wenn sie sanfte und starke Leidenschaften wie väterliche und kindliche Zärtlichkeit, Freundschaft, Liebe usw. anschaulich ausdrückte.« Die Mundart, die die Städter im Norden Frankreichs überhaupt nicht kannten, »bringt die Menschen einander näher, vereint sie; es ist die Sprache von Brüdern und Freunden.« Eine solche Verbundenheit entsteht und verstärkt sich immer auf örtlicher Ebene. Deshalb wollten der Abbé Grégoire und die »Freunde der Verfassung« (*Amis de la constitution*) die Dialekte ausrotten, da sie schon immer im Verdacht standen, nicht nur aufklärungsfeindlich zu sein, sondern auch die Tendenz zu haben, separatistische Kräfte zu mobilisieren. Diese abstrakt denkenden Aufklärer waren zwar hochherzige Menschen, aber begriffen in ihrer Unbedachtsamkeit nicht, wie tief verwurzelt diese Regionalsprachen waren. Einer der Korrespondenten des Abbé Grégoire trat denn auch für die Erhaltung der Mundarten ein und rühmte die ihnen innewohnende Kraft: »Um sie abzuschaffen, müßte man die Sonne abschaffen, die Kühle der Nächte, die Art der Speisen, die Beschaffenheit des Wassers, den Menschen überhaupt.«[32] Er war der Auffassung, die Zerstörung der Mundart würde »das Glück vollständig verhindern«; der Mensch würde dadurch seiner natürlichen Entfaltungsmöglichkeiten und Lebensweisen in einer bäuerlichen Kultur beraubt.

Diese gehorchte den ungeschriebenen Gesetzen des Brauchtums, die der Pfarrer des Dorfes natürlich kannte und für die er beinahe immer Entschuldigungsgründe fand. Ein Provinzintendant hatte wenigstens noch eine Ahnung von ihnen und tolerierte sie fast immer, während einem durchschnittlichen Städter völlig unzivilisiert erscheinen mußten. Die Landbewohner entzogen sich zu einem großen Teil der königlichen Justiz – auch wenn diese sich seit Beginn der Regierungszeit Ludwigs XVI. mehr und mehr duchgesetzt hatte –, und sie waren bestrebt, auch die grundherrliche Rechtsprechung zu umgehen. Diese war oft schwach genug; wie sollten Maßnahmen zur Aufrechterhaltung der Gesetze der Obrigkeit (*la main forte*) in einem Dorf wie Saint-Laurent d'Ardèche durchgesetzt werden, wenn es dort nicht weniger als 34 Mitgrundherren (*coseigneurs*) gab! Sobald die Landbevölkerung dazu in der Lage war, stand sie ihrer Justiz selbst vor, urteilte milde über Landsleute und streng über fahrendes Volk und fremde Vagabunden. Die Dorfbewohner, so hat man den Eindruck, besaßen immer ein Gefühl dafür, ob sie sich mit einem Gewalttäter oder Mörder solidarisch fühlen konnten oder nicht. Die Bauern scheinen instinktiv einen gemeinsamen Gerechtigkeitssinn besessen zu haben. Dafür drei Beispiele, die aus den Archiven von Toulouse stammen. Im Jahre 1785 tötete in Noé der Pächter Méras einen herzlosen Gutsbesitzer, der ihn »zu schrecklicher Verzweiflung getrieben hatte«, beinahe ohne seine Tat zu verbergen. Zu seinen Nachbarn sagte er anschließend: »Und daß mich niemand gesehen hat!« Sein Vertrauen wurde nicht enttäuscht.

Alle wußten zwar über den Mord Bescheid, aber auch darüber, daß sie zu schweigen hatten. Umgekehrt bekam drei Jahre vorher in Castelperay (in der Nähe von Montauban) ein Tagelöhner keine Arbeit mehr und wurde vom ganzen Dorf geschnitten, weil man ihm vorwarf, ohne ernstzunehmende Gründe einen Widersacher mit einem Stein erschlagen zu haben. Und schließlich noch eine sehr aufschlußreiche Begebenheit. Die Szene spielte im August 1787 in Saint-Martial-en-Velay. Zwölf bewaffnete Hausväter hatten beschlossen, sich an dem strengen Waldhüter des örtlichen Grundherrn, Monsieur de Baume, zu rächen. Die Verschworenen drangen in das Haus des Waldhüters ein, mißhandelten ihn und plünderten seine Papiere. Bis zu diesem Punkt alles in allem ein logischer Vergeltungsangriff der Männer, der ihr gutes Recht war und vom ganzen Dorf gebilligt oder doch zumindest entschuldigt wurde. »Daß die Rächer sich aber dann als Brandbuben aufführten und das Gesicht des Waldhüters mit einem brennenden Strohbündel bedrohten, um ihn dazu zu zwingen, sein Geldversteck preiszugeben, ging zu weit, und mit der Einmütigkeit war es vorbei.« Die Bauern schlossen sich zusammen und verfolgten die Gewalttäter, die sie von nun an als gemeine Straßenräuber betrachteten.[33]

Alte Sitten und ein pot-au-feu

Einige Tage nach dem Ende der Regierung Ludwigs XVI. verbrachte ein fremder Reisender in einer »gar erfreulichen Häuslichkeit« einen Abend bei Bauern auf dem Lande. Es handelt sich bei ihm um einen ernstzunehmenden Berichterstatter, in seinem Urteil weniger scharf und weniger beeinflußbar als der Nationalökonom Arthur Young.

Das Haus in Sivry, in das er uns an diesem Oktobertag 1792 führt, war ganz sicher kein Bürgerhaus; denn es gab weder eine Diele noch ein Vorzimmer, sondern man betrat zunächst einen offenen kleinen Vorraum und gelangte dann, »durch die eigentliche Haustüre, in ein geräumiges, hohes, dem Familienleben bestimmtes Zimmer; es war mit Ziegelsteinen gepflastert, links, an der langen Wand, ein Feuerherd, unmittelbar an Mauer und Erde; die Esse, die den Rauch abzog, schwebte darüber. Nach Begrüßung der Wirtsleute zog man sich gern dahin, wo man eine entschieden bleibende Rangordnung für die Umsitzenden gewahrte. Rechts am Feuer stand ein hohes Klappkästchen, das auch zum Stuhl diente; es enthielt das Salz, welches, in Vorrat angeschafft, an einem trocknen Platze verwahrt werden mußte. Hier war der Ehrensitz, der sogleich dem vornehmsten Fremden angewiesen wurde; auf mehrere hölzerne Stühle setzten sich die übrigen Ankömmlinge mit den Hausgenossen. Die landsittliche Kochvorrichtung, pot au feu, konnt' ich hier zum erstenmal genau betrachten. Ein großer eiserner Kessel hing an einem Haken, den man durch Verzahnungen erhöhen und erniedrigen konnte, über dem Feuer; darin befand sich schon ein gutes Stück Rindfleisch mit Wasser und Salz, zugleich aber auch mit weißen und gelben Rüben, Porrée, Kraut und andern vegetabilischen Ingredienzien.

Indessen wir uns freundlich mit den guten Menschen besprachen, bemerkt' ich erst, wie architektonisch klug Anrichte, Gossenstein, Topf- und Tellerbretter angebracht seien. Diese nahmen sämtlich den länglichen Raum ein, den jenes Viereck des offenen Vorhauses inwendig zur Seite ließ. Nett und alles der Ordnung gemäß war das Geräte zusammengestellt; eine Magd, oder Schwester des Hauses, besorgte alles aufs zierlichste. Die Hausfrau saß am Feuer, ein Knabe stand an ihren Knien, zwei Töchterchen drängten sich an sie heran. Der Tisch war gedeckt, ein großer irdener Napf aufgestellt, schönes weißes Brot in Scheibchen hineingeschnitten, die heiße Brühe drüber gegossen und guter Appetit empfohlen. [...] Hierauf folgte das zu gleicher Zeit gar gewordene Zugemüse, sowie das Fleisch, und jedermann hätte sich an dieser einfachen Kochkunst begnügen können.« Der Reisende, der diese »französisch-ländliche, idyllisch-homerische« Szene mit soviel Sympathie und sehr viel weniger romantischer Verklärung als ein Greuze beschreibt, ist Kriegsberichterstatter bei den Invasionstruppen des Herzogs von Braunschweig und niemand anders als – Goethe.[34]

Man wird einwenden, daß seine Schilderung nur einen privilegierten Teil der dörflichen Bevölkerung betrifft. Die Zunahme des Wohlstandes bei der Bevölkerung galt jedoch allgemein, selbst in so benachteiligten Landstrichen wie der Auvergne oder dem Forez. Wenn man auch in Frankreich nicht von einer »Agrarrevolution« sprechen kann, so wurden doch mancherlei Verbesserungsmaßnahmen ergriffen: im südlichen Elsaß legte man Sümpfe trocken, die Zahl künstlich angelegter Weidegebiete wurde vermehrt, der Anbau von Tabak, Weizen und Kartoffeln nahm zu, die Brachlandflächen wurden weniger, Raps- und Feldgemüseanbau wurde eingeführt, die Rinderzucht gefördert. Zunehmender Reichtum war in der östlichen Provence zu beobachten, wo man das Olivenöl zu vermarkten begann. Es ist kein Zufall, wenn nun in Frankreich mehr Steinhäuser gebaut wurden. Im Xaintois, einer fruchtbaren Landschaft im Süden Lothringens, zeigt die Zahl der kunstvollen Stein-

*Maschine zur Getreidereinigung (lavierte Federzeichnung
von Jean-Jacques Lequeur)*

metzarbeiten an den Häusern – eingravierte Inschriften, mit Skulpturen
versehene Fenster- und Türsimse sowie Schlußsteine – noch heute, daß
die Regierungszeit Ludwigs XVI. zugleich auch eine große Zeit der
Erneuerung des dörflichen Bauhandwerks war. Fast überall in Frankreich kann man anhand der Nachlaßinventare die Zunahme an bäuerlicher Möbelausstattung feststellen. Dabei scheint der normannische
Schrank nicht nur einen gewissen Wohlstand, sondern zugleich die
cartesianische Auffassung von Ordnung zu verkörpern; aber man stellte
damals auch mancherlei andere rustikale Möbelstücke her: Truhen,
Geschirrborde, Brotkästen und Uhrgehäuse. Die Menge und die Quali-

tät dessen, was sich bis in unsere Tage erhalten hat, kann jedoch nur eine ungefähre Ahnung von alldem vermitteln, was die Schreiner der kleinen Marktflecken zusammensetzen, verzapfen und schnitzen konnten. Äußerlich sichtbar war nur ein Teil des tatsächlich zunehmenden Wohlstands in der damaligen Zeit. Schuld daran waren die Steuern. Da die *taille* gemäß den äußeren Anzeichen persönlicher Wohlhabenheit erhoben wurde, verbarg jedermann so gut er konnte, wieviel er tatsächlich besaß. Wenn alle Pächter aus Sennely, einem armen Marktflecken in der ehemaligen Provinz Sologne, mindestens fünf Hosen aus *droguet* (einem Mischgewebe aus Wolle und Baumwolle) besaßen,[35] so begnügten sich die Bauern in Épinay-sur-Odon, einem reicheren Dorf in der Normandie, mit Westen und Hosen aus Leinen; nur die »Großkopfeten« dort trugen Schuhe und aus *droguet* angefertigte Kleidungsstücke.[36] Die Geschichte jenes Bauern ist bekannt, der sein Weißbrot und seinen Schinken vor Rousseau verbarg, aus Angst, verraten zu werden.[37] Weniger bekannt ist die folgende Anekdote, die Chamfort berichtet. Monsieur de Choiseul-Gouffier hatte seinen Bauern vorgeschlagen, auf seine Kosten die Dächer ihrer Häuser gegen Feuergefahr mit Ziegeln decken zu lassen. Sie dankten ihm für seine Großherzigkeit und baten ihn darum, doch ihre Häuser so zu lassen, wie sie seien; denn – so argumentierten sie – wären die Dächer anstelle von Stroh mit Ziegeln gedeckt, so würden die Steuereinnehmer ihre *taille* erhöhen.

Adliges Landleben

Die meisten der 9000 französischen Adelsfamilien – läßt man die Hofadligen, hohen Richter und Staatsbeamten einmal beiseite – gehörten zum Provinzadel. Die reichsten von ihnen wohnten hauptsächlich in der Stadt, einige in Paris, viele in Moulins oder Nevers, verbrachten aber wenigstens vier Monate im Jahr in ihren Schlössern auf dem Land. Das mag, verglichen mit dem englischen Landedelmann, der vier Monate in der Stadt und acht auf seinem Landsitz verbrachte, unzureichend erscheinen. Man kann jedenfalls nicht sagen, der Adel habe das Land aufgegeben und verlassen. Während die Comtesse de Damas um 1774 noch dauernd in Paris lebte, wohnte sie um 1783 beinahe ständig in ihrem Schloß in Menou.[38] Ihre Familie und die ihres Mannes waren zu den Hofehren zugelassen worden, so wie es bei den ältesten und erlauchtesten dieser im Lande fest verwurzelten Geschlechter üblich war. Sie gehörten einer Schicht an, die zugleich Bodenrenten besaß, selbst Landwirtschaft betrieb und sich dem Dienst für den König verpflichtet fühlte. »Der reiche Provinzadel«, schrieb Grimoard im Jahre 1778, »ist in Anbetracht der Kosten, welche diese Dienste mit sich bringen, für die Kavallerie- und Dragonerkompanien vorgesehen.«[39] Mit einem Einkommen von 20000 Livres – über soviel verfügte ein Marquis de Guerchy im Schloß Nangis – war man schon sehr angesehen.[40] Die Comtesse de Damas, deren Einkünfte ein wenig höher lagen (aus Landbesitz in Nivernais 11000 Livres, aus Holzerträgen 12000 Livres), lieh sich desungeachtet unaufhörlich von überall her Geld: von ihrer Schwester, von dem Pfarrer von Menou und sogar von ihrer eigenen Dienerschaft! Sie kämpfte gegen den Provinzintendanten, der nach und nach ihre grundherrliche Justiz beseitigen wollte; sie unterhielt mit den Bauern der Gegend angenehme, wenngleich nicht ganz ungetrübte Beziehungen. Zwar getreu dem alten Brauch, Almosen zu geben und sich als freigebig zu erweisen, ließ sie es sich dennoch nicht nehmen, ihr Ersterwerbsrecht als Grundherrin (*droit de retrait censuel*) wahrzunehmen oder sehr genau das grundherrliche Kataster (*terrier*) überprüfen zu lassen. Sie sorgte dafür, daß die Dorfbevölkerung ihr Auskommen hatte, indem sie eine Menge Handwerker beschäftigte, die sie bisweilen in den Wirtschaftsgebäuden ihres Schlosses unterbrachte. Zur gleichen Zeit aber führte sie einen Prozeß gegen die Gemeinde, in dem es um die unerfreuliche Angelegenheit einer Einquartierung von Soldaten ging.[41]

Ein einfacher Landadliger – ein »Krautjunker« (*hobereau, gentillâtre, nobliau*) – war in seinem ganzen Lebensstil natürlich nicht vergleichbar mit den vermögenden Edelleuten von Rang. Er pflegte einen rauhen und groben Umgangsstil, war ein leidenschaftlicher Jäger, munterer Tafelgenosse und galanten Abenteuern nicht abgeneigt. Mit seinem Vermögen war es nicht weit her, oftmals war es geradezu lächerlich gering. Stand er im Dienst des Königs, dann als kleiner Infanterieoffizier; die höchste Auszeichnung, die er nach langen Dienstjahren als Hauptmann erlangen konnte, war das *Croix de Saint-Louis*. Statt eines Schlosses bewohnten die Landjunker häufig nur ein bescheidenes Herrenhaus, einen stattlichen Gutshof oder einfach nur einen besseren Bauernhof. Sie wachten mit mehr oder weniger Erfolg über die Wahrung des grundherrlichen Familienerbes. Im Norden Frankreichs war das leichter möglich, denn dort galt als Erbrecht *le partage noble*, eine Erbteilung, bei der dem ältesten Sohn der Familiensitz, der dazugehörige Park und zwei Drittel der gesamten Hinterlassenschaft zufielen. In Provinzen mit römischem Recht – also im Süden Frankreichs – war die

Sache schon schwieriger; denn dort galt gleiches Erbrecht für alle, und man war gezwungen, heimliche Abkommen über die zukünftige Nachfolge zu treffen und tausend Tricks anzuwenden, um die allzu schnelle Auflösung des Familienbesitzes zu verhindern. Es war Tradition, daß die Landjunker beständig über alles mögliche Klage führten. Sie beschwerten sich über die hohen Kosten des Militärdienstes, über die Schwierigkeit, ihren Töchtern eine Aussteuer zu geben, ja sogar darüber, sie in einem Kloster unterzubringen. Sie jammerten über den Wertverlust bei den Grundzinsen (*cens*), der tatsächlich bestand, und über den der Pachtgelder (*fermage*), was nicht zutraf. Die Armut der Landjunker – wenn sie denn bestand – war natürlich relativ. (Der Vater von Chateaubriand etwa, der ein mittelalterliches Schloß bewohnte, dessen ernsthaft betriebene Unterhaltung märchenhafte Summen verschlungen hätte, war – so gesehen – ein armer Mann.) Sie wollten es ihren besser gestellten Standesgenossen gleichtun und ebenfalls einige Monate in der Stadt verbringen. Sie wünschten wie jene, ein oder zwei ihrer Töchter standesgemäß in einem vornehmen Damenstift unterzubringen. Sie versicherten aller Welt, daß sie nur ihrer bescheidenen Mittel wegen die Hofehren nicht verlangen könnten, deren sie sich – selbstverständlich! – für würdig hielten. So konnten sie leicht zu solchen Prahlhänsen werden, wie jene kleinen Landadligen aus der Beauce (einer Landschaft im Pariser Becken), die Collin d'Harleville im Jahre 1791 zu seiner Komödie *Monsieur de Crac dans son petit castel* anregten. Ihre Streitigkeiten mit den Bauern pflegten nicht tragisch zu enden. Die Bauern zogen es immer noch vor, mit »ihrem Herrn« – mochte er auch ein Trunkenbold sein und brutal und ungerecht – zu diskutieren oder auch zu streiten, als mit dem Intendanten, dem Steuerpächter oder dem Verwalter eines reichen Herrn, der für sie beinahe immer unerreichbar blieb. Die persönliche Anwesenheit der kleinen Adligen brachte es mit sich, daß die Gefühle geheimen Einverständnisses auf seiten der Bauern und der Verantwortlichkeit von seiten der Herren sich miteinander verbanden und die Aussöhnung ganz von selbst erfolgte, nachdem man sich zuvor gegenseitig angebrüllt hatte.

Der Landjunker war jedoch nicht der einzige Adlige, den man auf dem Lande antreffen konnte. Der Duc de Penthièvre zum Beispiel, von königlichem Geblüt, kannte »nur eine einzige Zerstreuung, nämlich in den zahlreichen Residenzen, die er mancherorts im Königreich besaß, abwechslungsreiche Aufenthalte zu verbringen.«[42] Auch der Duc de Choiseul und der Kanzler Maupeou lebten ständig auf ihren Schlössern, als sie bei Hof in Ungnade gefallen waren.[43] Der Niedergang des Hoflebens und die Reduzierung der damit verbundenen Verpflichtungen, die fortschreitende Weiterentwicklung des Militärwesens (Residenz-pflicht der kommandierenden Generäle in den Provinzgarnisonen; Aufgaben, die die neue Funktion des Divisionskommandeurs mit sich brachte; die Vermehrung der residenzpflichtigen Garnisonen), der Aufschwung der Provinzstädte mit ihren Provinzial- und Ständeversammlungen, die Rückkehr der Bischöfe in ihre Diözesen – all dies ließ manch einen Adligen am Versailler Hof den Weg zurück zu seinen Schlössern finden. Die Caumont waren nun nicht mehr so häufig abwesend von ihrem Schloß in La Force in der Dordogne; der Gerichtspräsident Le Peletier[44] besuchte die elf seiner Herrschaft unterstehenden bretonischen Gemeinden, die La Trémoille residierten in Attichy. Viele der herrlichen, einzigartigen Schlösser Frankreichs waren nun wieder von Leben erfüllt. Ihre Besitzer mochten vielleicht jene Landsitze bevorzugen, die Paris am nächsten lagen; jedenfalls aber verachtete man das Landleben mit seinen Parforcejagden, seinen Empfängen und Promenaden nicht mehr. Die großen Schlösser besaßen eine Kapelle, ein Theater, eine Orangerie, eine Muster-Molkerei und eine Sammlung malerischer, künstlich angelegter Ruinen (*fabriques*), die verstreut in den im englischen Stil gestalteten Parks lagen. Der (von Arthur Young sehr bewunderte) Duc de Liancourt, der Marquis de Sillery (der in der Champagne 180 Morgen Weinberge bewirtschaftete), der Duc de Chaulnes (der in Laon den Vorsitz der Agronomischen Gesellschaft innehatte), der Comte de Neuville, der Baron de Torcy, der Marquis de Clermont-Tonnerre, der Baron de Dion, der Marquis de Valanglart, der Marquis de Fercourt und zahlreiche andere Adlige waren in die Rolle von Agronomen geschlüpft. Die Liebe zur Natur spielte dabei nur eine sekundäre Rolle.

Geschmeichelt durch die Anwesenheit so illustrer Nachbarn und die hohe Ehre, zuweilen in die schönen renovierten oder umgebauten Schlösser der Aristokratie eingeladen zu werden, gerieten die einfachen Provinzadligen (*nobles à simple tonsure*)[45] ganz außer sich. Wenn ein Monseigneur Maréchal Prince de Broglie höchstselbst in Salency die bescheidene dörfliche Unschuld zum Tanz führte, der er gerade den Brautkranz aufgesetzt hatte: welches hochnäsige Krautjunkerpärchen hätte es da noch wagen können, an Hochzeits- oder Festtagen, zum Fest des heiligen Ludwig oder zum Patronatsfest die Dorfbälle nicht zu besuchen?[46] Als Alexandre de Tilly bei seinem Onkel in der Nähe von Bellême-au-Perche zu Besuch war, glaubte er sich auf wunderbare Weise zum Schäfer geworden. »Ich tanzte«, so erzählt er, »mit unschul-

digen Bäuerinnen zum Klang einer ländlichen Schalmei, neben dem
Friedhof, auf dem ihre Mütter ruhten, die einige Jahre zuvor dieselbe
Wiese mit ihren Tanzschritten zertreten hatten.« Jeden Sonntag verwandelte er sich in einen »Schäfer«: »Ich tanzte mit dem ganzen Dorf
und bemerkte sehr rasch einen hübschen Blondschopf, der sich nicht
unempfänglich für meine schäferlichen Neckereien zeigte.« Man muß
schon sehr aristokratiefeindlich eingestellt sein, um diese Schäferidylle
mit dem legendären mittelalterlichen *ius primae noctis* – dem Recht des
Feudalherrn auf die erste Nacht – zu verwechseln.

Ein geachteter Klerus

Im Jahre 1785 schickten sich die Mitglieder der Kirchengemeinde von
Authie (bei Caen) an, für den Wiederaufbau ihres Pfarrhauses 8227
Francs und 13 Sous auszugeben. Es sollte ein weiträumiges Haus werden, in den Abmessungen 45 auf 24 Fuß. Zu ebener Erde befand sich
links eine große Küche, ein Anrichtezimmer und die Waschküche.
Rechter Hand lag das Gesellschaftszimmer, 16 auf 20 Fuß groß, mit
einem Kamin im griechischen Stil und einer verglasten Tür zum Garten.
Eine majestätische Treppe aus Carpiquet-Steinen (so genannt nach
einem Ort östlich von Caen) führte in die erste Etage. Hier lagen zwei
große Zimmer, ebenfalls mit schönen Kaminen ausgestattet, und fünf
kleinere Stuben. Ein Zugangsflur erlaubte es, zwei dieser kleinen Kam-
mern bei Bedarf in eine Vikarswohnung umzuwandeln. Das Parterre
hatte einen Steinboden, die erste Etage war mit deutschen Kacheln
ausgelegt, der Dachstuhl war aus solider Eiche gebaut, das Dach selbst
mit den allerbesten Ziegeln gedeckt.[47]
Sogar in Nordfrankreich gab es Pfarrer mit nicht sehr vornehmen
Manieren. Zuweilen konnte man sie in den Sakristeien fluchen hören
wie Fuhrleute.[48] Manche hatten mit der Aufklärung nicht viel im Sinn.
Es wird berichtet, daß in der Umgebung von Saint-Calais elf von zwölf
Pfarrern keine eigene Bibliothek besaßen.[49] Der nordfranzösische Pfarrer, im allgemeinen besser bezahlt als sein Amtsbruder im Süden,
stammte meistens aus dem städtischen Bürgertum und war eine Persönlichkeit, die ohne Herablassung von der Schloßherrschaft empfangen
und von seinen Pfarrkindern verehrt wurde.
François-Yves Besnard war der Sohn eines wohlhabenden Bauern und
gehörte dem ländlichen Bürgertum an. Im Jahre 1780 erhielt er die
Pfarre von Nouans in der Diözese Le Mans. Der kleine Marktflecken

zählte 480 praktizierende Gläubige. Der neue Pfarrer war 28 Jahre alt, gebildet, wißbegierig, ehemaliger Medizinstudent, befreundet mit dem Philosophen Volney[50], empfänglich für die Ideen der Aufklärung und weltaufgeschlossen. Er empfand sein Leben in Nouans keineswegs als unerträgliches Exil, sondern als beglückend. Er teilte seine Zeit so ein, daß seine Studien, die Bestellung seines Gartens und die Geselligkeit in ein ausgewogenes Verhältnis zu seinen seelsorgerlichen Aufgaben traten. »In meiner neuen Stellung boten sich mir in der Tat alle Vorteile, die ich mir hatte wünschen können«, schreibt er, »ein mehr als ausreichendes Einkommen [mehr als 3000 Livres], Freiheit und Unabhängigkeit, ein geräumiges Pfarrhaus, ein großer und fruchtbarer Garten, zur Hälfte von fischreichen Teichen umgeben, eine mit allem versehene Landwirtschaft, nicht zu viele Pfarrkinder, [...] eine fruchtbare und wie ein Garten bebaute Landschaft: alles wirkte zusammen, um meine Vorlieben und Bedürfnisse zu befriedigen.« War seine Abwesenheit einmal erforderlich, vertrat ihn gern sein Vikar, der als festes Einkommen 350 Francs erhielt. Die Schloßherrschaft erwies ihm einen »guten und großherzigen Empfang«. Neigung und Gewohnheit machten Besnard zum Frühaufsteher. Um halb fünf morgens stand er auf und folgte zwei oder drei Stunden lang seiner bevorzugten Neigung: der Beschäftigung mit der griechischen, lateinischen, italienischen und französischen Literatur. Danach widmete er sich seinen Amtsgeschäften – der Messe, dem Religionsunterricht, den seelsorgerlichen Besuchen –, seiner Hauswirtschaft und den geselligen Zusammenkünften mit Adligen und Bürgern der Umgebung. Nicht ganz frei von Snobismus, vernachlässigte er den Notar des Dorfes, einen würdelosen Trunkenbold, und sah auch seine nach seinem Geschmack allzu ungehobelt geratenen Amtskollegen nur selten. Großen Eifer wandte er auf eine nach rationellen Methoden betriebene Landwirtschaft, wobei er die eigene als Musterbetrieb führte. Besuchte er seine Gemeindeglieder, erteilte er ihnen ganz nebenher auch noch praktische Ratschläge über Anbaumethoden und Hygiene. Als die Revolution ausbrach, konnte Besnard befriedigt feststellen, daß die meisten Bauern des Landes seine Anbaumethoden übernommen hatten, die auf einer Fruchtwechselwirtschaft im Vierjahresrhythmus basierte (*l'assolement quatriennal*). Es war nur natürlich, daß man ihm auch die Abfassung des örtlichen Beschwerdeheftes überließ.

Im Poitou waren häufig sogenannte *pasteurs ruraux* anzutreffen, die sich vor allem mit großem Fleiß ihrer kleinen Landwirtschaft widmeten. So kniete sich zum Beispiel der Pfarrer von Sainte-Pezenne in der

Nähe von Niort, Monsieur Devaudais, ganz in seine landwirtschaftlichen Aufgaben. Unterstützt von vier Knechten oder Tagelöhnerinnen
ließ er das Getreide schneiden und dreschen, Trauben ernten und pressen sowie Wolle spinnen. Die Pfarrei lieferte Lämmer, Geflügel und
Schweine. In der Sèvre fischte man mit großen sogenannten Thunfisch-
netzen, und die Lerchen fing man mit Vogelfallen oder Netzen. Viele
Pfarrer sahen in der landwirtschaftlichen Arbeit das einzige Mittel, ihre
mageren Einkünfte aufzubessern, andere folgten einfach der allgemeinen Gepflogenheit. In den *Affiches du Poitou* erschienen häufig Beiträge
von Pfarrern über Themen wie »Die Lebensgewohnheiten des Kornkä-
fers«, »Die Pferdefütterung« oder »Heilmittel gegen die Tollwut«.[51] Im
Zuständigkeitsbereich des Parlamentsgerichts von Toulouse wurden
die allermeisten der ansässigen Pfarrer von ihren Gläubigen geschätzt.
Rechnet man alles zusammen – »ihre persönlichen Einkünfte, die
Kasualien (die Gebühren für kirchliche Handlungen wie Taufe, Hochzeit, Beerdigung usw.), die Erträge aus den Pfründen oder dem festen
Einkommen (*congrue*), einen Teil des Zehnten (*dîme*), den sie eventuell
zurückhielten«[52] –, konnten sie durchaus ein angenehmes Leben führen. Ein Diebstahl in einem Pfarrhaus im Armagnac brachte einen Spar-
strumpf mit 1600 Livres in Goldmünzen zum Vorschein.[53] Dieser
Wohlstand im westlichen Mittelfrankreich, der manchmal durchaus
vergleichbar war mit dem in Nordfrankreich, stand im Gegensatz zu
dem elenden Los der Vikare im Süden; in der Diözese Bazas (nördlich
der Gironde) bekamen sie nur 200 Francs im Jahr und in der Gegend
von Sarlat (an der Dordogne) nur 60 Francs und die täglichen Mahlzeiten.[54] Die Dorfgeistlichen hatten die typischen Züge der Landbewohner angenommen, selbst wenn sie ursprünglich aus der Stadt stammten.
Das Klagen gehörte bei ihnen ebenso wie bei den Bauern, den Pächtern
und den Tagelöhnern zum Geschäft. An der Spitze der Protestbewe-
gung des niederen Klerus von Bordeaux am Vorabend der Revolution
stand der Sieur Jean-Baptiste Barberet, seit 1781 Pfarrer des Marktflek-
kens Saint-Christoly. Er war durchaus kein armer Mann, sondern hatte
sich im Gegenteil mehr als eine Pfründe sichern können; neben seiner
Pfarrstelle verfügte er noch über das Priorat von Neuffons-en-Bazadais.
Seine Speisekammer war reich versehen mit Eiern, Butter, Käse und
Schokolade. Fleisch gab es im Pfarrhaus reichlich und vielfältig: Rip-
penstücke und Blutwürste, Koteletts und Bratwurst. Sieur Barberet
kaufte Trüffel, Lachs und Austern ein. Bewirtete er seine Amtsbrüder –
und dann mußten bis zu achtzehn Gedecke aufgelegt werden –, so
wurden zarte Hühnchen in Krebsbutter, Schnepfen, Seezungenpastete,

in Teig gebackenes Lammbries und andere delikate Speisen aufgetischt. Die Sommermonate verbrachte der Herr Pfarrer in seinem Priorat, um der Hitze zu entgehen. Die offiziellen Einkünfte der Pfarrstelle betrugen aber niemals mehr als 500 Livres.[55] Wie es möglich war, dennoch so üppig zu leben, blieb ein Geheimnis, das Hochwürden Jean-Baptiste Barberet für sich behielt.

So teilten die Landpfarrer ihre Arbeitszeit zwischen dem Betreiben ihrer Landwirtschaft und der seelsorgerlichen Betreuung ihrer Gemeinde, zwischen der Sorge ums Essen und den Anforderungen ihres geistlichen Standes. Kein Wunder, daß nicht jeder – wie Pfarrer Besnard – auch noch schöngeistige Interessen pflegte. Im Périgord, so wird versichert, beschäftigte man sich statt mit Büchern lieber mit Spielen. Die Bibliothek eines durchschnittlichen Pfarrers bestand »gewöhnlich aus seinem Brevier und dem ›Wörterbuch für Gewissensfragen‹ von Pontas (*Dictionnaire des cas de conscience*) oder dem ›Führer zur Buße‹ (*Guide des pécheurs*).« Es scheint, als hätten die Erbauungsbüchlein von Collet schon die gesamte intellektuelle Ausstattung dieser Pfarrer dargestellt; »sie verstehen überhaupt nicht den Sinn in den Texten der Heiligen Schrift, sie bringen göttliches, bürgerliches und kirchliches Recht auf fürchterliche Weise durcheinander.«[56] Im benachbarten Bordelais gehörten neben den eben genannten Titeln noch die folgenden Bücher zu den Beständen einer Pfarrbibliothek: die *Ordonnances synodales*, die *Théologie* von Habert, der *Code des dîmes*, die *Décrets du concile de Trente*, der *Parfait cuisinier* und der *Mercure de France*. Die Wißbegierigsten besaßen noch einige Werke über Landwirtschaft, Hygiene und Tiermedizin. Die Pfarrkinder verlangten jedoch gar keine aufgeklärten Pfarrer. Lieber war es ihnen, wenn sie gute Seelsorger hatten. Es stehe jedenfalls einem Dorfarzt nicht zu, erklärte der Pfarrer von Ingersheim im Elsaß, »sich seinem Pfarrer gegenüber als Kritiker aufzuspielen.«[57]

Dörfliche Hierarchien

Unterhalb des Schloßherrn und des Dorfpfarrers war der ländliche dritte Stand vielfach abgestuft. In der Provence waren die Unterschiede zwischen Städten, Marktflecken und Dörfern inzwischen nicht mehr so ausgeprägt, die Herrschaft der Grundherren war weniger spürbar geworden. Deshalb konnte man selbst in sehr bescheidenen Ortschaften eine »Dorfaristokratie« finden, zu der der Arzt, der Notar, der

Anwalt, der Kaufmann, »vor allem aber eine umfangreiche und sehr typische Schicht von Bürgern im Dorf gehörte. Diese Rentiers waren zwar arm, aber stolz auf ihren Rang und auf ihre klassische Bildung.«[58] Sie alle waren mit mehr oder weniger Glück bestrebt, sich mit der vornehmen Lebensart vertraut zu machen. Als Mitglieder in den Bruderschaften trafen sie dort auf einfache Leute und stellten so ein Bindeglied zwischen den Hoch- und Niedriggestellten der Gesellschaft dar. In noch wenig alphabetisierten Provinzen vermittelten sie den einfachen Leuten dort auf mündlichem Wege eine gewisse Bildung.

In den Dörfern im Norden Frankreichs wohnten zwar weniger Rentiers, aber dafür gab es hier ein unternehmungsfreudiges und gebildetes Kleinbürgertum. Die schönen Häuser eines Marktfleckens wurden vom Notar und jenem höchst wichtigen Mann bewohnt, der die Rechte und Ansprüche des Grundherrn vertrat: dem *procureur fiscal*. Beide waren studierte Männer. Sie wußten über alle Angelegenheiten des Dorfes Bescheid und konnten oft über deren Ausgang entscheiden; waren es Männer von Charakter und widerstanden sie der Versuchung, sich unrechtmäßig zu bereichern, taten sie es sogar zugunsten der Dorfbewohner. Eine soziale Stufe darunter, in vielen Fällen ebenso wohlsituiert, wenn auch ungeschliffener und oftmals mißtrauisch gegen jede Art von Bildung, standen die wohlhabenden Bauern – *laboureurs*, *fermiers*, *métayers* –, deren Situation regional genauso unterschiedlich war wie ihre Bezeichnung. Das Wort *laboureur* bezeichnete zum Beispiel nur in Nord- und Ostfrankreich einen Bauern mit Grundbesitz, Pferden und großem Pflug; im Süden dagegen wurde es gleichermaßen für alle Bauern gebraucht. Ein *métayer* (Halbpächter) konnte reicher sein als ein *laboureur*. In der Ortschaft Sennely in der Sologne, der Gegend südlich der Loire zwischen Orléans und Blois, gab es Halbpächter mit 100 Hektar Land; das Halbpachtgut »La Proustière« beschäftigte zwölf Personen (fünf Knechte, vier Mägde, je einen Kuh- und Rinderhirten und eine Schafhirtin). Von den 600 Einwohnern des Dorfes bestand die Minderheit aus Bediensteten, Knechten und Mägden; die Mehrheit bildeten selbständige Handwerker und Bauern. Hierzu gehörten neben den 60 Bauern und Halbpächtern mehrere Schneider, der Müller, der Wagner, der Hufschmied, der Wundarzt, der Tischler, der Zimmermann, der Metzger, der Gastwirt und der Maurer. Sie alle gehörten zu einer Schicht, die über ein Minimum an Wohlstand verfügte; der Bauer Fortépaulle zum Beispiel besaß im Jahre 1785 in seinem Vorratskeller 90 Pfund gepökeltes Fleisch, 6 Pfund Schweineschmalz, 20 Pfund Butter und auch alle übrigen Lebensmittelvorräte in entsprechenden Mengen.

Die restliche Einwohnerschaft setzte sich zusammen aus 60 Tagelöhnern, Knechten und Mägden, zu denen einige kleine Handwerker wie Handweber, Holzsäger und der Holzschuhmacher zählten.[59] – Die reichen Handwerker und Kaufleute wie etwa der Getreidehändler, der seine Ware auf den Märkten verkaufte, und der Gastwirt, wenn er wohlhabend genug war, wurden oft als die *coqs de village*, als die »Dorfgockel« bezeichnet. Sie gaben ganz selbstverständlich auch den Ton in der Gemeindeversammlung an.

Wenn man die alten Gemeindebücher durchsieht, stellt man fest, daß die Berufsangaben recht häufig austauschbar waren, da viele Dorfbewohner gleichzeitig mehrere Tätigkeiten ausübten. In manchen Fällen war diese Berufshäufung ein Zeichen von Aktivität und bedeutete den beginnenden Wohlstand einer Familie. In Le Valtin, einem Gebirgsdorf in Lothringen, wurde der Hufschmied – übrigens Sohn des Bürgermeisters und Enkel des Ältesten der Gemeindeversammlung – sowohl als Schuhmacher und Werkzeugschmied als auch noch als *marcaire* aufgeführt, das heißt als Rinderzüchter mit eigener Käseherstellung. Die Anhäufung von Berufsbezeichnungen konnte aber auch das Gegenteil bedeuten: daß nämlich die Betreffenden große Mühe hatten, für einen ausreichenden Lebensunterhalt zu sorgen. Einer der selten anzutreffenden Analphabeten aus derselben Gemeinde in den Vogesen bezeichnete sich zum Beispiel gleichzeitig als Landwirt und als Holzschuhmacher.[60]

Die wachsende Bevölkerungszahl bedeutete größere Familien; noch mehr hungrige Mäuler mußten gestopft werden; der oft ohnehin schon parzellierte Besitz verkleinerte sich durch Erbteilung immer mehr. Wer wegen seiner elenden Lebensbedingungen nicht auswanderte oder ohne festen Wohnsitz herumzog, versuchte irgendeine Art von Nebenbeschäftigung zu bekommen. Die Tagelöhner von Sennely, die von den Halbpächtern vor allem in der Zeit der Ernte oder des Fischfangs beschäftigt wurden, spannen und webten den Winter über den Hanf aus ihren Gärten.[61] Ein altüberlieferter und unveränderter Erwerbszweig war fast überall in den Dörfern Frankreichs die Verarbeitung von Wolle, die von den Frauen gesponnen und von den Männern verwebt wurde. In den entlegensten Dörfern des Forez (im Massif central) verarbeitete man im Auftrag der städtischen Kaufleute Hanf und Baumwolle.[62] Die Stadt trug zwar mit dazu bei, die alten Lebensrhythmen zu zerstören, eröffnete aber auch einige unverhoffte Verdienstmöglichkeiten, die das ins Auge fallende Elend von einigen Teilen der Landbevölkerung etwas mildern halfen. Besonders deutlich und in bemerkenswertem Umfang war dieses Phänomen in der Nähe von Paris zu beobachten. Die Herstellung von Pariser Galanteriewaren setzte viele Menschen in Arbeit und Brot. In einem Bericht aus dem Jahre 1783 führte der aufsichtführende Inspekteur der Manufaktur Bruyard auf, daß in Méru – zehn Meilen von Paris und vier Meilen von Beauvais entfernt – und in den benachbarten Dörfern mehr als 1500 Menschen damit beschäftigt waren, »Vorarbeiten an Gegenständen aus Knochen, Palisander, Rosen- und Ebenholz auszuführen, um daraus Fächer und andere kleine Gegenstände der Kunstschreinerei herzustellen.« Die Umsatzzahlen dieser Manufaktur überschritten eine Million Francs. In Méru verteilte ein Angestellter das Rohmaterial an die Heimarbeiter und zahlte ihnen einmal pro Woche den Lohn für die fertigen Stücke. Bevor alles in den Verkauf kam oder exportiert wurde, erfolgte dann die endgültige Fertigstellung in Paris.[63]

In Frankreich, wo fast jeder auf dem Land sein eigenes kleines Stückchen Erde besaß, war ein Tagelöhner weniger benachteiligt, als man denken könnte. Im Médoc etwa verdiente er pro Tag 20 Sous und in der Umgebung von Limoges 15 Sous.[64] Sehr viel ärmer war der Bauernknecht. Im Forez – so ist es im Beschwerdeheft von Dianières nachzulesen – bekam er als Jahreslohn häufig »nicht mehr als 40 bis 50 Livres und mußte damit zurechtkommen.«[65] Gegen Ende des Ancien Régime liefen zunehmend mehr Knechte von den Höfen weg. Daher empfahl ein anderes Beschwerdeheft aus derselben Provinz den Abschluß eines festen Vertrags zwischen Knecht und Bauer für die Dauer mindestens eines Jahres. Ein unverheirateter Knecht bekam Nahrung und ein Dach über dem Kopf garantiert, für seine laufenden alltäglichen Bedürfnisse war gesorgt, und er nahm sogar an einer Art Familienleben teil, da er ganz selbstverständlich ein Mitglied des ganzen Hauses war. »Das ganze Haus« war sicherlich vor allem anderen eine Arbeits- und Produktionsgemeinschaft, es war aber auch die Keimzelle einer rauhen, harmlos-anspruchslosen und familiären Geselligkeit.

Dorffeste

Kennen Sie das Rezept für Krapfen (*crapette*, *crépette* oder *pankouque*)? Man vermische Milch, Mehl, Bier und Eier und backe den Teig »in Form eines großen Hahnenkamms« in Öl in der Pfanne aus.[66] Das Ergebnis ist eine von den Bauern des Artois hochgeschätzte Leckerei, ein Festtagsgebäck. Denn alle Feste – es mochten Prozessionen, Pilgerfahrten, Patronatsfeste, Familienfeste, Feste im Jugendbrauchtum, Weinlese- und Erntedankfeste sein oder die Karnevalstage vor Beginn der Fastenzeit – begannen mit einer heiligen Messe und endeten am Abend mit einem Ball, nachdem man den ganzen Tag über nach Herzenslust geschlemmt und getrunken hatte. Ferner muß daran erinnert werden, daß Jahrmärkte und Märkte – im Jahre 1779 gab es allein in der Gegend um Angoulême nicht weniger als 450 Jahrmärkte – immer eine willkommene Gelegenheit zum Feiern boten, ebenso wie der Karneval, die *charivaris* und andere Jugendbräuche (*tribunaux de jeunesse* und *couronnements de la folie*), Verlobungen, Hochzeiten, Beerdigungen und sogar der Tag des Losverfahrens für die Aushebung der neuen Rekruten, an dem Protest und Freude lautstark ineinander übergingen. All diese Feste kosteten zwar Arbeitszeit und -lohn, aber man konnte dabei die drückenden Steuern und den Zehnten, die einfache Suppe und das Schwarzbrot vergessen. Jeder Bauernhof besaß seinen eigenen traditionellen Festtagskalender. Richard-Lenoir berichtet, daß es in seiner Familie wenigstens viermal im Jahr ein großes Festmahl gab: beim Erntedankfest, an Dreikönig sowie am Sonntag und Dienstag vor Beginn der Fastenzeit. An diesem Sonntag prangten frische Blut- und Bratwürste auf dem Eßtisch; Karnevalsdienstag dauerte das üppige Festmahl von mittags bis Mitternacht – nur das Vieh mußte zwischendurch versorgt werden –, und man verspeiste unter anderem einen prächtigen Truthahn, der langsam am Spieß im Kamin gebraten wurde.

So manche junge Leute hatten zwar das Land verlassen und versuchten ihr Glück in der Stadt, die Zurückbleibenden bliesen deshalb aber keineswegs Trübsal. Jeden Sonntag wurde getanzt. In manchen Regionen, wie zum Beispiel im Osten des Languedoc, wählten die jungen Leute in den Marktflecken sich einen Anführer, den *abba*, dem die Behörden tatsächlich eine gewisse Anzahl von Rechten einräumten: er beriet sie bei einigen Verwaltungsaufgaben, organisierte das Votivfest und den Karneval und besaß das anerkannte Recht, »lautstark die Abweichungen von der öffentlichen Moral zu sanktionieren.«[67] Das *charivari* (auch *paillade* genannt) war eine solche lautstarke Form öffentlicher Mißbilligung, wenn zwei – nach Meinung der Dorfbewohner – schlecht zueinander passende Brautleute heirateten. Im Jahre 1780 wurden in Chauriat in der Auvergne zwei Honoratioren – ein Bediensteter bei der für die *taille* zuständigen Steuerkasse und ein *procureur fiscal* – vom Parlamentsgericht verurteilt, weil sie ein allzu taktloses *charivari* organisiert hatten.[68] Der Midi, wo die Jugend traditionell eine starke Stellung besaß, hielt an diesen Bräuchen fest, die von den »aufgeklärten«

Klerikern und den staatlichen Behörden mißbilligt, von den örtlichen Ratsherren dagegen geradezu gefördert wurden. Bei Wiederverheiratung oder bei allzu großem Alters- oder gesellschaftlichem Abstand der Brautleute, wenn die Frau ganz offensichtlich »die Hosen anhatte« oder irgendein hergelaufener Laffe den Dorfburschen ein junges Mädchen ihrer Altersgruppe wegheiratete, machte man vor dem Haus der Betreffenden Rabatz. Mit lautem Schreien, Anzüglichkeiten und lärmender Katzenmusik wurden die Opfer verhöhnt. Sie wurden mit Forderungen nach Lösegeld und Geschenken in Form von Naturalien erpreßt. Die Schwierigkeit bestand darin, innerhalb der angemessenen Grenzen des Anstands zu bleiben und das *charivari* nicht zu mißbrauchen, um dabei irgendwelche persönlichen Rechnungen zu begleichen oder langgeschürten Groll und Haß abzureagieren. Dieselbe Gefahr bestand auch bei den sogenannten *battestes*, womit im Languedoc die tätlichen Auseinandersetzungen der jungen Männer zweier benachbarter Gemeinden bezeichnet wurden. Diese Art von Herausforderungen und Prügeleien sind so alt wie die Welt, sie wurden auch schon in Domrémy zur Zeit Jeanne d'Arcs praktiziert. Ihre Zahl nahm gegen Ende des Ancien Régime zu, und es zeigte sich, daß diese Spiele durchaus nicht ungefährlich waren: allzuleicht konnte aus Spaß Ernst werden und das Fest in Aufruhr umschlagen.

Kneipen und Nebenzimmer

Mochten die Feste noch so zahlreich sein, sie waren doch immer etwas Besonderes außer der Reihe; die Kneipen und Schenken hingegen boten eine Abwechslung und eine Ablenkung, die man sich jeden Tag verschaffen konnte. Einem provenzalischen Tagelöhner machte es nichts aus, eine halbe Meile zu laufen, wenn er zwei- oder dreimal in der Woche einen Abend in der Kneipe verbringen wollte. Dort blieb er von sieben bis zehn Uhr, im Sommer gelegentlich auch länger. Er ging dort nicht in erster Linie hin, um zu trinken – der Provenzale trinkt wenig, und ein Tagelöhner hatte ohnehin kein Geld dafür –, sondern er wollte menschliche Wärme spüren, Karten und Boule spielen und in der Gesellschaft von Leuten, die er kannte, eine freundschaftliche und unkomplizierte Geselligkeit genießen. Denn ein Eindringling wurde schief angesehen. Vergnüglich war es nur, wenn die Stammgäste in dieser Art »Club des kleinen Mannes« unter sich waren. In den weit verstreut liegenden Dörfern im Norden Frankreichs trafen sich die einsam lebenden Bauern in den düsteren, verqualmten und lärmenden Kneipen. Dort wurde über das Wetter und die Ernten räsoniert, über den Zehnten und die Steuern geschimpft, und dort erfuhr man interessante Dinge, wenn die Leser der Groschenromane deren abenteuerliche Inhalte zum besten gaben. Später wurden hier die Parolen der politischen Clubs verbreitet. Lagen die Bauernhöfe dicht beisammen, war die Versuchung noch größer: einige Schritte genügten, und schon war man auf dem Kirchplatz, wenn man keine Lust hatte, den Abend mit der Familie und den Nachbarn zu verbringen, und statt dessen Tapetenwechsel brauchte. Der Wundarzt oder der Hufschmied spendierten eine Runde; der Knecht gab seine vier Sous aus, und jedermann war zufrieden – außer den Ehefrauen, die ihre betrunkenen Männer mit gemischten Gefühlen nach Hause kommen sahen. Greuze hat eine solche Szene in seinem Bild »Die Rückkehr des Trunkenbolds« festgehalten.

In der Umgebung von Pont-de-l'Arche in der Normandie hatte auch das kleinste Dorf seine Kneipe, wo hauptsächlich Apfelwein (*cidre*) konsumiert wurde. Das heißt aber nicht, daß man wenig trank: die Hälfte aller Gewaltverbrechen in diesem Verwaltungsbezirk hatten eine Kneipe zum Schauplatz.[69] Aus den Gerichtsakten des Languedoc geht übrigens das gleiche hervor. Die Behörden waren über die vielen Kneipen als einen Schauplatz häufigen Unfriedens und verschwenderischen Geldausgebens beunruhigt. Überall spielten sie als vertraute und leicht erreichbare Treffpunkte im Leben der Landbevölkerung eine wichtige Rolle. In Nouans in der Provinz Maine wurde die Kneipe nach Aussage des Pfarrers von »Männern und Frauen ohne Unterschied besucht. Dort führte man alle wichtigen Verhandlungen: vom Verkauf eines Paars Ochsen bis zu den Lohnforderungen eines Tagelöhners oder Anzugschneiders. Hier handelten Schneiderinnen und Wäschenäherinnen den Preis für ihre Arbeit aus, und noch wenn es um die Bezahlung der allerbescheidensten Löhne ging, geschah dies hier. [...] Die drei Kneipen am Ort wurden an Sonn- und Festtagen vom Ende der ersten Messe bis zum Abend nicht mehr leer.«[70] In Südfrankreich blieben die Kneipen zuweilen trotz aller Verbote auch während des Gottesdienstes geöffnet.

Ob die Kneipe nun *estaminet*, *auberge*, *bouchon*, *guinguette* oder anders hieß – sie war immer öffentlich und der Aufsicht durch die Behörden unterstellt. Für letztere war es besorgniserregend, daß es daneben auch noch eine unerlaubte Konkurrenz im Verborgenen gab. Im Beschwerdeheft von Vouzon in der Gegend von Orléans wird nachdrücklich bestätigt: »Die Zustände in den Gasthäusern sind nichts im

Vergleich zu dem, was sich bei jenen privaten Leuten abspielt, die unerlaubt ausschenken.«[71] Es scheint, als hätten sich dort »liederliche Menschen aller Art« und »Landstreicher ohne Haus und Herd« versammelt. In der Provence war eine solche *chambre*, in der man um hohe Einsätze spielen und umstürzlerische Reden halten konnte, häufig das Hinterzimmer oder ein Zimmer in der ersten Etage einer Gastwirtschaft oder auch eine Wohung in einem Privathaus. Ein solcher Treffpunkt – bei dem sich mehr und mehr die Bezeichnung *chambrée* oder *chambrette* einbürgerte – war ein intimerer Ort als die Kneipe, und das Spiel, die Diskussionen und die Auseinandersetzungen konnten sich dort entgegen allen förmlichen Verboten der Provinzbehörden, der Grundherrschaft oder der Gemeindeverwaltung endlos bis in den frühen Morgen fortsetzen.

Wer glaubt, bei den nachbarlichen Abendunterhaltungen und in den Lichtstuben (*veillées*) sei es sittsamer zugegangen als in den Kneipen, dem sei die Lektüre jenes Bußbuches (*pénitentiel*) eines Priesters aus der Franche-Comté empfohlen, der 1782 diesen Zusammenkünften ein strenges Kapitel widmete und alle ordentlichen Christenmenschen in seiner »Empfehlung für die Winterzeit« dringend davor warnte. Es heißt dort: »Die Lichtstuben und abendlichen Zusammenkünfte sind für gewöhnlich eine Schule, in der die jungen Leute die ihrem Alter gemäßen Tugenden verlieren und beinahe alle Laster erlernen.«[72] Schuld daran trugen seiner Meinung nach die nächtlichen Streifzüge, Treffs, Zudringlichkeiten, das übermäßige Trinken, die Streitereien und Schlägereien. Die abendlichen Zusammenkünfte, von denen hier die Rede ist, waren keineswegs familiärer Art; wir würden sie heute Jugendtreffs nennen, die nach Meinung des Paters wie geschaffen waren für üble Nachrede, Leichtsinn und Unanständigkeiten – mit einem Wort: für zügelloses Benehmen. »Man spielt und trinkt dort häufig ohne jedes Maß«, wetterte der Pfarrer, die Lebensmittelvorräte würden aufgegessen und das heimlich zu Hause entwendete Geld ausgegeben. Sei dann die Gesellschaft aufgehoben, fänden die betrunkenen jungen Leute es unterhaltsam, durch das Dorf zu ziehen, an Fenster und Türen zu klopfen und »Personen des anderen Geschlechts« laut bei ihren Namen herauszurufen. Diesen Ausschreitungen stellte das Bußbuch die immer seltener gewordenen Tugenden der Lektüre frommer Andachtsbücher und des gemeinsamen Gebets im Kreise der Familie entgegen. Man sieht, die *chambrées* wurden nicht nur von der weltlichen Obrigkeit, sondern auch von der Kirche als gefährlich und verderblich angesehen.

Jeder Tag hat seine Plage, jede Jahreszeit bringt ihre Pflichten. Die Abfolge der je nach Jahreszeit anfallenden Arbeiten in der Landwirtschaft war durch Jahrhunderte hindurch beinahe unverändert geblieben. Der Jahresablauf der Feldarbeiten im Gebiet um Toulouse sah zum Beispiel so aus: Der Januar war ausgefüllt mit dem Pflügen der Äcker, auf denen Mais und andere Getreide angebaut werden sollten. Im Februar erfolgte die Frühsaat von Gerste und Hafer, das Auslichten der Obstbäume, das Schneiden der Rebstöcke und das Neupflanzen von Obstbäumen. Im März wurde weiter ausgesät, und man pflügte schon die Äcker für die Wintersaat im Herbst. Im April mußten die Weinberge gehackt, die Weizenfelder bestellt und der kostbare Mais ausgesät werden. Im Mai und Juni wurden die Weizenfelder erneut bearbeitet und die Maisfelder sorgfältig gejätet. Im Juli waren die Wiesen zu mähen und das Korn zu ernten. Im August wurde das Korn auf der Tenne gedroschen und der Hanf geerntet, wurden die Felder zum viertenmal gehackt und mit Mist gedüngt, nicht zu vergessen, daß nun die Maisrispen geschnitten werden mußten. Auch der September war ein arbeitsreicher Monat: zum fünftenmal wurden die Weizenfelder beakkert, und die Zeit der Weinlese sowie der Maisernte brach an. Im Oktober mußte der Mais zum Trocknen eingelagert, Weizen, Flachs, Saubohnen, Hafer und Roggen gesät werden. Nun war auch der Zeitpunkt gekommen, wo junge Gänse und Ferkel zum Mästen eingekauft wurden. Allein im November ruhten Mensch und Boden. Im Dezember dagegen mußten Bäume gepflanzt und die Maisfelder umgepflügt werden.

Die Feldarbeiten blieben sich gleich und wiederholten sich immer. Auch die Ernten von Korn und Wein erfolgten regelmäßig, aber ihr Ertrag fiel immer anders aus. Seit Tausenden von Jahren weiß der Mensch um diese einfachen Gesetzmäßigkeiten, damit abfinden konnte er sich noch nie. Bauern, Halbpächter und Landarbeiter träumten von einem idealen Jahr: von einer großen Ernte, einer guten Qualität und einem schönen Gewinn. Da die Realität eine solche Wunschvorstellung beständig widerlegte, hörten auch die Klagen der Bauern niemals auf.

Die meteorologischen Beobachtungen, die in der großangelegten Umfrageaktion von Félix Vicq d'Azyr, dem Mitbegründer der Königlich Medizinischen Gesellschaft, zusammengetragen wurden, helfen uns heute, vor allem für den Norden Frankreichs eine Statistik der Ernteerträge zu rekonstruieren. Dabei ist zu erkennen, daß in den ersten Regierungsjahren Ludwigs XVI. (1774–76) regenreiche Sommer die Ernten verdorben haben; der Mißerfolg Turgots und die *guerre des farines* hatten ebenfalls naturbedingte Ursachen.[73] Von 1778 bis 1781 brachten die Kornernten überreiche Erträge und erlaubten es dem König, seine kriegführende Marine und seine Soldaten preiswert zu ernähren. 1783 und 1784 fielen die Sommer günstig aus, 1782 und vor allem von 1785 bis 1787 waren sie hingegen zu kalt. Was die Weinernten angeht, so führte der Überfluß an Wein zwischen 1778 und 1781 zu Preisverfall. Der Weinjahrgang 1782 in der Champagne war schlecht, ebenso die Jahrgänge 1783 und 1784 sowohl im Hinblick auf Qualität als auch Quantität. 1785 sah dagegen eine außergewöhnlich reiche Weinernte; die Jahre 1786 und 1787 ergaben wiederum nur einen mittelmäßigen Wein in geringer Menge. Die Weinernte von 1788 fiel – im Gegensatz zur vorangegangenen Kornernte – etwas besser aus. Der Winzer hatte natürlich andere Interessen als der Verbraucher. Als Folge der außergewöhnlich guten Weinernte des Jahres 1780 sanken zur Freude der Konsumenten in den Schenken und Kneipen die Preise. Die mageren Ernten am Ende der Regierungszeit brachten dagegen zumindest für den Weinbauer den Vorteil, daß er seine Verkaufspreise anheben konnte. War ein Bauer zugleich Landwirt und Winzer, konnte ihn nach einer enttäuschend schlechten Getreideernte zwei Monate später eine gute Weinernte wieder entschädigen. So ging es zum Beispiel einem Landwirt aus Vareddes in der Nähe von Meaux. 1788 fiel für ihn die Kornernte gering aus, im Gegensatz zu einer sehr guten Weinlese Ende September.[74] Verfügte ein Bauer nicht über diese verschiedenen Einkommensquellen, konnte im Frühjahr die Überbrückungszeit bis zur nächsten Ernte schwierig, ja manchmal dramatisch werden, besonders dann, wenn die Zahl der hungrigen Mäuler noch zugenommen hatte.

Ein verheerender Hagelsturm

In der Erinnerung der Bauern ist der 13. Juli 1788 ebenso fest, wenn nicht fester eingeprägt als der 14. Juli 1789. An jenem Unglückstag sollen in Frankreich 400 000 Tonnen Hagelkörner gefallen sein. Eine solche Angabe ist natürlich nicht gesichert, die betroffene Zone jedoch durchaus lokalisierbar. Die am schlimmsten betroffene Fläche war 8 km breit und 200 km lang. Mehr als tausend Gemeinden sahen ihre Felder verwüstet und ihre Ernten zerstört. Mit wahrhaft wissenschaftlicher Akribie hat das korrespondierende Mitglied der Medizinischen Akademie von Montdidier Doktor Chandon diese Katastrophe beschrieben:[75]

Seit dem 2. Juli zeigten die Hygrometer hohe Luftfeuchtigkeit an. Fast täglich war es neblig oder regnerisch. Vom 10. Juli an herrschte »recht beträchtliche« Hitze. Am 12. Juli zeigte das Thermometer 26 Grad. Es wehte ein leichter Südostwind. Das Barometer stand auf beinahe 28 Zoll. Am Morgen des 13. Juli schlug die Magnetnadel des Barometers um 10 Grad nach oben aus, das Thermometer zeigte 16 Grad, der Himmel war wolkig, und es wehte eine frische Brise aus Nordwest. Da erschien um acht Uhr im Südwesten des Beobachtungsraumes eine ungewöhnlich dunkle Wolke, während sich »ein dumpfes, andauerndes und gleichmäßiges Donnergrollen« vernehmen ließ. Die Wolke zog heran und breitete sich nach Westnordwest aus. »In der Mitte war sie tiefschwarz, an ihrer höchsten Stelle schien sie grün, gemischt mit gelb.« Das Grollen wurde immer stärker: ein »andauerndes Donnerrollen«, unterbrochen von lauten Donnerschlägen, erfüllte die Luft, und der Himmel wurde von »Schlangenblitzen« erhellt. Um neun Uhr zwanzig wechselte der Wind schlagartig von Nordwest nach West, und der Himmel verfärbte sich unheimlich schwarz. Zehn Minuten später erhob sich ein entsetzlicher Sturm mit Regen, Blitz und Donner, durchsetzt mit Hagelkörnern »so groß wie Nüsse; die allergrößten waren so groß wie Truthahneier.« Diese Hagelkörner hatten eine seltsame Form; die größten sahen aus wie Weberschiffchen. Einige Leute versicherten später, Hagelkörner mit einem Gewicht von zwei Pfund aufgehoben zu haben. Doktor Chandon hielt sich dagegen nur an seine eigenen Beobachtungen; er hatte keine Hagelkörner gefunden, die schwerer als fünf Unzen wogen. Die Schäden waren deshalb nicht weniger verheerend. In nur sechs Minuten hatte der Hagelsturm alle Fensterscheiben zerschlagen, zahlreiche Dächer abgedeckt, viele Kamine zum Einsturz gebracht, Bäume entwurzelt, Windmühlenflügel mit sich fortgerissen und das Wild erschlagen. Am schlimmsten aber war die »total vernichtete Ernte, bei der nichts mehr zu retten war«. Wie durch ein Wunder gab es zumindest in diesem Gebiet der Picardie – über das wir diese Aufzeichnungen besitzen – kein einziges Menschenleben zu beklagen.

Die schlimmen Folgen dieses Unglücks zeigten sich besonders im darauffolgenden Frühjahr, als man die Zeit bis zur nächsten Ernte überbrücken mußte. Die französischen Bauern waren »von nun an angsterfüllt bei dem Gedanken, durch Räuber und Hungernde auch die schöne und vielversprechende Ernte von 1789 zu verlieren, die sie unter normalen Umständen für die Verluste des Vorjahres entschädigen sollte.« Auch dies war einer der Faktoren der *Grande Peur*, jener »bäuerlichen Reaktion, die sich zusammensetzte aus Angst und dem Willen zur Verteidigung und zum Gegenangriff«.[76]

Zehntes Kapitel

Arme und Außenseiter

> Wir werden den Armen vor allem dies sagen:
> Geliebte Herde Jesu, Gegenstand seiner zärtlichen Liebe! Ihr, die euch die Vorsehung der Not
> und den Demütigungen dieses Lebens preisgegeben hat, um uns damit für unsere kurze Lebensreise eine große Lehre zu erteilen und zugleich
> damit euren Mut und die Fähigkeit des Mitleidens der Reichen dieser Welt zu erproben; ihr
> vom Himmel Gesegneten, die ihr euch in unauslöschlichen Zügen im Himmel einschreiben werdet; ach – setzt eure in den Augen der Engel so
> große und herrliche Berufung nicht herab, entwürdigt nicht eure in den Augen der Menschen
> so herzbewegende Bestimmung!
>
> CHAMPION DE CICÉ[1]

> Es ist Sache der Regierung, für die zahlreiche
> Menschenklasse der Benachteiligten alles zu tun,
> was Recht und Ordnung ihr erlauben. [. . .] Die
> Verwaltungsbehörden werden die Pflichten der
> Gesellschaft gegenüber dem Unglück zu entdecken wissen. JACQUES NECKER

> Das Betteln ist die Lehrzeit des Verbrechens.
>
> DER ARMENPFLEGER VON MAMERS

Frankreich bestand im Ancien Régime aus Gegensätzen und Widersprüchen. Einerseits druckte man kritische Abhandlungen über das
französische Strafrecht, verurteilte die Todesstrafe, fand die Strafrechtsreformen unter Ludwig XVI. allzu schleppend und unvollkommen; zu diesen Kritikern gehörten die Anhänger Beccarias, Männer wie
Servan, Dupaty, Brissot und Lacretelle.[2] Andererseits existierte immer
noch eine Art von Selbstjustiz in Form von privaten Absprachen, Kompromissen oder Wiedergutmachungsabkommen, die absolut archaisch
anmutet. Ein Beispiel mag dies veranschaulichen. Im Jahre 1788 hatte
ein Tagelöhner aus Cajarc im Quercy bei einer seiner nächtlichen Diebestouren die Tochter eines Bauern schwer verletzt. Der Vater des
Opfers besaß wenig Vertrauen in die örtliche Justiz, und anstatt den
Schuldigen bei Gericht zu verklagen, suchte er ihn selbst auf, um ihn zu

befragen, wie er es mit der Wiedergutmachung für den entstandenen Schaden halten wolle. »Warum hast du das gemacht?« – »Es tut mir sehr leid; ich habe ein ganz neues Leintuch, hier nimm es, ich gebe es dir; nimm dir anstelle deiner verletzten Tochter eine Magd, ich bezahle sie dir; hol auf meine Rechnung Brot beim Bäcker, und komm und hol dir bei mir ein Suppenhuhn.«[3] Denn der gewalttätige Dieb war doch – alles in allem – ein Dorfgenosse, ein Nachbar, der nicht von Grund auf verdorben war; das bewies sein guter Wille, den er nun an den Tag legte. Was ein Dorfbewohner bei einem Fremden – einem Vagabunden oder Schausteller – niemals ertragen hätte, verzieh er dem Landsmann. Außenseiter waren im alten Frankreich schlecht dran.

Galeerensträflinge ohne Galeeren

Die Welt der Galeerensträflinge war eine Gegenwelt. »Die lebenslänglich Verurteilten sind Sklaven, gleich den Männern bei den alten Römern, die zur Arbeit in den Minen verurteilt worden waren.«[4] Die nur für eine begrenzte Zeit verurteilten Galeerensträflinge wurden mit den Buchstaben GAL gebrandmarkt. Lebenslängliche Verurteilungen waren verhältnismäßig selten, die auf Zeit dagegen sehr häufig. Sogar die grundherrliche Rechtsprechung konnte einen Angeklagten zur Galeere verurteilen; denn zu jener Zeit war »das Gefängnis noch nicht die Strafe, sondern nur der Aufbewahrungsort für den Angeklagten bis zum Zeitpunkt seiner Verurteilung.«[5] In Fällen, wo heutzutage ein Krimineller ins Gefängnis käme, verurteilte man ihn zur Zeit Ludwigs XVI. zur Galeere. Der ganze Vorgang war nicht nur brutal und archaisch, sondern inzwischen auch paradox, da seit dem Erlaß vom 27. September 1748 die königlichen Galeeren abgeschafft worden waren. Das hinderte aber weder die Richter daran, die Angeklagten weiterhin zur Galeere zu verurteilen, noch verzichteten die Kriegshäfen auf ihr Kontingent sogenannter *chiourmes* – jener Verurteilten, die nicht mehr die Schiffe Ihrer Majestät rudern mußten, sondern zur Zwangsarbeit in den Arsenalen von Toulon, Brest und Rochefort eingesetzt wurden. Der sogenannte Bagno, die Zwangsarbeit in den Kriegshäfen, war an die Stelle der Galeeren getreten, blieb aber ebenfalls dem Zuständigkeitsbereich des Marineministeriums unterstellt.

In seiner Eigenschaft als Intendant von Toulon – seit 1786 – besuchte Malouet die *chiourmes* seines Verwaltungsbezirks und informierte sich über alles. So sorgte er zum Beispiel dafür, daß ein junger Mann aus

Lucca seine Freiheit wiederbekam, der unschuldig zu lebenslangem Bagno verurteilt worden war. Malouet erzählt in seinen Lebenserinnerungen aber auch jene merkwürdige Geschichte von einem Galeerensträfling, der es bei seiner bevorstehenden Freilassung vorzog, im Bagno zu bleiben. Im Jahre 1776 war er als sechzehnjähriger Bursche ins Bagno gekommen. Er war zu zwanzig Jahren verurteilt worden. Sein Verbrechen hatte darin bestanden, seinem Onkel und Vormund zwanzig Louisdor gestohlen zu haben. Zehn Jahre später, als Malouet seine Verwaltungsarbeit aufnahm und das Arsenal inspizierte, hatte der junge Sträfling – »fromm ohne Heuchelei, demütig ohne Kriecherei« – seine Schuld durch gute Führung und Ergebung in sein Schicksal so gut gebüßt, daß er zum Schützling und Freund der höheren Offiziere geworden war. Er sprach und schrieb fehlerfrei Französisch; seit er in Toulon war, hatte er seine Kenntnisse im Rechnen vervollkommnet und erhielt das Privileg, ein eigenes Zimmerchen zu bewohnen und sich frei im Arsenal bewegen zu dürfen. Der Intendant nutzte nun die Talente des Sträflings und beauftragte ihn damit, »die Gefangenenakten zu führen und die Verteilung der Lebensmittel zu kontrollieren«, eine Aufgabe, die er ausgezeichnet erledigte. Bald erbat Malouet in einem Brief an den Maréchal de Castries die Begnadigung für seinen neuen Schreiber. Letzterer aber wollte nichts von einem Straferlaß wissen. In seinem ein wenig gezierten Stil erklärte er seinem Beschützer die Gründe dafür: »Monsieur, ich flehe Sie sehr ernsthaft an, mich in der Stellung zu belassen, die Sie die Güte hatten, mir anzuweisen; ich bin entschlossen, auf diesem Platz mein Leben zu verbringen, niemals wieder in die Welt zurückzukehren und meinen Posten im Arsenal nicht mehr zu verlassen. Man kennt mich hier und hat mir verziehen; ich werde mit außerordentlichem Wohlwollen behandelt; Sie haben die Güte, mir Ihr Vertrauen zu schenken und mich zu beschäftigen. Von alldem fände ich in meiner Familie nichts, ja ich würde sie, tauchte ich als entlassener Galeerensträfling wieder bei ihr auf, nur mit Schande bedecken. [...] Niemals werde ich mein Einverständnis zum Verlassen des Arsenals erklären; man müßte mich schon von hier fortjagen.«

In dem Erlaß von 1748 waren für die Galeerensträflinge jede zweite Woche Schwerstarbeiten in den Arsenalen vorgesehen. Wer jedoch besonders arbeitsfreudig war und sich für den Zeitpunkt seiner Entlassung eine Rücklage zusammensparen wollte, konnte auf eigene Rechnung gegen Entgelt arbeiten. Das war zum Beispiel bei einem Teil der 3000 Sträflinge in Brest der Fall, deren Lebensumstände der Chevalier de Mautort im Jahre 1779 in folgender Weise beschreibt: »Die Kleidung der Galeerensträflinge besteht aus einer Hose, einer Weste und einer langen Jacke aus grobem rotem Wollstoff.« Eine Kappe in derselben Farbe bedeckt ihre kahlgeschorenen Köpfe. Ihre Nahrung ist beinahe die gleiche wie die der Matrosen: viel Sau- und Dörrbohnen. An Arbeitstagen steht ihnen eine Ration Wein zu. »Ihre Schlafräume sind geräumige Galerien, die von einem Eisengitter abgeschlossen werden; diesem gegenüber stehen eine oder zwei ständig geladene Kanonen mit brennender Lunte.« Mit einem Bein angekettet, schlafen sie durch Holzwände voneinander getrennt. Tagsüber werden die Gefangenen von Aufsehern (*koms*) bewacht. Man kettet sie paarweise, also zu viert, an dem Ring aneinander, den alle immer am Knöchel tragen müssen. Die Schnittholzsäger auf den Schiffswerften sind dagegen nur zu dritt und mit einer sehr viel längeren Kette aneinandergekettet, damit sie leichteres Arbeiten haben. Im allgemeinen ist immer ein Lebenslänglicher mit einem Sträfling auf Zeit zusammengekettet: »Durch dieses Mittel will man erreichen, daß derjenige, der die Gewißheit hat, daß seine Sklaverei ein Ende nehmen wird, sich weniger geneigt zeigt, auf die verschwörerischen Pläne einzugehen, die der andere ihm vielleicht vorschlägt.« Im übrigen wird jeder, der bei einem Ausbruchsversuch erwischt wird, unverzüglich von einem Militärrichter standrechtlich verurteilt und sogleich an jenem Galgen aufgeknüpft, der immer im Hof des Bagno bereitsteht. Viele dieser Galeerensträflinge haben »furchtbare Gesichter«, urteilt Monsieur de Mautort. »Ihre Züge tragen die Spur des Verbrechens«, und manch einer hätte wahrscheinlich das Schafott verdient. Der Chevalier bemerkt aber auch Häftlinge, »für die sich ihre Familien verbürgt haben«, die demzufolge mit einiger Rücksichtnahme behandelt werden und Kleidung aus weniger rauhem Stoff tragen dürfen. Manche haben das Privileg, nicht mit einem Mitsträfling zusammengekettet zu werden, und tragen nur noch den Knöchelring. Einer von ihnen, ein wegen Urkundenfälschung verurteilter Notar, darf sogar einmal im Monat den Besuch seiner jungen Frau empfangen.

La Tournelle – eine Station auf dem Weg ins Bagno

Am 20. September 1778 übergab Monsieur de Mauperché in seiner Eigenschaft als Vertreter des Generalstaatsanwalts dem Gefängnisdirektor von La Tournelle in Paris »62 Männer an der Zahl, alle gesund und kräftig, [...] mitsamt den gegen sie erlassenen Urteilen hoher und niedriger Gerichte, die der obengenannte Herr Gefängnisdirektor verspricht, unter guter und sicherer Bewachung zum Hafen von Brest bringen zu lassen und zu deren ordentlicher und vorschriftsmäßiger Auslieferung dort er sich verpflichtet.«[6] Im selben Jahr verließen weitere 144 Verurteilte Paris in Richtung Marseille, insgesamt waren es also 206 Sträflinge, die La Tournelle passiert hatten. Der Häftlingstransport, die sogenannte *chaîne* (Kette), mit der die 62 Galeerensträflinge vom Gefängnis La Tournelle bis zum Arsenal von Brest gebracht werden mußten, kam trotz der Ungeduld des verantwortlichen Offiziers und seiner Soldaten nur langsam voran. Die Langsamkeit war durchaus nutzbringend: der traurige Anblick dieses Zuges angeketteter Männer konnte als abschreckendes Beispiel dienen. Mit dieser öffentlichen Zurschaustellung – und das galt ebenso für Hinrichtungen und grausame Bestrafungsmaßnahmen – glaubte man damals, die Erwachsenen wirkungsvoll beeinflussen zu können und den Kindern die schlimmen Folgen bösen Tuns lehrreich vor Augen zu führen. Wenn die erschöpften Männer in ihren Ketten abends in einem Dorf ankamen, schlug ihnen jedoch aus dem Haufen Neugieriger, die sich um sie versammelten, nicht nur Feindseligkeit entgegen. In Charles Dickens' Roman *Große Erwartungen* (1860/61) wird geschildert, wie sehr sich auch Mitleid in deren Gefühle mischen konnte.

Soll das Schicksal der Sträflinge vom Beginn ihrer Reise bis zu ihrer Ankunft verfolgt werden, muß zuerst La Tournelle beschrieben werden, jenes alte Schloß am linken Seine-Ufer, das gleich neben dem Stadttor Saint-Bernard lag. Hier war die erste Sammelstation für Sträflinge aus Flandern, dem Hainaut, dem Artois, der Picardie, der Champagne sowie aus Lothringen, Paris und der Île-de-France; hier warteten sie auf ihren Weitertransport. Zwischen 1767 und 1782 waren in La Tournelle insgesamt 3386 Bagno-Sträflinge untergebracht, also durchschnittlich 212 Männer pro Jahr. Die Stadt Amiens stellte im Mai und August jeden Jahres jeweils eine Sträflingskette zusammen, die von einem Hauptmann und einigen Soldaten nach Paris gebracht wurde. Viele rechtsprechende Instanzen in der Provinz – die Landpolizei, die Salzsteuerämter, Richter für Zolldelikte usw. – waren mit Gefängnissen schlecht ausgestattet und weigerten sich, ihre Verurteilten bis zum Aufbruch der Sträflingskette von Amiens oder von Soissons zu behalten. Sie schickten sie also, von einer kleinen Polizeieskorte oder Bediensteten der Steuerpachtämter bewacht, direkt nach Paris. Die Gefängnisverwaltung von Meaux vertraute ihre Bagno-Sträflinge schlicht und einfach der Postkutsche an, und der Kutscher lieferte den Verurteilten persönlich an der Pforte von La Tournelle ab. Diese Improvisation bedeutete

aber keineswegs, daß die juristischen Formalitäten und der damit verbundene Papierkram nicht ernst genommen wurden. Als der befehlshabende Hauptmann der Kette von Amiens 1773 in La Tournelle zwar 32 Männer, aber nur 31 schriftliche Urteile ablieferte, nahm es der Pförtner auf seine Kappe, diesen einen Glücklichen ohne Papiere – er hieß François d'Eutude – in die Freiheit zu entlassen. Die anderen wurden ordnungsgemäß in Haft genommen. Von jedem wurde eine genaue Personenbeschreibung angelegt, hier zum Beispiel die von Georges Fischer aus dem Jahre 1775: »Gebürtig, verheiratet und wohnhaft im Dorf Lorelette im Bistum Metz, 5 Fuß und 5 Zoll groß, helles, ins Rötliche gehendes, kastanienbraunes dichtes Haar, kurz und ein wenig lockig, Augenbrauen und Bart kastanienfarben, gefurchte und niedrige Stirn, graublaue Augen, lange und gebogene Nase, schmaler Mund, dünne Lippen, [...] blatternarbig, langer Hals, große kräftige Gestalt.«[7]
Ein Torwächter, sechs Soldaten, eine Köchin und ein Hausknecht waren das ganze Personal von La Tournelle. Die wenigen Soldaten mußten die Häftlinge rund um die Uhr bewachen. Letztere mußten, wenn sie sich im Hof aufhielten, an einem Balken angekettet sein, ebenso des Nachts, wenn sie auf ihren Strohsäcken schliefen. Obwohl diese Anordnungen nicht allzu streng befolgt wurden und trotz der unvorstellbaren Baufälligkeit des Gebäudes brach im Durchschnitt nur alle anderthalb Jahre ein Sträfling aus. François Ruelle zum Beispiel, genannt Francin, war am 7. September 1778 vom Pariser Parlamentsgericht zu lebenslänglicher Galeere verurteilt worden. Am 17. Oktober wurde er nach La Tournelle verbracht, wo er sich für krank ausgab und am 5. Februar des folgenden Jahres seine Überführung in das Spital von Bicêtre erreichte. Von dort aus konnte er einige Tage später fliehen.
In La Tournelle mußten die Verurteilten neu eingekleidet werden, wenn sie dort völlig abgerissen ankamen. Das Inventar von 1775 führt 251 Hemden auf (davon 50 neue) sowie »mehrere Packen Hosen, Gamaschen, Leibröcke, alles teils in gutem, teils in schlechtem Zustand.« 1778 besaß La Tournelle 36 Bettlaken, 33 Zudecken, 16 neue Strohsäcke und 7 Bettgestelle, die sehr wahrscheinlich für die Krankenpflege bestimmt waren. Die Kost war recht einfach, da eine einzige Frau für mehr als hundert Männer kochen mußte. La Tournelle kaufte jedoch soviel Fleisch ein, daß man davon ausgehen kann, daß die Sträflinge bei gewissen Anlässen davon etwas abbekamen. Im übrigen war das Essen gar nicht übel. Der berühmte Engländer John Howard hat damals Nachforschungen darüber angestellt und schrieb: »Ihre tägliche Ration besteht aus eineinhalb Pfund gutem Brot, etwa einem Liter Wein, unge-

fähr einem Viertelpfund Käse oder Eiern.«[8] Die Kost der Bettler und
Vagabunden – sie bildeten in La Tournelle etwa sieben Prozent der
Häftlinge – war, solange sie in Freiheit waren, sicher nicht von dieser
Qualität.

Verbrechen und Strafen

In 3329 von 3386 Fällen sind uns heute die Straftaten bekannt, die zur
Verurteilung der übergangsweise in La Tournelle untergebrachten
Häftlinge geführt hatten. Diebe, Betrüger und Falschmünzer bildeten
einen sehr großen Anteil, nämlich 1641 Personen, also fast die Hälfte
aller Insassen. In Nordfrankreich war dieser Prozentsatz häufig anzutreffen: im Amtsbezirk von Pont-de-l'Arche in der Normandie wurde
im selben Zeitraum bei insgesamt 44 Strafprozessen in 22 Fällen
Anklage wegen Diebstahls erhoben.[9] Gleich danach folgten Schmug-
geldelikte mit 1037 Verurteilten, also einem Drittel der Sträflinge. Der
Schmuggel war aufgrund der unterschiedlichen Salzsteuern ein weitver-
breitetes Geschäft. Wenn man bedenkt, daß ein Zentner Salz in Provinzen mit hoher Salzsteuer zwischen 44 und 62 Francs kostete, in Lothringen – das von Staatssalinen versorgt wurde – hingegen nur zwischen
12 und 36 Livres und in salzsteuerfreien Gebieten wie Flandern oder
dem Hainaut sogar nur zwischen 20 Sous und 8 Francs, dann kann man
verstehen, warum die Hälfte aller Bagno-Sträflinge der Transporte
von Soissons und Amiens wegen Schmuggel verurteilt worden war.[10]
Das französische System unterschiedlicher Salzsteuern in den verschiedenen Provinzen war für die Behörden in Paris schon lange ein
großes Ärgernis gewesen, aber auch unter Ludwig XVI. führten die
verstärkten Bemühungen des Finanzpachtamtes (*ferme générale*) zu
keinem Ergebnis. Sehr zu Recht wurde im Beschwerdeheft eines
Dorfes im Forez dieser Übelstand beschrieben und beklagt: Warum
müssen der Landwirtschaft 60 000 Salzsteuerbeamte (*gabelous*) entzogen werden, warum 100 000 Schmuggler zu ihrem Geschäft ermutigt
werden, »die sich zum allergrößten Teil aus Dieben, Landstreichern
und Vagabunden rekrutieren«?[11] Die durchschnittliche öffentliche
Meinung blieb jedenfalls gegenüber den Salz- und Tabakschmugglern
weiterhin nachsichtig. Der Mythos der großen Bandenführer war
immer noch lebendig: ein Häftling in La Tournelle namens Delumeau
hatte sich zum Beispiel als Spitznamen den Namen des berühmt-
berüchtigten Bandenchefs Mandrin zugelegt. Am Schmuggel betei-

ligten sich je nach Gelegenheit sicher viele Helfershelfer aus den Reihen der Deserteure und Vagabunden. Der Schmuggel konnte jedoch ebensogut auch ein regelrechtes Gewerbe sein. Es gab ganze Dynastien von Salzschmugglern, und nicht selten wechselten Salzsteuerbeamte die Front und wurden selber Salzschmuggler. Sogar die Richter verhängten gegen sie weniger harte Strafen als vorgeschrieben: wenn sie rückfällige Salzschmuggler eigentlich zu lebenslänglichem Bagno hätten verurteilen müssen, begnügten sie sich damit, den ersten Rückfall mit 6 Jahren Zwangsarbeit zu ahnden und beim zweiten Rückfall 9 Jahre zu verhängen.

Zu einer weiteren Gruppe von Verurteilten, die durch La Tournelle geschleust wurden, gehörten 232 Bettler und Vagabunden (knapp 7 Prozent) und 127 Deserteure (fast 4 Prozent). 84 Männer (2,5 Prozent) waren entflohene Gefängnis- und Zuchthausinsassen, und schließlich waren ganze 17 Männer (0,5 Prozent) Wilddiebe. Überraschend niedrig war der Anteil der wegen Gewaltverbrechen verurteilten Kriminellen. Zählt man 40 Morde, 29 Sexualdelikte und 122 im einzelnen verschiedene Gewalttaten zusammen, so kommt man auf 191 Insassen von La Tournelle (knapp 6 Prozent). Diese Gewalttäter, übrigens von unterschiedlicher Gefährlichkeit, waren also beinahe neunmal weniger zahlreich vertreten als die Diebe. Kriminologen wissen, daß das Ansteigen von Diebstahlsdelikten – vor allem der raffinierteren Spielarten wie Falschmünzerei, Urkundenfälschung und Betrug – und das Abnehmen von Gewaltverbrechen und Gewalttaten als Anzeichen zunehmender Zivilisiertheit gelten können. Von daher kann man ermessen, welche immense Entwicklung Frankreich seit den Zeiten Ludwigs XIII. durchlaufen hatte. Noch in der ersten Hälfte des 17. Jahrhunderts mußten zum Beispiel die Richter von Pont-de-l'Arche in 38 Strafprozessen 32 Gewalttäter und nur 6 Diebe verurteilen.[12] Vor allem in den nordfranzösischen Provinzen scheinen die Menschen dagegen am Ende des Ancien Régime ihre brutalen Instinkte bemerkenswert im Zaum gehalten zu haben. Möglicherweise brachen diese, gerade weil man sie so lange unterdrückt hatte, in den Jahren 1789 und 1793 mit um so größerer Heftigkeit hervor.

In Frankreich herrschte damals eine verwirrende Rechtsprechung mit teilweise beträchtlich voneinander abweichenden Urteilssprüchen. Abgesehen davon, daß dies die Eigenart jeder menschlichen Justiz ist, hingen die Abweichungen damit zusammen, daß hier nebeneinander auf der einen Seite eine sehr alte, überlebte Strafgesetzgebung mit ihren archaisch strengen Bestrafungsmaßnahmen praktiziert wurde und auf der anderen Seite eine aufgeklärte Minderheit von Juristen dieses System in Frage stellte. Am 29. Juli 1779 verurteilte das Pariser Parlamentsgericht den 23jährigen Philippe Aubert aus der Normandie zu lebenslänglichem Bagno, »wegen *versuchten Diebstahls* einer Uhr bei einem Privatmann« in der Rue Saint-Honoré.[13] Es kam häufig vor, daß die Richter ihr Strafmaß am sozialen Rang des Angeklagten orientierten: Als im Jahre 1781 der Grundherr Seigneur de Champré den Gemeindepfarrer umgebracht hatte, versuchten die Richter – zur hellen Empörung der dortigen Bauern –, den adligen Mörder als geistig verwirrt hinzustellen und auf diese Weise vor dem Schlimmsten zu bewahren.[14] Wer im Hungerjahr 1775 in Paris beim Stehlen von Lebensmitteln erwischt wurde, hatte eine dreimal höhere Chance, für dieses Delikt zu den Galeeren verurteilt zu werden, als noch zwanzig Jahre zuvor.[15] Bis zum Jahre 1780 – als die *question préparatoire*, die vorbereitende Folter zur Erzwingung eines Geständnisses, abgeschafft wurde – war immer noch die 1670 von Ludwig XIV. erlassene Strafgerichtsordnung in Kraft. 1786 wurde in Montbrison einer Frau, die ihren Mann mit Arsen vergiftet hatte, zuerst die Hand abgehackt, bevor sie bei lebendigem Leibe verbrannt wurde. Im allgemeinen galt, daß ein Ehemann, der seine Frau umgebracht hatte, aufs Rad geflochten wurde, nachdem er zuvor öffentlich Abbitte hatte leisten müssen. Am Vorabend der Revolution konnte man für Urkundenfälschung, Bigamie, Bankrott, leichten Diebstahl, das Hausieren mit verbotenen Büchern und Beleidigungen gegenüber seinem Herrn immer noch zum Pranger verurteilt werden. Das Verbrennen auf dem Scheiterhaufen war zwar eine noch vorgesehene Form der Hinrichtung, seit Ludwigs XVI. Regierungsantritt tendierten die Urteile aber eher zu »Aufhängen *und* Verbrennen« oder »Aufs-Rad-Flechten und *dann* Verbrennen«, wie zum Beispiel im Falle jenes sodomitischen Mörders, der 1783 hingerichtet wurde. Die Strafgerichtsordnung vom 14. März 1780 erlaubte, »Rad und Feuer« als gemeinsames Strafmittel einzusetzen. Ein Dieb und Brandstifter konnte 1785 aber auch noch zu »Verbrennen bei lebendigem Leibe« verurteilt werden.[16]

Dennoch war im Laufe der Regierungszeit aufs ganze gesehen eine zunehmende Milderung der Strafen zu beobachten, wodurch sogar teilweise die Strafgerichtsordnung von 1780 vorweggenommen wurde. Vor allem die Appellationsgerichte neigten dazu, die drakonisch strenge Rechtsprechung zu mildern. Das Parlamentsgericht von Douai verurteilte zwischen 1721 und 1730 in 260 ergangenen Urteilen 39 Personen zum Tode; zwischen 1781 und 1790 sprach es hingegen in 500 ergange-

nen Urteilen nur noch 26 Todesurteile aus.[17] Die Haftregister der Conciergerie, des Untersuchungsgefängnisses von Paris, für das Jahr 1789
zeigen, daß das Pariser Parlamentsgericht häufig die Strenge der in
erster Instanz ergangenen Urteile abmilderte: in der Hälfte aller Fälle
senkten die Appellationsrichter das Strafmaß, während sie es in 38 Prozent der Fälle bestätigten. Sie erhöhten das Strafmaß also nur sehr
selten.[18]

Die breite Öffentlichkeit, vor allem aber das einfache Volk kümmerte
sich kaum darum, ob in der Rechtsprechung eine Milderung zu beobachten war. Es scheint, als hätten das Schafott und der Scheiterhaufen
der Place de Grève die Aufmerksamkeit der Passanten nicht sonderlich
erregt, jede Hinrichtung dagegen die Zuschauer in Scharen angezogen.
Mancher Totentanz eines Hingerichteten schien noch direkt aus dem
Mittelalter zu stammen. Folgende genaue Angaben sind in einem
Gerichtsprotokollbuch zu finden: »Gabriel Prudhomme, genannt Mas-
sacre, [. . .] wurde in Guéret am 5. Januar, am Vorabend des Dreikö-
nigstags 1778, montags um halb fünf Uhr abends gehängt. Er blieb 18
Monate und 26 Tage hängen und fiel erst am 26. Juli 1779, einem Dienstag, vom Galgen.«[19] Was Michel Foucault »la liturgie des supplices« –
die »Liturgie der Strafen« – genannt hat, entsprach sowohl der Absicht
der Behörden, abschreckende Exempel zu statuieren, als auch der
Schaulust und Sensationsgier des Volkes. Was die Verurteilten betraf,
so nutzten manche hier eine letzte Gelegenheit für einen großen Auf-
tritt, oder sie zögerten unter allen möglichen Vorwänden den Augenblick ihrer Hinrichtung hinaus. 1778 spielte auf diese Weise ein gewisser
Michel Barbier, der wegen bewaffneten Überfalls zum Rad verurteilt
worden war, noch einmal alle Mittel aus, um einige Stunden Aufschub
zu gewinnen, derweil die Neugier und Sensationslust des gespannt war-
tenden Publikums von Stunde zu Stunde wuchs. Unverfroren kommentierte Barbier zunächst das Gerüst und »sagte, daß es sicher nicht
für ihn errichtet worden sei, da er unschuldig sei.« Darauf verlangte er,
zusätzliche Erklärungen abgeben zu dürfen, die in Wirklichkeit nur
nichtssagendes Geschwätz waren, mit dem er eine halbe Stunde lang die
Richter aufhielt. Als er nun unter großer Anteilnahme des geduldig aus-
harrenden Pariser Publikums wieder zum Blutgerüst gebracht wurde,
stieg er »mit entschlossenem Gesicht auf das Schafott«, ließ sich entklei-
den und ans Kreuz festbinden. Als der Scharfrichter aber gerade seine
Eisenstange ergreifen wollte, rief der Verurteilte aus, er sei bereit, nun
endlich ein Geständnis abzulegen. Dem Brauch gemäß gewann er damit
einen erneuten Aufschub. Nachdem Barbier sein Schuldgeständnis so

*Das Hôtel de Ville und die Place de Grève in Paris
(Gemälde von Raguenet)*

verspätet abgegeben hatte, zögerte er nun nicht, sich sogleich auch noch eines anderen Mordes zu bezichtigen, konnte er damit die Frist doch noch einmal verlängern.[20]

All diese Mißstände kümmerten die französische Öffentlichkeit wenig. Ein Stein des Anstoßes war jedoch die Ungleichheit der Hinrichtungsart – wurde doch ein Bürgerlicher auf entehrende Weise aufgehängt, ein Adliger dagegen nobel mit dem Schwert enthauptet.

Theorie und Wirklichkeit der Rechtsprechung

Häufig blieben auf dem Papier Gesetze weiterhin drakonisch, die in der Praxis schon längst milder gehandhabt wurden. Besonders augenfällig trat dieser Widerspruch beim Delikt der Gotteslästerung zutage. In den juristischen Abhandlungen gegen Ende des Ancien Régime galt die Blasphemie nach wie vor als schweres Verbrechen. Man hatte sie begangen, wenn man entweder mündlich »Flüche, Verwünschungen und unfromme Reden gegen die Ehre Gottes, der Heiligen Jungfrau oder der Heiligen geäußert oder Bücher und Flugschriften verfaßt hatte, die den Atheismus lehrten oder das Ziel verfolgten, den katholischen Glauben und die Mysterien der Religion zu zerstören, oder der Ehre Gottes, der Jungfrau und der Heiligen Abbruch zu tun.«[21] Der strenge Erlaß vom 28. Januar 1681 war immer noch in Geltung: gottlose Bücher sind dem Feuer zu überantworten, in schlimmen Fällen auch ihre Autoren! Und dennoch waren weder Helvétius († 1771) noch Voltaire († 1778), weder d'Alembert († 1783) noch Diderot († 1784) oder der Baron d'Holbach († 1789) von der Hand eines Henkers gestorben, und ihre Bücher verkauften sich sehr gut. Die Milde der staatlichen Behörden glich den übertriebenen Eifer des Klerus oder der Parlamentsgerichte wieder aus. Malesherbes, seit 1751 allmächtiger *directeur de la librairie* (Verantwortlicher für das gesamte Buchwesen und die Zensur), kannte in der Tat »nur ein Mittel, Verbote durchzusetzen: nur sehr wenige davon zu erlassen.«[22] Damals wählte ein Autor den Zensor für sein Werk selbst aus, und dieser ließ – selbst wenn er ein Mitglied des Klerus war – mehr als einen für »die Ehre Gottes« frevlerischen Text zum Druck gehen. Manche dieser Zensoren waren ganz offen liberal eingestellt, andere hatten einfach nur laxe moralische Grundsätze. Es gab sogar Zensoren, die ihre eigenen Werke heimlich veröffentlichten und damit den ungesetzlichen Handel mit den von der Zensur verbotenen Büchern noch förderten; mag sein, weil sie sich dadurch einen besseren

Absatz versprachen. Da war zum Beispiel der Fall des Pidansat de Mairobert, dem Herausgeber des *L'Espion anglais* (»Der englische Spion« und Mitarbeiter der *Mémoires secrets* (»Geheime Erinnerungen«) von Bachaumont, die in England bzw. Holland veröffentlicht wurden.[23] Es ist bekannt, daß parallel zu den legal erteilten Druckerlaubnissen die stillschweigende Duldung des Drucks (*permission tacite*) recht häufig vorkam; tolerante Zensoren sorgten auf diese Weise dafür, daß die noch ein wenig eng gezogenen Grenzen im Buchwesen weiter gesteckt werden konnten, als es von Gesetzes wegen vorgesehen war.

War man jedoch kein angesehener Literat, dann riskierte man immer noch, für eine verbale Gotteslästerung in einer unbesonnenen Rede aufs schwerste bestraft zu werden. Die gefürchteten Strafen waren das Durchbohren der Zunge und lebenslängliches Bagno, nachdem der Schuldige zuvor öffentlich Abbitte für sein böses Tun hatte leisten müssen. Der traditionelle Satz, mit dem ein *blasphémateur par paroles* verurteilt wurde, lautete folgendermaßen: »Wir verurteilen ihn vor versammeltem Gericht, öffentlich Abbitte zu leisten, nur mit einem Hemd bekleidet, den Strick um den Hals und in den Händen eine zwei Pfund schwere brennende Kerze; er soll barhäuptig und knieend mit lauter und deutlicher Stimme erklären und bekennen, daß er aus bösem und vermessenem Sinn getan hat [. . .], was er nun bereut und wofür er Gott, den König und das Gericht um Vergebung bittet.«[24] Den Richtern zur Zeit Ludwigs XVI. widerstrebte jedoch eine derartig grausame Bestrafung. Manche mochten von den irreligiösen Gedanken der Aufklärung angesteckt sein. Die Klügeren unter ihnen wußten oder errieten doch, daß ein Gotteslästerer kein Ungläubiger sein konnte; denn das Nichts kann man nicht lästern. Noch im 17. Jahrhundert wurde die Rechtsprechung im Gerichtsbezirk von Pont-de-l'Arche in solchen Fällen sehr streng gehandhabt. Zwischen 1769 und 1789 lagen dort zwar immer noch zahlreiche Fälle von Blasphemie zur Anklage vor, es kam jedoch kein einziges Mal mehr zu einer Verurteilung zum Bagno, zum Durchbohren der Zunge, ja nicht einmal mehr zur öffentlichen Abbitte. Der Gotteslästerer wurde fortan mit Nachsicht behandelt. Er empfing »den Rat, seine Sprache zu mäßigen, ohne weitere Bestrafung.«[25]

Bei Diebstahlsdelikten von Hausangestellten entwickelte sich die Rechtsprechung im Laufe der Zeit ganz ähnlich. Diese Delikte galten nämlich in den Augen der französischen Gesetzgeber keineswegs nur als harmlose Vergehen, sondern als Verbrechen »angesichts der Tatsache, daß Leben und Gut der Herrschaft notwendigerweise der Dienerschaft anvertraut waren« und daß das Verhältnis zwischen Herr und

Diener auf einer wirklichen familiären Grundlage gegenseitigen Vertrauens ruhen mußte. »Daher muß jeder von einem Hausangestellten an seinem Herrn begangene Diebstahl«, heißt es 1768 im *Traité de droit* von Ferrière, »mit dem Tode bestraft werden, auch wenn der gestohlene Gegenstand keinen großen Wert besitzt.« So lautete das Strafgesetz auch weiterhin in der Theorie. Die Richter des Pariser Parlamentsgerichts ersetzten jedoch nun die Todesstrafe durch die Verurteilung zu lebenslänglicher oder sogar nur zu zeitlich befristeter Zwangsarbeit. Ein gewisser Georges Sigault wurde 1779 für einen an seiner Herrschaft begangenen Diebstahl nur noch zu drei Jahren Galeere verurteilt.[26]

Man darf dabei übrigens auch nicht vergessen, daß das Durcheinander der konkurrierenden Instanzen mit ihrer uneinheitlichen Rechtsprechung und ihren für Außenstehende schwer durchschaubaren Streitpunkten einen Prozeßführenden zwar aus der Fassung bringen, einem Angeklagten aber eher Vorteile bringen konnte. So wurden Desertionen von den Militärgerichten natürlich streng geahndet, während Zivilgerichte diese Fälle eher nachsichtig behandelten. Jean-François Paquet riskierte mit seiner Desertion vom Regiment »Médoc« zehn Jahre Bagno. Das Oberlandesgericht von Reims setzte in seinem Fall die Militärbehörden jedoch keineswegs von seiner Desertion in Kenntnis, sondern verurteilte im August 1779 den Soldaten lediglich wegen unerlaubter Schmuggelgeschäfte zu nur drei Jahren Bagno.[27]

Gefängnisse und Spitäler

Zwei heutige moderne Verwaltungseinrichtungen – die öffentliche Sozialfürsorge und der Strafvollzug – entstanden zur Zeit Ludwigs XVI. Gegen Ende des Ancien Régime zog man jedoch noch gar keine klare Grenze zwischen diesen beiden Einrichtungen. Der Plan des Architekten Poyet für ein *hôtel-Dieu* in Form eines gigantischen Rundbaus mit mehr als 5000 Betten, den er im Jahre 1786 in Paris auf der Île aux Cygnes (Schwaneninsel) errichten wollte, ähnelte zum Verwechseln einem Gefängnisgrundriß. Und in der im Jahre 1785 im *Journal de médecine* erschienenen »Anleitung für die Beaufsichtigung und Heilung Geisteskranker in den für sie bestimmten Asylen« wird das Bild eines Irrenhauses entworfen, das einem Gefängnis nur allzu ähnlich sieht, auch wenn diese Anleitung noch so human gesonnen und wissenschaftlich durchdacht erscheinen mag.[28] Die damaligen Philanthropen waren besessen von dem Gedanken des Wohlergehens der Menschen, auch dort, wo sie abgeschlossen von der Außenwelt leben mußten. Sie wollten jedoch keineswegs Wohlergehen mit Freiheit gleichsetzen. Die Einschließung war unvermeidlich, sie sollte jetzt nur humaner und freundlicher gestaltet werden. »Was die Vorstellungen der Reformer beflügelte, war nicht der Gedanke, die Armen aus der Öffentlichkeit zu entfernen, sondern Pläne für komfortable Gefängnisse zu entwerfen, in denen sie untergebracht werden sollten; denn auch Diebe und Vagabunden hatten ein Recht auf Glück, allerdings unter der Bedingung, daß sie aus der Gemeinschaft der wohlanständigen Bürger ausgeschlossen wurden, um nicht deren Ruhe und Ordnung zu stören.«[29] Es ist also ganz natürlich, wenn das Buch *The state of the prisons in England and Wales* des englischen Philanthropen John Howard in der französischen Übersetzung den Titel trägt: *État des prisons, des hôpitaux et des maisons de force* (»Zustand der Gefängnisse, Spitäler und Arbeitshäuser«). Das Wort *hôpital* konnte sich sowohl auf Krankenhäuser beziehen – die auch *hôtels-Dieu* genannt wurden – als auch auf große geschlossene Verwahranstalten, die mehrere Aufgaben zugleich wahrnahmen. Die Salpêtrière war eine solche für Frauen vorgesehene Anstalt, Bicêtre für Männer. Beide waren zugleich Krankenhaus und Gefängnis. Beide waren Teil jener riesigen Einrichtung, die den Namen Hôpital général de Paris trug. Noch 1790 waren in Bicêtre 3874 Menschen untergebracht. In ein und demselben geschlossenen Anstaltskomplex befanden sich ein Altersheim, ein Asyl für Geisteskranke, ein Spital für Epileptiker, Geschlechtskranke und Lahme. Daneben aber diente Bicêtre auch als Militärgefängnis für das Garderegiment, als Strafanstalt für jugendliche Straftäter – die hier noch die letzten Feinheiten erlernen konnten . . . – und als Gefängnis für zum Tode verurteilte Schwerverbrecher, die ihre Komplizen verraten hatten und deshalb begnadigt worden waren.

Auch als die Regierung versuchte, die Leitung und Organisation dieser verschiedenen Anstalten sowie die Unterbringung und Lebensweise ihrer Insassen zu verbessern, vollzog sie fast nie eine Trennung zwischen Spital und Gefängnis. Während des gesamten Jahres 1780 riß die Kette der Reformmaßnahmen Neckers zugunsten der Kranken, Geisteskranken und Gefangenen nicht ab. Als der Wundarzt Jacques Tenon im Jahre 1787 vom König und von der Akademie der Wissenschaften mit der Mission beauftragt wurde, gemeinsam mit dem Physiker Coulomb die Organisation der englischen Spitäler zu studieren, sollten sich seine Nachforschungen dabei keineswegs nur auf Krankenhäuser beschränken. Tenon besuchte damals 52 Einrichtungen, Krankenhäuser ebenso wie Gefängnisse.[30]

Die Krankenhäuser, traditionell *hôtels-Dieu* genannt, standen gegen Ende des Ancien Régime in sehr unterschiedlichem Ruf. Als im Jahre 1780 die Hospitäler in halbstaatliche Regie übergingen, erklärte der Abbé de Véri, der keine allzuhohe Meinung von den Fähigkeiten der Mediziner hatte: »Ich bin überzeugt, daß ein Kranker, den man seinen eigenen Heilkräften und der mitleidigen Fürsorge seiner Nachbarn überläßt, mit größerer Sicherheit wieder gesund würde als mit der angeblichen Pflege, die ihm in den meisten der *hôtels-Dieu* zuteil wird.« Die Baufälligkeit, hohe Sterblichkeitsrate und schlechte Verwaltung des Pariser Hôtel-Dieu dürfen jedoch nicht für die Verhältnisse im gesamten Reich verallgemeinert werden. Das Hôpital Saint-André von Bordeaux zeichnete sich zwar nicht gerade durch vorbildliche Hygienemaßnahmen aus; die Kranken wurden in Zimmer mit 20 bis 30 Betten gepfercht, und der speziell für Kranke mit offenen Wunden bestimmte Saal war berüchtigt für den dort herrschenden Gestank. Zwei Drittel aller Ausgaben waren jedoch für den Lebensmitteleinkauf bestimmt. Pro Jahr wurden mehr als 40 000 Eier, annähernd 50 Fässer Wein und eine ansehnliche Menge Fleisch konsumiert. Die Krankenhausverwaltung war bemüht, die Kranken wieder zu Kräften zu bringen. Das Essen dort stand in so gutem Ruf, daß die Bettler des Armenhauses und die Gefängnisinsassen sich für krank ausgaben, um in seinen Genuß zu kommen.[31] John Howard besuchte 1783 in Lille das Hôpital de la Comtesse und das Hôpital du Saint-Sauveur, beides ausschließlich für Männer vorgesehene Krankenhäuser. Die Kranken waren dort in drei Gruppen – Verletzte, Kranke und Rekonvaleszenten – aufgeteilt; jede Gruppe war von der anderen getrennt untergebracht, und jeder Kranke hatte sein eigenes Bett. Beide Häuser wären geradezu vorbildlich gewesen, hätten die guten Nonnen nur auch die Zimmer sauber gehalten und gelüftet. Das Hôtel-Dieu von Lyon »ähnelte eher einem riesigen Palast als einer wohltätigen Einrichtung.«[32] Der Engländer Warington empfahl es seinen Landsleuten in seinen »Gedanken über Krankenhäuser« geradezu als Musterbeispiel. Howard bezeichnete es als »das beste Krankenhaus in ganz Frankreich«. Denn in England waren die Krankenhäuser und hygienischen Vorkehrungen keineswegs soviel besser als in Frankreich, auch wenn das immer behauptet wurde; die Wände waren nicht aus glattem Stein, sondern aus Ziegelsteinen gemauert, und die Tannenholzböden in England waren längst nicht so gut sauberzuhalten wie die französischen Fliesenböden. Außerdem hatten die

Erlasse von 1780 und 1781 zum Zeitpunkt von Howards Reise sehr wahrscheinlich auch schon erste Früchte getragen.

Als Howard sie im Jahre 1783 besuchte, gab es in Paris auch Krankenhäuser, die der Hauptstadt zur Ehre gereichten und »deren Besichtigung nützliche Einsichten vermitteln« konnte. Das Hôpital de la Charité etwa konnte 203 Kranke aufnehmen, und ein neuer Flügel für weitere Betten wurde gerade angebaut. Jeder Kranke hatte dort ein Bett für sich allein; das Bettzeug war, passend zur Kleidung der Kranken, ganz in Grün gehalten. Für 12 000 Francs konnte ein wohltätiger Spender ein zusätzliches Bett stiften. Die Mönche des Ordens Saint-Jean de Dieu waren mit der Versorgung der Kranken betraut und ernährten sie erstaunlich gut. Howard erwähnt ferner lobend ein Genesungskrankenhaus (das ebenfalls von diesem Orden geführt wurde), das Hôpital des Petites-Maisons, das gerade neu erbaute Hospital von Madame Necker (dort betreuten 14 Nonnen 130 Kranke, und die innere Medizin und die Chirurgie waren bereits zwei getrennte Abteilungen), das Krankenhaus Les Incurables und das Hospice des Quinze-Vingts. Im Findelhaus (Aux Enfants-Trouvés) lagen die Neugeborenen »in sehr sauber gehaltenen, mit weißem Linnen bezogenen Wiegen«, bis sie zu Ammen aufs Land gegeben werden konnten.

»Die allerschlimmsten Krankenhäuser«, die Howard jemals besuchte, waren in Paris das Hôpital Saint-Louis, das zum Hôpital général gehörte, und das Hôtel-Dieu. Der Ruf des Hôtel-Dieu war schon seit langem katastrophal. Als Jacques Tenon im Jahre 1741 mit siebzehn Jahren zum erstenmal als Student der Chirurgie nach Paris kam, entsetzten ihn die schlimmen Zustände im Hôtel-Dieu, weckten aber zugleich in ihm den Wunsch, später in seinem Leben an einer Reform der Chirurgie und der Krankenhäuser mitzuwirken.[33] François-Yves Besnard hingegen verlor dort jeden Mut, Medizin zu studieren, trat bald darauf in ein Priesterseminar ein und wurde Landpfarrer, fern von den übelriechenden Ausdünstungen dieses »Totenhauses«. Weder im Hôpital Saint-Louis noch im Hôtel-Dieu wurde der Erlaß vom April 1781 befolgt, daß pro Bett nur noch jeweils ein Kranker untergebracht werden sollte. Seit der König und seine Minister ihre Erschütterung über die herrschenden Zustände zum Ausdruck gebracht hatten, konnte man zwar im Hôtel-Dieu nicht mehr fünf oder sechs Kranke in einem einzigen Bett finden, und auch die Sauberkeit hatte einige Fortschritte gemacht, aber Howard berichtet, daß im Krankensaal »Saint-Charles« und in der Frauenabteilung immer noch zwei bis drei Kranke pro Bett zusammenlagen. Jemand mit Galgenhumor hatte über einer

Ein Krankensaal des Hôtel-Dieu in Paris (zeitgenössischer Stich)

der Türen folgende Aufschrift angebracht: »Hier ist das Haus Gottes
und die Pforte zum Himmel« – sarkastisches Wortspiel mit *hôtel-Dieu*
und *maison de Dieu*. Es gab Einrichtungen, die allen Reformversuchen
und Verbesserungsvorschlägen widerstanden, und dazu gehörte auch
das Hôtel-Dieu in Paris. Halsstarrig ignorierten seine Verwalter die
Anordnungen der Regierung, die Verbesserungsvorschläge der Akademie der Wissenschaften und die beinahe einhellige Mißbilligung durch
die Öffentlichkeit. 1786 glaubte Tenon, daß das Hôtel-Dieu die vielleicht höchste Sterblichkeitsrate Europas hatte: von etwa fünf Kranken
starb einer. Wäre dieses Verhältnis ähnlich wie in den anderen Kranken-
häusern von Paris 7,5:1 gewesen, hätten im Laufe von 52 Jahren und

6 Monaten 100000 Kranke mehr ihren Aufenthalt im Hôtel-Dieu über-
lebt.[34] Fachleute schätzten übrigens damals, daß das Verhältnis im
Krankenhaus von Edinburgh 25,5:1 lautete, im Hospital Santo Spirito
in Rom 11:1 und in Lyon etwa 14:1.[35] In Paris fuhr man indes fort,
Berichte über das Hôtel-Dieu zu verfertigen und Pläne für seinen Neu-
bau zu erstellen. Bevor diese jedoch zur Ausführung gelangen konnten,
brach die Revolution aus.

Die Armenhäuser – les hôpitaux généraux

Ein *hôpital général* diente vor allem als Bewahranstalt für gesunde
Arme, die durch ihren Aufenthalt dort zu nützlichen Mitgliedern der
Gesellschaft erzogen werden sollten. Die im Jahre 1656 durch das Edikt
Ludwigs XIV. ins Leben gerufene erste Einrichtung dieser Art, die für
alle anderen in Frankreich vorbildlich wurde, war die Salpêtrière. Die
Funktion dieser Armenhäuser hatte sich jedoch inzwischen etwas ver-
ändert, seit 1764 Armen- und Arbeitshäuser (*dépôts de mendicité*) für
obdachlose Bettler und Landstreicher eingerichtet worden waren. Jedes
hôpital général bildete seine eigene geschlossene, jedoch von Stadt zu
Stadt sehr unterschiedliche Welt. In Lille etwa wohnten im Jahre 1783
annähernd 2000 bedürftige Frauen und Männer im *hôpital général*. Die
alten Männer gingen einer Arbeit nach und bekamen ein Drittel ihres
Verdienstes zu ihrer persönlichen Verfügung ausbezahlt. 300 junge
Mädchen arbeiteten in der Spitzenherstellung; die jungen Männer
machten in der Stadt eine Lehre und lebten nur als Pensionäre im *hôpital*. Im Alter von zwanzig verließen diese jungen Leute das Armenhaus
dann mit einem erlernten Beruf. »Die jungen Mädchen«, berichtet
Howard, »hatten ein gesundes Äußeres, und ihre Schlafsäle, Kranken-
stuben und Arbeitszimmer waren sauber.« François de La Rochefoucauld hat eine detaillierte Beschreibung des Armenhauses von Rouen
aus dem Jahre 1782 hinterlassen. Diese Einrichtung verbrauchte pro
Jahr 360000 Francs, wovon 300000 Francs durch »Spendensammlun-
gen, Almosen und geleistete Arbeit« aufgebracht wurden. Dank der
guten Verwaltung des Armenhauses konnte jeder Insasse für vier Sous
pro Tag ernährt und versorgt werden. Die Schlafsäle waren sauber, gut
belüftet, und jeder hatte sein eigenes sauberes und warmes Bett. Dreimal pro Woche gab es Fleisch, »die übrige Zeit Gemüse, morgens und
abends eine gute Suppe und dreimal wöchentlich Reis«, dazu Weißbrot.
Die Erwachsenen bekamen täglich drei, die kleinen Kinder vier Mahl-

zeiten. Die 3000 Bewohner dieser Stadt im kleinen waren an ihrer Kleidung aus braunem Tuch zu erkennen, die bei allzustarker Abnutzung erneuert wurde. »Zweimal pro Woche wurde die Wäsche gewechselt«, bei Kranken und Kindern so oft wie nötig. In dieser abgeschlossenen Welt waren alle erdenklichen Existenzen versammelt: invalide Soldaten, geistesgestörte Priester, Greise über siebzig, unheilbar Kranke und Findelkinder. Es gab aber auch »Arbeiter aller Art, die für das Armenhaus arbeiteten und nach Ablauf von sechs Jahren ihren Meisterbrief bekamen. Findelkinder behielt man bis zum Alter von fünfzehn oder sechzehn Jahren. Dann heirateten sie entweder, oder man gab sie zu Leuten, die sich um sie kümmern wollten, oder sie nahmen ihr Leben selbst in die Hand. Jeder jedoch, der das Haus verließ, hatte einen Beruf erlernt.« Die meisten Armenhausinsassen, soweit sie bei guter Gesundheit waren, krempelten Wolle oder Baumwolle, was dem Armenhaus im Jahr 25000 Francs einbrachte.[36] Die Beschreibungen der Verhältnisse in diesen Armenhäusern sind jedenfalls weniger düster als die von einem Rétif de la Bretonne oder Sébastien Mercier in den schwärzesten Farben geschilderten Zustände in der Salpêtrière.

Die Gefängnisreform

Die Staatsgefängnisse (*prisons d'État*), in die politische Häftlinge auf direkten Befehl des Königs mit Hilfe sogenannter *lettres de cachet* (Haftbriefe) eingewiesen wurden, waren damals beinahe leer. Am Vorabend der Revolution beherbergte das Staatsgefängnis in Carcassonne keinen einzigen politischen Häftling mehr. Malesherbes und Ludwig XVI. hatten die Ausstellung der *lettres de cachet* auf ein Minimum reduziert, und zwar im allgemeinen begrenzt auf Mitglieder des Adels, die allzusehr über die Stränge schlugen oder gefährlich waren und deshalb auf Bitte ihrer Familien inhaftiert werden sollten. Die Gefängnisse für die gemeinen Strafgefangenen (*prisons de droit commun*) dienten bis zu diesem Zeitpunkt vor allem der Unterbringung von Untersuchungshäftlingen bis zu ihrer Verurteilung in erster Instanz oder bis zu ihrem Erscheinen vor einem Appellationsgericht. Die verurteilten Gefängnisinsassen bildeten zwei verschiedene Gruppen: entweder waren sie wegen unbezahlter Schulden inhaftiert oder sie waren wegen Betrugs oder öffentlichen Aufruhrs verurteilt worden. Zu der ersten Gruppe gehörte manch einer, der unschuldig ins Unglück geraten war, zur zweiten dagegen häufig Kriminelle. Im Châtelet-Gefängnis und in der

Conciergerie in Paris lebten sie so dicht zusammen, daß Necker mit Recht über die verderblichen Folgen entsetzt war. Er veranlaßte daher im Jahre 1780 den König zum Kauf des Hôtel de la Force, nahe der Rue Saint-Antoine, um dort Schuldner, Landstreicher, Deserteure und harmlose Straftäter unterzubringen; die gefährlicheren Kriminellen blieben dagegen im Châtelet. Howard beschrieb 1783 das neue Gefängnis folgendermaßen: »Das Gebäude ist weiträumig und gut belüftet; es gibt verschiedene Höfe für Männer, Frauen und die aus unterschiedlichen Gründen Inhaftierten; diese Höfe sind sauber und mit dem notwendigen Wasser versehen.« Von einem gewissen sozialen Rang an hatten Schuldner das Privileg, im Prison de l'Abbaye, dem ehemaligen Abteigefängnis von Saint-Germain-des-Prés, inhaftiert zu werden.

Die beiden übelsten Pariser Gefängnisse, das Petit Châtelet und das For l'Évêque, wurden im Jahre 1783 abgerissen. Man hatte sie gefürchtet »wegen ihrer schrecklichen unterirdischen Kerker«. Im großen Châtelet-Gefängnis gab es, wie in der Conciergerie auch, unterschiedliche Möglichkeiten, sich einzurichten; es hing ganz von den jeweiligen persönlichen Mitteln ab. Für einen einfachen Strohsack mußte man pro Nacht nur einen Sous zahlen. Wer mehr ausgeben konnte, leistete sich ein Zimmer, »seinem Bedürfnis nach Bequemlichkeit oder Annehmlichkeit entsprechend, soweit das an einem solchen Ort überhaupt möglich ist.«[37] Das Châtelet-Gefängnis besaß noch acht richtige Kerker. Howard, der sich 1775 zum erstenmal in Paris aufgehalten hatte, war schon damals von der Tatsache beeindruckt gewesen, daß die Gefangenen sich ohne Ketten frei im Hof ergehen durften. Im Jahre 1783 stellte er bei allen Pariser Gefängnissen einen unbestreitbaren Fortschritt fest: »Das Äußere der Gefangenen spricht ganz offenkundig dafür, daß sie mit einer von Humanität bestimmten Aufmerksamkeit behandelt werden.« Die Höfe waren gepflastert und wurden im Sommer ein- bis zweimal am Tag mit Wasser besprengt. Sie waren die vielleicht »saubersten Orte von ganz Paris«. Der Gestank, der die englischen Gefängnisse erfüllte, war hier nicht anzutreffen. Die tägliche Essensration eines Gefangenen bestand aus eineinhalb Pfund gutem Brot und einem Napf Suppe. Jede Woche bekamen sie saubere Wäsche. Eine strenge Gefängnisordnung – die auch zu bestimmten Stunden in der Nacht den Gang zur Toilette vorsah – hatte zusammen mit den übrigen Fortschritten hinsichtlich der Sauberkeit der Räume, der Körperhygiene und der Ernährung nach Howards Meinung dafür gesorgt, daß der Skorbut zurückgegangen war.

Waren Gefängnisse wie das von Angers noch »eng, vor Schmutz star-
rend und voller Ungeziefer«[38], so waren die Fortschritte in den Pariser Gefängnissen unbestreitbar; sie hatten nur einen Schönheitsfehler
– sie waren die Wegbereiter für das Strafvollzugsystem des 19. Jahrhunderts.

Die »guten« Armen

Greuze malte um 1774 »Die wohltätige Dame« – eines von jenen erbau-
lichen Bildern, wie er sie liebte. Am Kopfende eines Krankenlagers
steht eine vornehme Besucherin in Begleitung ihrer Tochter, die am
Beispiel ihrer Mutter lernen soll, welches die Pflichten der Reichen
gegenüber den Bedürftigen sind. In einem von hundert Fällen mochte
diese Wohltätigkeit von humanitären Grundsätzen bestimmt sein – man
könnte sich etwa vorstellen, daß die barmherzige Dame auf dem Bild
Madame d'Épinay oder eine andere Aufklärerin wäre; in der Regel
jedoch übte man Wohltätigkeit aus christlichen Motiven, war doch die
Caritas eine christliche Tugend.
Der König, seine Minister und Intendanten konnten zwar die Werte der
Ordnung, des Fleißes und der Gemeinnützigkeit für vorrangig halten;
der Klerus, dem immer noch die meisten Fürsorgeeinrichtungen unterstanden, gehorchte anderen und höheren Gesetzen. Die Kirche hatte
damals zwar noch nicht entdeckt, was die Theologen später das »soziale
Evangelium«, die Soziallehre der Kirche, nennen sollten. Aber sie hielt
sich verhältnismäßig streng an die Vorgaben der Heiligen Schrift. Hier
auf Erden wird es immer Arme geben. Ihnen gegenüber hat der Christ
strenge Pflichten. Die Armen besitzen in den Augen Gottes eine außerordentliche Würde. Der gläubige Christ kommt dem Himmel näher,
wenn er an den Notleidenden »barmherzige Werke« übt. Wenn der
Erzbischof von Bordeaux, Champion de Cicé, in einem Hirtenbrief für
den Erfolg der zusammengetretenen Generalstände Gebete vorschrieb
und die Armen beschwor, nicht »unheilvollen Ratschlägen« nachzuge-
ben und zu versuchen, »gewaltsam die Unterschiede zu beseitigen, auf
denen die Ordnung der Gesellschaft beruht«,[39] dann erscheint uns dies
heute als politischer Konservatismus. Dieser ist jedoch ein Bestandteil
der biblischen Lehre. Denn wenn Cicé von den Notleidenden als der
»geliebten Herde Jesu, dem Gegenstand seiner zärtlichsten Liebe«
spricht, so bedeutet dies ja nur, daß die Armen, wenn sie gewaltsam
rebellieren würden, damit Gefahr liefen, nicht nur »die Ordnung der

*Abbildung zu einer Denkschrift des Arztes Iberti über die Einrichtung eines
Findelhauses, um 1787 (lavierte Federzeichnung von François-Jacques Delannoy)*

Gesellschaft« zu zerstören, sondern auch den Schöpfungsplan Gottes und die Harmonie der Gemeinschaft der Heiligen.

Da die Kirche mit der Verwaltung großer Fürsorgeeinrichtungen wie den *hôpitaux généraux* und den *hôtels-Dieu* ziemlich überfordert war, setzte die Regierung hier eine staatliche Aufsicht durch. Die großen Zehntherren, von Rechts wegen dazu verpflichtet, in die Armenfürsorge beträchtliche Summen zu investieren, zweigten das für die Armen bestimmte Geld nicht selten für andere Zwecke ab. Auf lokaler Ebene nahm der Klerus jedoch seine Aufgaben in der Armenpflege wahr. Er trug Sorge, daß in den Bruderschaften der Berufsstände, die ja auch und vor allem Einrichtungen wechselseitiger Hilfeleistungen waren, der Einfluß der Laien nicht übermächtig wurde. Geistliche waren die Seele der zahlreichen von ihnen geleiteten frommen Hilfsvereine für Arme und Bedürftige. So unterhielten zum Beispiel in der Provence Bruderschaften mit den Namen »Charité« oder »Miséricorde« (beides bedeutet ›Barmherzigkeit‹) das Gemeindespital, das heißt, sie waren für die Fürsorge der kranken und gesunden Armen ihrer Kirchengemeinde zuständig.

Am Vorabend der Revolution appellierte ein junger aufgeklärter Arzt an die Geistlichen von Niort, sie möchten doch dem *atelier de charité* – einer Werkstatt, die man für wohltätige Zwecke für Arbeitslose ins Leben gerufen hatte – noch mehr Unterstützung zukommen lassen: »Die Herren Pfarrer, die sich sehr zu Recht des Vertrauens und der Achtung ihrer Gemeindeglieder erfreuen, werden diese mit der ihnen eigenen Überzeugungskraft sicher auch besser als irgendwer sonst dazu bewegen können, diese Einrichtung anzunehmen und zu unterstützen. Wir hörten schon mit Rührung und voller Bewunderung die Rede, die einer von ihnen zu diesem Thema gehalten hat.«[40] In einem Beschwerdeheft aus der Gegend um Toulouse wurde kurze Zeit später die Forderung erhoben, daß in jeder Kirchengemeinde das Amt eines Armenpflegers eingerichtet werden und »der Pfarrer immer Leiter dieser Einrichtung sein solle«. Ein Drittel des Kirchenzehnten war für die Finanzierung der Fürsorgeeinrichtungen der Kirchengemeinden vorgesehen,[41] reichte aber natürlich bei weitem nicht aus. Hätte es damals nicht traditionell auch von privater Seite Zuwendungen und Hilfe gegeben, wäre die gesamte Armenfürsorge zusammengebrochen.

Auch diese private Wohltätigkeit war größtenteils dem Einfluß der Kirche zu verdanken. Diese predigte ja nicht nur, wie notwendig es sei, barmherzige Werke zu tun, sondern sie war als Institution auch hinreichend vertrauenswürdig, daß man ihr ohne Bedenken entweder noch zu

Lebzeiten oder durch testamentarische Verfügung die zur Unterstützung der Armen vorgesehenen Spenden und Legate anvertrauen konnte. Claude Gellain zum Beispiel, Kanzlist bei den Leibgardisten, sprach in seinem Testament vom 15. März 1781 von einer Gemeinschaftskasse für wohltätige Zwecke (*cagnotte charitable*). Die für die Armen seiner Kirchengemeinde gespendeten Geldstücke »sollten in ein Säckchen gegeben werden mit der Aufschrift: Dieses Geld gehört den Armen!«[42] Drei Jahre später stiftete der ehemalige Advokat François-Martin Frenot in seinem Testament jährlich eine stille Seelenmesse in Saint-Germain-l'Auxerrois. Die Messe sollte von »dem ärmsten Priester« der Gemeinde gehalten werden, der dafür 30 Sous bekommen sollte; außerdem sollten dabei zwei »gute Arme« Messdienste leisten und jeder dafür 12 Sous und ein sechs Pfund schweres Brot erhalten. Die verschämten, kranken oder in Schuldhaft befindlichen Armen machten damals etwa zehn Prozent der gesamten Bevölkerung aus. Dennoch rührte ihr Anblick das Herz eines Christenmenschen, gehörten sie doch zu den »guten Armen«. Für Bettler und Landstreicher galt dies natürlich nicht.

Armen- und Arbeitshäuser für Bettler und Landstreicher

Alexandre de Tilly äußerte in seinen Lebenserinnerungen: »Wäre ich König, verschwänden zwei Geißeln aus meinem Reich: das Betteln und das Spielen.« Wenn auch Landstreicherei und Bettelei nicht wirklich unterbunden werden konnten, die Regierung kämpfte doch zumindest dagegen an, ja sie machte aus diesem Kampf ein staatliches Programm. Seit 1724 kamen die königlichen Verwaltungsbehörden für den Unterhalt internierter Bettler auf. 1764 hatte man zu diesem Zweck die neue Einrichtung der Armenhäuser (*dépôts des pauvres*) geschaffen. Dort nahm man vorübergehend auffällig gewordene Arme auf, um sie, waren sie gesund, an die Arbeit zu stellen oder im Krankheitsfall ärztlich zu versorgen. Jeder fünfte Insasse dieser Arbeitshäuser starb dort.[43] In Saint-Denis-en-France etwa war die Todesrate dieser Obdachlosen vor allem im Winter hoch, am schlimmsten in den Jahren 1777/78 und 1782/ 1783.[44] Nicht nur die hohe Sterblichkeitsrate beunruhigte die Behörden, sondern zusätzlich die Tatsache, daß die Krankenhäuser nur widerstrebend Kranke aus Arbeitshäusern aufnehmen wollten. Oft waren auch die miserablen hygienischen Lebensbedingungen der Obdachlosen die Ursache für ihren baldigen Tod. Die stellvertretenden

Leiter und Ingenieure der Straßen- und Brückenbauverwaltung waren deshalb von den Intendanten damit beauftragt worden, die sogenannten *cours des miracles* (die traditionellen Gaunertreffpunkte) baulich zu sanieren oder durch geeignetere Örtlichkeiten zu ersetzen.

Das Armenhaus von Tours war auch noch 1784 ein äußerst ungesunder Ort, obwohl man sich seit drei Jahren um Verbesserungen bemüht hatte. Die Strohsäcke waren »häufig durchnäßt vom Urin der Schwachsinnigen oder jener Armen, deren Unsauberkeit und Nachlässigkeit unverzeihlich sind.« Der Doktor Dupichard wiederholte dies nicht nur immer wieder, sondern befürchtete aus diesem Grund die schlimmsten Epidemien. In dem Müßiggang der Internierten sah er die Hauptursache für deren Krankheiten. In gutgeführten Häusern wurden denn auch die meisten Insassen an die Arbeit gestellt. Im Armenhaus von Saint-Denis gab es mehrere Werkstätten – unter anderem eine Spinnerei und eine Spiegelwerkstatt –, in denen die »freien Gefangenen« (*prisonniers libres*), wie man die unfreiwillig arbeitenden Armen nannte, arbeiten mußten.[45] Der für die Armen- und Arbeitshäuser des Reiches zuständige Kommissar, Monsieur Bertier de Sauvigny, setzte im Jahre 1780 den Provinzialständen des Languedoc schriftlich auseinander, warum Einrichtungen, in denen die Bettler sich nicht dem Müßiggang hingeben durften, anderen überlegen seien: »Man braucht nur in das Arbeitshaus von Rennes zu kommen, und man wird feststellen, daß die Insassen sehr viel gesünder und zufriedener aussehen als diejenigen von Orléans, und dies, obwohl sie mit ihrer Arbeit dem Unternehmer große Gewinne verschaffen.«[46] Verstärkte Bemühungen galten der Verbesserung der Hygiene. Der Generalinspekteur der Armen-, Arbeits- und Siechenhäuser, Sieur Colombier, sah in seiner Verordnung für die Armen- und Arbeitshäuser die Desinfizierung jedes Neuankömmlings vor: dieser sollte von Kopf bis Fuß in einen Badezuber gesteckt werden, seine armseligen Kleider währenddessen in einen Desinfektionsapparat. Die Krankenabteilung und die Apotheke des Hauses sollten zu jeder Tages- und Nachtzeit geöffnet sein. Die Kranken sollten, den verschiedenen Krankheitsbildern entsprechend, getrennt untergebracht werden. Die Wäsche mußte regelmäßig gewaschen werden. Jedem Mann stand eine zwei Fuß breite Schlafstätte zu, durch eine Trennwand von der angrenzenden getrennt. Die Frauen hatten sogar ein Recht auf Bettwäsche. Die Krankensäle waren mit Nachtstühlen und Vorrichtungen zum Wasserlassen ausgestattet, um die Eingeschlossenen von ihren »ekelerregenden« Gewohnheiten abzubringen. Zu diesen allgemeinen Verordnungen kamen von Fall zu Fall noch einige bemerkenswerte Besonderhei-

ten: in Saint-Denis zum Beispiel installierte man zum Zwecke der Luft-
reinigung einen Ventilator. Der Reformerlaß von 1785 wurde allerdings
in Frankreich nur sehr unterschiedlich befolgt. Im Jahre 1789 war zum
Beispiel das Brunnenwasser des Arbeitshauses von La Rochelle durch
Wäscheabwässer verseucht; den Insassen fehlte es an Kleidung und
Wäsche; es wimmelte von Ungeziefer, und die Kranken mußten sich zu
dritt ein Bett teilen. Der für das Arbeitshaus zuständige Wundarzt
beklagte sich darüber, daß seine Anordnungen nicht befolgt würden. Er
fand es im übrigen recht erstaunlich, daß nicht noch mehr ansteckende
Krankheiten und Todesfälle zu beklagen waren.

Von dem angestrebten Ziel, durch Arbeit neue Menschen hervorzu-
bringen, schien man jedoch noch weit entfernt, und so verfielen die
Reformer schließlich auf den Gedanken, daß im persönlichen Wohlbefinden (*bien-être*) der Betroffenen ein probates Mittel zur Veränderung
ihrer Einstellung zum Leben zu finden sei. Sauberkeit wurde als bele-
bender Luxus begriffen, der die Faulpelze und alle jene, die im eigenen
Schmutz und Ungeziefer verkamen, zu einem neuen Leben bekehren
sollte. In seiner Schrift *L'État actuel de la maison de travail [...] de
Soissons* (»Der derzeitige Zustand des Arbeitshauses von Soissons«)
entwickelte der Abbé de Montlinot im Jahre 1781 seine Ideen zu diesem
Thema: »Wenn man nicht will, daß der Bettlerstand fortbesteht, so muß
man ihn an den Luxus des Wohllebens gewöhnen. [...] Luxus im
Arbeitshaus! [...] Das mag auf den ersten Blick befremdlich erschei-
nen. Wir sind aber nichtsdestoweniger davon überzeugt, daß alle
Frauen im Arbeitshaus, könnte man sie bis zu jenem Punkt erziehen,
für sich Handschuhe zu wünschen, für die Gesellschaft wiedergewon-
nen wären, als fleißige Mitglieder und würdig, Mütter zu sein. [...] Die
Reinlichkeit hat Bedürfnisse im Gefolge, die Bedürfnisse zwingen zur
Arbeit, die Arbeit zum Nachdenken, das Nachdenken führt zu dem
Wunsch nach Besitz, der den Wetteifer in allen Schichten der Gesellschaft fördert und wachsen läßt.«[47] Montlinot war fest davon überzeugt, daß der Mensch, hatte er erst einmal das Wohlbehagen eines
warmen sauberen Bettes genossen, danach keine Lust mehr verspüren
würde, sich im Dreck zu suhlen. Statt eines Sterbehauses oder einfach
einer Aufbewahrungsstätte für Außenseiter und in der Gesellschaft
Unerwünschte sollte das Arbeitshaus zu einem Ort werden, der die
Möglichkeit für einen Neuanfang bot.

Seit der grausamen Hinrichtung des berühmt-berüchtigten Räuber-
hauptmanns Cartouche auf der Place de Grève in Paris im Jahre 1721
waren die im 17. Jahrhundert in Frankreich weitverbreiteten Räuber-
banden beinahe ausgestorben. Statt dessen gab es gegen Ende des
Ancien Régime immer mehr Landstreicher. Sie terrorisierten die bäuerliche Bevölkerung und stellten für die staatliche Verwaltung ein nahezu
unlösbares Problem dar. Da man nicht einfach zusehen konnte, wie sie
die Landbevölkerung ausplünderten, wurde im Jahr 1778 die Landpolizei (*maréchaussée*) verstärkt. Ihre 4000 Reiter sollten täglich zweimal
auf den Wegen patrouillieren, und sie waren berechtigt, jedes »verdäch-
tige Subjekt« sofort festzunehmen. Natürlich reichten für die vielfältigen Aufgaben diese Polizeitruppen bei weitem nicht aus. So waren zum
Beispiel im September 1781 die Rhône-Ufer im Languedoc drei
Wochen lang ohne polizeiliche Beaufsichtigung, da die Gendarmerie-
brigade von Remoulins 23 verurteilte Straftäter nach Toulouse überstel-
len mußte.[48] In manchen Beschwerdeheften wurde die Verdoppelung
der Brigaden gefordert. Auch die Städte fürchteten die obdachlosen
Eindringlinge. Der weitaus größte Teil aller Kriminellen in Bordeaux
waren Personen, die sich erst seit kurzem in der Stadt aufhielten.[49] Auf
dem Land und in den Städten waren die Landstreicher unerwünscht, die
Arbeitshäuser konnten nur einen unzureichenden Teil von ihnen aufnehmen – das Problem war unlösbar.

Im Jahre 1775 wandte sich der Intendant des Languedoc, Monsieur de
Saint-Priest, mit seinen Überlegungen zum Bettlerproblem und dessen
möglicher Lösung an den Minister Turgot. Der Intendant unterschied
drei Sorten von Bettlern. Zur ersten Gruppe zählte er jene, die ihrem
Gewerbe »berufsmäßig und aus Liederlichkeit« nachgingen. Ihnen
mußte man »mit der ganzen Härte des Gesetzes« begegnen. Aufgabe
der Verwaltungsbehörden mußte es sein, solche Individuen in den für
sie vorgesehenen Anstalten zu inhaftieren »und zur Zwangsarbeit zu
verurteilen«. Zur zweiten Gruppe zählte er Invaliden, die aufgrund von
Alter oder Krankheit keinen schweren Arbeiten nachgehen konnten.
Bei ihnen erschien es angemessen, sie entweder in den Armenhäusern
aufzunehmen oder dafür zu sorgen, daß ihnen die nötige Unterstützung
von seiten der Gemeinden zuteil wurde. Man müsse sich allerdings
davor hüten, sie ohne Arbeit müßiggehen zu lassen. Warum sollte man
sie nicht, schlug er vor, zum Beispiel für »Arbeiten in Baumwoll- oder
Wollspinnereien einsetzen oder auch zum Stricken von Socken und

Mützen?« Gegebenenfalls könnten sich diese Bettler in einer kontrollierten Bettelzone aufhalten – einem vier bis fünf Meilen großen Areal. Schließlich definierte der Intendant als dritte Gruppe die »temporären Bettler«, bei denen es sich um Tagelöhner und Handwerker handelte, die für eine gewisse Zeit des Jahres zum Betteln gezwungen waren, weil sie als Arbeiter in bestimmten Berufszweigen – etwa in der Landwirtschaft – nicht das ganze Jahr über gebraucht wurden. Diesen umherziehenden Arbeitslosen könne man dadurch helfen, daß man die wohltätigen Werkstätten vervielfache, ihnen auf diese Weise Arbeit verschaffe, zugleich aber dabei beachte, »daß sie dadurch nicht allzuweit von ihrem Zuhause entfernt würden.«[50]

Es gehörte zu den ersten Amtshandlungen Neckers – der bekanntlich vor keiner Schwierigkeit zurückschreckte –, in seinem Erlaß vom 30. Juli 1777 »das so oft und fast immer vergeblich ausgesprochene Bettelverbot noch einmal zu erneuern«. Da er voller Optimismus der Ansicht war, das Übel sei im Abnehmen begriffen, versuchte er, die administrativen und finanziellen Lasten der öffentlichen Fürsorge neu zu verteilen. Seiner Auffassung nach konnten Städte und wohlhabende Landgemeinden ihre Armen mit Hilfe von Spenden reicher Leute und durch die Vermittlung wohltätiger Bruderschaften und Vereinigungen ohne staatliche Hilfe selbst ernähren. Auf diese Weise werde der Staat von vielen Aufgaben und Ausgaben entlastet, und die königlichen Verwaltungsbehörden würden in der Lage sein, ihre Anstrengungen verstärkt »den armen, wenig entwickelten Landstrichen« zuzuwenden, wo ein einziger Frost oder Hagelsturm Tausende von Menschen in bitterste Armut stoßen konnte. Nur hier werde die Regierung Steuersenkungen zugestehen und selbst die Verwaltung der Armenfürsorge übernehmen.[51] Indem der Minister den Schwerpunkt seiner Überlegungen den ökonomischen Ursachen des Bettelns zuwandte, versuchte er auf seine Weise, das Problem in den Griff zu bekommen, vernachlässigte dabei aber den moralischen Aspekt, der im Unterschied zu ihm seinem Vorgänger Turgot so sehr am Herzen gelegen hatte.

Der Hagelsturm des 13. Juli 1788 und die daraus resultierende ungewisse Lage im Frühjahr 1789 waren sicherlich dafür verantwortlich, daß nun Tausende von Landstreichern ziellos im Land umherzogen. Die Aussicht jedoch, Mützen stricken zu müssen oder, ausgewiesen mit einer polizeilichen Plakette, legal dem Bettlergewerbe nachgehen zu dürfen, hätte wahrscheinlich auch nur wenige von ihrem Herumvagabundieren und den Überfällen auf andere Menschen abgehalten. Von einer gewissen Häufigkeit und Dichte an wurde die Landstreicherei zu einer ansteckenden Krankheit und kollektiven Verführung. Ohne in das traditionelle Interpretationsmuster der »guten Armen« auf der einen und der schädlichen Landstreicher auf der anderen Seite verfallen zu wollen, kann man jedoch – wie die Politiker am Ausgang des Ancien Régime auch – der Meinung sein, daß die Landstreicher, als die auffälligste und umtriebigste Gruppe der gesellschaftlichen Außenseiter, allein deswegen noch nicht die größte soziale Fürsorge verdienten. Die Schrecken der *Grande Peur* und die traurigen Freudenfeuer hunderter brennender Schlösser haben später natürlich auch nicht dazu beigetragen, den Ruf dieser plündernden Horden zu verbessern.

Elftes Kapitel

Die Tyrannei der öffentlichen Meinung

Die öffentliche Meinung ist heute in Europa eine
maßgebliche Kraft, der nichts widersteht.

SÉBASTIEN MERCIER

Die philosophischen Überlegungen über die
Gleichheit der Menschen, über die natürliche
Freiheit des Einzelnen, über die Mißbräuche der
Monarchie sowie die Absurdität, einer ganzen
Familie religiöse Verehrung entgegenzubringen;
ferner das Beispiel der englischen Kolonien in
Amerika, Bücher im Besitz aller Leute und die
überall verbreiteten Gedanken der Aufklärung,
die Anlaß gaben, alles mit der Elle des Natur-
rechts zu messen – all dies hat sowohl über die
Staatsreligion als auch über die Offenbarungsre-
ligionen Vorstellungen entstehen lassen, die sehr
weit von jenen entfernt sind, die in meiner Ju-
gendzeit vorherrschend waren.   ABBÉ DE VÉRI

Man wollte alles kennenlernen, alles vertiefen,
alles beurteilen. Gefühle wurden durch philosophische Ideen ersetzt; Leidenschaften durch die
Analyse des menschlichen Herzens; der Wunsch
zu gefallen durch Lehrsätze; Vergnügungen
durch Projekte. Alles veränderte seinen Charakter.   TALLEYRAND

Schon einige Zeit, bevor die Generalstände am 5. Mai 1789 zusammentraten, war in Frankreich ein Vokabular in Umlauf, das sich sowohl
durch einen schärferen Ton als auch durch prägnante begriffliche Ver-
einfachungen auszeichnete. Es waren vor allem Begriffe wie »Freiheit«,
»Vaterlandsliebe«, »Wohlergehen« und »Glück« (*liberté, patriotisme,
bien-être, bonheur*) sowie ihre negativen Entsprechungen »Unterdrük-
kung«, »Tyrannei« und »Despotismus« (*oppression, tyrannie, despotisme*), die in aller Munde waren. Noch zu Beginn der Regierungszeit
Ludwigs XVI. nur wenig benutzt, gehörten sie am Vorabend der Revolution zum allgemeinen Sprachgebrauch. Nur wenige Zeitgenossen
waren damals allerdings hellsichtig genug zu erkennen, daß sie eine
wahre Tyrannei ausübten und daß weder vom Monarchen noch von den

Behörden, weder vom Fiskus noch vom Klerus oder den Grundherren eine solche Gewalt ausging wie von der öffentlichen Meinung. Der Bruder Friedrichs des Großen, Prinz Heinrich von Preußen, besuchte im Jahre 1784 Paris und erklärte nachdrücklich: »Was die öffentliche Meinung (*opinion publique*) angeht, so zählt sie hier sehr viel. Sie ist eine fürchterliche Triebfeder, die früher oder später ihre Wirkung zeigen wird.«[1] Im darauffolgenden Jahr überreichte der Maréchal de Castries Ludwig XVI. ein Memorandum über die fortschreitende Veränderung des öffentlichen Bewußtseins. Der Minister war der Auffassung, daß sich schon seit langem eine »Veränderung in der nationalen Gesinnung« vollzogen habe. Dabei dürften »Augenblicksgerüchte«, diesen oder jenen Minister betreffende Kritik, leichte politische Unzufriedenheit oder ein oberflächlich sichtbar werdender Unmut nicht mit dem »konstant bleibenden Eindruck« verwechselt werden, »den die Nation im ganzen mache«, denn dieser sei letztlich ausschlaggebend. Im Ministerrat des Königs neigte man dazu, die französische Provinz als königstreu hinzustellen, um die man sich, ganz im Gegensatz zu den Pariser Verhältnissen und der oppositionellen Kritik einiger Aufklärer (*philosophes*), weiter keine Sorgen zu machen brauche. Castries war davon überzeugt, daß es sich bei dieser Einschätzung der Lage um einen schwerwiegenden Irrtum handle: »Es kann kein Zweifel sein, daß die Einwendungen der Gerichte gegen das Übermaß der Steuern die öffentliche Meinung verändert haben, daß die Ungleichheit der Steuerverteilung für das Volk ein Stein des Anstoßes ist, und daß die Finanzverwaltung in der öffentlichen Meinung keinerlei Vertrauen mehr genießt.« Wenn die Situation nicht bald mit starker Hand in den Griff genommen werde, »genügt nur ein Funke, um das Land in Brand zu setzen und zugrunde zu richten.«

Die Macht der Opposition

Der Fisch beginnt am Kopf zu stinken – dieser Zersetzungsprozeß gilt auch für politische Regime. Für Louis-Philippe stand fest: »Die wahre Ursache, ich wage zu behaupten: die beinahe einzige Ursache der Revolution war die öffentliche Meinung.« Jedenfalls waren die Intellektuellen und Literaten ihre Wegweiser; und so wurden später »die intellektuellen Ursprünge der Französischen Revolution« von der Volksmeinung schlicht auf den Nenner gebracht: »Daran waren Voltaire und Rousseau schuld.« Es scheint, als sei »die Republik der Literaten ein Reich voller

Probleme und Paradoxien«[2] gewesen. Gleichwohl hatte diese Republik ihre provisorische Regierung schon in Paris eingerichtet und ihre Kader und Botschafter in der Provinz installiert. Sie war mehr als nur eine innenpolitische Kraft oder eine Gruppe, die Druck ausübte: sie war ein Staat im Staate. Die Aufklärer und ihre Freunde besaßen seit den letzten Regierungsjahren Ludwigs XV. in der Académie française die Mehrheit. Niemand kontrollierte jedoch damals den Proporz, weder im einen noch im anderen Lager. Im Jahre 1775 wiesen zwei Prälaten in der Versammlung des gallikanischen Klerus auf dieses Problem hin: »Das Heiligtum der Literaten ist zu einem Schlupfwinkel des Unglaubens und der Irreligiosität geworden. – Aber, Monsieur, wo denken Sie hin! wir sind schließlich sieben Bischöfe in der Akademie.«[3] Um zu einem der vierzig Unsterblichen zu werden, bedurfte es der Zustimmung des Königs. Es war also die Regierung selber, die die Aufklärer inthronisiert hatte. In den Provinzen war es genauso: der Generalkontrolleur der Finanzen war Schirmherr der königlich agronomischen Gesellschaften. Diese verbreiteten aber nicht nur dem Fortschritt dienende Erkenntnisse und Techniken, sondern auch das philosophische und politische Gedankengut der Aufklärung. Die Übernahme von Ministerämtern durch Turgot und Necker – um nur die beiden berühmtesten und einflußreichsten Minister zu nennen – bedeutete, daß mit der Billigung eines frommen Königs eine Partei an die Macht gekommen war, der gegenüber der Regierungsapparat fortgesetzt Klagen führte und mißtrauisch blieb. In der *Correspondance littéraire* vom Oktober 1777 machte Meister denn auch gar kein Hehl aus der ideologischen Zugehörigkeit dieser beiden Minister: »So hat die Philosophie der Aufklärung innerhalb nur weniger Monate mehrere grausame Verluste erlitten: den Tod von Mademoiselle de Lespinasse und von Madame de Trudaine, die Ungnade von Monsieur Turgot und den Schlaganfall von Madame Geoffrin. Nur die Berufung von Monsieur Necker kann uns über all diese Schicksalsschläge hinwegtrösten.«
Turgot und Necker waren bestrebt, sich auf eine breite Zustimmung in der Öffentlichkeit zu stützen. Die Minister Ludwigs XIV. hatten sich noch damit begnügt, »die Wertschätzung des Königs und großes Ansehen« zu erwerben; die Minister Ludwigs XVI. suchten nun – und das war ein ganz neuer Begriff – die Popularität.[4] Um dies zu erreichen, zwangen sie das Volk zum Nachdenken und benutzten zu diesem Zweck die Gesetzestexte. »Es schien, als hätte unser junger Monarch«, heißt es bei Mathon de la Cour, »uns darauf vorbereiten wollen, seine Ansichten zum Wohle des Vaterlandes zu begünstigen. In den Präam-

beln seiner Erlasse – Denkmäler seiner Weisheit und Güte – hat er es seit seiner Thronbesteigung unternommen, seine väterlichen Absichten zu entwickeln und sein Volk von den ihn bestimmenden Motiven zu unterrichten. Man hat mit Recht festgestellt, daß dieses Mittel sehr geeignet ist, eine positive Einstellung zum Staat entstehen zu lassen und die Vaterlandsliebe neu zu beleben.«

Der Kriegseintritt Frankreichs zur Unterstützung der aufständischen Kolonien in Nordamerika war vielleicht die beste Methode, die Macht der Engländer zu schwächen; für die Versailler Monarchie sollten jedoch die Auswirkungen dieser Entscheidung äußerst schwerwiegend sein. 1783 waren die »Amerikaner« – so nannte man die französischen Edelleute, die am Unabhängigkeitskrieg teilgenommen hatten – Mittelpunkt der Salons. Sie hatten eine Fülle interessanter Dinge über die Fauna und Flora Amerikas, über aufregende Gefechte, über Quäker und Rothäute zu berichten; über den exotischen Reiz und die Wunder einer jungfräulichen Natur hinaus hatten sie jedoch in der Neuen Welt eine junge Demokratie kennengelernt. Selbst politisch Uninteressierte hatten sich mit den Aufständischen verbrüdert. Der Fähnrich zur See La Monneraye und seine Kameraden hatten als Gäste der guten Gesellschaft von Boston ganz geläufig den Toast »Auf die Freiheit Amerikas! Auf den Kongreß! Auf Washington!« ausgebracht, ohne dabei zu bedenken, daß die Erfüllung derartiger Wünsche bald ganz Frankreich revolutionieren würde.[5] Einige dieser Heimkehrer machten von nun an systematisch Propaganda für das neue Regierungssystem. Madame Campan – die erste Kammerfrau von Marie-Antoinette – berichtet in ihren Erinnerungen, daß in Versailles unaufhörlich Briefe von Offizieren eintrafen, »die mit einem Siegel versehen waren, das die phrygische Mütze, umgeben von den dreizehn Sternen der Vereinigten Staaten, zeigte.« Der Chevalier de Parny, zugleich ein Mann des Hofes und ein Dichter, ließ in seine Ode auf die Einwohner von Boston die aufrührerischen Verse einfließen:

> Et vous,
> Peuple heureux sans rois et sans reines,
> Vous dansez donc au bruit des chaînes
> Qui pèsent sur le genre humain.

> Und du,
> glückliches Volk ohne Könige und Königinnen,
> du tanzt also zum Klirren der Ketten,
> die auf der Menschheit lasten![6]

Die Weihe des Dichters

Die vornehmsten Herren Europas stiegen sechs Etagen hoch, um Rousseau in seiner bescheidenen Wohnung in der Rue Plâtrière einen Besuch abzustatten. Er lebte dort, »mitsamt seiner Frau, die immer wie seine Dienerin wirkte, und kopierte Noten für seinen Lebensunterhalt, ein Spinett neben seinem Bett.« Er empfing jeden Besucher »in Schlafrock und Mütze, allein und friedlich«. Nach einem zweistündigen Gespräch mit dem menschenfeindlichen Philosophen verließ ihn der Duc de Croy ganz hingerissen: »Nichts ist so köstlich«, schrieb er in sein Tagebuch, »wie sein Herz und sein Geist.« Und der Prince de Ligne verzeichnete in seinen Lebenserinnerungen: »Als er mich verließ, ließ er in mir das gleiche Gefühl der Leere zurück, das man beim Erwachen aus einem schönen Traum verspürt.«

Voltaire kehrte im Jahre 1778 nach 27jähriger Abwesenheit nach Paris zurück. Von der ersten Stunde an wurde er mit mehr Aufmerksamkeit empfangen als jeder Herrscher. Überall in der Öffentlichkeit war nur noch von ihm die Rede. Traf man einander, so lautete die erste Frage: »Er ist da. Haben Sie ihn schon gesehen?« Als der berühmte Einsiedler von Ferney – Voltaires Landsitz unweit von Genf in den Jahren 1759 bis 1778 – im Théâtre-Français der Aufführung seiner letzten Tragödie *Irène* beiwohnte, brachten ihm die Zuschauer stehend Ovationen dar und riefen: »Es lebe Voltaire! Hoch lebe der Verteidiger von Calas![7] Hoch lebe das Universalgenie!« Schauspieler und Schauspielerinnen defilierten vor der auf der Bühne aufgestellten Büste des Meisters und krönten sie unter dem begeisterten Applaus des Publikums mit einem Lorbeerkranz.[8] Dies geschah am 30. März; am 11. Mai 1778 starb Voltaire. Er hatte den für einen Schriftsteller bis dahin unerreichten Gipfel des Ruhms erlangt. Die ihm entgegengebrachte Vergötterung ging jedoch weit über die Verehrung hinaus, die man dem genialen Autor des *Siècle de Louis XIV* schuldete; sie war in all ihrer Symbolik wirklich so etwas wie »die Weihe des Dichters« (*le sacre de l'écrivain*). Seit der Mitte des Jahrhunderts waren empfindsame französische Aufklärer »auf der Suche nach einem Laienpriestertum« gewesen (*sacerdoce laïque*);[9] im Jahre 1778 war ihre Stunde gekommen, und nun inthronisierten sie ihren Hohenpriester.

Ein solches Priestertum erzeugt Hierarchien. Ein Hoherpriester hat auch viele Leviten. Eine kleine Begebenheit mag das illustrieren. Während seiner letzten Lebenswochen wurde Voltaire von allen möglichen Angehörigen der schreibenden Zunft in seiner Pariser Wohnung heim-

gesucht, darunter auch von dem Übersetzer der *Metamorphosen* des
Ovid, einem fleißigen Pedanten namens Saint-Ange. Dieser beendete
seinen Besuch bei dem großen alten Meister mit den Worten: »Heute,
Monsieur, bin ich nur gekommen, um Homer zu besuchen; an einem
der nächsten Tage werde ich Euripides und Sophokles meinen Besuch
abstatten, danach Tacitus und dann Lukian.« Über ein derartiges Programm nicht wenig erschrocken, gab Voltaire dem lästigen Schreiber-
ling zur Antwort: »Monsieur, ich bin recht alt, könnten Sie nicht all
diese Besuche mit einemmal erledigen?«[10]
»Die Schriftsteller bildeten keine Klasse mehr für sich, sie waren nur
noch eine ungeordnete Masse von Hungerleidern, von denen nur die
besten Ansehen und Wohlstand besaßen; die übrigen waren in ständiger
Bedrängnis und von Armut bedroht«, urteilte am Ende der Regierungszeit Ludwigs XVI. der Journalist Mallet du Pan. Selbst wenn man so
renommierte Autoren wie Beaumarchais oder Grimm, Diderot oder
Sedaine, Mercier oder Rétif de la Bretonne zu dieser Gruppe »halbgebil-
deter Hungerleider«, die vom großen Ruhm träumte, hinzurechnet,
war sie doch gar nicht so sonderlich groß. Im Jahre 1788 verdienten von
den zweitausend französischen Schriftstellern vielleicht 140 ihren
Lebensunterhalt mit der Feder. Dank der Bemühungen der Regierung
waren die Autorenrechte seit 1777 geschützt, wurde die Arbeit professioneller Schriftsteller somit gefördert. Aber die große Mehrzahl der
Literaten bestand aus Amateuren, die dem bürgerlichen, geistlichen
oder adligen Stand angehörten. Laclos war Artillerieoffizier, d'Holbach
besaß ein immenses persönliches Vermögen, der Marquis de Chastellux
war Brigadegeneral. Allen gemeinsam – es mochte sich um Adlige oder
Kleriker, Bürgerliche oder Lehrer an einem Collège, wirklich geniale
Autoren oder nur Schulmeister, hervorragende Köpfe oder unbegabte
Schreiberlinge handeln – war jedoch die Überzeugung, derselben Lite-
ratenrepublik anzugehören, und das Bemühen, ihren Landsleuten den
Geist der Aufklärung nahezubringen.

Erlaubte Bücher . . .

Es würde Bände füllen, über Buchdruck und Buchvertrieb zu berichten, über den Weg vom Setzkasten des Druckers bis ins Boudoir einer
Schönen, wo der letzte Band des *Jeune Anacharsis* nachlässig herum-
lag. Hier müssen einige Einzelheiten genügen, um einen ungefähren
Eindruck zu vermitteln.

Das Magazin der Königlichen Bibliothek war seit dem Regierungsantritt Ludwigs XVI. reich mit Neuerwerbungen bestückt worden und
enthielt mehr als 200 000 Bände. Die Bibliothek des Marquis de Paulmy
im ehemaligen Arsenal, »die schönste und bemerkenswerteste von ganz
Paris«, umfaßte mehr als 100 000 Bücher und 10 000 Manuskripte. Die
Bibliothek von Calonne galt als »beachtlich und gut zusammengestellt«.[11] Selbst noch bei den Bauern, der Gruppe mit dem niedrigsten
Bildungsstand, konnte man Bücher finden. Ihre Bestände sind freilich
rasch aufgezählt. Sie bestanden aus Gebets- und Liederbüchern, wie ein
flämischer Zeitgenosse berichtete, Liedern »mit sehr einfacher Melodie
und nicht sehr tiefsinnigen Texten, ferner einigen Almanachen, die gute
Tage prophezeiten.«[12] Die Almanache – Kalenderschriften – waren
nicht nur die bevorzugte Lektüre der Landbevölkerung, sondern
zugleich auch ein immerwährendes Ärgernis für alle aufgeklärten Bürger. Im Jahre 1788 wetterte der Abbé Grégoire gegen diese aufklärungs-
feindlichen literarischen Produkte: »Jedes Jahr werden 40 000 Exem-
plare des Basler Almanach aufgelegt. [...] Die Savoyarden gehen in
ganz Frankreich mit diesem ungereimten Sammelsurium hausieren, das
am Ende des 18. Jahrhunderts immer noch die abergläubischen Vorstellungen des 12. Jahrhunderts verbreitet. Für acht Sous kann jeder Bauer
diese von schlechtem Geschmack diktierte Auswahl aus Handlese-
kunst, Sterndeuterei und dummem Zeug erwerben.« Die »Schauermär-
chen aus beinahe zweihundert Jahren Buchdruck«, die Trivialromane
aus der *Bibliothèque bleue* und die Legendensammlungen wurden wie
das Evangelium aufgenommen: »die Leute auf dem Lande hatten vor
allem Geschriebenen und allem Gedruckten sehr viel Respekt.« Für
gewöhnlich scheinen die folgenden Werke den bäuerlichen Buchbe-
stand in der Gegend um Bordeaux ausgemacht zu haben: der *Paroissien
romain*, die Rechentafeln von Barême, die »Neuen Weihnachtslieder«,
fromme Traktate, die *Sept tempêtes* (»Sieben Stürme«) – eine erbärmlich
schlechte Erbauungsschrift –, eine Bibel auf Französisch, die *Vie des
saints* (»Das Leben der Heiligen«), der *Almanach des dieux*, der Katechismus der Diözese und einige Bände aus der *Bibliothèque bleue*.
Weder ein Werk über Landwirtschaft noch über häusliche Wundheil-
kunde befand sich darunter. »Die Bücher der Bauern waren in der Regel
in schlechtem Zustand, aber sorgfältig nebeneinander aufgestellt. Sie
wurden von Generation zu Generation weitervererbt. An den langen
Winterabenden versammelte sich die Hausgemeinschaft, und es wurde
eine halbe Stunde lang etwas aus dem Leben der Heiligen oder ein
Kapitel aus der Bibel vorgelesen.«

Der Lesestoff der städtischen Bevölkerung war nicht nur abwechslungsreicher und anspruchsvoller, sondern auch weniger traditionell. Durch die Konkursunterlagen des Straßburger Buchhändlers Jean-Frédéric Stein aus dem Jahre 1785 sind uns seine damaligen Lagerbestände im Detail überliefert. Von 3859 Bänden waren – mehr als hundert Jahre nach der französischen Annexion Straßburgs (1681) – 2082 in Deutsch, 1147 in Latein und nur 587 in Französisch. Theologisch-religiöse Werke nahmen mit gut einem Viertel (28,7 Prozent) einen beachtlichen Platz ein, und zwar ohne daß Stein, der selbst Protestant war, katholisch-theologische Werke bevorzugt hätte. Beinahe ein Fünftel des Gesamtbestandes waren naturwissenschaftliche Werke, während die Jurisprudenz (einschließlich Kameralistik) gerade 7,4 Prozent des Bestandes ausmachte. Die übrigen Bände gehörten den Bereichen schöne Literatur, Kunst und Geschichte an. Hauptbestandteil der Konkursmasse waren 2000 Handbücher für Studenten und Kollegiaten. Aus den Erscheinungsdaten der jüngeren Druckschriften geht hervor, in welchem Ausmaß die deutsche Aufklärung und der »Sturm und Drang« in Straßburg präsent waren und rezipiert wurden. Die gebildete Schicht des Elsaß interessierte sich zunehmend mehr für die aufregend neuen intellektuellen Strömungen aus Deutschland. In den Regalen der Buchhandlung Stein standen Lessing und Klopstock, Gottsched, Goethe und Wieland. Natürlich wäre eine solche Auswahl deutscher Autoren nicht im Innern Frankreichs zu finden gewesen, ein anderer Umstand traf jedoch überall zu: in der Abteilung Naturwissenschaften erschienen zunehmend mehr populär geschriebene Werke. »Die Entwicklung des Buchwesens im Zeitraum von 1770 bis 1785 zeigt, daß eine zunehmend größere Hinwendung zu einer breiteren Öffentlichkeit erfolgt war.«[13] Das wird auch durch die Tatsache bestätigt, daß in der Buchhandlung Stein nicht nur zahlreiche Zeitungen zum Verkauf auslagen, sondern auch Zeitschriften und Revuen, die im Ancien Régime großteils als eine Art »Leseführer« für den literarischen Markt dienten.

Der Dramatiker Carlo Goldoni, zu seiner Zeit der »pariserischste« aller Italiener, war voller Bewunderung für »die riesige Menge an Zeitungsblättern, die jeden Tag in Paris verkauft« wurden. »Selbst der neugierigste und unbeschäftigste Mensch der Welt könnte sie nicht alle lesen, auch wenn er dafür seine ganze Zeit aufwenden würde.« Es gab die *Gazette de France*, die zweimal wöchentlich erschien. Sie war eine Art halbamtlicher Zeitung, die zwar »nicht die neuesten, aber dafür die sichersten Nachrichten« verbreitete. Man konnte ihre Informationen mit denen aus dem *Courrier de l'Europe* – einer ins Französische über-

setzten englischen Zeitung – und verschiedenen holländischen, deutschen und italienischen Zeitungen vergleichen, die – anders, als ihre
Titel vermuten ließen – in Frankreich gedruckt wurden. Der *Mercure de
France*, der von seinem Redakteur, dem Anwalt Lacombe, langsam aber
sicher in den drohenden Konkurs gesteuert worden war, hatte im Jahre
1778 ein neues Gesicht bekommen; denn er war von dem dynamischen
Herausgeber Charles Panckoucke übernommen worden, der ihm nicht
nur nach und nach bis zu 15 000 Abonnenten verschaffte, sondern 1784
Mallet du Pan für die Mitarbeit gewinnen konnte. Mit diesem Genfer
Journalisten hörte der *Mercure* auf, ein vorsichtig taktierendes, farblo-
ses Blatt zu sein; als Initiator von Reformen trat Mallet du Pan mit
Überzeugung für eine konstitutionelle Monarchie nach englischem
Vorbild ein. Der *Mercure* erschien nun nicht mehr als monatliches
Periodikum, sondern wöchentlich und behandelte nicht nur Themen
»aus Kunst, Naturwissenschaft und Literatur«, sondern enthielt auch
Berichte über »Theateraufführungen sowie politische Nachrichten«,
wobei auch die traditionell beliebten Buchstabenrätsel und ähnliches
weiterhin ihren Platz hatten.[14] Einmal im Monat erschien die berühmte
Zeitschrift *Année littéraire*, ihr Redakteur Geoffroy besaß jedoch nicht
mehr die brillante und scharfe Feder seines Vorgängers Fréron, der 1760
gestorben war. Das *Journal des savants* (»Journal für Gelehrte«) war,
wie Goldoni trocken feststellte, nicht für jedermanns Horizont geeignet, während die *Gazette des tribunaux* und das *Journal d'agriculture*
über den Kreis ihrer speziellen Leserschaft aus Justiz und Landwirtschaft hinaus noch »genügend Leser fanden, die Mühe ihrer Autoren zu
lohnen«. Die *Bibliothèque universelle des romans* – eine auf die schöne
Literatur beschränkte Universalbibliothek – gab seit 1775 pro Jahr sechzehn Bände heraus. Sie war in acht Gruppen gegliedert: griechische und
lateinische Romane, Ritterromane, historische Romane, Liebesro-
mane, Sittengemälde, humoristische Romane, Novellen und Erzählungen sowie phantastische Romane. »Diese Sammlung«, hieß es in einer
zeitgenössischen Beurteilung, »kann nicht nur an die Stelle einer großen
Zahl von Romanen treten, die zu kaufen überflüssig ist, nachdem man
einen Auszug aus dem Werk gelesen hat, sondern auch als Einführung
zur Lektüre« der besten dienen.[15] Goldoni begrüßte und kommentierte
auch noch die Existenz zweier Tageszeitungen. Die eine war das *Journal
de France* (auch *Petites Affiches* genannt), das ursprünglich ein einfaches
Anzeigenblatt gewesen war, nun aber durch literarische Notizen
bereichert wurde; es enthielt »gut gemachte Auszüge, scharfsinnige
Kritiken und sehr vernünftige Betrachtungen.« Die andere, das 1777

gegründete *Journal de Paris*, war die wirklich erste moderne Tageszeitung. Man lästerte zwar über die völlig unbekannten Redakteure Cadet, d'Ussieux and Corancez, aber ihre Arbeit wurde dennoch zu einem Erfolg. Das *Journal de Paris* verbreitete täglich die neuesten und sichersten Nachrichten, berichtete über geplante Vorhaben, über Entdeckungen und Diskussionen auf allen Gebieten.

Alles in allem gesehen fehlte nur noch die Pressefreiheit. Der König konnte sich zu ihrer Einführung nicht entschließen, denn er fürchtete Überschreitungen. 1786 schrieb er an Malesherbes: »Zweifelsohne, mein lieber Malesherbes, vergrößert die Pressefreiheit den Umkreis menschlichen Wissens; zweifelsohne ist zu wünschen, daß die Literaten ihre Gedanken ohne die Einwilligung irgendeiner Zensur äußern können; die Menschen pflegen sich jedoch immer so sehr jenseits des Punktes zu befinden, an dem die Klugheit ihnen hätte Einhalt gebieten sollen, daß es hinsichtlich der Bücher nicht nur einer strengen Polizeiaufsicht bedarf, sondern auch einer wirksamen Überwachung derjenigen, die mit ihrer Überprüfung betraut sind, damit schlechte Bücher so wenig wie möglich in der Öffentlichkeit bekannt werden.«[16]

... und unerlaubte Bücher

Erfolg war jedoch dieser »strengen Polizeiaufsicht und wirksamen Überwachung« nur bedingt beschieden. Um den Preis vieler Mühen, Widrigkeiten und Risiken und dank großen Einfallsreichtums erreichten die verbotenen Druckwerke doch ihre Leserschaft. Hier als Beispiel die abenteuerlichen Stationen eines heimlichen Buchtransports im Jahre 1784.[17]

Der Ausgangspunkt der Transportkette war die Société typographique de Neuchâtel, kurz S.T.N. genannt, im schweizerischen Neuchâtel. Das ehrenwerte Haus edierte antireligiöse, politisch aufrührerische und erotische Werke, wenn es nicht gerade damit beschäftigt war, billige Raubdrucke schon gedruckter und von der Zensur zugelassener französischer Bücher herzustellen. Westlicher Endpunkt der Kette war die Stadt Troyes, ein florierendes Zentrum für die Weiterverteilung der Bücher und Ausgangsstation für den Kolportagehandel. Dort saß als Makler und Importeur ein etwas anrüchiger Edelmann namens Bruzard de Mauvelain. Zwischen Neuchâtel und Troyes, jenseits der Grenze zu Frankreich, wohnte in Pontarlier der achtbare Händler Faivre, der bei diesem Geschäft als Assekurant auftrat. Denn diese Schwarzhandelsgeschäfte waren zwar üblich und sehr gewinnbringend, aber nur die einfachen Lastenträger, die die verbotene Ware über die Grenze transportierten, bezeichneten sich dabei wirklich als Schmuggler. Wer das ganze Unternehmen steuerte, die Risiken kalkulierte und den Gestehungspreis festsetzte, war der Assekurant, in unserem Fall also Monsieur Faivre. Seit einem Jahr hatte er einen festen Vertrag mit der S.T.N. Er organisierte den unauffälligen Transport der Bücher über die grüne Grenze, wobei er pro Zentner 15 Francs berechnete, die der Kunde bei der Auslieferung zu zahlen hatte. Die Ware war jedoch versichert, so daß dem Lieferanten für den Fall des Verlustes der Großhandelspreis erstattet wurde. Es liegt auf der Hand, daß unser Assekurant und Schmuggler ein kluger Geschäftsmann sein mußte. Etwa 15 Prozent des Preises, den der Kunde zu zahlen hatte, waren Transport- und Versicherungskosten. Die S.T.N. trug dabei im Prinzip überhaupt kein Risiko, es sei denn, sie geriet – wie in diesem Fall – an einen betrügerischen Käufer.

Zwischen März und Juni des Jahres 1784 bedachte Bruzard de Mauvelain das Neuchâteler Verlagshaus reichlich mit Aufträgen. Am 26. Juli schickte die S.T.N. sieben ordnungsgemäß verpackte und numerierte Bücherballen in Richtung französische Grenze. Wie üblich wurden sie zunächst in Verrières gelagert. Dort wohnte ein gewisser Michaut, der Faivre als Agent und Zwischenlagerer diente. Mitte August fielen den französischen Zöllnern jedoch fünf Bücherballen mit Ausgaben der Zeitschrift *Libertin de qualité* des jüngeren Mirabeau[18] in die Hände, die aus einem anderen Verlagshaus stammten und von einem Konkurrenten auf den Weg gebracht worden waren. Die Folge davon waren verstärkte Kontrollen. Faivre und Michaut fanden keine Träger mehr für den heiklen Transport. Ein Teil des Oktobers ging damit hin, neue Gebirgspfade für den heimlichen Grenzübergang ausfindig zu machen, einige Agenten der Finanzpachtämter zu bestechen und den Trägern wieder Mut zu ihrem Geschäft zu machen. Wenn man nämlich bedenkt, daß die Träger für wenige Sous ihre Last von fünfundzwanzig Kilo auf beschwerlichen Wegen von Verrières nach Pontarlier schleppen mußten und für den Fall ihrer Verhaftung die Zuchthausstrafe riskierten, versteht man gut, daß sie sich während der Wochen, in denen die Zöllner Tag und Nacht verschärft die Grenze bewachten, still und unauffällig verhielten. Endlich passierte am 12. November der erste Ballen die Grenze nach Frankreich, am 18. waren alle in Pontarlier eingetroffen. Schon am nächsten Tag expedierte Faivre sämtliche Ballen in Richtung Besançon zu seinem dortigen Agenten Péchey. Am 1. Dezember gingen die Ballen auf dem Karren eines gewissen Carteret wieder auf die Reise. Um den 13. Dezember lieferte dieser die Fracht ordnungsgemäß in Troyes ab. Die besonderen Umstände hatten diese Lieferung stark verzögert, aber es hätte Mauvelain schlecht angestanden, sich darüber zu sehr zu beklagen, denn er zahlte nur den Transport und die Versicherungskosten, nicht aber die Ware selbst. Offenkundig prellte er die Neuchâteler, erfreute sie mit einer Lieferung Wildbret, schickte amüsante Briefe und hielt sie hin mit dem Versprechen auf baldige Wechsel und die Aussicht auf eine Erbschaft. Von 1782 bis 1785 konnte er auf diese Weise 1528 Bücher importieren, darunter 120 von der Zensur verbotene Titel.

Bei den verbotenen Büchern machten 48 Titel gut zwei Drittel der gesamten Schmuggelware aus. Zehn Titel gehörten zur Gruppe antireligiöser Werke – etwa *Théologie portative* (»Handbuch der Theologie«), *Histoire critique de Jésus-Christ* (»Kritische Geschichte von Jesus Christus«), *La papesse Jeanne* (»Die Päpstin Johanna«), *Requête pour la suppression des moines* (»Gesuch zur Abschaffung der Mönche«). Einen nicht unerheblichen Anteil hatten neun erotische Werke, darunter die *Erotika biblion* von Mirabeau, die Mauvelain zu 2 Francs und 15 Sous weiterverkaufte, und *Le vicomte de Barjac* des Marquis de Luchet, für das die S.T.N. 25 Sous berechnete und dessen gebundene Ausgabe Mauvelain für 44 Sous abgab. Philosophische Werke machten einen geringeren Anteil aus; sie verkauften sich vor allem dann gut, wenn sie populär geschrieben waren. Die Mitglieder des Amtsadels von Troyes waren sichere Kunden für das *Tableau de Paris* von Sébastien Mercier und die *Histoire philosophique des Indes* von Raynal. Schließlich konnte auch noch ein Kundenkreis, der sich für Pariser Klatschgeschichten interessierte, mit Skandalchroniken wie dem *Espion anglais* und den *Mémoires secrets* von Bachaumont befriedigt werden. Am besten verkauften sich jedoch politische Schriften. Ihr Anteil betrug etwa ein Drittel, darunter seriöse Autoren wie Montesquieu, Voltaire, Rousseau und Diderot, zu einem größeren Teil allerdings Werke ohne das geringste Niveau. Die *Fastes de Louis XV* (»Prunk und Feste Ludwigs XV.«) waren ein regelrechter Bestseller, der die »Verschwendungssucht und Veruntreuungen« der Madame du Barry enthüllte und ihren königlichen Liebhaber als einen Mann beschrieb, der sich fortwährend »in zwielichtigen Kreisen aufhielt und der Wollust hingab«. Zwei Pamphlete waren besonders aktuell und gefragt: die *Mémoires de la Bastille* (»Erinnerungen aus der Bastille«) von Linguet und *Des lettres de cachet* (»Haftbriefe«) von dem jüngeren Mirabeau. Die Irrtümer und Übertreibungen in diesen beiden, im übrigen amüsant und flott geschriebenen Büchern, trugen ihnen eine große Leserschaft ein. In Wirklichkeit war absolut kein Vergleich möglich zwischen dem Schicksal des berühmten Advokaten und des nicht minder berühmten Aristokraten, die beide als privilegierte Häftlinge in Staatsgefängnissen gesessen hatten, und dem traurigen Los eines armen Teufels, der beim Schmuggeln ihrer Schriften von den Zöllnern geschnappt, unverzüglich verurteilt und ins Bagno nach Toulon expediert wurde. Ein solcher Lastträger nahm für das Ansehen der Autoren, den Gewinn der Makler und das Vergnügen der Bürger die größten Risiken auf sich. Für sie dagegen war er nur ein Faktor, der bei der Gewinn- und Verlustrechnung abgebucht wurde.

Die Launen der öffentlichen Meinung

»Revolutionen werden nur mit Hilfe der öffentlichen Meinung bewerkstelligt«, behauptete der spätere König Louis-Philippe d'Orléans. Aber worin genau bestand denn »die« öffentliche Meinung, diese »unwiderstehliche Macht«? Nach Ansicht von Louis-Philippe war sie »eine Ansammlung von Meinungen, hervorgebracht von der Aufklärung, verbreitet durch die Erziehung, durch Lektüre und Gespräche, zuweilen sogar nur durch die Modeströmungen der Zeit.«

Diese Meinungen waren zuallererst der Leichtgläubigkeit förderlich, und zwar bei allen Bevölkerungsschichten. Zwar waren die gegen die Adelsfamilien Polignac und Noailles vorgebrachten Anschuldigungen – ihr Lebensstil verschlinge Unsummen – hinreichend begründet; die Behauptung jedoch, der Hof verschwende die Mittel des Reiches,[19] war absolut unrichtig, machten doch die Ausgaben des königlichen Haushalts im Jahre 1787 nur sechs Prozent der gesamten Staatsausgaben aus.[20] Sobald aber ein anonymes Flugblatt die Königin verdächtigte, konnte man sicher sein, daß es auf offene Ohren stieß und unverzüglich weiterverbreitet wurde.[21] Man warf Marie-Antoinette den Bau des Petit Trianon vor – tatsächlich war es schon unter Ludwig XV. errichtet worden; ferner die Anlage des Hameau, als ob diese paar Strohhütten ein Palast aus Marmor und Gold gewesen wären. Allgemein verbreitet war die Behauptung, die Franzosen würden von ihren Steuerlasten erdrückt, obwohl die Engländer damals weitaus höher besteuert wurden.[22] Beharrlich beklagte man auch die außergewöhnlichen Ungleichheiten innerhalb der französischen Gesellschaft; selbst ein Alexandre de

Tilly bemängelte dieses vermeintlich französische Übel. Hätten jedoch damals mehr junge Leute aus Adel und Bürgertum eine Bildungsreise durch Europa (*le tour d'Europe*) unternommen und wäre die öffentliche Meinung auch bereit gewesen, eine einmal vorgefaßte Meinung zu korrigieren, so hätten sie einige Erkenntnisse aus der vergleichenden Betrachtung fremder Länder und Völker mit nach Hause bringen und in Frankreich verbreiten können. In London zum Beispiel herrschte unter Georg III. ein derart beängstigendes Elend unter der armen Bevölkerung, wie es in Paris damals selbst im Faubourg Saint-Marcel unbekannt war. Die jungen Reisenden hätten auch noch davon berichten können, daß in England manche Lords derartig große Vermögen besaßen, daß dies beinahe dem Besitz einer ganzen Provinz gleichkam; in Frankreich hätte man sie nur mit den Prinzen von Geblüt vergleichen können. Im übrigen waren die in Frankreich ins Auge fallenden sozialen Unterschiede nichts im Vergleich zu den Vermögens- und Standesunterschieden, die damals in Ländern wie Spanien, Portugal, Neapel, Polen, Ungarn und in Rußland unter Katharina II. herrschten. Die am schärfsten und mit größtem Nachdruck geäußerten Behauptungen pflegten jedoch den größten Erfolg zu haben. Eine zum Beispiel kehrte in regelmäßigen Abständen wieder: die Regierung selbst organisiere Hungersnöte und fördere das wucherische Aufkaufen von Getreide. Schon im Jahre 1775 wurde diese Ansicht häufig geäußert;[23] am Vorabend der Revolution verbreitete man sie lauthals.[24]
Die öffentliche Meinung war nicht beständig und konnte von einem Tag zum anderen umschlagen; wenn die Meinungen in Paris gären, stellte Rivarol fest, »sind die Auswirkungen in der Provinz zu spüren.« In der Hauptstadt selbst war dieses Gären kaum von Dauer. »In Paris ist es ein schwierigeres Unterfangen, die Bewunderung der Öffentlichkeit zu behalten, als sie zu gewinnen«, schrieb Mercier. »Das eben noch gefeierte Idol wird mitleidlos vom Sockel gestürzt.« Es konnte sogar vorkommen, daß man die Scherben des gestürzten Idols wieder zusammenkittete: 1777 etwa brachte das Theaterpublikum bei der Aufführung von *Iphigenie in Aulis* Marie-Antoinette Ovationen dar und zwang den Chor durch anhaltendes Applaudieren, das »Chantons, célébrons notre reine« noch einmal zu wiederholen.[25] Die öffentliche Meinung folgte auch nicht den Gesetzen der Logik. Man verurteilte zum Beispiel die allzugroße Zahl von Gerichten, jammerte aber zugleich über das traurige Los von Juristen ohne Mandanten. Man prangerte den in Versailles betriebenen Luxus an, warf dem König aber auch vor, er habe durch die verordnete Hoftrauer den Rückgang der Lyoner Seiden-

industrie verschuldet.[26] Hielt sich Marie-Antoinette in Versailles auf, wurde ihr nachgesagt, sie sei zu hochmütig; besuchte sie Paris, warf man ihr vor, sie benehme sich für eine Königin allzu ungezwungen, wenn sie sich nicht scheute, den Opernball zu besuchen.

Natürlich gab es – wenn der Vergleich erlaubt ist – einige »Akupunkteure« der öffentlichen Meinung, die ein Gespür dafür besaßen, wann und wo der rechte Moment zum Zustechen gekommen war. Daß die öffentliche Meinung jedoch so leicht zu beeinflussen war, bleibt erstaunlich. Es ist noch verständlich, wenn in einem abgelegenen Winkel der Provinz die unvermittelte Einführung der Ideen der Aufklärung durch einen Pfarrer oder dort ansässige Städter eine explosive Wirkung zeitigen konnte.[27] Die Bauern waren jedoch keineswegs die einzigen, die sich durch eine gewisse intellektuelle Naivität auszeichneten. Sowohl am Hof als auch in den kleinsten Alpendörfern war jene Form der Naivität verbreitet, die das Attribut von Utopien ist. Die Utopie war das bevorzugte Feld der Literaten. Sébastien Mercier veröffentlichte in London *L'an deux mille quatre cent quarante, rêve s'il en fut jamais* (»Das Jahr 2440, der kühnste aller Träume«, 1771–86); Rétif de la Bretonne schrieb *La découverte australe par un homme volant* (»Die Entdeckung der südlichen Hemisphäre durch einen fliegenden Menschen«, 1781); Bernardin de Saint-Pierre *L'Arcadie* (»Arkadien«, 1781); Casanova *Icosaméron ou Histoire d'Édouard et d'Élisabeth qui passèrent quatre-vingt-un ans chez les Mégamicres, habitants aborigènes du Protocosme dans l'intérieur de notre globe* (»Icosameron, oder die Geschichte von Eduard und Elisabeth, die 81 Jahre bei den Megamikern, den Ureinwohnern des Landes Protokosmos im Innern unseres Globus, verbrachten«, 1788).[28] Von Rousseau bis Babeuf, von Turgot (welche Utopie wäre erstaunlicher als die Lehre der Physiokraten!) bis Robespierre, von Marat bis Ledoux: Utopien standen hoch im Kurs, ein literaturgeschichtliches Phänomen, dessen Geschichte und Verbreitung genauer Untersuchung wert wäre; denn »menschliche Wesen definieren sich ebenso durch ihre Träume (*chimères*) wie durch ihre tatsächlichen Lebensumstände.«[29] Die Utopie des Schlosses Trianon war Marie-Antoinettes Krankheit. Die Königin wollte dort höfisches Leben in seinen ursprünglichen Formen verwirklichen, als eine Art mondängepflegten Lebensstil, wie er am Anfang des 17. Jahrhunderts in dem Schäferroman *L'Astrée* von Honoré d'Urfé idealisiert dargestellt worden war. Die Ökonomen operierten in ihrer Lehre mit der Utopie der »Evidenz der natürlichen Ordnung«, das heißt, sie waren davon überzeugt, daß jedem Menschen mit gesundem Menschenverstand einsich-

tig sein könne, wie er sich durch Anpassung an diese Ordnung am erfolgreichsten vorwärtsbringe: sie glaubten, auf der Grundlage einer
großangelegten, intensiv betriebenen Landwirtschaft (die niemals zu
verwirklichen war), mit Hilfe einer einzigen direkten Einkommenssteuer und schließlich mit einer durch staatliche Gewalt erzwungenen
Handelsfreiheit die unfehlbaren Mittel gefunden zu haben, persönlichen
Nutzen und rationales Denken, Logik und Glück miteinander verbinden
zu können. Die Utopie der Freimaurer bestand in dem Traum, daß
Freiheit, Gleichheit und Brüderlichkeit harmonisch miteinander ver-
wirklicht werden könnten, während doch die Gleichheit aller (abgesehen
von der zivilrechtlichen Gleichheit) die Zerstörung der Freiheit des
Einzelnen und damit auch den Verlust der Brüderlichkeit bedeutet. Die
Utopie der ersten Physiokraten bestand in dem Traum von einem Land
ohne Staatsapparat; die Utopie des einfachen Volkes, die das Jahrhundert
durchzog, war die Vorstellung eines »Staates ohne Steuern«.[30] 1789
gipfelten utopische Vorstellungen in solchen Beschwerdeheften, in
denen von Gerichtsschreibern ausgedachte Luftschlösser und bäuerliche
Wunschträume traulich nebeneinander standen.

Politisch Unzufriedene jeden Kalibers

Unter Ludwig XVI. war es, wie unter seinem Vorgänger auch, weniger
gefährlich, den Kommunismus zu predigen, als das Steuerpachtsystem
zu kritisieren. Im Kreise der Schriftsteller und der liberal gesonnenen
Aristokraten war Protest und Kritik zunächst einmal eine Art von
Gesellschaftsspiel, vergleichbar dem aufmüpfigen Verhalten von Schul-
jungen. Wenn Diderot erklärte: »Und ich werde eigenhändig das
Gedärm der Priester zusammendrehen, sollte es an Schnur mangeln, um
die Könige zu erdrosseln«, so setzte er eine solche Äußerung doch ganz
bewußt als rhetorische Übertreibung ein und dachte keineswegs daran,
damit ein Programm revolutionärer Foltermethoden zu verkünden.
Derartig extreme Äußerungen wurden jedoch überall weiterverbreitet,
nicht nur in den gebildeten und aufgeklärten Kreisen, sondern bis in die
Dorfkneipen hinein, wo die einfachen und ungebildeten Leute solche
Aussprüche absolut ernst nahmen. Bestimmt verstanden sie jedenfalls,
daß es die Pflicht eines Patrioten sei, den Pfarrern den Bauch aufzu-
schlitzen und die Könige auszurotten.[31]
Eine Schlüsselfigur im Zusammenhang mit der öffentlichen Meinungsbil
dung war der Duc d'Orléans, damals im übrigen der einzige Adlige von

Das Palais-Royal des Duc d'Orléans in Paris (zeitgenössischer Stich)

hohem Rang, der unverhohlen erklärte, »er habe Schriftsteller noch nie
leiden können.«[32] Unter seinem Schutz und in seiner Umgebung bildeten sich im Palais-Royal, einem Zentrum revolutionärer Agitation, jene
Meinungen heraus, die sich dann zur »öffentlichen Meinung« formierten. Schon lange vor 1789 war dies allgemein bekannt, und die Auswirkungen zeigten sich unter anderem in der politischen Publizistik von
Camille Desmoulins[33]. Antoine Rivarol kam im Jahre 1783 zu dem
Urteil: wolle man den Pulsschlag von Literatur und Politik fühlen, dann
müsse man in den Garten des Palais-Royal gehen und dort ein kleines
Café, das »Caveau«, besuchen, »schrecklich wegen des Pestgeruchs, der
von ihm ausgeht, und der Reden, die dort gehalten werden.« Madame
Roland, die sich als spätere Girondistin wohl ein Urteil erlauben konnte,
versichert in ihren Lebenserinnerungen, daß der Duc d'Orléans »wahrscheinlich einen heimlichen Anteil bei allen volkstümlichen Agitatio-
nen« hatte. Noch bedeutete Konspiration für ihn eine Art von Spiel, ganz
im Stil von Gaston d'Orléans damals im Jahre 1649, als *Fronde* zu einem
Wort mit großem Anfangsbuchstaben und einem Begriff für politische
Opposition wurde.[34] Noch war es ein Spiel, wenn auch ein gefährliches,
als die adlige Welt 1784 Beaumarchais bei der Aufführung von *Figaros
Hochzeit* – »vielleicht dem Geistreichsten, was je geschrieben wurde« –
einen triumphalen Erfolg bereitete. »Sie erteilten sich selbst eine Ohr-
feige; sie lachten auf ihre eigenen Kosten«, urteilte die Baronin von
Oberkirch später scharfsinnig. Ohne die Unterstützung des Adels – er
mochte wirklich überzeugt liberal gesonnen sein oder nur im Strom der
politischen Mode mitschwimmen – hätte sich die bürgerliche oppositio-
nelle Meinung nicht durchsetzen können.

Das traf übrigens nicht nur auf den Hof und auf Paris zu. Es bewahrhei-
tete sich auch anderswo beinahe täglich während der letzten fünfzehn
Jahre des Ancien Régime. Die »neuen« Ideen konnten sich, wohlwollend gefördert von der adligen Elite, nun zwanglos überall in der Provinz ausbreiten: Wollte man sich konform zu seiner Umgebung verhalten, so gehörte es dazu, in reformerischer Absicht über Staatsangelegen-
heiten zu philosophieren und zu diskutieren. Die gesellschaftliche
Beliebtheit gelehrter Gesellschaften führte zu allen möglichen Neu-
gründungen und Spielarten. Das Regiment »Caen« besaß zum Beispiel
im Jahre 1785 nicht nur seine eigene Freimaurerloge, sondern auch noch
eine Adoptionsloge, also eine reine Frauenloge, in der sich die Gemahlin des Provinzgouverneurs, die Duchesse d'Harcourt, und hundert andere Damen der Gesellschaft mit Anmut in demokratischem Denken
übten.[35] Denn in diesen großen Städten paßte der Stil der Politik, die

noch in den Kinderschuhen steckte, zu den vergoldeten Wandverklei-
dungen der Salons; die schlechten politischen Sitten hatten noch nicht
ihren Einzug gehalten.

Als Beispiel möge eine Beschreibung der geselligen Zusammenkünfte
im Hause des liberalen Comte de Manneville in Caen gelten. In seinem
neben dem Jesuitenkloster gelegenen Palais reformierte man, da es
offensichtlich dringend notwendig schien, munter die Welt; aber in
einem Ton, der den besten gesellschaftlichen Umgangsformen entsprach und niemandem Zwang auferlegte. Oberflächliche oder gar fort-
schrittsfeindliche Gäste konnten sich anderswo im Hause mit den Dingen, die sie interessierten, beschäftigen. Madame de Manneville, eine
geborene Le Vicomte de Blangy, also aus gutem Hause, hat folgende
Beschreibung ihres Salons hinterlassen: »Wir hatten gestern große
Gesellschaft. Nach dem Abendessen versammelte sich alles im Salon,
und jeder gesellte sich zu der Gruppe, die ihm zusagte. Émilie zeichnete. [. . .] Die Damen d'Héricy und de Hautefeuille sahen ihr dabei zu,
während Monsieur de Hautefeuille, als Mann von universeller Bildung,
Ratschläge erteilte. Madame de Faudoas spielte auf dem Cembalo mehrere Stücke von Scarlatti, mit sehr viel Gefühl und von uns mit Beifall
bedankt. Monsieur de Janville war gerade in ein wichtiges Gespräch mit
den Herren de Manneville, d'Héricy und de Faudoas vertieft; dieser
ganz mit seiner Politik beschäftigte Mann geruhte, sich umzuwenden
und in unseren Beifall einzustimmen. Monsieur de Vendœuvre spielte
Schach mit seinem gewohnten Partner. [. . .] Aimée und Mimi stickten
in der Nähe eines Fensters. Mimi hat eine wahre Leidenschaft für den
Stickrahmen entwickelt. Sie hat göttliche Finger. Diese Herren führen
in ihrem kleinen Kreis gewichtige Reden, und wenn das Volk nicht
glücklich ist, so ist es jedenfalls nicht ihre Schuld. Zuweilen mische ich
mich, zusammen mit meiner guten Louise, auch in ihr Gespräch ein,
aber ich ziehe es vor, gemütlich mit Monsieur de Sallen zu plaudern, der
stets von gewohnter Liebenswürdigkeit ist.«[36]

Geselligkeit als Schule der Demokratie

Die Regierungszeit Ludwigs XVI. war das Goldene Zeitalter der
gelehrten Gesellschaften, in denen man sich zum geselligen Gedankenaustausch traf. Jeder Franzose gehörte bestimmten gesellschaftlichen
Gruppierungen oder Korporationen an, die ihrerseits von den unterschiedlichsten Interessen oder Privilegien bestimmt waren. Nicht nur

die Familie und die eigene gesellschaftliche Schicht bestimmte das
Leben des einzelnen, sondern ebenso auch die Zugehörigkeit zu seiner
Berufsgruppe, zu seiner Kirchengemeinde und zu seiner Heimatstadt,
ferner, ob er dem ersten, zweiten oder dritten Stand angehörte, welches
seine Heimatprovinz war und ob er einer christlichen Bruderschaft oder
einer Gesellenbruderschaft angehörte – Korpsgeist und das Gefühl der
Zugehörigkeit waren überall zu spüren. Das Eingebundensein des einzelnen in diese vielfältigen Einrichtungen sollte ihn nicht nur vor gesellschaftlicher Isolierung bewahren, sondern in gewisser Weise auch einen
allzu individuell gefärbten Lebensstil verhindern. Das königliche Marinekorps verachtete den Rest der Marine, die Marine verachtete die
Armee, die Kavallerie sah hochmütig auf die Infanterie herab, die alten
Traditionsregimenter verachteten die neugegründeten, und natürlich
fühlte sich jeder Soldat – voller Stolz, dem König zu dienen! – jedem
Zivilisten weit überlegen. Nur war es so, daß ein Franzose zur Zeit
Ludwigs XVI. in der Regel weder seine Familie noch seine Kirchengemeinde selbst gewählt hatte, ja nicht einmal in allen Fällen selbst seinen
Beruf und noch viel weniger das Regiment, dem er angehörte. Nun aber
wünschte er mit einemmal, frei bestimmen zu dürfen und damit gleichzeitig seine gesellschaftlichen Beziehungen zu konsolidieren und zu
verbessern. Dies erklärt den großen Erfolg der gelehrten Gesellschaften. Augustin Cochin schreibt, daß damals eine gelehrte Gesellschaft,
die diesen Namen verdiente, »aktiv, dauerhaft, beständig und frei war
und nur das Wohl ihrer Mitglieder zum Ziel hatte.« Sie repräsentierte
»eine Gruppe von Menschen, die allein ihr eigener Wille zu ihrem eigenen Wohl verband.«[37]

Die Freimaurerei besaß ihre Geheimnisse, die Tempel hüteten ihre
Mysterien. Die Freimaurer pflegten sich jedoch als Freimaurer nicht in
politischen Auseinandersetzungen zu engagieren, da sie sich im Hinblick auf Politik und Religion als nicht gebunden betrachteten. Die
Freimaurerei zeigte damals weder in Frankreich noch in der Deputier-
tenversammlung aller Logen, im *Grand Orient*, antireligiöse Züge und
war weit entfernt von subversiven politischen Aktionen. Die *Amis con-
stants* (»Standhaften Freunde«) von Toulon zum Beispiel verabschiede-
ten am 14. Juni 1780 eine Satzung mit 39 Artikeln. Die Artikel 1 und 2
sind charakteristisch für die Prinzipien der Loge: »ARTIKEL 1: Die tiefe
Achtung vor dem göttlichen Gesetz verpflichtet die Brüder dazu, dieses
niemals zum Gegenstand ihrer Erörterungen zu machen, weder in der
Loge noch an einem anderen Ort, wo sie stattfinden sollte. ARTIKEL 2:
Die Könige, die Herrscher, sind das Abbild Gottes auf Erden, daher

wird jeder Bruder seinen Ehrgeiz dareinsetzen, ein eifriger Untertan seines Fürsten zu sein. Er wird die Richter und die Gesetze respektieren, er wird niemals – weder in Wort noch in Schrift – etwas gegen die Regierung äußern, und die verschiedenen Absichten der Herrscher werden in der Loge niemals ein Diskussionsgegenstand sein.«[38] Die Adoptionsloge »La Concorde« (Eintracht) feierte am 31. Dezember 1781 die Geburt des Kronprinzen von Frankreich. Bevor bei den Franziskanermönchen ein Tedeum gesungen wurde, hielt die Logenmeisterin, die Marquise de Premeaux, in der Versammlung der Loge eine wohlgesetzte Rede. Sie feierte darin die Freundschaft, »die Liebe zu allen Tugenden«, natürlich auch die Eintracht, das Vertrauen, die Diskretion, die Einigkeit, die Gleichheit, »das erhabenste moralische Empfinden« und den der gesellschaftlichen Ordnung schuldigen Fleiß und Eifer. »Und was wäre geeigneter, uns dazu anzufeuern«, fuhr die Marquise fort, »als die Anwesenheit der Schwester unseres [Außenministers] Vergennes[39], die es gewohnt ist, die von uns hochgeschätzten Tugenden zu üben und uns heute die Ehre ihres Besuches gibt, um an unserer Arbeit[40] teilzunehmen und mit uns die Liebe zu feiern, die wir den von ihren Völkern verehrten Herrschern entgegenbringen!«[41] In Fällen wie diesen schlug die loyale Einstellung zum Königshaus in helle Begeisterung um.

Oftmals konnte ein mit den Problemen des Alltags konfrontierter Freimaurer jedoch auch den »Fortschritt der Aufklärung« fordern – was hätte es scheinbar Unschuldigeres geben können? – oder die Notwendigkeit betonen, »die Menschen für das öffentliche Wohl zu interessieren« – und wer hätte sich darüber aufregen sollen? Nach 1780 wandelte sich sein Denken unmerklich von abstrakten Vorstellungen hin zur Idee des »Öffentlichen«, das heißt hin zum Wunsch nach politischem Tätigwerden. Das war nun genau der Augenblick, wo die Zahl der Logen sich vervielfachte, zumindest bis 1785. »Nichts kommt der leidenschaftlichen Begeisterung für die Freimaurerei gleich«, schrieb 1783 der Bruder Perrichet.[42] In Frankreich zählte man damals etwa 700 Logen. In den letzten fünf Jahren vor der Revolution ging die Freimaurerei hingegen wieder zurück, »das Zeitalter der Volksgesellschaften und Clubs kündigte sich an«.[43] Was die Inhalte anbelangt, so hatte die Freimaurerei jedenfalls genügend Zeit gehabt, ihren Anhängern alles Wesentliche zu vermitteln.

Die äußere Form war jedoch wichtiger als alle Ideen, die in einer Akademie aufgeworfen oder, in würdigerem Stil, in einer Loge diskutiert werden mochten. Seit es die Freimaurer gab, verwirklichten sie in der

Tat – bewußt oder unbewußt – den Traum von Jean-Jacques Rousseau, für den eine Gesellschaft freier Philosophen die wahrhaftigste aller Demokratien war. Die Adligen schätzten bei den Freimaurerlogen die Möglichkeit zu bürgerlichen Kontakten und die ehrgeizigen Bürger die Gelegenheit zum gesellschaftlichen Weiterkommen. In der Provinz waren 36 Prozent der Freimaurer Geschäftsleute aus dem Großbürgertum, 33 Prozent gehörten dem Amtsadel an oder waren Mitglieder freier Berufe, 12 Prozent waren Handwerker und kleine Ladeninhaber, 7 Prozent Rentiers und 6 Prozent Mediziner.[44] In den Logen herrschte vollkommene Gleichheit; kein Zweifel: die Freimaurerei war nahezu eine »Schule der Gleichheit«.[45] Dennoch zählte nicht diese Gleichheit am meisten, sondern das Spiel der Kräfte, die subtilen Mechanismen der Einflußnahme und die Einübung des Übertragens von Verantwortung. Ein Mitglied einer gelehrten Gesellschaft – sie mochte sich nun Club, Zirkel, Akademie, Loge oder Agronomische Gesellschaft nennen – kannte nach einigen Monaten oder Jahren aktiver Mitgliedschaft die wichtigsten demokratischen Spielregeln; man hatte gelernt, noch die kleinsten Entscheidungen mit Hilfe einer offenen Abstimmung zu treffen, und man kannte durchaus auch das Verfahren, bei dem eine Handvoll Eingeweihter die Versammlungen vorbereitete, die Abfassung von Gesuchen und Anträgen übernahm, hinter den Kulissen bestimmte – und immer wußte, wie man nach reiflicher Überlegung unbefangenen Gemütern den entscheidenden Text zur Abstimmung vorzulegen hatte.[46] Von daher erklärt sich, warum bei den politischen Versammlungen der Revolutionszeit von Anfang an kaum Schwierigkeiten bestanden, eine große Zahl unermüdlicher Redner aufzubieten, und warum eine Handvoll diskret und wirkungsvoll agierender politischer Führer zur Verfügung stand.

Die Sucht des Baron de Castille

Selbst im Jahre 1783 kam es selten vor, daß jemand seinen Eintritt in einen Club wie ein Glaubensbekenntnis aufgefaßt hätte. Ganz unterschiedliche Motive konnten eine Rolle spielen, zum Beispiel eine Neigung zum Diskutieren, eine philosophisch-aufgeklärte Einstellung oder das überzeugend humanitäre Programm einer Gesellschaft. Vor allem aber war der Beitritt zu einer gelehrten Gesellschaft auch eine Modesache geworden. Man machte das, was jeder machte, und brauchte sich nur mittragen zu lassen von dieser merkwürdigen, überschwenglichen

Geselligkeit. Die überaus große Beliebtheit der Clubs hing nicht nur mit dem ganz allgemein zu beobachtenden Bildungsfortschritt zusammen, sondern ebenso mit der Tatsache, daß sich die Eliten nicht länger intellektuell und gesellschaftlich abkapselten, und mit einem erwachenden Verantwortungsbewußtsein für die Allgemeinheit.

Gabriel-Joseph de Froment de Fromentès (1747–1826), Baron de Castille, Edelmann aus dem Languedoc und Offizier der französischen Garde, trat innerhalb eines einzigen Jahres nicht weniger als acht gelehrten Gesellschaften bei und hätte doch nicht zu sagen gewußt, warum. Als erstes wurde er Mitglied des *Club de Paris*; dort hatte er einen Jahresbeitrag von 72 Francs zu zahlen. Am 18. April 1782 wurde er – zweiter Beitritt – eines der hundert Gründungsmitglieder des *Salon*, was ihn nicht weniger als 120 Francs Jahresbeitrag kostete. Keine fünf Tage später entschloß sich Monsieur de Castille, dem *Musée de Paris* beizutreten, einer Gesellschaft, in der sich vor allem Schriftsteller trafen. Sie trat jeden Donnerstag im Hôtel de Genlis in der Rue Dauphine zusammen. Einmal im Monat war die Versammlung öffentlich, und dann hatten auch die Damen Zutritt. Am 7. Mai machte Castille in sein Notizbuch folgende Eintragung: »Ich bin soeben zu dem im Entstehen befindlichen Club des Garderegiments zugelassen worden, was nicht teuer ist: 12 Livres.« Schon am 16. Mai wurde er in eine Freimaurerloge aufgenommen, natürlich eine sehr viel ernster zu nehmende und ehrenvollere Verpflichtung, für die er gern bereit war, 72 Francs Aufnahmegebühr und 14 Francs Jahresbeitrag zu zahlen. Wieder befand er sich im literarischen Milieu, handelte es sich doch um die berühmte Loge *Les Neuf sœurs* in der Rue Coq-Héron, in der der alte Voltaire Mitglied gewesen war. Knapp zwei Wochen später, am 30. Mai, wurde Froment de Castille zum Gründungsmitglied der *Société militaire* ernannt. Diesmal kostete ihn die Aufnahme nur 6 Francs, der Jahresbeitrag betrug 42 Francs. Bei dieser Société militaire handelte es sich um eine geschlossene, sehr elitäre Gesellschaft, deren Mitgliederzahl auf 132 beschränkt war und die nur Ritter des Ordens Saint-Louis in ihren Reihen zuließ. »Die Gesellschaft soll, bis man eine bequemere und zentraler gelegene Möglichkeit in Paris gefunden hat, im großen Verkaufssaal des Hôtel de Bullion in der Rue Platrière tagen«, schrieb Froment de Castille in sein Notizbuch. Vier Wochen später, am 28. Juni, trat er der *Société philanthropique* bei, einer Gesellschaft, die es sich zur Aufgabe gemacht hatte, »Notleidende zu unterstützen«. Für ein halbes Jahr mußte er 24 Francs zahlen. Fast unmittelbar nach seinem Beitritt war er allerdings von dieser wohltätigen Gesellschaft enttäuscht und schrieb in sein Notizbuch, sie habe »sich darauf beschränkt, arbeitslose Domestiken zu unterstützen oder unterzubringen und Modeverkäuferinnen zu unterhalten.«

Bis jetzt hatten seine Beitritte alle innerhalb von Paris stattgefunden, nun wurde aber Castille zum Generalstatthalter (*lieutenant du Roi*) im Languedoc für die Verwaltungsbezirke Uzès und das südliche Vivarais ernannt und am 4. September vereidigt. Das neue Amt eröffnete ihm mühelos die Türen des örtlichen *Cercle*: 24 Francs Aufnahmegebühr waren zu entrichten. Am 11. Dezember 1782 schrieb er: »Dem Vorbild des ›Club de Paris‹ folgend, haben sich in allen Provinzstädten Vereinigungen gebildet, namentlich in Uzès. Meine Vorliebe für diese Art von Versammlungen hat, zusammen mit der mir bezeugten Freundschaft und mit dem mir bezeugten Eifer, mich als Mitglied zu gewinnen, dazu geführt, daß ich überall und jederzeit versuche, die Freude, die ich als Staatsbürger empfinde, unter Beweis zu stellen. [...] Die Beitrittsgebühr beträgt einen Louisdor, und die Jahresgebühr richtet sich proportional nach den jährlichen persönlichen Ausgaben.«

Addiert man die Beitrittsgebühren und Jahresbeiträge aller Gesellschaften, denen der Baron de Castille im Jahre 1782 beitrat, kommt man auf eine Summe von mindestens 386 Livres. Trotz seines pedantischen Eifers müssen unserem unersättlichen Clubbeitreter doch gewisse Bedenken gekommen sein. Möglicherweise hatte auch die Stimme der Vernunft gesiegt. Jedenfalls kündigte er am 24. März 1783 seine Mitgliedschaft in der Société militaire auf und erklärte am 26. März seinen Austritt aus dem »Salon«, der ihm eine unnütze Wiederholung des Club de Paris zu sein schien. Da der »Salon« außerdem nur wenige Besucher hatte und keine festen Statuten besaß, war unser Muster von Clubmitglied gleich doppelt von ihm enttäuscht.

Zumindest in diesem sehr merkwürdigen Fall des Froment de Castille überwogen als Motive für seine zahlreichen Clubbeitritte die kultivierten Umgangsformen und der menschlich warme Umgangston innerhalb der Gesellschaften und nicht ideologische Gründe, Snobismus oder opportunistisches Interesse. Was eine Gesellschaft auszeichnete, war zunächst einmal ihr formaler äußerer Rahmen.

Der Durchschnittsfranzose fühlte sich in stabilen Institutionen wie zum Beispiel den frommen Bruderschaften – von denen einige bis ins Mittelalter zurückgingen – ausgesprochen wohl. Er hatte eine Vorliebe für die klargegliederten, treuherzigen und wunderlichen Vereinigungen der Gesellenbruderschaften. Er schätzte internationale Organisationen wie die Freimaurerei. In dieser Weise klar definierte äußere Formen vermittelten auch immer ein gewisses Gefühl der Sicherheit. Ein Unteroffizier war froh darüber, daß er sicher sein konnte, bei einem Regiments- oder Garnisonswechsel in der neuen Loge dieselben Gewohnheiten und Rituale wiederzufinden wie in der alten.

Aber natürlich hat es auch in Frankreich immer unverbesserliche Individualisten gegeben. Entweder kapselten sie sich von der Gesellschaft ab und blieben ganz auf sich gestellt, oder sie unterwarfen ihren geselligen Zirkel strikten Beschränkungen. Ein gutes Beispiel für diesen letzteren Fall war der *Club des treize* (»Club der Dreizehn«), der 1778, im Jahre des französischen Eintritts in den amerikanischen Unabhängigkeitskrieg, in Marseille gegründet wurde. Er beschränkte sich auf 13 Clubmitglieder – auch »Brüder« genannt –, um durch diese symbolische Zahl dem Aufstand der 13 englischen Kolonien die gebührende Ehre zu erweisen. Nach dieser Zahl 13 richteten sich auch die übrigen Clubregeln: man pflegte »an jedem 13. eines Monats einen gemeinsamen Ausflug aufs Land zu machen, trank 13 Schluck Wein und reimte 13strophige Lieder.«[47]

Der Offizier Froment de Castille war als Militär ein typischer Herdenmensch, ein Edelmann, den nicht der geringste Schatten einer persönlichen Meinung auszeichnete. Aber auch in der Armee gab es einige unabhängige Geister, obwohl – besonders seit 1783 – immer mehr Freimaurerlogen für Militärs gegründet wurden. Der Baron de Fages-Vaumale war einer dieser rebellischen Individualisten. Frisch entlassener Absolvent der Ingenieurschule (École du génie) von Mézières, wurde Fages im Mai 1788 als Ingenieur nach Perpignan beordert. Die Atmosphäre der Garnisonsstadt schien nicht unangenehm zu sein. Der junge Offizier wurde durchaus nicht mit Arbeit überhäuft. Abends pflegte er Besuche bei Bürgern der Stadt zu machen. Dennoch empfand er eine undefinierbare Langeweile: »Der für fade Besuche bestimmte Morgen und die für angenehme Spaziergänge zu heiße Mittagszeit bedeuten für mich ermüdende Beschäftigungslosigkeit.«[48] Eines Tages, nach einer gemeinsamen Mahlzeit der Offiziere, bei der der Ingenieur sich unvorsichtigerweise über die beschäftigungslose Leere seiner Tage beklagt hatte, nahmen sich zwei ziemlich betagte Tischgenossen seiner an und stellten ihm die Frage, ob er »das Licht« gesehen habe? Und, da Fages diese Sprache nicht verstand, ob er Freimaurer sei? Nein, das sei er nicht, lautete die Antwort.

Nun fingen die Ausfrager damit an, ihre Loge zu rühmen. Sie sei, so versicherten sie, eine wahre »Quelle der Freuden«. Die Arbeitssitzungen der Loge seien ebenso unterhaltsam wie häufig. Der Ingenieur wandte dagegen ein, daß die Begleiterscheinungen des Initiationsritus nicht nur unangenehm seien, sondern geradezu unehrenhaft. Um diesen Einwand zu entkräften, sollte in seinem speziellen Fall eine Ausnahme gemacht und er »von diesen kindischen Formalitäten« entbunden werden. In diesem Stadium der Unterredung entschloß sich Fages dazu, den Schritt zu tun, und traf eine feste Verabredung bezüglich seines Eintritts in die Loge. Dennoch stellte er sich in den darauffolgenden Tagen bis zum festgesetzten Termin immer wieder die Frage, ob seine Entscheidung richtig sei. So befragte er auch seine künftigen Logenbrüder, ob es enge Beziehungen zwischen den bürgerlichen Freimaurern und den militärischen gebe. Er erhielt als Antwort die Bestätigung, daß die Freimaurer sehr sorgfältig darauf achteten, statutengemäß überall dort, wohin man sie versetzt habe, an den Versammlungen der dortigen Freimaurer teilzunehmen. Die Reaktion des Barons war endgültig: »Dann will ich kein Freimaurer werden!«

Seine Gesprächspartner verstanden überhaupt nichts mehr; die Verbindung zwischen den beiden Logen bringe doch nur Vorteile: sie verschaffe den Garnisonsoffizieren von Perpignan ausgezeichnete Verbindungen zu den »liebenswürdigsten Herren, Damen und jungen Fräulein des Ortes«. Dieses Argument konnte den hartnäckig Widerstrebenden nur halb überzeugen. Gäbe es bei derartigen Versammlungen nur Adlige, von ihrem Vermögen lebende bürgerliche Rentiers und die städtischen Richter, so nähme er vielleicht keinen Anstoß daran. Da der Baron de Fages-Vaumale jedoch als Offizier der königlichen Genietruppen ein sehr überzeugter Vertreter der gesellschaftlichen Hierarchie war und auf Standesbewußtsein hielt, hatte er nun endlich ein entscheidendes Argument gegen seinen Eintritt in die Loge zur Hand; denn der bürgerlichen Freimaurerloge von Perpignan gehörten durchaus nicht nur standesgemäße Personen an: »Ich weiß, daß mein Perückenmacher ein alter, im Grad sehr hochstehender Freimaurer ist. Er ist ein zuverlässiger und achtenswerter Mann, aber er wäre es vielleicht weniger, wenn er mein Logenbruder würde und in der Loge einen höheren Rang

als ich einnähme. Ich will ihn nötigenfalls entlassen können, ohne mich dadurch Vorwürfen aussetzen zu müssen.«[49]
Diese Geschichte klingt so glaubwürdig, daß sie von ihrem Autor, als er sie später zur Zeit der Restauration niederschrieb, nicht allzusehr ins Anekdotisch-Übertreibende verändert worden sein dürfte. Außerdem wirft sie auch ein erhellendes Licht auf die Ursachen so mancher Schwierigkeiten und Reibungen innerhalb der militärischen Hierarchie und auf mehrere Fehlschläge im militärischen Befehlssystem während des Jahres 1789, zum Beispiel bei den *Gardes Françaises*. Natürlich waren die Soldaten nicht in denselben Logen Mitglied wie die Offiziere – auch die Gleichheit hatte ihre Grenzen! Aber konnte ein Oberst und frischgebackener Freimaurer vollkommene Autorität über jemanden besitzen, der zwar nur Unteroffizier war, aber im Freimaurergrad weit über ihm stand? Dies war eine weitaus heiklere Situation als die Zulassung oder Ablehnung eines Perückenmachers.

Wie man eine Wahl gewinnt

Der Maréchal de Richelieu hatte ein so hohes Alter erreicht, daß er aufgrund eigener Erfahrung und Anschauung die Regierungszeiten Ludwigs XIV., Ludwigs XV. und Ludwigs XVI. vergleichen und beurteilen konnte. Er pflegte zu sagen: »Unter dem ersten wagte man nicht, den Mund aufzumachen; unter dem zweiten äußerte man seine Meinung nur hinter vorgehaltener Hand, und heutzutage spricht man sie ungeniert aus.«[50] In den Clubs, die in den 1780er Jahren zahlreich entstanden waren, herrschte weder der höflich-unverbindliche Umgangston der Salons noch die maßvolle Sprache der Akademien oder die gedämpfte Diskretion der Logen. Im Gegensatz zu diesen Einrichtungen sahen die Clubs ihre Hauptaufgabe nicht mehr im Nachdenken über politische, wissenschaftliche, gesellschaftliche, philosophische und moralische Probleme, sondern darin, den Ergebnissen der Denkbemühungen des Jahrhunderts nachdrücklich ihre Stimme zu verleihen und aktiv politisch tätig zu werden. Im Jahre 1785 wurden zwei einflußreiche Clubs gegründet, der *Club des Américains*, in dem sich liberale Kolonisten trafen, und der *Club constitutionnel*, zu dessen Mitgliedern die einflußreichen Pariser Parlamentsräte Adrien Duport und Duval d'Éprémesnil gehörten. Einer der einflußreichsten politischen Clubs war die *Société des Amis des noirs* (»Gesellschaft der Freunde der Schwarzen«), die 1788 von Jacques-Pierre Brissot, dem Sekretär des

Duc d'Orléans, gegründet worden war und zu der Persönlichkeiten wie
der Abbé Sieyès[51], Marie-Jean Hérault de Séchelles[52], der Abbé Grégoire und Mirabeau gehörten. Über die Abschaffung der Sklaverei hinaus – ein Thema, über das seit der Thronbesteigung Ludwigs XVI. auch
die Regierung nachdachte – forderten die Mitglieder dieses Clubs nicht
nur eine Verfassung, sondern träumten von einer parlamentarischen
Monarchie nach englischem Vorbild.

Bedauerlicherweise hat die Polizeidirektion von Paris, die seit der Zeit
Ludwigs XV. über ein umfangreiches, sehr modernes Karteiensystem
verfügte,[53] damals keine genauen Auflistungen sämtlicher Clubmitglieder Frankreichs angelegt. Man kann sich jedoch leicht vorstellen, wie
oft man in Paris und in der Provinz dieselben Namen gleich zwei-, drei-
oder viermal in den Mitgliederlisten hätte wiederfinden können, weil so
die geringe Zahl der Clubmitglieder verschleiert wurde. Unter ständigem Einsatz aller Kräfte konnte diese kleine Gruppe ihren Einfluß ver-
vielfachen und zunehmend mehr an politischem Gewicht gewinnen.
Vom November 1788 bis zum März 1789 bestimmte ihr politischer
Wille das Geschehen in ganz Frankreich.

»In diesem Goldenen Zeitalter, das wie geschaffen schien für das allgemeine Wahlrecht, schien das Volk ohne Ratgeber auskommen zu können«, um ein Wahlgesetz durchzusetzen und dann die Wahl der Vertreter des dritten Standes zu bestimmen; »dennoch lenkte diese Armee
ohne Offiziere mit erstaunlicher innerer Übereinstimmung« das politische Geschehen.[54] Von einem Ende des Reiches zum anderen verlangten plötzlich Menschen, die sich weder kannten noch einer gemeinsamen Partei angehörten – denn Parteien im heutigen Verstande gab es
noch nicht –, im November 1788 einhellig die Verdoppelung der Vertreter des dritten Standes in der für den Mai 1789 einberufenen Versammlung der Generalstände, und im Januar 1789 forderten sie die
Abstimmung nach Köpfen und nicht mehr wie bisher nach Ständen.
Nachdem im März 1789 Beschwerdehefte vorgelegt worden waren, die
»einander so ähnlich sahen, daß man glauben konnte, sie seien alle nach
dem gleichen Schema eines einzigen philosophischen Pamphletisten
abgefaßt«, herrschte Mitte Juli in ganz Frankreich die Furcht vor Räu-
bern und Dieben, da die herrschende Hungersnot zahllose Bettler und
Landstreicher auf die Straßen getrieben hatte. Die Furcht legte sich
gegen Ende des Monats; denn zum Schutz gegen dieses Brigantentum –
und auch zum Schutz gegen eine Gegenrevolution – organisierte der
Marquis Lafayette in Paris eine Bürgermiliz, die Nationalgarde. »Sie
war in fünf Tagen aus dem Boden gestampft worden, sie gehorchte den

*Eröffnung der Generalstände in Versailles am 5. Mai 1789
(zeitgenössische Radierung von Isidore Stanislas Helman
nach einer Zeichnung von Charles Monnet)*

Parolen der Clubs«, und auch in den Provinzstädten und Gemeinden formierten sich bewaffnete Bürgergarden.

Die vor den revolutionären Ereignissen äußerlich herrschende politische Harmonie war auf das Talent hunderter diskret agierender politischer Anführer zurückzuführen. In Dijon zum Beispiel waren das kaum mehr als zwanzig Männer, Juristen wie der Anwalt Volfius sowie Mediziner und Wundärzte. Die Anwälte formulierten für diese Gruppe ein Gesuch an den König (Verdoppelung der Vertreter des dritten Standes, Abstimmung nach Köpfen usw.), versandten es an andere Städte ihrer Provinz und im Reich und ließen dann gleichlautende Texte von allen Vereinigungen und Körperschaften in Dijon verabschieden. Sie begannen mit den Medizinern, unter denen sich zahlreiche Gesinnungsfreunde befanden; darauf folgten Anwälte und andere Angehörige des Justizdienstes. Die Initiative wuchs lawinenartig: Die Forderungen der Bürger von Dijon nahmen in dem Moment eine beinahe offizielle Form an, als sich auch die Schöffen der Stadt davon hatten überzeugen lassen, sich den Forderungen anzuschließen. Es bedurfte harter Arbeit, Überredungskunst, Geschicklichkeit, Diplomatie und sehr viel Überzeugungskraft, um all dies zwischen dem 1. und 11. Dezember 1788 erfolgreich zustande zu bringen. All diese ebenso beharrlichen wie diskreten Bemühungen, taktischen Manöver und Anstrengungen blieben nicht nur von der breiten Masse unbemerkt, sondern entgingen auch denjenigen Notabeln, die keiner Korporation oder keinem Club angehörten. Der Text des Gesuches fußte in gewisser Weise auf »dem frei beschlossenen Willen des dritten Standes der Stadt Dijon«; der Ausschuß der Anwälte ließ ihn in alle Städte Frankreichs versenden. Autun und die übrigen Städte in Burgund folgten dem Beispiel und verfaßten ähnliche Gesuche. Jeden Vorbereitungsschritt für das Zusammentreten der Generalstände leiteten die regionalen oder lokalen Ausschüsse mit ebensoviel Umsicht wie Diskretion unsichtbar im Hintergrund. Auf den Versammlungen sah man bei den sich gegenüberstehenden Interessengruppen fast immer »auf der einen Seite Leute, die im Spinnen von Intrigen Erfahrung hatten, meist zum Amtsadel gehörten und zusammen mit ihren Verwandten und Freunden auftraten; auf der anderen Seite ein Publikum von kleinen Leuten, schon insgeheim beeinflußt und immer leicht durch die einfache Logik der revolutionären Ideen zu verführen; zwischen beiden Gruppen standen der Bürgermeister, die Schöffen sowie einige unentschlossene und überlastete Notabeln.« Bis zur endgültigen Wahl der von der Provinz zu entsendenden Deputierten – die nicht entsprechend den geographischen, demographischen

oder wirtschaftlichen Verhältnissen der Provinz vorgenommen wurde –
führte eine Handvoll listenreicher Anwälte einen außerordentlichen
psychologischen Feldzug mit dem Ziel, für die Mitglieder der städtischen Clubs unter den Deputierten des dritten Standes die Mehrheit zu
erringen, so daß diese in den Generalständen wiederum eine Mehrheit
im dritten Stand haben würden. Als alle Arbeit, Region für Region,
getan war, hatten die lokalen partikularistischen Institutionen die
Schlacht verloren: ein neuer Zentralismus – rigider als das königliche
Regierungssystem zur Zeit Ludwigs XIV. – war entstanden, den man
idée nationale oder Patriotismus nannte. Die Ernennung der 1165 Deputierten für die Generalstände vollzog sich ohne große Geburtswe-
hen. Die große Zahl dieser Abgeordneten, unter denen die Meinungs-
verschiedenheiten und unterschiedlichen Interessen sehr rasch zutage
treten sollten, barg selber jedoch den Keim zukünftiger Krisen schon in
sich. »Was konnte aus einer solchen Ansammlung von Männern werden?« fragte Malouet. »Das, was die Ereignisse aus ihnen gemacht
haben: Tyrannen oder Sklaven.«

Anmerkungen

Wo die Autorin oder der Autor eines Zitats im Text genannt ist, wurde auf einen Nachweis in den Anmerkungen verzichtet; das entsprechende Werk ist in dem Abschnitt »Quellen« (S. 435–437) der Bibliographie aufzufinden. Auch solche Titel, die in den Anmerkungen abgekürzt zitiert werden, sind dort vollständig genannt.

Vorwort

1 Zur Erinnerung an den Sieg der französischen Fregatte »La Belle Poule« über die englische Fregatte »Arethuse« am 17. Juni 1787. Während des amerikanischen Unabhängigkeitskrieges wurde ein Schiff als dekoratives Element in der hochgetürmten Frisur der Damen angebracht.
2 Jean-Pierre Claris de Florian (1755–94), Schriftsteller in der Tradition des 17. Jahrhunderts. – Philippe Fabre, gen. Fabre d'Églantines (1750–94), Dramatiker und Politiker.
3 Vgl. Frantz Funck-Brentano, *Légendes et archives de la Bastille*, Paris ⁵1901.

Kap. 1: Eine führende Nation – Auf dem Weg in die Moderne

1 Zit. nach: Jules Flammermont, *Les correspondances des agents diplomatiques étrangers en France avant la Révolution*, Paris 1896.
2 Jacques-Pierre-Alexandre, Comte de Tilly (1764–1816), Page von Marie-Antoinette, Offizier, royalistischer Schriftsteller, Emigrant, führte ein abenteuerliches Leben.
3 La Rochefoucauld, *La vie en Angleterre*.
4 Jean-Jacques de Cotignon, *Mémoires*.
5 Das *Parlement* war im Ancien Régime eine oberste Gerichtsbehörde in den wichtigen Provinzstädten. Das *Parlement* von Paris hatte besondere Mitwirkungsvollmachten bei der königlichen Gesetzgebung.
6 »Sterben sahen wir den großen Lekain, Terray, Clugny und Saint-Germain, Maurepas bestimmt unser trauriges Los! Was uns bleibt, ist nur noch Monsieur Carlin.« – Henri-Louis Lekain (1729–78), Schauspieler an der Comédie-Française. – Joseph-Marie Terray (1715–78), französischer Staatsminister. – Jean-Étienne Bernard, Baron de Clugny (1729–76), französischer Staatsmann und Generalkontrolleur der Finanzen als Nachfolger von Turgot. – Jean-Frédéric Phélypeaux, Comte de Maurepas (1701–81), Staatsminister und Berater des Königs. – Claude-Louis, Comte de Saint-Germain (1707–78), französischer Staatsmann und Kriegsminister. – Carlin: Künstlername für Carlo Bertinazzi, einen berühmten Schauspieler in der Rolle des Harlekin im Théâtre des Italiens.
7 *Journal* des Abbé de Véri.
8 Zit. nach: Émile Raunie (Hrsg.), *Chansonnier historique du XVIIIᵉ siècle (Recueil Clairambault-Maurepas)*, Bd. 9, Paris 1883, Bd. 10, ebd. 1884.
9 *Journal* des Abbé de Véri.
10 In der *Correspondance littéraire*.

11 Zit. nach: Étienne Fournial / Jean-Pierre Gutton, *États généraux de 1789. Cahiers de doléances de la province de Forez*, 2 Bde., Saint-Étienne/Montbrison 1974–75.

12 Annie Basile, *La bienfaisance parisienne d'après les testaments de 1764 à 1789*, Mém. Nanterre 1972 [masch.].

13 Jacques Gelis / Mireille Laget / Marie-France Morel, *Entrer dans la vie. Naissances et enfances dans la France traditionnelle*, Paris 1978.

14 Die Baronin von Oberkirch (1754–1804), befreundet mit einer Prinzessin von Montbéliard – der späteren Gemahlin Zar Pauls I. von Rußland, Sohn und Nachfolger Katharinas II. –, bereiste mit dieser Frankreich; ihre *Mémoires* sind eine wichtige Quelle für die Zustände am französischen Hof vor 1789.

15 »Nun, wer hat denn Euren Bund geschlossen? Es ist der Kronprinz, frisch geborn! Möge Eure Liebe Kinder zeugen, die ihr für Euren Herrn empfindet« (zit. nach: Conseiller Germain, »Une fête natatiste à Besançon en 1781«, in: *Mémoires de la société d'émulation du Doubs* 10,3, 1933, S. 103–117).

16 Pierre Guillaume / Jean-Pierre Poussou, *Démographie historique*, Paris 1970.

17 Abbé Reyre, *Le Mentor des enfans*. – Der Jesuit Reyre (1735–1812) war ein vielgelesener religiös-pädagogischer Jugendschriftsteller.

18 Jacques Dupâquier, »Les caractères originaux de l'histoire démographique française au XVIIIᵉ siècle«, in: *Revue d'histoire moderne et contemporaine* 23 (1976) S. 182–202.

19 *Correspondance littéraire*.

20 Aus den *Mémoires* des Comte de Tilly.

21 Im Jahre 1756 betrug die Zahl der Generalpächter 60.

22 Der *lieutenant général de police*, der offiziell auch die Bezeichnung *le Magistrat* trug, hatte im wesentlichen die Funktion eines *intendant de Paris*. Vergleicht man seinen Aufgabenbereich mit dem heutigen Verwaltungssystem, so konzentrierten sich in seiner Person die Macht des Polizeipräfekten sowie ein Teil der Aufgaben des Regierungspräsidenten des Departements Seine und des Bürgermeisters von Paris. Zu seinem Aufgabenbereich gehörte insbesondere: die städtische Polizei; die öffentliche Sicherheit; Versorgung der Stadt mit Lebensmitteln und deren Verwaltung; Überwachung der Handwerke und Zünfte; Überwachung der Justiz; Bau öffentlicher Gebäude und Kirchen; Beleuchtung der Stadt usw. Dem *lieutenant général de police* wurde auch der Vorsitz in schwierigen Prozessen anvertraut. Er mußte Verbindung halten zu allen sechs Ministern des Königs und über wichtige Angelegenheiten, die deren Geschäftsbereich betrafen, berichten.

23 Zit. nach: Georges Sorel, *Les illusions du progrès*, Paris ⁵1947.

24 Zit. nach: Gabriel Boissy, *Les pensées des rois de France*, Paris 1949.

25 Luc-Vincent Thiery, *Guide des amateurs et des étrangers voyageurs à Paris*, 2 Bde., Paris 1787.

26 Ernest Maindron, *L'académie des sciences*, Paris 1888.

27 Ebd.

28 Yves Durand, *Les fermiers généraux au XVIIIᵉ siècle*, Paris 1971.

29 Thiery (s. Anm. 25).

30 Der französische General Jean-Baptiste Vaquette de Gribeauval (1715–89) führte ein modernes Artilleriesystem bei der Armee ein, das sog. »System Gribeauval«. Vgl. Émile-G. Léonard, *L'armée et ses problèmes au XVIIIᵉ siècle*, Paris 1958.

31 Étienne-François, Duc de Choiseul (1719–85) reorganisierte in den sechziger Jahren Armee und Marine.

32 Donald MacIntyre / Basil Bathe, *Kriegsschiffe in fünftausend Jahren*, übers. von Dieter Jung, Bielefeld 1968.

33 Schuten sind Leichter, Fleuten (Flüten) sind dreimastige Kauffahrteischiffe, die als Transportschiffe die Kriegsflotten begleiteten.

34 Charles-Henri-Jean-Baptiste, Comte d'Estaing (1729–94), einer der bedeutendsten französischen Admiräle der Epoche, wenn auch nicht unumstritten wegen seines hochmütigen und demagogischen Charakters, der ihm die Feindschaft des Offizierskorps der Marine eintrug. 1777 wurde er zu Beginn des amerikanischen Unabhängigkeitskrieges von Frankreich mit der Unterstützung der Aufständischen beauftragt.

35 Duc de Castries, *Papiers de famille.*

36 Vgl. Bernadette Boutelet, »Étude par sondage de la criminalité dans le bailliage du Pont-de-l'Arche (XVIIᵉ–XVIIIᵉ siècles)«, in: *Annales de Normandie* 12 (1962), S. 235–262.

37 Die *Correspondance littéraire* war eine von dem gebürtigen Deutschen Melchior Grimm regelmäßig alle vierzehn Tage in nur wenigen Exemplaren handschriftlich vervielfältigte, als Geheimgut versandte Schrift, die die Höfe in Mittel-, Nord- und Osteuropa über den Pariser Kulturbetrieb und die politischen Tagesereignisse unterrichtete.

38 Cyrano de Bergerac (1619–55), französischer Schriftsteller, der in seinen phantastischen Erzählungen von Reisen zu den Mond- und Sonnenbewohnern nicht nur philosophische Autoritäten, sondern auch religiöse Dogmen angriff.

39 Georges Gazier, »Les premiers ballons à Besançon«, in: *Mémoires de la société d'émulation du Doubs* 8,3 (1933) S. 103–117.

40 So die *Correspondance littéraire.*

41 »Aus einer Runde feiner Leute, beim Klang der Hörner der Soldaten, schwang er sich in die Atmosphäre, die heiter er mit seinem Licht durchmaß.«

42 Jacques de Vaucanson (1709–82), französischer Mechaniker, baute 1737 und 1738 Automaten, darunter seine außerordentlich erfolgreiche Ente: sie imitierte nicht nur mehrere Bewegungen des lebenden Tieres, sondern trank Wasser und aß Körner. Vaucanson war ebenfalls Erfinder des ersten vollautomatischen Webstuhls und wesentlicher Elemente moderner Werkzeugmaschinen.

43 Henri Abbé Grégoire (1750–1831), französischer Geistlicher und Politiker, Abgeordneter des Klerus bei der Versammlung der Generalstände 1789, *évêque constitutionnel* von Loire-et-Cher 1791, Abgeordneter im Konvent, trat für die Emanzipation der Juden und die Abschaffung der Sklaverei ein; überzeugter Anhänger einer von Rom unabhängigen gallikanischen Kirche.

44 François Olivier-Martin, *L'organisation corporative de la France d'ancien régime*, Paris 1938.

45 Thiery (s. Anm. 25).

46 Jean-Paul Desaive [u. a.], *Médecins, climat et épidémies à la fin du XVIIIᵉ siècle*, Paris / Den Haag 1972.

47 Ebd.

48 Ebd.

49 Vgl. La Rochefoucauld, *La vie en Angleterre.*

50 Louis-Antoine de Bougainville (1729–1811) führte von 1766 bis 1769 die erste französische Erdumseglung durch. Im amerikanischen Unabhängigkeitskrieg befehligte er die französischen Hilfskräfte zur See und zu Lande. – Yves-Joseph de Kerguelen de Trémarec (1734–97) erforschte die Meere der südlichen Halbkugel.

51 Antoine de Sartine, Comte d'Alby (1729–1801), 1759–74 *lieutenant général de police* von Paris und 1774–80 überaus erfolgreicher Marineminister unter Ludwig XVI.

52 Zit. nach: Maurice de Brossard, *Lapérouse. Des combats à la découverte*, Paris 1978.

53 Jean-François de Galaup, Comte de Lapérouse (1741–88), Admiral im amerikanischen Unabhängigkeitskrieg, einer der bedeutendsten französischen Seefahrer seiner Epoche und Erforscher der asiatischen Küsten des nördlichen Pazifik.

54 Zit. nach: Brossard (s. Anm. 52).

55 Dieses und die folgenden Zitate aus: François Le Vaillant, *Voyages dans l'intérieur de l'Afrique, 1781–1785*, hrsg. von Jacques Boulenger, Paris 1932.

Kap. 2: Absolutismus unter Ludwig XVI. – die Herrschaft der Schwäche

1 »Alles wird eine neue Form annehmen: man spricht nur noch von Reformen.«

2 Françoise d'Aubigné, Marquise de Maintenon (1635–1719) heiratete 1652 den Dichter Scarron; sie war die Erzieherin der Kinder Ludwigs XIV. mit der Madame de Montespan, von denen der älteste Louis-Auguste de Bourbon, Duc du Maine (1670–1736) war; nach dem Tod der Königin schloß der König 1683 eine heimliche Ehe mit ihr.

3 »Schon in jungen Jahren wohltätig, weise und gerecht – was wäre ein glücklicheres Omen für die Regierungszeit eines guten Königs?«

4 Vgl. Bernard Grosperrin, *La représentation de l'histoire de France dans l'historiographie des lumières*, Thèse Paris 1978 [masch.].

5 Die *Bibliothèque bleue* war eine populäre Buchreihe in blauem Umschlag, die vor allem Bearbeitungen mittelalterlicher Ritterromane enthielt. Sie wurde im 17. Jahrhundert von Jacques Oudot in Troyes gegründet, im 18. Jahrhundert in Paris fortgesetzt und hielt sich als eine herausragende Repräsentantin der Trivialliteratur bis zur Mitte des 19. Jahrhunderts.

6 »Dem guten König, der in Frankreich herrscht, verdanken wir es, wenn wir bald ein Huhn im Topf erblicken! Die Staatskasse ist das Huhn, welche der brave Turgot rupfen wird.«

7 »Ganz auf dem königlichen Thron habe ich nur den Namen gewechselt; potztausend: Heinrich IV. selbst hat sein Parlament wieder in seine Rechte eingesetzt.«

8 *Journal* des Abbé de Véri.

9 Duc de Croy, *Journal inédit*.

10 »Frankreich birgt in seinem Schoß zwanzig Millionen Kinder. Welch ein Ruhm für Dich, wenn Du bald sagen kannst: ›Ich mache sie alle glücklich und bin doch erst zwanzig Jahre alt!‹«

11 Zit. nach: Georges Renard, *Faits divers et publicité dans »Le Mercure de France« de 1769 à 1778*, Mém. Besançon 1966 [masch.].

12 Jeanne-Marie Leprince de Beaumont (1711–80), französische Schriftstellerin, die neben Romanen vor allem Kindergeschichten schrieb. In ihrer berühmtesten Sammlung *Le magazin des enfants* (1758) steht die Erzählung »La Belle et la Bête« (›Die Schöne und das Tier‹).

13 Zit. nach: Conseiller Germain, »Une fête nataliste à Besançon en 1781«, in: *Mémoires de la société d'émulation du Doubs* 10,3 (1933) S. 103–117.

14 Nach den *Mémoires* der Baronin Oberkirch.

15 »Völker, errichtet einen Tempel und meißelt dort seine Wohltaten in den Stein!« – »Uns gehört Ludwig XVI. . . . Wir haben einen wahren Louis d'or [einen ›Ludwig aus Gold‹].« – »O mein guter König! mein wohltätiger Monarch! Du willst uns

von den schändlichen Mißständen befreien: Nimm das Ruder, und führe Dein-Schiff allein! Alle Böswilligen wollen es versenken.«

16 »O das großmütige Herz Ludwigs, unseres großen Monarchen! Es will, es bewirkt und bedeutet unser Glück. Verteidigen wir, lieben wir mit Eifer, dienen wir dem Staat, auf daß für alle Zeiten ihm Treue hält der dritte Stand!«

17 Nach den *Mémoires* des Comte Dufort de Cheverny.

18 Nach den *Mémoires* der Madame Campan.

19 »Jeder fragt sich ganz leise: Kann er, der König, oder kann er nicht? Die traurige Königin verzweifelt schier daran.«

20 Zit. nach: Jules Flammermont, *Les correspondances des agents diplomatiques étrangers en France avant la Révolution*, Paris 1896.

21 Vgl. ebd.

22 Nach den *Mémoires* der Madame Campan.

23 Zit. nach: Flammermont (s. Anm. 20).

24 Jacques Mallet du Pan (1749–1800), schweizerischer französischsprachiger Journalist, Anhänger des aufgeklärten Absolutismus und Bewunderer der englischen Verfassung, war in den Jahren 1794 bis 1798 Sprecher der Emigranten in den europäischen Hauptstädten.

25 Die Notabelnversammlung war die Ratsversammlung des Königs, in der die drei Stände vertreten waren. Ihre Mitglieder wurden im Unterschied zu den gewählten Mitgliedern der Generalstände vom König berufen. Vom 22. Februar bis zum 25. Mai 1787 tagte eine Versammlung von 144 von Ludwig XVI. ernannten Notabeln, um die Reformvorschläge von Calonne und Loménie de Brienne zu prüfen. Eine Steuerreform wurde abgelehnt, ebenso im Dezember 1788 durch eine zweite Notabelnversammlung die erweiterte Beteiligung des dritten Standes an den für 1789 einzuberufenden Generalständen. Die Notabeln wirkten auf diese Weise an den Voraussetzungen der Revolution von 1789 mit.

26 Jeanne-Antoinette Poisson, Marquise de Pompadour (1721–64), Favoritin Ludwigs XV.; Françoise-Athénaïs de Rochechouart de Mortemar, Marquise de Montespan (1640–1707), Favoritin Ludwigs XIV.

27 *Journal* des Abbé de Véri.

28 *Journal inédit* des Duc de Croy.

29 *Mémoires* des Comte Dufort de Cheverny.

30 Aus dem *Journal* von Henri-François de Paule Le Fèvre d'Ormesson, Generalkontrolleur der Finanzen 1783 (mitgeteilt von Jean-François Solnon).

31 Nach dem *Journal inédit* des Duc de Croy.

32 Nach den *Mémoires* von Louis-Philippe.

33 *Journal* des Abbé de Véri.

34 Vgl. Joseph Marquis de Villeneuve-Bargemon, »Lettres d'un officier de l'ancien régime. Les honneurs de la cour«, in: *Carnets de la sabretache. Revue d'histoire militaire rétrospective*, Nr. 260, Paris 1920, S. 257–284.

35 Zit. nach: Flammermont (s. Anm. 20).

36 *Journal* des Abbé de Véri.

37 *Mémoires* von Louis-Philippe.

38 Nach dem *Journal* des Abbé de Véri.

39 Zit. nach: ebd.

40 Der *honnête homme* ist im Frankreich des Ancien Régime das Leitbild des allseitig gebildeten, sich durch gute Umgangsformen und feine Geselligkeit auszeichnenden Höflings.

41 Anne-Robert-Jacques Turgot, Baron de l'Aulne (1727–81) wurde von Ludwig XVI. 1774 zum Generalkontrolleur der Finanzen und Staatsminister ernannt. In

mehreren großen Reformwerken suchte er die wirtschaftliche und soziale Struktur Frankreichs zu modernisieren, scheiterte aber am Widerstand der privilegierten Stände und des Hofes. Er wurde im Mai 1776 entlassen.

42 Zit. nach: Martine Chatillon, *Paris de 1770 à 1789 d'après le témoignage de Rétif de la Bretonne*, Mém. Besançon 1969 [masch.]. – Charles-Alexandre de Calonne (1734–1802), Beamter in mehreren höchsten Funktionen, war 1786/87 Generalkontrolleur der Finanzen.

43 Pierre-Victor Baron Malouet (1740–1814), hoher Verwaltungsbeamter, Abgeordneter des dritten Standes in den Generalständen von 1789, Monarchist.

44 Charles-Pierre Colardeau, Brief an den Curé de Pithiviers, in: *Souvenirs et mémoires*, Bd. 4, Paris 1900.

45 Malouet in seinen *Mémoires*. – Jean-Frédéric Phélypeaux, Comte de Maurepas (1701–81), unter Ludwig XV. Marineminister und in Ungnade gefallen, von Ludwig XVI. im Mai 1774 zum Premierminister ernannt (bis zu seinem Tode).

46 Vgl. Anm. 30.

47 *Journal* des Abbé de Véri.

48 Ebd.

49 René-Nicolas-Charles-Augustin de Maupeou (1714–92) war seit 1768 Kanzler von Frankreich, d. h. praktisch Justizminister. Er löste 1771 neben anderen auch das Pariser Parlamentsgericht auf und nahm eine umfassende Justizreform in Angriff. Bei Regierungsantritt Ludwigs XVI. fiel er in Ungnade; der König setzte die Parlamentsgerichte in ihre alten Rechte wieder ein.

50 Nach dem *Journal* des Abbé de Véri.

51 *Mémoires* der Madame Campan. – Charles Gravier, Comte de Vergennes (1719–87), seit 1774 bis zu seinem Tode bedeutender französischer Außenminister.

52 Vgl. Anm. 30.

53 Vgl. ebd.

54 Nach dem *Journal* des Abbé de Véri.

55 Nach den *Memoires* von Malouet. – Chrétienne-Guillaume de Lamoignon de Malesherbes (1721–94), seit 1750 Oberaufseher über das Buchwesen und Direktor der Pariser Bibliothek; 1775 Minister für die Maison du Roi; 1792 Verteidiger des Königs vor dem Konvent; 1794 guillotiniert.

56 Chatillon (s. Anm. 42).

57 Vgl. Pierre Chevalier, *Journal de l'assemblée des notables de 1787*, Paris 1959.

58 *Journal* des Abbé de Véri.

59 Nach den *Mémoires et correspondances* von Mallet du Pan.

60 Vgl. Anm. 30.

61 Vgl. Anm. 30.

62 *Journal inédit* des Duc de Croy.

63 Nach dem *Journal* des Abbé de Véri.

64 Anne Buot de l'Épine, *Du conseil du Roi au conseil d'État. Le comité contentieux des départements*, Paris 1972.

65 Nach dem *Journal inédit* des Duc de Croy.

66 Nach dem *Journal* des Abbé de Véri.

67 Ebd.

68 Nach dem *Journal inédit* des Duc de Croy.

69 Zit. nach: Françoise Mosser, *Les intendants des finances au XVIIIᵉ siècle*, Genf/Paris 1978.

70 Vgl. Henri Fréville, *L'intendance de Bretagne (1689–1790)*, Rennes 1953.

71 Zit. nach: Nicole Castan, *Crime et justice en Languedoc, 1750–1790*, Thèse Toulouse 1978 [masch.].

72 Nach den *Mémoires* des Comte de Tilly.

73 Ebd.

74 Maurice Bordes, »Les intendants éclairés de la fin de l'ancien régime«, in: *Revue d'histoire économique et sociale* 39 (1961) S. 57–83.

75 Zit. nach: Fréville (s. Anm. 70).

76 Zit. nach: Edmond Esmonin, *Études sur la France des XVIIe et XVIIIe siècles*, Paris 1964.

77 Vgl. Bordes (s. Anm. 74).

78 *Journal* des Abbé de Véri.

79 François-Yves Besnard, *Souvenirs d'un nonagénaire.*

80 »Bewundert die seltene Intelligenz dieser Eheleute: In ihrem Eifer errichtet die eine von ihnen überall in Frankreich Hospitäler, und der andere füllt sie mit Insassen.« – Jacques Necker (1732–1804), Genfer Bankier, wurde von Ludwig XVI. zweimal als *directeur général des finances* zur Reform der französischen Staatsfinanzen berufen. Seine Frau Suzanne, geb. Corchord (1739–94), führte einen berühmten Salon in Paris, kümmerte sich um das Gesundheitswesen und gründete 1778 ein Hospital.

81 Vgl. Annie Basile, *La bienfaisance parisienne d'après les testaments de 1764 à 1789* Mém. Nanterre 1972 [masch.].

82 Zit. nach: François Furet [u. a.], *Livre et société dans la France du XVIIIe siècle*, 2 Bde., Paris / Den Haag 1965–70.

83 Cesare Beccaria, Marchese de Bonesana (1738–94), italienischer Publizist und Ökonom. Seine in fast alle Sprachen übersetzte Abhandlung *Dei delitti e delle pene* (»Von den Verbrechen und Strafen«) führte zur Erneuerung des französischen Strafrechts: Beccaria forderte dessen Umgestaltung im Sinne der Aufklärung und wandte sich gegen Todesstrafe und Folter.

84 Claude-Joseph de Ferrière, *Dictionnaire de droit et de pratique*, 2 Bde., Paris ⁴1768.

85 Zit. nach: Jean Imbert / Georges Levasseur, *Le pouvoir, les juges et les bourreaux*, Paris 1972.

86 Zit. nach: Gabriel Boissy, *Les pensées des rois de France*, Paris 1949.

87 Zit. nach: ebd.

88 Die Liga war eine 1576 unter Führung des Henri de Guise gebildete streng katholisch militante politische Formation, deren Ziel es war, die Hugenotten als politischen und konfessionellen Faktor in Frankreich auszuschalten.

89 Zit. nach: Flammermont (s. Anm. 20).

90 Nach den *Mémoires* von Malouet.

91 Zit. nach: Flammermont (s. Anm. 20).

Kap. 3: Das Leben bei Hof und in der Hauptstadt

1 Zit. nach den *Lettres* der Julie de Lespinasse. – Jean Le Rond d'Alembert (1717–83), Mathematiker und Philosoph, wurde bereits mit 23 Jahren in die Akademie der Wissenschaften aufgenommen. Zusammen mit Diderot war er Begründer der *Encyclopédie*, für die er bedeutende Artikel verfaßte. Freund Friedrichs II. von Preußen und Katharinas II. von Rußland, seit 1754 Mitglied der Académie française, seit 1772 deren Sekretär auf Lebenszeit. – Julie de Lespinasse (1732–76),

Schriftstellerin von adliger Herkunft, aber unehelich geboren. Sie wurde 1754 Gesellschafterin von Madame du Deffand, eröffnete 1764 einen eigenen Salon, in dem die Enzyklopädisten verkehrten (d'Alembert, Turgot, Marmontel).

2 Daniel Roche, *Le siècle des lumières en province. Académies et académiciens provinciaux, 1680–1789*, Paris / Den Haag 1978.

3 In Chateaubriands *Essai sur les révolutions*.

4 Nach den *Mémoires et lettres* des Prince du Ligne.

5 *Mémoires* der Madame Campan.

6 Vgl. François Bluche, *La vie quotidienne de la noblesse française au XVIIIe siècle*, Paris 1973.

7 *Mémoires* der Madame Campan.

8 Ebd.

9 Das Hameau, ein Ensemble bäuerlicher Häuser mit Strohdächern, einer Molkerei und einer Wassermühle, die auch bewirtschaftet wurden, war 1783–86 von dem Architekten Richard Mique für Marie-Antoinette erbaut worden – ein Ausdruck der zeitgenössischen Vorliebe des »Zurück zur Natur«.

10 Comtesse de Genlis, *Mémoires inédits*. – Stephanie-Félicité du Crest, Comtesse de Genlis (1746–1830), Erzieherin der Kinder des Duc d'Orléans, des späteren Philippe Égalité (vgl. Kap. 4, Anm. 50). Als Schriftstellerin Verfasserin zahlreicher pädagogischer Schriften, biographischer Romane, historischer und moralischer Schriften sowie umfangreicher Lebenserinnerungen.

11 Nach dem *Journal inédit* des Duc de Croy.

12 Jeanne-Marie, Madame Roland de la Platière (1754–93), geb. Phlipon, auf der Seite der Girondisten politisch aktiv, wurde im Juni 1793 verhaftet; im Kerker schrieb sie vor ihrer Hinrichtung im November 1793 ihre berühmten Lebenserinnerungen.

13 Nach den *Mémoires* des Comte de Tilly.

14 Vgl. Bluche (s. Anm. 6).

15 *Mémoires* des Comte d'Allonville.

16 Louis-Sebastien Mercier, *Tableau de Paris*.

17 *Mémoires* von Mallet du Pan.

18 Vgl. Bluche (s. Anm. 6).

19 Chateaubriand, *Mémoires d'outre-tombe*.

20 Ebd.

21 Charles-Maurice de Talleyrand-Périgord (1754–1838), eine der schillerndsten politischen Persönlichkeiten der Epoche. 1780 Generalagent des Klerus, 1788 Bischof von Autun, 1789 Mitglied der Generalstände. Talleyrand ging 1792 in die Emigration und wurde nach seiner Rückkehr Außenminister (1797–1807). Er lehnte die Eroberungskriege Napoleons ab und förderte die Rückkehr der Bourbonen. Auf dem Wiener Kongreß gelang es ihm, Frankreichs europäische Stellung wieder zu festigen. Aufgrund des Mißtrauens Ludwigs XVIII. trat er im September 1815 zurück, war aber von 1830 an noch einmal als Botschafter in London politisch aktiv.

22 In den *pays d'état* in Burgund, Bretagne, Languedoc und Provence hatten die Provinzialstände bis zum Ende des Ancien Régime administratives und fiskalisches Mitspracherecht. Die *pays d'élection* unterstanden dagegen direkt den Generalsteuereinnehmern und damit der Pariser Zentralgewalt.

23 *Mémoires* der Comtesse de Boigne.

24 Die Halsbandaffäre war ein berühmter Skandal, in den die Königin Marie-Antoinette unschuldig hineingezogen wurde, der aber viel dazu beitrug, das erschütterte

Ansehen des französischen Königtums weiter zu schädigen und die Unbeliebtheit der Königin zu steigern.

25 *Mémoires* der Baronin Oberkirch.

26 Nach den *Mémoires* der Comtesse de Boigne.

27 Ebd.

28 *Mémoires* des Comte de Tilly.

29 Vgl. Kap. 2, Anm. 25.

30 *Mémoires* des Comte d'Allonville.

31 Vgl. François Bluche, *Les magistrats du parlement de Paris au XVIIIe siècle*, Paris 1968. – Zum Jansenismus vgl. Kap. 5, Anm. 65.

32 Nach dem *Almanach royal*.

33 Vgl. Yves Durand, *Les fermiers généraux au XVIIIe siècle*, Paris 1971.

34 Nach dem *Almanach royal*.

35 Numitor war der Legende nach der Großvater von Romulus und Remus. – Jean-François Marmontel (1723–99) schrieb Artikel für die *Encyclopédie*, literaturkritische Aufsätze, eine Poetik, ferner Tragödien, Operntexte und empfindsame moralische Erzählungen sowie philosophische Romane und eine umfangreiche Autobiographie.

36 Carle Van Loo (1705–65), französischer Maler. – Jean-Baptiste Greuze (1725 bis 1805), gefeierter französischer Historien- und Genremaler.

37 Zit. nach den *Lettres* der Julie de Lespinasse.

38 *Correspondance littéraire*.

39 Vgl. Marguerite Glotz / Madeleine Maire, *Salons du XVIIIe siècle*, Paris 1949. – Anne-Louise-Germaine, Baronne de Staël (1766–1817), Tochter des Finanzministers Necker, französische Schriftstellerin, lebte von 1792 an in Coppet am Genfer See, das zu einem Treffpunkt des geistigen Europa wurde. Sie pflegte regen Gedankenaustausch mit den bedeutendsten deutschen Dichtern ihrer Zeit und machte in ihrem Buch *De l'Allemagne* deutsches Geistesleben in Frankreich bekannt.

40 Zit. nach: Martine Chatillon, *Paris de 1770 à 1789 d'après le témoignage de Rétif de la Bretonne*, Mém. Besançon 1969 [masch.].

41 Zit. nach: ebd.

42 Nach den *Mémoires inédits* der Comtesse de Genlis.

43 Nach den *Lettres* der Julie de Lespinasse.

44 Vgl. Arthur Young, *Travels during the years 1787, 1788 and 1789*, London 1792.

45 *Mémoires* der Baronin Oberkirch.

46 Ebd.

47 Das Palais du Luxembourg war seit 1750 Nationalmuseum mit einer ständigen Gemäldeausstellung.

48 *Mémoires* von Carlo Goldoni.

49 Vgl. Chatillon (s. Anm. 40).

50 Nach den *Mémoires* der Baronin Oberkirch.

51 *Mémoires* des Comte d'Allonville.

52 Abbé Reyre, *L'école des jeunes demoiselles*.

53 »Auch im Lande der Inkas schmückt sich die Frau mit hohem Federbusch; aber dort sind die Schönen Wilde, und die unsrigen sind dies nicht.«

54 Vgl. Vorwort, Anm. 1.

55 *Mémoires* der Baronin Oberkirch.

56 Zit. nach: Émile Raunie (Hrsg.), *Chansonnier historique du XVIIIe siècle (Recueil Clairambault-Maurepas)*, Bd. 9, Paris 1883, Bd. 10, ebd. 1884.

57 *Mémoires* der Madame Campan.

58 Comtesse de Genlis, *Essais sur l'éducation des hommes*.
59 Zit. nach: Michel Gallet, *Demeures parisiennes. L'époque de Louis XVI*, Paris 1964.
60 *Le neveu de Rameau* ist ein satirisches Prosastück von Diderot (von Goethe ins Deutsche übersetzt).
61 Zit. nach: Chatillon (s. Anm. 40).
62 »Im Louvre gibt es einen Dachboden, in dessen einsame Stille Fledermäuse und Ratten kommen und große Hofversammlung halten. Dort öffnet Apoll, auf ihren Spuren, den schönen Künsten die Schranken, hält alle zwei Jahre seine Ständeversammlung ab und errichtet sein ihm geweihtes Heiligtum.«
63 *Mémoires* von Carlo Goldoni.
64 Vgl. Chatillon (s. Anm. 40).
65 Wolfgang Amadeus Mozart, Brief an den Vater vom 1. Mai 1778, in: W. A. M., *Briefe*, ausgew. und hrsg. von Stefan Kunze, Stuttgart 1987, S. 126.
66 Vgl. Bluche (Anm. 6).
67 *Mémoires* der Baronin Oberkirch.
68 Ebd.

Kap. 4: *Modeströmungen und neue Gefühlswelten*

1 »Ich gehe fort, verkaufe Reliquien in Rom und Modeneuheiten in Paris: Einst war ich Molinist, darauf Jansenist, dann Enzyklopädist, schließlich Physiokrat, jetzt bin ich Mesmerianer.« – Molinisten waren Anhänger des spanischen Jesuiten Miguel de Molinos (1628–96), Hauptvertreter der quietistischen Mystik, von der Inquisition wegen seiner Schrift *Guida spirituale* angeklagt und zum Kerker verurteilt.
2 Vgl. Norbert Elias, *Über den Prozeß der Zivilisation*, 2 Bde., Frankfurt a. M. ²1977.
3 *Mémoires* des Comte de Tilly.
4 *Mémoires* der Madame de Roland.
5 Zit. nach: Robert Favre, *La mort dans la littérature et la pensée française au siècle des lumières*, Lyon 1978.
6 »Aus jenem Athen, das man verehrt, habt Ihr allein es verstanden, die goldene Leier des alten Homer heimzubringen: Leiht sie mir aus, damit ich Euch besinge.«
7 Guillaume Janneau, *L'époque Louis XVI*, Paris 1964.
8 Ebd.
9 Zit. nach: Pierre-Antoine de La Place, *Recueil d'épitaphes sérieuses, badines, satiriques et burlesques*, 3 Bde., Brüssel 1782.
10 *Correspondance littéraire*.
11 Vgl. Comte de Neuilly, *Dix années d'émigration*.
12 Nach Louis-Sébastien Merciers *Tableau de Paris*.
13 Nach der *Correspondance littéraire*.
14 Vgl. Gabriel de Froment de Castille, »Images de la vie parisienne à la veille de la Révolution«, in: *A. N. F. Bulletin trimestriel de l'association d'entraide de la noblesse française*, Nr. 156, Juli 1978, S. 38–55.
15 Nach den *Mémoires* der Baronin Oberkirch.
16 Louis-Sébastien Mercier, *Tableau de Paris*.
17 *Mémoires* der Baronin Oberkirch.

18 Zit. nach: Jean-Pierre Babelon, *La vie quotidienne à Paris dans la seconde moitié du XVIIIe siècle*, Paris 1973.

19 Nach den *Mémoires* der Baronin Oberkirch.

20 Ebd. (vgl. Vorwort, Anm. 2).

21 Nach den *Mémoires* des Comte Dufort de Cheverny.

22 *Mémoires* der Baronin Oberkirch.

23 Paul Bénichou, *Le sacre d'écrivain. 1750–1830. Essai sur l'avènement d'un pouvoir spirituel laïque dans la France moderne*, Paris 1973.

24 Zit. nach: Georges Renard, *Faits divers et publicité dans le »Mercure de France« de 1769 à 1778*, Mém. Besançon 1966 [masch.].

25 Johann Wolfgang Goethe, *Italienische Reise* (*Werke. Hamburger Ausgabe*, Bd. 11, München ^10 1981, S. 255).

26 Nach den *Mémoires* der Baronin Oberkirch.

27 Nach den *Mémoires* des Prince du Ligne.

28 Zit. nach: Renard (s. Anm. 24).

29 Zit. nach: Ernest Maindron, *L'académie des sciences*, Paris 1888.

30 Vgl. ebd.

31 *Correspondance littéraire*.

32 Nach den *Mémoires* von Malouet.

33 Archives nationales, 86 AP 10, Nr. 77 (den Hinweis auf dieses Dokument verdanke ich Jacqueline Sabattier).

34 Froment de Castille (s. Anm. 14).

35 Zit. nach: ebd.

36 *Mémoires* von Carlo Goldoni.

37 *Correspondance littéraire*.

38 »O Erde! öffne deinen Schoß! Die nutzbringende Landwirtschaft, Gegenstand unserer Verachtung, wird heute in den Adelsstand erhoben. Die Menschheit lächelt und mit ihr die ganze Natur, wenn sie den Gegenstand unserer Liebe arbeiten sieht.«

39 *Journal* des Abbé de Véri.

40 Vgl. François Bluche, *La vie quotidienne de la noblesse française au XVIIIe siècle*, Paris 1973.

41 Nach den *Mémoires* der Madame Roland.

42 Rousseau, *Les rêveries du promeneur solitaire*.

43 Rousseau, *Les confessions*.

44 *Mémoires* der Madame Roland.

45 *Journal inédit* des Duc de Croy.

46 Vgl. Louis Reau, *L'Europe française au siècle des lumières*, Paris 1951.

47 *Journal inédit* des Duc de Croy.

48 Zit. nach: Reau (s. Anm. 46).

49 Luc-Vincent Thiery, *Guide des amateurs et des étrangers voyageurs à Paris*, 2 Bde., Paris 1787.

50 Ebd. – Louis-Philippe-Joseph, geb. 1747, Duc de Chartres (1752–85), Duc d'Orléans (1785–93), Vetter des Königs, offen für Moden und Neuheiten aus England; Gegner der Reformen von Maupeou unter Ludwig XV., in Opposition zu Ludwig XVI. an der Spitze der *Fronde parlementaire*; nahm 1792 als Abgeordneter von Paris im Konvent den Namen »Égalité« an; stimmte für den Tod des Königs, wurde aber 1793 selbst hingerichtet, weil sein Sohn zum Feind übergelaufen war. Sein ältester Sohn wurde später König Louis-Philippe.

51 Hans Ottomeyer, »Autobiographies d'architectes parisiens«, in: *Bulletin de la société de l'histoire de Paris* 98 (1971) S. 141–206.
52 René Pomeau, *L'Europe des lumières*, Paris 1966.
53 Arthur Young, *Travels during the years 1787, 1788 and 1789*, London 1792.
54 Reau (s. Anm. 46).
55 *Mémoires* von Louis-Philippe.
56 *Mémoires* der Madame Campan.
57 Marie-Louise Fracard, *La fin de l'ancien régime à Niort. Essai de sociologie religieuse*, Paris 1956.
58 Thiery (s. Anm. 49).
59 *Mémoires* der Baronin Oberkirch.
60 Young (s. Anm. 53).
61 Vgl. Reau (s. Anm. 46).
62 Young (s. Anm. 53).
63 Reau (s. Anm. 46).
64 *Correspondance littéraire.*
65 *Mémoires* der Baronin Oberkirch.
66 *Mémoires* der Madame Campan.
67 *Mémoires* der Madame Roland.
68 Vgl. Viktor Dalin, *Grakch Babef nakanune i vo vremja Velikoj francuzskoj revoljucii, 1785–1794*, Moskau 1963.
69 Mathias Tresch, *Évolution de la chanson française savante et populaire*, Bd. 1: *Des origines à la révolution française*, Brüssel/Paris 1926. Zu Florian vgl. Vorwort, Anm. 2.
70 *Mémoires* von Louis-Philippe.
71 Zit. nach: Jules Flammermont, *Les correspondances des agents diplomatiques étrangers en France avant la Révolution*, Paris 1896.
72 Jean Paul, *Hesperus*, Zweites Heftlein (*Werke*, hrsg. von Norbert Miller, Bd. 1, München 1965, S. 862).
73 La Rochefoucauld, *La vie en Angleterre.*
74 Pierre Fauchery, *La destinée féminine dans le roman européen du XVIIIᵉ siècle*, Lille 1972.
75 *Mémoires* der Madame Roland.
76 Ebd.
77 Vgl. Paul Hazard, *La pensée européenne au XVIIIᵉ siècle de Montesquieu à Lessing*, Paris 1963.
78 Zit. nach: Renard (s. Anm. 24).
79 *Mémoires* der Baronin Oberkirch.
80 Zit. nach: Albert Babeau, *La vie militaire sous l'ancien régime*, 2 Bde., Paris 1889–90.
81 Maurice de Brossard, *Lapérouse. Des combats à la découverte*, Paris 1978.

Kap. 5: Die Religion des Höchsten Wesens

1 Baron Pierre-Victor Malouet (1740–1814), hoher Beamter im Ancien Régime und unter Napoleon, war 1789 Deputierter des dritten Standes, emigrierte 1792; seine *Mémoires* wurden 1868 veröffentlicht.
2 Zit. nach: Michèle Menard, *Mille retables de l'ancien diocèse du Mans*, 9 Bde., Thèse Paris 1977 [masch.].

3 Chateaubriand, *Le génie du christianisme.*

4 Vgl. Robert Mauzi, *L'idée de bonheur dans la littérature et la pensée françaises au XVIIIe siècle*, Paris 1960. – Auf Betreiben der Königinmutter Katharina von Medici wurden in der Nacht zum 24. August 1572 (Fest des hl. Bartholomäus) Admiral Coligny und etwa 2000 Hugenotten, die aus Anlaß der Hochzeit Heinrichs von Navarra (des späteren Königs Heinrich IV.) mit Margarethe von Valois nach Paris gekommen waren, heimtückisch ermordet und an den folgenden Tagen in der Provinz etwa 20 000 Hugenotten umgebracht.

5 *Mémoires et correspondances* von Mallet du Pan.

6 Vgl. Paul Hazard, *La pensée européenne au XVIIIe siècle de Montesquieu à Lessing*, Paris 1963.

7 Chateaubriand, *Le génie du christianisme.*

8 Paul Adam, *Histoire religieuse de Sélestat*, Bd. 2: *De 1615 à 1790*, Schlettstadt 1971.

9 Lucien Lambeau, *Charonne*, 2 Bde., Paris 1916–21.

10 Dieses und die folgenden Zitate aus: François Gaquère, *Le saint pauvre de Jésus-Christ, Benoît-Joseph Labre*, Avignon 1936.

11 Jean-Marie Vianney, Pfarrer in Ars-sur-Formans (Curé d'Ars), war berühmt durch gewaltige Predigten, barmherzige Werke und ein asketisches Leben; viele Heilungen wurden ihm zugeschrieben, und schon zu seinen Lebzeiten pilgerte man in seine Kirche. 1925 wurde er kanonisiert.

12 Vgl. Lucien Lambeau, *Bercy*, Paris 1910.

13 Vgl. Étienne Fournial / Jean-Pierre Gutton, *États généraux de 1789. Cahiers de doléances de la province de Forez*, 2 Bde., Saint-Etienne/Montbrison 1974–75.

14 Zit. nach: Menard (s. Anm. 2).

15 Vgl. Bernadette Boutelet, »Étude par sondage de la criminalité dans le bailliage du Pont-de-l'Arche (XVIIe–XVIIIe siècles)«, in: *Annales de Normandie* 12 (1962) S. 235–262.

16 Vgl. Maurice Agulhon, *La sociabilité méridionale (confréries et associations dans la vie collective en Provence orientale à la fin du XVIIIe siècle)*, Aix-en-Provence 1966.

17 Vgl. Anm. 65.

18 Als *charivari* wird ein Rügebrauch bezeichnet, eine Katzenmusik am Polterabend bei Eheschließungen, die von der Dorfjugend nicht gebilligt werden.

19 Yves-Marie Bercé, *Fête et révolte. Des mentalités populaires du XVIe au XVIIIe siècle*, Paris 1976.

20 Bernard Plongeron, »Le procès de la fête à la fin de l'ancien régime«, in: B. P. / Robert Pannet [u. a.], *Le christianisme populaire. Les dossiers de l'histoire*, Paris 1976, S. 171–198.

21 Bercé (s. Anm. 19).

22 Plongeron (s. Anm. 20).

23 Vgl. Emmanuel Le Roy Ladurie, *Le territoire de l'historien*, 2 Bde., Paris 1973–78.

24 Vgl. Marie-Louise Fracard, *La fin de l'ancien régime à Niort. Essai de sociologie religieuse*, Paris 1956.

25 Ebd.

26 Chateaubriand, *Mémoires d'outre-tombe.*

27 Vgl. René Taveneaux, *Le jansénisme en Lorraine, 1640–1789*, Paris 1960.

28 Vgl. Gaquère (s. Anm. 10).

29 Pierre Chaunu, *La mort à Paris, XVIe, XVIIe et XVIIIe siècles*, Paris 1978.

30 Chevalier de Lasne d'Aiguebelle, *Testament spirituel.*

31 Chaunu (s. Anm. 29).
32 Chateaubriand, *Le génie du christianisme.*
33 Vgl. Pierre Chevallier, *Loménie de Brienne et l'ordre monastique (1766–1789)*, 2 Bde., Paris 1959–60.
34 Vgl. Albert Pauphilet / Louis Richard / Robert Barroux, *Le XVIIIᵉ siècle*, 2 Bde., Paris 1960 (*Dictionnaire des lettres françaises*, hrsg. von Georges-François Grente).
35 Unter Josephinismus versteht man im engeren Sinne die Kirchenpolitik Kaiser Josephs II.: verschärfte Staatsaufsicht über die Kirche; Eingriffe in Kultus und Priesterausbildung aus dem Geist der Aufklärung; Aufhebung zahlreicher Klöster, deren Besitz zur Besoldung von Pfarrern, zur Neugründung von Pfarreien usw. verwendet wurde; Gewährung freier Religionsausübung für Andersgläubige. – Étienne-Charles de Loménie de Brienne (1727–94), Bischof von Condom (1760), Erzbischof von Toulouse (1763), Freund der Aufklärer, spielte eine wichtige Rolle bei den Provinzialständen des Languedoc. Bei der Notabelnversammlung von 1787 war er der Anführer der Opposition gegen Calonne, dem er im Amt des Finanzministers folgte. Seine Steuerreformvorschläge scheiterten am Widerstand der Parlamentsgerichte in Paris und in der Provinz; 1788 entlassen.
36 Chevallier (s. Anm. 33).
37 Vgl. Fracard (s. Anm. 24).
38 Alain Besançon, *La confusion des langues. La crise idéologique de l'église*, Paris 1978.
39 Vgl. Chevallier (s. Anm. 33).
40 François-Yves Besnard, *Souvenirs d'un nonagénaire.*
41 Plongeron (s. Anm. 20).
42 Vgl. Fracard (s. Anm. 24).
43 Vgl. Chevallier (s. Anm. 33).
44 Die Dritten Orden (*tertius ordo*) sind Vereinigungen von Laien, die im Geiste eines kirchlichen Ordens nach Vollkommenheit streben. Sie bildeten sich im 13. Jahrhundert im Anschluß an die Bettelorden und traten zu deren männlichen (Erster Orden) und weiblichen (Zweiter Orden) klösterlichen Zweigen hinzu. Je nachdem, ob die Tertiarier in der Welt und im Beruf bleiben oder eine eigene Klostergemeinschaft bilden, werden weltliche und klösterliche Gemeinschaften unterschieden; die bedeutendsten weltlichen sind die der Franziskaner und der Dominikaner.
45 Pierre Goubert, *L'ancien régime*, 2 Bde., Paris 1969–73.
46 Claude-Joseph de Ferrière, *Dictionnaire de droit et de pratique*, 2 Bde., Paris ⁴1768.
47 Vgl. Goubert (s. Anm. 45).
48 Vgl. Pierre Chevallier (Hrsg.), *Journal de l'assemblée des notables de 1787*, Paris 1959.
49 Zit. nach: Chevallier (s. Anm. 33).
50 *Mémoires* von Talleyrand.
51 Chevallier (s. Anm. 33).
52 Jean de Viguerie, *L'institution des enfants: l'éducation en France, XVIᵉ–XVIIIᵉ siècle*, Paris 1978.
53 Bernard Plongeron, *La vie quotidienne du clergé français au XVIIIᵉ siècle*, Paris 1974.
54 R. P. Charles Berthelot du Chesnay, »Le clergé diocésain français au XVIIIᵉ siècle«, in *Revue d'histoire moderne et contemporaine* 10 (1963) S. 241–269.
55 Ebd.

56 Ebd.

57 Vgl. André Poupet, *L'origine sociale des évêques français du XVIIIe siècle (1715–1790)*, Paris 1972.

58 Vgl. Timothy Tackett, »L'histoire sociale du clergé diocésain dans la France du XVIIIe siècle«, in: *Revue d'histoire moderne et contemporaine* 27 (1979) S. 198–234.

59 Plongeron (s. Anm. 53).

60 Ebd.

61 Zit. nach: Taveneaux (s. Anm. 27).

62 Vgl. Kap. 1, Anm. 43. Als *évêque constitutionnel* wurde ein Bischof bezeichnet, der die Verfassung der freien Geistlichkeit von 1790 angenommen hatte.

63 In den *pays d'élection* (Provinzen ohne eigene Ständeversammlung, in denen die Intendanten alle Befugnisse der Verwaltung und Besteuerung ausübten) wurden im Juni 1787 durch Loménie de Brienne in siebzehn Steuerprovinzen (*généralités*) dreistufige Provinzialversammlungen eingeführt: auf städtischer Ebene (*assemblée municipale*), auf Steuerbezirksebene (*assemblée d'élection*), auf Steuerprovinzebene (*assemblée provinciale*). In diesen Versammlungen hatte der dritte Stand ebenso viele Abgeordnete wie Klerus und Adel zusammen; abgestimmt wurde nicht nach Ständen, sondern pro Kopf. Die Parlamentsgerichte widersetzten sich dieser Reform, und Necker war als Nachfolger von Loménie de Brienne gezwungen, die für Oktober 1788 anberaumten Versammlungen wieder abzusetzen.

64 Gallikanismus: Streben nach nationalkirchlicher Selbständigkeit gegenüber dem Papst; Unabhängigkeit der französischen Kirche von der päpstlichen Jurisdiktion; Überordnung der allgemeinen Konzilien über den Papst.

65 Jansenismus: eine katholische Reformbewegung von großem sittlichen Ernst, zwischen Calvinismus und herkömmlicher katholischer Lehre mit einer eigenen Gnadenlehre. Das Zentrum war das Kloster Port-Royal bei Versailles. Der Jansenismus geriet in Gegensatz zum französischen Königtum, weil er den Gallikanismus als eine politische Einfügung der Kirche in das System des Absolutismus ablehnte. Die Jansenisten wurden im 17. und 18. Jahrhundert unterdrückt und vertrieben.

66 Edmond Richer (1560–1631), französischer Gallikaner und Syndikus der Sorbonne; seine schroff gallikanischen staatskirchlichen Schriften wurden verboten. – Die Presbyterianer leiteten ihr Kirchenverständnis von Calvin und der wörtlichen Auslegung der Bibel her. Danach bildeten die Presbyter lehrend und leitend das Führungsgremium jeder Kirchengemeinde.

67 Taveneaux (s. Anm. 27).

68 Zit. nach: ebd.

69 Pelagius (4./5. Jh.) wandte sich gegen die augustinische Gnadenlehre und behauptete die Freiheit der menschlichen Natur, die jedermann die Entscheidung für das Gute ermögliche. Der Pelagianismus bestreitet die Prädestinationslehre.

70 Vgl. Kap. 2, Anm. 88.

71 Chateaubriand, *Le génie du christianisme.*

72 Vgl. Adam (s. Anm. 8).

73 Vgl. Gérard Bouchard, *Le village immobile: Sennely-en-Sologne au XVIIIe siècle*, Paris 1971.

74 Vgl. Adam (s. Anm. 8).

75 Vgl. Menard (s. Anm. 2).

76 *Mémoires* der Madame Roland.

77 Ebd.
78 Zit. nach: Taveneaux (s. Anm. 27).
79 *Mémoires* der Madame Roland.
80 *Correspondance littéraire*.
81 Louise-Florence-Pétronille Tardieu d'Esclavelles, Marquise d'Épinay (1726–83), Schriftstellerin, Mätresse von Melchior Grimm, dem Herausgeber der *Correspondance littéraire* (an der sie mitarbeitete); empfing in ihrem Schloß La Chevrette die Aufklärer aus dem Kreis der Enzyklopädisten (d'Alembert, Diderot, Duclos, Voltaire); in der Ermitage von La Chevrette lebte 1756/57 Rousseau, mit dem sie sich zerstritt. Berühmt wurden ihre *Conversations d'Émilie* (1774).
82 Chateaubriand, *Le génie du christianisme*.
83 Michel Vovelle, *Mourir autrefois. Attitudes collectives devant la mort aux XVIIe et XVIIIe siècles*, Paris 1974.
84 Zit. nach: ebd.
85 Zit. nach den *Lettres* der Julie de Lespinasse.
86 *Mémoires* der Madame Roland.
87 Vgl. Chaunu (s. Anm. 29).
88 Vgl. Michel Vovelle, *Piété baroque et déchristianisation en Provence au XVIIIe siècle. Les attitudes devant la mort d'après les clauses des testaments*, Paris 1973.
89 Zit. nach: ebd.
90 Vgl. Kap. 4, Anm. 1.
91 Vovelle (s. Anm. 88).

Kap. 6: Lehrjahre

1 Sébastien-Roch Nicolas, genannt de Chamfort (1740–94), Sekretär von Madame Élisabeth, der Schwester Ludwigs XVI.; in seinem Hauptwerk *Maximes, pensées, caractères et anecdotes* entlarvte er die Schwächen des Ancien Regime.
2 Vgl. Claude Levy / Louis Henry, »Ducs et pairs sous l'ancien régime«, in: *Population* 15 (1960) S. 807–830.
3 Emmanuel Le Roy Ladurie, *Le territoire de l'historien*, 2 Bde., Paris 1973–78.
4 Vgl. Kap. 3, Anm. 9.
5 *Mémoires* der Comtesse de Boigne.
6 Zit. nach: Viktor Dalin, *Grakch Babef nakanune i vo vremja Velikoj francuzskoj revoljucii, 1785–1794*, Moskau 1963.
7 *Journal* des Abbé de Véri.
8 Comtesse de Genlis, *Essais sur l'éducation des hommes*.
9 *Mémoires* der Baronin Oberkirch.
10 Vgl. Jean-Pierre Poussou, *L'immigration bordelaise, 1737–1791*, 6 Bde., Thèse Paris 1978 [masch.].
11 Chevalier de Lasne d'Aiguebelle, *Testament spirituel*.
12 Lucien Lambeau, *Charonne*, 2 Bde., Paris 1916–21.
13 *Mémoires* der Madame Roland.
14 Vgl. Maurice Garden, *Lyon et les Lyonnais au XVIIIe siècle*, Paris 1970.
15 Père Feline, *Catéchisme des gens mariés*.
16 Zit. nach: Garden (s. Anm. 14).
17 Vgl. ebd.
18 Vgl. Jacques Gelis / Mireille Laget / Marie-France Morel, *Entrer dans la vie. Naissances et enfances dans la France traditionnelle*, Paris 1978.

19 Annie Basile, *La bienfaisance parisienne d'après les testaments de 1764 à 1789*, Mém. Nanterre 1972 [masch.].

20 Garden (s. Anm. 14).

21 Vgl. Poussou (s. Anm. 10).

22 Père Feline, *Catéchisme des gens mariés*.

23 Chevalier de Lasne d'Aiguebelle, *Testament spirituel*.

24 Johann Wolfgang Goethe, *Campagne in Frankreich* (*Werke. Hamburger Ausgabe*, Bd. 10, München [7]1981, S. 258).

25 Zit. nach: Gelis/Laget/Morel (s. Anm. 18).

26 Vgl. Philippe Ariès, *Geschichte der Kindheit*, übers. von Caroline Neubaur und Karin Kersten, München/Wien 1975.

27 Vgl. Michel de Certeau / Dominique Julia / Jacques Revel, *Une politique de la langue. La révolution française et les patois*, Paris 1975.

28 Zit. nach: Emmanuel Le Roy Ladurie, »De la crise ultime à la vraie croissance«, in: Georges Duby / Armand Wallon [u. a.], *Histoire de la France rurale*, Bd. 2, Paris 1976, S. 355–599.

29 Vgl. Certeau/Julia/Revel (s. Anm. 27).

30 Zit. nach: François Furet / Jacques Ouzouf, *Lire et écrire. L'alphabétisation des Français de Calvin à Jules Ferry*, 2 Bde., Paris 1977.

31 Zit. nach: Jean de Viguerie, *L'institution des enfants: L'éducation en France, XVIᵉ–XVIIIᵉ siècle*, Paris 1978.

32 Certeau/Julia/Revel (s. Anm. 27).

33 Vgl. Furet/Ouzouf (s. Anm. 30).

34 Zit. nach: Certeau/Julia/Revel (s. Anm. 27).

35 Die Confrérie de Saint-Côme war eine Bruderschaft, die 1615 ein Kolleg für die Ausbildung von Wundärzten gegründet hatte.

36 François Olivier-Martin, *L'organisation corporative de la France d'ancien régime*, Paris 1938.

37 Vgl. Kap. 2, Anm. 40.

38 Chevalier de Lasne d'Aiguebelle, *Testament spirituel*.

39 Vgl. Daniel Roche, *Le siècle des lumières en province. Académies et académiciens provinciaux, 1680–1789*, 2 Bde., Paris / Den Haag 1978. – Die Kollegien (*collèges*) waren Sekundarschulen, die vor allem auch auf den Besuch der Universität vorbereiten sollten. Sie waren meist als Internate organisiert und entsprachen dem älteren deutschen Typus der Latein- und Bürgerschulen des 18. Jahrhunderts vor der Humboldtschen Gymnasialreform zu Beginn des 19. Jahrhunderts.

40 Certeau/Julia/Revel (s. Anm. 27).

41 Rekollekten (lat., ›geistig Erneuerte‹) sind bei mehreren Orden Kongregationen zur strengsten Observanz der Ordensregeln; bekannt besonders bei den Franziskanern und als Barfüßer bei den Augustinern.

42 Petrus Canisius (1521–97), holländischer Jesuit und Gegenreformator; verfaßte einen Katechismus in drei Versionen: für Intellektuelle, für Gebildete und für die einfachen Leute.

43 Das Collège des quatre nations wurde im Todesjahr von Mazarin 1661 gegründet und war für sechzig Schüler bestimmt, die aus den gerade mit Frankreich vereinigten vier »Nationen« stammen sollten: Elsaß, die spanischen Niederlande, Roussilon, Pignerol. – Die folgende Darstellung stützt sich auf: Alfred Franklin, *Recherches historiques sur le collège des quatre nations*, Paris 1862.

44 Vgl. François Bluche, *Les magistrats du parlement de Paris au XVIIIᵉ siècle*, Paris 1960.

45 Zit. nach: Georges Livet, »Documents sur l'histoire de l'université de Strasbourg à la veille de la Révolution«, in: *Bulletin de la société académique du Bas-Rhin* 81–83 (1959–60) S. 23–31.

46 Johann Wolfgang Goethe, *Dichtung und Wahrheit*, Zweiter Teil, Neuntes Buch (*Werke. Hamburger Ausgabe*, Bd. 9, München ⁹1981, S. 358).

47 Vgl. Anne Blanchard, *Les ingénieurs du Roi de Louis XIV à Louis XVI. Étude du corps des fortifications*, Montpellier 1979.

48 Paul Lallemand, *Histoire de l'éducation dans l'ancien oratoire de France*, Paris 1889.

49 Vgl. ebd.

50 Michel Foucault, *Überwachen und Strafen. Die Geburt des Gefängnisses*, übers. von Walter Seitter, Frankfurt a. M. 1976.

51 Vgl. Garden (s. Anm. 14).

52 Vgl. François Bluche, *La vie quotidienne de la noblesse française au XVIIIᵉ siècle*, Paris 1973.

Kap. 7: Siegreiches Militär

1 Émile-G. Léonard, *L'armée et ses problèmes au XVIIIᵉ siècle*, Paris 1958.

2 Chateaubriand, *Mémoires d'outre-tombe*.

3 Pierre-André de Suffren de Saint-Tropez (1729–88), Malteserritter, kämpfte unter Admiral d'Estaing im amerikanischen Unabhängigkeitskrieg. – La Motte-Picquet (Toussaint-Guillaume, Comte Picquet de la Motte, 1720–91), zeichnete sich als Geschwaderchef 1778 bei der Einnahme Grenadas aus und vor der Küste von Martinique bei der Abwehr englischer Angriffe. – Charles-Louis, Chevalier du Couëdic de Kergoualer (1740–80), Kommandant der Fregatte »Surveillante«, die im Oktober 1779 nach erbittertem Kampf die englische Fregatte »Quebec« versenkte. Alle Offiziere der »Surveillante« wurden verletzt oder getötet, Couëdic selber starb im Jahr darauf an seinen Verwundungen.

4 Zu Vergennes vgl. Kap. 2, Anm. 51. – Zu d'Estaing vgl. Kap. 1, Anm. 34. – François-Claude Armour, Marquis de Bouillé (1739–1800), französischer General im Siebenjährigen Krieg, 1768 Gouverneur von Guadeloupe, seit 1777 Generalgouverneur der Îles du Vent in der Karibik. – Jean-Baptiste de Vimeur, Comte de Rochambeau (1725–1807), Marschall von Frankreich, im amerikanischen Unabhängigkeitskrieg Oberkommandierender der französischen Truppen.

5 Léonard (s. Anm. 1).

6 Jean-Jacques de Cotignon, *Mémoires*.

7 Die Maskarenen sind eine Inselgruppe im Indischen Ozean östlich von Madagaskar: Réunion, Mauritius, Rodriguez.

8 Dieses und die folgenden Zitate aus: Maurice de Brossard, *Lapérouse. Des combats à la découverte*, Paris 1978.

9 Nach den *Mémoires* von Jean-Jacques de Cotignon.

10 Duc de Castries, *Papiers de famille*.

11 Vgl. Philippe Bonnichon, »Missions de la marine militaire au temps de Louis XVI (1778–1790)«, in: *Revue d'histoire économique et sociale* 54 (1976) S. 525–559.

12 Duc de Castries, *Papiers de famille*.

13 Vgl. Bonnichon (s. Anm. 11).

14 *brûlot*: brennendes Schiff, das ein gegnerisches in Brand setzen sollte.

15 Vgl. Bonnichon (s. Anm. 11).

16 Nach dem *Almanach royal.*
17 Vgl. Brossard (s. Anm. 8).
18 Mallet du Pan, *Mémoires et correspondances.*
19 Jean-Jacques de Cotignon, *Mémoires.*
20 Pozzolanerde: nach dem Fundort Pozzuoli bei Neapel so genannte vulkanische Bimsasche zur Herstellung von unter Wasser fest werdendem Mörtel.
21 Bonnichon (s. Anm. 11).
22 Nach den *Papiers de famille* des Duc de Castries.
23 Zit. nach: Bonnichon (s. Anm 11).
24 Nach den *Papiers de famille* des Duc de Castries.
25 *Journal* des Abbé de Véri.
26 Jean-Jacques de Cotignon, *Mémoires.*
27 Dieses und die folgenden Zitate aus den *Mémoires* von Jean-Jacques de Cotignon.
28 Nach den *Mémoires* des Comte de Tilly.
29 François Bluche, *La vie quotidienne de la noblesse française au XVIIIᵉ siècle*, Paris 1973.
30 Nach den *Mémoires* des Chevallier de Mautort.
31 Zit. nach: Albert Babeau, *La vie militaire sous l'ancien régime*, 2 Bde., Paris 1889–90.
32 Vgl. Robert Favre, *La mort dans la littérature et la pensée française au siècle des lumières*, Lyon 1978.
33 Nach den *Mémoires* des Comte de Tilly.
34 Vgl. Favre (s. Anm. 32).
35 Aunis: ehemalige französische Provinz mit der Hauptstadt La Rochelle, entspricht etwa dem Nordwestteil des heutigen Departements Charente-Maritime.
36 *en premier, en second, sous-* ... sind Rangabstufungen innerhalb eines Dienstgrades, die in manchen Armeen bis heute üblich sind.
37 Vgl. Louis Tuetey, *Les officiers sous l'ancien régime. Nobles et roturiers*, Paris 1908.
38 Vgl. Anne Blanchard, *Les ingénieurs du Roi de Louis XIV à Louis XVI. Étude du corps des fortifications*, Montpellier 1979.
39 Vgl. Henri Carre / Philippe Sagnac / Ernest Lavisse, *Louis XVI (1774–1789)*, Paris 1911.
40 Vgl. Jean Chagniot, »L'armée de Louis XVI«, in: *Actes du colloque international de Sorèze*, Sorèze 1977, S. 35–48.
41 Blanchard (s. Anm. 38).
42 Vgl. David Bien, »La réaction aristocratique avant 1789: l'exemple de l'armée«, in: *Annales E. S. C.* 29 (1974) S. 23–48, 505–534.
43 Vgl. Blanchard (s. Anm. 38).
44 Vgl. Tuetey (s. Anm. 37).
45 Vgl. François Bluche / Pierre Durye, *L'anoblissement par charges avant 1789*, 2 Bde., Paris 1962.
46 Duc de Castries, *Papiers de famille.*
47 Vgl. Chagniot (s. Anm. 40).
48 Babeau (s. Anm. 31).
49 Vgl. ebd.
50 Vgl. ebd.
51 Nach den *Mémoires* des Chevalier de Mautort.
52 Vgl. Chagniot (s. Anm. 40).
53 Vgl. Babeau (s. Anm. 31).
54 Vgl. ebd.

55 Zit. nach: Émile Raunie (Hrsg.), *Chansonnier historique du XVIIIᵉ siècle (Recueil Clairambault-Maurepas)*, Bd. 9, Paris 1883, Bd. 10, ebd. 1884.
56 Vgl. Chagniot (s. Anm. 40).
57 Vgl. Babeau (s. Anm. 31).
58 Vgl. Chagniot (s. Anm. 40).

Kap. 8: Städtebilder

1 Alexis de Tocqueville, *L'ancien régime et la révolution*, Paris 1952.
2 *Almanach royal*.
3 Vgl. ebd.
4 François-Yves Besnard, *Souvenirs d'un nonagénaire*.
5 *Almanach royal*.
6 Ebd.
7 Vgl. Maurice Agulhon, *La sociabilité méridionale (confréries et associations dans la vie collective en Provence orientale à la fin du XVIIIᵉ siècle)*, 2 Bde., Aix-en-Provence 1966.
8 *Mémoires* der Baronin Oberkirch.
9 Vgl. Charles de Ribbe, *Un journal et un journaliste à Aix avant la Révolution*, Aix-en-Provence 1859.
10 Ebd.
11 Zit. nach: ebd.
12 Vgl. Agulhon (s. Anm. 7).
13 Louis-Sébastien Mercier, *Tableau de Paris*.
14 Vgl. Ribbe (s. Anm. 9).
15 Vgl. Agulhon (s. Anm. 7).
16 Charles-Jean-Melchior, Marquis de Vogüé, *Une famille vivaroise. Histoires d'autrefois racontées à ses enfants*, 2 Bde., Paris 1912.
17 Vgl. Agulhon (s. Anm. 7).
18 Jean-Claude Gegot, »Étude par sondage de la criminalité dans le bailliage de Falaise (XVIIᵉ–XVIIIᵉ siècle)«, in: *Annales de Normandie* 16 (1966) S. 103–164.
19 Vgl. ebd.
20 Vgl. Louis Hautecœur, *Histoire de l'architecture classique en France*, Tl. 4: *Le style Louis XVI*, Paris 1952.
21 Vgl. Ribbe (s. Anm. 9).
22 Vgl. Marie-Louise Fracard, *La fin de l'ancien régime à Niort. Essai de sociologie religieuse*, Paris 1956.
23 *Emporium:* Handels-, Messeplatz.
24 Jean-Pierre Poussou, *L'immigration bordelaise, 1737–1791*, 6 Bde., Thèse Paris 1978 [masch.].
25 *Almanach royal*.
26 Vgl. Vogüé (s. Anm. 16).
27 Vgl. Yves Durand, *Les fermiers généraux au XVIIIᵉ siècle*, Paris 1971.
28 Vgl. Maurice Garden, *Lyon et les Lyonnais au XVIIIᵉ siècle*, Paris 1970.
29 Vgl. Maurice Gresset, »L'état d'esprit des avocats comtois à la veille de la Révolution«, in: *Actes du 102ᵉ congrès national des sociétés savantes, Limoges 1977. Section d'histoire moderne*, Bd. 1, Paris 1978.
30 Gegot (s. Anm. 18).
31 Garden (s. Anm. 28).

32 Vgl. Paul Lallemand, *Histoire de l'éducation dans l'ancien oratoire de France*, Paris 1889.

33 Vgl. Vogüé (s. Anm. 16).

34 Louis-Sébastien Mercier, *Tableau de Paris*.

35 Vgl. Archives nationales, minutier central des notaires de Paris, II, 481; XVIII, 985, 986; XXVI, 357; XXXIV, 774; LXXVII, 326; LXXXVI, 707, 815, 889.

36 Vgl. André Lespagnol, »À propos des élites urbaines dans l'ancien régime: l'exemple de Saint-Malo au XVIIIᵉ siècle«, in: *Bulletin de la société d'histoire moderne* 73 (1974) Nr. 9, S. 2–12.

37 Chateaubriand, *Mémoires d'outre-tombe*.

38 Daniel Roche, *Le siècle des lumières en province. Académies et académiciens provinciaux, 1680–1789*, 2 Bde., Paris / Den Haag 1978.

39 Ebd.

40 Vgl. ebd.

41 Vgl. Anne Blanchard, *Les ingénieurs du Roi de Louis XIV à Louis XVI. Étude du corps des fortifications*, Montpellier 1979.

42 Vgl. Roche (s. Anm. 38).

43 Vgl. Garden (s. Anm. 28).

44 Vgl. Poussou (s. Anm. 24).

45 Vgl. Garden (s. Anm. 28).

46 Michel Morineau, »Budgets populaires en France au XVIIIᵉ siècle«, Tl. 2, in: *Revue d'histoire économique et sociale* 50 (1972) S. 449–481.

47 Agulhon (s. Anm. 7).

48 Vgl. Poussou (s. Anm. 24).

49 Vgl. Garden (s. Anm. 28).

50 Zit. nach: Morineau (s. Anm. 46).

51 Zit. nach: ebd.

52 »Fanchon, hoch auf deiner Bank, höre die Stimme der Liebe; denn während ich das Weberschiffchen führe, denke ich jeden Tag an dich. Ja, ich liebe dich! Ich sag' es dir: Ich wünsche mir sehr, daß du es ebenso tust. Ach, es bringt einen um, wenn man sich liebt.«

53 Michel Foucault, *Surveiller et punir. Naissance de la prison*, Paris 1975.

54 Jean-Pierre Babelon, *La vie quotidienne à Paris dans la seconde moitié du XVIIIᵉ siècle*, Paris 1973.

55 Zit. nach: Morineau (s. Anm. 46).

56 Émile Coornaert, *Les compagnonnages en France du Moyen Âge à nos jours*, Paris 1966.

57 Vgl. François Olivier-Martin, *L'organisation corporative de la France d'ancien régime*, Paris 1938.

58 Vgl. Nicole Castan, *Crime et justice en Languedoc, 1750–1790*, Thèse Toulouse 1978 [masch.].

59 Pierre Léon, *La naissance de la grande industrie en Dauphiné*, 2 Bde., Gap 1954.

60 Ebd.

61 Zit. nach: Gérard Bouchard, *Le village immobile: Sennely-en-Sologne au XVIIIᵉ siècle*, Paris 1971.

62 Zit. nach: Patrice Boussel [u. a.], *Histoire de la vie française*, Bd. 5: *L'esprit: XVIIIᵉ siècle*, Paris 1972.

63 Zit. nach: Martine Chatillon, *Paris de 1770 à 1789 d'après le témoignage de Rétif de la Bretonne*, Mém. Besançon 1969 [masch.].

64 Vgl. Garden (s. Anm. 28).
65 Poussou (s. Anm. 24).
66 François Richard, genannt Richard-Lenoir (1765–1839), französischer Industrieller, gründete zusammen mit Lenoir-Dufresne 1797 in Paris eine Baumwollspinnerei und -weberei.

Kap. 9: Das Leben in der Provinz

1 Étienne Pasquier (1767–1862), 1787 Rat im Pariser Parlamentsgericht; während der *Terreur* im Gefängnis; im Kaiserreich Staatsrat und Polizeipräfekt; unter Ludwig XVIII. Generaldirektor des Straßen- und Brückenbauministeriums, Justizminister, Präsident der Abgeordnetenkammer (1816) und Außenminister; seit 1837 Träger des Ehrentitels »Chancelier de France«, seit 1844 Herzog.

2 Im Ancien Régime wurden bei den Wahlen zu den Generalständen Beschwerden und Wünsche der Wähler in Beschwerdeheften, den *cahiers de doléances*, niedergelegt, die dann – zusammengefaßt und getrennt nach Ständen – dem König vorgelegt wurden. Der Brauch ist seit 1648 nachweisbar. Berühmt sind die *cahiers* von 1788/89 (annähernd 30 000). – Zum Verfahren: In Städten und Dörfern wurden die sog. *cahiers de paroisses* verfaßt, sodann in jedem Amtsbezirk ein *cahier de bailliage*, daneben von jedem Stand – Klerus, Adel, dritter Stand – noch einmal ein eigenes Beschwerdeheft. Diejenigen des dritten Standes mußten von den Abgeordneten der *assemblées primaires* (Vorversammlungen), die die Deputierten für die Generalstände wählten, zusammengestellt und dabei die in den *cahiers de paroisses* geäußerten Wünsche und Beschwerden berücksichtigt werden.

3 Zit. nach: Étienne Fournial / Jean-Pierre Gutton, *États généraux de 1789. Cahiers de doléances de la province de Forez*, 2 Bde., Saint-Étienne/Montbrison 1974–75.

4 Zit. nach: ebd.

5 Dies und die folgenden Zitate aus: ebd.

6 Vgl. Peter Mathias / Patrick O'Brien, »Taxation in Britain and France, 1715–1810«, in: *The Journal of European Economic History* 5 (1976) S. 601–650.

7 Zit. nach: Fournial/Gutton (s. Anm. 3).

8 Alexis de Tocqueville, *L'ancien régime et la Révolution*, Paris 1952.

9 Zit. nach: Fournial/Gutton (s. Anm. 3).

10 Victor Riqueti, Marquis de Mirabeau (1715–89), französischer Ökonom, Schüler von Quesnay und Anhänger der Physiokraten. Er schrieb neben dem *Ami des hommes ou Traité sur la population* u. a. die *Théorie de l'impôt* (1760), worin er die Generalsteuerpächter angriff, die ihn daraufhin in Vincennes inhaftieren ließen. – Honoré-Gabriel Riqueti, Comte de Mirabeau (1749–91), Sohn des vorigen. Wegen seines ausschweifenden Lebenswandels versuchte der Vater beständig, königliche *lettres de cachet* (Geheimbriefe mit dem Befehl zur Verhaftung oder Verbannung) gegen ihn zu erwirken. In Vincennes verbüßte er eine dreijährige Haft wegen Entführung und Ehebruch, hier verfaßte er die *Lettres à Sophie* und seinen *Essai sur les lettres de cachet et les prisons de l'État*. Nach seiner Freilassung folgten Aufenthalte in England, Holland und Preußen (über letzteres 1788 *De la monarchie prussienne sous Frédéric le Grand*). Mit der Revolution begann seine politische Karriere. Obwohl adliger Herkunft, ließ er sich als Vertreter des dritten Standes von Aix und Marseille in die Generalstände entsenden. Dort wirkte er für die Schaffung der Departements und die Überführung der Kirchengüter in Staatsbesitz. Mirabeau blieb stets Anhänger der konstitutionellen Monarchie nach eng-

lischem Vorbild, weshalb er in der Nationalversammlung eine zwielichtige Rolle spielte. Er starb überraschend im April 1791.

11 Prosper Brugière, Baron de Barante (1782–1866), Historiker und Politiker; verfaßte *L'histoire des Ducs de Bourgogne* (1824); Präfekt unter Napoleon I., in der Restaurationszeit Abgeordneter und Botschafter unter Louis-Philippe.

12 *Bocage:* waldiger Landstrich in der Vendée, einer Landschaft im westlichen Mittelfrankreich.

13 Vgl. François Bluche, *La vie quotidienne de la noblesse française au XVIIIe siècle*, Paris 1973. – Der Aufstand in der Vendée (1793–96) richtete sich gegen die Revolution. Anlaß war die vom Konvent beschlossene Aushebung von Soldaten in ganz Frankreich (insgesamt 300000 Mann). Obwohl nur 18000 Männer betroffen waren, erhoben sich die Bauern in den Provinzen Vendée, Loire-Inférieure und Maine-et-Loire. Es bildete sich eine regelrechte Armee von bis zu 40000 Mann unter der Führung Bürgerlicher und Adliger. Der Konvent befahl die Niederschlagung des Aufstandes um jeden Preis. Die Revolutionsarmeen siegten schließlich; nahezu 500000 Menschen waren umgekommen.

14 Nicole Castan, *Crime et justice en Languedoc, 1750–1790*, Thèse Toulouse 1978 [masch.].

15 Dieses und die folgenden Zitate aus: Viktor Dalin, *Grakch Babef nakanune i vo vremja Velikoj francuzskoj revoljucii, 1785–1794*, Moskau 1963.

16 Vgl. nach: Gérard Bouchard, *Le village immobile: Sennely-en-Sologne au XVIIIe siècle*, Paris 1971.

17 Zit. nach: Pierre Goubert / Michel Denis, *1789. Les Français ont la parole. Cahiers des états généraux*, Paris 1964.

18 *La Grande Peur:* Nach Ausbruch der Revolution in Paris im Juli 1789 verbreitete sich auf dem Lande die Furcht vor einer gewaltsamen Gegenreaktion des Adels in Form einer »Adelsverschwörung« gegen das Volk mit Unterstützung ausländischer Mächte und eigens angeworbener *brigands* (Straßenräuber). Deshalb brachen zahlreiche örtliche Bauernrevolten gegen ihre Herrschaft aus, in zahlreichen Provinzen verbreitete sich Panik, häufig wurden Schlösser des Adels geplündert und die grundherrlichen Kataster (*livres terriers*) verbrannt.

19 Chateaubriand, *Le génie du christianisme*.

20 Vgl. Bluche (s. Anm. 13).

21 Robert Favre, *La mort dans la littérature et la pensée française au siècle des lumières*, Lyon 1978.

22 Vgl. Philippe Bossis, »Enquête sur les districts de Cholet et de Beaupréau, 1788«, in: *Enquêtes du Centre de recherches sur la France atlantique* 1 (1971) S. 173–235.

23 Vgl. Jean-Paul Desaive / Jean-Pierre Goubert [u. a.], *Médecins, climat et épidémies à la fin du XVIIIe siècle*, Paris / Den Haag 1972.

24 Bossis (s. Anm. 22).

25 Ebd.

26 Dieses und die folgenden Zitate aus: Michel de Certeau / Dominique Julia / Jacques Revel, *Une politique de la langue. La révolution française et les patois*, Paris 1975.

27 Dieses und das folgende Zitat aus: ebd.

28 Nach den *Mémoires* von Richard-Lenoir.

29 François-Yves Besnard, *Souvenirs d'un nonagénaire*.

30 Zit. nach: Goubert/Denis (s. Anm. 17).

31 Zit. nach: Certeau/Julia/Revel (s. Anm. 26).

32 Zit. nach: ebd.

33 Vgl. Castan (s. Anm. 14).

34 Johann Wolfgang Goethe, *Campagne in Frankreich* (*Werke. Hamburger Ausgabe*, Bd. 10, ⁷1981, S. 256 f.).
35 Vgl. Bouchard (s. Anm. 16).
36 Nach den *Mémoires* von Richard-Lenoir.
37 Vgl. Rousseau, *Les confessions*.
38 Vgl. Jacques Jarriot, »Une famille de bons ménagers: la branche nivernaise des Menou«, in: *Revue d'histoire moderne et contemporaine* 23 (1976) S. 80–101.
39 Zit. nach: André Corvisier, »Hiérarchie militaire et hiérarchie sociale à la veille de la Révolution«, in: *Revue internationale d'histoire militaire* 30 (1970). S. 77–91. – Nicolas-Henri, Comte de Grimoard (1743–94) zeichnete sich als Kapitänleutnant im Krieg gegen die Engländer bei den Antillen aus (1781/82); 1792 Oberbefehlshaber über Santo Domingo und Konteradmiral, 1793 Vizeadmiral; als »Feind der Verfassung und Agent Englands« denunziert, abgesetzt und hingerichtet.
40 Vgl. Bluche (s. Anm. 13).
41 Vgl. Jarriot (s. Anm. 38).
42 Arthur Young, *Travels during the years 1787, 1788 and 1789.*
43 Choiseul (vgl. Kap. 1, Anm. 31), 1761–66 Kriegs- und Marineminister. Leitete von 1758 bis 1770 die französische Politik. Als Mann der Aufklärung scheint er ein Anhänger der Monarchie nach englischem Vorbild gewesen zu sein. Er unterstützte heimlich die Opposition der Parlamentsmitglieder in Rennes gegen den König in der *affaire de Bretagne* (dazu im folgenden), fiel deshalb in Ungnade und zog sich auf seine Besitzungen zurück – *Affaire de Bretagne* (1765–70): Der Generalprokurator des Parlamentsgerichts von Rennes, La Chalotais, verteidigte mit Unterstützung von Choiseul die Privilegien der Bretagne gegen den Generalstatthalter des Königs, den Duc d'Aiguillon. La Chalotais klagte d'Aiguillon vor dem Parlamentsgericht in Rennes wegen Amtsmißbrauchs an, woraufhin Ludwig XV. La Chalotais einsperren ließ. Im Gegenzug sprach das Parlamentsgericht von Paris – mit Unterstützung von Choiseul – dem Duc d'Aiguillon seinen Rang ab. Nach Choiseuls Sturz wurde d'Aiguillon Außenminister (1773) und Kriegsminister (1774). Mit dem Abbé Terray und Maupeou bildete er ein antiparlamentarisches Triumvirat und fiel 1774 mit dem Regierungsantritt Ludwigs XVI. in Ungnade. (Zu Maupeou vgl. Kap. 2, Anm. 49.)
44 Louis-Michel Le Peletier de Saint-Fargeau (1760–93), Präsident des Pariser Parlamentsgerichts und Vertreter des Adels bei den Generalständen. Im Konvent stimmte er für die Hinrichtung des Königs, wurde dafür von einem königlichen Leibgardisten getötet.
45 *Mémoires* des Comte de Tilly.
46 Vgl. Bluche (Anm. 13).
47 Vgl. Jean-Pierre Bardet / Pierre Chaunu [u. a.], *Le bâtiment. Enquête d'histoire économique, XIVᵉ–XXᵉ siècle*, Bd. 1: *Maisons rurales et urbaines dans la France traditionnelle*, Paris / Den Haag 1971.
48 Vgl. François-Yves Besnard, *Souvenirs d'un nonagénaire.*
49 Vgl. Certeau/Julia/Revel (s. Anm. 26).
50 Constantin-François de Chassebœuf, Comte de Volney (1757–1820), französischer Philosoph; wichtigste Schrift: *Les Ruines ou Méditation sur les révolutions des empires* (1791).
51 Vgl. Marie-Louise Fracard, *La fin de l'ancien régime à Niort. Essai de sociologie religieuse*, Paris 1956.
52 Vgl. Castan (s. Anm. 14).
53 Vgl. ebd.

54 Vgl. Certeau/Julia/Revel (s. Anm. 26).

55 Vgl. François-Georges Pariset [u. a.], *Bordeaux au XVIIIᵉ siècle*, Bordeaux 1968.

56 Dieses Zitat und die folgende Aufzählung aus: Certeau/Julia/Revel (s. Anm. 26).

57 Bernard Plongeron, *La vie quotidienne du clergé français au XVIIIᵉ siècle*, Paris 1974.

58 Maurice Agulhon, *La sociabilité méridionale (confréries et associations dans la vie collective en Provence orientale à la fin du XVIIIᵉ siècle)*, 2 Bde., Aix-en-Provence 1966.

59 Vgl. Bouchard (s. Anm. 16).

60 Archives des Vosges, registres paroissiaux et d'état civil du Valtin.

61 Vgl. Bouchard (s. Anm. 16).

62 Fournial/Gutton (s. Anm. 3).

63 Vgl. Bertrand Gille, *Documents sur l'état de l'industrie et du commerce de Paris et du département de la Seine (1778–1810)*, Paris 1963.

64 Vgl. Jean-Pierre Poussou, *L'immigration bordelaise, 1737–1791*, 6 Bde., Thèse Paris 1978 [masch.].

65 Fournial/Gutton (s. Anm. 3).

66 Vgl. Certeau/Julia/Revel (s. Anm. 26).

67 Castan (s. Anm. 14).

68 Vgl. Yves-Marie Bercé, *Fête et révolte. Des mentalités populaires du XVIᵉ au XVIIIᵉ siècle*, Paris 1976.

69 Vgl. Bernadette Boutelet, »Étude par sondage de la criminalité dans le bailliage du Pont-de-l'Arche (XVIIᵉ–XVIIIᵉ siècles)«, in: *Annales de Normandie* 12 (1962) S. 235–262.

70 François-Yves Besnard, *Souvenirs d'un nonagénaire*.

71 Zit. nach: Bouchard (s. Anm. 16).

72 Zit. nach: Jean-Pierre Gutton, *La sociabilité villageoise dans l'ancienne France*, Paris 1979.

73 Vgl. Emmanuel Le Roy Ladurie, *Le territoire de l'historien*, 2 Bde., Paris 1973 bis 1978. – Zur *guerre des farines* vgl. S. 78.

74 Vgl. Desaive/Goubert [u. a.] (s. Anm. 23).

75 Vgl. ebd.

76 Ebd.

Kap. 10: Arme und Außenseiter

1 Jerôme Champion de Cicé (1735–1810), seit 1781 Erzbischof von Bordeaux, gehörte zu den Mitgliedern des Klerus in den Generalständen von 1789; Justizminister (*Garde des sceaux*) von August 1789 bis November 1790. Nach der Trennung von Staat und Kirche verweigerte er den Eid auf die bürgerliche Verfassung des Klerus (*serment à la Constitution civile du clergé*) und emigrierte. 1802 kehrte er nach Frankreich zurück und wurde Erzbischof von Aix-en-Provence.

2 Zu Beccaria vgl. Kap. 2, Anm. 83. – Joseph Servan de Gerbey (1741–1808), französischer General, Mitarbeiter der *Encyclopédie*; verfaßte u. a. *Le soldat citoyen* (1780) und *Projet de constitution pour l'armée des Français*. – Charles-Marguerite Dupaty (1746–88) unterstützte als Richter die Parlamentsräte von Rennes im Konflikt mit dem Duc d'Aiguillon (vgl. Kap. 9, Anm. 43); in seiner Schrift *Lettres sur la procédure criminelle en France* (1788) trat er für eine Strafrechtsreform ein. – Jacques-Pierre Brissot de Warville (1754–93), Journalist und

Politiker; Gründer der »Gesellschaft der Freunde der Schwarzen«; wurde nach Ausbruch der Revolution als einer der führenden Girondisten in der Außenpolitik tätig; 1793 hingerichtet. – Pierre-Louis de Lacretelle (1751–1824), Advokat in Nancy und Paris; veröffentlichte den *Discours sur le préjuge des peines infamantes* (1784) und den *Discours sur la multiplicité des lois* (1778).

3 Nicole Castan, *Crime et justice en Languedoc, 1750–1790*, Thèse Toulouse 1978 [masch.].

4 Claude-Joseph de Ferrière, *Dictionnaire de droit et de pratique*, 2 Bde., Paris ⁴1768.

5 John Howard, *The state of the prisons in England and Wales*, Warrington 1777.

6 Zit. nach: Marc Vigié, *Anthropologie du forçat au XVIIIe siècle (1767–1782) d'après les registres du château de la Tournelle*, Mém. Nanterre 1978 [masch.].

7 Zit. nach: ebd.

8 Zit. nach: ebd. – John Howard (1726–1790) widmete sich der Verbesserung des Strafvollzugssystems in England; er veröffentlichte u. a. *The state of the prisons in England and Wales* sowie *Historical remarks and anecdotes of the castle of the Bastille* (1784).

9 Vgl. Bernadette Boutelet, »Étude par sondage de la criminalité dans le bailliage du Pont-de-l'Arche (XVIIe–XVIIIe siècles)«, in: *Annales de Normandie* 12 (1962) S. 235–262.

10 Vgl. Vigié (s. Anm. 6).

11 Zit. nach: Étienne Fournial / Jean-Pierre Gutton, *États généraux de 1789. Cahiers de doléances de la province de Forez*, 2 Bde., Saint-Étienne/Montbrison 1974–75.

12 Vgl. Boutelet (s. Anm. 9).

13 Vgl. Vigié (s. Anm. 6).

14 Vgl. Michel Foucault, *Überwachen und Strafen. Die Geburt des Gefängnisses*, übers. von Walter Seitter, Frankfurt a. M. 1976.

15 Vgl. ebd.

16 Vgl. Robert Anchel, *Crimes et châtiments au XVIIIe siècle*, Paris 1933.

17 Vgl. Foucault (s. Anm. 14).

18 Vgl. Brigitte Loosdregt, *La criminalité d'après les registres d'écrou de la Conciergerie en 1789*, Mém. Nanterre 1978 [masch.].

19 Zit. nach: Michel Vovelle, *Mourir autrefois. Attitudes collectives devant la mort aux XVIIe et XVIIIe siècles*, Paris 1964.

20 Foucault (s. Anm. 14).

21 Ferrière (s. Anm. 4).

22 François Furet [u. a.], *Livre et société dans la France du XVIIIe siècle*, 2 Bde., Paris / Den Haag 1965–70.

23 Vgl. Albert Pauphilet / Louis Richard / Robert Barroux, *Le XVIIIe siècle*, 2 Bde., Paris 1960 (*Dictionnaire des lettres françaises*, hrsg. von Georges-François Grente).

24 Zit. nach: Ferrière (s. Anm. 4).

25 Boutelet (s. Anm. 9).

26 Vgl. Vigié (s. Anm. 6).

27 Vgl. ebd.

28 Vgl. Michel Foucault, *Wahnsinn und Gesellschaft. Eine Geschichte des Wahns im Zeitalter der Vernunft*, übers. von Ulrich Köppen, Frankfurt a. M. 1973.

29 Robert Mauzi, *L'idée de bonheur dans la littérature et la pensée françaises au XVIIIe siècle*, Paris 1960.

30 Vgl. Louis Greenbaum, »La tournée des hôpitaux anglais par Jacques Tenon en 1787«, in: *Revue d'histoire des sciences* 24 (1971) S. 317–350.

31 Vgl. Jean-Pierre Poussou, *L'immigration bordelaise, 1737–1791*, 6 Bde., Thèse Paris 1978 [masch.].

32 Abbé Reyre, *L'école des jeunes demoiselles.*

33 Vgl. Greenbaum (s. Anm. 30).

34 Vgl. ebd.

35 *Correspondance littéraire.*

36 Vgl. La Rochefoucauld, *Voyages en France.*

37 Howard (s. Anm. 5).

38 François-Yves Besnard, *Souvenirs d'un nonagénaire.*

39 Zit. nach: Frank Paul Bowman, *Le Christ romantique. 1789: Le sans-culotte de Nazareth*, Genf 1973.

40 Zit. nach: Marie-Louise Fracard, *La fin de l'ancien régime à Niort. Essai de sociologie religieuse*, Paris 1956.

41 Vgl. Georges Frêche, *Toulouse et la région Midi-Pyrénées au siècle des lumières*, Paris 1974.

42 Dies und das folgende nach: Annie Basile, *La bienfaisance parisienne d'après les testaments de 1764 à 1789*, Mém. Nanterre 1972 [masch.].

43 Vgl. Thomas Adams, »Mœurs et hygiène publique au XVIIIᵉ siècle. Quelques aspects des dépôts de mendicité«, in: *Annales de démographie historique*, Paris / Den Haag 1975, S. 93–105.

44 Vgl. Jacques Beaud / Georges Bouchart, »Le dépôt des pauvres de Saint-Denis (1768–1792)«, in: *Annales de démographie historique*, Paris/Den Haag 1974 S. 127–143.

45 Vgl. ebd.

46 Zit. nach: Adams (s. Anm. 43).

47 Zit. nach: ebd.

48 Vgl. Castan (s. Anm. 3).

49 Jean-Pierre Poussou (s. Anm. 31) verweist auf dieses aufschlußreiche Verhältnis: zwei Drittel der in Bordeaux verurteilten Kriminellen waren erst seit weniger als einem Jahr in der Stadt; fast 40 Prozent hielten sich dort erst weniger als einen Monat auf.

50 Robert Molis, »De la mendicité en Languedoc (1775–1783)«, in: *Revue d'histoire économique et sociale* 52 (1974) S. 482–500.

51 Vgl. ebd.

Kap. 11: Die Tyrannei der öffentlichen Meinung

1 Zit. nach: Jules Flammermont, *Les correspondances des agents diplomatiques étrangers en France avant la Révolution*, Paris 1896.

2 Daniel Roche, *Le siècle des lumières en province. Académies et académiciens provinciaux, 1680–1789*, 2 Bde., Paris / Den Haag 1978.

3 Zit. nach: ebd.

4 Nach den *Mémoires* von Talleyrand.

5 Vgl. François Bluche, *La vie quotidienne de la noblesse française au XVIIIᵉ siècle*, Paris 1973.

6 Nach den *Mémoires* der Madame Campan.

7 Jean Calas (1698–1762), protestantischer Handelsherr in Toulouse. 1761 erhängte

sich sein ältester Sohn im Laden seines Vaters, der den Selbstmord vertuschte, um die Ehre der Familie zu retten. Verleumdungen und Protestantenhaß führten zu der Anklage, er habe seinen Sohn umgebracht, weil dieser zum Katholizismus habe übertreten wollen. Das Parlamentsgericht von Toulouse verurteilte ihn zum Rad und ließ ihn 1762 hinrichten. Voltaire entfachte zu seiner Rehabilitierung eine großangelegte Kampagne; 1764 hob der Staatsrat das Urteil auf, und 1765 wurde Calas rehabilitiert.

8 Vgl. Albert Pauphilet / Louis Richard / Robert Barroux, *Le XVIIIe siècle*, 2 Bde., Paris 1960 (*Dictionnaire des lettres françaises*, hrsg. von Georges-François Grente).

9 Paul Bénichou, *Le sacre de l'écrivain, 1750–1830. Essai sur l'avènement d'un pouvoir spirituel laïque dans la France moderne*, Paris 1973.

10 *Correspondance littéraire*.

11 Luc-Vincent Thiery, *Guide des amateurs et des étrangers voyageurs à Paris*, 2 Bde., Paris 1787.

12 Dieses und die folgenden Zitate nach: Michel de Certeau / Dominique Julia / Jacques Revel, *Une politique de la langue. La révolution française et les patois*, Paris 1975.

13 Louis Chatellier, »Un libraire et ses livres à Strasbourg à la fin du XVIIIe siècle«, in: *Recherches germaniques* 6 (1976) S. 188–204.

14 Nach den *Mémoires* von Carlo Goldoni.

15 Zit. nach: Pauphilet/Richard/Barroux (s. Anm. 8).

16 Zit. nach: Gabriel Boissy, *Les pensées des rois de France*, Paris 1949.

17 Die folgende Darstellung stützt sich auf: Robert Darnton, »Un commerce de livres ›sous le manteau‹ en province à la fin de l'ancien régime«, in: *Revue française d'histoire du livre* 5 (1975) S. 5–25.

18 Zum jüngeren Mirabeau vgl. Kap. 9, Anm. 10.

19 Nach dem *Journal inédit* des Duc de Croy.

20 Vgl. Pierre Chevallier, *Journal de l'assemblée des notables de 1787*, Paris 1959.

21 Vgl. Flammermont (s. Anm. 1).

22 Vgl. Peter Mathias / Patrick O'Brien, »Taxation in Britain and France, 1715–1810«, in: *The Journal of European Economic History* 5 (1976) S. 601–650.

23 Vgl. Edgar Faure, *La disgrâce de Turgot*, Paris 1961.

24 Vgl. Jean Delumeau, *La peur en occident (XIVe–XVIIIe siècles)*, Paris 1978.

25 Nach den *Mémoires* der Madame Campan.

26 Vgl. Maurice Garden, *Lyon et les Lyonnais au XVIIIe siècle*, Paris 1970.

27 Vgl. Emmanuel Le Roy Ladurie, »De la crise ultime à la vraie croissance«, in: Georges Duby / Armand Wallon [u. a.], *Histoire de la France rurale*, Bd. 2, Paris 1976, S. 355–599.

28 Vgl. Irmgard Hartig / Albert Soboul, *Pour une histoire de l'utopie en France au XVIIIe siècle*, Paris 1977.

29 Bénichou (s. Anm. 9). – Vgl. Wilhelm Voßkamp (Hrsg.), *Utopieforschung. Interdisziplinäre Studien zur neuzeitlichen Utopie*, 3 Bde., Frankfurt a. M. 1985.

30 Delumeau (s. Anm. 24).

31 Vgl. Georges Sorel, *Les illusions du progrès*, Paris ⁵1947.

32 *Mémoires* von Louis-Philippe. (Vgl. Kap. 4, Anm. 50.)

33 Camille Desmoulins (1760–94), Mitschüler von Robespierre im Collège Louis-le-Grand; Verfasser revolutionärer Schriften seit 1788. Am 12. Juli 1789 rief er die im Garten des Palais-Royal versammelte Menge zu den Waffen und hatte durch seine flammenden Reden im Club des Cordeliers und seine republikanischen Ideen

starken Einfluß auf die öffentliche Meinung. Desmoulins wurde Sekretär von Danton und als Abgeordneter von Paris in den Konvent gewählt. Als Anhänger von Danton erregte er das Mißtrauen von Robespierre, und als er die *Terreur* verurteilte, fiel er auch bei Dantons Partei in Ungnade. 1794 wurde er zum Tode verurteilt und hingerichtet.

34 *Fronde:* Unruhen in Frankreich von 1648 bis 1653 während der Regierungszeit von Anne d'Autriche und Kardinal Mazarin, als Parlamentsgericht und Hochadel die Autorität des Königs untergraben bzw. für sich beanspruchen wollten; eine tiefe Krise von Staat, Gesellschaft und Wirtschaft, die in einen Bürgerkrieg einmündete. – Mitbeteiligt an der *Fronde* war Gaston Duc d'Orléans (1608–60), dritter Sohn Heinrichs IV. und Marias von Medici und jüngerer Bruder Ludwigs XIII., von allen Parteien aber nur als Spielball benutzt. Ludwig XIV. verbannte ihn 1652 nach Blois.

35 Vgl. Émile-G. Léonard, *L'armée et ses problèmes au XVIIIᵉ siècle*, Paris 1958.

36 Zit. nach: Gabriel Vanel, *Une grande ville au XVIIᵉ et XVIIIᵉ siècles. La vie privée à Caen. Les usages – la société – les salons*, 3 Bde., Caen 1910–13.

37 Auguste Cochin, *La Révolution et la libre pensée*, Paris 1924.

38 Zit. nach: Maurice Agulhon, *La sociabilité méridionale (confréries et associations dans la vie collective en Provence orientale à la fin du XVIIIᵉ siècle)*, 2 Bde., Aix-en-Provence 1966.

39 Zu Vergennes vgl. Kap. 2, Anm. 51.

40 Die Freimaurer sprechen von »Arbeit«, wenn sie sich in ihren Tempeln (auch Bauhütten genannt) zu weihevollen Ritualen und Feiern versammeln. Jede »Arbeit« ist mit Wohltätigkeit verbunden.

41 Zit. nach: Élisabeth Tournaire, »Un parlementaire bourguignon et la révolution de 1789«, in: *Centre beaunois d'études historiques* 1 (1978) S. 105–133.

42 Vgl. Roche (s. Anm. 2).

43 Ebd.

44 Vgl. ebd.

45 Pierre Chevallier, *Histoire de la franc-maçonnerie française*, 3 Bde., Paris 1974.

46 Vgl. Cochin (s. Anm. 37).

47 Vgl. Agulhon (s. Anm. 38).

48 Zit. nach: ebd.

49 Zit. nach: ebd.

50 *Journal* des Abbé de Véri.

51 Emmanuel-Joseph Sieyès (1748–1836), seit 1778 Kanonikus und 1788 Generalvikar der Diözese Chartres. Durch mehrere Reformschriften wirkte er 1788/89 auf die Wahlen zu den Generalständen ein. Seine Broschüre *Qu'est-ce que le Tiers État?* (»Was ist der dritte Stand?«) wurde die auflagenstärkste und einflußreichste Flugschrift der Revolution. Auf seinen Antrag erklärte sich am 17. Juni 1789 der dritte Stand zur Nationalversammlung. Sieyès war der erste große französische Theoretiker des demokratisch legitimierten nationalen Einheitsstaates. Sein Denken beeinflußte die französische Verfassung von 1791 und alle späteren des 19. Jahrhunderts.

52 Marie-Jean Hérault de Séchelles (1759–94), Richter und Politiker; Advokat am Parlamentsgericht von Paris, Abgeordneter in der *Assemblée législative* und im Konvent, Mitautor der Verfassung von 1793, Mitglied des Wohlfahrtsausschusses; gleichzeitig mit Danton angeklagt und hingerichtet.

53 Vgl. Hugues de Montbas, *La police parisienne sous Louis XVI*, Paris 1949.

54 Cochin (s. Anm. 37).

Bibliographie

Quellen

Allonville, Armand-François, Comte d': Mémoires secrets de 1770 à 1830. 6 Bde. Paris 1838–41.

Almanach royal. 16 Bde. Paris 1774–1789.

Besnard, François-Yves: Souvenirs d'un nonagénaire. Hrsg. von Célestin Port. 2 Bde. Paris 1880.

Boigne (Charlotte-Louise-Éléonore-Adélaïde d'Osmond, Comtesse de): Mémoires. Récits d'une tante. Hrsg. von Jean-Claude Berchet. Bd. 1: Du règne de Louis XVI à 1820. Paris 1979.

Boissy, Gabriel: Les pensées des rois de France. Recueil général. Paris 1949.

Campan, Jeanne-Louise-Henriette: Mémoires. Hrsg. von J. Chalon. Paris 1979.

Castries (René de la Croix, Duc de): Papiers de famille. Paris 1977.

Chamfort (Sébastien-Roch Nicolas de): Maximes et anecdotes. Hrsg. von Jean Mistler. Monaco 1944.

Chateaubriand, François-René-Auguste, Vicomte de: Essai sur les révolutions. – Le génie du christianisme. Paris 1978.

– Mémoires d'outre-tombe. 2 Bde. Paris 1951.

Chevallier, Pierre (Hrsg.): Journal de l'assemblée des notables de 1787. Paris 1959.

[Colardeau, Charles-Pierre:] Le poète Colardeau et le curé de Pithiviers. (Correspondance.) In: Souvenirs et mémoires. Bd. 4. Paris 1900.

Cotignon, Jean-Jacques de: Mémoires. Hrsg. von Andrien Carré. Grenoble 1974.

Croy, Emmanuel, Maréchal Duc de: Journal inédit. 1718–1784. Hrsg. von Emmanuel-Henri, Vicomte de Grouchy und Paul Cottin. 4 Bde. Paris 1906.

Diderot, Denis: Le neveu de Rameau. Hrsg. von Edmond Pilon. Paris 1925.

Dufort de Cheverny, Jean-Nicolas, Comte: Mémoires. Hrsg. von Robert de Crèvecœur. 2 Bde. Paris 1909.

Épinay (Louise-Florence-Pétronille Tardieu d'Esclavelles, Marquise d'): Mémoires. Hrsg. von Paul Boiteau. 2 Bde. Paris 1865.

Feline, Père: Catéchisme des gens mariés. Caen 1782.

Ferrière, Claude-Joseph de: Dictionnaire de droit et de pratique, contenant l'explication des termes de droit, d'ordonnances, de contenues et de pratique. 2 Bde. Paris ⁴1768.

Flammermont, Jules: Les correspondances des agents diplomatiques étrangers en France avant la Révolution. Paris 1896.

Fournial, Étienne / Gutton, Jean-Pierre (Hrsg.): États généraux de 1789. Cahiers de doléances de la province de Forez. 2 Bde. Saint-Étienne/Montbrison 1974–75.

Froment de Castille, Gabriel de: Images de la vie parisienne à la veille de la Révolution. In: A.N.F. Bulletin trimestriel de l'association d'entraide de la noblesse française. Nr. 156. Juli 1978. S. 38–55.

Genlis (Stéphanie-Félicité du Crest de Saint-Aubin, Comtesse de): Essais sur l'éducation des hommes. Amsterdam 1782.

– Mémoires inédits sur le dix-huitième siècle et la révolution française. 10 Bde. Paris 1825.

Genty, Abbé Louis: Discours sur le luxe. Orléans 1783.

Gille, Bertrand: Documents sur l'état de l'industrie et du commerce de Paris et du département de la Seine (1778–1810). Paris 1963.

Goldoni, Carlo: Mémoires. Paris 1946.

Goubert, Pierre / Denis, Michel (Hrsg.): 1789. Les Français ont la parole. Cahiers des états généraux. Paris 1964.

Grégoire, Abbé Henri-Baptiste: Mémoires. 2 Bde. Paris 1837.

Grimm, Friedrich Melchior von [u. a.]: Correspondance littéraire, philosophique et critique. Hrsg. von Maurice Tourneux. 16 Bde. Paris 1877–82.

Howard, John: The state of the prisons in England and Wales. Warrington 1777.

[La Place, Pierre Antoine de:] Recueil d'épitaphes sérieuses, badines, satiriques et burlesques. 3 Bde. Brüssel 1782.

La Rochefoucauld, François de: La vie en Angleterre au XVIIIᵉ siècle, ou Mélanges sur l'Angleterre. 1784. Paris 1945.

– Voyages en France. Hrsg. von Jean Marchand. 2 Bde. Paris 1933–38.

La Salle, Jean-Baptiste de: Les règles de la bienséance et de la civilité chrétienne. Reims 1774.

Lasne d'Aiguebelle (Le chevalier de): Testament spirituel, ou derniers adieux d'un père mourant à ses enfants. Marseille 1776.

Lespinasse, Julie de: Lettres. Hrsg. von Charles-Augustin de Sainte-Beuve. Paris [o. J.].

Le Vaillant, François: Voyages dans l'intérieur de l'Afrique. 1781–1785. Hrsg. von Jacques Boulenger. 2 Bde. Paris 1932.

Ligne (Charles-Joseph Lamoral, Prince de): Mémoires et lettres. Paris 1923.

Louis XVI: Journal. Hrsg. von Louis Nicolardot. Paris 1873.

Louis-Philippe: Mémoires. 2 Bde. Paris 1973.

Louvet de Couvray, Jean-Baptiste: Les amours du chevalier de Faublas. Paris 1965.

Mallet du Pan, Jacques: Mémoires et correspondance. Hrsg. von Pierre-André Sayous. 2 Bde. Paris 1851.

Malouet, Pierre-Victor, Baron: Mémoires. 2 Bde. Paris ²1874.

Mathon de la Cour, Charles-Joseph: Discours sur les meilleurs moyens de faire naître et d'encourager le patriotisme dans une monarchie. Paris 1787.

Mautort (Louis-François Tillette de): Mémoires. Hrsg. von Adrien Baron Tillette de Clermont-Tonnerre. Paris 1895.

Mercier, Louis-Sébastien: Tableau de Paris. 12 Bde. Amsterdam 1783–89.

Mopinot de la Chapotte, Antoine-Rigobert: Sous Louis le Bien-Aimé. Correspondance amoureuse et militaire d'un officier pendant la guerre de sept ans (1757–1765). Hrsg. von Jean Lemoine. Paris [1905].

Neuilly (Ange-Achille-Charles Brunet, Comte de): Dix années d'émigration. Paris 1941.

Oberkirch (Henriette-Louise de Waldner de Freudstein, Baronne d'): Mémoires sur la cour de Louis XVI et la société française avant 1789. Hrsg. von Suzanne Burkard. Paris 1970.

Ottomeyer, Hans: Autobiographies d'architectes parisiens. 1759–1811. In: Bulletin de la société d'histoire de Paris 98 (1971) S. 141–206.

Pasquier, Étienne-Denis: Histoire de mon temps. Mémoires. Bd. 1. Paris ⁶1894.

Raunie, Émile (Hrsg.): Chansonnier historique du XVIIIᵉ siècle. (Recueil Clairambault-Maurepas.) Bd. 9. Paris 1883. Bd. 10. Ebd. 1884.

Reyre, Abbé Joseph: L'école des jeunes demoiselles ou Lettres d'une mère vertueuse à sa fille avec les réponses de la fille à sa mère. Ouvrage propre à former l'esprit et le cœur des jeunes personnes du sexe. 2ᵉ éd. revue, corrigée et très considérablement augmentée. 2 Bde. Paris 1786.

Reyre, Abbé Joseph: Le Mentor des enfans ou Recueil d'instructions, de traits d'histoire et de fables nouvelles propres à former l'esprit et le cœur des enfans. Nouvelle éd. revue, corrigée et augmentée. Paris 1786.

Richard-Lenoir (François Richard, gen.): Mémoires. Bd. 1. Paris 1837.

Rivarol, Antoine, Comte de: Lettre à M. le président de *** sur le globe airostatique, sur les têtes parlantes et sur l'état présent de l'opinion publique à Paris. London/ Paris 1783.

Roland, Marie-Jeanne (geb. Phlipon): Mémoires. Hrsg. von Paul de Roux. Paris 1966.

Rousseau, Jean-Jacques: Les confessions. Hrsg. von Ernest-Antoine Seillière. 3 Bde. Paris 1929.

– Les rêveries du promeneur solitaire. Paris 1936.

Sénac de Meilhan, Gabriel: Le gouvernement, les mœurs et les conditions en France avant la Révolution. Hrsg. von Mathurin-François de Lescure. Paris 1862.

Talleyrand, Charles-Maurice de: Mémoires. Hrsg. von Paul-Louis und Jean-Paul Couchoud. 2 Bde. Paris 1957.

Thiery, Luc-Vincent: Guide des amateurs et des étrangers voyageurs à Paris. 2 Bde. Paris 1787.

Tilly, Alexandre de: Mémoires. Hrsg. von Christian Melchior-Bonnet. Paris 1965.

Vaublanc (Vincent Vienot, Comte de): Mémoires. Paris 1857.

Véri, Joseph-Alphonse, Abbé de: Journal. Hrsg. von Jehan de Witte. 2 Bde. Paris 1928–30.

Villeneuve-Bargemon, Joseph, Marquis de: Lettres d'un officier de l'ancien régime. Les honneurs de la cour. In: Carnets de la sabretache. Revue d'histoire militaire rétrospective. Nr. 267. Paris 1920. S. 257–284.

Young, Arthur: Travels during the years 1787, 1788 and 1789, undertaken more particularly with a view of ascertaining the cultivation, wealth, resources, and national prosperity, of the kingdom of France. London 1792.

Literatur

Adam, Paul: Histoire religieuse de Sélestat. Bd. 2: De 1615 à 1790. Schlettstadt 1971.

Adams, Thomas: Mœurs et hygiène publique au XVIIIe siècle. Quelques aspects des dépôts de mendicité. In: Annales de démographie historique. Paris / Den Haag 1975. S. 93–105.

Agulhon, Maurice: La sociabilité méridionale (confréries et associations dans la vie collective en Provence orientale à la fin du XVIIIe siècle). 2 Bde. Aix-en-Provence 1966.

Aman, Jacques: Les officiers bleus dans la marine française au XVIIIe siècle. Genf 1976.

Anchel, Robert: Crimes et châtiments au XVIIIe siècle. Paris 1933.

Antoine, Michel: Le conseil du Roi sous le règne de Louis XV. Paris 1970.

Ariès, Philippe: L'enfant et la vie familiale sous l'ancien régime. Paris 1960. – Dt.: Geschichte der Kindheit. Übers. von Caroline Neubaur und Karin Kersten. München/Wien 1975.

Babeau, Albert: La vie militaire sous l'ancien régime. 2 Bde. Paris 1889–1890.

Babelon, Jean-Pierre: La vie quotidienne à Paris dans la seconde moitié du XVIIIe siècle. Paris 1973.

Bardet, Jean-Pierre/Chaunu, Pierre [u. a.]: Le bâtiment. Enquête d'histoire économique, XIVᵉ–XXᵉ siècle. Maisons rurales et urbaines dans la France traditionnelle. Paris / Den Haag 1971.

Basile, Annie: La bienfaisance parisienne d'après les testaments de 1764 à 1789. Mém. Nanterre 1972. [Masch.]

Beaud, Jacques/Bouchart, Georges: Le dépôt des pauvres de Saint-Denis (1768–1792). In: Annales de démographie historique. Paris/Den Haag 1974. S. 127–143.

Bénichou, Paul: Le sacre de l'écrivain, 1750–1830. Essai sur l'avènement d'un pouvoir spirituel laïque dans la France moderne. Paris 1973.

Bercé, Yves-Marie: Fête et révolte. Des mentalités populaires du XVIᵉ au XVIIIᵉ siècle. Essai. Paris 1976.

Berthelot du Chesnay, R. P. Charles: Le clergé diocésain français au XVIIIᵉ siècle. In: Revue d'histoire moderne et contemporaine 10 (1963) S. 241–269.

Besançon, Alain: La confusion des langues. La crise idéologique de l'Église. Paris 1978.

Bien, David: La réaction aristocratique avant 1789: l'exemple de l'armée. In: Annales E.S.C. 29 (1974) S. 23–48, 505–534.

Blanchard, Anne: Les ingénieurs du Roi de Louis XIV à Louis XVI. Étude du corps des fortifications. Montpellier 1979.

Bluche, François: Le despotisme éclairé. Paris 1968.

– Les magistrats des cours parisiennes au XVIIIᵉ siècle. In: Revue historique de droit français et étranger 52 (1974) S. 87–106.

– Les magistrats du parlement de Paris au XVIIIᵉ siècle. Paris 1960.

– La vie quotidienne de la noblesse française au XVIIIᵉ siècle. Paris 1973.

– / Durye, Pierre: L'anoblissement par charges avant 1789. 2 Bde. Paris 1962.

Bonnichon, Philippe: Missions de la marine militaire au temps de Louis XVI (1778–1790). In: Revue d'histoire économique et sociale 54 (1976) S. 525–559.

Bordes, Maurice: Les intendants éclairés de la fin de l'ancien régime. In: Revue d'histoire économique et sociale 39 (1961) S. 57–83.

Bossis, Philippe: Enquête sur les districts de Cholet et de Beaupréau, 1788. In: Enquêtes du Centre de recherches sur la France atlantique 1 (1971) S. 173–235.

Bouchard, Gérard: Le village immobile: Sennely-en-Sologne au XVIIIᵉ siècle. Paris 1971.

Boussel, Patrice [u. a.]: Histoire de la vie française. Bd. 5: L'esprit: XVIIIᵉ siècle. Paris 1972.

Boutelet, Bernadette: Étude par sondage de la criminalité dans le bailliage du Pont-de-l'Arche (XVIIᵉ–XVIIIᵉ siècles). In: Annales de Normandie 12 (1962) S. 235–262.

Bowman, Frank-Paul: Le Christ romantique. 1789: Le sans-culotte de Nazareth. Genf 1973.

Braudel, Fernand / Labrousse, Ernest [u. a.]: Histoire économique et sociale de la France. Bd. 2: 1660–1789. Paris 1970.

Brookner, Anita: Greuze. The rise and fall of an eighteenth-century phenomenon. London 1972.

Brossard, Amiral Maurice de: Lapérouse. Des combats à la découverte. Paris 1978.

Buot de l'Épine, Anne: Du conseil du Roi au conseil d'État. Le comité contentieux des départements. Paris 1972.

Carre, Henri / Sagnac, Philippe / Lavisse, Ernest: Louis XVI (1774–1789). Paris 1911.

Castan, Nicole: Crime et justice en Languedoc, 1750–1790. Thèse Toulouse 1978. [Masch.]

Cavaillès, Henri: La route française: son histoire, sa fonction. Étude de géographie humaine. Paris 1946.

Certeau, Michel de / Julia, Dominique / Revel, Jacques: Une politique de la langue. La révolution française et les patois. Paris 1975.

Chagniot, Jean: L'armée de Louis XVI. In: Actes du colloque international de Sorèze. Sorèze 1977. S. 35–48.

Charles de Wailly, peintre architecte dans l'Europe des lumières. Paris 1979.

Chatellier, Louis: Un libraire et ses livres à Strasbourg à la fin du XVIIIᵉ siècle. In: Recherches germaniques 6 (1976) S. 188–204.

Chatillon, Martine: Paris de 1770 à 1789 d'après le témoignage de Rétif de la Bretonne. Mém. Besançon 1969. [Masch.]

Chaunu, Pierre: La mort à Paris, XVIᵉ, XVIIᵉ et XVIIIᵉ siècles. Paris 1978.

Chaussinand-Nogaret, Guy: La vie quotidienne des Français sous Louis XV. Paris 1979.

Chevallier, Pierre: Histoire de la franc-maçonnerie française. 3 Bde. Paris 1974.

– Loménie de Brienne et l'ordre monastique (1766–1789). 2 Bde. Paris 1959–60.

Cochin, Augustin: La Révolution et la libre pensée. Paris 1924.

– Les sociétés de pensée et la démocratie moderne. Paris 1978.

Cocula, Anne-Marie / Poussou, Jean-Pierre: La vie des hommes à l'époque moderne. Toulouse [o. J.].

Coornaert, Émile: Les compagnonnages en France du Moyen Age à nos jours. Paris 1966.

Corvisier, André: Armées et sociétés en Europe de 1494 à 1789. Paris 1976.

– Hiérarchie militaire et hiérarchie sociale à la veille de la Révolution. In: Revue internationale d'histoire militaire 30 (1970) S. 77–91.

Dalin, Viktor: Grakch Babef nakanune i vo vremja Velikoj francuzskoj revoljucii, 1785–1794. Moskau 1963.

Darnton, Robert: Un commerce de livres »sous le manteau« en province à la fin de l'ancien régime. In: Revue française d'histoire du livre 5 (1975) S. 5–25.

Delumeau, Jean: La peur en occident (XIVᵉ–XVIIIᵉ siècles). Paris 1978.

Desaive, Jean-Paul / Goubert, Jean-Pierre [u. a.]: Médecins, climat et épidémies à la fin du XVIIIᵉ siècle. Paris / Den Haag 1972.

Dupâquier, Jacques: Les caractères originaux de l'histoire démographique française au XVIIIᵉ siècle. In: Revue d'histoire moderne et contemporaine 23 (1976) S. 182–202.

Durand, Yves: Les fermiers généraux au XVIIIᵉ siècle. Paris 1971.

Elias, Norbert: Über den Prozeß der Zivilisation. 2 Bde. Frankfurt a. M. ²1977.

Esmonin, Edmond: Études sur la France des XVIIᵉ et XVIIIᵉ siècles. Paris 1964.

Fauchery, Pierre: La destinée féminine dans le roman européen du dix-huitième siècle. Lille 1972.

Faure, Edgar: La disgrâce de Turgot. Paris 1961.

Favre, Robert: La mort dans la littérature et la pensée française au siècle des lumières. Lyon 1978.

Foucault, Michel: Histoire de la folie à l'âge classique. Paris 1972. – Dt.: Wahnsinn und Gesellschaft. Eine Geschichte des Wahns im Zeitalter der Vernunft. Übers. von Ulrich Köppen. Frankfurt a. M. 1973.

– Surveiller et punir. Naissance de la prison. Paris 1975. – Dt.: Überwachen und Strafen. Die Geburt des Gefängnisses. Übers. von Walter Seitter. Frankfurt a. M. 1976.

Fracard, Marie-Louise: La fin de l'ancien régime à Niort. Essai de sociologie religieuse. Paris 1956.

Franklin, Alfred: Recherches historiques sur le collège des quatre-nations. Paris 1862.

Frêche, Georges: Toulouse et la région Midi-Pyrénées au siècle des lumières. Paris 1974.

Fréville, Henri: L'intendance de Bretagne (1689–1790). 3 Bde. Rennes 1953.

Funck-Brentano, Frantz: Légendes et archives de la Bastille. Paris ⁵1901.

Furet, François: Penser la Révolution française. Paris 1978.

– [u. a.]: Livre et société dans la France du XVIIIᵉ siècle. 2 Bde. Paris / Den Haag 1965–70.

– / Ozouf, Jacques: Lire et écrire. L'alphabétisation des Français de Calvin à Jules Ferry. 2 Bde. Paris 1977.

Gallet, Michel: Demeures parisiennes. L'époque de Louis XVI. Paris 1964.

– Ledoux et sa clientèle parisienne. In: Bulletin de la Société d'histoire de Paris 51/52 (1974/75) S. 131–173.

Gaquère, François: Le saint pauvre de Jésus-Christ, Benoît-Joseph Labre. Avignon 1936.

Garden, Maurice: Lyon et les Lyonnais au XVIIIᵉ siècle. Paris 1970.

Gazier, Georges: Les premiers ballons à Besançon. In: Mémoires de la société d'émulation du Doubs 8,3 (1908) S. 31–42.

Gegot, Jean-Claude: Étude par sondage de la criminalité dans le bailliage de Falaise (XVIIᵉ–XVIIIᵉ siècle). In: Annales de Normandie 16 (1966) S. 103–164.

Gelis, Jacques / Laget, Mireille / Morel, Marie-France: Entrer dans la vie. Naissances et enfances dans la France traditionnelle. Paris 1978.

Germain, Conseiller: Une fête nataliste à Besançon en 1781. In: Mémoires de la société d'émulation du Doubs 10,3 (1933) S. 103–117.

Glotz, Marguerite / Maire, Madeleine: Salons du XVIIIᵉ siècle. Paris 1949.

Goubert, Pierre: L'ancien régime. 2 Bde. Paris 1969–73.

– Remarques sur le vocabulaire social de l'ancien régime. In: Ordres et classes. Colloque d'histoire sociale, Saint-Cloud 1967. Paris / Den Haag 1973.

Greenbaum, Louis: La tournée des hôpitaux anglais par Jacques Tenon en 1787. In: Revue d'histoire des sciences 24 (1971) S. 317–350.

Gresset, Maurice: L'état d'esprit des avocats comtois à la veille de la Révolution. In: Actes du 102ᵉ congrès national des sociétés savantes, Limoges 1977. Section d'histoire moderne. Bd. 1. Paris 1978. S. 85–93.

– Gens de justice à Besançon de la conquête par Louis XIV à la révolution française. 2 Bde. Paris 1978.

Grosperrin, Bernard: La représentation de l'histoire de France dans l'historiographie des lumières. Thèse Paris 1978. [Masch.]

– Un manuel d'éducation noble: »Adèle et Théodore« de Mme de Genlis. In: Cahiers d'histoire 19 (1974) S. 343–352.

Guillaume, Pierre / Poussou, Jean-Pierre: Démographie historique. Paris 1970.

Gutton, Jean-Pierre: A Saint-Étienne au XVIIIᵉ siècle. Les anciens soldats dans la ville. In: Mélanges Fournial. Saint-Étienne 1978. S. 203–209.

– La sociabilité villageoise dans l'ancienne France. Paris 1979.

Hartig, Irmgard / Soboul, Albert: Pour une histoire de l'utopie en France au XVIIIᵉ siècle. Paris 1977.

Hautecœur, Louis: Histoire de l'architecture classique en France. Bd. 4: Le style Louis XVI. Paris 1952.

Hazard, Paul: La pensée européenne au XVIIIᵉ siècle de Montesquieu à Lessing. Paris 1963.

Imbert, Jean / Levasseur, Georges: Le pouvoir, les juges et les bourreaux. Paris 1972.

Janneau, Guillaume: L'époque Louis XVI. Paris 1964.

Jarriot, Jacques: Une famille de bons ménagers: la branche nivernaise des Menou. In: Revue d'histoire moderne et contemporaine 23 (1976) S. 80–101.

Kunstler, Charles: La vie quotidienne sous Louis XVI. Paris 1950.

Lallemand, Paul: Histoire de l'éducation dans l'ancien oratoire de France. Paris 1889.

Lambeau, Lucien: Bercy. Paris 1910.

– Charonne. 2 Bde. Paris 1916–21.

Le Bihan, Alain: Francs-Maçons parisiens du grand orient de France. Paris 1966.

Léon, Pierre: La naissance de la grande industrie en Dauphiné. 2 Bde. Gap 1954.

– [u. a.]: Histoire économique et sociale du monde. Bd. 3. Paris 1978.

Léonard, Émile-G.: L'armée et ses problèmes au XVIIIe siècle. Paris 1958.

Le Roy Ladurie, Emmanuel: De la crise ultime à la vraie croissance. In: Georges Duby / Armand Wallon [u. a.]: Histoire de la France rurale. Bd. 2. Paris 1976. S. 355–599.

– Le territoire de l'historien. 2 Bde. Paris 1973–78.

Lespagnol, André: A propos des élites urbaines dans l'ancien régime: l'exemple de Saint-Malo au XVIIIe siècle. In: Bulletin de la Société d'histoire moderne 73 (1974) Nr. 9. S. 2–12.

Levy, Claude / Henry, Louis: Ducs et pairs sous l'ancien régime. In: Population 15 (1960) S. 807–830.

Livet, Georges: Documents sur l'histoire de l'université de Strasbourg à la veille de la Révolution. In: Bulletin de la société académique du Bas-Rhin 81–83 (1959–61) S. 23–31.

Loosdregt, Brigitte: La criminalité d'après les registres d'écrou de la Conciergerie en 1789. Mém. Nanterre 1978. [Masch.]

MacIntyre, Donald / Bathe, Basil: The Man-of-war. London 1968. – Dt.: Kriegsschiffe in fünftausend Jahren. Übers. von Dieter Jung. Bielefeld 1968.

Maindron, Ernest: L'académie des sciences. Paris 1888.

Mandelbaum, Jonathan: Une société scientifique parisienne: la société philomathique de Paris de 1788 à 1835. Mém. Paris 1977. [Masch.]

Mathias, Peter / O'Brien, Patrick: Taxation in Britain and France, 1715–1810. In: The Journal of European Economic History 5 (1976) S. 601–650.

Mathieu, Remi: Le système héraldique française. Paris 1946.

Mauzi, Robert: L'idée de bonheur dans la littérature et la pensée françaises au XVIIIe siècle. Paris 1960.

Menard, Michèle: Mille retables de l'ancien diocèse du Mans. 9 Bde. Thèse Paris 1977. [Masch.]

Meyer, Jean: Les Européens et les autres. Des Cortés à Washington. Paris 1975.

– Structure sociale des villes bretonnes à la fin de l'ancien régime. In: Actes du 96e congrès national des sociétés savantes, Toulouse 1971. Section d'histoire moderne. Bd. 2. Paris 1976.

– La vie quotidienne en France au temps de la Régence. Paris 1979.

Molis, Robert: De la mendicité en Languedoc (1775–1783). In: Revue d'histoire économique et sociale 52 (1974) S. 482– 500.

Montbas, Hugues de: La police parisienne sous Louis XVI. Paris 1949.

Morineau, Michel: Budgets populaires en France au XVIIIe siècle. Tl. 2. In: Revue d'histoire économique et sociale 50 (1972) S. 449–481.

Mosser, Françoise: Les intendants des finances au XVIIIe siècle. Genf/Paris 1978.

Olivier-Martin, François: L'organisation corporative de la France d'ancien régime. Paris 1938.

Pariset, François-Georges [u. a.]: Bordeaux au XVIIIe siècle. Bordeaux 1968.

Pauphilet, Albert / Pichard, Louis / Barroux, Robert: Le XVIIIᵉ siècle. 2 Bde. Paris 1960. (Dictionnaire des lettres françaises. Hrsg. von Georges-François Grente.)

Perrichet, Marc: Plume ou épée: problèmes de carrière dans quelques familles d'officiers d'administration de la marine au XVIIIᵉ siècle. In: Actes du 91ᵉ congrès national des sociétés savantes. Bd. 2. Paris 1966. S. 145–181.

Perrot, Jean-Claude: Genèse d'une ville moderne: Caen au XVIIIᵉ siècle. 2 Bde. Paris / Den Haag 1975.

– Rapports sociaux et villes au XVIIIᵉ siècle. In: Ordres et classes. Colloque d'histoire sociale, Saint-Cloud 1967. Paris / Den Haag 1973. S. 141–166.

Plongeron, Bernard: Le procès de la fête à la fin de l'ancien régime. In: B. P. / Robert Pannet [u. a.]: Le christianisme populaire. Les dossiers de l'histoire. Paris 1976. S. 171–198.

– La vie quotidienne du clergé français au XVIIIᵉ siècle. Paris 1974.

Pomeau, René: L'Europe des lumières. Paris 1966.

Poupet, André: L'origine sociale des évêques français du XVIIIᵉ siècle (1715–1790). Mém. Nanterre 1972. [Masch.]

Poussou, Jean-Pierre: L'immigration bordelaise, 1737–1791. 6 Bde. Thèse Paris 1978. [Masch.]

Reau, Louis: L' Europe française au siècle des lumières. Paris 1951.

Renard, Georges: Faits divers et publicité dans le »Mercure de France« de 1769 à 1778. Mém. Besançon 1966. [Masch.]

Ribbe, Charles de: Un journal et un journaliste à Aix avant la Révolution. Aix-en-Provence 1859.

Roche, Daniel: Le siècle des lumières en province. Académies et académiciens provinciaux, 1680–1789. 2 Bde. Paris / Den Haag 1978.

Sorel, Georges: Les illusions du progrès. Paris ⁵1947.

Tackett, Timothy: L'histoire sociale du clergé diocésain dans la France du XVIIIᵉ siècle. In: Revue d'histoire moderne et contemporaine 27 (1979) S. 198–234.

Taton, René [u a.]: La science moderne (de 1450 à 1800). Paris 1958.

Taveneaux, René: Le jansénisme en Lorraine, 1640–1789. Paris 1960.

Tocqueville, Alexis de: L'ancien régime et la Révolution. Paris 1952.

Tournaire, Elisabeth: Un parlementaire bourguignon et la révolution de 1789. In: Centre beaunois d'études historiques 1 (1978) S. 105–133.

Tresch, Mathias: Évolution de la chanson française savante et populaire. Bd. 1: Des origines à la révolution française. Brüssel/Paris 1926.

Tuetey, Louis: Les officiers sous l'ancien régime. Nobles et roturiers. Paris 1908.

Vanel, Gabriel: Une grande ville aux XVIIᵉ et XVIIIᵉ siècles. La vie privée à Caen. Les usages – la société – les salons. Caen 1912.

Vigié, Marc: Anthropologie du forçat au XVIIIᵉ siècle (1767–1782) d'après les registres du château de la Tournelle. Mém. Nanterre 1978. [Masch.]

Viguerie, Jean de: L'institution des enfants: l'éducation en France, XVIᵉ–XVIIIᵉ siècle. Paris 1978.

Vogüé, Charles-Jean-Melchior, Marquis de: Une famille vivaroise. Histoires d'autrefois racontées à ses enfants. 2 Bde. Paris 1912.

Vovelle, Michel: Piété baroque et déchristianisation en Provence au XVIIIᵉ siècle. Les attitudes devant la mort d'après les clauses des testaments. Paris 1973.

– Mourir autrefois. Attitudes collectives devant la mort au XVIIᵉ et XVIIIᵉ siècles. Paris 1974.

Weisrock, André: Observations sur les pierres millésimées des maisons rurales dans le Xaintois et la plaine sous-vosgienne. In: Société lorraine des études locales N. F. 40 (1971) S. 1–28.

Abbildungsnachweis

Exposition   La Révolution française. XXᵉ exposition du Conseil de l'Europe. Galeries nationales du Grand Palais, Paris, 16 mars – 26 juin 1989. Tl. 1: L'Europe à la veille de la Révolution. [Ausstellungskatalog.] Paris: Éditions de la Réunion des musées nationaux, 1989.

Labrousse   Histoire économique et sociale de la France. Bd. 2: Des derniers temps de l'âge seigneurial aux préludes de l'âge industriel (1660–1789). Hrsg. von Ernest Labrousse. Paris: Presses universitaires de France, 1970.

211 In einer Schule. Ausschnitt aus einem Stich von Jean-Jacques de Boissieu, um 1780. Nach: Labrousse. Taf. X.

240 Antoine de Sartine, Marineminister Ludwigs XVI. Zeitgenössischer Stich. Nach: Jacques Michel: Du Paris de Louis XV à la marine de Louis XVI. L'œuvre de Monsieur de Sartine. Bd. 1: La vie de la capitale. Paris: Éditions de l'Érudit, 1983. Taf. I.

245 Einweihung eines Teils der Hafenbefestigungen von Cherbourg im Beisein Ludwigs XVI., 1786. Lavierte Kreide- und Federzeichnung von Pierre Ozanne. Nach: Exposition. Nr. 353.

264 Poststraßen in Frankeich Ende des 18. Jahrhunderts. Nach: Labrousse. S. 170.

273 Lyon. Ausschnitt aus einer aquarellierten Zeichnung von Jean-Jacques de Boissieu, 1785. Nach: Labrousse. Taf. XXXIX.

283 Port Saint-Paul in Paris. Aquarellierte Federzeichnung von Louis-Nicolas de Lespinasse, 1782. Nach: Histoire de la France urbaine. Bd. 3: La ville classique de la Renaissance aux Révolutions. Hrsg. von Emmanuel Le Roy Ladurie. Paris: Éditions du Seuil, 1981. S. 291.

289 Schneiderwerkstatt. Ausschnitt aus einem Stich von Berthaut nach François-Alexandre Garsault. Nach: Labrousse. Taf. XXXVI.

292 Textilmanufaktur von Jouy (Ausschnitt aus einem Zeugdruck nach einer Zeichnung von Jean-Baptiste Huet, um 1783. Nach: Ebd. Taf. XXXIV.

317 Bauernhof. Gemälde von Nicolas-Bernard Lepicié, 1784. Nach: Exposition. Nr. 98.

323 Maschine zur Getreidereinigung. Lavierte Federzeichnung von Jean-Jacques Lequeur. Nach: Ebd. Nr. 124.

353 Das Hôtel de Ville und die Place de Grève in Paris. Gemälde von Raguenet. Nach: Jacques Michel: Du Paris de Louis XV à la marine de Louis XVI. L'œuvre de Monsieur de Sartine. Bd. 1: La vie de la capitale. Paris: Éditions de l'Érudit, 1983. Taf. VII.

360 Ein Krankensaal des Hôtel-Dieu in Paris. Zeitgenössischer Stich. Nach: Histoire de la population française. Bd. 2: De la Renaissance à 1789. Hrsg. von Jacques Dupâquier. Paris: Presses universitaires de France, 1988. Taf. 44.

365 Abbildung zu einer Denkschrift des Arztes Iberti über die Einrichtung eines Findelhauses, um 1787. Lavierte Federzeichnung von François-Jacques Delannoy. Nach: Exposition. Nr. 294.

389 Das Palais-Royal des Duc d'Orléans in Paris. Zeitgenössischer Stich. Nach: Paris de la préhistoire à nos jours. Hrsg. von Marcel Le Clère. Saint-Jean d'Angély: Éditions Bordessoules, 1985, S. 312.

401 Eröffnung der Generalstände in Versailles am 5. Mai 1789. Zeitgenössische Radierung von Isidore Stanislaus Helman nach einer Zeichnung von Charles Monnet. Archiv für Kunst und Geschichte, Berlin.

Personenregister